Hilde Spiel
Briefwechsel

Hilde Spiel

Briefwechsel

Herausgegeben und annotiert von
Hans A. Neunzig

List Verlag
München · Leipzig

Die Editionsarbeit wurde vom Österreichischen Bundesministerium für Wissenschaft und Forschung gefördert

ISBN 3-471-78647-3

*© 1995 Paul List Verlag in der Südwest Verlag GmbH & Co. KG München
Alle Rechte vorbehalten. Printed in Germany
Gesamtherstellung: Ebner Ulm*

Einleitung

Als Hilde Spiel im Herbst 1936 Wien und den Ständestaat Österreich verließ, »aus Furcht vor der eigenen Veränderung«, wie sie später schrieb, hatte sie die ersten Schritte in die literarische Welt schon getan. Sie war gerade 25 Jahre alt, hatte neben einer Reihe von Erzählungen und Gedichten drei Romane geschrieben. Gleich der erste erhielt einen begehrten Literaturpreis für Nachwuchsschriftsteller, der zweite ist nie erschienen, der dritte kam 1935 in Wien heraus. Ein vierter Roman, in engem Zusammenhang mit einer noch 1936 unternommenen Italienreise entstanden, erschien 1939 bereits in englischer Sprache in London: *Flute and Drums*.

Wie nicht anders zu erwarten, hatten sich in der Zeit vor der Emigration Beziehungen zu anderen Schriftstellern, zu Literaten hergestellt, von denen manche verlorengingen, viele sich früher oder später wiederherstellten, als die Trennung vom eigenen Land vollzogen war, und sich über die späte Rückkehr nach Wien hinaus erhielten. Robert Neumann zum Beispiel gehörte zu den ersten (strengen) literarischen Beratern der jungen Schriftstellerin.

Briefe aus dieser frühen Epoche von Hilde Spiels literarischer Existenz haben sich in ihrem Besitz so gut wie nicht erhalten. Als die Ausreise sich durch den Gang der Geschichte endgültig zum Exil gestaltete, war vieles, was vorläufig zurückgelassen worden war, unwiederbringlich verloren. Als Hilde Spiels Eltern, seit langem von Tochter und Schwiegersohn Peter de Mendelssohn zur Ausreise gedrängt, 1938 in London eintrafen, war alles, was sie in einem Transportwagen mit bezahlter Fracht bis England auf den Weg gebracht hatten, unterwegs in Hamburg enteignet und versteigert worden. »Dahin«, schrieb Hilde Spiel in ihren Erinnerungen, »der Rest auch meiner Bibliothek, dahin Carry Hausers Madonna mit den frostblauen Fingern, dahin die Briefe Moravias ...«

Die Realität des Exils veränderte die Lebensbahn der jungen Schriftstellerin entscheidend. Von Peter de Mendelssohn, ihrem Mann, energisch unterstützt, begann, was Hilde Spiel »unseren Eintritt in die englische Sprache« nannte. Wieder war Robert Neumann zur Stelle: »Unsere Vorfahren hat man auf dem Scheiterhaufen verbrannt. Da wirst du noch lernen können, in einer anderen Sprache zu schreiben.« Sie tat es, indem sie las, und es war kein kleines Kunststück, den Italienroman auf englisch zu schreiben, und zwar so, daß er in einem renommierten Londoner Verlag erscheinen konnte.

Jedoch nicht nur der Eintritt in die andere Sprache war zu bewältigen. Es ging ganz zentral um die wirtschaftliche Existenz des Schriftstellerehepaares unter den sich massiv verschlechternden Verhältnissen des Exils. »An meinem Buch zu schreiben«, heißt es für 1938, »bringt mich nicht weiter. Ich sehe mich nach Arbeit um.« Diese Arbeit hieß zunächst Manuskripte abschreiben, und auch die hergebrachte Rolle der Hausfrau fiel ihr wie selbstverständlich zu: putzen, kochen, Gäste bewirten. Im Oktober 1939 kam Christine, die Tochter, zur Welt; 1944 folgte der Sohn Felix Anthony.

Als ein Ort des Aufgehobenseins, der Begegnung mit Literaten, mit der literarischen Welt, bewährte sich der Londoner P.E.N.-Club für Hilde Spiel sozusagen vom ersten Tag des Exils an. Hier fand sie sich unter ihresgleichen, hier ergaben sich Anknüpfungspunkte, wichtiger noch: hier wurden die Emigranten aufgefangen. Hilde Spiels Brief vom 26. November 1942 an Hermon Ould, damals Sekretär des Internationalen P.E.N., bestätigt es unmittelbar und dokumentiert zugleich das Engagement des Ehepaars de Mendelssohn für die Geschicke der Schriftstellergemeinschaft. Dabei kam auch schon die Frage einer unerwünschten Politisierung des P.E.N. zur Sprache. Eine Debatte, die nach dem Krieg neue Nahrung erhielt, wovon der hier veröffentlichte Briefwechsel nicht unberührt bleiben konnte. In den Jahren der Not, und die reicht über die Kriegsjahre hinaus, stand jedoch die gegenseitige Hilfe an erster Stelle. Durch den P.E.N.-Club wurde Hilde Spiel zum Beispiel auf die Notlage des exilierten österreichischen Lyrikers Theodor Kramer aufmerksam. Einige erhaltene Briefe sprechen von den anfänglichen Versuchen, ihm zu helfen, weitere, aus den 50er Jahren, von der Fortsetzung solcher Bemühungen.

Krieg und Kriegsende haben den brieflichen Austausch fast versiegen lassen. Die schriftstellerische Arbeit wandelte sich. Journalistische Berichte und Essays begannen sich zu mehren, und die englische Essayistik erhielt einen überragenden Einfluß auf die Arbeit der Autorin, die jede Anstrengung auf sich genommen hatte, die fremde Welt zu der ihren zu machen.

Der briefliche Austausch mit der literarischen Welt begann sich erst nach dem Krieg zu entfalten, und noch nicht einmal unmittelbar nach Kriegsende. Aus dieser Zeit sind die Briefe erhalten, die Hilde Spiel und Peter de Mendelssohn tauschten. Dieser Briefwechsel, der einer eigenen Publikation vorbehalten bleibt, lebt vor allem von den Schilderungen Peter de Mendelssohns über die erste Nachkriegszeit in Deutschland, wohin er als Berichterstatter, unter anderem von den Nürnberger Prozessen, und Presseoffizier für den Aufbau einer freien deutschen Presse geschickt worden war.

Hilde Spiel kam 1946 zum erstenmal nach Österreich zurück, vorübergehend, als Korrespondentin des *New Statesman*, lebte und arbeitete von Herbst 1946 bis Sommer 1948 in Berlin, schrieb in dieser Zeit vor allem Theaterkritiken für die Berliner Ausgabe der Tageszeitung *Die Welt*, wovon die erhaltenen Kritiken, nicht aber bemerkenswerte Korrespondenz über den Austausch mit Peter de Mendelssohn hinaus, Auskunft geben.

Erst nach der Rückkehr in das Nachkriegs-London und mit der Aufnahme der Arbeit als Kulturberichterstatterin für die *Neue Zeitung*, später der *Süddeutschen Zeitung*, des *Tagesspiegels*, der *Weltwoche*, der *Haagschen Post*, des *Neuen Österreichs* sowie der regelmäßigen Mitarbeit am *Monat* kam die weitläufige Korrespondenz in Gang, die dieser Band in Teilen wiedergibt.

Anders als in den pointiert erzählten Erinnerungen entsteht in den Briefen und Gegenbriefen ein Lebensbild, das aus der unmittelbaren Reaktion auf Menschen und Geschehen gebildet ist. Die Zeit ist wie von selber präsent. Über die persönlichen Umstände hinaus wird das Los einer schreibenden Existenz in unserer Zeit, der Lebensalltag einer Schriftstellerin aus dem erlebten Augenblick heraus sichtbar. Hilde Spiel hat ihre Anfänge als Autorin nicht eine Sekunde lang vergessen, die Hoffnungen und Erwartungen, die sich für die junge Frau schon zu erfüllen begannen. So zieht sich durch ihre Briefe eine Spur der Enttäuschung darüber, daß es ihr verwehrt war, mehr, wie sie es nannte, »aus Eigenem« zu schaffen. Manchmal scheint es geradezu das vielstimmige und gerechte Lob ihrer Essayistik gewesen zu sein, das ihr dieses von ihr so empfundene Manko besonders scharf zu Bewußtsein brachte. Um so höher ist es zu bewerten, daß sie ihre ganze Liebe zum großen Kunstwerk fiktionaler Literatur umgoß in die Bewunderung der Werke anderer Schriftsteller, die nach ihrer Meinung solchem Anspruch genügten. »Was mich betrifft«, schrieb Hilde Spiel am 13. Juni 1951, »so kann ich nur sagen, daß ich, sooft ich kann, Gutes über Doderer schreiben werde. Und damit hab ich auch schon angefangen.«

Der Briefwechsel mit Heimito von Doderer, der von 1952 bis in das Todesjahr des Romanciers, 1966, führt, ist von gegenseitiger Wertschätzung geprägt. Ganz selbstverständlich kreist er um die Veröffentlichungen beider, wiederholt aber nicht, was in den Rezensionen steht, sondern bringt das Geflecht literarischen Alltags, Vorlieben und Animositäten, Freundschaften und Konkurrenz, praktische Hilfe und geistigen Zuspruch an den Tag. In noch höherem Maß gilt dies für die Korrespondenz zwischen Hilde Spiel und Hermann Kesten. Es ist der reichste und umfänglichste Briefwechsel des Bandes, trotz starker Auswahl aus den erhaltenen Briefen. Hilde Spiel bewunderte die Unabhängigkeit Kestens als Autor, die er konsequent bis in seine Lebensform bewahrte. Die Wertschätzung war gegenseitig, obwohl Hermann Kesten etwa zum Glauben an die Größe Doderers als Romancier nicht zu bekehren war und Hilde Spiel, die natürlich bei ihrer Meinung blieb, aus diesem Grunde nicht einlud, in einer von ihm herausgegebenen Anthologie über die zeitgenössische österreichische Literatur zu schreiben. Der lebenslangen Freundschaft, die sich in hundert Facetten spiegelt, tat es keinen Abbruch.

Der Briefwechsel mit Hermann Kesten kann auch deshalb als symptomatisch für die Mehrzahl der in diesem Band versammelten Korrespondenzen stehen, weil gegenseitiger Rat, konkrete Hilfestellung gleichgewichtig neben der Erörterung persönlicher und öffentlicher Verhältnisse stehen. So gibt Hilde Spiel dem Freund genaue Hinweise über die Geschichte der Londoner Salons, und er vermittelt ihr die Anschauung lokaler Gegebenheiten New Yorks für ihren Roman *Lisas Zimmer* – nur ein Beispiel von unzähligen.

Ein anderer Aspekt, der mit der Liebe und Bewunderung für die schöpferische literarische Leistung zusammenhängt, tritt im Briefwechsel stärker hervor als anderswo. Es ist Hilde Spiels starkes Engagement für die Bücher österreichischer und deutscher Schriftstellerinnen. Ihre Briefe an Jeannie Ebner, Inge Merkel und Helga Schütz – der ostdeutschen Schriftstellerin begegnete sie bei den Lesungen zum Ingeborg-Bachmann-Preis in Klagenfurt – stecken voller Ermutigung, literarischem und menschlichem Rat, voller Mitfreude am Gelingen und Trost bei Niederlagen. Eine im literarischen Alltag nicht eben häufig belegte Warmherzigkeit kommt darin zum Ausdruck. Hilde Spiel begriff die Verwundbarkeit der anderen auch aus der eigenen.

Hilde Spiels Rückkehr nach Wien im Jahre 1963 läßt auch in ihren Briefen die Fragen nach der »heimatlichen Fremde« anklingen. Gleichzeitig ist ihr Anspruch, ein Wort mitzureden in der literarischen Szene Wiens, unüberhörbar. Wieder stellte sie sich der Schriftstellergemeinschaft zur Verfügung, trat dem Österreichischen P.E.N. bei, wie sie dem österreichischen Exilzentrum des Internationalen P.E.N. angehört hatte. Wenn sie später auf den Fehler zu sprechen kam, »den Wiener mit dem Londoner P.E.N verwechselt zu haben«, ändert das nichts an der Tatkraft, mit der sie von 1966 bis 1971 das Amt des Generalsekretärs und bis zum Winter 1972 das einer Vizepräsidentin in die Hand nahm; hinzu kamen ihre Arbeit für das internationale Committee Writers in Prison und die Gründung der Interessengemeinschaft Österreichischer Autoren, eines Pendants zum deutschen VS, dem Verband deutscher Autoren. Die lange Geschichte dieser Tätigkeit für den Österreichischen P.E.N. auch in der Auseinandersetzung mit der Grazer Autorenversammlung um Ernst Jandl, sowie jener »Winter des Mißvergnügens« 1972, in dem Hilde Spiels Kandidatur als Präsidentin des Österreichischen P.E.N. scheiterte, ist mit allen Emotionen, die sie hervorrief, in den Briefen dieses Bandes dokumentiert; Friedrich Torbergs Einspruch ebenso wie Zuspruch und schließlich Trost und Bedauern zum Beispiel von Heinrich Böll.

Die wichtige Rolle, die Hans Flesch-Brunningen, der Freund über Jahrzehnte und von 1971 an zweiter Ehemann, im Leben Hilde Spiels zuwuchs, kommt in vielen Briefen an Dritte zum Ausdruck. Man lese nur einmal den Brief vom 18. Januar 1955 an Hermann Kesten. Darin wird zwar nur die schriftstellerische Laufbahn des Freundes dargestellt; mit wieviel Zuneigung und innigem Verständnis dies jedoch geschieht, spricht für sich. Auf diese Weise ist Hans Flesch-Brunningen in diesem Briefband gegenwärtig, obwohl der Briefwechsel zwischen ihm und Hilde Spiel, der weniger die Welt der Literatur als den Alltag einer Freundschaft betrifft, einer möglichen späteren Veröffentlichung vorbehalten bleiben muß.

Die Briefe dieses Bandes gehören in ihrer Mehrzahl in den Umkreis des literarischen Lebens Hilde Spiels. Sie begann als Verfasserin von Gedichten, Geschichten und Romanen und wurde, von ihrer Biographie und einer nicht zu verkennenden Begabung geführt, zu einer Interpretin von Literatur. Als Essayistin gewann sie höchste Anerkennung, die ihrem Anspruch, wie schon gesagt, nie ganz genügen konnte. Es gibt in ihrem literarischen Leben aber noch einen zweiten Aspekt von Interpretation, und zwar den des Übersetzens. Dieser Arbeit, in der literarischen Öffentlichkeit notorisch unterschätzt, widmete sich Hilde Spiel mit akribischer, einfühlsamer und sprachbewußter Hingabe. Ausschnitte ihres Briefwechsels mit W. H. Auden, James Saunders und Tom Stoppard lassen etwas vom Dialog zwischen dem Autor und seinem Interpreten – in diesem Fall: seiner Interpretin – hören, der die Arbeit des Übersetzens und ihren hohen Stellenwert gültig beschreibt.

Briefe erhellen Geist und Charakter ihrer Verfasser, sie enthüllen, zumal wenn sie aus einem Moment der Emotion heraus entstanden, Schwächen wie Stärken. Hilde Spiels Briefe, die mehr als die Hälfte dieser Briefwechsel ausmachen, bestätigen das Bild einer Frau, einer Literatin, um diesem zu Unrecht diskreditierten Begriff ausdrücklich Ehre anzutun, die den Maßstab geistiger Integrität als Anspruch an sich selbst höher anlegte als die meisten Zeitgenossen. Diese Haltung drückt sich in Sprache aus, wie es der literarischen Öffentlichkeit aus Hilde Spiels Prosa bewußt geworden ist, zuletzt in ihren Erinnerungen.

In den Briefen ist es nicht anders. Sie rücken den Menschen näher. Mut und Niedergeschlagenheit, Ehrgeiz und Güte, die Gabe, andere zu bewundern, der Schmerz, einen Freund zu verlieren, Geduld und Streitbarkeit, das Bedürfnis, geliebt zu werden und anderen Liebe zu schenken, alles ist zugegen, und für Selbstironie ist auch noch Platz: »Wenn ich will, kann ich mich mit meinem besten Freund, meinem Mann oder Geliebten oder meinen Kindern morgen für immer zerstreiten, denn niemand auf der Welt ist 24 Stunden lang loyal, und keiner, dem der liebe Gott eine Gabe zur Malice gegeben hat, wird sich eine Bosheit verbeißen, die ihm in einer hübschen Formulierung zugeflogen ist.«

Zu den starken literarischen wie menschlichen Erlebnissen Hilde Spiels in ihren späteren Lebensjahren gehörte die Begegnung mit dem Schriftsteller Thomas Bernhard, dessen Künstlertum sie auf Anhieb erkannte und in dem sie eine verwandte Seele entdeckte. Auch wenn die Briefe Thomas Bernhards bis auf einen, der zu Lebzeiten Bernhards schon einmal veröffentlicht wurde, durch eine testamentarische Verfügung nicht abgedruckt werden können, sind Anruf und Echo der Briefe Hilde Spiels doch ein wichtiges Zeugnis dieser Freundschaft. Sie wirken wie Hilfsangebote an einen, der in der Einsamkeit verlorengehen könnte.

Gegenwart und Vergangenheit, Heimat, Exil und Wiederkehr in die Welt der Daheimgebliebenen sind stets gegenwärtig in diesen Briefen. Nicht von ungefähr steht noch im letzten Brief Hilde Spiels in diesem Band vom 23. Juni 1990 an den Theaterleiter Boleslaw Barlog der Satz: »Die Kluft zwischen den Dortgebliebenen und Fortgegangenen oder -getriebenen kann sich niemals schließen, und wir wollen sie unsere persönlichen alten Freundschaften dennoch nicht zerrütten lassen.«

Hans A. Neunzig

HILDE SPIEL AN THEODOR KRAMER.
LONDON, 2. DEZEMBER 1941

2. Dezember 1941

Lieber Theodor Kramer,

Hier ist noch eine Kopie Ihres Gedichtes. Ich habe mehrere gemacht, aber eine nochmals der *Zeitung* geschickt, die meinem Mann sagte, sie würde es gern bringen, aber Lyrik habe eigentlich keinen Platz in ihrer ohnehin sehr kleinen Literaturseite, und sie hätten bisher überhaupt nur 2 Gedichte und die vor langer Zeit gebracht. Ich fürchte also, daß es dort mit Lyrik nicht sehr aussichtsreich ist. Die andere Kopie habe ich ebenfalls noch einmal an Albert Fuchs geschickt, und es ist doch vielleicht möglich, daß man sie im nächsten Programm verwendet. Ich wüßte gern, ob Sie indessen irgendwas ausgerichtet haben, und ob Sie ein wenig länger bleiben können. Würden Sie michs wissen lassen? Ich bin Mittwoch und Freitag nicht zuhause, aber an allen anderen Tagen.

Alles Liebe, Ihre Hilde Spiel

HILDE SPIEL AN THEODOR KRAMER.
LONDON, 4. DEZEMBER 1941

4. Dezember 1941

Lieber Theodor Kramer,

es war schade, Sie nicht länger gesprochen zu haben. Ich unterhielt mich nach der Sitzung noch ausführlich über Ihre Chancen mit Eleanor F. und Irene Rathbone. Beide, besonders E. F., waren zuversichtlich, daß man etwas für Sie finden würde, wenn sie auch beide nicht sicher waren, wie bald. Ich bin davon *überzeugt*, daß besonders E. F. *alles* daransetzen wird, Sie unterzubringen.

Wenn ich Ihnen etwas raten darf, bleiben Sie so lange,

als Sie tatsächlich Verhandlungen haben, hier. Aber selbst wenn Sie ungetaner Dinge wieder wegfahren müssen, verspreche ich, mit den beiden Damen zusammen für Sie Umschau zu halten.

Ich hätte Ihnen *so gern* eine Kleinigkeit vorgestreckt, aber gerade jetzt sind wir in einem vorübergehenden »fix«. Vielleicht geht es nächste Woche. Bitte lassen Sie schriftlich oder telefonisch wissen, wie alles steht!

Ihre Hilde Spiel

HILDE SPIEL AN THEODOR KRAMER. LONDON, 5. JANUAR 1942

5. I. 42.

Lieber Th K,

Es tut mir leid zu hören, daß es Ihnen schlecht geht, vielleicht haben Sie sich auf der Reise erkältet. Jeder hat jetzt übrigens irgendeine Art von Grippe, und man kann nur hoffen, daß es bald besser wird. Der Winter wird ja anscheinend nicht mehr sehr gefährlich werden, jetzt ist es in London warm wie im Frühling.

Ich habe auch Ihre Gedichte bekommen, von denen mir manche ganz besonders gut gefallen. Ich will Ihnen auch gern ein paar abschreiben, sowie ich kann, aber ich weiß nicht recht, ob ich für alle Zeit haben werde. Ich hatte, ehrlich gesagt, mein Angebot ein bißchen voreilig gemacht, und vor allem nicht daran gedacht, daß es mehr als ein paar sein würden. Wir haben ja wenig über meine Privatverhältnisse gesprochen, und so haben Sie vielleicht keine Vorstellung, womit ich meine Zeit hinbringe. Einen Haushalt zu leiten ist jetzt im Krieg ziemlich schwer und zeitraubend, und ein Kind ist nach einem englischen Wort »one person's job«, dazu kommt ein sehr abgearbeiteter Mann, den man betreuen muß. So verwende ich jede freie Minute für meinen Roman, auf den ein Verlag eine Option hat, und der seit zwei Jahren hätte erscheinen können, wenn er endlich fertig wäre. Ich mache nur sehr langsamen Fortschritt, weil ich ihn englisch schreibe, und brauche zu zehn Seiten einen Monat. Sowie ich also an der Schreibmaschine sitze, geize ich mit jeder Minute, die ich für andere Dinge verwende, und hab auch meinen besten Freunden schon wochenlang nicht geschrieben, weil mir um die Zeit leid ist. Zu den Feiertagen fuhr ich ein bißchen öfter in die Stadt, aber jetzt komme ich kaum einmal die Woche hinein, alles, um endlich vom Fleck zu kommen. Sie verstehen das gewiß. Jemand, der allein lebt, wie die frühere Frau Kalmers, fände da viel eher Zeit. Aber ich sehe ja aus Ihrem ersten Brief, daß Sie eine Schreibmaschine besitzen? Haben Sie nicht immer Zugang dazu?

Jedenfalls will ich gern die Gedichte, die ich am schönsten finde, abschreiben und dann mit dem Rest an die Frau Kalmus schicken, sowie ich fertig bin.

Von Roubiczeks hörte ich, daß sie ihre Bemühungen in dieser Woche machen werden. Sonderbarerweise verspreche ich mir mehr von Cambridge als von London. Man ist dort zu refugees so besonders freundlich, und an der Universität ungeheuer an deutscher Prosa und Dichtung interessiert.

Also hoffentlich hört diese leidige Krankheit bald auf! Jedenfalls alle guten Wünsche dafür,

von Ihrer Hilde Spiel

HILDE SPIEL AN THEODOR KRAMER.
LONDON, 18. JANUAR 1942

18. 1. 1942

Lieber Th K

Heute schrieb ich einige Gedichte ab und schickte sie mit den Originalen an Elly Kalmus.

Wie geht es Ihnen?

Irgendwelche Neuigkeiten?

Haben Sie eigentlich in London mit der Booksellers Association verhandelt? Da hat dieser Tage eine Bekannte gute Erfahrungen gemacht, und sogar eine Stelle in Aussicht. Ich kann mich nicht erinnern, daß Sie diese Vereinigung genannt haben.

Lassen Sie wieder von sich hören,

Ihre Hilde Spiel

HILDE SPIEL AN THEODOR KRAMER.
LONDON, 2. MÄRZ 1942

2. III. 1942

Lieber Th K

Was gibt es bei Ihnen? Fühlen Sie sich besser? Ich habe Ihnen Konkurrenz gemacht und mich wochenlang sehr elend gefühlt, und nun muß ich in ein paar Wochen operiert werden – ein ekelhaftes Gefühl. Aber man kann es nicht ändern.

Haben Sie irgendetwas in Aussicht?
Schreiben Sie etwas?
Mit allerbesten Grüßen,

Ihre Hilde Spiel

HILDE SPIEL AN HERMON OULD.
LONDON, 26. NOVEMBER 1942

November 26, 1942

Dear Mr. Ould,

Since the P.E.N. Club seems to get more kicks than ha'pennies nowadays, may I for one thank you for a most enjoyable Coming of Ageparty and, quite generally, for all the P.E.N. has given us throughout the years. I cannot tell you how much it has meant to us from every point of view, how many dear friends we have made, and how many stimulating lunch-hours, afternoons and evenings we have spent in its midst. I was a little ashamed last Saturday when some of my former countrymen – though surely they realize what they owe to the P.E.N. – did not have the courtesy to acknowledge their debt before making new demands.

May I also add a word or two to what my husband said in the discussion. I am certain that you did not mistake his argument for an attack on the present constitution of the London P.E.N. Nobody would wish to exclude any one of its present members. But we all fear that if its doors were thrown open to people who are not first and foremost writers, a bad example might be set to other P.E.N. groups and centres who already seem to stretch the point a little too wide.

I hope you will not think it an act of personal grievance if I illustrate this by a word about the Austrian P.E.N. I still remember what it meant to be a member in Vienna. Young writers considered it a very great honour indeed to be elected. It was almost a degree in belles lettres, the first acknowledgement of a writer being accepted as such. For novelists the rule was, I believe, that they must have published two books at least. And though my first novel was successful, and I was given a prize for it, I found it only natural that I had to give further proof of the seriousness with which I had taken up writing before being invited to join the P.E.N. It is this dignity of the P.E.N. Club that, in my opinion, gives greater weight to its declarations, and also greater encouragement to young writers, than an enormous increase in membership, and a lowering of its level.

In the Austrian P.E.N. this change has taken place. While its members have increased rapidly, the writers of merit that have remained in it are reduced to a handful. Its secretary, as you will have noticed, introduced himself in last Saturday's discussion as »being no writer«. On occasion of a »Kulturtagung« arranged by the Austrian P.E.N. in conjunction with Austrian political organisations, no writer without party affiliation was put up as a speaker, in fact, hardly a writer in the accepted sense at all. If the International P.E.N. adopted the principle of such loosely drawn limits it would, I fear, open the door to a certain amount of misuse of the P.E.N. for personal or political interests. It is a fact, of which continental spiritual independence rises or sinks with the merit of a writer. This seems to be different in England, where individualism is so much more pronounced. Bad writers in England might still be cranks. On the continent they would be fierce members of a political party.

With very kindest regards, Yours sincerely,
Mrs. Hilde de Mendelssohn

HERMON OULD AN HILDE SPIEL.
LONDON, 28. NOVEMBER 1942

28th Nov., 1942
Dear Mrs. von Mendelssohn,
Thank you so much for your letter and its kind and friendly references to the P.E.N. The P.E.N. can stand the kicks: they will prevent it from becoming complacent, but it would have left a pleasanter taste in the mouth if the kicks had come from another quarter.

I had suspicion that Peter's remarks were really related to something unexpressed. I could not imagine he thought the London Committee incapable of selecting its members, but as he gave the impression that anybody could join the P.E.N., tinker tailor soldier sailor, I thought I had to remove it.

My idea of widening the membership basis was never intended to give the impression that we should be more *lenient,* but that we should admit *qualified* writers even though they were not Poets and Playwrights, Essayists and Novelists. So far from wanting less weighty members, I wanted more weighty members. Einstein, e. g. . . .!

I am sorry if the Austrian Centre is letting in non-writers or scarcely-writers for political reasons. I am quite sure that if the P.E.N. once allows itself to be used for party-political ends, it will cease to have any moral authority whatever. It is extremely short-sighted of those exiles who want to drag us into their brand of politics. If we had followed such as a course before the war, can you imagine the Home Office appointing us to advise them about refugee writers? Our strength lies in being unbribable by political wire-pullers.

Kindest regards to you both, Sincerely yours,

Hermon Ould

HILDE SPIEL AN FRIEDRICH TORBERG.
LONDON, MAI 1951

(Mai 51)

Lieber Torberg,

Danke für Ihr Buch. Hier ist das meine, leider nur in der häßlichen Wiener Vorwährungsreformausgabe, aber die deutsche habe ich nicht da.

Ohne um Gotteswillen das Gespräch fortzusetzen: das mit der »Entscheidung« gilt doch wohl nicht mir? Sofern eine zu treffen ist, habe ich sie längst getroffen (siehe einen großen Angriff auf Fadejew in der *Welt*, 1948, und einen offenen Brief an John Peet in der *Neuen Zeitung*, 1950).

Aber nach fünfzehn Jahren englischer Toleranz hänge ich halt immer noch dem berühmten Voltaire-Wort an: »Ich bestreite alles, was Sie sagen, aber ich werde bis zum Äußersten Ihr Recht verteidigen, es auszusprechen.« Das »Äußerste« geht eben in England viel weiter als in Amerika; auch aus der Emigrantenhaut kann man nicht mehr fahren, wie sich zeigt.

Sind wir wieder einmal bös? Oder sag ich Ihnen noch adieu vor meiner Abreise?

Ihre Hilde

FRIEDRICH TORBERG AN HILDE SPIEL.
WIEN, 10. MAI 1951

Wien, 10. Mai 1951

Liebe Hilde,

dankeschön für Buch und Brief, und wenn Sie gestern nacht noch ein bißchen länger ausgeharrt hätten (den Weigel hab ich noch beim Havelka getroffen), dann hätten wir noch mündlich Gelegenheit gehabt, das Gespräch nicht fortzusetzen. Da ich aber morgen schon nach München fahre, muß ich es brieflich tun, und zwar:

Selbstverständlich gilt das mit der »Entscheidung« Ihnen, und selbstverständlich nicht auf der von Ihnen vermuteten Fundamental- und Vordergrund-Basis, auf der Sie Ihre Entscheidung selbstverständlich schon längst getroffen haben und wessen ich Sie erst gar keines Gegenteils verdächtige (sonst wäre ja erst gar kein Gespräch zustandegekommen). Der Jammer – und nicht nur, wie in diesem Fall, Ihr Jammer und meiner, sondern der Jammer überhaupt – besteht darin, daß Sie es bei der Fundamental- und Vordergrunds-Entscheidung bewenden lassen und nicht mehr dorthin weiterdenken wollen, wo die Konsequenzen dann eben schon ein bißchen wehtun oder zumindest unbequem werden, also wo man z. B. den Thomas Mann und den Berthold Viertel als die Diktatur-Collaborateure agnoszieren müßte, die sie sind, und wo man sich an dieser peinlichen Erkenntnis durch keinerlei publikes Verehrungsbedürfnis und keinerlei private Freundschaft mehr irremachen lassen darf. Mit einem Angriff auf den deklarierten Bolschewiken Fadejew und den deklarierten Überläufer Peet ist nämlich dort, wo es drauf ankommt, nichts mehr bewiesen. Aber dem Thomas Mann heute noch »Naivität« zu konzedieren und dem Berthold

Viertel heute noch »ehrliches Ringen«, zu dem man ihm »Zeit lassen« muß, ist eine moralische Entscheidungsflucht und eine intellektuelle Schlamperei.

Was das alles mit Amerika zu tun haben soll, weiß ich nicht. Ich habe Amerika zur Bildung meiner Moral- und Sauberkeitsbegriffe so wenig gebraucht wie etwa der Weigel. Und wenn es zutrifft, daß »Toleranz« in England eben viel weiter geht, dann muß unsereiner nur desto wachsamer zwischen Toleranz und Korruption, zwischen Friedensliebe und appeasement, zwischen ehrlicher Bemühung und opportunistischer Verwaschenheit zu unterscheiden wissen. Nichts wäre mir lieber, als den Thomas Mann lediglich für einen großartigen Schriftsteller und den Berthold Viertel lediglich für einen guten Regisseur zu halten. Und ich habe kein Vergnügen daran und keinen Nutzen davon, daß die beiden selbst mir das unmöglich machen.

Nein, wir sind nicht »wieder einmal bös« miteinander. Denn wenn wir's aus solchem Anlaß würden, dann wären wir's nicht »wieder einmal«, sondern zum ersten Mal wirklich. Und die oben beregte [sic!] Fundamental-Basis unsrer Verständigungsmöglichkeiten ist doch wohl breit genug, daß wir, um mit uns Angelsachsen zu sprechen, auf sprechenden Ausdrücken bleiben. In diesem Sinne – herzlichst Ihr F. T.

HILDE SPIEL AN HERMANN KESTEN.
LONDON, 28. MAI 1951

28. Mai 1951
Liebster Hermann Kesten,
Wie lange wollte ich Ihnen schon schreiben! Aber es war ein schlimmer Winter: als Sie hier wegfuhren, war ich vor einer Operation, bald wurde meine Mutter wieder krank und starb dann, kaum sechzigjährig, hier bei uns im Haus, im März. Ich weiß, wie sehr Sie an der

Ihren hängen, darum werden Sie verstehen, wie alles war. Es läßt sich nicht schildern.

Im späten April fuhr ich dann ganz kurz weg, nach Berlin, München und Wien, sah Lufts und Gina Kaus, und Wallenberg und Habe, und dann alle Wiener Freunde, dazu meinen »intimen Feind« von eh und je, den Torberg. Es war sehr schön und sehr traurig in Wien, wenn ich dort bin, möchte ich mich manchmal eingraben, irgendwo in Döbling, und nicht mehr weggehen, halb in der Erde, halb mit dem Körper heraussstehend, damit ich auch an allem teilnehmen kann. Bäume haben es gut. Aber dann muß ich immer wieder weg – und so schön ist es vielleicht auch gar nicht, sage ich mir dann.

Jetzt bereiten wir uns schon auf den nächsten PEN Kongreß vor, in Lausanne, und wie Sie uns da abgehen werden, mit Ihrer Toni, das läßt sich gar nicht genug betonen. Nun hat zwar der Peter auch große Pläne, möchte im Herbst nach New York fahren und zwei Monate dort bleiben, aber es besteht alles ein wenig im Irreellen, denn wir haben uns gar keine Schiffsplätze reserviert, reden nur davon wie Leute in Tschechow-Stücken. Aber da oder dort sehen wir Sie doch wieder, hoffe ich.

In Wien war viel Streit um Viertel, er müsse sich endlich frontal festlegen, verlangt man dort, vor allem der zur Hexenjagd eingetroffene Torberg. Ich habe mich ebenso erhitzt wie in Berlin über Peet, umgekehrt. Wirklich leiden mochte ich nur die Herren über fünfzig, wozu Sie ja nun auch gerade eben mal gehören, und so saß ich immer, wenn ich Zeit hatte, bei Viertel und Czokor und redete mit ihnen, wie man es heute nicht mehr tut.

Dann muß ich Ihnen auch erzählen, daß ich mich sehr, wie auch Peter, über die ehrende Erwähnung gefreut habe, die Sie uns im Herbst zukommen ließen. Und wie Ihr von Desch so fürstlich ausgestattetes Philipp-Buch mich ergötzt hat. Nun warten wir schon alle auf den *Casanova*, und wo bleibt er?

Auch lese ich etwas, was mir ganz nahe geht und mich überhaupt nicht zu Atem kommen läßt, obwohl es der langatmigste Roman ist, den ich seit Proust gelesen habe. Das ist ein Buch *Die Strudlhofstiege* von Heimito v. Doderer, einem Wiener ungefähr von Fleschens Alter, der auch in die Familienlegende gehört, da er einmal in einem längst vergangenen Fasching mit meiner sehr schönen Mutter geflirtet hat. Dieser nun, über den es ein Couplet gibt, das ich Ihnen gleich zitieren werde, hat etwas ganz Erstaunliches geschrieben, zwischen Jean Paul und Musil und Proust, ein für mich aufregendes Buch, eigentlich nur Gesellschaftstratsch aus dem Wien der Vorkriegs- und Nachkriegsjahre erster Fechsung, aber so sensitiv und mit einer solchen detaillierten Erforschung menschlicher Beziehungen, daß man sich in eine völlig andere Welt versetzt sieht.

Das Couplet geht so. Oder eher, der Quatrain:

> Du lieber Himmelsvoderer
> Ich brauch kein Paradies
> Ich hab den Heimito Doderer
> Und den Gütersloh Paris.

Mochten Sie eigentlich den Torberg in Amerika? Ich suche Brennmaterial, um das Feuer meiner höchst anhänglichen und zwanzig Jahre alten Abneigung gegen ihn zu schüren.

Und Sie und Toni? Gehen Sie zu Urlaub in die Rocky Mountains? Ich will nach St. Wolfgang, ein Weilchen, und wie gemütlich wäre es, wenn Sie beide auch da wären!

Nun nur noch einen innigen Gruß, und auch alles Liebe von dem Gatten, der sich fast den ganzen Tag der leidigen politischen Schriftstellerei widmet – sehr contre cœur.

Immer Ihre Hilde

FRITZ FELDNER AN HILDE SPIEL.
WIEN, 2. JUNI 1951

Wien, am 2. Juni 1951. –
Liebe, gnädige Frau,
Unbeeinflußt und aus freien Stücken habe ich mich erbötig gemacht, einige Worte zu sagen, um die politische Einstellung meines Freundes Heimito Doderer während der nazistischen Epoche zu profilieren:

Heimito Doderer war von den nationalsozialistischen Ideen zweifellos stark beeindruckt und hat – ohne hieraus ein Hehl zu machen mit ihnen sympathisiert – freilich zu einer Zeit, da der Werwolf noch in einem blühweißen Schafspelz am politischen Horizont erschien, also lange vor 1933. Doderer sah dieses Phänomen über die Staatsgrenzen hinweg, aus einer Entfernung, die perspektivische Verkennung nur zu erklärlich macht. Um diese Gefahr wissend zog er aus, um aus allernächster Nähe zu wägen, zu prüfen, zu urteilen und zu – verdammen! Er domizilierte mehr als ein Jahr in Dachau knapp an dem Stacheldrahtverhau, das mit Hochspannung geladen war.

Und mit Hochspannung geladen, kehrte auch er nach Österreich zurück: Hände weg vom Nazismus! Ein ganz großer Irrtum! So ungefähr waren die Parolen, die er seinen Schilderungen über die Bewegung Adolf Hitlers anfügte. Zu jener Zeit gab es schon manche Enttäuschte, die wohl »wider den Stachel löckten«, aber die sakrosankte Person des »Führers« ausnahmen. Kein Wort gegen »IHN«! Nicht so Heimito Doderer. Schon vor der »Machtergreifung« im Jahre 1933 erkannte er die Hohlheit, die Verlogenheit und das Verbrecherische dieser völlig ungeistigen Proletenfigur.

Doderer errichtete nach seiner Rückkehr aus Deutschland gewissermaßen ein Apostolat gegen den Nationalsozialismus und es ist ihm gelungen, manch einem Verblendeten das richtige Sehvermögen wieder beizubringen. Zelotisch verteidigte er alles und jedes, das österreichisch war und verurteilte, was auch nur immer auf einen Anschluß abzielte. Als sich dieser dennoch in Form einer Besetzung mit brutaler Waffengewalt realisierte, begab sich Doderer in eine freiwillige Klausur. Selbst für seinen engsten Freundeskreis war es damals schwer, ihn zum Öffnen seiner Wohnungstüre zu bewegen.

Damals kämmte jeder die Familienchronik durch, um seine völkische Zugehörigkeit und seine nationale Einstellung zu beweisen, die Großmutter, die einmal beim Turnerfest einen Eichenlaubkranz für die Büste des Turnvaters Jahn flocht, wurde im Triumph exhumiert. In diesem psychotischen Tumult, in diesem aufgeschaukelten nationalen Paroxismus stand Doderer wie einer, dem seine Welt zerbrochen war. Er, der die Kraft des Wortes in sich trug und, getragen von dem Wohlwollen der Partei einen raketenhaften Aufstieg hätte machen können, wenn er nur gewollt hätte, er kapselte sich von allem ab, was auch nur nach »Schrifttumkammer« roch. Er lehnte es ab, zu schreiben, wie man es gerne gelesen hätte und riskierte, nochmals mit Dachau Bekanntschaft zu machen – diesmal freilich innerhalb des Drahtverhaues.

Nicht jeder Dichter hielt so rein. Manch einer, der im heutigen Österreich in Würden gehüllt und mit der Toga praetexta seiner »Gesinnung« bekleidet, Ehrenämter der Literatur ausübt, hat sich zu jener Zeit den Praetorianern angeschlossen und wäre es auch nur ein bescheidenes Amt in der Amtlichen Nachrichtenstelle gewesen.

Im Jahre 1941 konvertierte Heimito Doderer und empfing das Sakrament der Taufe durch Pater Bichelmaier. Wer damals eine solche Tat setzte, schlug dem Nazismus mit der Faust ins Gesicht!

Wie Doderer während der Militärdienstzeit, vor allem in den besetzten französischen Gebieten, seine Menschlichkeit exerzierte, ist ein Kapitel für sich und ein durch Zeugen leicht beweisbares.

Nach 1945 versuchte man, Doderer aus seiner so lange verjährten, nationalsozialistischen Einstellung einen Strick zu drehen. Die öffentliche Meinung, ja sogar das Gesetz (!) schützte aber alle jene, die sich im Jahre 1939 und späterhin zur Partei drängten, zu einem Zeitpunkt also, da die Katze längst aus dem Sack war und auch ein Blinder sehen konnte, daß Nationalsozialismus Krieg bedeutete, Judenverfolgung, Konzentrationslager, Unmenschlichkeit und Verbrechertum. Müßte nicht nur Gott, sondern auch uns Menschen ein Saulus ebenso lieb sein wie ein (General) Paulus?

Nehmen Sie, liebe gnädige Frau, diese Skizzierung, die ich als einer, der den Nazismus seit eh und je bestens gehaßt hat, buchstabengetreu vertrete, als Faktum, das sich durch die Aussage des Professors Paris Gütersloh, des damaligen Wohngefährten Doderers unschwer erhärten läßt.

Mit herzlichsten Grüßen und mit Handkuß:

Ihr Feldner

HILDE SPIEL AN FRITZ FELDNER.
LONDON, 13. JUNI 1951

13. Juni 1951

Lieber guter Herr Feldner,

Wie reizend war es von Ihnen, mir eine so lebendige, temperamentvolle und passionierte Apologie Ihres Freundes zu schicken! Ich hatte mich schon über Ihr Portrait als Herr Höpfner in der *Strudlhofstiege* gefreut, als dann auch gleich Ihr Brief kam.

Ja, was soll man da sagen? Mich hat dieses Buch so erschüttert, so in allen Fasern ergriffen, so aufgerührt in meiner grenzenlosen, unermeßlichen Liebe zu Wien, die mit den Jahren und mit der Entfernung immer – ich möchte fast sagen – ärger wird wie eine Krankheit, daß ich ihm wehrlos gegenüber stehe. Aber was ich da über Doderers frühe Ansichten über den Nazismus erfahren muß, das ruft doch wieder dieselbe herzzerreißende Spaltung in mir hervor wie so vieles, was mit Wien zusammenhängt.

Ich kann nicht leugnen, daß es mir viel lieber gewesen wäre, wenn er niemals der Versuchung erlegen wäre, diese »Weltanschauung«, dieses Regime ernst zu nehmen. Sehen Sie, ich glaube, die Lektüre von *Mein Kampf* hätte genügen müssen, einem die ganze Hohlheit, Verderblichkeit und Unmenschlichkeit des Nazismus zu enthüllen. Und dieses Buch mußte er doch damals vor 33 gelesen haben. War denn der Schafspelz jemals blühweiß? Konnte man wirklich so etwas glauben, wenn man die Fratzen, die Parolen, das niveaulose Bramarbasieren dieser Kerle vor sich sah? Aber man muß sich wohl damit begnügen, daß er so bald umschwenkte, wenn es auch ziemlich unbegreiflich ist, wie er je in diesen Bannkreis geraten konnte.

Im übrigen hätte ich ihm wohl auch verziehen, wenn er Schlimmeres getan hätte. Verzeihen müssen. Denn sein Buch geht mir in einer Weise nahe, wie noch nie eines, einfach weil es auf das diffizilste wachruft, was mir das Wichtigste im Leben ist: Erbgut und Kindheit in Wien. Ich beklage jetzt noch mehr den frühen Tod meiner Eltern – weil sie es nicht lesen konnten. Meine Mutter, die in diesem März hier starb – Doderer hat einmal, zufällig weiß ich das, auf einem Faschingsfest in den 20ern mit ihr geflirtet – immer noch schön, kaum sechzigjährig, hätte die *Strudlhofstiege* sehr geliebt und zutiefst verstanden.

Also gut. Hinüber. Was mich betrifft, so kann ich nur sagen, daß ich, sooft ich kann, Gutes über Doderer schreiben werde. Und damit hab ich auch schon angefangen.

Es war sehr nett, Sie in Wien zu sehen. Und danke für Ihren Brief.   Ihre Hilde Spiel

HERMANN KESTEN AN HILDE SPIEL.
NEW YORK, 21. SEPTEMBER 1951

21. September 1951
Liebste, verehrteste, teuerste Hilde,
ich kann nur noch den ersten Satz Ihres letzten Briefes an mich zitieren (vom Mai 1951!) (Ende Mai!–): »Wie lange wollte ich Ihnen schon schreiben!« . . . . .

In der Tat, da ich Ihnen wirklich schon seit so langer Zeit schreiben wollte, und sollte und mußte, habe ich Ihnen in Gedanken viele Dutzend Briefe inzwischen geschrieben und noch viel mehr an Sie und Peter gedacht, als ich schon sowieso, das heißt aus schönster Neigung für Euch beide, gedacht hätte, nicht davon zu sprechen, daß man als Leser der *Neuen Zeitung* in München und des *Monats* in Berlin (und des *New Statesman* in London) immerzu an Euch erinnert wird, da man Euch allerorten liest, und – mit Vergnügen meistens liest.

Ich hatte viele Gründe, (und nicht die winzigste Ursache) um meinen Brief hinauszuschieben. Erstens waren Sie traurig, und ich war nicht stark genug, um anders als selber traurig zu schreiben.

Dann hoffte ich im Mai noch immer, ich würde bald, bald irgendwo in Europa auftauchen und Sie wiedersehen, mit Peter und Kindern, in irgendeinem italienischen Museum, wo Peter die Schlachtenbilder seiner Nachkommenschaft erläutert. Oder wenigstens auf dem PEN Kongreß. (Nun hoffe ich aber auch, Sie, beim nächsten PEN Kongreß ganz sicher zu sehn.)

Und dann hatte ich meine ganze Korrespondenz beiseite gelegt, um nur noch an meinem Buch zu arbeiten, als ob solche Gewaltmaßnahmen was hülfen!

Und so fort!

Und nun komme ich mit meinem alten Brief und möchte nach ollen Kamellen fragen, nach dem Schnee vom vorigen Jahr, wie war es z. B. mit dem PEN Kongreß und den törichten amerikanischen fellows und unserem admirablen Freund Robert Neumann, dem Parsifal der Völkerverständigung, dem reinen Kind des Friedens. Was tat, was wollte Don Roberto?

Und was tut Ihr? Außer Reisen (wie beneide ich Euch Europäer alle, die Ihr so leicht von einem Land ins andre fahrt!) und Artikel schreiben und Kinder aufziehen. Und im *Monat* las ich Sie waren in Salzburg? Und wo noch?

Und warum konnten Sie Fritz Torberg seit zwanzig Jahren nicht leiden, sind es persönliche, literarische, äußere, animalische, antiösterreichische, landsmännische oder gar keine faßlichen Gründe?

Und kennen Sie wenigstens seine Frau?

Sie haben doch den Viertel (von dem Ihr letzter Brief wegen Festlegung politischer [Art] erzählt) per Bild etc. in den neuesten *Monat* gebracht, oder nicht? Und haben Sie in der *Weltbühne* den Artikel von Peet über die Familie Mendelssohn gelesen. (Daß Sie mich zusammentun mit Wackelgreisen, Tattergreisen, zahnlosen haarlosen kraftlosen saftlosen talentlosen fellow travellers wie Viertel und Csokor – den Sie wenigstens zum Trost nur Czokor schreiben – ein schwacher Trost – hat mich vor den Spiegel geführt, Ende Mai, und da stehe ich immer noch, sehe ich wirklich schon so beschädigt, kaputt, ausgelaufen, gaga, idiotisch, zum Lachen (aber einem traurigen Lachen) kurz so verzweifelt, respektabel und begrabensreif aus? Da wäre mir noch lieber, Sie würden mich mit den Lausbuben oder Fußballschreibern oder sonst wem Jüngern zusammentun. Guter Gott... mit Viertel... mit Csokor-Czokor!!! Gott! Gott! Aber ich hatte immer einen kleinen finsteren Verdacht, hochverehrte und sehr geschätzte Hilde, Sie machten sich ein klein wenig über mich lustig. Also das war es. Gaga!

Tu l'as voulu, Georges Dandin; kann ich also zitieren, und mit Recht; denn ich wollte nie jung sterben; und da muß man sich halt bequemen und alt werden; daß es aber einem dann gleich jene Damen einreiben müssen, jene Damen, sage ich, welche... Kurz und gut. Was ich fragen wollte, war nämlich: Schreiben Sie auch beide oder einer von Ihnen ein neues Buch, oder kommt Ihr vor lauter Schreiben, Lesen, Kindererziehen, Reisen, Sichübertorbergärgern, Lufts und Gina Kaus und Wallenberg und Habe Sehen, – nicht dazu?

Und wollen Sie wirklich ein Baum in Döbling sein? Und ich müßte bis nach Döbling fahren, wenn ich Sie wiedersehen wollte, und würde dann womöglich den Baum vor lauter Wäldern nicht mehr sehn, und unglücklich sein, und selbst wenn Sie ein wunderschöner Döblinger Baum wären, wie nicht anders zu erwarten, kann ich mit einem Fräulein oder einer gnädigen Frau Baum ins

Kaffeehaus gehn und über Literatur und verwandte liebliche Gegenstände plaudern, oder gar ein Rendezvous auf dem nächsten PEN Kongreß in Nizza mit einem Döblinger Baum ausmachen?

Nein, verehrte Hilde, bleiben Sie, was Sie sind. Und blieben Peters Herbst-New-York-Pläne im Irrealen, wie Sie es pessimistisch und Dichter kennend voraussahn?

Und ist es wahr, wirklich wahr, oder nur so ein Frühlingseinfall von Ihnen, daß der in Ihre Familienchronik gehörende, Hans-Flesch-Altrige Heimito von Doderer mit seinem Roman *Die Strudlhofstiege* einen guten Roman geschrieben hat? Sie schrieben das zwar in irgendeiner deutschen Zeitung, aber man schreibt ja viel, und mir werden Sie doch die ganze Wahrheit sagen (wollen Sie nicht, endlich?) Das Couplet über ihn ist entzückend, ich meine der Quatrain. Aber der Roman....??? Was Sie mir davon schrieben, Musil (o Tod! Jean Paul – unnachahmlich, und wer ihn nachahmt, ist offener Graus, und Proust, und das ist schon gut, aber so ein definitives abgeschlossenes Ende, so aus und fertig, wie auf seine Weise der unselige Kafka, und wer an Proust oder Kafka erinnert, erinnert an Tod und Sünde). Und das Heimchen von Doderer – ein heimtonisches Geniechen? Liebe, verehrte Hilde, um mir zu beweisen, daß Sie hundertmal edler, und besser und freundlicher sind als der Unterzeichnete schreiben Sie bitte gleich wieder Ihrem uralten
Hermann Kesten (Csokor, Viertel-Alter!).

Herzlichste Grüße an Peter. Toni grüßt Sie beide.

HILDE SPIEL AN HERMANN KESTEN.
LONDON, 7. JANUAR 1952

7. Januar 1952
Lieber, bester und verehrter Hermann Kesten,

Diesen Brief bin ich Ihnen seit vielen Monaten schuldig, so lange, daß ich gar nicht weiß, ob wir überhaupt über den letzten Sommer schon berichtet hatten. But let's take it as read – zumindest erinnere ich mich an eine Karte an Sie mit Edschmiden vom Strand in Roncchi. Und nun machen Sie uns Hoffnung, daß man sich in Nizza wiedersieht! Das wäre sehr schön.

Und was berichte ich von uns? Eben habe ich an Peters Tür die Warnung »Silence: Genius at Work« geheftet, die eine englische Zeitung nach amerikanischem Vorbild veröffentlicht hat. Das ist hier nötiger als anderswo, denn in einem recht kleinen und kompakten Apartement toben in den Weihnachtsferien die Kinder, während der Peter in seinem Hinterzimmer den Lebensunterhalt und ich in meinem Studiereckchen im Schlafzimmer nach vorn heraus die Rosinen verdiene. Auch das ist übertrieben. Den gelegentlichen Zuckerguß allerbestens.

Peter wird ganz grün vor Neid, wenn er erfährt, daß jemand an seinem Roman arbeitet, denn er selbst kommt und kommt nicht zum Eigenbau, sondern muß immer lästige Journalistik betreiben und obendrein noch Kasack ins Englische übersetzen, weil er sich nun mal drauf eingelassen hat. Ein so netter Roman liegt angefangen in der Lade. Ich entfliehe manchmal dem Haushalt ins British Museum, wo ich viel zu ausführliche Studien über Katherine Mansfield betreibe, die dann zu einem Essay verdichtet werden sollen. Ich weiß schon so viel über die Arme, daß ich gar keine Lust mehr habe, es hinzuschreiben. Research ist doch das zweit- oder drittschönste Ding im Leben. Der Suhrkamp wird vielleicht einen Essayband von mir bringen, da muß ich mich dann kaum mehr anstrengen, einfach die Lade aufmachen und alles zusammenstellen.

Die Mansfield hat mich tagelang ganz verstört – ich begann schon, Symptome der galoppierenden Schwindsucht an den Tag zu legen. Peter seinerseits schwebt grämlich im Kasackschen Zwischenreich. Und Sie sind ja nun immer noch mit Ihrem *Casanova* beschäftigt. Man muß Sie beneiden.

Sonntag fährt der Peter wieder mal nach Deutschland. Frankfurt und so weiter, und Berlin. Die Deutsche Akademie will ihn ein bißchen feiern, mit Vortrag und Schweinskoteletten – wie denn überhaupt ein trip auf den Kontinent vor allem in kulinarischen Freuden besteht – und dann soll er auch nach Ulm zur braven Schollschwester und ihrer Anstalt zur Veredelung der Deutschen. In Berlin warten schon Lufts mit geöffneten Armen. Wir waren eine Weile recht böse auf diese einzigen Pracht- und Ausstellungsexemplare des Nachkriegs-Berlin, weil wir auf zahlreiche Weihnachtswünsche keine Antwort kriegten. Aber gerade heute kam ein Paketchen von Heide mit reizend selbst entworfenen Tüchlein und Fazolettln (wie das in Österreich heißt) und wie kann man der genialen Künstlerin da noch länger böse sein?

Dann wollten wir uns ja auch ein Häuschen in St. Wolfgang kaufen, aber erstens will der Besitzer nicht recht und zweitens haben wir auch gar kein Geld, es ist also fraglich, ob die Sache zustande kommt. Sonst hätten wir natürlich schon Einladungen in alle Welt ergehen lassen. Amerikanische Reise ist jedenfalls nicht, solange wir nicht wissen, ob wir nicht doch noch das Sommerhäuschen kriegen.

Der Literatur im allgemeinen geht es schlecht. Wir überlegen uns jetzt Dinge wie, ob mehr deutsche als englische Schriftsteller Autos besitzen. Es scheint so. Der sonst eher kälbische Günther Weisenborn gab Kästnern eine ganz nette Antwort – neulich im Luitpold – als dieser hochfahrend erklärte, Auto habe er keins. Weisenborn: »Sie sparen wohl auf ein Flugzeug!« – Anläßlich der Mansfield sehe ich wieder, wie materialistisch die Künstler geworden sind. In ihren Briefen geht es immer nur um artistic purity, truth, vision und so weiter. Man schämt sich geradezu.

Lieber Kesten, Ihnen und Toni das Herzlichste und hoffentlich auf Wiedersehen, bald

Ihre Hilde

Auch Grüße natürlich vom Peter.

HEIMITO VON DODERER AN HILDE SPIEL.
LANDSHUT, 31. OKTOBER 1952

Sehr verehrte liebe gnädige Frau, vielen herzlichen Dank für die Zusendung Ihres Manuscriptes! Ich habe es bereits zur Gänze (und genau) gelesen. Es enthält ein Buch im Buche, das mich *sehr* fasziniert hat: nämlich den ganzen letzten, auf den englischen Roman bezüglichen, Abschnitt. Ihre Grundanschauung – die Spannung zwischen der atmosphärischen Welt der nursery und dem duftlosen Bereich des äusseren Tatsachen=Schotters im späteren Leben – ist ein ausgezeichnetes heuristisches Prinzip; von da aus bekommt man die richtige Optik für den Gegenstand – und auch für die Tragik der Sache. Denn ein (fast) reines Innen stellt ganz ebenso wie ein (fast) reines Aussen einen Zustand geminderter Wirklichkeit vor, wenn ich unter Wirklichkeit hier das, je nach dem, breitere oder schmälere Übergreifen (overlapping) von Innen und Aussen verstehen kann und darf. Wird dieses unzulänglich, so öffnet sich Bodenlosigkeit. Die letzten Reisigfeuer brennen. Noch sitzt man am Kamin. In der nursery lebt man ganz klein und warm umzirkt (Jäckchen mit süß=kleinen Ärmerln am Kamingitter ...). In den Wänden tobt ein Drama. Sie sind so kilometerdick, dass man's nur rieseln hört. Und Sie, verehrte Gnädige, haben nicht nur Litteraturgeschichte geschrieben, sondern ein schönes Stück Historiographie überhaupt. Ich will meine Freunde in der Wilhelmstraße zu München auf das ganze Buch und das Buch im Buche hinweisen, und ihnen das Manuscript bringen, und interpretieren so gut ich's kann. Seien Sie nochmals bedankt, liebe gnädige Frau! Grüßen Sie Ihren Herrn Gemahl herzlich von mir! Ich habe an jenen Donnerstag, den 11. September, in Wien, dessen Abend wir gemeinsam verbrachten, eine so überaus angenehme Erinnerung; ich saß neben Ihrem Mann, und wir waren gut und lebhaft im Gespräch: ich genoss diesen Partner sehr. Noch eines: was Sie über meinen Freund Hans (Vincent Brun) schreiben, hat meine uneingeschränkte Zustimmung! Es begrüßt Sie mit ergebenem Handkuss Ihr Heimito Doderer. $\frac{31.}{x.}$ 52

HILDE SPIEL AN HERMANN KESTEN.
LONDON, 14. NOVEMBER 1952

14. Nov. 1952

Geliebter Hermann, allerliebste Toni,
  das schöne und anziehende Konterfei im *Spiegel* hat uns wieder mit Sehnsucht an Sie denken lassen. Sie kommen also nicht nach London, wir haben es schon vernommen, und können es Ihnen nicht verdenken, denn außer uns haben wir Ihnen hier nicht viel zu bieten. Rom dagegen –
  Aus dem *Börsenblatt* entnehmen wir, daß man den Namen Casanova nun aussprechen kann, ohne Ihre Empfindlichkeit zu verletzen. Er muß jetzt doch wohl fertig sein! Vielleicht liest man ihn sogar bald. Was in den Gazetten von Ihnen erscheint, trägt immer so unwiderstehlich den Stempel Ihrer Redeweise, daß man Sie zu hören meint. Ich will Ihnen gar nicht übertriebene Schmeicheleien sagen – natürlich fesselt alles, was Sie sagen – aber das Auffallende ist diese Fähigkeit, sich selbst, seine Eigenart, seinen Tonfall völlig ins geschriebene Wort zu übertragen. Da kenne ich sonst keinen, dem das gelingt.
  Hier hatten wir Edschmid zu Gast, der von ein paar Freunden bei uns, und dann im PEN Klub der Auslandsdeutschen, dessen Präsident – auch Ihrer nun vielleicht – unser lieber Flesch geworden ist, empfangen und begrüßt wurde. Er war sehr lieb und nett, seine hervorstechendste Eigenschaft ist seine Harmlosigkeit, damit will ich etwas wirklich Positives über ihn sagen. Er hat einen ungeheuer jungenshaften Charme, und es fällt einem wieder auf, um wieviel liebenswürdiger die middle-aged gentlemen sind, als diese abscheulichen jugendlichen Greise, die man heutzutage heranwachsen sieht. Ich finde junge Männer,

sowohl der langhaarig-professoralen deutschen Art, wie der neurotisch-verkinschten englischen Art, im Grunde unerträglich.

Dann hatten wir hier, und haben noch, mit Kindergeburtstagen viel zu tun, der Herbst ist da eine anstrengende Jahreszeit, und schon macht man uns von allen Seiten aufmerksam, daß in 40 Tagen Weihnachten ist. An richtige Arbeit ist da, vor allem bei mir, nicht zu denken. Man verstreut also seine Artikelchen und ist ganz resigniert, als Eintagsfliege durchs Leben zu huschen. Huschen ist vielleicht ein bißchen zu neckisch.

Und wo sind Sie, seid Ihr, geht Ihr hin? Und wann? Und hört man vielleicht wieder einmal was von Euch? Robert Neumann war kürzlich im PEN sehr zutraulich, Rollys Abgang hat ihn durchaus freundlicher gemacht.

Natürlich grüßt und empfiehlt sich auch der Peter.

Immer, Hilde

HEIMITO VON DODERER AN HILDE SPIEL.
LANDSHUT, 9. FEBRUAR 1953

Sehr verehrte, liebe gnädige Frau! Zu meiner nicht geringen Freude hat sich das Geschick Ihres Essay=Bandes bei C. H. Beck in München positiv entschieden (was ich bei dem neuen Buch meines Freundes Hans Flesch leider nicht habe durchsetzen können). Ich konnte diese Sache selbst in der Hand behalten und in einer letzten persönlichen Unterredung mit Dr. Beck am 9. Januar entscheiden. Sodann erfolgte die Kalkulation. Es ist nun meine Hoffnung, dass auch Sie Ihrerseits die gemachten Vorschläge akzeptieren mögen. Die Heraushebung des »Buches im Buche«, also der erweiterten »Englischen Szene« stammt von mir (siehe meinen Brief vom 31. Oktober 1952). Ich war mir von vornherein darüber im klaren, dass auf diese Weise die Sache am ehesten sich würde durchsetzen lassen. – Es wird ein ganz entzückend geschlossener kleiner Band werden, ich freue mich heute schon darauf, ihn zu besitzen. – Bei dieser Gelegenheit nun wage ich es, Ihnen eine kleine Bitte vorzutragen, gnädige Frau. In London wohnt ein von mehreren meiner Freunde und auch von mir herzlich verehrter Mann, Herr Dr. med. *Oskar Adler* aus Wien. Er hat nun voriges Jahr seine ganz vortreffliche Frau verloren und steht als über siebzigjähriger Witwer ganz allein. Das bereitet uns Sorge und bringt mich auf den Gedanken, Sie zu bitten, sich bei Gelegenheit einmal nach Herrn Dr. Adler umsehen zu wollen. Ich wäre Ihnen dann um eine Nachricht über ihn nach Wien überaus dankbar. Seine Adresse ist London NW 2, 44 Pattison Road, bei Dr. Keller. – Ich werde um den 20. Februar nach Wien zurückkehren; vielleicht darf ich dann eine Nachricht von Ihnen erhoffen. Bitte empfehlen Sie mich, gnädige Frau, Ihrem verehrten Gemahl, und seien Sie mit ergebenem Handkuss begrüßt von Ihrem Heimito Doderer

9. Februar 53

HILDE SPIEL AN HEIMITO VON DODERER. LONDON, 15. FEBRUAR 1953

15. Februar

Lieber, verehrter Herr von Doderer,

für Ihren Brief und die erfolgreiche Intervention bei Beck kann ich Ihnen nicht genug danken. Ich war überglücklich, von dieser Annahme zu erfahren, und nehme die Kürzung des Bandes gern dafür in Kauf, von einem der drei ersten deutschen Verlage gedruckt zu werden. Sie hatten völlig recht damit, die Beschränkung auf den englischen Themenkreis vorzuschlagen. Ich hoffe, daß der Verlag auf diese Weise bei englischen Studienseminaren oder ähnlichen Instituten einen Teil der Auflage los wird. Ich weiß ja, daß von finanziellen Hoffnungen in einem solchen Falle nicht die Rede sein kann.

Herrn Adler schreibe ich soeben, sich telephonisch mit mir zu verständigen, wann ich ihn besuchen oder einladen kann.

Ich hoffe, im späteren Frühjahr nach Wien zu kommen. Es wird schön sein, Sie dann zu sehen.

Mit den herzlichsten Empfehlungen, auch von meinem Mann, und nochmals innigem Dank,
Ihre Hilde Spiel

HEIMITO VON DODERER AN HILDE SPIEL.
WIEN, 21. MÄRZ 1953

Meine liebe, verehrte gnädige Frau, zwei so charmante Briefe hab' ich von Ihnen – der erste, vom 13. Januar, ist weit über einen Monat hier gelegen, denn ich bin erst Ende Februar aus Deutschland gekommen – und obendrein hab' ich mich sträflicherweise nicht für die Apocalipsis cum figuris, welche mich weihnachtlich draussen erreicht hat, bedankt. Verzeihen Sie das. Dieses Blatt wurde übrigens nach Wien mitgenommen, ich seh' es gern in meinem Arbeitszimmer, es erinnert mich an Sie und Ihren Herrn Gemahl, und an den Abend des 11. September in jenem Beisel in der Burg=Gasse; und jetzt eben erinnert es mich daran, Ihnen zu schreiben.

Was Ihre Schrift betrifft, gnädige Frau; die ich nun aus Ihrem zweiten Brief – vom 15. Februar – kenne, so finde ich diese Schrift wohl zügig, aber nicht ungezügelt, und, für mich wenigstens, bequem lesbar (allerdings bin ich gelernter und staatsgeprüfter Mediaevist und Paläograph). *Dämonen*: bisher 1000 Seiten Maschinschrift von mir vorläufig gutgeheissener Text fertig. 1700 werden erforderlich sein.

Wenn ich doch dieses Buch von Celan haben könnte! Ich weiss den Verlag nicht. Können Sie mir den bei Gelegenheit mitteilen? Dann krieg' ich's durch Biederstein.

Marie=Louise geht's soweit gut; nur mit dem einen Haxerl hat sie ständig Schwierigkeiten. Sie wissen ja, dass bei ihr die Gefahr einer Thrombose (Verstopfung durch Blutgerinnsel) besteht; eine so verstopfte Ader kann äusserste Folgen bringen. Wir hatten schon vor Jahr und Tag einmal Alarm.

Ich nehme an, dass Sie inzwischen schon Ihren Vertrag von C. H. Beck erhalten haben. Damit sind Sie nun meiner Obsorge als Lektor entglitten. Dass Sie's gefreut hat machte mich sehr glücklich!

Wann also werden Sie nach Wien kommen? Ich bin für die Zeit vom 1. April bis 30. Juni als Geschworener, eigentlich Schöffe, beim Straflandesgericht ausgelost worden, bin also bestimmt während dieses Vierteljahres in Wien. – Grüßen Sie, gnädige Frau, Ihren Gemahl bestens von mir, und seien Sie herzlichst und mit ergebenem Handkusse begrüßt von Ihrem

Heimito Doderer, 21. III. 53

p. s. Der gute Doctor Adler hat sich wohl nicht gemeldet; das schauet' ihm ähnlich. – Bei Weidenfeld noch nichts positives.

HILDE SPIEL AN HEIMITO VON DODERER.
LONDON, 27. JULI 1953

Lieber, verehrter Herr von Doderer,

immer wieder habe ich es verschoben, Ihnen zu schreiben, weil ich darauf wartete, Ihnen endlich das Büchlein, Ihr Büchlein, schicken zu können. Und jetzt habe ich es endlich, und kann es Ihnen mit innigem Dank vorlegen. Sie haben mir so viel Freude damit bereitet, daß Sie Beck dazu animierten, es zu bringen. Es bedeutet einen ganz neuen Auftrieb für mich, endlich wieder, in dem Wust von Journalismus, etwas Gebundenes in Händen zu haben. Glauben Sie mir, daß ich das Bändchen nicht in die Hand nehmen kann, ohne Ihrer dankbar zu gedenken.

Ich war ein bißchen krank, was bei mir selten vorkommt – eine dumme Mandelentzündung – und habe darum auch versäumt, was ich lange vorhatte, nämlich Ihren Herrn Dr. Adler dazu zu bewegen, mich zu sehen. Er ist nicht sehr gewillt, sich mit Unbekannten einzulassen, ich hatte Mühe, ihm brieflich zu erklären, wie ich dazu komme, ihn aufsuchen zu wollen, und dann wurde erst wieder nichts draus, wegen unseres Umzugs, meiner Krankheit, und ungeheurer Arbeitsüberlastung. Ich habe nämlich auch, worüber ich Ihnen gern einmal mündlich mehr erzählen möchte, einen längst noch im Kriege begonnenen Roman, der ursprünglich englisch geschrieben war, zu Ende übersetzt und bearbeitet, so daß ich jetzt soweit bin, ihn anbieten zu können. Ich habe mit Zsolnay oft darüber geredet und er ist sehr daran interessiert, aber ich glaube, es ist nur fair, Beck davon zu sagen, für den Fall, daß sein Geschwisterkind Biederstein den ersten Einblick nehmen möchte. Es ist ein Roman, der in den 70er Jahren in Österreich spielt, nicht sehr lang ist, aber versucht, ein Zeitbild zu geben. Ich schreibe ihn jetzt anders – in den Jahren 1941–43, in denen er hier, und noch dazu in einer anderen Sprache entstand, wollte ich nicht mehr, als der schauerlichen Gegenwart entfliehen. Aber nun habe ich ihn doch im Großen und Ganzen gelassen, wie er war, und muß sehen, ob er irgendjemandem gefällt. Er heißt *Die Früchte des Wohlstands*. Sowie im September das abgeschriebene Manuskript vorliegt, werde ich anfragen, ob ich Ihnen eines schicken darf.

Ich bin voraussichtlich am 3. einen Tag in München, und danach 3 Wochen in Sankt Wolfgang. Ob ich Sie irgendwo in der Nähe besuchen kann? Ich komme mit einem Wagen, bin also ein bißchen mobiler als gewöhnlich.

Und nun nochmals allen herzlichen Dank und die besten Grüße,

Ihrer Hilde Spiel

HILDE SPIEL AN BERTHOLD VIERTEL.
ST. WOLFGANG (VILLA TIROL), 6. AUGUST 1953

6. August

Lieber, Verehrter und Bester,
 Es war so schön, Sie zu sehen. Wir wollten im Hirschen anrufen, wie es geht und ob Sie nach Grundelsee sind, da kamen gerad die Schuhs nach Wolfgang zu Besuch und sagten, Sie wären fieberfrei gewesen und weggefahren. Wir waren beide so froh, Flesch und ich.
 Immer dauert alles zu kurz. Man hätte viel länger zusammensein müssen. Dabei sind wir ohnehin zu lange geblieben und hatten dann ein schlechtes Gewissen, Sie vom Schlafengehen abgehalten zu haben. Aber Sie wissen ja, wie unwiderstehlich Sie sind – von selbst kann man nicht weggehen. Die Liesl hätte uns hinauswerfen sollen.
 Darf ich Sie in Wien sehen? Ich habe Ihre Adresse nicht, aber versuche, Sie durchs Burgtheater zu erreichen.
Immer Ihre Hilde

Der Flesch schickt seine Liebe.

HEIMITO VON DODERER AN HILDE SPIEL.
LANDSHUT, 21. AUGUST 1953

Sehr verehrte, liebe gnädige Frau!
 Ich muss jetzt sehr um Entschuldigung bitten dafür, dass ich Ihren lieben Brief vom 27. Juli nicht sogleich beantwortet habe! Kurz nach Ihnen, am 5. August, bin ich nach München gekommen, aus meiner Arbeit in Wien aufgeschreckt durch den völlig unerwarteten Tod meiner verehrten Freundin, der englischen Lektorin des Biederstein=Verlages, Dr. Lu Laporte. Ich habe noch am 5. August an ihrem Grab gesprochen, war an diesem Tage noch beim Verlag – dort wartete Ihr Brief auf mich und

das liebe Dedikationsexemplar Ihres Buches! – und abends bin ich heim nach Landshut gefahren, das heisst, wieder mitten hinein in die Beendigung eines Kapitels von 150 Seiten in den *Dämonen* – derartiges gibt es dort. Das übrige wissen Sie aus eigener Erfahrung, ich brauche Ihnen, verehrte gnädige Frau – augur auguri – mehr nicht zu sagen. Trotzdem wär' ich diesmal nach St. Wolfgang gekommen, wenn nicht meine Aus= und Einreise=Möglichkeit pro August wäre verausgabt gewesen: denn wir Österreicher tun solches zwar jetzt ohne jedes Visum, aber die deutsche Republik muss sich gegen Überschwemmung schützen, und so erlaubt sie uns das nur einmal im Kalender=Monat. Nun hoffe ich sehr von Herzen, dass mein Brief Sie noch in Wolfgang erreicht – ich sende ihn durch Freund Lernet (hoffentlich ist er da!), weil ich nicht weiss, wo Sie heuer in W. Wohnung genommen haben. – Mich freut der bei Biederstein erschienene Band Ihrer entzückenden Essays nicht minder, als Sie selbst! Das Werkchen ist geschlossen und rund, und ich darf mir sagen, dass auch dazu in diesem Falle mein Rat ein wenig beigetragen hat. Ich habe jetzt, im Drucke, diese Arbeiten mit grösstem Vergnügen wieder gelesen. Die äussere Erscheinung des Buches ist elegant und empfehlend, dennoch seinem Ernste angemessen. – Was Herrn Dr. Adler in London betrifft, so liegen mir beruhigende Nachrichten bereits vor, bitte, opfern Sie, gnädige Frau, nicht mehr Ihre Zeit, der alte Herr ist wohl schon etwas umständlich geworden. – Nun bitte ich Sie um zwei Dinge, gnädige Frau; Nachricht, wann Sie in München durchkommen werden, an den Biederstein=Verlag, möglichst *vor*tempiert, mit Brieftelegramm: man wird mich dann anrufen und ich werde nach München kommen, zum Verlag, oder in Ihr Hotel. Zweitens aber vergessen Sie nicht auf Ihren Roman; ich möchte ihn so gerne lesen. Diesen erbitte ich nach Wien, wo ich ab Ende Oktober wieder sein werde. – Empfehlen Sie mich bestens dem verehrten Herrn Gemahl, und seien Sie mit ergebenem Handkusse allerherzlichst begrüßt von Ihrem
Heimito Doderer, 21. VIII. 53

HILDE SPIEL AN FRANZ THEODOR CSOKOR.
LONDON, 22. SEPTEMBER 1953

22. Sept. 53

Lieber Franz Theodor,
hier lege ich Dir mein Bändchen zu Füßen. Du hättest es längst bekommen, wenn ich gewußt hätte, wo Du den Sommer verbringst. Solltest Du die große Güte haben, ihm eine Besprechung zu widmen, so müßtest Du Dich vergewissern, ob in der *Literarischen Welt* schon wer anderer schreiben will. In diesem Fall fände sich vielleicht ein anderer Ort. Ich verehre Dich nämlich besonders auch als Prosaisten. Deine Besprechungen von Braun und Schönwiese waren wunderschön, stark und anschaulich.
Bitte lasse von Dir hören.

Bussi Hilde

HILDE SPIEL AN LIESL VIERTEL-NEUMANN.
LONDON, 15. OKTOBER 1953

15. Okt. 53

Liebste Liesl,
Sie haben sicher verstanden, warum wir Ihnen nicht sofort schrieben. Worte helfen da nicht viel, und Sie wissen ja, wie seine Freunde mit Ihnen trauern.
Ich möchte Ihnen heute nur meinen Nachruf im *New Statesman* schicken.

Immer Ihre Hilde

HILDE SPIEL AN HEIMITO VON DODERER.
LONDON, 21. OKTOBER 1953

21. Oktober 1953

Lieber, verehrter Herr v. Doderer,

War es Absicht oder eine glückliche Fügung, daß mir Ihr schönes Büchlein an meinem Geburtstag ins Haus kam? Ich war so froh und dankbar darüber, habe es auch sofort gelesen und mich an seiner herrlichen Prosa erlabt. Es ist eine bezaubernde Erzählung, voll der lebhaftesten Bilder und ergreifendsten Symbole. Nur bei Hesse oder Mann hat man sonst ein so warmes, beglückendes Gefühl während man liest!

Ich wollte Ihnen dieser Tage schreiben und Sie fragen, ob und wohin, ich Ihnen das MS meines Wiener Romans schicken dürfte. Ich zittere zwar vor Ihrem Urteil mehr als vor dem irgendeines anderen Menschen, weiß auch – da meine kritischen Fakultäten zweifellos besser ausgebildet sind als meine kreativen – daß an dem Buch viel auszusetzen ist, aber ich kann weder die Überlegenheit aufbringen, das MS in die Lade zu legen oder vielmehr in ihr zu belassen, noch der Versuchung widerstehen, es Ihnen zu zeigen.

Keinesfalls aber will ich Sie damit belasten, wenn Sie vielleicht eben von Ihrer eigenen Arbeit ganz ausgefüllt sind. Mein Buch wartet schon seit 1943, als ich die erste Fassung schrieb, aufs Tageslicht, und kann ruhig noch eine ganze Weile länger warten.

Wie immer, mit allerherzlichsten Grüßen

Ihre Hilde Spiel

HILDE SPIEL AN HERMANN KESTEN.
LONDON, 23. NOVEMBER 1953

23. November 1953

Liebster Hermann,

Haben Sie innigen Dank für Ihr schönes Buch über die Poeten. Wir lesen es abwechselnd, als Leckerbissen – schon wieder diese Gefräßigkeit! – zwischen Muß-Lektüre, die leider im Augenblick sich türmt. Ich muß die Woolf-Tagebücher und David Garnetts Memoiren durchackern, und dazu noch Herlitschkas Übersetzung von *Eyeless in Gaza*, und Peter steckt tief in seinem Lustmörder Christie, dem er nicht nur eine Artikelserie, sondern ein ganzes Büchlein weiht – wie er sagt, aus Anlaß sozialer Studien, aber wer weiß, was hinter solch morbidem Interesse steckt!

So haben wir also nur da und dort genascht, siehe oben, und uns delektiert, wollen aber doch erst das endgültige Lob erteilen, wenn alles gebührend bewundert ist. Ich liebe Ihren Stil, diese anschauliche, bunte, vitale Art zu schreiben, man sieht die Menschen vor sich und erfährt, um sie herumwandernd, alles über sie. An Kästners Lottchen habe ich schon geschrieben, wie plötzlich höchst angenehm der Dr. Erich vor mir stand, als ich den Abschnitt über ihn gelesen hatte.

Wir tun uns ein bißchen schwer, wie man in Wien sagt, weil es viel Arbeit bei reduzierten Einnahmen gibt. Ich warte immer noch sehnlich auf ein paar kleine Notizen über mein Essaybüchlein außer denen im *Weser-Kurier* und *Staatsanzeiger* für Baden-Württemberg, welches ja löbliche Journale sind und mich auch recht gern zu haben scheinen, aber doch keinen allzu großen Teil der öffentlichen Meinung in Deutschland beeinflussen. Auch habe ich begonnen, einen Roman über die Wiener Siebzigerjahre auszuhökern, aber da es sich um Juden und Christen handelt, wird man wohl in Deutschland davor zurückschrecken.

Meister Flesch erficht Siege über die störrischen Mitglieder des auslandsdeutschen PEN-Klub, pflegt seine

Gesundheit, liest, schreibt, aber rechnet nicht, wie wir alle.

Vielleicht, wenn wir uns entschließen, wirklich so leichtsinnig zu sein, fahren wir über Weihnachten nach Tirol, via München. Eigentlich dürften wir das nicht, unsere finanzielle Situation ist alles eher als rosig, aber wie kürzlich Errol Flynn sagte, »we can't adapt our gross habits to our net income«.

Wann verlasset Ihr diesen Kontinent? Kommt Ihr über London? Und sehet Ihr in München unseren gemeinsamen Freund den Tulpenjankel mit seiner lieben und wienerischen Frau Dora? Wenn so, grüßet sie bitte herzlich, aber nicht unter Erwähnung des durch alten Gebrauch geheiligten Spitznamens.

Alles Liebe Ihnen und Toni, von mir und Peter,

Ihre Hilde

HEIMITO VON DODERER AN HILDE SPIEL.
LANDSHUT, 28. DEZEMBER 1953

Sehr verehrte gnädige Frau,
vor allem Ihnen und Ihrem Herrn Gemahl vielen herzlichen Dank für Ihre lieben Wünsche zu den Fest=Tagen und zum Jahreswechsel, die mich auch heuer wieder in so überaus vollendeter Gestalt zu Wien erreichten!

Ich erwidere diese Wünsche von Herzen, wenn ich sie auch so vollendet nicht darzubringen vermag. Merkwürdig ist's, wie doch jedes Super=Plus an Form und Schmuck uns ermutigt und stärkt, und uns dessen versichert, dass noch nicht aller frei spielenden Kräfte Abend gekommen ist: so erscheint das »Überflüssige« fast als das eigentlich Notwendige, und man versteht noch besser, dass der Weltweise Johann Nestroy ein ganzes Stück um diese beiden Begriffe als Achsen rotieren läßt. Ihr lieber Brief vom Ende des Oktober wurde von mir zu Wien im November vorgefunden; ich war da sehr überarbeitet, ging aufs Land, und schrieb Ihnen nicht allsogleich. Na-

türlich hätt' ich den Roman gern in Wien gehabt! Denn was ich gerne vermieden hätte, ist inzwischen leider passiert: Biederstein hat abgelehnt. Ich für mein Teil hätte lieber Ihnen und im Vertrauen gesagt, ob da eine Chance besteht, und nur in diesem Falle das Werk weitergeleitet, und diese Chance dann auch verfolgt. Nun wollten Sie mir, gnädige Frau, offenbar keine Arbeit machen, in Ansehung der *Dämonen*. Das hätten Sie aber ruhig tun sollen. Nun, es hat weiter nichts auf sich, und C. H. Beck bleibt für Sie die Hauptsache. Nur ich bin des Vergnügens beraubt worden, Sie als Erzähler kennen zu lernen. Wenn Sie nun aber das Buch noch nicht placiert haben sollten – so könnten Sie's ja immerhin noch dem alten Doderer schicken, vielleicht weiss er noch ein anderes Eisen, das man in's Feuer schieben könnte. Auf jeden Fall grüsst Sie indessen der Genannte mit ergebenem Handkuss und den innigsten Wünschen! Heimito Doderer
28. XII. 53

HERMANN KESTEN AN HILDE SPIEL. ROM, 14. JANUAR 1954

14. Januar 1954

Sehr verehrte und sehr liebe Hilde,

ich habe mich mit Ihrem charmanten Brief sehr gefreut, mit dem Sie den Empfang der *Poeten* bestätigt haben. Was für ein reizendes Kompliment, daß Sie mich als Leckerbissen lesen.

Wie sind David Garnetts Memoiren, empfehlenswert? Haben Sie gesehen, daß ich unter den stärksten literarischen Eindrücken des Jahres 1953 Ihr Essaybuch genannt habe? Ich las mit Stolz, und Vergnügen, daß Sie mich als Theaterbesucher bemerkt haben. In der Tat, liebe Hilde, seit meiner Kindheit gehe ich gern ins Theater.

Es tut mir schrecklich leid, daß Euch die Einschrumpfung der *Neuen Zeitung* getroffen hat, aber auch mir, ohne daß ich mich mit den Größeren dieser Erde vergleichen will, fehlt Hans Wallenberg's Unternehmung von Zeit zu Zeit sehr.

Was ward aus Ihrem neuen Roman? Ich bin sehr daran interessiert, daß er in diesem Jahr erscheint, denn was sonst soll ich zu meinen stärksten literarischen Eindrükken 1954 rechnen?

Seid Ihr in der Tat für Weihnachten nach Tirol gefahren und wenn nicht, warum kommt Ihr nicht zum Frühjahr nach Rom, wo wir bis Mitte April bleiben. Ziemlich sicher hoffen wir, Euch in Holland zum P.E.N.-Kongreß zu sehen.

Keineswegs waren wir in München mit Eurem Freund H. E. Jacob zusammen. Er heißt bei uns auch nicht der »Tulpenjankel«, sondern der »Viktualien-Jacob«, wegen Hefe, Tee, Kaffee, Weizen, etc. Hans Flesch lassen wir mit aller Devotion grüßen, die man einem Präsidenten schuldet, freilich würden wir uns freuen, wenn wir ihn selber einmal lesen dürften, sei es in Buch- oder Brief-Form. Zumindest möchten wir gern wieder mit ihm im Fischrestaurant »on the corner of the Pantheon« speisen.

Und lebt Peter immer noch in Gesellschaft imaginärer literarischer oder verflossener Lustmörder?

Alles Herzliche an Sie und Peter und an die Kinder, von Toni

und Ihrem Kesten

HILDE SPIEL AN HERMANN KESTEN.
LONDON, 17. JANUAR 1954

17. Januar 1954

Liebster Hermann,

Eben kamen wir von einer Weihnachtsreise nach Österreich zurück und sahen jetzt erst die Weihnachtsausgabe der *NZ* und was wir so über unsere stärksten Eindrücke geschrieben hatten. Da muß ich mich aber doch rasch sehr herzlich bedanken für die ungemein liebenswürdige und so nützliche und vor allem natürlich ehrende Erwähnung meines Bändchens. Lieber Hermann, das ist ja geradezu ein Anlaß, Ihnen neuerlich ein Exemplar davon mit einer etwas präsentableren Widmung zu schicken. Und ich bin froh, daß ich meiner Sympathie für Sie auch in meinem kleinen Beitrag immerhin ein bißchen Ausdruck gab, indem ich Sie in dem irischen Theater sitzen ließ, das ja auch auf Sie solchen Eindruck gemacht hat. Kurz, die inneren Verbindungen zwischen uns konnten keinem Leser verborgen bleiben.

Wir erkundigten uns sofort auf der ersten Durchreise durch München bei Desch, ob Sie vielleicht da wären, und kränkten uns sehr, zu hören, daß Sie so fern, in Rom, weilten und auch nicht so bald wiederkämen. Das ist freilich schön für Sie, und man gönnt Ihnen den herrlichen Winteraufenthalt, aber auch bei der Rückkehr vermißte man wieder die Gelegenheit, einen Abend mit Ihnen zu verbringen. So gingen wir in Ermanglung Ihrer zu Kästners, die freilich reizend zu uns waren. Sonst fuhren wir nur Ski in Kitzbühel und brachen uns erstaunlicherweise kein Bein, kamen auch auf den halsbrecherischen und vereisten Autobahnen glimpflich davon, und Peter, der noch für eine Woche nach Berlin fuhr, überlebte sogar den Heimflug durch einen Orkan. Aber es war eine der gefahrdrohendsten Reisen, die wir je unternommen hatten. Und die Kinder immer mit.

Wie lange bleibt Ihr denn in Europa? Und sieht man sich nicht irgendwann, irgendwo? Bitte laßt doch von Euch hören. Der Peter machte mit Luft aus, daß er Ihre *Poeten* in der *NZ* besprechen wird. Er wollt es schon lange tun und so ergab es sich günstig, daß es noch gemacht werden kann.

Liebster Hermann, liebste Toni, habt es schön im Café Aragni, oder wo Ihr sitzt, und unter all den schönen Menschen und Bildern und Bauten, und schreibt bald einmal und seht uns wieder.

Immer, Hilde

HERMANN KESTEN AN HILDE SPIEL.
ROM, 4. FEBRUAR 1954

4. Februar 1954

Liebste Hilde,

ich danke für Ihren reizenden Brief vom 17. Januar. In der Tat war ich gerührt zu lesen, daß wir beide aneinander gedacht hatten. Wie war denn die Weihnachtsreise so voller Abenteuer und Gefahren? Warum fahrt Ihr auch immer nach Österreich, statt mit der wahren Sehnsucht edler Deutscher nach Italien, »wo die Orangen blühn«, oder glühn, oder reifen.

Augenblicklich sind wir ganz unzufrieden mit Italien, denn wir haben keine Regierung, es regnet, die Sonne scheint nur für verlorene Augenblicke, seit Sonntag saßen wir mittags nicht mehr im Freien, vor dem Café, was für englische Zustände. Freilich nebelt es nicht.

Wir wollen bis Herbst in Europa bleiben. Wir wollen Euch spätestens am 20. Juni in Amsterdam beim internationalen PEN Kongreß wiedersehen. Oder schwänzt Ihr die Schule diesmal?

Und wann kommt Ihr nach Rom? Wir wollen bis Ende April hier bleiben. Und wie heißt Ihr neuer Roman?

Und welche Ehre, daß Peter über meine *Poeten* schreiben will (vorausgesetzt, daß er sie nicht verreißt, aber immer noch besser von ihm verrissen, als von gewissen Deutschen wie Hans Reimann oder Friedrich Sieburg gelobt zu werden, was mir neulich auch passierte. Ich habe bei beiden sogleich in den *Poeten* zurückgeschlagen.)

Das Café Aragni ist außer Mode, und viel zu kalt, ebenso wie das Café Greco. Wir sitzen meist im Café Doney in der Via Veneto.

Wie geht es den Kindern? Dichtet das Fräulein fleißig, und bringt Monsieur noch immer prächtige Noten heim?

Und was machen die Londoner Dichter, vor allen Hans Flesch? Der Herr Präsident hat's schön, der wird umsonst in Amsterdam wohnen.

Ich plage mich, mit Bücherschreiben, und ähnlichen Tändeleien. Heute nachmittag schwänzte ich die Schule und las die *Götter-* und *Hetärengespräche* von Lukian. Gar nicht schlecht, in der anmutigen Übersetzung von Christoph Martin Wieland.

Was gibt es Neues?

Habt Ihr die neue österreichische Zeitschrift gesehn, von Torberg, Lernet-Holenia, Hubalek und noch einem berühmten Österreicher? Seid Ihr begeistert?

Ich weniger.

Und schreibt Ihr viel?

Mit den allerherzlichsten Grüßen

Ihr Hermann Kesten

HEIMITO VON DODERER AN HILDE SPIEL. WIEN, 21. FEBRUAR 1954

Sehr verehrte, liebe Gnädige, vor ein paar Tagen hat mir Marie Luise – eben bevor sie für einige Zeit auf's Land zu fahren im Begriffe war, nach Goisern – die Anregung gegeben, Ihnen zu sagen, dass durch das Ableben Walter Angels vielleicht eine Chance für Sie eingetreten sei, seinen Platz, als Londoner Correspondentin des *Neuen Österreich*, auszufüllen. Schreiben Sie doch 3 Zeilen an die Privat=Adresse von Otto Basil (Wien XIX Döbling, Suttingergasse 8). Was mich betrifft, stehe ich leider nicht in Beziehung zu dem genannten Blatte und dem in Frage kommenden Personenkreis. Die Sache mag für Sie, gnädige Frau, immerhin der Briefmarke wert sein; denn Sie haben sich in englischen Sachen durch Ihren Essayband eine gewisse Autorität erworben, und man wird deshalb vielleicht garnicht so abgeneigt sein. – Empfehlen Sie mich, gnädige Frau, dem Herrn Gemahl, und seien Sie mit ergebenem Handkuss herzlichst begrüsst von Ihrem Heimito Doderer

21. II. 54

HILDE SPIEL AN HERMANN KESTEN.
LONDON, 23. FEBRUAR 1954

23. Feb. 1954

Liebster Hermann,

Das Schönste in Ihrem Brief war die Mitteilung, daß Ihr bis zum Herbst in Europa bleiben wollt. Man sieht Euch also jedenfalls wieder, vielleicht in Amsterdam, vielleicht im Sommer irgendwo.

Nach Rom wären wir gern gefahren, aber weihnachts wollten wir ein bißchen Schnee und echten mitteleuropäischen Winter haben, und dann fanden wir uns schon so denaturiert, daß uns nach vierzehn Tagen die grimme Kälte und das ewige flimmernde Weiß auf die Nerven ging, und wir ganz froh waren, als es in Belgien zivilisiert regnete. Immerhin hat man sich ausgelüftet.

Peter hat soeben unter Ächzen und Stöhnen ein umfassendes Werk über den Lustmörder Christie beendet. Er faßte es als Sozialhistorie auf, versenkte sich aber mit makabrem Interesse in alle Einzelheiten der Schandtaten sowie der Hinrichtung. Es ist noch nicht sicher, wer es bringt, aber er ist erleichtert, wie jemand, der ein Monstrum geboren hat, und wendet sich jetzt unmittelbar einer bestellten Churchillbiographie zu.

Mein armer Roman heißt *Die Früchte des Wohlstands*, wurde schon 1941 erstmals hingeschrieben, hat alle Nachteile eines erst in einer fremden, der englischen, Sprache konzipierten Buchs, ist mir aber stellenweise ans Herz gewachsen. Als er Zsolnay zu jüdisch und Beck zu middle-brow war, gab ich ihn dem Agenten Mohrenwitz zur Aushökerung. Ich glaube, er versucht auch den Donau-Verlag. Aber ich störe ihn nicht bei seiner Arbeit. [...]

Das *Forum* sahen wir, aber verhüllten unser Angesicht. Karl Kraus und die Folgen. Aufs Grausigste verzerrt dieser schale Regenwurmstil mit seinen eklen künstlichen Windungen, gipfelnd in einem, in unsichtbare Anführungszeichen gestellten, jüdischen Witzwort. Und daneben die wild wuchernde, katholisch-mystisch-spintisierende Bombastik des genialischen Herrn Heer. Aber was Torberg und seine Welt angeht, so rennen Sie, liebster Hermann, bei mir offene Türen ein. Und Lernet – ein Talent, doch kein Charakter – dient als Aushängeschild.

Flesch geht auf Reisen. Im März. Nach Berlin und anderwärts. Freut sich schon sehr darauf, übersetzt *Die Schatzinsel* für Friedenthals Serienromane, leitet den PEN mit sicherer Hand.

Was schreibt Ihr? Wenn ich einmal dazu komme, muß ich die liebe Toni über New Yorker Lokalfarbe ausfragen, brauche das für ein Buch, das vielleicht in fünf Jahren fertig wird, beim gegenwärtigen Tempo.

Alles Liebe, Ihre Hilde

HERMANN KESTEN AN HILDE SPIEL.
ROM, 23. MÄRZ 1954

23. März 1954

Liebste Hilde,

mit einiger Verspätung danke ich Ihnen für Ihren reizenden Brief vom 23. Februar, mit allen persönlichen und literarischen Nachrichten. Toni sagt, sie sei voller New Yorker Lokalfarben und durchaus bereit, bei nächster und hoffentlich recht naher Gelegenheit, sie auszuschütten.

In einem Ihrer früheren Briefe erwähnten Sie, daß der Meister Peter selber, über *Meine Freunde die Poeten* in der *Neuen Zeitung* schreiben will. Da ich das Blatt in Rom sehr selten sehe, wäre ich ihm sehr verbunden, wenn er mir seine Besprechung, sollte sie schon erschienen sein, zusenden wollte. Denn ich bin freilich sehr begierig zu lesen, was der Meister über mich schreibt.

Was für Erfahrungen macht Ihr Roman mit Mohrenwitz? Gewöhnlich muß man dem Agenten beistehen, wenn man ein Buch verkaufen will.

Das *Forum* sah ich bereits in 3 oder 4 Heften und las

mit Interesse eine Seite von Lernet-Holenia über Hofmannsthal, den Herr Muschg freilich »ideenarm« nennt.

Was habt Ihr denn für Sommerpläne und warum sprechen Sie in so zweifelsvollen Tönen vom Amsterdamer P.E.N.-Kongreß? Hat der Meister Flesch neue Nachrichten aus »Berlin und anderwärts« mitgebracht?

Ich schreibe immer noch und wieder schon an meinem Roman *Der Sohn des Glücks*, dessen Titel Ihnen schon in Fiumetto nicht gar so glänzend erschien. Nun baue ich darauf, daß der Roman Ihnen besser gefallen wird.

Was hören Sie Neues von deutscher und österreichischer Literatur? Für die österreichische Literatur bekomme ich spärliche Informationen von der jungen österreichischen Ingeborg Bachmann, die ihren Wohnsitz im Palazzetto Spada aufgeschlagen hat.

Bleiben Sie alle gesund und munter und behalten Sie uns lieb. Mit den herzlichsten Grüßen an Sie alle von Toni und von

Ihrem Hermann Kesten

HILDE SPIEL AN HERMANN KESTEN.
LONDON, 6. JULI 1954

6. Juli 1954

Lieber Herrmann,

ein r zu viel, aber es rutschte mir aus der Schreibmaschine! Ich wähne Sie schon in Fiumetto, nur haben wir die Adresse nicht. Desch wird also funktionieren müssen. Hier ist es bitter kalt. Wenn es in Wolfgang nicht wärmer ist, wollen wir so lange südlich fahren, bis die Sonne scheint, wenn es sein muß, bis ins dunkelste oder hellste Sizilien. Aber vielleicht genügt auch Fiumetto? Ihr müßt so lieb sein, uns im August einen Wetterbericht nach St. Wolfgang zu schicken.

Und darf ich den Herrn jetzt auch wegen des Donau-Verlages bemühen? Bitte nicht, falls es aus diplomatischen Gründen bei Ihnen angezeigt ist, dort keine freundlichen Empfehlungsbriefe hinzuschicken. Aber wenn das nicht der Fall ist, dann vielleicht nur ein kleiner Hinweis, daß man es dort wenigstens mit geneigtem Interesse lesen möchte, das Buch*, und vielleicht nicht allzu lange mit der Entscheidung warten möchte, so daß es, wenn nötig, weiter wandern kann. Es selbst zu empfehlen, ist Ihnen ja unmöglich und wird auch nicht verlangt. Es ist ein ganz braves Buch, glaube ich, und soll schließlich auch da oder dort Unterschlupf finden. Der Mohrenwitz hält große Stücke auf es, aber er ist, der Arme und Liebenswürdige, leider schlampig und vergeßlich geworden.

Haben Sie in der NZ zufällig den PEN Bericht gelesen? Leider diesmal ungeschickt gestrichen, alle Pointen wurden geköpft. Ich fand Amsterdam als Stadt bezaubernd, aber das Ganze literarisch deprimierend.

Alles Liebe Ihnen und der schönen italienischen Toni. Wir sehen uns hoffentlich in Fiumetto.

Immer Ihre Hilde

HILDE SPIEL AN HERMANN KESTEN.
ST. WOLFGANG (VILLA TIROL), 15. AUGUST 1954

15. August 54

Lieber, bester Hermann,
jetzt ist es ziemlich klar, daß wir wohl trotz der lieblichen Aussicht, Euch am Strande des Mittelmeers umarmen zu können, diesmal nicht nach Fiumetto kommen werden. Denn der Peter laboriert an den letzten Phasen einer Churchill-Biographie und hat keinerlei Hoffnung, sie zu beenden, wenn er nicht in dem hier als Studier- und Arbeitsstube eingerichteten Kämmerlein sitzen bleibt und alle – reichlichen – Regentage dazu benützt, wenigstens den ersten Band abzuschließen. Christine weint um

---

* *Die Früchte des Wohlstands*, Roman

ihren italienischen Sommer, und wir alle trauern, aber man muß diesmal an einem Ort bleiben. Der Entschluß wird ein wenig erleichtert durch die bevorstehende Übersiedlung Duviviers und seiner Film-Equipe nach Fuschl, wo wir im September noch etwas von den Dreharbeiten zu sehen bekommen werden. In Bayern haben wir diesen erstaunlichen Zirkus schon besucht – halbwüchsige wunderschöne Knaben, häßlichere Filmassistenten und Kameraleute und Regisseure deutscher und französischer Nationalität, sowie Tiere und ganz kleine Kinder mit ihren Gästen oder Müttern wirbeln durcheinander und oben, ein Napoleon des Cinéma, steht Duvivier.

Hier andererseits befinden sich Hans Habe und Leo Perutz (der hat ein wunderschönes Buch *Nachts unter der steinernen Brücke* geschrieben, das Sie, Hermann, lesen *müssen*, wenn Sie's nicht schon kennen) und wie immer der Lernet. Und statt Meersalz riecht es nach Cyclamenwald.

Sehen wir uns denn dann wenigstens anderswo? Und innigen Dank für Ihren Brief an den Donau-Verlag. Ihnen und Toni unsere Liebe!

Ihre Hilde

HILDE SPIEL AN JEANNIE EBNER.
LONDON, 29. SEPTEMBER 1954

29. Sept. 1954

Liebe Jeannie Ebner,

Ihr Brief war reizend und hat mich sehr erfreut. Ich wollte nur, meine Bemühung um Ihr Buch, die aus sehr aufrichtigem Empfinden kommt, hätte bereits die Öffentlichkeit erreicht. Aber *Der Monat* ist leider sehr vage in seinen Plänen, und hat vor allem die abscheuliche Eigenschaft, auf keinen Brief zu antworten und die dringendsten Anfragen seiner Mitarbeiter ebenso zu ignorieren wie die MS Sendungen unbekannter Schriftsteller.

Ich kann nur annehmen, daß meine Kritik im nächsten Heft erscheint, weil ich sie niemals zurückbekommen habe, und auch meine Drohung, ich würde sie anderwärts veröffentlichen, mit jener Gelassenheit übersehen wurde, die darauf schließen läßt, daß sie bereits im Satz ist. Wir müssen uns eben gedulden.

Ich habe hier wenig Gelegenheit, deutsche Zeitungen zu sehen und werde nicht wissen, wie die Aufnahme Ihres Buchs sich gestalten wird. Aber ich hoffe, daß es Verständnis finden wird. Ich kenne die Heftigkeit, mit der man selbst von der beendeten Sache abrückt, aber Sie dürfen sich auch von den Nein-Sagern nicht verwirren lassen. Ich finde Ihr Buch wirklich weit begabter und einfallsreicher als alles, was ich so in den letzten Jahren aus Österreich habe kommen sehen. Übrigens haben Sie auf Edouard Roditi auch einen starken Eindruck gemacht. Ich hoffe, er hat ein Exemplar Ihres Buchs bekommen.

Vielleicht sehen wir uns im nächsten Jahr in Wien. Ich würde mich wirklich freuen, wenn wir uns länger und eingehender sprechen könnten.

Mit allen guten Wünschen für Ihren Erfolg,
Ihre Hilde Spiel

HEIMITO VON DODERER AN HILDE SPIEL.
WIEN, 2. OKTOBER 1954

Sehr verehrte, liebe Gnädige, wegen einer kleinen localen Studie, die zur Finalisierung der *Dämonen* erforderlich ist, werde ich in der kommenden Woche einen Rutsch für vier Tage nach London machen und dort am Mittwoch d. 6. X. gegen Abend eintreffen. Natürlich gebe ich mich der Hoffnung hin, einmal im Laufe meiner Anwesenheit mit Ihnen und Ihrem verehrten Gemahl – dem ich mich zu empfehlen bitte! – plaudern zu dürfen, und gedenke jedenfalls, Sie in Wimbledon anzurufen. Ich wohne Royal Court Hotel am Sloane Square (S.W.1), Tele-

phon: Sloane 9191. Mit ergebenem Handkuss und den herzlichsten Grüßen Ihr
Heimito Doderer, 2. Oct. 54

HEIMITO VON DODERER AN HILDE SPIEL.
WIEN, 29. NOVEMBER 1954

Sehr verehrte, liebe gnädige Frau, hier ist eine Recension, (Prof. O. M. Fontana) die Sie wohl schon gesehen haben dürften – ich schicke sie Ihnen auf jeden Fall, weil es mich immer freut, wenn ich sehe, dass »unser« Buch (das soll aber wahrlich keine Usurpation sein – obwohl ich gern einräume, dass ich wünschte, so zauberhafte Essays geschrieben zu haben: also keine Usurpation, höchstens hier eine etwas zu lang geratene Apposition!) – wenn ich also sehe, dass »unser« Buch seinen Weg macht. Ich wagte es kürzlich, meine einzige größere essayistische Arbeit an Sie zu senden (der Himmel vergebe dem Verleger die Einleitung, für die er eigentlich in die Literatur=Hölle von Teuferln gezwackt gehört, aber gegen so was war man als junger Autor machtlos, damals, und ich fürchte, es würde heute nicht viel anders sein: dennoch, er werde auf jeden Fall gezwackt!) Gleichzeitig fügte ich noch ein anderes Jugendwerk hinzu, das *Geheimnis*, welches Hans v. Flesch gern hat; er schrieb einst ausführlich darüber in der *Vossischen*.

Und was meinen lieben Freund Hans betrifft: wenn Sie ihn sehen, liebe Gnädige, oder einmal telephonisch mit ihm sprechen, so sagen Sie ihm doch, bitte, dass ich ihm noch nicht geschrieben habe, weil ich es sehr ausführlich tun muss: was im Sturm der Zeit, dem ich die letzten 100 Seiten meiner *Dämonen* abringe (die letzten von 1500) bisher nicht möglich war. Seinen herzenswarmen Aufsatz in »Hier spricht London« hab' ich mit einiger Bewegtheit gelesen, der Tage da drüben bei Euch herzlich gedenkend, und vor allem auch Ihrer, gnädige Frau, des

lieben Heimes und Ihrer schönen Kinder. Und ich danke Ihnen und Ihrem verehrten Gemahl noch für den schönen Abend, den ich in Wimbledon verbringen durfte! Es begrüßt Sie mit sehr ergebenem Handkuss Ihr
       Heimito Doderer, 29. Nov. 54

HILDE SPIEL AN HERMANN KESTEN.
LONDON, 7. DEZEMBER 1954

            7. Dez. 1954
Liebster Hermann,

Sie sind uns ja ganz entschwunden? Peter, der neulich eine Woche in Zürich war, hörte von Frau Heim-Winter nur, daß Ihr alle zusammen in Fiumetto gewesen wäret und daß es oft geregnet hätte, aber als er fragen wollte, wo Ihr Euch denn jetzt aufhieltet, wurden die beiden von einer Menschenmenge getrennt. Am Ende seid Ihr gar in Amerika? Man liest auch nichts. Bitte gebt doch ein Lebenszeichen.

Hoffentlich war es kein Grund für Euch, böse zu sein, daß wir nicht nach Italien kamen. Aber Peter machte den vergeblichen Versuch, seine Churchill-Biographie bis zum Geburtstag fertigzukriegen, und wagte sich nicht aus seinem Studierkämmerchen, außerdem waren die Filmleute in Fuschl und wir fuhren zuweilen hin, und dann kauften wir uns doch ein Häuschen in St. Wolfgang, ohne es freilich noch zu bezahlen, das nahm auch viel Zeit in Anspruch.

Ihr haltet es wohl für einen Wahnsinn, in einem Regenloch etwas Dauerndes zu erwerben, aber ich bin so glücklich in dieser Gegend, und sie tut auch den Kindern so gut mit ihrer Bergluft und dem vielen Schwimmen, daß wir diesmal die Gelegenheit am Schopfe faßten, ein kleines aber hübsches Haus zu erwerben. Es liegt nicht am See, sondern in der Nähe der Villa Tirol an einer winzigen Nebenstraße mitten in Wiesen und an einem Bach. Es ist ganz still dort, der Trubel rauscht weitab dran vorbei, und trotzdem ist man in wenigen Minuten mitten drin, wenn man will. Es hat vier größere Zimmer und zwei Schlafkammern wie Schiffskabinen, und ist recht schlicht und solid gebaut.

Das soll nicht heißen, daß wir jetzt nie mehr nach Italien fahren. Wenn wir es im Sommer ausbezahlt und eingerichtet haben, wollen wir dann wieder fürs Jahr darauf an neue Reisepläne gehen. Aber es ist so schön, irgendwo eine Bleibe zu haben, in die man sich zur Not billig zurückziehen kann. Und da die englische Landschaft uns nichts, nichts sagt, und oes. Schillinge immer noch am leichtesten aufzutreiben sind, ist es gar keine so schlechte Idee.

Nun schuften wir aber furchtbar, um das Geld aufzutreiben. Der Peter hat den Churchill unterbrochen und für den spendablen Kindler in München ein rasches kleines Sensationsbüchlein um *Schmerzliches Arkadien* und den Duvivier-Film geschrieben, und wird erst im neuen Jahr den Churchill weitermachen. Ich schreibe mir die Finger mit Artikeln wund. Und wir bleiben auch im Winter diesmal daheim und nähren uns redlich, statt wie im vergangenen Jahr auf den Skiwiesen von Kitzbühel herumzurutschen.

Ich schreibe hier wie ins Leere, weiß nicht, wo dieser Brief endgültig landet. Aber hoffentlich seid Ihr erreichbar, und kommt auch im Juni zum PEN nach Wien! Habt Ihr den »Habe« gelesen? Bißchen genant, da vorzukommen, leider. Das waren eben Jugendsünden. Meine beiden Lieben, schreibt bald.

Eure Hilde

HILDE SPIEL AN HERMANN KESTEN.
LONDON, 10. JANUAR 1955

10. Januar 1955

Liebster Hermann,

Sie schreiben in Ihrer Weihnachtskarte, wir sollten von uns hören lassen, aber eben das habe ich vor ein paar Wochen getan, über Desch, und hoffe doch, daß der Brief angekommen ist. Darin stand alles Mögliche über uns, ich weiß nicht mehr was, nicht einmal, ob uns die Schrekkensbotschaft über die *Neue Zeitung* schon erreicht hatte, die uns ja wieder einmal unsere Existenzbasis nimmt. Gerade hatten wir uns an eine gewisse Konsolidierung gemacht, uns Haus und Transportmittel angeschafft, und nun, mitten im Prozeß der Abzahlung, trifft uns das Schwert. Denn wiewohl man immer damit gedroht hatte, die *NZ*, unlike Death, sei impermanent, so hatten wir doch gerade jetzt nicht mit ihrer Demise gerechnet. Aber ich will nicht jammern. Das Filmgeld ist verputzt, viel war's sowieso nicht, wie Sie hoffentlich bald aus einem kleinen Geplauder samt Neuauflage des *Schmerzlichen Arkadien* (unter *Marianne* bei Kindler erschienen) erfahren werden*. Und so werden wir wohl bald, wie ich bereits einmal in einer solchen Situation sagte, am »Hummertuch nagen«, was mich wieder an unseren schönen Abend bei Frau Ilse in Forte erinnert, und an meinen kulinarischen Fauxpas, und unsere Versöhnung.

Jetzt komme ich aber sofort zum Anlaß dieser neuerlichen Communication, lieber Hermann, und er ist mit unserem Freunde Flesch verbunden. Dieser, sehr zu seinem Kummer, wird am 5. Februar 60 Jahre alt. Und obgleich er mit allen Anzeichen des Entsetzens protestiert, wenn man das Datum und die Möglichkeit gewisser Ehrungen erwähnt, so würde er doch eine gänzliche Übergehung dieses Tages wieder als kränkend empfinden. Denn er ist ja ein »Schwieriger«, wie wir alle wissen. Ich habe ihm

---

* von Peter, natürlich

mit großer Mühe eine gekritzelte Liste seiner Werke entrissen, und sie mit Durchschlägen abgetippt, und ich schicke sie außer Ihnen dem Kasimir Edschmid und dem Heimito von Doderer, und an alle mit der Bitte, ob sie nicht eine kleine Würdigung des Flesches in irgendwelche Gazetten einrücken lassen könnten. Der Doderer ist überhaupt sein ältester Freund, auf den kann ich mich verlassen, Sie sind sein zweitältester, auf Sie verlasse ich mich auch, und der Edschmid ist ein seelensguter Mensch, der die Sache von mehreren Thiessjubiläen im kleinen Finger hat und also gar nicht aus dem Ärmel zu schütteln braucht. Sie sind der einzige, und das schreibe ich nur Ihnen, der was Rechtes schreiben wird. Und Ihnen muß ich auch im Grunde diese Liste gar nicht schicken, aber ich tue es, wie man in Österreich sagt, »zur Anfeuchtung«. Ich denke, daß Sie vielleicht die *Süddeutsche* ... oder anderswo? Edschmid wird wohl in Frankfurt. Und dem Doderer sage ich, er soll sich was Dazwischenliegendes aussuchen. Ja? Und verzeihen Sie mir auf jeden Fall, daß ich Sie vor das fait accompli stelle, aber es besteht in Fleschens accomplished sixty years.

Wie ich Sie beneide darum, daß Sie in Rom leben. Sie sind der Klügste von uns allen, ein Meister Ihres Schicksals und nicht sein Sklave, wie wir.

Alles Liebe Ihnen und Toni, von mir, und vom Peter.

Ihre Hilde

HERMANN KESTEN AN HILDE SPIEL.
ROM, 14. JANUAR 1955

14. Januar 1955

Sehr verehrte und liebe Hilde,
besten Dank für Ihren lieben Brief und schönsten Dank auch an Peter für sein neuestes Buch. Es ist von höchstem Verdienst, wenn man dem Publikum einmal klar macht, wie das Gewerbe aussieht, das Handwerk, das Dichten,

die Wirklichkeit, wie alles ineinander übergeht, verschmilzt, verwandelt wird. Das ist vortrefflich. Ich freue mich sehr auf das Buch.

Ich bin sehr bekümmert über das Ende der *Neuen Zeitung*, für mich, für Euch, für die Zeitung, für den Stab, für Deutschland. Schade!

Liebste Hilde! Aber was haben Sie mir da mit unserm teuern Freund Flesch angetan. Am 13. Januar erhalte ich die Nachricht, von Ihnen, daß Flesch am 5. Februar sechzig wird. Sie geben einem langsamen Romancier solche kurzfristigen Ultimaten. Sie wissen, daß ich unterwegs bin, ohne Wohnung, ohne Bücher, aus Koffern lebe. Sie wissen, daß es in Rom keine deutsche Bibliotheken gibt, kein Buch von Flesch hier aufzutreiben ist. Ich las und druckte den *Alkibiades* 1934/35. Ich las 1949 *Perlen und schwarze Tränen*. Ich kann nicht darüber schreiben. Ich habe einen Eindruck, das ist zu wenig für einen Artikel. Ich kenne Flesch sehr lange, liebe und schätze ihn, halte sehr viel von ihm als Schriftsteller, aber ich kann ohne Bücher nicht über seine Bücher schreiben, außer, daß er ein guter, phantasievoller, sprachbegabter, charmanter Dichter ist. So allgemein und kein treffenderes Wort! Und die *Süddeutsche Zeitung* druckt meine Artikel nicht am Tage, da sie solche erhält. Die Sachen liegen Monate herum. Warum schrieben Sie mir nicht schon vor drei Monaten? Ich hätte Sie gebeten, mir einige Bücher, Hauptwerke von Flesch, leihweise zu senden. Ich hätte sie gelesen, Notizen gemacht, drei Seiten darüber, eine Seite über ihn geschrieben, aber so unvorbereitet, ohne Material (mitten im äußersten Druck meiner Termine, zufällig, ich habe deadlines, für Roman, outlines, Anthologien usw.), wie denkst Du Dir das, teures Kind?

Ich wüßte nur eines zu sagen. Ich habe Flesch wirklich von Herzen gern. Ich weiß, daß man nur einmal im Leben sechzig wird. Schreiben Sie mir, »Herzchen«, drei bis vier Seiten über Flesch, schenken Sie sie mir, ich schreibe sie um (wodurch sie sicherlich schlechter, aber kestenisch werden), schreiben Sie eine Seite über ihn dazu, ich versuche dann mein Glück bei dieser oder jener und einer dritten Zeitung. Ich brauche also jede Art Material, Inhaltsangaben seiner Romane, was ist das Eigentümliche seiner literarischen Arbeiten, was will er, wie erreicht er es, und Persönliches, wann geboren, wo studiert, Lebensgang, Anekdoten, was immer Ihnen einfällt und rasch von der Feder fließt.

Wollen Sie das? Vorausgesetzt, daß Sie nicht selber über ihn schreiben oder daß Sie mir darüber hinaus Material geben. Bei Gelegenheit werde ich dann das Versäumte nachholen und die Bücher des Freundes und Meisters wiederlesen, genau, und einen guten, kleinen Artikel schreiben. Dazu bin ich sowieso bereit, wenn ich mich nicht ans Geburtsdatum halten muß, sondern an das Geburtsjahr, das heißt im Laufe des Jahres 1955.

Bitte um rascheste Antwort! Bin äußerst verlegen, daß ich gerade da, wo ich von Herzen so einer Bitte entsprechen möchte, durch *Ihre späte* Benachrichtigung darum kommen soll.

Mehr in Antwort auf Ihre Antwort. Herzlichste Grüße an Peter und an Sie von Toni und Ihrem *stets* ergebenen alten Freunde

Hermann Kesten

HILDE SPIEL AN HERMANN KESTEN.
LONDON, 18. JANUAR 1955

18. Januar 1955

Lieber und bester Hermann,

Sie müssen mir wirklich verzeihen, daß ich Sie in eine solche Situation versetzt habe. Bitte verfluchen Sie mich nicht. Das Ganze ist nur aus der Psychologie der Blitzjournalisten und -Feuilletonisten zu verstehen, die der Peter und ich nun einmal sind – ich nur mit größter Anspannung meiner Kräfte – so daß man uns schon nachts aufwecken kann und uns befehlen: »Schreiben Sie drei Seiten über Anthony Edens Einstellung zu Indien, oder drei Seiten über Goethes Einfluß auf die englische Literatur«, und schon arbeitet das verfluchte Gehirn, schon melden sich die Clichés, und ganz von selbst tippen die beiden Mittelfinger etwas hin, was gerade noch angeht, und ohnehin nur einen Tag überdauert, wonach es, manchmal gleich mit der ganzen Zeitung, in den »ashcan« gerät.

Nun, nach dieser pessimistischen Einleitung muß ich aber etwas für Sie tun, der das Gewerbe des Literaten verteidigt und aufrechterhält, Sie Beneidenswerten, nicht nur weil in Rom Lebenden, sondern weil das Dichterhemd Reinhaltenden vom Tagesschmutz. Ich schicke Ihnen also erst einmal einen Aufsatz, den ich damals, als die *Perlen* herauskamen – und ich übrigens nur in losestem Kontakt mit Fleschen stand – in der *Welt* veröffentlicht hatte. Die Einleitung brauchen Sie nicht zu lesen, wiewohl Sie ihr vielleicht etwas abgewönnen, denn sie ist zu meinem Erstaunen mit mir jetzt abhanden gekommener Frechheit geschrieben. Über Flesch fängt es ganz unten auf der ersten Spalte an. Und das gibt Ihnen wieder eine Idee von diesem wirklich ausgezeichneten Roman.

Wenn ich freilich mich jetzt hinsetzen und etwas formulieren wollte, ginge dieser Brief erst morgen oder übermorgen ab. Ich will Ihnen also rasch das Wichtigste in ungebundener Rede mitteilen. Bitte, liebster bester Hermann, bedenken Sie, daß eineinhalb Seiten aus Ihrer Feder absolut genügen, daß Sie nur überhaupt irgendwo seiner Erwähnung tun sollen – niemand darf sich unter diesen Umständen von Ihnen das endgültige Wort über Flesch erwarten. Also, here goes:

Geboren wurde er in Brünn, von Wiener Eltern, einer ähnlichen Mischung wie Hofmannsthal, das heißt, geadelte jüdische Industrielle, die sich mit schönen, handfesten österreichischen Mädchen fast bis zur Unkenntlichkeit mischten und in der ganzen Monarchie zuhause waren, im Semi-Gotha gibt es außer den Flesch v. Brunningen noch Flesch v. Borsa, v. Boevoes und v. Festau, und unser Hans kam im »Palais Flesch« in Brünn mit blauen Fenstern auf die Welt. Der Großvater hatte Bismarck bei sich zu Gast, und es gibt die berühmte Geschichte, wie der czechische Diener mit einem Messer ankam und um Erlaubnis beim gnädigen Herrn bat, den Kanzler im Bade umzubringen – er hat's selbst im *Querschnitt* lustig geschildert, in einer kleinen Geschichte »Bismarck in der Badewanne«.

Ganz klein kam er dann nach Wien, die Eltern wurden geschieden, er wuchs mit seiner Mutter auf, ging jeden Winter nach Abbazia. Fing Jus zu studieren an, als der Weltkrieg ausbrach. Ging sofort ins Feld, an die italienische Front, wurde mehrfach dekoriert. Auf dem Urlaub schwankte er zwischen seinen versnobten Freunden von der reitenden Artillerie und dem Café Central. Das Café Central siegte. Er lebte noch wie ein Hofmannsthalscher junger Herr und hatte eine Beziehung mit einer Dame, die später einen habsburgischen Erzherzog heiratete, aber er schrieb schon expressionistische Novellen, siehe *Das zerstörte Idyll* bei Kurt Wolff. Nach dem Krieg machte er seinen Doktor, erwies sich als ein vergeßlicher und unbrauchbarer Rechtsanwaltsanwärter, wurde in der Inflation ins Bankwesen geschwemmt, und schrieb *Balthasar Tipho*, einen express. Roman mit Zukunftsbildern, die Erzählungen, die bei Strache herauskamen, und immer, sein ganzes Leben lang übrigens, viel Ungereimtes und Ungedrucktes. 1925 hatte er beinahe sein eigenes Geld und väterliches Erbteil durchgebracht, aber noch das seiner Frau Eva durchzubringen, das tat er in Italien, wo er in Capri, Ischia und Sizilien Jahre lang lebte, schließlich ohne Geld und ohne Eva, und mit anderen Evas, und viele Romane schrieb, darunter die zwei Fortsetzungsromane, die ich erwähnt habe, und *Auszug und Wiederkehr*.

Ende der zwanziger Jahre, 29 oder so, ging er nach Berlin und da kannten Sie ihn wohl am besten. *Querschnitt*. Ullsteinmonatsrente, die in der *Amazone* gipfelte. Dies die Geschichte der Anne-Josèphe Théroigne, einer berühmten Figur der franz. Revolution. Anregung von Carlyle, der sie schildert, wie sie in einer blauen Amazone (es muß dies ein Kleidungsstück gewesen sein) 1789 auf einer Kanone nach Versailles ritt, um den König nach Paris zu holen. Das Buch ist noch stark expressionistisch beeinflußt, geballt, mit genialischen Formulierungen, ungemein lesbar, überaus gebildet, ein wilder großer Wurf sicherlich, ein Bild der Zeit, aus einem Guß, nicht unähnlich dem *Henri Quatre* unseres großen Heinrich. Mit Recht ein Erfolg.

Dann kam noch die *Herzogin von Ragusa* (die ich nicht kenne, aber von der er einmal sagte, sie sei formal der *Amazone* ähnlich), und dann 1933, ohne darüber nachzudenken, daß er mit ⅜ Flesch-Blut sich durchschlängeln, oder zumindest in Österreich weiterbringen könnte, sofort nach England. Hier findet er sogleich den besten Verlag, Jonathan Cape, der high-brow publisher, der den Ihnen bekannten *Alkibiades* nimmt, er findet Sie in Amsterdam, und schreibt noch zwei kleinere Romane für Cape vor dem Krieg. *Blond Spider* (ein Titel, den er nicht gewählt hat) eine bezaubernde Geschichte, die in Italien spielt, und seine Erlebnisse mit der Ihnen bekannten Klari schildert, Faschisten, deutsche Spione, Liebeskrach und ein Kapitel, ein wunderschönes Kapitel, über den Pallio in Siena, genau beschrieben, sprachlich ganz auf seiner Höhe. *Untimely Ulysses* eine Art Fiebertraum des Emigranten, der ins nazibesetzte Heimatland zurückgeht und dort grausige Erlebnisse hat, aus denen er sich nur mit Mühe zurück nach England rettet.

Dann die *Perlen und schwarzen Tränen*, Ausgeburt seiner Kriegsjahre bei der BBC, bei der er noch immer ist, die seine ganzen Kräfte usurpiert, bei der er ausgezeichnete phantasievolle Hörspiele verfaßt, die unsereinem nicht zugänglich sind, viel zu gute Literaturkritiken, viel zu witzige Kommentare. Ein kleiner Aus- und Durchbruch ist ein großes Nietzsche-Hörspiel, das er eigentlich nicht hätte anderswo anbieten dürfen, aber unter Vincent Brun dem NWDR verkauft hat, der es im Februar bringen wird.

Was er will, ist viel mehr als das, was er erreicht. Er hat brillante Einfälle, nicht oft hält er sie durch, sein veröffentlichtes Œuvre ist der sichtbare Teil des Eisbergs, H. E. Jacob sagte schon vor langer Zeit auf ihn, er habe kein Sitzfleisch, in Österreich sagt man, verzeihen Sie, so einer hat den Teufel im Popo. Er hat viel zu gern und gut gelebt, früher, und dann fing ihn das Bürgerliche und zugleich romantisch-links-Politische in Gestalt seiner zweiten oder eigentlichen dritten Frau ein, und die BBC umarmte ihn mit Polypenarmen und ließ ihn nicht mehr los. Er ist dabei maßlos gewissenhaft, studiert für einen Funkessay bei der BBC zehn Quellenwerke, ist ein wirklicher Kenner der Antike, der frühen englischen Literatur, ein hoch- und feingebildeter Herr aus bestem österreichischen Stall, ein Vorkriegs (– 1. Weltkriegs) Gentleman – aber jetzt werde ich lyrisch, und Sie haben auch nichts davon, und wenn man den Flesch und uns streiten hörte, würde man nie denken, wie gerührt ich jetzt bei der Aufzählung all dieser Dinge über ihn geworden bin. (Studierte natürlich an der Wiener Universität – ich sehe eben in Ihrem Brief nach, ob ich was vergessen habe). Hat sich nie losgemacht von seinen expressionistischen Anfängen, haßt das Ausschweifende, dreimal Hingeschriebene, verläßt sich auf gründlichste Vorkenntnis, und dann auf den Wurf. Haut's hin, gut, haut's daneben, schlimm. Und tief drunter das Weiche, Schwache, Zerrissene, das alle Österreicher haben. Er sagte tatsächlich neulich in einem plötzlichen Einfall, als man ihm sagte, er sei der »Schwierige« von Hofmannsthal, er schreibe jetzt ein Stück über sich selbst, »Der Zerrissene«. Stimmt wahrscheinlich auch.

Liebster Hermann, wenn Ihnen das nicht 1½ Seiten Würdigung ermöglicht, dann entziehe ich Ihnen Ihr Literatendiplom.

Alles Liebe und Innige Euch beiden. Der Peter ist schon ganz eifersüchtig, möchte auch gern sechzigsten Geburtstag haben, und hofft, daß man ihn und seine Jugendliebe nicht ganz dabei übersieht.

Ihre Hilde

HERMANN KESTEN AN HILDE SPIEL.
ROM, 24. JANUAR 1955

24. Januar 1955

Liebe verehrte Hilde,

besten Dank für Ihren Aufsatz, Ihren ausführlichen Brief, Ihren Artikel über Vincent Brun, und das Verzeichnis von Fleschs Werken. Obgleich ich in der Tat überhäuft mit deadlines bin, setzte ich mich gehorsam und halbunterrichtet hin und schrieb in zwei Tagen (zwei Tagen!) einen Artikel von vier und einer halben Seite und sandte ihn an sieben Zeitungen. Ich hoffe, eine davon wird ihn auch in der Tat drucken. Sonst sende ich Hans Flesch (dessen Adresse ich gar nicht habe) über Ihre Adresse mein Schreibmaschinenmanuskript. Ich bedauerte es in der Tat lebhaft, daß ich kein Buch von ihm dahatte.

Ich wünsche mir, liebe und verehrte Hilde, auch zu Ihrem sechzigsten Geburtstag den Feierartikel schreiben zu dürfen, in grauen fernen Zeiten, schon deshalb weil ich da noch am Leben wäre. Ich habe Sie zweimal in meinem Flesch Artikel schon genannt.

Auch zu Peters sechzigstem will ich fleißig schreiben und habe mich schon jetzt darauf vorbereitet, indem ich sein köstliches Buch *Marianne* las.

Wir wissen noch nicht, was wir wollen, sowie Edwin Muir nicht weiß, wer er ist. Es liegt auch alles in den Händen der US Consuln. Wären wir doch Engländer, wie Ihr. Dann läge alles in unsern Händen, mit Ausnahme der Devisenfreiheit. So hat jedes Land seinen Vorteil.

Wenn wir also im Mai unsern US Paß auf zwei Jahre verlängert bekommen, so werden wir wahrscheinlich nach Wien zum PEN Kongreß fahren, andernfalls fahren wir nach New York, und wissen nicht wohin in den Sommer; denn die Sommer in USA sind teuer und dubios.

Andererseits habe ich meine Mama in New York und freue mich auf sie. Und einige Freunde, eine Nichte, eine Schwester. Andererseits ist USA sehr teuer und wenn man sich ans leichtere Leben in Europa gewöhnt hat, erschrickt man ein wenig vor dem harten schweren teuren amerikanischen Leben. Manchmal bin ich geradezu melancholisch. Wie häßlich, daß auch keiner von uns ein Millionär geworden ist. Ob der Hitler daran schuld ist?

Und wie geht es den Kindern? Und was sind Eure Pläne?

Beim nächsten sechzigsten bereiten Sie mich bitte drei Monate vorher vor!

Ich lege Ihnen Ihren Artikel, den über Vincent Brun und den über Flesch bei, samt Fleschs Bibliographie, vielleicht brauchen Sie alles noch.

Behalten Sie uns lieb, schreiben Sie wieder, lesen Sie rasch meine Bücher; denn im Handumdrehen bin ich auch sechzig Jahre alt (mit Gottes Hilfe, sagt meine Mama), und wenn Sie dann über mich in den Journalen schreiben wollen, haben Sie keine Ahnung und fragen den Peter und den Flesch, was hat dieser Kesten eigentlich geschrieben? Er schreibt doch? Und manchmal frage ich mich selber: Was habe ich eigentlich in diesen letzten dreißig Jahren geschrieben? Ich schreibe doch? Jedenfalls nichts was mich zum Millionär machte, leider.

Aber ich will mit keiner bittern Note schließen. Im Gegenteil freue ich mich jeden Tag, daß ich noch da bin, und wenn ich nicht in Rom lebte, so möchte ich in Paris leben, und zur Not auch in London; es gibt zwar Nebel und Regen, aber hier und da könnten wir zusammen ins Kaffee gehen, und über anderer Leute Bücher plaudern.

Ich wünsche Ihnen alles Beste, Toni tut desgleichen, lassen Sie nur oft von sich hören, grüßen Sie den Peter und die Kinder bestens und wenn Sie den Flesch sehn, auch ihn freundlichst.

      Sehr herzlich Ihr alter Hermann Kesten

HILDE SPIEL AN HERMANN KESTEN.
LONDON, 10. FEBRUAR 1955

10. Februar 1955

Lieber bester Hermann,

Wie kann ich Ihnen danken für diesen köstlichen und bezaubernden Aufsatz in der *Zürcher*? Sie haben sich selbst übertroffen. Und beinah meine ich, nun müßten Sie mir dankbar sein für diese Gelegenheit, die ich Ihnen gab, auf so vollendete Art unser aller Schicksal anzudeuten und zu umreißen. Und wie könnte ich Ihnen überhaupt widerstehen, da Sie es fertig brachten, in einer Würdigung des Flesches mich gleich zweimal zu erwähnen? Dabei bin ich viel weniger ruhmsüchtig und erwähnungsgierig als viele andere, komme also zu diesen Ehren wie die Jungfer zum Kind, wenn dieser Vergleich nicht ganz unstatthaft wäre in diesem Zusammenhang. Die ganze Londoner Ex-Emigration war jedenfalls von dem Aufsatz angefeuert und entflammt, und wären Sie hier gewesen, so hätte man Sie ebenso stürmisch mitgefeiert wie Fleschen.

Wir arbeiten uns indessen mühsam aus unserer materiellen und geistigen Depression heraus. Bermann-Fischer hat mich plötzlich – schrieb ich es schon? Ein Zeichen beginnenden Verfalls, daß ich alles vergesse – zu seiner Londoner Vertreterin gemacht, und ich verbringe Tage und Stunden bei Verlegern, um ihm englische Bücher zu gewinnen. Es ist eine Aufgabe nach meinem Herzen, sie besteht zu $7/8$ aus Tratsch und Zwischenträgerei, was keinem Wiener ungelegen kommt, und außerdem fühlt man sich richtig drin im Getriebe der Literatur – aber Sie kennen das umso viel besser aus Ihren Verlegertagen her.

Überdies soll ich für die Fischer Bücherei eine kleine Anthologie zusammenstellen – neue englische Erzähler. Auch das macht Spaß. Ich schreibe all dies ausführlich, weil ich mich entsinne, daß Sie einmal über die Geldgebarung von S., also G. B. Fischer, klagten. Können Sie mir da Ratschläge geben? Das allzu kleine Fixum monatlich trifft ein, auch Spesenrechnungen werden bezahlt. Aber muß man sich sonst vorsehen? Werde ich hineingelegt? Bitte Warnung oder Beruhigung. [...] Und sonst? Wir hoffen dringend, Sie in Wien zu sehen. Diese meine Vaterstadt ist nun beinahe die einzige in Europa, die wir nicht gemeinsam betreten haben. Allerdings besteht die Gefahr, daß ich dort um so heftiger in jene Backhendlstimmung gerate, die von Ihnen mit Recht gerügt wird. Wäre ich doch asketischer!

Alles Liebe und Schöne Ihnen und Toni. Und bald auf Wiedersehen!

Ihre Hilde

HILDE SPIEL AN JEANNIE EBNER.
LONDON, 17. FEBRUAR 1955

17. Februar 1955

Liebe Jeannie Ebner,

Wie Sie wohl sahen, ist endlich, sechs Monate zu spät, die Kritik Ihres Romans im *Monat* erschienen. Immerhin hoffe ich, daß sie Ihnen noch nützen kann. Ich versuche jetzt, einen kleinen englischen Essay über Ihr Buch hier zu veröffentlichen.

Bitte schreiben Sie mir, ob sich jemand um eine englische Ausgabe bemüht. Roditi hat Sie, wie er mir schrieb, nicht erreicht. Inzwischen kann ich vielleicht in London Interesse dafür erwecken. Lassen Sie mich wissen, ob Sie das Buch einem Agenten übergeben haben, oder ob ich mich direkt mit Verlegern in Verbindung setzen soll. Und lassen Sie mir noch ein Exemplar vom Herold-Verlag zugehen.

Mit den besten Grüßen

Ihre Hilde Spiel

HILDE SPIEL AN HANS HABE.
LONDON, 14. MÄRZ 1955

14. März 1955

Lieber Hans,

Off Limits, das ich in der *Revue* lese, ist wirklich von atemraubender Spannung und, soweit man das bisher sagen kann, überaus fair.

Du sagtest mir in London am Telefon, daß Du Deine englischen Verlagsangelegenheiten geordnet hättest. Ich bin jetzt mit einer Unmenge von Verlegern in Verbindung, weil ich eine Art literarische Repräsentantin für S. Fischer in London geworden bin. Als ich neulich mit einem Direktor von Gollancz lunchte, zeigte er sich sehr an Dir und Deinem Buch interessiert.

Wenn Du mit Harrap noch nicht fest abgeschlossen hast, wäre Gollancz vielleicht der richtigere Verleger für Dich. Du brauchst mir nur ein Wort darüber zu sagen, dann setze ich ihn auf Deine Fährte. For old times' sake, natürlich, und zu keinem wie immer gearteten Gewinn für mich.

Alles Liebe Euch allen,

Deine Hilde

HANS HABE AN HILDE SPIEL.
MÜNCHEN (BAYERISCHER HOF), 29. MÄRZ 1955

Am 29. März 1955

Liebe Hilde:

Wie mich Dein Brief gefreut, ja gerührt hat, kann ich Dir kaum sagen.

Es tut mir freilich ein wenig leid, daß Du *Off Limits* in Fortsetzungen gelesen hast oder liest. Das sechshundert Seiten starke Buch ist kastriert und außerdem sind sogar einige Kapitel in sinnstörender Weise umgestellt worden. Nicht daß ich der *Revue* einen Vorwurf machte: journalistisch gesehen war beides notwendig. Indes habe ich versucht, ein literarisch wertvolles und vielleicht auch wichtiges Buch zu schreiben, und diesen Eindruck vermittelt die Presseveröffentlichung wohl nicht ganz. Um so mehr freut es mich, daß Dir das Buch dennoch gefällt.

Nun zu Deinem mehr als liebenswürdigen Antrag. Ich habe Harrap gegenüber keine Vertragsverpflichtung, dagegen eine moralische Verpflichtung, die ich nicht verletzen möchte. Sie bringen jetzt *Ich stelle mich* heraus und haben sich um nicht weniger als acht meiner früheren Bücher verdient gemacht. Ich betrachte es also als meine Pflicht, *Off Limits* sogleich nach Erscheinen – also nächste Woche – Harrap vorzulegen. Ob sie das Buch nehmen erscheint mir zweifelhaft, weil sie durch die Übersetzung der Autobiographie ins Hintertreffen geraten sind und ich kaum annehmen kann, daß sie gleich wieder einen Habe veröffentlichen wollen. Ich werde also veranlassen, daß Dir neben dem traditionellen Freundschaftsexemplar ein Exemplar für Gollancz zugeht.

Allerdings möchte ich auch hier niemandem weh tun. Ich werde seit etwa zwanzig Jahren in London von Richard Steele, 36 Victoria Street, Westminster, London S.W. 1 vertreten und möchte ihn nicht übergehen. Ein Vertragsabschluß müßte durch Steele erfolgen, und ich würde Dich oder Gollancz sehr bitten, sich mit ihm ins Einvernehmen zu setzen. Andererseits habe ich mit Steele ein gentleman's agreement, wonach er die Hälfte seiner Provision, also 5 %, abtritt, wenn jemand anderer das Geschäft bringt. Damit bin ich beim letzten Satz Deines Briefes angelangt. Daß Du die Sache gratis vermittelst wäre sinnlos und insoferne auch kein Freundschaftsdienst, als es mir nicht mehr weh tut, 5 % an Dich und 5 % an Steele abzuführen, als 10 % an Steele, was ich ohnedies müßte. Daß ein Freund mitverdient, hat noch keiner Freundschaft geschadet. Ich bin Dir also sehr dankbar, wenn Du die Sache in die Hand nimmst: *Off Limits* könnte in der Tat in England ein großer Erfolg werden.

Eloise und Marina sind leider für mehrere Monate in Amerika. Ich habe dagegen von Juni bis September wieder in Wolfgang gemietet, wo ab 1. Juni meine Adresse

Haus Breitgut – Ried – St. Wolfgang ist. Ich nehme doch mit Sicherheit an, daß Ihr da sein werdet, und daß ich Euch viel mehr sehe als im vorigen Jahr. Was macht Euer Haus?

Mit dem größten Vergnügen las ich Peters Buch, worüber ich auch Kindler geschrieben habe.

Tausend Dank nochmals für Deinen lieben Brief und laß bald von Dir hören.

In alter Herzlichkeit wie immer

Dein hans

HEIMITO VON DODERER AN HILDE SPIEL.
WIEN, 4. APRIL 1955

Liebe, verehrte Gnädige, endlich komme ich auf Ihren lieben Brief vom 10. Januar zurück und danke Ihnen vor allem dafür! Sogleich nach Einlangen Ihres Schreibens sicherte ich mir einen Platz für den Artikel Hans Flesch in der *Wiener Zeitung*, bin aber dann von dieser und den Tageszeitungen überhaupt abgekommen, weil man, ganz allgemein, bei den Zeitungen durch »Raumknappheit« belästigt wird, und, im Falle der *Wiener Zeitung*, mir doch deren literarische Geltung nicht genügte; zudem stand hier ein Wechsel der Chefredaktion bevor, der inzwischen vollzogen worden ist. Ausgehend von der Überlegung, dass es auf den 5. Februar nicht so sehr ankomme, als auf eben dieses laufende Jahr, benützte ich die Gelegenheit der Neugründung einer großen literarischen Revue von bester Leitung (Hanns von Winter, Übersetzer Gabriel Marcels – bei Herold, Wien – und Julien Graque's – bei Stauffacher, Bern) um, als man an mich herantrat* mir die Publications=Möglichkeit für einen wirklichen Essay über H. v. F. zu sichern, ohne Beengung der

---

* ich könnte bereits eine Figur abgeben in einem zu schreibenden Lustspiel »Der outsider als Adabei« – wofür ich aber gar nichts kann!

Ellbogen. Inzwischen hat sich der Start dieser Zeitschrift auf September verschoben. Das macht nichts. Aber da wird wenigstens etwas für F. Repräsentatives geschehen. Ich will veranlassen, dass man für die in Frage kommende Nummer auch von ihm einen Beitrag erbittet. Da es sich um eine *Monats*=schrift handelt, wird die Wirkung um so nachhaltiger sein, und H. v. F. ermuntern, seinen genialen Kopf zu tragen, wie es sich für einen Mann gebührt, der auf eine so stolze Werkreihe zurückblicken kann (die ich zur Gänze aufmarschieren zu lassen gedenke).

So weit nun, was meinen lieben Freund Hans betrifft, von dem ich noch ein Manuscript habe, worüber ich ihm direkt schreiben werde. – Mit Vergnügen bemerke ich, dass »Unser Londoner H. S. Correspondent« im *Neuen Österreich* recht munter tätig ist (was Old Doderer bärbeißig schmunzeln lässt). An gedachten Correspondenten – noch lieber würden ihn die Leser lesen, wenn sie ihn beim Schreiben sehen könnten! – habe ich eine Bitte, die hier gewiss an die kompetente Stelle kommt: mir nämlich auf einer Postkarte mitteilen zu wollen, welche Arrondissement=Bezifferung hinter dem Wort London folgen muss, wenn an jemand geschrieben wird, der in Battersea (gegenüber von Chelsea, auf der anderen Seite der Themse) wohnt. Ich hab' vergessen mir das zu notieren, finde es nicht in den Hilfsbüchern, und brauche das für den Roman, wo jemand hinten auf den Briefumschlag seine Londoner Adresse als Absender schreibt. Der Betreffende wohnt in der Prince Albert Bridge Road ca. No 100. –

Zu *Dämonen*: es wird etwas länger währen – ca. ½ Jahr länger – bis zur Vollendung. Ich habe von 2 auf 3 Teile um=gegliedert. Der Umfang ist leider ganz enorm.

Viele Grüße an den Herrn Gemahl! Und herzlichen Dank im voraus, und einen recht ergebenen Handkuss von Ihrem

Heimito Doderer, 4. IV., Mo. 1955

p. s. Wir werden einander wohl hier beim PEN-Kongress sehen, dessen Thema (Theater) mir allerdings nicht interessant ist.

HILDE SPIEL AN HEIMITO VON DODERER.
LONDON, 12. APRIL 1955

12. April 1955

Lieber, verehrter Herr v. Doderer,

Haben Sie vielen Dank für Ihren reizenden Brief. Unserem Freund Hans habe ich gesagt, was Sie über ihn schreiben, und er war natürlich beglückt und überaus dankbar. Er freut sich darauf, von Ihnen selbst zu hören.

Die Mitarbeit am *Neuen Österreich*, die ich Ihnen allein verdanke, macht mir wirklich viel Spaß. Sie ist finanziell weit weniger ertragreich als die an Schweizer und deutschen Blättern, aber es ist eine Verbindung mit der Heimat, und man druckt dort, wie in den letzten Tagen, auch manchmal Dinge, die mir am Herzen liegen, und dies an prominentem Ort. Ich sehe mit Vergnügen, daß Sie trotz einer gewissen antagonistischen Einstellung gegen diese Zeitung kürzlich einen Beitrag zur Sonntagsnummer geliefert haben, den ich heute früh entdeckt habe und mittags zu lesen hoffe. Mein Tag ist streng eingeteilt und von den verschiedenartigsten Pflichten, als Hausfrau, Mutter, Journalistin, Schriftstellerin und nun auch englische Beraterin von S. Fischer so völlig ausgefüllt, daß jede Lektüre, die nicht zum Zwecke einer Rezension erfolgt, ein Luxus und darum auch ein wirklicher Genuß ist.

Ich freue mich sehr, daß die *Dämonen* nun auf zwei weitere Bände ausgedehnt werden anstatt auf einen. Wenn ich mir in bezug auf dieses wunderbare und von mir heißgeliebte Werk einen Scherz erlauben darf, so möchte ich sagen, eine so schöne Nase kann gar nicht lang genug sein. Ich wollte, mit einem Wort, der Roman würde länger und länger, ein vollendeter Spiegel Österreichs und seiner Gesellschaft.

Zu Ihrer Anfrage. Die Albert Bridge Road (nicht Prince Albert Bridge rd) ist London S. W. 11. Man schriebe also ungefähr so:

Heimito v. Doderer, Esq.
100 Albert Bridge Rd. (oder Road)

London S.W.11
England.

Mr. Soundso ist unüblich, jeder Herr ist ein Esquire, höflicherweise. Nur an Gemüsehändler schreibt man Mr. Die Absenderadresse wird übrigens in England nie auf die Rückseite des Couverts geschrieben – ich sage das nur, weil in Ihrem Buch vielleicht der Fall eintreten könnte, daß der in Battersea wohnhafte Herr dies zu tun wünscht. Er täte es nur, wenn er Ausländer ist, nicht aber als Engländer.

Hoffentlich erlauben Sie mir wieder einmal, Ihnen auf diese Art behilflich zu sein. Es wäre ein stolzes Gefühl für mich, zu Ihrem Buch irgendetwas, und sei es auch nur ein Arrondissement, beigetragen zu haben.

Mit allen lieben Grüßen, auch von meinem Mann,
Ihre Hilde Spiel

HILDE SPIEL AN HANS HABE.
LONDON, 19. APRIL 1955

19. April 1955

Lieber Hans,

Vielen Dank für das uns gewidmete Buch. Ich habe es sofort mit größter Spannung zu Ende gelesen und finde es glänzend, und den Schluß überaus würdig. An seinem Erfolg kann gar nicht gezweifelt werden. Ich glaube zuversichtlich, es wird Dein größter seit *Ob tausend fallen.*

Ein zweites Exemplar kam freilich nicht. Soll ich Gollancz sagen, daß Du Dir's anders überlegt hast? Im Moment wartet man dort noch auf das in Aussicht gestellte Lese-Exemplar. Aber bitte, mache Dir keinen Augenblick Sorgen deswegen. Wenn Du von Harrap günstige Zusagen hast, dann sagen wir Gollancz ab. Wenn ich da etwas vermitteln wollte, so sollte es nur Dir zugute kommen. Es war einfach eine Idee »on the spur of the moment«.

Alles Liebe, Hilde

HILDE SPIEL AN JEANNIE EBNER.
LONDON, 30. JUNI 1955

30. Juni 1955

Liebe Jeannie,
zu meiner eigenen Verwunderung war es mir möglich, an den ersten Abenden nach meiner Rückkehr Ihr Manuskript auszulesen. Ich bin froh, daß ich es sofort getan habe, denn im Juli wird wieder eine Menge von Pflichten auf mich einstürmen. Mit Dr. Hirsch hatte ich mich übrigens auf der Heimreise in Frankfurt noch einmal länger über Sie unterhalten. Er ist von Ihrem Talent durchaus überzeugt, meinte nur nochmals, das Buch sei im späteren Ablauf doch zu ungeordnet für einen Roman. Wir sprachen noch darüber, ob es nicht möglich wäre, daß Sie es mit einem Lektor genau durchgingen. Mir scheint, es ist bei Fischer noch nicht alles verloren, wenn Sie selbst die Möglichkeit haben, nach Frankfurt zu fahren. Aber unter uns gesagt ist das ein recht chaotischer Verlag, von Unentschlossenheit, zu vielen Köchen und zu wenig Sachkenntnis geplagt. Bermann-Fischer und seine Frau können zur Zeit überhaupt nicht nach Deutschland, weil sie Paß-Schwierigkeiten haben. So blieb alles ein wenig vage. Mit Ihren Erzählungen aber versprach man sich zu beschäftigen.

Ihr Buch, liebe Jeannie, hat mich in allen diesen Tagen in Atem gehalten und beschäftigt. Ich finde es unglaublich eindrucksvoll und stark, und ich bin sicher, daß es, wenn auch vielleicht nicht genau in der vorliegenden, doch in einer nicht sehr abweichenden Fassung gedruckt werden soll und wird. Ich sehe vor allem den berühmten Bruch nach den ersten 100 Seiten nicht. Ich finde den Anfang nicht konkreter als den Rest, und den Rest nicht abstrakter als den Anfang. Meiner Meinung nach hält sich das ganze Buch auf einer leicht unwirklichen Ebene und der großartige Schluß in der Hütte unterscheidet sich von den Traumphantasien in der Au nur kaum. Sicherlich ist es ein Buch, das sehr viel vom Lektor und noch mehr vom gewöhnlichen Leser verlangt, und das nicht auf viele, auf diese aber mit großer Wucht wirken wird. Mir, das heißt meinem literarischen Geschmack, sitzt es wie angegossen. Während ich, im Vertrauen, etwa Saikos *Auf dem Floß* nicht weiterlesen konnte, habe ich nicht aufhören können, an Ihrem Manuskript zu lesen. Es sind Stellen von so großer Schönheit und Tiefe drin, wie ich sie in deutscher Sprache von niemand, gewiß nicht von einer Frau, gelesen habe. Ihre Naturbeschreibungen macht Ihnen so bald keiner nach. Und Ihre Überlegungen über die menschliche Situation, die mir schon im ersten Buch solchen Eindruck machten, sind – auch wenn sie sich in einen mir fernstehenden Mystizismus verlieren – immer klar und einleuchtend formuliert. Kurz, ich sehe in diesem Buch eine folgerichtige Entwicklung nach Ihrem ersten.

Nun darf ich aber auch gewisse Einwände machen. Sie sollen nicht maßgeblich sein, aber es wird Sie doch interessieren, was einem wirklich gewogenen und wohlgeneigten Leser auffällt. Zunächst finde ich die Betitelung der vier Teile nicht glücklich. Die beiden Mittelteile machen ja eigentlich das Buch aus, und sind darum als Zwischenspiele nicht treffend bezeichnet. Überdies finde ich das tragische auch ironisch und umgekehrt. Da Sie nun einmal die Symphonieform gewählt haben – warum verwenden Sie keine musikalischen Überschriften? Oder andere. Oder nur Ziffern. Zweitens vermisse ich die Wiederaufnahme der Figur des kleinen Buschwesens aus dem ersten Teil im späteren Buch. In *Sie warten auf Antwort* haben Sie auch verschiedene Figuren zuletzt einander vermählt, und hier haben Sie es mit Demetria und der Schmiedin so schön getan. Das kleine Buschmädchen aber hängt in der Luft und hat wenig erkenntlichen Symbolwert, wenn nie wieder von ihr die Rede ist. Drittens glaube ich, daß Sie sich Ihren sehr schönen und starken Schluß zerstören, wenn Sie das Tagebuch Daniels daranhängen. Selbst die waghalsigsten Erneuerer des Romans würden eine solche Stillegung des Tempos nicht gewagt haben. Wenn der Roman mit den Worten endete: »Und einer ist mitten unter ihnen, der den unermeßlichen Anspruch stellt«, und wenn Daniel noch deutlicher als der herausgestellt würde, den Sie damit meinen – denn das tun Sie ja hoffentlich, oder ich hätte mich geirrt –, so wäre das ein wirklich gutes Ende. Das Tagebuch müßte jedenfalls an früherem Ort stehen, Sie hätten dann freilich die Hinweise auf Regen und Schlußapotheose zu streichen.

Das wären meine größeren Einwände. Im einzelnen scheint es mir doch angezeigt, noch weitere Striche vorzunehmen. In dem Manuskript, das ich hier habe, sind bereits glänzende Kürzungen angemerkt. In dieser Art könnte man das Buch, denke ich, noch ein wenig straffen. Ich denke dabei nur an gedankliche Stellen, wo Ihre kühne und einfallsreiche Phantasie sich immer neue Bilder, Gleichnisse, Formulierungen ausdenkt, die den Sinn wieder verwirren und ihm zuweilen abträglich sind. Aber das müßte jemand eben Satz für Satz mit Ihnen durchgehen – nicht, weil er mehr verstünde, um was es geht, sondern weil er die Objektivität des verständnisvollen Lesers mitbringt – und Sie müßten dabei sagen, was Ihnen wichtig ist und woran nicht gerüttelt werden darf. So etwas hatte Dr. Hirsch wohl im Sinn. Aber leider gibt es nicht viele Verlage, wahrscheinlich auch S. Fischer selbst nicht, die diese Zeit und diesen Enthusiasmus aufbringen werden. Trotzdem muß man nach ihnen suchen.

Mir fällt als erstes Biederstein ein. Hatten Sie das Buch dort eingereicht? Wenn nicht, soll ich Herrn Dr. Wiemer darüber schreiben? Er ist Doderers Freund, ich kenne ihn daher, daß er einen alten historischen Roman von mir abgelehnt hat, den ich immer noch herumhökere. Aber mein Buch ist nicht halb so begabt und interessant wie das Ihre, und ich könnte mir denken, daß Wiemer sich dafür enthusiasmiert. Wollen Sie ihn durch Doderer oder durch mich erreichen? Ich bin sonst mit Beck (Biedersteins wissenschaftliche Hälfte) sehr gut, denn mein Essayband erschien dort, und jetzt übersetze ich ein philosophisches Buch für diesen Verlag. Auch bei Dr. Wiemer habe ich trotz der damaligen Absage einen Stein im Brett.

Bitte schreiben Sie mir auch, was ich mit dem MS tun soll. Ich schicke es vielleicht am besten gleich an den Verlag, den Sie mir angeben. Aber bitte bald, denn ich fahre am 29. wieder nach Österreich.

Alles Liebe Ihnen und dem guten Herrn Alinger. Ich möchte Sie gern einmal länger sehen. Vielleicht kommen Sie einmal nach Sankt Wolfgang.

Ihre Hilde Spiel

P. S. Eben telefonierte ich mit Rosica Colin, die sich hier Ihres ersten Buches wegen bemüht hat. Leider bisher erfolglos. Der Markt für ungewöhnliche Bücher, schon gar für solche ausländischen Ursprungs, ist leider sehr klein. Wie Sie wissen, ist auch Ilse Aichingers Buch hier nicht erschienen, obwohl man sich vielfach darum bemühte. Die Engländer drucken einen erst, wenn man bereits unsterblich geworden ist wie Kafka. Sagen Sie aber bitte, ob Ihr Buch zur Zeit in Paris irgendwo liegt. Wie Denise van Moppès mir mitteilte, war es von Albin Michel abgelehnt worden. Hat Gallimard es gesehen? Und soll man es einer sehr guten Pariser Agentin, Mme Strassova, übergeben? – Die ganze Frage der Adaption an den Büchermarkt möchte ich gern einmal mit Ihnen besprechen. Vielleicht könnten Sie doch, ohne Zugeständnisse wichtiger Art zu machen, gewissen Anforderungen Rechnung tragen? Darüber kann man nur persönlich reden.

HILDE SPIEL AN HERMANN KESTEN.
LONDON, 1. JULI 1955

1. Juli 1955

Liebster Hermann,

Sie waren an jenem letzten Abend verschwunden, ehe wir einander adieu sagen konnten. Keinesfalls aber hätte ich Ihnen bereits dafür danken können, daß Sie mich zu den charmanten Wienern gezählt haben – denn dieser Aufsatz erschien am Tag unserer Abreise – und ich möchte es nun nachholen. Mich aus der Liste auszulassen, wäre freilich beinahe ein Affront gewesen – glücklicherweise fand er nicht statt. Denn wo Robert Neumann, Robert Pick und unser Friederich der Wüterich stehen, da mag ich nicht fehlen.

Ihr Aufsatz war bezaubernd, witzig, elegant wie immer – es ist merkwürdig, daß die Epitheta, die Sie selbst am liebsten verwenden, auch auf Sie selbst am besten passen. Ich war erstaunt, zu lesen, daß Robert Pick ein so großer Schriftsteller ist. Ich wußte das nicht. Ich fand seine Schüchternheit gespielt, seine Unbeholfenheit eine Pose – oder besser, ich empfand all dies so. Wie man sich irren kann! Mir schien alles an ihm unecht, freilich in dem Sinn, in dem so vieles an Rilke unecht war, wobei man zugibt, daß der Mensch manchmal an sein Gewand anwächst, wenn er es lange genug trägt. Nun, ich lasse mich gern eines besseren belehren, wenn schon nicht über seine Person – denn ich kann nur zögernd zugeben, daß mein Instinkt sich irrt – dann doch über seine Begabung. Was hat er, dieser gute Pick, geschrieben? Ich wüßte es sehr gern. Sagen Sie es mir bitte einmal!

Was Sie über Robert Neumann schrieben, ist besonders entzückend. Diesmal mochte ich ihn, den Sie oft vor uns in Schutz nahmen, wieder etwas lieber. Zumindest fand ich ihn konsistent. Aber ich tratsche schon wieder auf Wiener Art aus meinem so niederträchtigen goldenen Herzen heraus. Und überhaupt schreibe ich Ihnen nur, weil ich fühle, daß ein Schatten über uns liegt, wenn nicht gerade über Ihnen und mir, die Sie immerhin unter die Charmanten aufgenommen haben, dann doch über Ihnen und dem Peter, der gar nicht vorkommt, auch nicht als Streithansel. Oder irre ich mich? Bin auch vielleicht ich ein wenig vorsichtig, da ich Sie doch in so innigem Einvernehmen mit Torberg weiß? Und schicke ich diesen Brief überhaupt ab? Ich glaube schon. Denn ich bin sehr anhänglich an Sie und Toni und möchte auch gern wissen, ob Ihr wieder nach Italien geht im Sommer, und ob nach Amerika. Vielleicht haben Sie einmal Zeit für eine Zeile.

                    Bis dahin, wie immer, Ihre Hilde

JEANNIE EBNER AN HILDE SPIEL.
WIEN, 15. AUGUST 1955

                    Wien, am 15. 8. 55

Liebe, verehrte Hilde Spiel,

Hoffentlich haben Sie meinen Brief, den ich am 1. August an die obige Adresse sandte, erhalten. Zwar kann ich mir denken, daß Sie jetzt alle Hände voll zu tun haben, und jede Korrespondenz, die nicht dringend ist, zurückstellen. Ich muß Sie aber trotzdem noch einmal belästigen. Inzwischen erhielt ich einen Brief vom Rainer Wunderlich Verlag. Der dortige Lektor, Dr. *Kaufmann* wird vom 20. bis 27. August in *Horn, Niederösterreich, Burgerstraße 14* seinen Urlaub verbringen und hat mich gebeten, ihm wenn möglich das M.S. *Zauberer u. Verzauberte* dorthin zu schicken. Darf ich Sie bitten, das MS, falls Sie es nicht doch an Biederstein gesandt haben, dort hinzuschicken? Leider ist es mir nicht gelungen, die beiden anderen Kopien zurückzubekommen. Und würden Sie mir, bitte, eine Karte schreiben, damit ich weiß, was Sie veranlaßt haben?

Nun soll ich noch viele Grüße von Dr. Hanns von Winter, Wien I, Ebendorferstraße 2, ausrichten und Sie fragen, ob Sie bereit und in der Lage wären, ihm einen Aufsatz über Canetti für seine Zeitschrift *Wort in der Zeit* zu schreiben? Das Honorar ist höher als sonst in Österreich üblich, und Sie würden sich dort in guter Gesellschaft befinden (Doderer, Saiko etc.). Herrn Dr. Winter läge sehr viel daran.

Wie ich höre, hat Herr von Heine ein Romanmanuskript von Ihnen, das ihm sehr gut gefällt. Trotzdem fürchte ich, daß es für Herold kaum in Frage kommt, weil dort jetzt die Belletristik überhaupt zugunsten von religiöser Literatur sehr eingeschränkt wird. Wie wäre es mit dem Wunderlich-Verlag? Ich habe einen Bekannten hier in Wien, der die Cheflektorin gut kennt, und er würde mir sofort einen Brief dazu schreiben, da er Sie bereits als Autorin kennt und schätzt. Was geschieht sonst mit diesem Roman? Ich bin gern bereit, das hier in Wien irgendwo zu holen oder hinzutragen, damit es schneller geht. Leider sind die Verleger ja alle sehr langsam.

 Dankeschön, und viele Grüße, Jeannie Ebner

HILDE SPIEL AN JEANNIE EBNER. ST. WOLFGANG, 18. AUGUST 1955

 18. August 1955
Liebste Jeannie,
 Bitte verzeihen Sie, daß ich Ihnen noch nicht schrieb. Ich habe in den wenigen Wochen hier nicht nur unendlich viel Arbeit gehabt, sondern auch Zwischen- und Unfälle aller Art, beide Kinder auf verschiedene Art laidiert, Autopannen und knapp verhütete Unfälle – es würde zu lange dauern, Ihnen alles zu schildern. In Sedan auf der Herfahrt zerbrach ich einen Taschenspiegel, und seitdem reißt das Pech nicht ab. Soviel von einer logischen Positivistin.
 Ihr MS ist hier, ich hatte erst den Plan, es Biederstein zu geben, wo man sich höflich dafür interessiert, wollte es aber Peter, der jeden Moment nach München fahren will, persönlich mitgeben. Nun aber scheint mir die Wunderlich-Aussicht aktueller. Biederstein wird es mit Vergnügen auch dann lesen, wenn es, was hoffentlich nicht geschehen wird, vom Wunderlich zurückkommt. Wenn Sie mir also noch ein rasches Wort schreiben, ob es wirklich so geschehen soll, schicke ich das MS sofort nach Horn. Dr. Kaufmann ist ja bis zum 27. dort. *Nein, ich schicke es*

sofort. Ich sehe aus Ihrem Brief, daß er es rasch haben will. Lassen Sie's nur im Ablehnungsfall bitte direkt an Dr. Wiemer, Biederstein Verlag, München 23, Wilhelmstraße 9 unter Hinweis auf meinen Ankündigungsbrief schicken.

Es ist entzückend von Ihnen, sich nun Ihrerseits meines eigenen Romans annehmen zu wollen. Das ist ein altes Buch, im Krieg aus Heimweh und englisch geschrieben, nach dem Krieg jahrelang in Arbeitspausen übersetzt. Das absolute Gegenteil des Ihren: konventionell, einflächig, Ihnen selbst sicher ganz uninteressant, also lesen Sie's bitte gar nicht. Wenn der Wunderlich so was ansehen will, bin ich dankbar. Das MS liegt noch bei Herold. Aber bitte erst, wenn Ihr Roman dort bereits liegt und geprüft wird. Man soll eine Beziehung nie überlasten. Irgendeinmal will sich dann die Marie-Luise Reiter darum kümmern. Dies für den Fall, daß Wunderlich nicht in Betracht kommt oder abgelehnt hat.

Ja, der Herr Dr. v. Winter! Ich versprach ihm, über Canetti zu schreiben, habe auch alles Material, aber keine Lust mehr, weil mir die späteren Schriften Canettis mißfallen. Ich muß ihm einen Erklärungsbrief schreiben, aber erst, wenn Canetti, der jetzt hier war, von Wien, wo er sich eben aufhalten dürfte, wieder abgereist ist. Um Verstimmungen zu vermeiden. Wenn Sie also Dr. v. Winter sprechen, sagen Sie ihm bitte, ich sei daran, ihm zu schreiben, inzwischen hätte ich gern die erste Nummer der Zeitschrift, auch Lernet möchte sie sehen, wir haben hier noch nichts davon erblickt.

Alles Liebe! Wir sind bis 15. Sept. hier.

Ihre Hilde Spiel

HERMANN KESTEN AN HILDE SPIEL.
SUPER MOLINA (SOLINEN HOTEL, SPANIEN),
22. AUGUST 1955

22. August 1955

Liebe und verehrte Hilde,

bitte seien Sie nicht erzürnt, daß ich erst heute Ihren lieben und reizenden Brief vom 1. Juli beantworte, aber ich saß in München und mußte meinen neuen Roman *Ein Sohn des Glücks* zuende schreiben, da das Buch sonst nicht wie geplant Ende September erscheinen könnte. Ich bin neugierig, wie es Ihnen gefallen wird. Ich habe es als ein heiteres Buch geplant, es ist ein frivoles Buch geworden. Es handelt hauptsächlich von der Liebe und vom Beischlaf. Daß Sie, meine liebe Hilde, von »beinahe Affronten« sprechen, die hätten geschehen können (wenn ich Sie aus der Liste der großen Wiener ausgelassen), ist so hypothetischen Charakters, daß es schon newyorkerisch sophisticated klingt.

Gottseidank habe ich Sie nicht ausgelassen; und obendrein war es mir unmöglich; denn wie könnte ich Sie je auslassen, Deutschlands beste lebende Essayistin, von Ihren andern großen Verdiensten nicht zu sprechen, wobei die persönlichen weder the last noch the least sind, sondern durchaus an erster Stelle stehen. Zu Ihren großen Verdiensten rechne ich freilich auch Ihre Kinder und Peter de Mendelssohn.

Was den Robert Pick betrifft, so hat er ein gutes Buch über Sokrates dieses Jahr veröffentlicht, ich lese es gerade, ohne außerordentlich zu sein, ist es sehr gut. Und es ist sicherlich schwer, ein gutes Buch nach Plato über Sokrates zu schreiben, ja darüber zu schreiben, ohne sich lächerlich zu machen. Lesen Sie, es ist in England erschienen. Was Peter de Mendelssohn betrifft, so konnte ich ihn doch nicht unter die Wiener aufnehmen. Und was die Porträts betrifft, so wollte ich eben eines über Sie, liebe Hilde schreiben, als der Bote der *Arbeiterzeitung* zum zweiten Mal kam, um das Manuskript abzuholen.

Im übrigen kenne ich meine Stellung und Aufgabe

durchaus. Ich bewundere Ihre Werke und die Werke von Peter und übrigens auch die Werke unseres gemeinsamen Londoner Freundes Hans Flesch, und ich weiß durchaus, daß ich es bin, der über Euch alle schreiben muß, und ich habe mir auch vorgenommen, es in den Jahren, die mir die Götter noch schenken werden, es immer mehr und mehr zu tun.

Ich schrieb einmal einen recht hübschen und ausführlichen Artikel über Alfred Döblin, und dieser Artikel freute Döblin und seine Frau Erna sehr, und als ich einmal bei Döblins zum Abendessen war, nahm sie mich nach dem Essen beiseite und schlug mir vor, einmal ein Jahr lang meine andern literarischen Arbeiten beiseite zu lassen und nichts anderes zu tun, als über Alfred Döblin – ein Jahr nur – zu schreiben. Ich sagte ihr, ich wolle es mir noch überlegen, und auch es mit meinen Verlegern besprechen; denn ich hatte damals noch einen Vertrag mit meinen Verlegern wegen eines neuen Romans, den ich zu liefern versprochen hatte.

Übrigens habe ich auch in München mit Desch abgemacht, daß ich bis zum nächsten Jahr einen neuen kleinen Roman für ihn schreibe.

Was Döblin betrifft, so habe ich noch oft über ihn geschrieben, aber freilich kein ganzes Jahr nur über ihn; die Verhältnisse waren zu schwer, es kam damals der Krieg, meine Flucht, U.S.A., ich schrieb ein Dutzend Bücher, wenn ich es jetzt bedenke, so ist es unentschuldbar gewesen. Was soll man Besseres mit seinem Leben anfangen, als über seine Freunde zu schreiben, besonders wenn man das Glück hat, selber nur einiges Talent zu besitzen und Freunde zu haben, die Genies sind, ich glaube etwas derartiges hatte mir damals Frau Erna Döblin anzudeuten versucht.

In diesem Sommer sind wir nicht nach Italien gegangen, sondern nach Spanien, erst nach Mallorca, dann in dieses Berghotel in den Pyrenäen. Am ersten September reisen wir ab, wollen am 5. und 6. September in Padua sein, um von dort Venedig und die Giorgione Ausstellung zu besuchen, und ab 8. September wieder in Rom, wo wir uns eine neue Wohnung für den Winter suchen müssen. Inzwischen ist unsere Adresse per Kurt Desch Verlag, Romanstraße 7-9, München 19.

Behalten Sie uns lieb, grüßen Sie Ihre Kinder schönstens von uns, empfehlen Sie uns aufs Allerschönste Peter, grüßen Sie Hans Flesch, wenn Sie ihn sehen und bleiben Sie mir stets gewogen
    wie ich Sie stets verehre, Ihr Hermann Kesten.

**HILDE SPIEL AN JEANNIE EBNER.
LONDON, 11. OKTOBER 1955**

11. Oktober 1955
Liebe Jeannie Ebner,

Als ich an einem unserer letzten Tage nach Ischl kam, traf ich noch einmal das Seemännchen und dessen Frau, und es zeigte sich ungemein angetan von den Iglser Besprechungen, und von ehrlichem Enthusiasmus erfüllt, nicht nur für Sie, sondern für die arme Busta, die ihm anscheinend auch einen großen Eindruck gemacht hat, aber auf andere Art, und so hatte ich dann schon das befriedigte Gefühl, Ihnen mit dem verdrehten und schwierigen Doppelnachmittag nicht allzu viel Mißvergnügen bereitet zu haben. Denn verdreht und schwierig war er, genau wie dieser ganze Sommer, und ich konnte mich Ihnen gar nicht in meiner üblichen Gelassenheit, die unter den literarischen Berufshysterikern einen gewissen guten Ruf hat, vorteilhaft präsentieren. Sogar meine recht gestählten Nerven haben die sozialen, privaten, finanziellen und beruflichen Anforderungen dieses ersten Aufenthalts im Haus am Bach recht angegriffen, eine Unheilkette durchzog alle sechs Wochen, wie ich Ihnen bereits ausführlich geschildert habe, und nur ganz selten, auf die allergeheimste Weise, geschah etwas Beglückendes, das alles wettmachte. Und auch ohne das hätten mich wahrscheinlich die Fahrten nach Ischl über die alte Wolfganger Straße, durch die schönste und zugleich die eigene Kinderlandschaft, mit allem versöhnt.

Hier sitze ich nun Tag und Nacht, falls ich nicht etwas für den Haushalt tue oder, einmal wöchentlich, mich in die Großstadt begebe, lesend oder schreibend da. Aber es ist ein Lichtblick in all diesem literarischen Betrieb, den Sie mit Recht sich weigern mitzumachen, und der ist eine Übersetzungsarbeit – Elizabeth Bowens letzter Roman, den ich für Bertelsmann jetzt übertrage.

Vielen Dank, liebste Jeannie, für all die Hilfe mit dem Roman. Habe ich Ihnen gesagt, daß der gute Winter mir nun eine Erzählung abgekauft hat, die ich vor vier Jahren schrieb und die Sie vielleicht amüsieren wird. Sie ist »pedestrian«, natürlich, wie alles, was ich seit Jahren schreibe, aber vielleicht ganz hübsch formuliert. Hier traf ich durch Zufall Canetti in einem Lokal und ging ostentativ auf ihn zu, gab ihm die Hand und erkundigte mich freundlich nach seinem Wiener Aufenthalt. Es war mir sehr darum zu tun, daß er nicht denke, ich sei nun gebrochen, weil er mir Winters Gunst entzogen hat. Das hat er anscheinend wirklich nicht (es wäre zwar zu tragen gewesen!) und ich habe es mir auch nicht anmerken lassen, daß ich von Ihnen wußte, wie petrisch er mich verraten hat.

Ich habe Ihnen nie gesagt, wie schön ich Ihre Allegorie in *Wort in der Zeit* fand. Ihre Karriere ist nicht aufzuhalten, liebe Jeannie, glauben Sie mir das, und wenn das Wort Karriere Sie stört, so ersetzen Sie es durch ein Ihnen genehmeres. Und was das grau, traurig und grimmig Herumlaufen betrifft, so sollten Sie mich an meinem Schreibtisch sehen, wenn ich auch nur einen Londoner Literaturbrief verfasse. Anscheinend schreckt das die Männer doch nicht ab, wenn man sich nur wieder hochrappelt und ein Feierabend-Gesicht aufzusetzen weiß.

Schreiben Sie wieder, meine Liebe, und seien Sie herzlich gegrüßt von

Ihrer Hilde Spiel

Grüßen Sie bitte den Ernstl

Wie fanden Sie des Weigels Angriff auf unseren Csokor?

HILDE SPIEL AN HERMANN KESTEN.
LONDON, 7. DEZEMBER 1955

7. Dezember 1955

Lieber, bester Hermann,

Vor wenigen Tagen kam Ihr *Sohn des Glücks*. Peter las ihn sofort und zeigte sich charmiert, ich begann das Buch, wurde aber nach dem ersten Viertel von einigen von der *Weltwoche* angeforderten Rezensionen unterbrochen und will es so bald wie möglich weiterlesen. Bisher schon entzückte mich die schwebende Leichtigkeit, und so vieles, was am Rande mitläuft und dem Kenner ein Aufleuchten entlockt. Erstaunlicherweise hat Italien keinen Italiener, sondern einen Franzosen aus Ihnen gemacht – nur in Giraudoux finde ich sonst noch solche aphoristische, heiter-profunde Behandlung der Wirklichkeit. Ich schreibe Ihnen mehr, wenn ich das Buch beendet habe.

Nun gleich eine Bitte – die Verpflichtung zu antworten, die ich Ihnen damit auferlege, wird Sie wenigstens zu einem Brief nötigen, den Sie mir schuldig sind. Überdies bitte ich nicht für mich, sondern für Jan Fabricius. Ich glaube, dieser liebenswerte Holländer ist Ihnen wohl ein Begriff. *Das Mädchen mit dem blauen Hut. Marietta.* In Java geboren, in Österreich, Italien, jetzt seit Jahren in London zu Hause. Ein ganz wirklicher Schriftsteller, der zeitlebens nur von seinen Büchern lebte – gleich Ihnen. Also, dieser gute Jan hat einen wunderbaren Roman geschrieben. Holländisch erschien er soeben mit sensationellem Erfolg unter dem Titel *Nacht zonder Zegen*. In England bringt Heinemann das Buch, aber erst im nächsten Jahr, weil vorher ein anderes von Fabricius dort herauskommen muß. Deutscher Verleger war bisher Zsolnay. Aber dieses Buch weigert sich dieser feige und charakterlose Mensch zu bringen. Denn es ist, daran liegt es, der Roman eines Lustmörders. Er spielt im unbekannten London der kleinsten Kleinbürger und Straßenmädchen, ist ganz stark, echt, psychologisch ausgezeichnet – ein ungewöhnliches Buch. Und Fabricius braucht einen deutschen Verleger.

Kurz, wie stehen Sie mit Desch, lieber Hermann. Können Sie ihm Fabricius ans Herz legen? Die holländische Ausgabe liegt vor, außerdem holländische Kritiken. Gelesen kann das Buch im englischen Manuskript werden, das wir auf Fabricius' Wunsch lasen. (*Night without Bliss* heißt es.) Ein Verleger wie Desch kann viel Geld damit verdienen. Und es ist nicht obszön, sondern rührend. Ich könnte es sofort an Fischer empfehlen, aber selbst wenn der es nähme, wäre Fabricius nicht so gut dran wie bei Desch, darum rieten wir ihm zuerst zu diesem. Außerdem erhielte dieser dann die weiteren Bücher, und was Jan uns von seinem nächsten Roman erzählt hat, scheint überaus vielversprechend.

Wollen Sie mir zumindest bald antworten, ob Sie einen Brief an Desch schreiben wollen und können? Dann schickte ich alles Material von hier an den Verlag. Falls es Ihnen aber aus irgendwelchen Gründen nicht möglich ist (Prestige, Verstimmung oder so), sagen Sie's bitte auch, damit wir es anderswie oder -wo versuchen. – Unter dem Motto: Literaten müssen einander helfen!

Ihre Hilde

JEANNIE EBNER AN HILDE SPIEL.
WIEN, 16. DEZEMBER 1955

Wien, am 16. 12. 1955

Liebe Hilde Spiel!
Vielen Dank für Ihren Brief. Ich kann mir Ihre Gefühle für Wien gut vorstellen, außerdem weiß ich von meinem Vater her, daß das Heimweh einen nach zwanzig Jahren wie eine Krankheit packen kann. Aber ich hoffe, Sie ersparen Ihrer Familie den Kummer und sich selber die Enttäuschung, die eine Realisierung von so heftigen Traumgebilden zwangsläufig bringen würde. Wien ist zauberhaft wie eine Geliebte, aber wenn man mit ihr leben muß, zeigt sich bald, daß auch sie nur eine gewöhnli-

che Frau mit vielen Banalitäten und kleinen, lästigen Eigenschaften ist.

Wir Wiener erlauben das zwar keinem Fremden, aber selber nörgeln wir ununterbrochen an unserer Vaterstadt herum, vor allem an den Verhältnissen, in denen man hier leben muß. Ich glaube nicht, daß jemand, der die »Unübersichtlichkeit« einer großzügigeren Stadt gewöhnt ist, sich hier noch ganz heimisch fühlen kann. Es ist alles eng hier, nicht nur die reizenden alten Gassen, auch die Köpfe und der Lebensstil.

Inzwischen habe ich meinen Roman wieder von wo zurückbekommen und bin fast selbst überzeugt, daß etwas damit nicht in Ordnung sein muß. Aber ich habe jetzt keine Zeit dafür, denn ich habe, Gottseidank, die Übersetzung bekommen. Es ist eine Heidenarbeit, aber, wie jede intensive Beschäftigung mit der Sprache, niemals uninteressant. Darf ich Ihre Hilfe ein bißchen in Anspruch nehmen? Wie würden Sie übersetzen:

They had the eyes of melancholy stags. (Mein Wörterbuch hat mich verwirrt: Hirsch, männl. Rotwild, Schwarzhändler, Mann der ohne Frauen auf eine Gesellschaft geht.)

They have a regular *beat on the* pavements.

1786 Dr. Townsend was *rector* of Pewsey (Wiltshire). (Laut Wörterbuch: Rektor oder Pfarrherr)

Wages are low. Who can't *get into some racket*, has to take extra work.

This is anyone's guess. (Kann jeder erraten? Versucht jeder zu erraten? darüber zerbricht sich jeder den Kopf?)

barded (für die Art, wie Streitrosse im Mittelalter gerüstet sind)

paldrons (muß Bestandteil einer Ritterrüstung sein)

»dear venturous Knights worthy *to be put in* an new *romanso*« (Aus einem Brief James I., etwa 1623)

Endymion Porter whose jolly *Here's-a-health-unto-his-majesty-face*, is painted by Van Dyck...

Und wie würden Sie, im Jahre 1623, den *Prime Minister* nennen?

Nicht bös sein über die vielen Fragen, und bitte lassen

Sie sich mit ihrer Beantwortung ruhig sechs Wochen Zeit, da ich vorläufig nur Rohübersetzung mache.

Vom Ullsteinverlag bis jetzt nichts Neues über Ihren Roman.

Herzlichst Ihre Jeannie Ebner

HERMANN KESTEN AN HILDE SPIEL.
ROM, 20. DEZEMBER 1955

20. Dezember 1955

Liebe und hochverehrte Hilde,

schönsten Dank für Ihre beiden liebreizenden Briefe vom 15. November und 7. Dezember. Da ich viele Auskünfte von Ihnen haben will, schreibe ich Ihnen ebenso viele arabische Ziffern, wie Kerr römische für seine Kritiken brauchte. Freilich soll mein Brief nichts Kritisches sondern nur Freundschaftliches enthalten.

1. Wann findet der Londoner PEN-Kongreß statt? Schreiben Sie mir bitte gleich die genauen Daten, ich hoffe anfangs Juli, damit einem nicht zugemutet wird, seine Sommerreise zu zerreißen. Warum vermeidet Ihr so streng die Berührung mit der Londoner Season im Juni? Ich fürchte im Juli habt Ihr uns nichts mehr zu bieten.

2. bin ich natürlich sehr glücklich, daß Peter sich von meinem *Sohn des Glücks* »charmiert« zeigte. Regen Sie doch bei dem Ihnen nahestehenden Herrn an, mir das selber zu schreiben. Grund: Es ist so selten, daß einem die Bücher von Freunden gefallen. Man soll unter Freunden keinen Anlaß versäumen, einander freundliche Sachen zu sagen.

3. haben Sie inzwischen die andern dreiviertel meines Romans *Ein Sohn des Glücks* gelesen und gefällt Ihnen das Buch? – siehe oben.

4. danke ich Ihnen für alles Reizende, was Ihnen bereits das erste Viertel meines Romans entlockt hat, und ich bin natürlich sehr gespannt, ob sich Ihre freundlichen

Worte nun nach dem ganzen Buch akkumulieren werden.

Von Janson-Smith höre ich wie gewöhnlich gar nichts und zweifle, ob dieses schreibfaule Ungeheuer auch nur den leisesten Versuch gemacht hat, meinen *Sohn des Glücks* einem englischen Verleger anzubieten. Vielleicht nimmt Peter, wenn ihm das Buch wirklich gefällt, es kurzweg in die Hand und zu einem englischen Verleger, verkauft es und übersetzt es und macht uns alle damit glücklich. Hat Peter seinen *Churchill* beendet und Hans Flesch seinen *Kipfelmacher vom Laurenzerberg*? Ich selber schreibe einen neuen Roman. Ich werde wahrscheinlich in der zweiten Hälfte des Februar in München, beziehungsweise in Deutschland sein. In Rom haben wir ein Apartment bis Ende Mai gemietet. Wollt Ihr in der Tat Ostern nach St. Wolfgang fahren? Wollt Ihr Skifahren? Die Schilderung Eures Peches im letzten Sommer hat mich gerührt und die von der Wiener Opernpremiere amüsiert. Nun

5. zu Ihrem Freund Fabricius. Ich kenne seinen Namen seit langem, weiß, daß er seit alten Zeiten von Zsolnay verlegt worden ist und habe leider noch nie ein Buch von ihm gelesen. Ich will ihn also in aller Unschuld an Desch empfehlen und mich dabei auf Sie berufen. In alten Zeiten und in Deutschland wäre ich gewissenhaft vorher in eine Bibliothek gegangen und hätte erst ein oder zwei Romane von Fabricius gelesen. Ja wenn Sie mir ein Buch von Fabricius geschickt hätten, hätte ich es sogar noch jetzt getan. Ich weiß aber nicht, in welcher römischen Bibliothek ich deutsche Übersetzungen von Fabricius finde. So muß also mein Brief an Desch eher ein Hinweis und eine Berufung auf Ihre Empfehlung, als eine eigene Empfehlung sein. Ich schreibe gleichzeitig an Desch und hoffe auf eine baldige Antwort und Sie werden dann von mir hören. Ihr Motto: »Literaten müssen einander helfen«, hat mich tief gerührt. Liebe und sehr verehrte Hilde, was kann ich für Sie tun?

Stets zu Ihren Diensten, Ihr ergebener Bewunderer, und wenn ich für meine Gefühle ein so nacktes Wort wählen darf, Ihr Freund,

Hermann

HILDE SPIEL AN JEANNIE EBNER.
LONDON, 4. JANUAR 1956

4. Januar 1956

Liebe Jeannie,

Die Wien-Nostalgie ist wie ein Anfall, nach einer Weile geht sie wieder weg, und als Ihr tröstlicher Brief kam, war sie eigentlich schon beschwichtigt. In St. Wolfgang regnete es, wie wir hörten, und so hatten wir nicht allzu viel versäumt, als wir zu Weihnachten nicht hinfuhren. Wir haben uns hier leichtsinnig ein Langspielplattengrammophon zu Weihnachten geschenkt und spielen von früh bis abend *Don Giovanni*, das hat auch was für sich.

Lassen Sie sich nur nicht entmutigen von dem zurückgeschickten MS. Ich möchte gern für das, um was Sie begabter sind als die Ilse Aichinger, Klavierspielen können – um ein populäres Wort anzuwenden. Warten Sie nur, bis Sie in Mode kommen – der literarische Erfolg ist ja doch ein Glücksspiel, und Ihre Chancen sind sehr groß. Ich würde Ihnen ganz ernstlich sehr raten, das gewisse Straffen usw., über das wir gesprochen haben, nach der Übersetzung anzugehen.

Was die Übersetzung betrifft, so haben Sie meine Sympathien. Was für ein schwieriges Geschäft! Ich leide im Augenblick auch sehr drunter. Nun will ich nach bestem Vermögen Ihre Fragen beantworten. Eines, das »racket« habe ich noch nicht wirklich gelöst, obwohl der Sinn ganz klar ist. Ich bin eben doch mit den allerneuesten deutschen Sprachgebräuchen manchmal nicht so ganz vertraut.

Also: Melancholy stags. Muß hier natürlich Hirsche heißen – wenn Sie das umschreiben wollen, sagen Sie doch trauriges Wild; ich weiß nicht, wie frei Sie sich zu übersetzen trauen.

As a wager: um einer Wette willen. Der Sinn ist mir nach dem kurzen Zitat nicht klar. Muß sich auf den vorhergehenden Satz beziehen.

Regular beat: ständiges Revier (von Huren, Polizisten,

etc. Man kann auch sagen: machen dort ständig die Runde.)

Rector of Pewsey, sicherlich Pfarrherr, da es dort wohl keine Universität gibt. Es ist der weit gebräuchlichere Sinn.

Who can't get into a racket. Das heißt ungefähr: wer sich keinen unredlichen Nebenerwerb verschaffen kann, wer nicht an irgendeinem Schwindelunternehmen teilnehmen kann – so etwas in dieser Art. Ein racket ist mit einem Wort nicht zu beschreiben, es bezeichnet jede Art von gefinkelter Einnahmequelle – das protection racket etwa besteht aus einer Bande von Verbrechern, die unter dem Vorwand, sie gegen feindliche Banden zu schützen, Gastwirten, Buchmachern und kleinen Geschäftsleuten regelmäßig Geld abnehmen. Kurz, entweder finden Sie ein neudeutsches Wort, oder Sie umschreiben es. Der Autor kann es natürlich auch ziemlich harmlos meinen – irgendeine kleine Finte, mit der sein Held sich Geld verschafft.

Barded ist gepanzert.

Paldron ist einfach nirgends zu finden – in keinem, auch dem größten Lexikon nicht. Schreibt man's wirklich so?

Worthy to be put in a new romanso. Romanso dürfte ein spanisches Wort für Ritterromanze sein – kühne, oder abenteuerlustige Ritter, die wert wären, in einer neuen Ritterromanze vorzukommen – oder so was ähnliches.

Über Edimyon Porter würde ich sagen: dessen Antlitz, so fidel, als tränke er eben auf die Gesundheit seiner Majestät, die von van Dyck gemalt wurde.

1623 gab es keinen Premierminister, da irrt Ihr wohl amerikanischer Herr. Es gab nur einen Mr. Secretary of State, also Staatssekretär. Am besten ist, Sie nennen ihn Staatsminister (es gab ohnehin nur einen), und auf gar keinen Fall Ministerpräsident, so heißen sie in England auch jetzt noch nicht.

Hoffentlich nützt Ihnen das alles was. Nur die lästigen paldrons sind nicht aufzuklären. Lassen Sie's doch einfach weg.

            Alles Liebe wie immer, Ihre Hilde Spiel

**HILDE SPIEL AN JEANNIE EBNER.
LONDON, 26. APRIL 1956**

26. April 1956

Liebe Jeannie,

Ihr Brief vom 10. April und meine Postkarte haben sich gekreuzt – es sollte mich wundern, wenn sie nicht ungefähr zur gleichen Zeit geschrieben wurden! Nun bin ich wieder in London und kann Ihnen antworten.

Die *Neue Rundschau* kam diesmal nicht und so habe ich Ihre Novelle nicht gelesen, aber irgendwo sah ich schon, daß sie gedruckt worden ist und freute mich sehr für Sie. Die dumme Aufforderung, doch »zu schreiben«, bringt mich in Harnisch wie so vieles, was bei Fischers geschieht. Ich hoffe, Dr. Hirsch wird einmal bedauern, nicht meinem Rat gefolgt zu sein und sich persönlich mit Ihnen befaßt, Ihren Roman mit Ihnen durchgesprochen zu haben, und sich und Ihnen einen Erfolg errungen zu haben. Das wäre in den Tagen des alten Sami Fischer noch geschehen – aber heute nimmt sich kein Verleger mehr die Zeit, ein Talent zu fördern und sanft und sacht auf den richtigen Weg zu bringen. Ich bin nur froh, daß etwas geschieht und das Buch eingereicht ist. Auf dem Rückweg von St. Wolfgang besuchten wir das Seemännchen in Freiburg, wo es mit Familie in den schönen Hügeln der auslaufenden Vogesen haust, und verbrachten einen sehr netten Nachmittag – und auch schon Mittag dort. Bei aller Reformkleidung und seltsam mit fortschrittlichen Ideen gemischten Spießigkeit gefielen uns die älteren Seeleute doch recht gut, es sind brave Menschen, gastfreundliche Menschen außerdem, nur ist der Seejunge, ihr Sohn, welcher sich in den Zwanzigerjahren befindet, leider recht zeitgemäß und so apodiktisch und selbstbewußt wie das neue Deutschland der Wirtschaftskonjunktur. Auch er freilich war ungemein zuvorkommend zu uns, aber man merkte eben doch den zukünftigen Verlagskapitän mit dicker Hornbrille, wobei der alte Seemann bescheiden eben nur ein »able seaman« bleibt. Nun aber genug der dummen Wortspielereien – kurz gesagt, der Seemann hat wieder nach Ihrem Roman gefragt und will ihn sehen, wenn Sie ihn hinschicken wollen und können.

Auch mein naives Wiener Œuvre möchte der Gute lesen – er hat es von selbst gesagt, als ich in einem Nebensatz dessen Existenz erwähnte. Und so wäre es denn nett, liebe Jeannie, wenn Sie in aller Zartheit Ullsteins um eine Entscheidung bitten wollten, denn hier ist nun wieder eine ganz kleine Chance, das Buch noch an den Mann zu bringen. (Ich enthalte mich, wie Sie sehen, jedes neuerlichen Wortspiels).

In Sachen Csokor–Weigel kann ich mich schwer äußern. Natürlich muß das aufhören, aber ob es durch eine Intervention wie die Ihre geht? Ich habe aus Ablehnung dieser Agent-Provocateur-Allüren meine Freundschaft mit Weigel geopfert, was mich tief schmerzt, denn ich mag ihn wirklich gern und finde vor allem, daß er immer besser schreibt und sich immer ansehnlicher entwickelt. Er war mir immer so nah und so gemütlich wie Wien selbst, und die Korrespondenz und den Verkehr mit ihm aufgegeben zu haben ist auch eine Art von Exil. Aber je älter ich werde, um so deutlicher muß ich handeln, und um so weniger kann ich mich zu jenen innerlichen Kompromissen bequemen, die mir als Österreicherin so hervorragend liegen. Ich mag nun einmal den Beserlkampf mit alten originellen und widerspruchsvollen Erscheinungen nicht, er geht mir contre cœur, und ich finde die Form, in der er von Weigel, Torberg, und schließlich auch Basil betrieben wird, unwürdig und sogar unmenschlich. Eine Welt, in der alle Leute so aussehen, wie Torberg und Weigel es verlangen, fände ich ebenso unerträglich wie die Sowjet-Union. Aber sie durch Watschen eines besseren zu belehren, ist leider auch nicht die richtige Methode. Vielleicht wirkt da meine stillschweigende Abkehr noch etwas mehr.

St. Wolfgang war unbeschreiblich schön, denn es

war ganz ganz leer, nur dörflich und provinziell, selbst Lernets fuhren nach einer Woche nach Wien zurück und ich schrieb keine Zeile, arbeitete nur im Garten und im Haus. Beinahe möchte ich mich auf das Alter freuen und darauf, daß meine Kinder selbständig sind – wenn ich dafür in aller Ruhe »cultiver mon jardin« spielen kann. Aber so weit ist es noch ein Weilchen nicht.

Wie ist es nun mit dem PEN? Besteht eine Aussicht, daß Sie zum Kongreß kommen? Für Unterkunft verpflichte ich mich, und wenn es auch nur ein Feldbett beim guten Flesch ist.

Ihre Hilde

HILDE SPIEL AN HERMANN KESTEN.
LONDON, 28. APRIL 1956

28. April 1956

Liebster Hermann,
Wir sind aus St. W. zurück und vermissen die frische Alpenluft und das idyllische Dasein. Ich verliere ganz die Lust am Schreiben – zu dem, was ich tun möchte, nämlich etwas bleibenderes als die journalistische Kleinarbeit, zu meinem angefangenen Roman etwa, komme ich nicht, und das Schreiben als reiner Broterwerb ermüdet und langweilt mich bis zum Ekel. Ich möchte gern meinen Garten in St. W. kultivieren und die berühmten »trois pages par jour« des Jean Giono abfassen. Aber das Leben ist hart, England teuer, die Erziehung der Kinder kostspielig, und die Zivilisation unerbittlich anspruchsvoll in ihren Anforderungen. Und so wird uns denn, wie es bei Polgar heißt, »noch am Grabe die Hoffnung pflanzen«, daß es einmal besser wird.

Hier ist das Kongreßprogramm. Ich muß wieder jemand zitieren, nämlich unsere österreichische Haushaltshilfe, deren ewiger Refrain es ist: »Da seh i schwarz, gnä' Frau.« Was den Kongreß betrifft, so sehen wir auch schwarz – denn englisches Essen, Londoner Millionenverkehr und die Unbequemlichkeit der Einrichtungen werden Gäste verstimmen und Gastgeber in Verlegenheit bringen. Aber wir freuen uns auf euch. Ihre Hilde

Haben *Sie* vielleicht *Meine schöne Mama* geschrieben? Ich sah das Buch nicht, aber irgendein Desch-Autor muß es doch sein!

HANS HABE AN HILDE SPIEL.
ST. WOLFGANG (HAUS BREITGUT), 23. MAI 1956

Am 23. Mai 1956
Liebe Hilde:
Man soll über seinem Zorn die Zeit verstreichen lassen: dann sieht alles halb so schlimm aus.

Ich muß allerdings gestehen, daß ich über Deinen offenbar nicht sehr höflichen und überflüssig lauten Ausbruch in dem wohlbekannten Lokal Furian verärgert war. Allerdings sind mir solche öffentlichen Beschimpfungen lieber als die abfälligen Bemerkungen, die Peter nun einmal immer wieder hinter meinem Rücken über mich machen zu müssen glaubt. Doch auch das nehme ich, offen gesprochen, nicht tragisch.

Du meinst jetzt natürlich: Angriff ist die beste Verteidigung. Nein, ich fühle mich wirklich nicht schuldbewußt. Wir hatten vereinbart, daß ich anrufe, ob wir es einrichten können – der Wagen stand ja in der Garage, weil er neu angepinselt wurde. Wir mußten dann einen Tag früher als geplant losziehen, und ich gestehe gerne, daß ich anzurufen vergessen habe. Dafür entschuldige ich mich demütigst: doch war von einer fixen Vereinbarung wirklich nicht die Rede. Einen so angenehmen Anlaß hätte ich nicht vergessen.

Ich meine nun, unsere Freundschaft ist zu alt und zu

herzlich, als daß sie Lappalien oder auch Temperamentsausbrüche ernstlich stören sollten. Zum Beweis meiner unveränderten Gefühle schicke ich Dir eine sentimentale Erinnerung, die mir gerade in die Hände fiel. Unter alten Zeitungsblättern kramend, fand ich dieses Bild Hansis, das ich damals, es war im Jahr 1932, in der *Wiener Illustrierten* untergebracht habe. Vierundzwanzig Jahre sind es nun her – mein Gott!

Wir sind sehr oft in Eurem Haus bei den reizenden Spolianskys und von beiden – den Spolianskys und dem Haus – kann ich nur das Beste berichten. Ich hoffe sehr, daß wir im August das Versäumte nachholen.

Mit herzlichen Grüßen, wie immer,

Dein hans

JEANNIE EBNER AN HILDE SPIEL.
WIEN, 25. MAI 1956

Wien, am 25. 5. 56

Liebste Hilde Spiel!

Vor ein paar Tagen traf ich Dr. Flesch-Brunningen in der Linde und wollte ihm schon auftragen, Ihnen mündlich einiges auszurichten, dann fiel mir rechtzeitig ein, daß er etwas vergeßlich ist. Also schreibe ich lieber gleich.

Ullstein wagt den Roman nicht zu nehmen, weil das Sujet nicht modern genug erscheint, doch hat ihm der Stil sehr gut gefallen, das halte ich nicht für eine Schmeichelei, sondern er wäre ernstlich an Ihnen als Autor interessiert und hat mich lang ausgefragt, ob ich weiß, ob Sie an einem neuen Roman schreiben oder einen frei haben, der in einem heutigen Sujet spielt. Ich mußte antworten, daß ich das nicht wisse und man sich doch an Sie direkt wenden möge. Darauf bat mich der dortige Dr. Brenner, Ihnen doch auch zu schreiben und Ihnen zu versichern, daß der Verlag ein wirkliches Interesse an Ihnen als Autorin nehme und Sie die Ablehnung keinesfalls kränkend empfinden sollten.

Soll ich nun Ihr Manuskript vom Ullstein holen und wo anders versuchen oder wollen Sie Ullstein Auftrag geben, es an das Seemännchen zu schicken? Bitte tun Sie das eventuell schon jetzt durch einen Brief an Ullstein, obwohl man mir versichert hat, daß man Ihnen sofort schreiben werde. Mein Eindruck, als ich mit dem Seemännchen in Innsbruck die ganze Nacht drahn war, war auch, daß er ein etwas ehrpusseliger, aber sehr umgänglicher, anständiger und keineswegs engstirniger Mann ist. Daß ich ihm, wie damals halb versprochen, meinen zweiten Roman nie geschickt habe, liegt daran, daß ich immer mich zu einer Umarbeitung hinsetzen will und nie die Zeit dazu habe.

Inzwischen war Dr. Hirsch vom Fischer Verlag einmal in Wien und hat mir gesagt, daß sie auf meine Novelle in der *Rundschau* zahlreiche positive Zuschriften bekommen haben und an mir sehr interessiert seien. Was sie mir aber konkret bieten, ist nur eine gut bezahlte englische Übersetzung und zwar »nur, wenn Sie versprechen, Ihre eigenen Arbeiten nicht zu vernachlässigen«. Ich habe geantwortet, wenn ich nicht für Sie übersetze, so tue ich es für Ullstein, denn ich muß leben. Und auf die Frage, ob auch ich Zuschriften über die Novelle bekommen hätte, mußte ich wahrheitsgemäß antworten: Ja, von anderen Verlegern. Nun ja...

Piper interessiert sich auch für den Roman, aber wie gesagt, zuerst muß ich einmal Zeit haben, ihn umzuarbeiten und das wenige Geld, mit dem sich diese Zeit erkaufen ließe, will mir keiner der Herren vorstrecken. Außerdem liegen Anfragen von zwei kleineren Verlagen hier.

Meine große Übersetzung nähert sich dem Ende, ich tippe täglich sechs bis acht Stunden und bin schon ganz verblödet. Dann werde ich vierzehn Tage nur saufen müssen, um den fremden Stil aus meinem Gehirn auszulöschen und dann will ich mich in dem inzwischen sehr verblaßten und verlernten Metier des Dichtens wieder versuchen, wenn nichts dazwischen kommt. Bei all dem und überhaupt in allen Lebenslagen ist Ernst der beste, liebste, brauchbarste und überhaupt nur mit Superlativen zu umschreibende Gefährte. Und ein paar Leute wie Sie, liebe Hilde, sind immer eine Freude und ein Ansporn zum Arbeiten.

Grüßen Sie mir Ihren Mann, Ihre hübschen Kinder, Erich Fried und Dr. Flesch.

Ihre Jeannie Ebner

HILDE SPIEL AN HANS HABE.
LONDON, 26. MAI 1956

26. Mai 1956

Mein lieber Hans,

Als ich das Couvert aufmachte und Hansis Bild herausfiel, war ich zugleich gerührt und überaus erfreut, von Dir zu hören. Dann freilich fiel ich aus allen Wolken. Ich hatte nicht die geringste Ahnung, daß Du diesen tiefen Groll gegen mich im Busen nährst – oder hegst? ich weiß nicht welches von beiden! – und ich kann auch aus Deinen Andeutungen nicht recht entnehmen, was Dich oder vielmehr Licci so aufgebracht hat.

Wir hatten ausgemacht, entweder Sonntag oder Dienstag miteinander zu nachtmahlen. Du wolltest Sonntag anrufen, aber wenn nicht Sonntag, dann ganz bestimmt Dienstag, denn da wollten wir dann sicher zusammen sein. Da ich nichts von Dir gehört hatte, war ich sehr erstaunt, Dienstag nachmittag Licci ganz unschuldig im Auto bei Furian auftauchen zu sehen, jede fixe Vereinbarung leugnend und mir mitteilend, daß ihr am Mittwoch schon wegführet.

Ich reagierte darauf, wie ich ganz genau weiß, durchaus wohlgelaunt und in einer scherzhaft übertriebenen Empörung – so etwa wie: Na ja, da sieht man's wieder, kein Verlaß auf diesen Mann, aber da ich ihn seit meinem fünfzehnten Lebensjahr kenne, nehme ihm solche Sachen nicht übel. Usw. Dann sagte ich zu Licci, sie solle Dir einen schönen Gruß ausrichten, und wir würden uns eben dann im Sommer sehen. Und soweit ich weiß, gab ich Deiner hübschen Licci, die ich offenbar lieber habe als sie mich, zum Abschied einen Kuß. In dem wohlbekannten Lokal Furian war meiner Erinnerung nach nur der wohlbekannte Herr Furian selbst anwesend. Und inwiefern meine skeptischen Äußerungen über Deine Verläßlichkeit Dein Ansehen bei dieser Persönlichkeit verringert haben sollten, weiß ich natürlich nicht. Aber ich bedaure, wenn sie ernsthafte Folgen gehabt haben sollten.

Was die »abfälligen Bemerkungen hinter Deinem Rücken« angeht, die Peter wieder einmal gemacht haben soll, so ist mir nicht ganz klar, welcher echt wolfgangerische Provinztratsch nun da wieder dahintersteckt. Schon möglich, daß er welche gemacht hat. Genau so, wie Du welche über ihn machst, ich über Dich, die Licci über mich, der Peter über die Licci, und ich hätte fast gesagt, ich über den Peter und der Peter über mich. Machen wir uns doch nichts vor, lieber Hans, – das Tratschen und Ausrichten und hinter-dem-Rücken-Tuscheln gehört genau so zum Leben und zum Alltag wie das Zähneputzen und Zeitunglesen. Wenn ich will, kann ich mich mit meinem besten Freund, meinem Mann oder Geliebten oder meinen Kindern morgen für immer zerstreiten, denn niemand auf der Welt ist 24 Stunden lang loyal, und keiner, dem der liebe Gott eine Gabe zur Malice gegeben hat, wird sich eine Bosheit verbeißen, die ihm in einer hübschen Formulierung zugeflogen ist.

Aber das weißt Du alles so gut wie ich. Daß es leichter ist, sich mit dem Peter zu zerstreiten, als mit den meisten anderen Menschen, ist weltbekannt. Ich habe bisher gedacht, daß Du zu den originellen Leuten gehörst, die hinter seinem aufbrausenden Temperament den durch und durch anständigen und geradlinigen Menschen zu erkennen imstande sind. Ich selbst habe gottlob gelernt, die Leute zu nehmen, wie sie sind – aber nicht jeder hat Lust und Laune dazu.

Ich freue mich, daß Du wenigstens unser Haus, wenn schon nicht uns besuchst. Und vielleicht wird Dein wirk-

lich kaum berechtigter Groll bis zum August so weit verflogen sein, daß Du auch zu uns über die feuchte Wiese angestapft kommst.
Alles Liebe Dir und Licci,
Deine Hilde

HILDE SPIEL AN JEANNIE EBNER.
LONDON, 29. MAI 1956

29. Mai 1956
Liebste Jeannie
Lassen Sie doch bitte meinen Zunamen weg und nennen Sie mich einfach Hilde. Ich habe ohnehin Alterskomplexe, wenn ich mit Ihnen zusammen bin oder korrespondiere!
Wir haben eine eigenartige Gewohnheit, immer im gleichen Augenblick aneinander zu schreiben – eine etwas ungeschickt arrangierte Telepathie! Nun, Sie haben den längeren Brief geschickt, und so antworte ich rasch noch einmal. Das MS soll von Ullstein bitte an mich geschickt werden. Ich schicke dem Seemännchen, wenn überhaupt, ein anderes. Ich glaube, ich werde diesen Braven als letzten versuchen und es dann, wenn auch er es nicht will, in einer Lade begraben, wo schon ein anderer unveröffentlichter Roman *Der Sonderzug* ruht. In hundert Jahren werden diese beiden nicht weniger am Leben sein als meine gedruckten Bücher – es tut also nicht viel zur Sache.
Über Hirsch kann ich mich nur amüsieren – wenn es nicht so haarsträubend wäre! Ich hoffe schon um dieser lahmen und herzträgen Kulturträger wegen, daß Sie recht berühmt werden, liebe Jeannie, und zwar bei einem ganz ganz anderen Verlag. Der alte Sami Fischer dreht sich sicherlich mehrmals am Tage im Grab um.
Übersetzen ist talenttötend, obgleich stilfördernd, wenn es nicht allzu elend im Original ist. Denn das viele

Herumsuchen und Auswählen erweitert, finde ich, das Vokabular und die Wendungen. Aber es kommt ein Augenblick, und der ist bei mir mit noch größerem Recht (weil älter) eingetreten, in dem man sich gegen jede Fremdherrschaft wehrt. Nun, es ist immer die Frage, wofür man sich verkauft und in welcher Form. Denn wer kann denn das schreiben, was er will, ohne Privatvermögen?

Neulich habe ich irgendein Gedicht von Ihnen gelesen (Wie das Leben war, hieß es oder so ähnlich) das war wieder einmal hervorragend, liebe Jeannie. Vor allem vom Standpunkt des Gestorbenseins aus das Leben zu betrachten, ist so gut. Mich hat das oft beschäftigt, aber in Ihrem Gedicht stand es genau drin.

Bitte schreiben Sie, ob es nicht doch mit dem Herkommen geht? Ich komme in dieser Woche wirklich für Sie auf, wenn Sie sich irgendwie die Reise zusammenkratzen können.

Alles Liebe, Ihre Hilde Spiel

Grüßen Sie den Ernst, der ein solcher Schatz ist!

HANS HABE AN HILDE SPIEL.
ST. WOLFGANG (HAUS BREITGUT), 20. JUNI 1956

Am 20. Juni 1956

Meine liebe Hilde:

Es ist nicht Unhöflichkeit oder Nachlässigkeit, daß ich Deinen entzückend milden, klugen und überlegenen Brief vom 26. Mai erst heute beantworte. Ich war in der Zwischenzeit in Berlin und fand ihn erst nach meiner Rückkehr vor.

Nun, wir wollen nicht rechten, wer damals zwischen Ischl und Wolfgang den Formalfehler beging, doch will ich mich demütigst entschuldigen, wenn der Irrtum bei mir gelegen haben sollte.

Der dringenden Korrektur bedarf indes der Satz, daß Du Licci »offenbar lieber hast als sie Dich«. Ich möchte nicht sagen, daß das Gegenteil der Fall sei, denn die Zuneigung scheint mir durchaus gegenseitig zu sein. Ich habe in der Tat selten bei Licci eine so große und spontane Zuneigung für jemanden gefunden: und so wollen wir es denn auch halten. Andererseits gehört es zu dem Charakter wirklicher Frauen, daß sie für ihre Männer empfindlicher sind als es diese selbst sind. Es ist auch an der Zeit, daß mich eine Frau einmal beschützt. Doch auch darüber den vielbewährten Schwamm.

Nur um nichts unbeantwortet zu lassen, noch ein Wort zum Thema Peter. Es ist keineswegs so, daß es sich da um »Wolfgangerischen Provinztratsch« handelt. Vielmehr ließ es Peter offenbar an abfälligen Bemerkungen gerade Leuten gegenüber nicht ermangeln, denen gegenüber ich Peter stets in den lebhaftesten Worten gepriesen habe. Auch ich habe »die artige Kunst, sich Feinde zu machen« einst mit viel Liebe geübt, aber ich bin längst daraufgekommen, daß es die Kunst ist, die zu üben man sich am wenigsten leisten kann. Überflüssig zu sagen, daß ich den »Tratsch« längst wieder vergessen habe, und wenn Ihr es so wollt, mit Freude über die feuchte Wiese angestapft kommen werde. Daß sie nach wie vor feucht ist, kann ich ebenso wie den vorzüglichen Zustand Eures Hauses aus häufiger persönlicher Erfahrung bestätigen.

Goethe schrieb einmal an Schiller: »Wir wollen fest zusammenhalten, da die Welt so voller Scheißkerle ist.« Ich glaube, es ist nur angebracht, daß wir uns mit den beiden Dichterfürsten vergleichen.

Mit besten Grüßen an Dich und Peter, auch von Licci, wie immer

Dein alter hans

**HILDE SPIEL AN JEANNIE EBNER.
LONDON, 25. SEPTEMBER 1956**

25. Sept. 1956

Liebe Jeannie,

hat Ihnen Csokor ausgerichtet, daß ich Sie besonders grüßen ließ? Ich mußte die Doderer-Feier vorzeitig verlassen, weil mir von der Wiener Schwüle und ganz genauso von Gütershlos Rede physisch übel wurde und ich mehr nicht ausgehalten hätte. Leider versäumte ich so nicht nur Doderers Vorlesung, um derentwillen ich gekommen war, sondern auch ein paar Worte mit Ihnen und anderen Freunden, die ich noch hatte wechseln wollen. Doderer traf ich übrigens in Frankfurt und entschuldigte mich bei ihm.

Dr. Hirsch sagte mir, daß Sie nun doch in engeren Kontakt gekommen sind, ein Buch für ihn übersetzen, einen schönen Titel vorgeschlagen haben, und daß er sich auch mit Ihren Romanen beschäftigen will. Ich bin sehr glücklich darüber und hoffe, ein bißchen zu dieser Beziehung beigetragen zu haben. Oft verstehe ich jetzt Weigels Drang, sich in den nach ihm Kommenden zu perpetuieren. Auf Sie setze ich, wie Sie wissen, große Stücke. Vor allem haben Sie die Chance, keine Kompromisse zu machen, vielmehr sie machen zu müssen.

Schreiben Sie bitte einmal über alles, auch privates, Mutter und Mann.   Ihre Hilde Spiel

**HILDE SPIEL AN HANS HABE.
LONDON, 5. OKTOBER 1956**

5. Oktober 1956

Lieber Hans,

Obwohl hier, als ich ankam, schon die Bücher meiner Freunde Doderer und Friedenthal lagen, die mich doch gewiß, auch wenn sie eine »party for a list of people taken out of the *Gotha*« geben sollten, dazu einladen würden, habe ich doch Deinen Roman, der um viele Tage später einlangte, sofort und in einem Sitz gelesen. Es war ganz unmöglich, ihn nicht in einem Sitz zu lesen, nachdem ich ihn einmal angefangen hatte. Und das ist wohl seine ins Auge stechende Qualität: diese wunderbare Lesbarkeit, auf die deutsche Schriftsteller im allgemeinen verzichten, auf die sie sogar herabblicken, als wäre es nicht die erste Pflicht des Erzählers, zu fesseln, den Leser in Atem zu halten. Aber in Deinem Buch, in diesem Deiner Bücher, ist natürlich das, was nicht ins Auge sticht, das Wertvolle und beinahe Überraschende. Nämlich alle jenen kontemplativen Stellen, in denen Du, soviel ich weiß, zum ersten Mal, tiefe, richtige und illuminierende Dinge über das Leben und die Lebensmoral sagst. Vor allem also das Gespräch mit Dr. Wang, die schöne Legende von den Krücken, und die ganze Theorie des notwendigen Verdrängens, des »man ist, was man tut«. Darüber habe ich mir selbst oft Gedanken gemacht und pflege das zu nennen: »von außen nach innen leben«, oder »von außen ankurbeln«. Das ist aber genau das, was Du hier ausführlich und einleuchtend dargelegt hast.

Ich rede darüber am längsten, weil es für mich das Wichtigste ist. Über andere seiner Vorzüge wird man Dir zur Genüge Komplimente machen – über die Gepflegtheit der Sprache, die hier zum erstenmal absichtlich erscheint, und über die ungemein spannende, wirklich pausenlos aufregende Handlung, die aber durch eben diese Gepflegtheit der Sprache niemals extrem oder klatschig wirkt. Du hast eben das Geheimnis entdeckt, aktuell, packend, ja populär zu schreiben, und dabei die Glacéhandschuhe anzubehalten. Jeder, den ich kenne, es sei denn einer, der schon bei Lebzeiten ein Klassiker zu sein bestrebt ist, wird es Dir neiden.

Zwei ganz kleine Fehler möchte ich Dir ankreiden – Du verzeihst die Beckmesserei – weil Du sie vielleicht in einer nächsten Auflage noch ausmerzen kannst. Demel schreibt man nicht Dehmel. Und die »Komtesse Mizzi«, die ich zufällig vor zwei Jahren in Wien im Akademietheater sah, ist vielleicht kein sehr gutes Beispiel für das süße Wiener Mädel Anfang zwanzig, weil sie nämlich eine alternde junge Dame ist, die vor siebzehn Jahren einen illegitimen Sohn auf die Welt gebracht hat. Da wäre die »Schlager-Mizi« aus *Liebelei* geeigneter.

Ich könnte noch lange über das Buch schreiben und Stellen hervorheben, die mich besonders berührt haben. Zum Beispiel die Schilderung der »Froschmänner«, sicher die aufregendste Episode, oder die ausgezeichnete Beschreibung des ganzen Budapester Abenteuers. (Habe ich Dir übrigens je erzählt, daß ich in dem Kloster, das Du beschreibst, im Juli 1946 eine Woche verbracht habe, und die gute Oberin, deren Namen mir jetzt entfallen ist, häufig sprach und bewundern lernte?) Aber Du hast genug gehört, um zu wissen, wie mich das Buch beeindruckt hat. Und den Erfolg braucht man Dir nicht zu wünschen, der ist Dir sicher. Ja, das Angenehmste an Dir ist, daß Du kein Problem bist. Je älter ich werde, um so mehr werde ich selbst und werden alle Menschen, die mir nahestehen, zu Problemen. Nur Du nicht. Und dazu gratuliere ich Dir noch mehr als zu Deinem Roman.

Alles Liebe, Deine Hilde

HANS HABE AN HILDE SPIEL.
ST. WOLFGANG (HAUS BREITGUT), 16. OKTOBER 1956

Am 16. Oktober 1956
Teuerste Hilde:
Ergriffen ist wohl das Wort, das ich vor Deinem Brief gebrauchen muß. Nicht, daß ich angenommen hätte, Du seiest nachträgerisch wegen der dummen Party-Affäre – es war, nebenbei, gar nicht die Gotha-Party; die fand lange vor Eurer Ankunft statt –: Kleinheit werde ich Dir nie zumuten. Es ist nur, daß die Menschen, schreibende Menschen insbesondere, glauben, Sie würden sich durch

Lob, Anerkennung, Ermunterung etwas vergeben. Da ist es doch wohl nicht spurlos geblieben, daß Du so lange in England lebst: auch ich habe, obschon sonst wenig amerikanisiert, drüben gelernt, daß begabte Menschen sehr gut neben einander existieren können und daß man keineswegs größer wird, wenn man die anderen kleiner macht.

Ich muß Dir eine Episode erzählen, damit Du verstehst, wie sehr, wie ganz ungemein mich Dein Brief erfreute. Als ich meinen Roman *Kathrine* schrieb, eines meiner ordentlichsten Bücher, dachte ich an eine ganz bestimmte Frau, die ich gut gekannt hatte. Ich lieferte das Manuskript ab und zog in den Krieg. Ich lag im Lazarett in Salerno, als das Buch kam. Und da fiel ich beinahe aus dem Bett, denn auf dem Titelblatt war die beinahe photographisch genaue Abbildung der Frau, an die ich gedacht hatte. Gedacht, sage ich, denn nichts hatte ich den Verlegern von ihr erzählt, geschweige denn, daß ich ein Bild von ihr ausgeliefert hätte. Es war zuerst eine schockierende Beschwerlichkeit, doch dann beglückend – ich habe also, sagte ich mir, diese Frau so beschrieben, daß sie der Zeichner erschreckend exakt wiedergeben konnte. Mein zweites, ähnliches Erlebnis war Dein Brief. Was könnte uns besseres passieren, als daß jemand »zurückspielt«, was wir beabsichtigten. Genau auf die Stellen, die Du anführst, kam es mir in meinem Buch an; genau auch auf jene »Lesbarkeit«, an der ich festhalten möchte, sollte ich dabei auch riskieren, nie in den, übrigens paradoxen Ruf eines Prosa-»Dichters« zu gelangen. Dein Brief hat mich also bekräftigt und ermutigt – worauf es ja ankommt.

»Kassiere« ich also auch froh und zufrieden den literarischen Inhalt Deines Briefes – mit aufrichtigem Dank für die kleinen Korrekturen – so kann ich die letzten Zeilen freilich nicht akzeptieren. Daß ich Dir und anderen vielleicht kein Problem bin, entspricht meinem Bemühen: aber, daß ich mir selbst kein Problem sei, ist leider ebenso unwahr. Die meisten Menschen, die wir kennen, sehen innerlich wie Korkzieher aus, und wenn einer nicht ganz verkorkst ist, dann wirkt er schon fein »unproblematisch«. Meine Probleme sind mannigfach, auch wenn sie jetzt gerade vorzüglich mit meiner Arbeit zusammenhängen. Ich habe mich spät gefunden und weiß nicht, ob es nicht zu spät ist. Doch wäre dies nur der Beginn einer langen Abhandlung – und ich werde Dich damit nicht belasten.

Ich wollte Dir nur aus dem Herzen für Deinen Brief danken.
Alles Liebe!

Dein hans

HILDE SPIEL AN HERMANN KESTEN.
LONDON, 26. OKTOBER 1956

26. Oktober 1956

Lieber Hermann,

In der Basler *Nationalzeitung* lesen wir von Ihrem wackeren Einschreiten in Überlingen gegen die Unmoral, Totschweigerei ihrer Sünden und Reuelosigkeit unter so vielen deutschen Schriftstellern. Wir möchten Ihnen sagen, wie sehr wir Ihr entschlossenes und unerschrockenes Auftreten bewundern. Es gehört immer Mut dazu, sich unbeliebt zu machen, indem man die Wahrheit sagt, und um des lieben Friedens willen läßt man es meistens sein – nur Peter, der ob dieser Dinge auch gern und oft überkocht, kämpft manchmal im privaten Kreise diesen Kampf und erwirbt sich so (zuweilen verdient, aber oft aus achtbaren Gründen) den Ruf eines unleidlichen Menschen. Und ich bin nun schon gar mit der Liebedienerei, Nach-dem-Mund-Rederei, Heuchelei und Kompromißgier des österreichischen Volkscharakters behaftet und immer voll Takt, wenn die Nazis und Halbnazis gemütlich in der Runde sitzen. Aber Sie haben recht, man muß es immer wieder sagen, man darf sich diesen hohlen und ethisch unfundierten Ästhetizismus der deutschen Schriftsteller nicht widerspruchslos gefallen lassen, die-

ses prätenziöse »Hoch-Tief«, das einem da immerzu vorgesetzt wird, die Glacé-Handschuhe bei der schmutzigen Weste. Kurz, man darf sich nicht scheuen, die schizophrene Natur dieses durch und durch neurotischen deutschen Volks immer und immer wieder hervorzuheben; der Piepmatz von Herrn Göring und die »ausradierten« Städte, Benn mit dem Rotweinglas in der Hand im besetzten Paris usw., und dazu gehört auch der Atomverräter Fuchs (für die andere Seite) der so interessant von den verschiedenen »watertight compartments« gesprochen hat, in die er sein Gehirn einteilen konnte, so daß er in einem ein reizender Gesellschafter, Kollege und Englandfreund war, und in das andere seine Weltanschauung wasserdicht verpackt hatte. So haben die Deutschen jetzt ihre Vergangenheit wasserdicht weggepackt. Und ich möchte Ihnen meine Bewunderung dafür ausdrükken, daß Sie jetzt in die Packung kleine Löchlein gebohrt haben. Am hübschesten finde ich den Schlußsatz der *Basler* »Die Frage, ob, wie und wo der nächstjährige Kongreß solcher Art stattfindet, konnte daher noch nicht beantwortet werden.« Denen haben Sie's wohl tüchtig gegeben!
Wo seid Ihr? Wie lange bleibt Ihr dort?
Alles Liebe, immer Eure Hilde

HERMANN KESTEN AN HILDE SPIEL. ROM, 17. NOVEMBER 1956

17. November 1956
Liebe Hilde,
schönsten Dank für Ihren lieben Brief vom 26. Oktober. Freilich hätten Sie mir auch gleich die Basler *Nationalzeitung,* in der Sie den Überlinger Bericht lasen, mitsenden sollen und wenn Sie ihn noch haben, dann schicken Sie ihn mir noch bitte. Ich bin gerührt über all das Freundliche und Hübsche, das Sie mir schreiben.

Wir sind in Rom, unsere Adresse sehen Sie oben. Wir bleiben bis ins Frühjahr hinein, mit Gottes Hilfe und wenn Ihr uns in Rom besuchen wollt, so werden wir uns sehr freuen.

Übrigens habe ich auch eine kleine Bitte an Sie. Ich schreibe für den Norddeutschen Rundfunk eine Reihe von Features über die historischen und modernen »Literarischen Salons«, von Paris, London, Wien, München, Berlin und Rom. Können Sie mir bitte schreiben, welche literarischen Salons es heute in London und Wien gibt, welche Clubs und Cafés und welche Literatur es darüber und über die historischen »Literarischen Salons«, Cafés und Clubs gibt? Wenn Sie mir darauf antworten könnten und wollten, wäre ich Ihnen doppelt dankbar, wenn Sie es gleich oder bald täten. Schönsten Dank im Voraus.

Von Zeit zu Zeit lese ich Sie mit Vergnügen in der *Süddeutschen*. Wie geht es Ihnen und Peter und den Kindern?

Mit den herzlichsten Grüßen an Sie und den lieben Peter, auch von Toni,

stets Ihr sehr ergebener Hermann Kesten

HILDE SPIEL AN HERMANN KESTEN.
LONDON, 27. NOVEMBER 1956

27. Nov. 1956

Lieber Hermann,

Hoffentlich kommen meine paar Hinweise noch rechtzeitig. Anthony ist ein bißchen krank, und wir waren letzte Woche auch mit Arbeit sehr im Druck, sonst hätte ich postwendend geschrieben.

Also. Historische Salons gibt es noch eher, aber moderne fast kaum in England. Zu den historischen gehörte etwa der der Lady Mary Wortley Montagu, einer Freundin Alexander Popes und Horace Walpoles. Pope war recht boshaft über sie, er nannte sie seine »furious Sappho« und eine »lewd Lesbia«, die der Maitresse Walpoles nachstellte. Sie war verheiratet, aber trennte sich bald von ihrem Mann. Walpole selbst traf sie erst in höherem Alter. Berühmt wurde sie, wie Sie wohl wissen, durch ihre Briefe aus der Türkei. Eine andere Inhaberin eines literarischen Salons war Lady Melbourne, die Mama der stürmischen Caroline Lamb, mit der Byron es trieb. Sie selbst war eine jener reifen Damen, die den Prince Regent und späteren Georg IV. entflammten. In ihrem Salon spielte sich viel vom gesellschaftlichen Leben der Whigs ab, und Byron wurde dort gefeiert. Lady Caroline Lamb versuchte später auch einen literarischen Salon zu haben, und es gibt einen berühmten Bericht, wie sie einige berühmte Leute wie Joshua Reynolds zusammen mit William Blake einlud, der einen schlechten Eindruck machte. Allgemein kann man sagen, daß die großen Salons vor allem, wie in Deutschland und Österreich, zur Zeit der Romantik im Schwange waren. Zu viktorianischen Zeiten ist mir wenig von Salons bekannt, aber es gab natürlich viele Häuser in Universitätsstädten, in denen Schriftsteller aus und eingingen, so das Sir Leslie Stephen's, des Vaters Virginia Woolfs, der in Cambridge Professor war und Meredith und Thackeray bei sich sah. Seine Tochter hat dann den einzigen wirklichen modernen Salon in Bloomsbury gehabt, etwa in den zwanziger und frühen dreißiger Jahren, darüber ist bei Stephen Spender und John Lehmann in deren Autobiographien *(World within World* und *The Whispering Gallery)* nachzulesen. Eine große Hosteß war übrigens Lady Ottoline Morell, etwa zwischen 1910 und 1925. Bei ihr gingen alle interessanten Leute aus und ein, wie D. H. Lawrence, die Mansfield, die Woolfs, Lytton Strachey, Raymond Mortimer, wahrscheinlich auch T. S. Eliot. Man machte sich lustig über sie. Aber ihr Salon befand sich auf dem Land, wie überhaupt die Country Houses in England noch am ehesten »Salons« besitzen, wenn sich in ihnen zum Wochenende berühmte Gäste einfinden. In London ist die Cocktail Party das literarische Rendezvous, wobei kein Gespräch zustandekommt, aber das soll es auch nicht, zumindest nicht in Gesellschaft, höchstens auf Komitees und bei Versammlungen. Tiefe geht gegen gesellschaftliche Konvention und gilt als unvornehm und unelegant. Vielleicht, weil sie so leicht ausartet. Heutzutage trifft man sich zum Dinner – nach einer allgemeinen Cocktail Party – etwa bei Stephen Spender, oder bei dem Lyriker George Fraser, zu einer Diskussion in gesellschaftlichem Rahmen. Literatencafés gibt's jetzt nicht, gab's früher das Café Royal, in dem Wilde saß, und später etwa der Kreis um D. H. Lawrence – es gibt eine berühmte Szene, wie er dort mit seinen Anhängern dinierte und christusgleich zur Gründung einer Kolonie in New Mexiko aufrief. Viele weinten, es war eine emotionelle Affaire, aber am Schluß fuhr nur Frieda Lawrence mit und die halbtaube Malerin Dorothy Brett, die wir dann tatsächlich noch in Taos antrafen. Auch in den dreißiger Jahren saßen noch Schriftsteller und Bohême im Café Royal, aber während des Krieges gab es seinen Geist auf und wurde einfach zum Souper-Lokal.

Neben dem PEN Klub gibt es die Society of Authors, in der sich allerlei abspielt, und den richtigen Savage-Club und den Savile-Club, die hauptsächlich von Schriftstellern und geistigen Leuten besucht werden. Da wird man hineingewählt. Dann gibt es das uralte wunderschöne Wohnhaus »The Albany« am Piccadilly, wo schon Byron »chambers« hatte, da wohnt jetzt Priestley oder auch Cecil Sprigge mit Sylvia, und dort findet auch literarisches Gesellschaftsleben statt, bei den Sprigges Abendparties mit Wein. Und Edith Sitwell empfängt manchmal, und Cyril Connolly hatte früher mal kurz ein Haus in London am Regents Park, und eine Art Salon, und mehr weiß ich im Moment wirklich nicht, nur daß ich bereits so angeregt bin, daß ich Ihre Features am liebsten selbst schreiben würde, um so mehr, als ich seit jeher für die deutschen und österreichischen literarischen (zumeist jüdischen) Salons immer großes Interesse hatte. Wissen Sie, was Wien angeht, von der Fanny von Arnstein, die Gentz bei sich sah, und Lea Fließ, und Dorothea Mendelssohn? Auf dem Hohen Markt – das Palais brach neulich zusammen.

Ich werde nun auch Sie um einige Auskünfte bitten, was ich schon lange tun wollte und mich jetzt traue. Zunächst nur ein paar ganz einfache, die mir auch Toni geben kann, wenn Sie zu beschäftigt sind. Wo in New York ist die Voice of America zu Hause? Und wo ist das Café Eclair? Und kann man sagen, daß es im Kriege sehr besucht war, aber nach dem Kriege in dem Maße abflaute, in dem die Emigranten sich verloren? Ich glaube, Sie selbst nannten es mir einmal. Ich habe meinen Roman, der frecherweise hauptsächlich in New York spielt, nach zweijähriger notgedrungener Pause wiederaufgenommen und werde Sie noch öfter belästigen, denn meine Erinnerung an N. Y. ist sehr geschwächt, und das meiste wußte ich überhaupt nie.

Alles Liebe an Sie beide von uns beiden,

Ihre Hilde

HERMANN KESTEN AN HILDE SPIEL.
ROM, 30. NOVEMBER 1956

30. November 1956

Liebe und verehrte Hilde,

mit großer Rührung empfing ich Ihren höchst informativen Brief. Ich bewundere die reichen Kenntnisse, die Sie präsent haben und danke Ihnen für den umfänglichen Beweis Ihrer Freundschaft. Mir ist alles, was Sie mir schrieben, äußerst wertvoll, teilweise war es mir neu, teilweise bestätigte es mir, daß ich auf den richtigen Pfaden wandelte. So hatte ich schon selber englische Literaturgeschichte und die Autobiographien von John Lehmann und Spender gelesen etc.

Haben Sie noch die Broschüre, worin die Geschichte des PEN-Clubs erzählt wurde und könnten Sie mir diese per Expreß-Brief schicken?

Zu meiner Zeit war die »Voice of America« in der 57th Street Nr. 222, doch glaube ich, daß sie heute in Washington ist. Ich weiß es so wenig, da ich mit der »Voice of America« nie etwas zu tun hatte. Ich werde aber sogleich meinen Freund Franz Schoenberner in New York fragen, der lange Jahre dort gearbeitet hat und dessen Frau, glaube ich, noch für die »Voice« arbeitet. Ich könnte über ihn auch weitere Auskünfte über die Voice erfahren, obwohl der Arme freilich gelähmt ist.

Das Café Eclair ist in der 72nd street West, zwischen Columbus und Amsterdam Ave. (Sie müssen wissen, daß ich zuletzt im Mai 1952 in New York war und spätere Veränderungen nicht mehr kenne). Die 72nd street ist, wie Sie wissen, eine der breiten Verkehrsstraßen, wie die 14th street, 86th oder 96th street. Der Inhaber von Eclair ist ein Mann aus Brünn, einer der Kellner war ein alter deutscher Schauspieler. Man kann wohl sagen, daß in den ersten Kriegsjahren mehr Emigranten, sogar auch emigrierte Literaten ins Eclair kamen, doch war das Café auch zuletzt noch als wir in New York waren, eine kleine Goldgrube und wohl immer noch gut besucht, natürlich immer noch von Emigranten, da es einfach keine Cafés oder zu wenige in New York gibt und Eclair obendrein wegen seiner kontinentalen Kuchen beliebt ist. Man konnte auch nach dem Krieg in den verkehrsreichen Stunden kaum einen Platz finden. Und auf deutsch konnte man keine Geheimnisse seiner Nachbarin erzählen.

Ich bin wie gewöhnlich wegen der Welt mehr bekümmert als meinetwegen, was natürlich ganz selbstlos ist, denn die Welt macht sich keine Sorgen um mich.

Die Ereignisse in Ungarn mißfallen mir, der Krieg der Juden kann nur mit ihrem Untergang enden. Die Juden sind wie gewöhnlich in der Situation, daß alles was sie tun sich gegen sie wendet. Jud sein ist eine antithetische Situation.

Ich hoffe immer noch, daß Sie eines Tages mit Sir Peter in Rom auftauchen. Bislang haben wir nur mit Hans Flesch Fisch in Rom gegessen. Was wir gerne wieder tun möchten.

Fragen Sie mich alles nach New York, ich schreibe jetzt einen Roman, in dem ein New Yorker der Held ist, und mir wird ganz schwindlig wie wenig ich von Amerika weiß, freilich schrieb ich gerade über den neuen Roman von John O'Hara, und da schwindelte mir gar nicht;

denn so viel oder so wenig, dachte ich, weiß ich auch von Amerika.

Aber hier irrte Goethe.

Bleiben Sie gesund mit Mann und Kindern. Bleiben Sie mir gewogen, mit Gemüt und Geist. Und schreiben Sie was immer; was immer Sie schreiben, ist gut, ja ausgezeichnet, ja glänzend. Herzlich stets

Ihr Hermann Kesten

HILDE SPIEL AN HERMANN KESTEN. LONDON, 3. DEZEMBER 1956

3. Dezember 1956

Lieber Hermann,

Eben kam Ihr Brief, aber ich hätte Ihnen ohnedies heute geschrieben, weil morgens die Studentenzeitschrift mit Ihrer hervorragenden Rede kam, die mir Tränen der Rührung entlockte. (Wir müssen sehr achtgeben, nicht eine mutual admiration society zu gründen, aber dies soll doch gesagt werden.) Wenn es Sie nicht gäbe, müßte man Sie erfinden, denn niemand hat doch den Mut zu dieser klaren Feststellung der Tatsachen. Nun wollte ich dazu nur den Namen Kasack nennen. Denn Sie wissen wohl, daß in seinem und der Akademie Namen nun vom kleinen Thomas Mann-Freunde Wilhelm Sternfeld eine »Bibliothek der Emigrantenliteratur« eingerichtet wird, was an sich verdienstvoll ist, aber sich angesichts des Kasackbuches *Das große Netz* ein wenig anders ausnimmt. Sie wissen auch, und ich hab es Ihnen, glaube ich, kürzlich nochmals geschrieben, daß Peter sich wegen dieses Romans von Kasack distanziert hat. Die Frage ist, ob man es wirklich nur als schlechten und geschmacklosen Scherz ansehen soll, oder es zum Anlaß dazu nehmen, sich auch von der guten und notwendigen Gründung der Emigranten-Bibliothek fernzuhalten.

Für Ihre Information über das Eclair und die Voice innigen Dank. Mein Roman spielt zwischen 47 und 49 in New York – weit vermessener als Ihr Unterfangen, denn ich war in meinem Leben nur zehn Tage lang in dieser Stadt – aber unter Emigranten. Ich werde ihn, wenn er etwas wird und zu Ende kommt, vielleicht zur Zensur vorlegen. Falls Ihre Zeit es erlaubt. Oder zumindest einige Stellen, über die ich mir nicht im klaren bin, von Ihnen beurteilen lassen. Aber bis dahin dauert es noch viele Monate, und vielleicht darf ich doch hin und wieder um ganz kurze, stichwortartige Informationen bitten.

Eine Broschüre über die Gründung des PEN habe ich nicht, wohl aber das beiliegende Blatt. Wenn Sie mehr wissen wollen, könnten Sie an Mrs. Marjorie Watts, c/o The PEN, Glebe House, Glebe Place, London S. W. 3. schreiben – die Tochter Mrs. Dawson Scotts und eine liebe, grundanständige, hilfsbereite Person.

Die Weltlage ist unaussprechlich häßlich. Die Juden werden hoffentlich nicht untergehen, denn Amerika wird sicherlich auf einer Lösung der israelischen Frage bestehen. Was mich, neben dem Blutbad in Budapest, am allermeisten bekümmert, ist die moralische Erniedrigung Englands; sie trifft uns härter, als Sie sich vorstellen können.

Mit allen lieben Grüßen von uns allen an Sie und Toni,
Ihre Hilde

HANS HABE AN HILDE SPIEL.
ST. WOLFGANG (HAUS BREITGUT), 4. DEZEMBER 1956

Am 4. Dezember 1956
Hilde, Liebste:

Daß Du auch Buchkritiken schreibst, wußte ich wohl, doch war es mir in letzter Zeit irgendwie entfallen. Glaubst Du nicht, daß Du eventuell auch eine Kritik von *Im Namen des Teufels* unterbringen könntest? Ich meine insbesondere in der Schweiz und in Österreich – in beiden Ländern ist nichts erschienen. Das ist um so merkwürdiger, als ich in Deutschland noch nie so viele und durchwegs positive Kritiken hatte. Bei den Österreichern gilt wohl die Sippenhaftung, doch gilt das gleiche ganz sicher nicht bei den Schweizern. Zu Deiner Information möchte ich sagen, daß das *St. Galler Tagblatt*, die *Basler Nachrichten*, der *Tagesanzeiger Zürich*, das *Luzerner Tagblatt* und so weiter, häufig meine Artikel nachdrukken. Mit der *Weltwoche* bin ich zwar kreuzböse, doch kann man nie wissen.

Ich hoffe, daß Dich meine Bitte nicht ärgert; es war ja auch nur ein Einfall.

Es geht uns so gut, wie es einem angesichts der Weltlage gehen kann. Daß wir wieder in die Weltgeschichte hineingeraten sind, macht mich bitter. Ich hatte von der Weltgeschichte genug.

Alles Liebe und Schöne, mit vielem Dank im Voraus, wie immer

Dein hans

HILDE SPIEL AN HANS HABE.
LONDON, 10. DEZEMBER 1956

10. Dezember 1956

Liebster Hans,
Im Allgemeinen läßt man mich Bücher der deutschen Produktion nirgends besprechen – nur gelegentlich darf ich einmal eine Woolf oder einen Burckhardt rezensieren, oder ein Emigrantenbuch, das in England spielt. Sonst hätte ich mich längst erbötig gemacht, etwas über Deinen Roman zu schreiben.

Ich habe nun bei der Basler *Nationalzeitung* angefragt, ob ich's dort tun darf. Da besteht noch die beste Aussicht. In Österreich bin ich leider auch nicht sehr beliebt – nur im *Neuen Österreich* habe ich manchmal Beiträge aus England. Aber ich will auch dort anfragen, ob Dein

Buch besprochen wird, und wenn nicht, ob ich's dann tun könnte.

In England ist es zur Zeit gar nicht schön. Zum ersten Mal seit 1938 muß man sich der Hypokrisie schämen, die diesem Land immer nachgesagt wurde und die nur selten, dann aber um so häßlicher hervortritt. Gottlob hat man wenigstens die Hälfte des englischen Volks auf seiner Seite.

Alles Liebe Euch beiden,

Hilde

**HERMANN KESTEN AN HILDE SPIEL.
ROM, 18. JANUAR 1957**

18. Januar 1957

Liebe Hilde,

wenn ich Ihren Brief vom 18. Dezember auch erst heute beantworte, so hat mich Ihr reizender Brief doch entzückt und ich bin froh, wenn meine literarischen Versuche mir Zustimmung von einer Kollegin gewinnen, die ich so bewundere, wie Sie.

Dagegen habe ich nicht verstanden, was Sie und Peter gegen Kasack haben, da ich das Buch von Kasack nicht kenne und also nicht weiß, was Sie ihm vorzuwerfen haben. Sie sollten es mir einmal ausführlich schreiben.

Toni und ich wünschen Ihnen und Peter und Ihren Kindern alles Schönste und Beste zum Neuen Jahr, und grüße Sie herzlichst, stets Ihr

Hermann Kesten

JEANNIE EBNER AN HILDE SPIEL.
WIEN, 5. FEBRUAR 1957

Wien, am 5.II.57

Liebe Hilde!

Es war lieb von Ihnen, zu Weihnachten an mich zu denken, obwohl ich eine so undankbare Briefpartnerin bin. Halten Sie mich, bitte bitte, nicht für egoistisch und gleichgültig, wenn ich jetzt diesen Brief gleich wieder mit einer Bitte einleite: Ich lege eine Liste bei mit Dingen, die mir beim Übersetzen Schwierigkeiten machen. Aber bitte machen Sie sich nicht viel Mühe, schreiben Sie nur einfach dazu, was Sie auswendig wissen. Ich habe das übrige, glaube ich, sinngerecht und etwas frei übersetzt. Notfalls kann es so bleiben. Für den Fall, daß Sie nicht gleich auf die Liste etwas dazuschreiben wollen, habe ich die einzelnen Sachen numeriert und Sie müßten nur die Nummer anführen.

So. Das Unangenehme immer zuerst.

Sonst gibt's freilich auch nicht viel Angenehmes zu berichten. Sie werdens verstehen. Ich wache nachts auf und höre Menschen schreien und Schießen, und die Schlaflosigkeit nimmt immer mehr überhand. Dazu bringt mir der Zufall immer wieder Dinge in den Weg, die auch nicht gerade dazu angetan sind, die Lebensgläubigkeit und Menschenliebe zu heben. Ich lernte hier einen weisen gütigen alten Juden kennen, der die »Geschichte von Joel Brand« selbst miterlebt hat und was er mir erzählt, ließ mich tagelang vor Zorn und Verzweiflung fast verrückt werden. Ein wenig Trost und Erstaunen ergreift mich aber doch, da ich sehe, daß der alte Sanyi KZ, Flucht, Mißhandlung und Armut nicht nur körperlich überlebt hat, sondern in harmonischster Lebensfreude, voll Glauben an das Gute und von restlosem Verzeihen erfüllt ist. Dabei ist er kein »Großer Geist«, noch ein »Armer im Geist«, sondern einfach ein gesunder, tüchtiger Geschäftsjude, der es in den letzten zehn Jahren aus eigener Kraft und ohne alle unreellen Praktiken wieder zu einer kleinen Fabrik gebracht hat.

Aber was, liebste Hilde, soll man in solchen Zeiten noch schreiben? Was hat noch einen Sinn? Denn gerade das, was einem das Herz buchstäblich zusammenzieht und was immer wieder gesagt werden müßte, das kann ich nicht in Worte fassen: Wirkliche Ereignisse, die Wahrheit der menschlichen Taten. Und ist es nicht eine feige Flucht, Gedichte zu schreiben, in Schönheit zu schwelgen, Worte aneinanderzureihen um der Form willen und für einen Gott Zeugnis abzulegen, der sich nicht mehr denken läßt, es sei denn als abstrakter Begriff oder als sadistisches Monstrum.

Verzeihen Sie die Jammerei und versuchen Sie nicht, mich zu trösten, auch Sie sind sicherlich trostbedürftig genug und es ist schon genug und sehr viel, wenn man an jemanden so einen Brief schreiben darf ohne sich zu genieren.

Daß Csokor und Weigel sich bei dem Prozeß ausgeglichen haben, haben Sie wohl gehört. Also waren meine Bemühungen in diesem Sinn doch nicht umsonst. Und Csokors mannhaftes und menschliches Eintreten in der Ungarnsache (was ich übrigens gar nicht anders erwartet hätte) ließ meinen schwierigen Freund Weigel nun doch ein wenig beschämt sein und er sucht wiedergutzumachen, was er in Zeitungsartikeln angerichtet hat – natürlich auf die einzige ihm mögliche Art wiedergutzumachen: in Zeitungsartikeln. Man ist froh, da und dort trotz aller Verirrungen und Ungerechtigkeiten wenigstens den Willen zum Rechten zu spüren.

Die Übersetzung für S. Fischer habe ich vier Wochen verfrüht fertig, denn ich will sie mit den Korrekturen des Lektors Nino Erné nochmals selber durchsehen, ehe sie in Satz geht. Termin ist erst Ende Februar.

Dr. Erné hat mir freundlicherweise ein Weihnachtsgeschenk geschickt: den Roman von Paul Schallück. Aber ich kann ihn nicht lesen. Ich habe eine Idiosynkrasie gegen schlechtes Deutsch und schlechten Stil. Das Lesen eines solchen Buches verstärkt meine Depressionen und das Gefühl, daß heute alles sinnlos sei, was ich tue. Von den letzten vier Büchern, die ich innerhalb von vier Monaten in die Hand bekommen habe und die alle im letzten

Jahr gedruckt wurden, empfing ich den Eindruck, daß heute weder die Autoren, noch die Verleger, noch die Lektoren ihre Muttersprache auch nur annähernd beherrschen. Vielleicht wird die deutsche Sprache in hundert Jahren höchstens noch ausreichen, um sich lebensnotwendige, geschäftliche, sachliche Mitteilungen zu machen, in Zeitungen zu polemisieren oder, bei den gehobenen Intelligenzen, um einfache Dinge bis zu völliger Unübersichtlichkeit kompliziert auszudrücken.

Was für ein Brief! Nehmen Sie ihn am besten nicht ernst und vergessen Sie ihn schnell wieder. Sie gehören, zumindest für mich, zu den paar Menschen, deren bloße Anwesenheit auf dieser Welt mir doch immer wieder etwas Bestärkung und Vertrauen gibt.

Was machen Ihre Herzgeschichten? Besser? Ich hoffe es sehr.

Und das Heimweh? Und die Kinder und der Mann? Und die Arbeit?

Vielleicht kommen Sie heuer im Sommer wieder an den Wolfgangsee? Ich werde, soweit sich das absehen läßt, von März bis September etwas mehr Geld und Zeit für mich haben und würde sehr gerne mit Ihnen zusammenkommen. Den letzten Sommer hab ich in Wien verbracht und das war gar nicht dumm. Ich bin an jedem Wochentag ins Gänsehäufel gegangen, das an Wochentagen nicht überfüllt und von meiner Wohnung aus in zwanzig Minuten erreichbar ist. Ich habe auf meine alten Tage endlich wirklich gut schwimmen gelernt, ein bißchen geturnt, Milch getrunken und ganz wunderbar gefaulenzt. Um zwei Uhr bin ich dann heimgegangen essen und habe den heißen Nachmittag über im leicht abgedunkelten Zimmer sehr gut und fleißig gearbeitet. Den »Zauberer-Verzauberte-Roman« nochmals ganz umgearbeitet und neu abgetippt, für S. Fischer übersetzt, ein Dutzend Gedichte geschrieben und die Abende in meinem sehr angenehmen Wiener Freundeskreis mit Heurigen, Hausmusik und Gesprächen verbracht. Wie paradiesisch dieser Sommer war, weiß ich erst nachträglich.

Sehen Sie, jetzt fällt mir doch eine Menge erfreuliches ein. Mein kleiner Haushalt hat sich durch Erbschaft von

Tuchenten, Bettzeug, Teeschalen, Besteck und einem bequemen Sessel vermehrt. Es ist behaglich bei mir. Der Kaktus setzt einen Ableger an und die Azalee vom letzten St. Valentinstag ist heuer nicht wie üblich eingegangen, sondern sproßt zaghaft. Und Ernst hat von mir jetzt einen neuen Anzug, Krawatte und Seidenschal bekommen und ist der schönste aller Männer. Nicht nur der Treueste. Ich habe eine sehr modische und verrückte, langhaarige Pelzkappe bekommen – bei meinem Gesicht sind Hüte immer ein großes Problem – und sehe aus wie Anastasia oder Natascha, außerdem Pelzstiefel, die nicht plump wirken und mich den ganzen Winter über vor kalten Füßen bewahrt haben.

Es wäre alles so schön. Welchen Mißbrauch treiben die Menschen mit dieser einzigartigen, wunderbaren Welt!

Viele viele Grüße von Ihrer Jeannie

HILDE SPIEL AN JEANNIE EBNER.
ST. WOLFGANG, 13. FEBRUAR 1957

13. Feb. 1957

Liebe Jeannie,

Was Sie mir so lange geraten haben, habe ich jetzt gemacht und bin vor einigen Tagen hierher gefahren, um mich ganz allein in meinem geliebten Häuschen aufzuhalten und nur spazierenzugehen und zu arbeiten. Es ist wunderschön, etwas kalt, obwohl der Winter mild ist, weil unser Häuschen ja auf Beheizung nicht durchwegs eingerichtet ist, aber ich genieße die Einsamkeit und Konzentration über alle Maßen. Aus vielen verschiedenen Gründen war die Nervenbeanspruchung der letzten Monate in London ziemlich groß.

Am Tag vor meiner Abreise kam noch Ihr ganz besonders lieber Brief. Ich kenne kaum jemanden, der so seine Lebenssituation schildern und sein eigenes Fluidum in einen Brief übertragen kann. Ich hatte gehofft, Sie sogar zu sehen, weil ich einen Plan hatte, nach Wien zu fahren, aber daraus wird jetzt vielleicht nichts. Meine ungarischen Verwandten sind bereits weitergefahren (ihretwegen, die vor einigen Wochen aus Budapest flüchteten, wäre ich nämlich jedenfalls für zwei Tage oder so nach Wien gekommen) und da dieser Grund wegfällt, empfinde ich die etwas strapaziöse Fahrt als eine im Grund unnötige Unterbrechung des so dringend nötigen und ersehnten stillen Landaufenthaltes. Es ist möglich, daß ich in etwa zehn Tagen in einem Auto mitgenommen werde, was dann nur eine Fahrt erforderlich macht, und in diesem Fall werde ich die Gelegenheit vielleicht doch ergreifen. Ein alter Bekannter aus meiner Jugend ist aufgetaucht, der Maler Alescha, der sich noch an meine »schöne Mutter« und meinen »kräftigen Vater« erinnert, wie er so lieb schrieb, und auch ihn möchte ich zu gern sehen. Ich schreibe Ihnen dann jedenfalls rechtzeitig, wann ich da bin. Bei Lernets werde ich wohl, trotz Aufforderung, diesmal nicht wohnen. Ich habe an Bobby Liebl geschrieben, ob bei ihr Platz wäre. Hotels sind ja so überfüllt und teuer.

Ich war vor allem von Ihrer Schilderung des Sommers entzückt. Wie unheimlich gut ich mich an diese Wiener Juli- und Augustwochen erinnere, in denen man baden geht und dann im leicht verdunkelten Zimmer arbeitet. Genauso habe ich Monate meines Lebens verbracht, und kann alles nachfühlen, bis auf den kleinsten Geruch und die Sonnenstäubchen im Vorhangschlitz. Und es ist wunderbar, daß Sie den Roman umgearbeitet haben. Bitte lassen Sie mich wissen, was Sie jetzt damit tun. Ich bin froh, daß Sie mit Erné gut arbeiten – er ist recht kultiviert. Aber mit den neudeutschen Romanen haben Sie recht. Ich bekomme manchmal welche zur Besprechung und komme über die Seite drei nicht hinaus. Das Zeug ist unlesbar, maniriert und forciert, kein echter Faden dran, kein Erlebnis. Am besten sind noch die unleidlichen Kriegsbücher, weil da wenigstens keine Mache dran ist, oder nur wenig. Auch des guten Heinz von Cramer *San Silverio*, das er uns, da er ein Vetter meines Mannes ist, gleich zweimal geschickt hat, konnten wir nicht lesen.

Und ich mußte dem Einem, der ja auch sein Freund ist, einfach sagen: vom Heinz Cramer lesen, was in der Seele einer alten sizilianischen Bäuerin vorgeht, kann ich nicht.

Nun muß ich Ihnen nur noch sagen, daß ich eifrig an einem englischen Roman arbeite und zum ersten Mal seit vielleicht 14 Jahren eine echte Schaffensfreude habe. Und zuletzt, daß die Bauernstube brühheiß ist, und Sie von Herzen willkommen wären, wenn Sie ein paar Tage bei mir wohnen und in ihr nächtigen wollen.

Inzwischen alles Liebe, Ihre Hilde

HILDE SPIEL AN HERMANN KESTEN.
LONDON, 5. MÄRZ 1957

5. März 1957

Liebster Hermann,

In einem Brief vom 18. Januar, den ich erst heute beantworten kann, fragten Sie mich, was Peter und ich gegen den Kasack haben. Ich kann es nicht genau schreiben, weil ich den Anlaß der Animosität nur aus zweiter Hand kenne. Es ist der Roman *Das große Netz*, den Peter kaum gelesen hatte, als er auch schon seine Beziehung zu Kasack abbrach, dessen *Stadt hinter dem Strom* er nicht nur vielfach in alle Himmel gelobt, sondern auch ins Englische übersetzt hatte. Nach Peters Ansicht (und sie wurde von anderen Kritikern in Deutschland geteilt) ist das ein recht peinliches Buch, in dem entweder auf böswillige oder doch auf taktlose Weise der häßliche Charakter deutscher Emigranten verzerrt dargestellt wird. Es kommt darin ein wunderliches Experiment einer amerikanischen Filmgesellschaft in einer deutschen Kleinstadt vor, in dessen Verlauf aus Spiel Ernst wird und die Stadt in die Luft geht. Ein Exponent der Filmgesellschaft ist ein ehemals ausgewanderter Deutscher, der sich nach der Katastrophe ins Flugzeug setzt und gemütlich abfliegt. Soweit Peters Bericht. Ich las das Buch nicht, ehe

Peter es aus Zorn verschenkte, aber ich bin aus Instinkt hier mit ihm solidarisch. Sicher ist, daß Kasack das ganze sehr bereut und überhaupt enorm viel für Emigranten tut. Nun will er überhaupt eine Bibliothek von Emigrantenliteratur der Akademie angliedern usw. Aber das *Netz* ist nun einmal da, und Peter meint, man müsse ihm die Entgleisung doch übelnehmen. Es war, als das Buch erschien, gerade höchste Mode, die leidige Besatzung zu verhöhnen und in den Staub zu ziehen. Aber da sehr viele das *Netz* nicht kennen, hat fast niemand Stellung gegen Kasack genommen. Und wenn ich Ihnen raten darf, lesen Sie's gar nicht, denn man hat schon genug Feinde, aktive und passive, oder eher offensive und defensive, und wozu wollen Sie sich Ihr Einvernehmen mit dem Darmstädter Klüngel unnötig verdunkeln.

Liebster Hermann, bitte seien Sie nicht böse, aber hier sind wieder Belästigungen. Wäre es nicht ein Lebensmaxim, ja, eine Passion von Ihnen, kollegial zu sein, ich wagte es nicht, Ihre Zeit in Anspruch zu nehmen. Aber da Sie in Italien leben, könnten Sie mir vielleicht auch auf diesem Gebiet für mein unseliges Buch behilflich sein. (Unselig weil ich immer wieder unterbrechen muß, dran zu arbeiten. Eben war ich für drei Wochen in St. Wolfgang, da ging es so schön weiter!) Nun also: Wo saß die deutsche Commandatura in Rom im Krieg? Und war die Gestapo im selben Gebäude? Wie hieß die italienische Gestapo, oder jedenfalls die Sicherheitspolizei? Wo liegen in Rom die weniger gut bekannten Antiquitätsgeschäfte, in denen ein Connoisseur Schätze findet? (Im Getto vielleicht – ich erinnere mich vage dran). Und schließlich, was heißt Eisenfeilspäne auf italienisch – die vom Magneten angezogen werden? Irgendeinmal schreiben Sie's vielleicht. Und bitte, kann ich nicht wieder meinerseits einen Gefallen für Sie tun?

Immer Ihre (und Tonis) Hilde

HERMANN KESTEN AN HILDE SPIEL.
ROM, 1. APRIL 1957

1. April 1957

Liebe und verehrte Hilde Spiel,

bitte entschuldigen Sie, daß ich erst heute auf Ihren Brief vom 5. März antworte. Ich habe mich inzwischen wegen Ihrer Anfragen überall erkundigt. Gustav René Hocke erzählte mir, Sie würden in dem bei Longanesi veröffentlichten Buch von Dolman *Roma Nazista* viel finden. Die italienische Gestapo heißt Ovra, ihr Sitz war? [durchgestrichen:] in der Via Tasso.

Funde in Antiquitäten könnten Sie unter Umständen machen in der Via dei Coronari, wo es zahlreiche Antiquitätenläden zweiter Klasse gibt, hauptsächlich antike Möbel, aber auch Bronzen. Ferner in der Via Babuino, die von der Piazza di Spagna zur Piazza del Populo führt, es ist die eigentliche Antiquitätenstraße, es gibt neben teuren auch billige Läden, die Via Margutta, die parallel zur Via Babuino führt, und die Malerstraße ist, mit sehr vielen Ateliers, hat auch eine Reihe von kleineren Antiquitätenläden. Die Via dei Coronari ist nahe dem Tiber, in der Nähe der Engelsburg, aber auf der entgegengesetzten Tiberseite, also zur Richtung der Piazza Navona hin.

Auf der Piazza del Palazzo Borghese ist ein kleiner Kunstmarkt mit Stichen und billigem Kunsttrödel, etruskischen Vasen etc. viel nachgemachtes Zeug, da wohnt ein kleiner Händler namens Medici, der in der Nähe seine Wohnung und ein Lager hat, da kaufte unser Freund, der die chinesischen Lacke und Bronzen sammelt, eine wertvolle chinesische Bronze für einen Spottpreis.

Der Sitz der Gestapo war in der Via Tasso. Eisenspäne heißen *limatura di ferro*, sagte mir Professor Buritsch.

Ich sehe gerade in meinem Führer, die Via dei Coronari ist parallel zum Lungo tevere, also der Tiberstraße, zwischen Engelsburg und Piazza Navona. Sie heißt so nach den Verkäufern der corone sacre, eine der wichtigen gradlinigen Durchbruchstraßen des päpstlichen Rom wie die Via Giulia, eines der Häuser gilt als case di Raffaello. In der Nähe sind der Palazzo del Governo Vecchio und der Palazzo del Banco di San Spirito.

Die Gestapo saß wie man mir sagt im Hotel Flora?

Es tut mir leid, daß Kasack Sie beide enttäuscht hat. Im Ganzen scheint er mir jetzt nett zu sein, und er war wohl unter den Nazis kein Nazi.

Wenn ich Ihnen sonst etwas über Rom mitteilen kann, so schreiben Sie bitte unverzagt. Eben brachte die deutsche Reisezeitschrift *Merian* eine Romnummer heraus, März 1957. Da finden Sie vielleicht auch manches.

Im Hotel Flora in der Via Veneto, gleich neben der Mauer, saß General Kesselring und das Generalkommando.

Wie geht es dem Meister? Neulich waren Hans Habe und Frau für einen Abend bei uns im Café Rosati, sie erzählten von ihrem Bauernhaus in St. Wolfgang. Wie war es diesmal in Ihrem Palazzo in St. Wolfgang? Haben Sie viel gearbeitet?

Ich habe für den Norddeutschen Rundfunk eine Reihe von features über literarische Cafés und Salons geschrieben, darunter auch wie Sie wissen über London. Glauben Sie, das würde die BBC interessieren, und an wen wendet man sich am besten, wenn überhaupt?

Wie geht es den teuren Kindern? Was hören Sie vom Meister Flesch? Haben Sie zum sechzigsten Geburtstag von Don Roberto Neumann etwas gedichtet? Ich freilich! Ich werde bald ein Buch herausbringen können: »Meine Freunde, die sechzigjährigen Poeten.« Ich wollte, ich wäre zwanzig und hätte noch mehr solcher sechzigjähriger Poeten-Freunde. Wie froh bin ich inzwischen, daß Sie und Mendelssohn noch junge Springinsfelde seid.

Mit herzlichen Küssen an Euch auch von Toni stets
Ihr Hermann

HILDE SPIEL AN JEANNIE EBNER.
LONDON, 20. MAI 1957

20. Mai 1957

Liebste Jeannie,

In London geht das Gerücht, Heimito habe sich auf einer Gütersloh-Feier nackend ausgezogen. Näheres ist nicht bekannt. Würden Sie einmal schreiben, wie es sich damit verhält?

Von Rom hört man wieder, in einer Vorlesung »Große Österreicher des 20. Jahrhunderts« seien Werke von Hofmannsthal, Weinheber und Ingeborg Bachmann gelesen worden. Ich halte gewiß viel vom Talent der jungen Bachmann, aber finden Sie das nicht auch ein bißchen »out of proportion«?

Sie sind mir einen Brief schuldig, das wissen Sie wohl. Und nach St. Wolfgang kamen Sie auch nicht, im Februar.

Ich habe einen Roman (auf englisch) fast beendet. Was macht Ihre Übersetzung? Ihr Roman? Ihr Leben?

Ihre Hilde

JEANNIE EBNER AN HILDE SPIEL.
WIEN, 6. JUNI 1957

Wien, am 6. 6. 57

Liebe Hilde!

Ihr Brief klingt ein bißchen pikiert, und das tut mir leid. Vielleicht haben Sie meinen Brief nach St. Wolfgang gar nicht bekommen. Ich konnte damals wirklich nicht unter Menschen gehen und hatte so etwas ähnliches wie einen Nervenzusammenbruch, ich wußte nicht mehr genau, wer ich eigentlich war und hatte wochenlang furchtbare Angstzustände. Außerdem begann ich Dinge zu sehen, die es gar nicht gibt. Zumindest nicht in der Wirklichkeit.

Aber ich war trotzdem mutig genug, nicht zum Psychiater zu gehen und es ist mir gelungen, mich wiederzufinden, wenn auch um fünf Kilo leichter und doppelt anfällig für Lärm, Erschrecken und feindselige Ausstrahlungen von Menschen.

Aber ich habe endlich wieder zu schreiben begonnen.

Und wenn nichts dazwischen kommt – ich kann nicht recht glauben, daß es gelingt – fahre ich mit Ernstl und einigen Freunden im Juni für drei Wochen nach Griechenland.

Bachmann und Hofmannsthal in Rom stimmt. Sie hat übrigens ein wirklich herrliches Gedicht geschrieben: »Lieber Bruder, wann bauen wir uns ein Floß . . .«

Der Tratsch um Doderers Nacktheit stimmt nicht, sonst hätte ich unbedingt etwas davon erfahren. Aber ich glaube, ich kann seine Entstehung erklären:

Bei Gütterslohs Geburtstagsfeier hielt Doderer eine einfach großartig formulierte, grundgescheite Rede, in der auch sehr viel von der »Haßliebe« zwischen Meister und Schüler die Rede war und das persönliche Verhältnis Heimitos zu Gütersloh behandelt wurde. Vielleicht daher die Version »er hat sich nackt ausgezogen«. Die Rede hat übrigens bei guten Freunden Gütterslohs Unwillen erregt, und ich hörte jemand sagen, »Doderer habe sich in dieser Rede gezeigt und er sei Gütersloh gar nicht so gut gesinnt« etc. etc. Nun ja: Haßliebe. Erinnern Sie sich an Gütterslohs Rede zu Doderers Geburtstag. Die beiden sind einander ebenbürtig.

Es lohnt übrigens nicht, zu verteidigen oder Partei zu ergreifen, die Legendenbildung ist, selbst wenn es boshafte Legenden sind, kein schlechtes Zeichen für einen Autor.

Die Übersetzung für S. Fischer ist abgeliefert, das Geld bereits in Luxus und rauschendem Wohlleben vertan. Aber zur Zeit hat Ernst etwas flüssiges Geld. Und nach dem Urlaub werden wir ja weitersehen.

Alle meine Versuche (der letzten fünf Jahre) einen Verleger für Lyrik, Erzählungen oder den zweiten Roman zu finden, sind ergebnislos gewesen. Und auch bei sämtlichen Preisausschreiben habe ich kein Glück gehabt. Nun geb ich das wieder auf, es nimmt einem zuviel Nervenkraft: immer wieder warten, hoffen und enttäuscht werden.

Die Hauptsache ist, man behält genug Substanz um weiter zu arbeiten.

Ich freue mich sehr, daß auch Sie für sich einen Roman geschrieben haben. Aber warum Englisch? Ist das nicht etwas riskant? Mir erscheint schon jetzt, nach eineinhalb Jahren, das Übersetzen fast tödlich für die eigene Produktion. Ich habe auch soviel Englisch in meinen Wein gießen müssen, daß ich unwillkürlich beim Durchlesen meiner Gedichte englische Fassungen zustandebringe.

Sind Sie diesen Sommer wieder am Wolfgangsee und wann? Und wäre irgendwann im August oder September ein Besuch bei Ihnen möglich und erwünscht? Die Zeit- und Geldschwierigkeiten ließen sich heuer beheben, und ich würde Sie sehr gerne in Ruhe genießen.

Zwischen 15. Juni und 15. Juli bin ich also nicht erreichbar, den Rest des Sommers bleibe ich bestimmt in Wien.

Viele herzliche Grüße, und Grüße an Ihren Mann,
Ihre Jeannie Ebner

HILDE SPIEL AN BRUNO KREISKY.
LONDON, 15. JUNI 1957

15. Juni 1957
Sehr verehrter Herr Staatssekretär,
Sie waren bisher in der Angelegenheit Theodor Kramer so ungemein hilfreich und verständnisvoll, daß ich jetzt, da sein Schicksal von neuem in der Balance hängt,

noch einmal um Rat und Unterstützung an Sie schreiben möchte.

Vielleicht darf ich Sie erst kurz informieren, was sich mit ihm in der jüngsten Zeit begeben hat. Vor etwa vier Wochen wurde ihm von seiner Zimmerfrau in Guildford, einer überaus netten älteren Frau, die ihm sehr zugetan ist, das Zimmer aufgekündigt, weil sie es zu ihrem eigenen größten Bedauern für ihren Sohn braucht. Diese neuerliche »Entwurzelung« hatte einen überaus depressiven Effekt auf Kramer, der bis dahin mit Hilfe des Fonds und mit seinem Gehalt trotz hypochondrischen und echten Leiden recht ordentlich dort vor sich hin gelebt hatte. Er suchte Quartier, fand keines, und hatte eine gewisse Aussicht, bei einer Freundin seiner bisherigen Zimmerfrau unterzukommen, als sich der »Medical Officer of Health« für Surrey (die für ihn zuständige Grafschaft) zum Einschreiten entschloß. Die Sozialreferentin der österreichischen Botschaft hatte indirekt von Kramers Schwierigkeiten erfahren und den Medical Officer auf ihn aufmerksam gemacht. Das Resultat war, daß Kramer nach längeren Gesprächen mit diesem sehr wohlwollenden, aber das labile Temperament eines österreichischen Dichters doch nicht ganz begreifenden Mann, angeblich »freiwillig« in eine Nervenheilanstalt eingeliefert wurde. Er hatte vor mehreren Jahren schon einmal an Depressionen gelitten und einige kurze Zeit in einem Sanatorium verbracht. Nun wurde er also von neuem in ein solches gesteckt, und hier bekommt er, obwohl seine Erkrankung vom Chefarzt als »akute Depression« bezeichnet wird, eine Serie von Schockbehandlungen. Wie weit dies mit dem gegenwärtigen Stand der Psychiatrie zu vereinen ist, kann ich nicht sagen. Aber als ehemalige Psychologin der offiziellen Wiener Schule wage ich zu bezweifeln, daß diese Therapie hier sehr angebracht ist. Das Sanatorium ist sonst in jeder Weise ordentlich, und der Chefarzt der Meinung, daß Kramer auf die Behandlung gut »respondiere« und in absehbarer Zeit als gesund entlassen werden könne.

Mit den übrigen praktischen Schwierigkeiten – seinem weiteren Verbleiben im technischen College, dessen Bibliothekar er ist, seine nunmehrige Unterbringung nach der Entlassung usw. – möchte ich Sie nicht weiter behelligen. Vielmehr schreibe ich Ihnen vor allem, sehr verehrter Herr Staatssekretär, um Sie über gewisse Pläne zu unterrichten, die zur Zeit im Gange sind, um Kramers Rücksiedlung nach Österreich herbeizuführen, und in deren Verlauf Sie sich vielleicht helfend einschalten können. Seit längerem hat das Österreichische Kulturinstitut in London, von Kramers Freunden auf seine Lage aufmerksam gemacht, eine Korrespondenz mit dem Unterrichtsministerium darüber unterhalten, ob nicht mit Hilfe des Ministeriums sowohl wie mit Hilfe der Stadt Wien eine Rücksiedlung Kramers möglich wäre. Herr Dozent Ritschl, der Leiter des Instituts, war eben aufgefordert worden, einen Bericht über die ganze Situation abzugeben, als Kramer in das Sanatorium eingeliefert wurde. Über Herrn Dozent Ritschl möchte ich persönlich sagen, daß ich ihn, obwohl er politisch und parteimäßig anderswo steht als ich, als einen wirklich hochanständigen, ehrlich bemühten, und im Falle Kramer geradezu aufopfernden Menschen kennen gelernt habe. Er nahm sich, sowie er von Kramers jüngstem Schicksal erfuhr, der Sache sofort an, fuhr mit mir in das Sanatorium, bemühte sich um ihn in der rührendsten Weise, und schrieb sofort in seinem Bericht an das Unterrichtsministerium, daß durch die depressive Erkrankung Kramers um so mehr Anlaß gegeben sei, seine Rückführung in die Heimat so rasch wie möglich zu bewerkstelligen. Übrigens sprach sich der Chefarzt des Sanatoriums ebenso aus. Kramer selbst, der, wie mir scheint, ebenso sehr unter der Atmosphäre wie an seiner Depression leidet, hat selbst entgegen seinen früheren Äußerungen schon seine Bereitwilligkeit bekundet, nach Österreich zurückzugehen, wenn dort wirklich für ihn gesorgt wäre. Natürlich ist an eine Übersiedlung erst zu denken, wenn er wieder geheilt ist.

Es scheint nun, daß das Unterrichtsministerium allein – oder vielmehr in Verbindung mit dem Finanzministerium – Kramers Leben in Österreich nicht wird garantieren können. Der Magistrat, mit dem bereits Fühlung genommen wurde, hat anscheinend bereits versprochen, sich mit der Zuweisung einer Wohnung an Kramer zu befassen. Wenn freilich auch von städtischer Seite eine kleine Rente ausgesetzt werden könnte, die zugleich mit einer Rente vom Unterrichtsministerium Kramers Lebensminimum darstellen würde, dann wäre einer Übersiedlung wohl nichts mehr im Wege.

Sie sehen, sehr verehrter Herr Staatssekretär, worauf ich hinauswill. Wenn Sie es für richtig erachten, Ihrerseits auf den Wiener Magistrat einzuwirken und zu erreichen, daß von dieser Seite aus die Bemühungen Unterstützung finden, ist damit die Zukunft Kramers gesichert. Alles, worauf man dann hoffen kann, ist seine baldige Genesung.

Mit vielem Dank für das bereits Getane, und besten Empfehlungen,

                         Ihre Mrs. Peter de Mendelssohn

BRUNO KREISKY AN HILDE SPIEL.
WIEN, 18. JUNI 1957

                         Wien, am 18. Juni 1957
Liebe gnädige Frau!

Ich habe Ihren Brief erhalten und bin sehr traurig über das Schicksal Theodor Kramers. Ich habe sofort Stadtrat Mandl gebeten, mir zu sagen, was seinerseits geschehen könnte und werde mich hoffentlich bald wieder mit guten Nachrichten melden können.

Leben Sie recht wohl   Ihr Kreisky

HILDE SPIEL AN THEODOR KRAMER.
LONDON, 29. JULI 1957

29. Juli 1957

Lieber Theodor Kramer,

Wir fahren übermorgen zu nachtschlafender Zeit – um 5 Uhr früh – von hier weg, und wie Sie sehen, konnte ich Sie nicht mehr besuchen. Die letzten zehn Tage waren für mich eine Qual, weil ich Angst hatte, mit meiner Arbeit nicht fertig zu werden. Ich schrieb mein Buch selbst ab und reichte es Ende der Woche bei einem Verleger ein, und seither habe ich nichts getan, als meinen Kindern Sommerhemden und Socken gekauft, und hunderte von Briefen geschrieben, die alle höchst dringend waren.

Heute schrieb ich an Kreisky. Wie mir das Kulturinstitut mitteilt – Ritschl ist auf Urlaub, aber der brave Dr. Fangel tat es – liegt Ihr Akt beim Magistrat. Nun muß Kreisky dort nachhelfen. Aber geraten Sie in keine Panik, alles wird schön pomali vor sich gehen, und wenn die Sache gelingt, und Sie wirklich zurückkönnen, wird man Sie wie ein fragiles Gepäckstück verfrachten. Mit Beifahrer.

Ich hoffe, Sie fühlen sich wohl bei Ihrer Shakespearischen Mrs. Few, und können so lange dort bleiben, wie es Ihnen unbedingt nötig erscheint. Mit Brassloff telefonierte ich neulich. Ich nehme an, daß er Ihnen helfen wird, umzuziehen, wenn es so weit ist.

Mir gehen meine Besuche bei Ihnen ab, und ich habe überdies das Gefühl, als hätte ich Sie »in mid-air« zurückgelassen – das heißt, ohne zu wissen, ob Ihre Füße wieder sicher den Boden berühren. Aber ich hoffe, sie tun's. Ich bin über alles froh, daß Sie herauskamen, ehe ich wegzufahren hatte. Sie waren wirklich brav – man hat Ihnen zu wenig Zeugnisse ausgestellt. Bei mir bekommen Sie lauter sehr gut.

Wir sind wieder im Haus am Bach, Sankt Wolfgang am See, Salzkammergut. Schreiben Sie dorthin, oder an die Londoner Adresse – es wird alles nachgeschickt.

Alles Liebe, Ihre Hilde Spiel

HILDE SPIEL AN BRUNO KREISKY.
LONDON, 29. JULI 1957

29. Juli 1957

Sehr verehrter Herr Staatssekretär,

Im Juni waren Sie so liebenswürdig, mir Ihre Hilfe für Kramer zu versprechen. Ich kann Ihnen heute die beruhigende Mitteilung machen, daß Kramer in der vorigen Woche das Sanatorium verlassen hat und seine Stellung als Bibliothekar in Guildford wieder aufgenommen hat. Trotzdem und vielleicht gerade deshalb wäre es jetzt aber angezeigt, in den Bemühungen, ihm wieder in Wien ein Heim zu schaffen, möglichst energisch weiter zu gehen.

Wie ich erfahre, hat das Unterrichtsministerium sich bereit erklärt, zum Unterhalt Kramers beizutragen, falls eine ähnliche Bereitwilligkeit von der Gemeinde aus besteht. Im Mai wurde der Akt Kramer und der diesbezügliche Beschluß des Unterrichtsministeriums an die zuständige Behörde im Magistrat weitergeleitet, und zwar an das Amt für Kultur und Volksbildung am Friedrich-Schmidt-Platz. Leider ist von dort keinerlei Reaktion erfolgt, und an dieser Stelle etwas nachzuhelfen wäre eine wirklich große Hilfe für Kramer. Er ist, mit allen seinen Eigenheiten, immer ein Mann der Linken gewesen, und wenn auch in der Emigration diese oder jene Fraktion dies oder jenes an ihm auszusetzen hatte, so war und ist er ein Sozialdemokrat, ein Dichter der einfachen Leute. Das wurde ja auch durch den Theodor-Körner-Preis anerkannt, und ich bin sicher, daß jetzt, da der nächste Schritt beim Magistrat liegt, seine Rückwanderung nur noch eine Frage der Formalitäten sein kann.

Darf ich Ihnen jedenfalls im Namen Kramers von Herzen für alles danken, was Sie für ihn getan haben und noch tun werden?

Mit den besten Empfehlungen,

Ihre Mrs. Peter de Mendelssohn

HILDE SPIEL AN JEANNIE EBNER.
ST. WOLFGANG, 20. AUGUST 1957

20. Aug. 1957

Liebe Jeannie,

   das Datum stimmt irgendwie nicht, aber jedenfalls ist es ungefähr 2½ Monate her, seit Sie mir schrieben. Ich habe sonst immer rasch geantwortet, aber erstens brachte mich ein Ausspruch einer englischen Freundin »You know she is one of these people who answer letters at once« davon ab, sofort wieder zu schreiben, und bekanntlich tut man's zweitens, entweder gleich oder lange nicht.

   Alles, was in Ihrem Brief stand, ist jetzt nicht mehr aktuell, denn es war ja hauptsächlich Doderer-Beruhigung, aber ich muß doch noch rasch den Eindruck zerstreuen, daß ich je pikiert war – das bin ich wirklich nie. Wütend und voll Abscheu schon, aber nie leicht beleidigt. So hoffe ich wenigstens.

   Wenn Sie wirklich ein bißchen herkommen könnten, wäre es nett. Leider kann ich Sie im Haus nicht unterbringen, aber man sähe sich ja doch, und abends bei Wallner sitzt die Fakultät, ab 3. auch Flesch, und es ist ganz nett und gemütlich ländlich-literarisch. Wie wäre es also mit einem Wochenende in der ersten Septemberhälfte? Oder so. Jetzt regnet's gerade, und Sie hätten sicher gern schönes Wetter, das gibt's meistens erst wieder nach dem Augustende.

   Ein neuer Lektor bei S. Fischer, Herr Mauz, den ich kürzlich traf, ist vielleicht von neuem für Sie zu interessieren. Das besprechen wir noch.

   Lassen Sie von sich hören, und alles Liebe,

Ihre Hilde

BRUNO KREISKY AN HILDE SPIEL.
WIEN, 26. AUGUST 1957

Wien, am 26. August 1957

Liebe gnädige Frau!

Nach Wien zurückgekehrt habe ich mich sofort um die Angelegenheit Theodor Kramers zu kümmern begonnen und erfahre nun von Stadtrat Mandl, daß er sich bereits mit dem Unterrichtsministerium in Verbindung gesetzt hat. Die Gemeinde hat sich bereit erklärt, Theodor Kramer bei der Beschaffung einer Wohnung behilflich zu sein. Eine solche Zusage bedeutet sehr viel.

Wenn also die Gemeinde das Wohnungsproblem Kramer's löst, das Unterrichtsministerium bereit ist, zu seinem Unterhalt beizutragen, dann glaube ich, sind die Voraussetzungen für eine Existenz in Wien gegeben. Ich bin überzeugt, daß sich dann Kramer auch noch selbst wird helfen können, was gerade bei seinem psychischen Zustand nicht ganz ohne Bedeutung sein dürfte.

Ich glaube, daß die Sache, wie man bei uns sagt »im Rollen ist«, und verbleibe mit meinen besten Grüßen

Ihr Kreisky

HILDE SPIEL AN THEODOR KRAMER.
ST. WOLFGANG, 30. SEPTEMBER 1957

30. Sept. 1957

Lieber Theodor Kramer,

In diesem Augenblick erhalte ich Dr. Brassloffs Brief mit Ihrer Wiener Adresse. Ich kann Ihnen gar nicht sagen, wie ich mich freue, zu hören, daß Sie gesund und gut in Wien angelangt sind. Wahrscheinlich ist die Rückkehr mit allen möglichen aufregenden Empfindungen verbunden – Seelenblähungen nennt das hier unser Freund Lernet-Holenia. Aber glauben Sie mir, lieber Kramer, wenn

Sie den Schock des Wiedersehens überwunden haben, werden Sie merken, welche Erlösung und Befreiung von vielen Jahren völliger Ent- und Umwurzelung Ihre Rücksiedlung mit sich bringt. Bitte halten Sie die unvermeidlichen psychologischen Schwierigkeiten dieser Rückkehr nicht für individuell bedingt. Jeder macht sie mit, und jeder kommt über sie hinweg. Auch Sie! Schon Ihren Freunden zuliebe, die sich wirklich »zerfranst« haben, um diese Rückkehr möglich zu machen, und die fest daran glauben, daß sie für Sie wichtig und segensreich ist. Ich rede hier keineswegs in erster Linie von mir – Brassloff, Ritschl, und drüben Guttenbrunner haben hier Außerordentliches geleistet.

Bester Kramer, Sie können sich denken, wie gern ich nach Wien käme, um Ihre ersten Schritte in der Heimat zu beobachten – welche Freude es mir machen würde, mit Ihnen durch diese Stadt zu gehen, zu der Sie gehören, wie wir alle. Aber ich kann nicht. Zu meinem Kummer muß ich schon übermorgen hier abreisen, über Frankfurt nach England zurück. Aber im Jänner komme ich für länger nach Wien, um meine Tochter dort für ein paar Monate einzuquartieren, und ich freue mich wirklich über alles darauf, Sie dann in Ihrem zukünftigen Lieblingscafé aufzusuchen.

Es wird Sie interessieren, daß unser lieber und guter Dr. Flesch auch im neuen Jahr nach Wien zurückgeht. Er wird mir sehr sehr fehlen. Aber ich glaube, er hat wie Sie den richtigen Entschluß gefaßt. Diese Stadt ruft jeden einmal zurück, und Sie werden es gewiß nie bedauern, den Entschluß wahrgemacht zu haben.

Bitte machen Sie jetzt keine Spompanadln und rechtfertigen die Freundschaft und das Vertrauen, die wir alle für Sie haben, indem Sie glücklich sind. Mehr wollen wir nicht. Den guten Guttenbrunner lass' ich allerschönstens grüßen.

Immer Ihre Hilde Spiel

THEODOR KRAMER AN HILDE SPIEL.
WIEN, 1. NOVEMBER 1957

1. II. 1957

Liebe Hilde Spiel!
Für Ihren lieben Brief vom 30. September d. J. danke ich Ihnen erst heute. Den Brief schicke ich Ihnen durch Brassloff, denn ich hab Ihre Adresse vergessen, was ich nicht für möglich gehalten hätte. Sie sehen schon daraus, daß in meinem Gedächtnis große Lücken klaffen. An die ersten Tage in Wien kann ich mich gar nicht erinnern.

Bis heute hab ich keine Korrespondenz beantwortet, aber nun sind hier drei Feiertage – am Samstag haben zum Beispiel die Bibliotheken zu – und einmal muß ich ja doch damit beginnen. Brassloff hat mich an einen Nervenarzt gewiesen, der meint, daß ich noch nicht aus dem Nervenzusammenbruch gefunden habe, obwohl ich mich nach außen hin recht vernünftig aufführe. Ich hab durchaus kein Bedürfnis, zu schaffen, und ich kann nur hoffen, daß ich wenigstens meine Manuskripte mit Guttenbrunner ordnen werde, wenn sie einmal hier sind.

Ich kenne mich in Wien nicht aus und sehe eigentlich nur den Teil, durch den mich mein Weg führt. Ich lese viel, vor allem Volksstücke um die Jahrhundertwende, die ich nicht kannte. Dies war sehr gut, denn sie wären mir vielleicht beim Schreiben meiner Gedichte im Weg gewesen. Ich bin viel in den Bibliotheken. Von Bekannten habe ich meine gute Freundin Erika Mitterer einigemale gesehen, mich aber durchaus nicht ins literarische Leben der Stadt gestürzt, da ich ja einstweilen nichts zu bieten habe und immer ein Einzelgänger war. Im Ministerium war man ganz besonders lieb zu mir, und auch im Rathaus war man freundlich. Nicht leicht aber ist es, eine Wohnung zu finden. Und wenn die Gemeinde eine haben wird für mich, so hab ich keine Möbel, und dann wird es sich fragen, wie ich überhaupt leben werde.

Ich esse in Beiseln, die mir von der Stadt am besten gefallen. Einmal brachte man mich im Auto ins Burgenland und einmal in meinen Geburtsort. Das Wiedersehen erschütterte mich sehr, obwohl ich es mir nicht anmerken ließ. Beide Male war Guttenbrunner mit, mit dem ich mich sehr gut verstehe, obwohl ich gerade jetzt nicht zu seiner Heftigkeit neige. Doch erzählte ich ihm drastisches aus meiner Vergangenheit, wie ich denn überhaupt sehr in der Vergangenheit lebe, von der Lektüre angefangen. Meinen Unmut erregen die Espressos, die ich nicht besuche und die für London ein Segen sein mögen, sich aber hier überflüssigerweise eingewirtschaftet haben. Durch Zufall erfuhr ich einiges, was Ihnen natürlich bekannt sein wird, worum ich mich in England aber nicht kümmerte und kaum kümmern konnte.

Ich konnte in England sehr gut schaffen, aber es mehrten sich die Nervenzusammenbrüche und aus dem letzten fand ich eben nicht heraus. Meine Freunde müssen mit mir Geduld haben. Es fällt mir selbst nicht leicht, und doch ist es das einzig Vernünftige, was mir auch der Arzt einschärft. Der Grippe entging ich bis jetzt; ich hatte ein Nasenfurunkel, was lästig und nicht ungefährlich ist, bin aber nun arbeitslos geworden, wie der Neurologe meinte, der es behandelte.

Mit schönen Grüßen, auch an Ihren Mann, herzlichst
Ihr Theodor Kramer

HILDE SPIEL AN THEODOR KRAMER.
LONDON, 18. NOVEMBER 1957

18. November 1957

Lieber Theodor Kramer,

Es war schön, von Ihnen zu hören. Mein Gefühl ist, daß Sie sich dort recht wohl fühlen, obgleich Sie das gewiß nicht gern hören. Nun, für Kramer-Spezialisten ist das zwischen den Zeilen zu lesen.

Denken Sie, nun habe ich endlich Brassloff kennen gelernt. Es war ganz reizend – wir waren bei Thorn zusammen, er brachte auch Pauline mit. Ich fand ihn viel netter, als ich mir sogar erhofft hatte. Wie er mich fand, weiß ich nicht. Ich habe mich jedenfalls bemüht, nett mit ihm zu sein. Das ist also endlich auch zustande gekommen.

In Ihrem Brief wundert mich der kryptische Satz: »Durch Zufall erfuhr ich einiges, was Ihnen natürlich bekannt sein wird, worum ich mich in England aber nicht kümmerte und kaum kümmern konnte.« Was in aller Welt verbirgt sich hinter dieser Äußerung? Irgendein Tratsch? Oder eine allgemeine Konstellation? Erklären Sie's mir.

Den Weigel-Angriff auf mich haben Sie ja wohl gelesen. Ich halte es für unter meiner Würde, in irgendeiner Form darauf einzugehen. Ich berichtige nicht einmal die absichtliche Verdrehung des Ortes, an dem mein Artikel, der den Angriff provozierte, erschienen ist. Er wurde nämlich in Zürich, München und Berlin gedruckt, aber nicht in Frankfurt, was Weigel so viel Grund gab, sich über die »britische Wienerin und ihre Frankfurter Leser« zu mokieren. Sein Vorbild Kraus hätte sich über solcher journalistischer Unehrlichkeit in Rage versetzt. Ihnen persönlich brauche ich wohl nicht zu sagen, wie mir die neue österreichische Literatur am Herzen liegt. Die J. Ebner, unter anderen, habe ich selbst im *Monat* ausführlich rezensiert. Aber ich hoffe, daß dieser infame Versuch Weigels, aus einem echten und tiefempfundenen Lament um die versunkene alt-österreichische Literatur polemisches Kapital zu schlagen, sich durch seine Niveaulosigkeit selbst richtet.

Sehen Sie übrigens die Jeannie Ebner? Sie ist wirklich sehr begabt.

Im Jänner hoffe ich für eine Weile nach Wien zu kommen. Ich bringe dann die Kritiken mit, die ich hier für Sie aufhebe.

Sie wissen wohl, daß Hans Flesch-Brunningen Anfang Februar nach Wien zurücksiedelt. Ich hoffe, daß man ihm dort mit dem Wohlwollen entgegenkommen wird, das er verdient.

Ihre Hilde Spiel

THEODOR KRAMER AN HILDE SPIEL.
WIEN, 20. NOVEMBER 1957

20. 11. 1957

Liebe Hilde Spiel!
Ich danke Ihnen für Ihren Brief vom 18. d. M. Es freut mich, daß Sie von Brassloff eine gute Meinung haben. Er ist ein ganz ungewöhnlich verständnisvoller, sachlicher, fähiger und vornehmer Mann. Daß Flesch nach Wien kommen würde, schrieben Sie bereits. Durch Zufall las ich den Artikel von Weigel. Mir widersteht dieses ganze Getriebe und die von ihm angeführten Namen lassen mich meistens nicht gerade in Ehrfurcht erschauern. Die Ebner kenne ich nicht, wie überhaupt so gut wie niemanden, und ich lese dzt. keine Prosa. Karl Kraus war eine einmalige Erscheinung, und man sollte anderes von ihm lernen als das Bedürfnis, ein zweiter KK zu sein. – An Erfreulichem ist zu berichten, daß ich die Kramerlieder von Zwetkoff von ihm selbst vorgespielt hörte. Sie sind sehr interessant, im parlando, viril. Es gibt noch den Burgenländercyclus, der aber mit Schlagzeugbegleitung ist. Ich lernte auch die Tochter von Zuckmayer dabei kennen, die mir unbekannterweise Grüße ihres Vaters brachte und die mir recht gut gefiel. – Ja, meine Äußerung bezog sich auf Diverses im oe. Literaturgetriebe. Mit Guttenbrunner gehe ich Mss. durch, die bei ihm lagen, die ich las und die ich nun klassifiziere (nach Cyclen) und abändere. Wir arbeiten sehr gut miteinander, was nicht ohne weiteres anzunehmen war. Chvojka hat aus alten Zeitungen und Zeitschriften viel abgeschrieben. Wir rangierten Gedichte aus und sahen andere auf Mängel durch: wir werden diese Arbeit wiederholen. – Hingegen hänge ich noch in der Luft bezüglich Wohnung, und ich war nie gut im Warten und in meinem Zustand bringt mich dies besonders herunter, obwohl ich alle nötigen Wege machte. Sehr lieb ist Brunmayr, der in Kontakt steht mit Mitringer (Rathausbibliothek), der sich sehr um mich annimmt und mit dem ich oft tratsche. – Ich stehe in Behandlung des Nervenfacharztes Dr. Brix, der mir sehr imponiert

und der durchaus sachlich ist. Ich hab den breakdown noch nicht ganz überwunden und die Ungewißheit kommt meiner Disposition entgegen und nährt meine nur zum Teil berechtigte Aversion gegen
Ihren alten Theodor Kramer

Ja, ich las sehr gut ein Tonband fürs Archiv der Stadtbibliothek, besser als die meisten Autoren, wie alle mir sagten.

HEIMITO VON DODERER AN HILDE SPIEL.
WIEN, 8. JANUAR 1958

Sehr verehrte, liebe gnädige Frau, ein Brief vom alten Doderer ist seit dem Frühjahr fällig (Dr. Hildes Besprechung der *Dämonen* im *Monat*), wurde vor nicht allzulanger Zeit noch fälliger (Dr. Hildes Aufsatz zum 60ten Alexander Lernets) und war endlich urgent geworden mit Ihrem und Ihres lieben Gemahls (läßt sich der Churchill gut an?) lieben Neujahrswunsche, diesmal die Jungfrau mit dem Kinde, nicht mit dem Einhorn, wie 1956. Des Schriftstellers Post ist eine dauernde Katastrophe, sit venia contradictioni in adiecto. Herunterdiktieren kann man keinen Brief, an dem einem viel gelegen ist; so leidet die wesentliche Correspondenz am meisten, jene, die ihrer Stunde bedarf. Dieser Winterabend bringt sie nun, endlich. – Ich möchte mich nun zu Ihrem Essay – ein solcher ist es – anlässlich der *Dämonen* äussern. Dieses kleine Werk (aber es nimmt unter den Ihren trotzdem keinen geringen Platz ein) verstehe ich besser als irgendein anderer Ihrer Leser, nicht nur, weil ich selbst dessen Gegenstand bin, sondern im besonderen deshalb, weil ich zwischen seinen Zeilen zu lesen vermag, wie etwa in einem publizierten Privatbrief: es enthält charmante kleine Klapse – und ich fühle mich durchaus »durchschaut und erkannt«. Daran ändert durchaus nichts, dass ein Attribut, das ich ohne weiteres dem *Mann ohne Eigenschaften* beilegen würde – nämlich den »amorphen« Charakter, und allein deshalb musste dieses Werk auch gar nicht unbedingt beendigt werden! – hier meinen *Dämonen* zugeschrieben wird. Das muss seine Gründe haben. Ich erblicke diese in einer so geringen Affinität zum Konstruktiven, dass Sie es sozusagen garnicht bemerken, wo es ganz massiv auftritt, in einem nahezu über=komponierten Buche. Oder, sollte sich der »titanische Hausgeist« (»durchschaut und erkannt«, das hat mich so *besonders* charmiert!) in's Fäustchen lachen dürfen und sich sagen, er habe eben so vortrefflich konstruiert, dass Dr. Hilde es gar nicht bemerken konnte? Das hieße aber doch, das gar nicht so gemeinte Wort »amorph« geradezu wie ein Trücherl umdrehen. So weit über Ihren profunden Essay, für den ich Ihnen von Herzen danke! (Nicht zuletzt auch für seinen großen Charme!) Es gehört »Der Kampf gegen das Chaos« zu den ganz wenigen Arbeiten über *Die Dämonen*, welche ich aufbewahre.

Die Themen wechseln, mit ihnen auch die Farben: und damit sind wir bei Dr. Hildes »Essay zum 60ten Alexanders«, alias – bei der Totsagung Österreichs (und seiner Literatur); dieser funebre Ritus wurde von Dr. Hilde schon einmal vollzogen, nämlich im Heft 34 des *Monat,* bei der so denkwürdigen Besprechung der *Strudlhofstiege,* die auch keine »Buchbesprechung« war, sondern ein eigenständiger Essay, ausgelöst durch ein Buch (die Wirkung dieser Arbeit bleibt unvergesslich und unvergessen). Damals wurde als Todesdatum Österreichs 1918 angenommen, jetzt – bei Lernet – die Frist bis 38 erstreckt; damals war nur von Österreich als lebensgestaltender Einheit die Rede, jetzt auch von dem Ende seiner Literatur (mit unserem Alexander nämlich und dem alten Doderer). Nun gut. Ich habe am 8. November verwichenen Jahres im Stuttgarter Konzerthaus eine Rede in Dauer von einer Stunde gehalten, welche die Gegenthesis darstellte. In ein paar Tagen werde ich wieder in Wien sein und trachten, dort noch eine Niederschrift dieser Rede zu finden; die will ich nach Wimbledon schicken; sie sei – zu dem in Rede stehenden Punkte – meine Antwort an

Dr. Hilde; eine solche kann also hier unterbleiben; jenen Text werde ich überdies wohl einmal drucken lassen. Aber – nur hinsichtlich der Literaten in Österreich! – sei doch ehrlichermaßen eine Beobachtung nicht unterdrückt, welche ich dann hintnach machte: nämlich, dass die Reihe österreichischer Autoren in jüngeren Jahren, welche man immer wieder aufstellte, um Ihre Behauptung zu widerlegen, dazu eigentlich wenig tauglich erschien (mir wenigstens). Es war schon beinahe so, als kratze man im Reindl was zusammen. Ja, es nahm sich so beinahe als ein *Beleg für* Ihre Behauptungen aus. Ja, so war's. Nicht zu meiner Freude.

Es *soll* also (wenn möglich) diesem Brief noch ein Exemplar von des alten Doderer Rede (»Österreich heute«) folgen. Hier jedoch gleich die Mitteilung – weil ich wohl weiss, dass Sie, gnädige Frau, sich darüber freuen werden! – dass zwischen meinem Verleger in München und Knopf in Newyork der Vertrag über die amerikanische Ausgabe der *Dämonen* perfekt geworden ist.

Grüßen Sie Ihren Gemahl ergebenst von mir und seien Sie allerherzlichst mit ergebenstem Handkusse begrüßt
von Ihrem Heimito Doderer, 8. Jan. 58

THEODOR KRAMER AN HILDE SPIEL.
WIEN, 11. JANUAR 1958

11. 1. 1958

Liebe Hilde Spiel! Ich schrieb Ihnen zuletzt am 20. 11. v. J. Ich danke Ihnen für Ihre Weihnachtskarte vom 19. v.M., die ich eben erhielt. Sie war an Heinrichshof, nicht an Heinrichsgasse 2 adressiert. – Mein Fußleiden verschlechterte sich sehr. Im orthopädischen Spital wurden mir zwar nach Gipsabdrücken Einlagen (neue) verordnet, doch bin ich sehr behindert in meinen wenigen Wegen und muß wieder hin. Ich hatte auch ein Furunkel und Lymphgefäßentzündung, ein Rückfall der Colitis macht meine Verpflegung dzt. schwierig. – Ich soll Ende d. M. eine ganz kleine Wohnung bekommen, doch konnte noch gar nichts getan werden, da ich sie nicht besichtigen kann. – Mein seelischer Zustand ist trotz der Bemühungen des Arztes düster. Ich war insbesondere die vielen Feiertage fast ganz allein. – Ich schrieb drei Gedichte, die objektiv gültig sind, obwohl sie sehr persönlich sind. Im Penklub soll ich diesen Monat lesen. Die Ravag wird am 20. d. M. eine Kramervorlesung bringen, leider mit Musikeinrahmung, wie es jetzt üblich ist. Da kann man halt nix machen. Der Verlag Otto Müller hat an meinen beiden druckfertigen Mss kein Interesse. – Die *Österreichischen Blätter*, eine kleine Vierteljahrszeitschrift, werden 10 Gedichte (neue) bringen. Die Arbeit mit Guttenbrunner geht sehr langsam vorwärts. Chvojka kommt alle 14 Tage wegen seiner Kramer-Dissertation, die nur Gedrucktes berücksichtigen kann.

Heute soll Zuckmayer kommen, jedoch nur für recht kurze Zeit, was mir leid tut. Ich kenne ihn nicht, schätze ihn aber sehr als Autor.

Dr. Brix ist ein ganz außerordentlicher Arzt. Er war 14 Tage verreist, ließ sich aber berichten, und er will auch für praktische Dinge Leute für mich einspannen, was wirklich von einem Arzt sehr viel ist. Bitte grüßen Sie Ihren Mann. Ich wollte, ich könnte Ihnen besser danken für alles, was Sie für mich getan haben.

Herzlichst Ihr Theodor Kramer

THEODOR KRAMER AN HILDE SPIEL.
WIEN, 3. FEBRUAR 1958

3. Feber 1958

Liebe Hilde Spiel!
Ich hatte gestern, auch weil nicht durch meine Schuld ich mir nicht am Vormittag Material zu wenn auch wohl nur

mechanischer Arbeit beschaffen konnte, einen sehr schlechten Tag. Vielleicht haben Sie mich nicht ganz richtig verstanden: gerade weil ich weiß, wie viel Sie für mich taten und weil ich noch nicht imstande bin, das Leben zu »bewältigen«, fühlte ich mich schuldbewußt, und Ihr Besuch war zu kurz, um Ihnen meine Lage zu erklären. Gewiß bin ich gewöhnt, daß zwei, drei Leute hier in die Details eingeweiht sind. Dieser Brief soll nichts bezwecken als Sie zu bitten, mir Ihre Freundschaft nicht zu entziehen, und da ich Sie nicht um Ihre Adresse fragte, die Gräfin Czernin sie aber vielleicht hat, versuche ich ihn auf diesem Wege an Sie weiterzubefördern. Ich bitte Sie mir zu glauben, daß ich oft, wenn auch nicht immer, sehr an mir arbeite, um meinen Zustand zu bessern und die Verpflichtung gegenüber meinem Werk und auch gegenüber meinen Freunden erfüllen zu können.

Aufrichtig ergeben Ihr Theodor Kramer

HILDE SPIEL AN THEODOR KRAMER.
WIEN (HOTEL SCHWEIZERHOF), 7. FEBRUAR 1958

7. Feb. 1958

Lieber Theodor Kramer,

Haben Sie schönen Dank für Ihren Brief. Natürlich verstehe ich alles, was Sie darin sagen, und es ist alles beim Alten wie immer. Ich bin leider im Augenblick so entsetzlich zerrissen zwischen Aufgaben der Mutterpflichten und anderen Arrangements, daß ich nicht genau sagen kann, wann ich komme, aber ich rufe Sie ehebaldigst an. Ich hoffe sehr, daß zumindest die leidige Fußgeschichte bis dahin besser ist!

Immer Ihre Hilde Spiel

HILDE SPIEL AN THEODOR KRAMER.
LONDON, 19. MÄRZ 1958

London, 19. März 1958

Lieber Theodor Kramer,

Es war unverzeihlich, aber nicht unerklärlich, daß ich mich von Ihnen nicht verabschiedet habe. Der Grund lag darin, daß ich selbst in einem höchst prekären Seelenzustand war, als ich vor der Abreise aus Wien stand. Ihnen die Gründe dafür mitzuteilen, ist schon aus Diskretion unmöglich, aber auch wahrscheinlich deshalb nicht angebracht, weil Sie seit Ihrer Erkrankung an dem Schicksal und den Problemen anderer kein Interesse nehmen. Es genügt also vielleicht, daß ich sage, ich wäre selbst so unbeschreiblich gern in Wien geblieben, daß ich es nicht ertragen hätte, Ihre Klagen darüber, daß Sie nun dort sein müssen, mitanzuhören.

Lieber Kramer, ich kann nicht leugnen, daß es mich sehr gekränkt hat, den Erfolg unser aller Bemühungen, Sie wieder nach Wien zu bringen, so in Frage gestellt zu sehen. Ich möchte Ihnen nicht den geringsten Vorwurf machen. Wenn es wirklich so ist, daß Ihre Willenskraft erlahmt ist und Sie nicht imstande sind, sich selbst – wie weiland Münchhausen – an dem Zopf aus dem Morast zu ziehen, dann kann man Ihnen weder helfen noch Sie deshalb beschimpfen. Sie wissen, wie gern ich Sie habe und mit welcher Freude ich Sie endlich halbwegs glücklich und zufrieden gesehen hätte. Daß Ihre Probleme, die zweifellos bestehen, sich Ihnen wie in einem Vergrößerungsglas aufgequollen und scheinbar unlösbar darbieten, will ich gern glauben. Aber glauben Sie mir, sie sind gering gegen die privaten und administrativen Probleme vieler Ihrer Freunde. Das Schlimmste, die Sorge um das tägliche Brot, ist Ihnen genommen. Die Folgen der Arbeitsunfähigkeit und das Gefühl des Ausgesetztseins im schließlich doch fremden Land hat Ihnen die Rückkehr nach Wien erspart. Viel Wohlwollen hatte Sie erwartet. Auch jetzt noch haben Sie gute Freunde. Wenn es irgendwie zu bewerkstelligen wäre, daß Sie etwas mehr Lebensmut, eine etwas frohere Einstellung zu den Dingen bekämen, dann würde sich Ihre Lage Ihnen selbst wesentlich rosiger darstellen und es in Wirklichkeit auch sein. Aber es liegt, im Guten wie im Bösen, bei Ihnen.

Nun, all das hätte man mit Ihnen besprechen können, aber Sie waren so bitterböse, wenn man Ihnen einmal *wider*sprach, daß ich in Wien, anders als in London, mit Ihnen zu keinem ersprießlichen Gespräch kommen konnte. Trotzdem hätte ich Sie noch einmal aufgesucht, wenn nicht, wie gesagt, meine eigene Trauer über die bevorstehende Trennung von Wien, das ich über alles liebe, mich davon abgehalten hätte. Bitte nehmen Sie es nicht als einen Mangel an Freundschaft. Trotzdem verstehe ich, wenn Sie mir böse sind. Ich wollte Ihnen nur die Motive erklären.

Vielleicht wird wenigstens der Wiener Frühling Sie ein wenig charmieren. Diese schöne Stadt sollte Sie wenigstens, wenn der Flieder und Jasmin blüht, etwas mit dem Leben versöhnen.

Alles Liebe, Ihre Hilde Spiel

HILDE SPIEL AN JEANNIE EBNER.
LONDON, 24. JUNI 1958

24. Juni 1958

Liebe Jeannie,

Es hat mir sehr leid getan, vom Tod Ihrer Mutter zu hören. Ich kenne Ihr Gefühl des Beraubtseins sehr gut, aber auch die Erleichterung, die das Ende eines so qualvollen Zustands mit sich bringt.

Irgendwie hatte ich schon von Kiepenheuer gehört, daß Ihr Buch dort angenommen wurde. Ich gratuliere Ihnen noch von Herzen. Ich habe mir nie Sorgen über Ihren schließlichen Erfolg gemacht, auch wenn es länger gedauert hat, als Sie für entschuldbar hielten. Aber lieber

Gott, meine Liebe, wie muß man sein ganzes Leben nach Erfolg ringen! Jetzt halten Sie wenigstens einen Zipfel in der Hand. Das ist doch schön.

Mein Essayband ist erst im Werden. Ich muß noch viel daran arbeiten, habe aber keine Zeit, weil ich tagaus tagein für's liebe Brot schreiben muß. Und alles der sündteuren Erziehung meiner Kinder wegen. Ich hatte nie gedacht, wie entscheidend das sein würde, Kinder in die Welt zu setzen.

Wenn ich in Österreich bin, schreibe ich Ihnen wieder.

Alles Liebe Ihre Hilde

FRANZ THEODOR CSOKOR AN HILDE SPIEL.
HENNDORF, 16. AUGUST 1958

z. Zt. Henndorf bei Salzburg, Gasthof Wagner

16. 8. 1958

Liebste Hilde, vor der Abreise gebe ich diesen Brief noch in Wien auf, damit er und das dazugehörige Stück Dich eher erreichen.

Willst Du so gut sein, mir Deine Meinung darüber zu sagen? Schreib mir nach Henndorf bitte und schick mir auch das Stück dorthin zurück: wenn Ihr in St. Wolfgang einen guten Buchbinder habt, laß es bitte heften mit einfachem weichem Umschlag.

Ich bin auf Dein Urteil sehr neugierig. Haeussermann (der eine frühere Fassung kennt) interessiert sich sehr dafür – das Burgtheater kennt es noch nicht. Es ist ein Plädoyer für die Verkommenen, die ewige Boheme gegenüber der tödlichen wissenschaftlichen und politischen Exaktheit unserer Zeit, – so wenigstens habe ich es mir vorgestellt.

Bin in Henndorf mit Martha Friedländer – will sehen, was ich für Salzburg an Karten bekomme. Deine Zeilen

erwarte ich mit Ungeduld. Peter und den Kindern, besonders Christine, alles Liebe!
Dich umarmt in Freundschaft Dein Franz Theodor

P. S. Grüße innigst die Lernets!

HILDE SPIEL AN FRANZ THEODOR CSOKOR.
ST. WOLFGANG, 26. AUGUST 1958

26. August 1958

Lieber Franz Theodor,
Vielen Dank für Deine Karte und das Theaterstück, das ich mit großem Interesse gelesen habe. Es ist sicherlich von großer Vitalität, liest sich gar nicht wie das Werk eines immerhin abgeklärten Mannes, sondern wie das eines Jünglings, der Du ja, mein Lieber, im Herzen immer noch bist, und erschreckt daher ein bißchen in unserer heutigen Zeit, in der die Jünglinge alle – sofern sie nicht Teddy Boys sind – auf erfahrene und abgebrühte Männer gesetzten Alters posieren. Kurz, ich fürchte, es wird in dieser sattbürgerlichen und zugleich puritanischen Gegenwart kein sehr williges Verständnis finden. Aber ich hoffe, mich zu täuschen.

An einigen Stellen verrät sich natürlich Deine Weisheit und ich habe mit Genuß zitierenswerte Sentenzen darin vermerkt – Auch die Rollen sind ja höchst dankbar. Es fragt sich nur wirklich, ob einer den Mut haben wird, dem einfallslosen Wirtschaftswunderpublikum in Deutschland und Österreich eine ihm so fernliegende Bohèmewirtschaft vor die Augen führen zu wollen. Bitte laß mich wissen, was die Theaterdirektoren dazu sagen. Ich habe kürzlich erfahren müssen, daß ein neues Stück von Emlyn Williams, das in einem nicht ganz unähnlichen Milieu spielt – *Beth* – bereits vom Bühnenverlag Fischers abgelehnt wurde und von mir daher nicht übersetzt wird.

Also, ich hoffe das Beste für Dich, meine aber, daß leider Gottes die Zeit dem Stoff nicht sehr günstig ist.

Lieber Franz Theodor, es war heuer ein sehr anstrengender Sommer für mich, und wie Du gehört hast, mußte ich häufig nach München fahren – so leider auch dieses letzte Wochenende. Aber ich hoffe bestimmt, Dich im Herbst in Wien zu sehen, wo ich später einmal aufzutauchen hoffe.

Mit allen lieben Grüßen von uns allen, und ganz besonders von der Dich sehr verehrenden Christine,
Deine Hilde

HILDE SPIEL AN HERMANN KESTEN. LONDON, 11. APRIL 1959

11. April 1959

Lieber, verehrter Hermann,

Ihr Buch habe ich im Fluge ausgelesen, wiewohl ich neben meinen augenblicklichen Quellenstudien kein gedrucktes Wort vertragen kann, was Sie sich sicher vorstellen können. Ich fand es durchaus faszinierend, voll der wunderbarsten Informationen und Formulierungen, echt Heinisch im Schwung, kurz eine wahre Wonne. Hie und da hatte ich etwas ganz Geringes auszusetzen, wo ich gerade eben selbst beschlagen bin, z. B. haben Sie der armen Pichler das Wort im Mund umgedreht, denn sie hatte ja ausdrücklich dem A. W. Schlegel nicht die eigenen Werke vorgelesen, und John Donne (als Clergyman) und Sir Walter Raleigh (als Courtier) saßen kaum neben den Schauspielern in der Taverne, und ist Ihnen auch klar, (S. 162) daß »swift« wirklich ein Vogelname ist? Aber das meiste davon sind pedantische Kleinigkeiten und sie tun dem Buch keinen Abbruch, von dem sich die heutigen deutschen Literaten mehrere Scheiben abschneiden könnten, genug, um eine ganze Dichterakademie zu speisen.

Ich hatte vor, es in der neuen Wallenberg-Zeitschrift zu besprechen, der ich vor allem Bücherrezensionen schicken sollte, und nun wissen Sie ja, was passiert ist, daß nämlich dieses Blatt »zurückgestellt« ist, was unsere prekäre Free-lance-Stellung wieder einmal empfindlich erschüttert, denn das sollte unser Brot und Butter sein. Sie können sich denken, wie schwer man sich tut, mit einer Tochter in Oxford und einem Sohn in einer Public School, in der die Söhne der Könige Kleinasiens erzogen werden! Aber man kann seinen Kindern ja nur Bildung mitgeben, und die ist in England teuer. Kurz, ich weiß jetzt nicht recht, wo ich die *Dichter im Café* besprechen kann, denn überall anders sind die Rezensionen wohl schon vergeben, aber wenn Sie irgendwas hören, wo es noch ginge, dann sagen Sie's mir bitte, lieber Hermann, denn ich täte es gern.

Meinerseits bin ich seit Monaten verzaubert von meinen Quellenstudien zu der Biographie Fanny Arnsteins, die mir S. Fischer in Auftrag gegeben hat, und die meine letzte Chance bedeutet, mir außerhalb der Journalistik und Essayistik einen kleinen Namen zu machen. Dazu aber meine übrigen Pflichten – es ist nicht leicht! Ich habe bisher noch keine Zeile geschrieben, nur studiert, unter anderem sechs Wochen in Wien, Anfang des Jahres.

Gestern erfuhren wir hier, daß Moravia der nächste Internationale PEN Präsident wird, was mich zugleich freut und wundert. Denn daß der Orso sich mit den bombastischen Würdenträgern, die sonst die PEN Geschäfte verwalten, auf eine gemeinsame Sprache einigen wird, kann ich nicht recht sehen. Immerhin hat er zugesagt. Sie kommen ja nach Frankfurt, mit Ihrer Toni?

Den Pichler-Salon, um nochmals drauf zurückzukommen, haben Sie vielleicht überhaupt ein bißchen überschätzt. Aber um so besser und amüsanter ist die Schilderung des berühmten Staël-Besuchs. Es gab nur in Wien damals bessere Salons, aristokratische wie wirklich den meiner Fanny, in den unter anderen der junge Schopenhauer und Lord Nelson kamen! Also der Pichlersche war keinesfalls der berühmteste, wie Sie sagen, aber never mind, ich freue mich, Ihnen zu widersprechen, weil ich dankbar bin, daß es ein solches Buch gibt, mit dem zu diskutieren es eine Ehre ist, anstatt der gräßlichen, gesuchten, ungebildeten, anspruchsvollen neudeutschen Schriftstellerei.

Schreiben Sie bitte einmal, wann Sie wo sind.

Innige Grüße Ihnen und Toni.

Ihre Hilde

HERMANN KESTEN AN HILDE SPIEL.
ROM, 15. APRIL 1959

15. April 1959

Liebe Hilde,

vielen Dank für Ihren lieben Brief, mit dem ich mich sehr gefreut habe. Ich freue mich auch über Ihre Anmerkungen und will sie mir für die nächste Auflage zu Gemüte nehmen (soweit ich damit einverstanden bin. Ich muß meinen Text nachlesen, zum Beispiel, um zu sehen, ob ich nicht genug deutlich gemacht habe, daß Swift im Englischen ein Vogel ist. Welchen Sinn hätte sonst meine ganze kleine Anekdote gehabt?).

Ich erfahre erst durch Sie, daß Wallenbergs Projekt verschoben worden ist, und es tut mir sehr leid, für Sie, für Wallenberg und für die Deutschen; denn sicher hätte er eine vortreffliche Zeitung gemacht. Ich glaube nicht, daß die Rezensionsmöglichkeiten für mein Buch *Dichter im Café* alle schon erschöpft sind. Wie wäre es etwa mit dem *Monat* oder *Die Welt* oder *Die Süddeutsche Zeitung*? Natürlich würde ich mich sehr freuen, wenn ein so brillanter Autor wie Sie, mein Buch freundlich besprechen würde.

Nach Frankfurt wollen wir in der Tat kommen, obgleich wir böse auf die englischen Schriftstellerinnen sind, die den Termin so spät gewünscht haben und damit die Ferien zerreißen. Denn was soll man eigentlich in dieser Sommerglut in Frankfurt tun?

Von Ihrer Fanny Arnstein weiß ich nichts und freue mich also, nun alles von Ihnen zu erfahren. Den Pichler-

Salon habe ich vielleicht zu ausführlich geschildert, nur fand ich ihn gar zu drollig. Im Grunde gibt das Buch einen falschen Eindruck von mir. Ich sitze zwar gerne im Café und arbeite auch im Café, aber gehe äußerst selten in literarische Cafés und fast nie in literarische Salons, da ich mich meist dort langweile. Selbst die Aussicht auf alkoholische Freigetränke lockt einen so dezidierten Nichttrinker wie mich keinesfalls.

Dieses Jahr war für mich ein essayistisches Jahr, da bei Kiepenheuer & Witsch meine literarischen Aufsätze unter dem Titel *Der Geist der Unruhe* und bei Kindler 40 literarische Porträts unter dem Titel *Meine Freunde die Poeten* erscheinen werden.

Was schreibt Peter und wie geht es ihm? Und was studiert die Tochter in Oxford? Alles Gute und Herzliche Ihnen und Peter, von Toni und stets Ihrem
Hermann Kesten

HERMANN KESTEN AN HILDE SPIEL.
ROM, 5. OKTOBER 1959

5. Oktober 1959

Liebe Hilde,
ich habe mit Ihnen bereits in Frankfurt über meine Anthologie gesprochen und mit Ihnen, ich glaube auf irgendeiner Treppe, im Vorübergehen auch darüber gesprochen, ob Sie eventuell die Einleitung zu der Nachkriegsliteratur von Österreich schreiben wollen. Wir konnten uns aber über die Bedeutung von Doderer nicht einigen, da ich Doderer nicht aufnehmen will und Hilde ihm eine zentrale Stellung in der österreichischen Nachkriegsliteratur einräumt. Bei der englischen Nachkriegsliteratur habe ich keine solchen Vorurteile oder Bedenken. Ich bedaure es sehr, daß ich durch meine Abneigung gegen Doderer mir die Einleitung von einer der besten österreichischen Essayisten verscherzt habe.

Aber vielleicht können Sie mir ein oder zwei pages anthologiques über ein österreichisches Thema ohne Doderer senden, aus einem Ihrer Essays, natürlich muß es kein Essay über Österreich sein. Wenn es nur pages anthologiques sind.

Sollte der Meister Peter mir den Aufsatz über die englische Nachkriegsliteratur nicht schreiben können, so würde ich mich natürlich freuen, wenn ich von Ihnen die paar Seiten über die englische Nachkriegsliteratur bekommen könnte. Nur würden Sie dann unter England und nicht unter Österreich erscheinen, was Sie ja wohl sicherlich nicht kränken wird.

Mit den herzlichsten Grüßen,
stets Ihr Hermann Kesten

HILDE SPIEL AN HERMANN KESTEN.
LONDON, 14. OKTOBER 1959

14. Oktober 1959

Lieber Hermann,
soeben von der Frankfurter Messe heimgekehrt, kann ich Ihren Brief beantworten und den Peters an Sie endlich auf den Weg bringen helfen.

Ich wäre froh und dankbar, an Ihrer Anthologie mitzuarbeiten. Weitaus am liebsten, ja eigentlich ganz außerordentlich wichtig wäre mir, Ihnen zwei Seiten aus dem ersten Kapitel meines Buches über Fanny von Arnstein schicken zu dürfen, das, wie Sie wissen, im S. Fischer Verlag erscheinen wird. Ich glaube, sie werden sich nicht übel ausnehmen, und für mich wäre es ein Glück, wieder einmal mit einem Stück erzählender und nicht immer nur analytischer Prosa in einem Sammelband erscheinen zu dürfen. Ich hoffe, das ist Ihnen recht. Wenn Sie überhaupt nicht wollen, dann suche ich zwei essayistische Seiten irgendwo heraus.

Mit der Einleitung geht es, fürchte ich, nicht. Die österreichische *kann* ich aus bewußten Gründen nicht schreiben und die englische *mag* ich nicht schreiben, denn ich bin eben dabei, mir die Etiquette »Englandexpertin« vom Halse zu reißen. Das werden Sie verstehen!

Schreiben Sie also eine Zeile, ob ich Ihnen das Vorgeschlagene schicken soll.

Alles Liebe, Ihre Hilde

HERMANN KESTEN AN HILDE SPIEL.
ROM, 30. DEZEMBER 1960

30. Dezember 1960

Liebe Hilde,

schönsten Dank Ihnen und Peter, Christine und Anthony für die guten Neujahrswünsche, die wir aufs Herzlichste erwidern.

Ich habe mich auch sehr mit Ihrem Buch gefreut und habe es für Weihnachten in der Zeitschrift der Deutschen Post-Gewerkschaft (500 000 Mitglieder) als schönstes Buch des Jahres empfohlen. Und ich lese in der Tat Ihre literarischen Aufsätze immer mit dem größten Interesse und mit dem innigsten Vergnügen. Natürlich sind wir hier und da nicht derselben Meinung, siehe Doderer. Aber das mindert meine Bewunderung für Ihr Buch und für Sie nicht.

Mit den herzlichsten Grüßen, Ihr Hermann Kesten

P. S. Peter werde ich auf seinen Brief noch gesondert schreiben.

HILDE SPIEL AN HERMANN KESTEN.
LONDON, 5. JANUAR 1961

5. Januar 1961
Lieber Hermann,
Dank für Ihren Brief – nun ist das Buch endlich doch zu Ihnen gelangt. Ich bin sehr geschmeichelt, daß Sie es den Postbeamten so gelobt haben, das ist von großer Wichtigkeit und man muß hoffen, daß der eine oder andere sich wirklich dafür interessieren wird. Ich bewundere wieder einmal Ihre Allgegenwart.

Eine kleine Bitte, wenn sie nicht allzu unbescheiden ist. Würden Sie das Buch in der *Kultur,* die Sie doch so machtvoll beherrschen, in irgendeiner, auch der geringsten Form erwähnen? Schimpfen Sie ruhig auf den Doderer-Aufsatz und was Ihnen sonst mißfällt. Aber ich wäre froh, wenn das mir liebe Leserpublikum der *Kultur* ein bißchen auf die Essays aufmerksam gemacht würde.

Sie wissen, daß ich den Doderer, auch persönlich, schätze. Mehr als seine Zugehörigkeit zur Nazipartei – die er übrigens 1938, als es in Wien gerade opportun wurde, »dabei« zu sein, degoûtiert aufgab – nehme ich ihm die Einstellung zu den Wiener Cafébesucherinnen (seine erste Frau war Jüdin, das erklärt manches, nach einem Bruch verwirrt sich die Urteilskraft) und vor allem zum 15. Juli 1927 in Wien übel und habe das auch gesagt. Übrigens wurde er soeben an einem Knötchen am Stimmband operiert und muß bestrahlt werden. Das klingt alles bedenklich und vielleicht wird man ihm bald milder entgegentreten müssen. Er hat viel für sich und ich wollte, Sie wären nicht so unversöhnlich seiner Person und Schriftstellerei gegenüber. Aber ich liebe ja auch wieder Ihre Unbedingtheit.

Grüßen Sie die gute Toni, immer Ihre Hilde

Mein englischer Roman, zu dem Sie mir einmal New Yorker Atmosphäre gaben, kommt im Frühsommer hier heraus. Da werden Sie staunen – Sie kommen nämlich drin vor, in einem einzigen Satz, aber immerhin in einem Roman!

HEIMITO VON DODERER AN HILDE SPIEL.
WIEN, 25. JUNI 1961

Liebe, schöne und vortreffliche Hilde! Eine historiographische Schrift! – da schau' ich. Und sie zeigt eine *sehr schön* ausgewogene Prosa. Wie wär's, wenn wir uns einmal an die Geschichts=Schreibung machten?! Ich dacht' es oft für mein Teil! Oder dürfen das in deutscher Sprache nur die Professoren? Die können es garnicht. – Ich danke, liebste Hilde, mit vielen Handipussis für diese Widmung! Teilweis ist mir das Thematische vertraut, bis zum ausgehenden Mittelalter. Über die Katastrophe von 1421 (pag. 156) gibt es ein ausgezeichnetes Buch. Es heisst *Die Wiener Geserah*. Den Verfasser kann ich merkwürdigerweise in meinem Gedächtnis nicht ergraben. »Geserah« heisst hebräisch jedes ganz große Unglück. (Davon »Geserres« = Wehgeschrei). Ein einziges junges Mädchen ließ sich 1421 taufen; sie wurde von dem Herzog mit einem Adeligen vermählt und ist Ahnherrin eines österr. Geschlechtes geworden; dessen glaube ich mich dunkel aus jenem Buche zu erinnern, das etwa 1931 erschienen ist, oder aber schon vor 1925. – Die Arbeit gehört im sprachlichen Ductus zu den allerbesten Sachen, die ich von Ihnen kenne.

Haben Sie nochmals vielen herzlichen Dank! Wir werden uns ja wohl im Juli hier sehen? Empfehlen Sie mich, bitte, Ihrem Gemahl, und seien Sie allerherzlichst begrüßt von Ihrem getreuen Heimito

25.VI.61 Wien

Herzliche Grüße! Maria v. Doderer

OTTO F. BEST AN HILDE SPIEL.
MÜNCHEN, 31. JULI 1961

München, 31. Juli 1961

Sehr verehrte liebe gnädige Frau,

da Sie mir erlaubt haben, auf große Worte zu verzichten, fällt es mir ein wenig leichter, Ihnen heute die versprochenen Zeilen zu *The Darkened Room* zu schreiben.

Herr Piper hat Ihr Buch von der ersten bis zur letzten Zeile gelesen, während ich, da ich inzwischen verreist war und ziemlich für das Herbstprogramm eingespannt bin, nur hineinlesen konnte. Um es gleich zu sagen: Hätten wir Sie durch die Publikation des Romans ganz als Autorin gewinnen können, würden wir nicht gezögert haben, das Buch zu bringen. Da für uns, vom belletristischen Gesichtspunkt aus, freilich nur ein Teil Ihrer Persönlichkeit, wenn ich so sagen darf, hinter dem Werk steht, waren wir gezwungen, einen anderen Maßstab anzulegen und dies leider mit dem Ergebnis, daß wir verzichten möchten. Was uns über die oben geäußerten Bedenken hinaus ein wenig skeptisch gemacht hat, ist das Sujet des Romans, das trotz der sprachlichen Brillanz und der menschlichen Wärme, mit der es behandelt wird, etwas zu entlegen ist. Wenn schon – so meint Herr Piper und ich neige gleichfalls zu dieser Auffassung –, sollte es in einem größeren Problemkreis integriert werden und nicht tragendes Moment eines Romans sein. Ich weiß, liebe gnädige Frau, daß man gerade über diesen Punkt geteilter Meinung sein kann, doch, wie gesagt, mußten wir unsere Überlegungen auf dieses spezielle Gebiet des Romans beschränken.

Andererseits wird unsere so überaus positive Gesamtvorstellung von Ihnen als Autorin durch dieses partiell schwebende Urteil nicht berührt.

Bitte, verzeihen Sie, wenn ich mit diesen Zeilen längst Bekanntes wiederholt habe; ich wollte Ihnen den Roman nicht ohne ein erklärendes Wort zurückgeben.

Dies für heute, mit vielen ergebenen Grüßen und besten Empfehlungen von Herrn Piper
Ihr Otto F. Best

HILDE SPIEL AN OTTO F. BEST.
ST. WOLFGANG, 2. AUGUST 1961

2. August 1961

Lieber Herr Best,
Ihre Reaktion auf mein Buch kommt durchaus nicht unerwartet. Ich weiß genau, daß es in Deutschland auf Widerstände stoßen wird und muß hoffen, daß irgendjemand anderer den Mut und die Großzügigkeit aufbringen wird, sich dieses Romans anzunehmen. Er behandelt, wie Sie richtig sagen, ein Teilproblem, den ganz besonderen Fall eines Allgemeinschicksals. Es ist nur nicht meine Schuld, daß der große Emigrationsroman noch nicht geschrieben wurde, der es ermöglicht hätte, sich nunmehr Einzelschicksalen zuzuwenden.

Haben Sie schönen Dank für Ihre liebenswürdige Bemerkung, daß Ihre positive Gesamtvorstellung meiner Arbeiten durch dieses Urteil nicht berührt wurde. Das war reizend formuliert.

Mit freundlichen Grüßen auch an Herrn Piper,
Ihre Hilde Spiel

HILDE SPIEL AN HEIMITO VON DODERER.
LONDON, 12. NOVEMBER 1961

12. Nov. 1961

Lieber, verehrter Heimito,
Haben Sie diese kleine Beschreibung Ihres englischen Verlegers Weidenfeld in der *Weltwoche* gesehen? Ich schicke sie Ihnen jedenfalls.

Der »buccaneer« ist nicht nur Ihr sondern auch mein Verleger, denn er hat bereits vertrauensvoll die englischen Rechte an dem Wien-Buch erworben. Jetzt muß es nur noch geschrieben werden. Inzwischen zittere ich, je mehr Quellen ich studiere, desto lebhafter vor dem Stoff, vor den Wienern, vor allen, die das Buch lieber selbst verfaßt und es gewiß besser gemacht hätten.

Bitte fahren Sie rasch nach Landshut, verehrter Heimito, damit Sie im Januar, wenn ich nach Wien komme, wieder da sind.

Die herzlichsten Grüße,

von Ihrer Hilde

Zur Verwüstung von Rausnitz mein tiefes aufrichtiges Beileid.

HILDE SPIEL AN JEANNIE EBNER.
LONDON, 28. NOVEMBER 1961

28. Nov. 1961

Liebe Jeannie,

Ihren neuesten Band fand ich vor, als ich anfangs Oktober nach einem langen Sommer auf dem »Kontinent« zurückkam. Ich hätte Ihnen gern früher geschrieben und gedankt, wollte aber das Buch erst ganz lesen und jetzt, da ich einsehe, daß ich noch etwas länger dazu brauchen werde, will ich Ihnen doch schon sagen, wie ungemein mir, was ich bisher davon kenne, gefällt.

Ich bin stolz darauf, daß mir von allem Anfang an klar war, welches große und unvergleichliche Talent Sie haben, Jeannie. Diese Erzählungen sind noch viel schöner, vor allem sprachlich, als die bisherigen Bücher. Das ist eine Prosa, wie sie so bald nicht einer schreibt, und sie macht mich selbst sehr glücklich, weil ich die Sprachverwilderung nicht ertragen kann, die überall vor sich geht, und an einem Buch wie Weigels *Flucht vor der Größe*, das sehr viel Kluges und Aufschlußreiches enthält, wegen der saloppen und unbekümmerten Manier schließlich gar keine Freude haben kann. Das ist bei Ihnen alles wunderbar »gehalten« und melodisch, wohlausgeglichen, von sparsamer Leuchtkraft, wie es sich gehört, genau in der Mitte zwischen den trockenen Wortgeflechten so vieler junger Schriftsteller von heute und dem »purple writing«, in das solche gehobene Prosa sonst leicht verfällt.

Dabei habe ich noch nichts vom Inhalt gesagt, weil ich dazu zu wenig gelesen habe, erst die Hälfte des Buches bisher. Aber es ist alles, wie immer bei Ihnen, tief und mit ständigem Blick auf die großen Zusammenhänge, auf eine wirklich einzigartige Weise mit den Quellen unseres Daseins verbunden. Ich freue mich auf das Übrige, vor allem auf die Geschichte »Der Vater«, von der ich mir viel verspreche.

Daß ich Ihr Buch nicht rascher lesen kann, ist meiner wirklich unbeschreiblichen Arbeitsüberlastung zuzuschreiben – wozu auch das ständige Lesen historischer Quellen gehört –, und daß ich es nicht besprechen kann, hat seinen Grund darin, daß ich zu Rezensionen seit langem nicht mehr komme. Hoffentlich betrachten Sie deshalb die Schenkung des Buches nicht als verschwendet. Sie haben mir damit eine große Freude gemacht.

Ihre Hilde

HEIMITO VON DODERER AN HILDE SPIEL.
LANDSHUT, 30. DEZEMBER 1961

Meine liebe, verehrte Hilde! Nun werden wir also in Gestalt des »buccaneer« einen *zweiten* gemeinsamen Verleger haben, worüber ich mich in irgendeiner Weise *diebisch* freue! Die Sache in der *Weltwoche* hat mich nicht wenig erheitert und erfreut, ebenso im *Neuen Österreich*. Hoffentlich geht's mit dem Wien=Buch voran; bei mir geht's jetzt mit *Die Merowinger* endgültig dem Ende zu:

dies der alleinige Grund, warum Sie so lange nicht von mir hörten! Für Ihren lieben Weihnachtswunsch sagen Maria und ich Ihnen innigen Dank und erwidern ihn mit allen Segenswünschen für's kommende Jahr, für Arbeit, Gesundheit, Familie! Nach Dreikönig kehre ich in die Währingerstraße zurück und es macht mich froh zu wissen, dass Sie im Januar nach Wien kommen werden! –

Hier hat man mit dem Wiederaufbau der Burg Trausnitz längst begonnen, zunächst mit 1 Million DM staatlichem Zuschuss; übrigens ist, wie ich erfahre, die schöne gotische Kapelle aus dem 14. Jahrhundert durch die Bravour der Feuerwehren erhalten geblieben. – Viele Grüße an Ihren verehrten Gemahl und ganz ergebenen Handkuss von Ihrem

Heimito, 30. Dez. 61

Herzliche Grüße und beste Wünsche für 1962!

Maria v. Doderer

HANS WEIGEL AN HILDE SPIEL.
WIEN, 12. JANUAR 1962

Wien, 12. 1. 1962

Liebe Hilde,

ich bin mit dem Torberg noch immer entzweit, Du kannst also ruhig mit mir korrespondieren.

Es handelt sich um eine heikle Mission.

Ich bereite eine Anthologie österreichischer Erzählungen vor, so Saar, Schnitzler, Schönherr, Kafka, Stoessl, etwa fünfundzwanzig bis zu Bachmann und Eisenreich mit je einer Erzählung.

Ich möchte wahnsinnig gern versuchen, etwas vom Flesch hineinzunehmen, und werde darin vom Doderer bestärkt. Nun wäre es mir aber schrecklich, wenn ich ihn zuerst direkt um Material bitten und es ihm dann unverrichteter Anthologie wieder zurückschicken müßte.

Könntest Du mir helfen und mir etwas schicken oder etwas nennen, zum Anschauen, Aussuchen, Gustieren. Die Auswahl hängt nicht von mir allein ab, ist unter anderem auch eine Frage des Umfangs.

Bitte, hilf! Und sei herzlichst gegrüßt von
Deinem Hans

HILDE SPIEL AN HANS WEIGEL.
LONDON, 16. JANUAR 1962

16. Jänner 1962

Lieber Hans,

hab schönen Dank für Deinen Brief und nachträglich auch für die Weihnachts-Enzyklika. Wenn ich mit Dir nicht korrespondiert habe, so war nur völlige Überbürdung der Grund. Ich nehme aber gern zur Kenntnis, daß Du mit dem Torberg immer noch entzweit bist.

Der Flesch weilt im Augenblick im Salzburgischen und trifft Anfang Feber mit mir in Wien zusammen, wo ich mich wieder einmal länger – zwecks Quellenstudium und überhaupt – aufzuhalten gedenke.

Ich werde hier in seinem Schreibtisch wühlen und versuchen, ein paar jener kurzen, knappen und allegorischen Geschichten zu finden, die er Parabeln nennt. Ich glaube, daß sich sicher eine oder die andere zum Abdruck eignen wird. Wie dafür ich bin, brauche ich nicht zu betonen.

Damit nicht nur Du das Gefühl hast, eine leicht heikle Sache zu betreiben, mache auch ich einen peinlichen Vorschlag. Wie wäre es, wenn ich vielleicht auch mitspielen dürfte. Ich weise nur en passant darauf hin, daß ich bereits vor dem letzten Krieg in einer hier vom Grafen Strachwitz herausgegebenen Anthologie *Great Stories from Austria* die Ehre hatte, mit einer Geschichte namens »Frühling« neben Schnitzler, Zweig, Werfel, Bahr, Roth e tutti quanti zu erscheinen.

Zumindest in die engere Auswahl könntest Du zum Beispiel meine Erzählung »Die Kanne« (oder auch »Das Haus des Dichters«) aufnehmen, die im *Wort in der Zeit* und in der *Frankfurter Zeitung* gedruckt wurde.

Ich fahre hier in wenigen Tagen fort, nach Berlin – Du sagst ja, man muß – und im weiteren Verlauf nach Wien. Die Fleschischen Parabeln hoffe ich Dir noch vorher zu schicken.

Auf Wiedersehen und mit herzlichen Grüßen,
Deine Hilde

HANS WEIGEL AN HILDE SPIEL.
WIEN, 21. JANUAR 1962

Wien, 21. 1. 1962

Liebe Hilde,

hoffentlich erreicht Dich dieser noch in London, nachdem ich Deinen gestern, von einer Reise durch die Piefkei heimkehrend, vorgefunden habe.

Wenn einer eine Anthologie herausgibt, sind immer alle beleidigt, entweder weil sie nicht drin sind oder weil sie nicht mit dem drin sind, was sie wollten, oder weil sie nicht an der Stelle stehen, die sie wollten, oder weil andere drin sind, die sie nicht wollten, oder weil andere, die sie wollten, nicht drin sind.

In diesem Sinn rechne ich damit, daß Du beleidigt bist, und bitte Dich um unverbindliche Übersendung von »Die Kanne« und »Das Haus des Dichters«. Die Arbeiten sollen möglichst auch im Milieu österreichisch sein. (Gilt auch für Flesch, ist aber nicht conditio sine Kwannon.)

Melde Dich, sobald Du in Wien bist, vielleicht kann ich Dir kiebitzend für Dein Wien-Buch unter die gnä Arme greifen.

Mit österreichischem Gruß, Dein Hans

HILDE SPIEL AN HANS WEIGEL.
MÜNCHEN (HOTEL SCHOTTENHAMEL),
27. JANUAR 1962

27. Jänner 62

Lieber Hans,

hier schicke ich Dir vier Geschichten unseres Freundes. »Abgesang«, das ich sehr schön finde, hatte einen mit Bleistift skizzierten Schluß, den ich Dir auf der Maschine abschrieb. »Die neuen Kinder« – auch hier im MS und schlecht leserlich. Die beiden Parabeln, die im *Neuen Österreich* erschienen sind, wirst Du vielleicht vorziehen. Bitte nimm keinesfalls den Titel »Runterrutschen« – der stammt von der Zeitung, es gab einen anderen, ich kenne ihn nicht, aber wenn Du diese Geschichte wählen solltest, kann man Fleschen immer noch um ihn fragen.

Ich bin in etwa acht bis zehn Tagen in Wien.

Herzliche Grüße,

Hilde

HANS WEIGEL AN HILDE SPIEL.
WIEN, 4. FEBRUAR 1962

Wien, 4. II. 1962

Liebe Hulde,

die Sache Flesch ist nun leichter (welche Sache sonst kann das von sich behaupten!), indem wir die »Runterrutschen«-Geschichte im Prinzip für die Anthologie bestimmt haben.

Dies teile ich Dir mit. Ich möchte nun gern dem Flesch selber schreiben, ihn davon verständigen, ihn nach dem Titel fragen und kann nun auch – da uns diese Geschichte auf jeden Fall bleibt, fragen, ob ihm vielleicht eine andere lieber wäre, ob er sonst was herzeigen möchte etc.

Falls Du ihm eh schreibst, sei, bitte, lieb und tu dies in

meinem Namen. Oder Du schreibst mir seine Adresse (bald!). Falls Dich dieser Brief nicht mehr in München erreicht, sei, bitte, so lieb und ruf mich gleich an, sobald Du nach Wien kommst.

Herzlichst Dein Hans

Und Deine Mas.?

HILDE SPIEL AN HANS WEIGEL.
WIEN (HOTEL SCHWEIZERHOF), 8. FEBRUAR 1962

8. 2. 62

Lieber Hans,

seit ein paar Tagen bin ich hier, aber noch recht gehetzt, weil ich in größter Eile die Korrekturen zu meinem Buch über Fanny von Arnstein lesen muß, das Ende März herauskommen soll und noch immer nicht fertig gesetzt ist! Merk's Dir aber nicht für Deinen nächsten Angriff auf S. Fischer.

Hier die Novelle, die mir in einem etwas blöden MS eben aus London nachgeschickt wurde. Wenn sie in die engere Wahl kommt, lasse ich Dir ein besseres Exemplar – ohne Korrekturen usw. – zugehen.

Ich hoffe, Du hast Fleschens Geschichten bekommen und ziehst sie in Betracht. Er wäre so überglücklich, wenn er in diesem Zusammenhang aus der sträflichen Nichtbeachtung herauskäme, die man ihm hier zufügt. Natürlich weiß er nichts, vorläufig.

Wenn irgendwas dringendes vorliegt, gib mir einen Coup de téléphone. Wo nicht, ruf ich selbst Anfang nächster Woche bei Dir an.

Alles Liebe, Hilde

HILDE SPIEL AN HEIMITO VON DODERER.
ST. WOLFGANG, 24. APRIL 1962

24. 4. 62

Lieber, verehrter Heimito,
 hier schicke ich Dir die freundlich geliehenen Rezensionen zurück. In ihrer Gesamtheit sind sie sehr eindrucksvoll. Ich hoffe, sie im Zusammenhang mit den englischen Kritiken bald zitieren zu können.
 Wir fahren Ende dieser Woche nach England, hoffen aber, im Lauf des Juni wieder in Österreich zu sein.
 Mit den allerherzlichsten Grüßen von uns beiden,
Deine Hilde

Das Bilderl wurde im letzten Herbst gemacht!

HEIMITO VON DODERER AN HILDE SPIEL.
WIEN, 14. MAI 1962

Meine verehrte liebe gute Hilde! Dank' Dir für das Rücksenden der Rezensionen! Vor allem freut's mich zu hören, dass Du im Juni nach Wien kommen wirst.
 Wir waren zu wenig beisammen. Man muss lange Tee trinken, ohne Frist und ohne sachliche Anlässe. Ein Erfolg, wie Du ihn jetzt erlebst, muss, und vor allem, auch in dieser Hinsicht ausgenützt werden. Unsere zeitweise nicht geringen Anstrengungen verlieren ihren Sinn, wenn sie nicht weiteren Müßiggang dann wieder ermöglichen. Ein recht passender Rat, wo Du jetzt das Wien=Buch schreiben sollst! Grüße Peter! Er hat vor ca. 14 Tagen einen großen politischen Commentar mit eigener Stimme gegeben – *hervorragend!* Es grüßt Dich innig stets
 Dein Dich verehrender alter Heimito 14. V. 62

p. s. Das Bilderl ist lieb, die Dora – mit *Nasel* – sehr komisch!

HERMANN KESTEN AN HILDE SPIEL.
NEW YORK, 15. JUNI 1962

15. Juni 1962
Liebe Hilde,
heute erhielt ich Ihr schönes Buch: *Fanny Arnstein oder die Emanzipation* in Ihrem Auftrag vom S. Fischer Verlag. Ich habe auch schon darin gelesen und finde alles interessant. Sehr schön das Motto vom König. Ich schrieb an die *Deutsche Zeitung* in Köln ob sie mir erlauben wollen, das Buch zu besprechen. Jedenfalls freue ich mich auf die Lektüre des ganzen Buches. Ich bewundere die Kenntnisse, die Sie da ausgebreitet haben, insbesondere über die Emanzipation. Man tritt gescheiter aus Ihrem Buch heraus als man hineinschreitet.

Wie geht es Ihnen und Peter und den Kindern? Wir sitzen leider in New York.

Mit den schönsten Grüßen an Sie alle auch von Toni,
stets Ihr Hermann Kesten

HILDE SPIEL AN HERMANN KESTEN.
ST. WOLFGANG, 29. JUNI 1962

29. Juni 1962

Lieber Hermann,
schönen Dank für Ihren Brief. Es freut mich, daß Ihnen die *Fanny* gefallen wird. Es ist leider ein so ernst geschriebenes Buch, daß es sowohl in Deutschland wie im angel-

sächsischen Bereich mit weit weniger offenen Armen aufgenommen werden mag als etwa die *Rothschilds* des sehr netten Frederic Morton, die nun Nr. 1 auf der amerikanischen Bestseller-Liste sind. Man muß wohl wissen, was einem wichtiger ist, das Geld oder die Sache. Wenn es nur ein bißchen hilft, den Deutschen klarzumachen, was da bereits vor 200 Jahren geschehen ist, bin ich schon zufrieden.

Ich habe aber noch eine Bitte – nicht nur nämlich, daß Sie die *Fanny* wirklich lesen und vielleicht sogar besprechen. Ich habe ein zweites Sorgenkind, den Roman, der in Amerika spielt und zu dem Sie und Toni mir damals so freundlich Auskünfte gaben. Ich weiß gar nicht, weshalb ich Ihnen das Buch nicht längst schickte. Irgendeine Hemmung war da wohl gewesen. Jetzt lasse ich es Ihnen von Methuen zugehen. Es ist in New York wohl ein dutzendmal abgelehnt worden. Bitte schreiben Sie mir, weshalb. Und auch, ob Sie noch irgendwelche Chancen dafür in Amerika sehen. Es ist ein Gegenpol zur *Fanny*, aber *auch* ich.

Ich sitze hier allein in Österreich und arbeite an einem Buch über Wien, das mir der Biederstein in Auftrag gab. Im Augenblick ist zwar noch mein Sohn bei mir, aber dann fährt er wieder weg. Die Kinder sind im untreuen Alter (l'âge ingrât nennen es die Franzosen), und der Peter schreibt in London viele Dinge und mag nicht nach Österreich kommen.

Alles Liebe Ihnen beiden, Ihre Hilde

Kürzlich lernte ich in Wien Ihren Freund Manès Sperber kennen und vertrug mich sehr gut mit ihm.

HILDE SPIEL AN HEIMITO VON DODERER.
ST. WOLFGANG, 27. JULI 1962

27. 7. 62

Lieber Heimito,
fast gleichzeitig mit dem des Boeckes erschien auch mein Beitrag über Dich in Amerika, nicht so tiefschürfend, aber dem gleichen edlen Zweck dienend.

Ich schicke ihn Dir zu, und auch gleich den Bericht, den das *Kleine Volksblatt* davon übernahm und den mir der gute Zeno Liebl treusorgend eben zugesandt hat.

Bitte mach Dein Versprechen wahr und besuche uns, mit Deiner lieben Maria, im August. Ich wiederhole noch einmal, daß mir das fâché mit Lernets nicht als Grund erscheint, daß ich nun auch meine Besucher verlieren sollte. Dein PEN-Präsident ist auch hierher gekommen, ohne die etwaige Peinlichkeit zu scheuen.

Alles alles Liebe, ebenfalls von dem Hanse,
Deine Hilde

HILDE SPIEL AN HANS WEIGEL.
ST. WOLFGANG, 5. AUGUST 1962

5. 8. 62

Lieber Hans,
vielen Dank für den ungemein guten und komischen Artikel. Er wurde gestern irrtümlich zugeklebtermaßen an Dich geschickt, unter Zugabe einer hoffentlich ausreichenden Extramarke. Es war alles schönstens vorbereitet, scheiterte aber an dem allzu eilfertigen Briefverschluß. Eine andere Bitte: hast Du eine Kopie Deines Schnitzler-Essays in den *Neuen deutschen Heften*? Ich guckte bei den Mayers in Altaussee hinein. Natürlich hast Du *die* Stelle aus der *Liebelei* zitiert, die ich ebenfalls zitieren *muß* und schon vorgemerkt habe. Es nützt

nichts, hier gibt es keine Reservate. Hingegen suche ich förmlich an, ob ich die Geschichte mit den Komparsen im dunklen »Troubadour« verwenden darf, in der *Weltwoche*. Wenn nicht, schreib mir rasch. Ich war gestern drin – es war unsäglich schön. – Bist Du am 9. oder 10. vor der Vorstellung im Bazar? Ich bitte auch, mir ehestens mitzuteilen, wann die Premiere anfang September wirklich stattfindet – am 1. oder 7.? Ich richte *alles* danach ein.

Alles Liebe, Hilde

**HILDE SPIEL AN HEIMITO VON DODERER.
ST. WOLFGANG, 27. AUGUST 1962**

27. 8. 62

Lieber Heimito,
 seit langem warten wir vergeblich auf Deinen Anruf oder Brief. Ich dachte, ich könnte Dir, wenn Du Dich meldest, meine Bewunderung für das Kapitel aus den *Merowingern* aussprechen, das in der *SZ* erschien. Nun muß ich es brieflich tun. Ich will Dir nur sagen, daß ich voraussichtlich vom 31. bis etwa 2. oder 3. nicht hier bin (in Wien), danach wieder bis 17. September. Platz ist genug im Haus, denn meine Tante ist im Spital in Ischl. Vorigen Freitag und Samstag waren Dorothee, Goertz und die Spangenbergs hier. Wir gedachten Deiner in Liebe und wunderten uns, nichts von Dir zu hören.
 Alles Liebe Dir und Deiner Frau,

Hilde

HEIMITO VON DODERER AN HILDE SPIEL.
LANDSHUT, 31. AUGUST 1962

Meine liebe, verehrte Hilde! Diese Zeilen wirst Du wohl nach Deiner Rückkehr in Wien vorfinden: sie sollen Dir, vor allem, für Deine beiden lieben Brieferln danken. Nach E. bin ich nicht gefahren, wie Du siehst, obwohl das Ministerium in Wien mich gerne dort als Vertreter gesehen hätte und auch sogleich bereit war, die Reisekosten zu tragen, wie mir das österr. Kulturinstitut aus London schrieb. Inzwischen soll der ganze Kongress einigermaßen blamabel verlaufen sein, wie man hört. Im übrigen bin ich der Ansicht, dass die unsereinen a bissl früher hätten einladen können, denn es heisst ja nicht Austria exit in orbe ultim*a* sondern ultim*o*, wie sich's denn auch heute tatsächlich auf vielen Gebieten verhält, wozu wir beide unser bescheiden Teil beitragen.

Dass Du dem *Tagesspiegel* die Besprechung der *Merowinger* zugesagt hast, ist von großer Bedeutung! Ich danke Dir! Das Buch soll am 20. Sept. auf der Frankfurter Messe erscheinen, Du wirst ein Exemplar baldmöglichst erhalten. Beim heutigen Stande der Kritik wird es hochnötig sein, dass sich ein paar wirklich kritische Stimmen erheben. Das Werk ist gewagt und bietet frei die Flächen zum Angriff, was manchen dazu provozieren wird (auch abgesehen von meinen notorischen Feinden, deren Rezensionen ja schon feststehen, bevor sie noch gelesen haben, wie etwa Stein, *Die Zeit*, Hamburg, der so durchsichtig ist, daß man dahinter den Herrn Kesten stehen sieht). Schon die stilistisch und kritisch miserable, dafür säuerlich-übelwollende Notiz, mit welcher die *SZ* ihren Vorabdruck eingeleitet hat, gibt eine Probe von dem, was bevorsteht.

Dass ihr alle beisammen wart, Dora, die Spangenbergs und Hartmann, hab' ich mit Vergnügen gelesen! Gleich nach Deiner Rückkehr aus W. werde ich Dich anrufen, damit wir vereinbaren, wann ich mit Mienzi kommen darf – sie lässt Dich vielmals grüßen! Wir haben fest vor, Dich zu besuchen. Sehr hoffe ich dann des Hans – grüße

ihn von mir! – noch habhaft zu werden! Inzwischen bleibe ich mit innigen Grüßen und ergebenem Handkuss
Dein alter Heimito, 31. Aug. 62, Landshut

HILDE SPIEL AN HANS WEIGEL.
ST. WOLFGANG, 5. SEPTEMBER 1962

5. Sept. 1962

Lieber Hans,
Für den eben eingetroffenen Speidel herzlichen Dank. Die Emballage behalte ich, falls ich ihn zurückschicke. Wahrscheinlich aber werde ich ihn Dir zu Ende des Monats persönlich einhändigen können.
Der Nestroy-Abend war ungemein amüsant, mit vielen köstlichen Einzelheiten. Ich hätte gern mit Dir darüber gesprochen, weil mich, bei aller Bewunderung für die einfühlsame Art, mit der Du dieses stofflich verwortakelte Werk wiederbelebt hast, doch gewisse weitgehende Ausflüge aus der Nestroy-Welt überrascht haben. Aber Du bist der Kenner und wirst für alles Gründe gehabt haben. Ein großer Erfolg ist die Aufführung in jedem Fall, und zu diesem gratuliere ich Dir und allen Beteiligten sehr herzlich.
Gestern, in ein paar schlaflosen Nachtstunden, las ich etwa ein Drittel Deines Österreich-Buches. Ich beschloß darauf sofort, mein Wien-Buch beim Biederstein abzusagen. Bei Tageslicht leuchtete mir ein, daß das kaum mehr möglich sein wird. Aber ich kann kaum mehr tun, als das, was Du hier präzis und prägnant gesagt hast, nun in 22 Kapiteln auszuwalzen. Denn was immer ich hätte schreiben wollen: hier steht es leider bereits. Und so wird denn der Bielohlawek wieder einmal recht behalten. Auch telepathisch spielt sich so etwas ab. Denn in meinem Doderer-Aufsatz zu Beginn der 50er Jahre sind wortwörtlich dieselben Stellen aus dem *Schwierigen* zitiert, die Du anführst. Und was Du aus der *Liebelei* ge-

wählt hast, war das geplante Kernstück meines Kapitels über die Wiener Schauspielkunst.

Steht übrigens »Eine Wohnung ist zu vermieten« in der Schroll-Ausgabe? Wenn nicht, wie kann ich ihrer habhaft werden?

Wegen KK und Akademischem Gymnasium schreibe ich heute meiner Tante, der Hofratswitwe.

Sehr herzlich Deine Hilde

HEIMITO VON DODERER AN HILDE SPIEL.
WIEN, 17. OKTOBER 1962

Meine verehrte, liebe Hilde, von Hans, der uns Deine lieben Grüße übermittelt hat, erfahre ich, dass Du vor Deiner Abreise noch die arme Tante Lonnie in Ischl begraben hast. Ich sage Dir mein Beileid. Wir fühlen wohl, was dies alles in Anstrengung und Depression für Dich bedeutet haben mag! – Spangenberg nun im Hinblick auf Hans aufgebend (ich war in München bei ihm zum Kaffee und erfuhr alles) überlege ich, was für das Manuscript weiter zu tun sei, und habe auch das oder jenes in's Auge gefasst. Von Piper scheint noch keine Reaktion vorzuliegen. – Ich hoffe, Du wirst in Wimbledon bald zum Bebrüten der vielen dicken Akten kommen, die ich in Deinem Arbeitszimmer sah, und von denen ich End erzählt habe. – Die *Merowinger* starteten blendend, wir werden wohl bald nachdrucken. – *Süß* waren die Tage in St. Wolfgang, Mienzi und ich danken Dir von Herzen! Mit vielen Handipussis Dein getreuer Heimito

17 Oct 62

Herzliche Grüße und Bussi! Mienzi

HILDE SPIEL AN HEIMITO VON DODERER.
LONDON, 23. OKTOBER 1962

23. Oktober 1962

Mein lieber Heimito,

Du hast mir so gütig zum Tod meiner armen kleinen Tante geschrieben. Es ist ein rechter Kummer. Sie war die letzte der Elterngeneration und nun steht niemand zwischen mir und der Ewigkeit. Es war freilich tröstlich, sie gerade in meinem geliebten Ischl zur Ruhe zu bringen. Das Exil ist schon nicht im Leben, um wieviel weniger erst im Tod zu ertragen, und so hatte ich denn auch meine Eltern mit viel Mühe nach Österreich zurückgebracht. Vielleicht werde ich diese Gräber vereinen.

Hier muß ich jetzt die Wohnung der Tante auflösen, die vor ihr meine Eltern bewohnten – das ist ebenso aufwühlend wie zeitraubend. Erst in zwei Tagen werde ich mich an die Rezension der *Merowinger* machen können, obwohl ich das Buch längst gelesen habe, mit höchster Aufmerksamkeit und zum Teil mit Entzücken. Es ist eine wunderbare Befreiungstat.

Was Hansens Buch angeht, so hatte ich geahnt, fast gewußt, daß es für die Nymphenburger nicht geeignet ist. Ich wollte allen Beteiligten nur nicht dreinreden. Weit mehr halte ich von den Aussichten bei Piper. Es kam vor einigen Tagen ein Brief des Lektors Best, voll Verständnis, noch keineswegs sich festlegend, andeutend, es müßte noch an dem Buch gearbeitet werden – er hat es noch nicht ausgelesen. Nun ist Herr Best auf Urlaub. Aber wenn er wiederkommt, im November, wird sich die Sache hoffentlich entscheiden. Auch ich glaube, daß mit Hilfe eines einfühlsamen Lektors noch einiges an dem Roman gekürzt und zugeschliffen werden kann, und Hans gewinnt gottlob genug Distanz dazu, um dies durchaus zu erwägen.

Wenn Du also einmal Gelegenheit hast, bei Piper in Hansens Horn zu stoßen, wäre das im Augenblick die aussichtsreiche Hilfe, die man ihm angedeihen lassen kann.

Mit vielen innigen Grüßen an Maria
immer die Deine, Hilde

HEIMITO VON DODERER AN HILDE SPIEL.
LANDSHUT, 31. OKTOBER 1962

Meine liebe, verehrte Hilde! Für Deinen lieben Brief vom 23. October dank' ich Dir noch recht sehr. Zu *Hans* – von dieser wichtigen Sache gedenke ich nicht mehr abizukrall'n: um Mitte November werde ich noch einmal kurz in München und auch wiederum zu Piper gehen (meine bisherigen Gespräche dort waren in Sachen Gütersloh, das Werk ist ausgedruckt, diese Dinge sind erledigt). Hoffentlich entscheidet sich nicht Herr Best (beziehungsweise sein Chef) gleich nach der Rückkehr vom Urlaub negativ. Ich habe von diesem Mann übrigens einen günstigen Eindruck. Es gelte, Hans zur Anpassung zu bewegen, die in unserer Kunst vielfach mit rein technischen Mitteln geleistet werden kann, ohne Konzession. Das wäre ihm, dem Hans, zu sagen. Verlegerische Einwände vermögen sogar unser Können zu steigern. Man kann überhaupt *alles*, wenn man das *Metier* einmal fest gepackt hat! Dies nur unter Auguren! – Maria und ich haben uns herzlich über Dich gefreut, über Deine Erzählungen aus England nämlich, die wir – sonst keine Radiohörer – *sehr* genossen haben (Bayerischer Rundfunk, Mont. 29. October, 1. Programm 21.15 Uhr). Ich fand *jede* dieser vier Erzählungen *hervorragend gut* – aber am besten gefiel mir die dritte, von Majorie und ihrem von Epheben umgebenen Gatten. Das Unausgesprochene dabei – meisterhaft. Ich würde sehr wünschen, dass Du *mehr* Erzählendes schreibst. Die kurze Erwähnung nur von Majorie's starkem Kinn! Ein Treffer! *So* macht man's. Für heute nur dies. Viele innige Grüße von Mienzi und von Deinem

Heimito 31. Oct. 62

p. s. Das von Peter übersetzte Buch ist hervorragend (über Katharina von Aragon); zudem stilistisch im Deutschen *ganz hoch!* (vielleicht gar besser wie Englisch . . .?!)

HILDE SPIEL AN MANÈS SPERBER.
LONDON, 1. NOVEMBER 1962

1. Nov. 1962

Lieber Manès Sperber,
 Sie haben mir mit Ihrem Brief viel Freude gemacht. Ich hätte ihn früher beantwortet, wenn ich nicht durch einen Todesfall neuerlich, nachdem ich bereits in London zurück war, nach Österreich berufen worden wäre. Erst jetzt komme ich dazu, eine Anzahl von Briefen zu beantworten, die mir bereits sehr am Herzen lagen.
 Ob Sie sich schon nach London aufgemacht haben? Bitte melden Sie sich doch. Ich wollte Ihnen auch meinen Roman *The Darkened Room* schicken lassen, durch die Agence Hoffman, aber das ist offenbar nicht durchgeführt worden.
 Hoffentlich habe ich Sie in London nicht versäumt.
 Mit den herzlichsten Grüßen
Ihre Hilde Spiel

HEIMITO VON DODERER AN HILDE SPIEL.
LANDSHUT, 11. NOVEMBER 1962

Meine verehrte, liebste Hilde! Deine Besprechung der *Merowinger* gelesen (*SZ* Sa/So 10./11. XI.). Ein artificiell höchst wertvoller Essay, der sein Substrat übersteigt und eigenes Leben gewinnt. *Leiten wir ein Postulat daraus ab!* Jede Kritik muss besser sein als ihr Gegenstand. Und *hier* beginnt die Kunstkritik überhaupt erst! Also schon ziemlich hoch oben. Etwa in der Gegend Deines Essays über mein Buch. An den einzelnen Conjecturen einer solchen Arbeit kann schon kaum mehr Kritik geübt werden: sie sind integrierte Teile einer Kunstleistung. Damit erblicken wir die »Kritik der Kritik« als die sublimste literarische Leistung, welche überhaupt gedacht werden kann. In den meisten Fällen wird sie unmöglich sein. In den besten Fällen einen Annäherungs=Wert erreichen. – Dass so etwas wie Dein Aufsatz *heutzutage* noch in einer *Tageszeitung* gedruckt werden kann, ist ein Exempel für die Unverwüstlichkeit des Geistes. Von Dir kann man nachgerade schon sagen, Du seist »zu Graden« gekommen, Du schönes, begabtes Kind! Ich danke Dir und küsse Dich!

Ich nehme an, Du sitzt sehr herzig in Wimbledon, und die 22 Mappen, die ich in St. Wolfgang durchsah, umgeben Dich. Das reinste Institut für Geschichtsforschung. – Nun sehr Wichtiges: Telephongespräch mit Dr. Best, (Piper). Ich werde ihn am 14. nachmittags in München im Verlag aufsuchen. Er erwartet meine Hilfe nach 2 Seiten: erstens gegenüber seinem Chef in Sachen Hans, zweitens aber auch Hans selbst gegenüber wegen Änderungen. Ich habe ihm *beides* zugesagt. Beim zweiten bin ich auch auf *Deine* Hilfe angewiesen! Das Buch muss heraus! Donnerstag 9.15 morgens werde ich nach Wien fahren, und Dir von *dort* dann ein Bulletin über das Münchener Gespräch geben. Mit vielen innigen Grüßen und Handipussi Dein getreuer

Heimito So. 11/XI 62, Landshut

HILDE SPIEL AN HEIMITO VON DODERER.
LONDON, 23. NOVEMBER 1962

23. Nov. 1962

Lieber, verehrter Heimito,

Du hattest mir so schön und lieb geschrieben. Der Besuch meiner Brotherrin Tutti Fischer aber hielt mich bis heute von einer Antwort ab.

Ich bin froh, daß ich es mit der *Merowinger*-Besprechung richtig getroffen hatte. Ich glaube nicht, daß ich mich für einen anderen Autor oder ein anderes Buch so sehr in die tieferen Schichten begeben hätte und würde – für einen selbst macht's niemand, aber Du bist ein Schenie und so ist es Herzensbedürfnis und Zwangsauftrag zugleich. *Der Tagesspiegel* brachte die Rezension ebenfalls. Und es wird Dich freuen, daß ich auch im *Encounter* über Dich und das Buch schreibe, diesem englischen Gegenstück zum *Monat* und – (bekreuzigt sich) – *Forum*.

Gestern kam ein überaus hoffnungsvoller Brief von Best. Er will, und Piper stimmt zu, den Roman bringen, wenn entsprechend geändert wird. Die inzwischen verstrichene Zeit und vielleicht auch mein Einfluß auf unseren Hans hat bewirkt, daß er sich durchaus zu fügen bereit ist. Ja, er möchte sogar vor Weihnachten zu Pipern, um dort alles zu besprechen. Ich kann Dir nicht genug danken für Deine Intervention. Es war menschlich so nötig wie schriftstellerisch, daß dieses Buch herauskommt. Noch ehe der Bescheid kam, hatte sich Hans eine hübsche schizophrene Spielerei ausgedacht, nämlich daß in seinem Leibe zwei Personen wohnten, der Hansi Leber und der Franzi Schreiber, und daß der Franzi doch eigentlich recht zu kurz gekommen sei in diesem Dasein. Dem wird nun, mit Deiner Hilfe, hoffentlich abgeholfen werden.

Ich danke Dir auch noch sehr für die guten Worte über die im Rundfunk gesendeten Geschichten. Ich hatte sie alle in einem Sitz während eines Wochenendes geschrieben, denn es war mir ein Termin gesetzt.

Manchmal gelingt so etwas halbwegs. Ich freue mich, daß Du so dachtest.

Nach Dir und Wien sehnt sich, Deine Hilde

OTTO F. BEST AN HILDE SPIEL.
MÜNCHEN, 23. NOVEMBER 1962

München, den 23. 11. 1962
Sehr verehrte liebe gnädige Frau,
ich hatte Ihnen in Frankfurt versprochen, Sie über unsere Beschäftigung mit dem Manuskript von Herrn Dr. Flesch-Brunningen auf dem laufenden zu halten. Leider hat sich die Sache durch meinen Urlaub und da es sich um ein immerhin recht umfangreiches Opus handelt, ein wenig verzögert.

Inzwischen konnte ich, nach eingehenden Gesprächen mit der Verlagsleitung, Herrn Dr. Flesch unser grundsätzliches Interesse bestätigen und ihm konkrete Vorschläge zur Überarbeitung unterbreiten. Bitte, erschrekken Sie nicht, wenn ich das Wort »Überarbeitung« gebrauche, doch hat der Roman tatsächlich, was die Form anbelangt, noch nicht zu seiner endgültigen Gestalt gefunden. Meiner Ansicht nach könnten diese Schwächen – die Erzählsituation müßte besser motiviert werden, das Ganze verkürzt und verdichtet, auch in sprachlicher Hinsicht sollte man, gerade was die erotischen Szenen anbelangt, noch einiges bessern – innerhalb weniger Monate beseitigt werden.

Ob Herr Dr. Flesch freilich Vertrauen zu mir hat, ist eine andere Frage. Ich wünsche es mir und bitte Sie, liebe gnädige Frau, doch, soweit es in Ihrer Kraft steht, Ihren Einfluß geltend machen zu wollen. Es geht nicht um die Eitelkeiten eines Lektors und Kritik um jeden Preis, sondern einfach darum, daß der Roman von Herrn Dr. Flesch, mit dem er nach langen Jahren wieder an die Öffentlichkeit tritt, der somit ein come-back einleiten sollte und könnte, eine in jeder Hinsicht maximale Leistung darstellt. Ich glaube, daß dies bei einigem gutem Willen auch möglich ist.

Ich hatte übrigens vergangene Woche ein ausführliches Gespräch mit Herrn Dr. von Doderer, der mir auch im Falle Gütersloh eine große Hilfe war; er teilt meine Bedenken und hat sich angeboten, gleichfalls in meinem Sinne auf Herrn Dr. Flesch einzuwirken.

In der Hoffnung, daß Sie mir diese so offen ausgesprochene Bitte nicht verübeln, bin ich mit aufrichtig ergebenem Gruß wie immer Ihr
Otto F. Best R. PIPER & CO VERLAG Lektorat

HILDE SPIEL AN HANS WEIGEL.
LONDON, 4. DEZEMBER 1962

4. Dez. 1962

Lieber Hans,
wo kann man denn »Die demolierte Literatur« nachlesen? In all den von Heinrich Fischer herausgegebenen Bänden finde ich sie nicht. Weißt Du's?

Ich gratuliere zu dem Entschluß, hinfort nicht mehr zu kritisieren, sondern nur noch kritisiert werden zu wollen. Könnte ich mir das nur auch endlich leisten! Vielleicht in vier Jahren.

Daß du »Musik und Theater« nicht selbst machen willst? Es wundert mich. Ich habe dem Manuel bereits zugesagt.

Im Feber komme ich nach Wien.

Alles Liebe, Hilde

HILDE SPIEL AN OTTO F. BEST.
LONDON, 6. DEZEMBER 1962

6. Dezember 1962

Lieber Herr Best,

es hat mich von Herzen gefreut, daß die Verlagsleitung auf Grund Ihres günstigen Urteils einer Herausgabe des Buches von Dr. Flesch-Brunningen nähertreten will. Ich beglückwünsche Sie zu Ihrem verlegerischen Blick, der trotz der verschiedenen Wucherungen und Exzesse den reichen Gehalt des Romans erkannt hat und die darin liegenden Möglichkeiten deutlich sah.

Wie Sie inzwischen von dem Autor selbst gehört haben, ist er zu Strichen und Änderungen durchaus bereit. Ich wollte mir erst etwas Einblick in seine Vorarbeiten verschaffen, ehe ich Ihnen antwortete. Vor ein paar Tagen war ich dazu in der Lage. Ich muß Ihnen gestehen, daß ich überrascht war von der einsichtigen und drastischen Art, mit der Ihre Einwände vorweggenommen werden. Sicherlich ist es nicht nur dem Einfluß zuzuschreiben, den Heimito von Doderer und ich auf Dr. Flesch-Brunningen ausüben konnten, daß er sich jetzt willig zu Kürzungen und Korrekturen größeren Umfanges entschließt. Ein paar Monate Distanz zu dem Buch haben seine kritischen Fakultäten geweckt und er empfindet nun selbst Dinge, auf denen er vordem unbedingt beharren wollte, als überflüssig oder geschmacklos.

Ich glaube, Sie werden an ihm einen verständnisvollen Gesprächspartner finden. Ja, beinahe meine ich, daß er da und dort zuviel des Guten tut. So hat er, wie ich feststellen konnte, die für mein Gefühl eindrucksvolle Szene im Einkehrgasthof bei der Schlacht von Austerlitz auf eine halbe Seite reduziert. Ich hätte vorgeschlagen, daß er sich hier auf gewisse Weglassungen beschränkt, aber den ganzen atmosphärisch geladenen Vorgang nicht in einen kurzen Bericht verwandelt.

Aber das ist ein Detail, das Sie gewiß mit ihm durchsprechen werden. Ich habe das Gefühl, daß Ihre Hilfe ihm sehr wertvoll sein wird und daß Sie ihm in Einzelheiten ein guter Ratgeber sein werden. Er ist offenbar mit viel Enthusiasmus an eine Überarbeitung des Buches gegangen und wird sich, wie ich hoffe, keinem Ihrer Einwände widersetzen, soweit er imstande ist, ihm Rechnung zu tragen.

Mit den besten Grüßen, wie immer
Ihre Hilde Spiel

HILDE SPIEL AN HEIMITO VON DODERER.
LONDON, 6. DEZEMBER 1962

6. Dez. 1962

Lieber, verehrter Heimito,

nur ein Wort, um Dir zu sagen, daß ich gestern beim Hans in seine Kürzungen und Änderungen Einblick nehmen durfte und das Gefühl habe, daß er außerordentlich klug und generös zu Werke geht. Er hat offenbar jetzt die richtige Distanz zu dem Buch gewonnen und merzt selbst gewisse Exzesse und Wucherungen aus, auf denen er anfangs eigensinnig beharrt hat. Es ist ein wahres Vergnügen, ihn so enthusiastisch an der Arbeit zu sehen. Ich wollte Dir nochmals dafür danken, daß Du Deine Stimme für ihn erhoben und Dein so wertvolles Urteil ins Gewicht geworfen hast, um diesen »come-back« einzuleiten.

Die herzlichsten Grüße
von Deiner Hilde

HANS WEIGEL AN HILDE SPIEL.
WIEN, 10. DEZEMBER 1962

Wien, 10. XII. 1962

Liebe Hilde,

weil Du's bist und wenn Du mir versprichst, immer artig zu sein – und wenn Du mir schwörst, daß ein Augapfel nichts dagegen ist – dann schick' ich Dir die »Demolierte Literatur«, die Du sonst nirgends findest, weil sie ist seither nicht wieder erschienen und ein Rarissimum.

Ja, und jetzt hätt' ich sogar eine Gegenbitte: Die Elvira lernt mit Eifer Englisch. Kannst Du ihr irgend eine Platte schicken lassen, per Post (Elvira Hofer, Schauspielhaus, Düsseldorf), wo einer sehr schön englisch spricht, zum Beispiel Olivier Hamlet-Monologe oder sonst etwas in der Art, muß nicht riesengroß sein.

Und schreib mir, was ich Dir schuldig bin, wohin und in welcher Währung, und ob ich Dir die »Demolierte Literatur« schicken soll (was mehr bedeutet, als daß eine Frau sich hingibt!).

Dein Hans

HEIMITO VON DODERER AN HILDE SPIEL.
WIEN, 12. DEZEMBER 1962

Meine verehrte geliebte Hilde! Zwei liebe Briefchen hab' ich von Dir und danke Dir innigst. Was Du über Hans schreibst, ist hoch erfreulich – und er selbst hat es mir inzwischen *bestätigt*. *Näher* informiert Dich über diese ganzen Sachen der Durchschlag meines gleichzeitigen Briefes an Hans; *ich lege diese Copie bei.* Du machst mich *glücklich*, wenn Du im *Encounter* (braucht sich *nicht* zu bekreuzigen!) über mich schreibst. *Das* ist wirklich eine Zeitschrift. – Ich kann Dir nicht sagen, *wie froh* ich sein werde an dem Tage, da Hans seinen Vertrags=Abschluss mit P. gemacht haben wird! Eine neue Zeit wird für ihn beginnen. Du bleibst in Wimbledon zu Weihnachten und arbeitest; ich weiss es schon. Allen Segen für diese Tage und das neue Jahr, Dir und Peter! Grüße ihn von mir! Ich bin immer Dein treuer, Dich liebender und verehrender Heimito 12. XII. 62

p. s. Maria grüßt Dich innigst! Eben telephonierte ich mit ihr.

HILDE SPIEL AN HANS WEIGEL.
LONDON, 18. JANUAR 1963

18. Januar 1963

Lieber Hans,
 vor etwa 10 Tagen schickte ich an Elvira eine Platte, auf der Gielgud und zwei andere Schauspieler Verse und Shakespeare-Stellen sprechen. Ich hatte mir viele Olivier-Platten angehört, aber sie waren alle aus Filmen und mit Begleitmusik, darum weniger geeignet. Auch Dylan Thomas wäre nicht sehr gut gewesen, weil sie sonst seine »mannerisms« und seine leichte walisische Färbung mitgelernt hätte.

 Gielgud ist ein superber »ham«, wie unser geliebter Moissi einer war, aber er spricht unsagbar schön englisch und gilt hier immer noch als Meister des gesprochenen Wortes.

 Laß mich gelegentlich wissen, ob die Platte gut angekommen ist.

 Da hier das gleiche Wetter herrscht wie in Wien, brauche ich vorläufig nicht hinzukommen, hoffe aber doch auf etwa Mitte Feber. – Beitrag zum *Du* und Kaffeehauskapitel aus dem Wien-Buch fertig und abgeschickt.

Alles Liebe, Hilde

HEIMITO VON DODERER AN HILDE SPIEL.
LANDSHUT, 25. APRIL 1963

Landshut=Berg in Bayern, Deutschland, Tal=Josaphert=Weg No 2

Mein liebes, verehrtes Hilderl, ich muss mich mit einer Bitte an Dich wenden, Elias Canetti hatte die Güte, mir die deutsche Ausgabe von *Masse und Macht* zu senden, macht mir aber das Leben schwer, indem er es mir unmöglich macht, ihm für dieses großartige Geschenk zu danken: denn er schreibt seine Adresse ganz unleserlich, insbesondere aber der *Straße* (Road) in London N.W.3, wo er auf No 8 wohnt. Ich bitte Dich sehr: kannst Du mir seine genaue Adresse verschaffen? Ich finde solcherlei Genie=Gepflogenheiten wirklich überflüssig, sie erzeugen nur Schreibereien und Aufenthalt*. – Das Manuscript von Hans hat der Walther Schneider zum Lesen bekommen (mit Erlaubnis von Hans und der Auflage, die Tippfehler zu verbessern). Er findet es ausgezeichnet geschrieben, aber zu – antisemitisch. Ich kann mir da keinen Vers darauf machen. Der Waltherl aber hat in dieser Hinsicht schon einen paradoxalen Verfolgungswahn. Ich selbst werde das Werk nach Walther lesen und Hans dann darüber schreiben. Ich hoffe, Du kommst gut voran. Ich bin verstimmt, durch zu viel Post. Ich publizierte eine um die Jahreswende entstandene größere Erzählung (»Unter schwarzen Sternen«) in den Büchern der Neunzehn, Band 100: zum *ersten Mal* berühre ich hier das Substrat Krieg und Nazizeit. Mit innigen Grüßen und Handipussi   Heimito 25. April 63

Viele Grüße! Maria

---

* (ich hab' hier keinen *Kürschner*)

HILDE SPIEL AN HEIMITO VON DODERER. LONDON, 29. APRIL 1963

29. April 1963

Lieber und verehrter Heimito,

Die Adresse des Canetti ist: 8 Thurlow road, London N. W. 3

Es war lieb von Dir, wieder von Dir hören zu lassen. »Unter schwarzen Sternen« muß ich mir beschaffen. Ich hoffe sehr, daß *Encounter* im nächsten Monat die Besprechung der *Merowinger* bringt. Die Fahnen hatte ich bereits im Feber in Wien korrigiert.

Walthers günstiges Urteil über die literarische Qualität von Hansens Buch hat mich sehr erfreut. Mit dem Antisemitismus hat er unrecht. Er wäre, nämlich der Antisemitismus, nur indirekt vorhanden, indem nämlich der Hans sich nicht scheut, die absonderlichen Exemplare des semitischen Teils seiner Familie schonungslos darzustellen. Es sind originelle, schwarzbehaarte Kobolde dabei. Ja, warum nicht, um Himmelswillen? Soll man sich von Streicher die Charakterisierung seiner Figuren unmöglich machen lassen?

Er, der Hans, wird überglücklich sein, wenn Du sein Buch liest.

Ich habe es schwer im Augenblick, will Dich aber damit nicht belasten. Es ist möglich, daß in diesem Sommer doch diese oder jene schwerwiegende Entscheidung fällt.

Da Du von Post überbürdet bist, bitte ich Dich, mir nicht zu antworten. Vielleicht schreibst Du nur gelegentlich eine Zeile, wann Du nach Rhodos entschwindest, vielmehr, wann Du wieder in mitteleuropäischen Gegenden zu finden bist.

Mit innigen Grüßen, natürlich auch an Maria,

Deine Hilde

HEIMITO VON DODERER AN HILDE SPIEL.
WIEN, 9. MAI 1963

Verehrte, geliebte Hilde, Dein Brief ist so lieb, ich entnahm ihm Vieles, nicht nur die Adresse des Canetti, für die ich Dir herzlich danke! Heute habe ich auch an Hans geschrieben. Dein Argument gegen Walthers außerliterarische Einwände ist schlagend! Ich hoffe sehr, dass wir einander mit Hans etwa im Mai – Juni zu Wien noch sehen werden. Umseitig eine kleine Geschichte neuen Typs: fragmentarisch, dennoch geschlossen. – Ich habe ein Exemplar von »Unter schwarzen Sternen« (Bücher der Neunzehn, Band 100) an Dich senden lassen.

 Mit vielen Handipussis, Heimito, 9. Mai 63
        Viele Grüße! Maria

Aus einem alten Briefe: (für Hilde)
 ... Als er in Salzburg den Namen der Dame erfuhr, welche zu besuchen wir uns anschickten – sie hieß Odette Pehembaur – ergrimmte er darüber so urkräftig und profund, dass es nicht ohne Folgen bleiben konnte. Und wirklich, während sie uns durch zwei Salons führte und dort auf einige alte Bilder wies, sagte er ihr in barschem Tone, und merkwürdigerweise in französischer Sprache, er habe sogleich in ihr »keines besseren sich versehen, als dass sie ihre Wände mit solcherlei Schwarten würde behängt haben«. Und nicht genug an dem, so hieß es gleich weiter: was er dort an Büchern erblicke (und er zeigte auf den verglasten Schrank), sei auch nicht geeignet »ihre Intelligenz besonders in's Licht zu rücken«. Wir nahmen ihn beiseite um ihn hinauszuführen, dem er sich nicht widersetzte, ob wir ihm gleich dabei seine Ohnverschämtheit auf's härteste verwiesen. Doch geschah's mit Flüstern, Gebrüll ward keines gehört. Zu unserem Ärger gab er, als wir ihn aus der Haus=Türe drückten, dem dortstehenden Livrierten einen Gulden, was den Kerl veranlasste, sich noch tief zu verbeugen. Das danach bald aufgetragene Frühstück verlief gänzlich ungestört ...
            Heimito, 3. Mai 63

HEIMITO VON DODERER AN HILDE SPIEL.
LANDSHUT, 15. MAI 1963

Meine liebe, verehrte Hilde! Schau Dir einmal an, was ein sicherer Herr Humbert Fink (kläfft seit Jahren hinter mir drein) in der Mai=Nummer des *Monat** treibt. Ich bin sonst gegen solche Sachen passiv, tolerant, ja indolent. Aber diese unkritisch=ressentimentalen Ordinäritüden gehen doch zu weit. Ich finde, dass meine literarischen Freunde mir hier zur Seite treten und dem *Monat* ihre Meinung schreiben sollten. Und Du bist ja indirekt ja auch provoziert, wenn man einen Autor heruntermacht, dem Du ebendort Deine Anerkennung nicht versagt hast. Was könnte man in dieser grauslichen Sache tun? Vielleicht denkst Du kurz darüber nach?! Es grüßt Dich vielmals und innig Heimito
15. Mai 63, Landshut

HILDE SPIEL AN HEIMITO VON DODERER.
LONDON, 20. MAI 1963

20. Mai 1963

Liebster und verehrtester Heimito,

Ohnehin bin ich Dir einen Brief schuldig und den Dank für die Übersendung des Novellenbandes. Ich habe »Unter schwarzen Sternen« sofort gelesen und war unendlich beeindruckt von dieser ersten, einleuchtenden Schilderung der Atmosphäre dieser Jahre – vom Falken der Geschichte ganz abgesehen. Der springende Punkt liegt natürlich, kinetisch geladen, auf den Seiten 109 und 110, vor allem im zweiten Absatz dieser letzteren Seite. Und darüber müßte man einmal lange reden, über den Unterschied zwischen dem Verschwimmenden und dem

---

* (176)

klar Abgesetzten im Leben, und was es für Schwierigkeiten mit sich bringt. Jedenfalls waren wir – natürlich auch der Hans – ganz außerordentlich fasziniert.

Den Fink, dieses Originalitätshascherl, hatte ich natürlich bereits gelesen. Meiner Empörung Ausdruck zu geben, war natürlich mein sofortiger Wunsch. Aber wie? Du weißt vielleicht nicht, daß ich im *Monat* seit dem letzten großen Krawall mit Torberg nicht mehr gedruckt werde – seit etwa vier bis fünf Jahren nicht mehr. Ein Brief von mir würde also nicht erscheinen. Die Sache ad hoc anderwärts aufzustechen, in einem der Journale, die mir zur Verfügung stehen, wäre eine andere Möglichkeit. Dazu fehlt mir, zu meiner Schande muß ich's gestehen, eine Voraussetzung: ich habe nämlich den Gütersloh nicht gelesen. Noch nicht jedenfalls. Ich gehe seit Monaten um das Buch herum wie die Katze um den heißen Brei, und mag einfach nicht. Nimm's mir nicht übel, aber der Grund liegt an Dir – ich mag Leute nicht, mit denen Du Ärger hast. Natürlich muß ich es einmal lesen, und nehme es mir auch in den Sommer mit. Aber es ist ein bißchen schwer, dem Fink nach Strich und Faden seine niederträchtige Verkennung Deines Wertes nachzuweisen, wenn ich ihm nicht die Überschätzung Gütersloh in einem Atem nachweisen kann.

Ich bin überhaupt mit Unglück geschlagen, was meine Gefolgschaft Dir gegenüber betrifft. Ich hatte, wie ich Dir schrieb, bereits im Feber die Fahnen zu dem *Encounter*-Artikel korrigiert. Als der Aufsatz auch im Mai nicht erschien, monierte ich. Vor wenigen Tagen bekam ich eine verklausulierte Entschuldigung. *Encounter* habe zuviel Material, müsse auf einiges verzichten, und obgleich man in Bezug auf Dich ganz meiner Meinung sei und Dich zur Diskussion stellen wolle... etc. etc. Bezahlt werde der Artikel. *Das hat irgendwelche persönlichen Gründe!* Ich werde noch dahinterkommen.

Liebster, ich überlege jedenfalls, was ich tun kann. Ich werde Siedler angehen, der Dein Verehrer ist. Was ich irgend tun kann, geschieht. Ich umarme Dich,

Deine Hilde

HEIMITO VON DODERER AN HILDE SPIEL.
WIEN, 22. MAI 1963

Mein liebes, verehrtes Hilderl, eben Dein Brief! Vielen Dank! Denk' Dir, ich hatte ganz vergessen, dass der letzte Krach mit T. Dich ja den *Monat* gekostet hat (freilich wusst' ich's), sonst hätte ich Dich nicht gestört. Der Siedler ist nicht mehr beim *Tages=Spiegel*, sondern jetzt bei Ullstein. Eine nicht unwichtige Information! Beim *Encounter* hat irgendwer »quer geschossen«, wie die Deutschen das nennen. Aber dahinter zu kommen wird kaum möglich sein. – Weigel hat dem *Monat* entgegnet, aber sie werden das nicht drucken – er hat in seiner Ausführung* *Dich* als »höchst kompetent« citiert. Lassen wir »den Packen hangen«, wie's im alten Deutsch heisst. Im ersten Augenblick ging's mir wirklich zu weit, jetzt schwimmt's den Bach hinunter. Aber zur Erforschung der Dialektik des Lebens sei uns der kleine Fall wichtig, und allein das wollen wir davon in der Hand behalten, denn wir sind ja Schriftsteller und keine gekränkten Privatpersonen: der »Fall Gütersloh« (von mir in die Welt gesetzt) kehrt sich gegen mich und es sind plötzlich meine Feinde, die zu seinen Lobrednern werden (Walter Jens) oder ihn gar gegen mich ausspielen (Humbert Fink). Wenn die jeweiligen Tatsachen immer wissender sind als unsere Meinung – und das nehme ich an – dann werfen sie zugleich einen Lichtaccent nach rückwärts auf mein Verhältnis zu G**: und dieses zeigt sich dort und vorlängst schon in jenem Lichte, in welchem es heute faktizitär erscheint. Im übrigen kümmere Dich nicht mehr um die Sache, ich bin *hochbefriedigt* Deiner Freundschaft *so* gewiss sein zu dürfen, und denke Deiner in Zärtlichkeit und Verehrung!
Heimito 22. Mai 1963

p. s. Eine Umarmung für Hans! – Ich beendigte neulich eine *zweite* größere Erzählung (für den Beck=Almanach,

---

* (beiliegend; ein »Rasiermesser=Text«!)
** s. bei Dietrich Weber pag. 11 ff.

zu welchem Du auch beigetragen hast) und bin nun mit den Correcturen von *Roman No 7* beschäftigt, der im Herbst erscheinen wird.

HILDE SPIEL AN HEIMITO VON DODERER.
ST. WOLFGANG, 29. JULI 1963

29. Juli 1963

Lieber und verehrter Heimito,

Du bist gewiß indessen nach dem Süden abgereist und dieser Brief wird Dir hoffentlich nachgeschickt. Wir waren in Jugoslawien und Südtirol, konnten aber, da wir keine Adresse wußten, nicht zu Dir stoßen.

Ich gratuliere Dir zu dem Abdruck in der *FAZ*, von dem ich eben erfuhr. Es wird Dich interessieren, daß ich ab 1. Oktober als Kulturberichterstatterin in Wien für diese Zeitung tätig sein werde. Allerdings mußte ich mich, gegen ein auskömmliches Salaire, zur Exklusivität verpflichten – mit einziger Ausnahme der *Weltwoche*.

Sehe ich Dich wirklich erst beim Beck-Fest im September?

Alles Liebe, auch an Maria, Hilde

HILDE SPIEL AN HEIMITO VON DODERER.
LONDON, 22. SEPTEMBER 1963

22. September 1963

Lieber und verehrter Heimito,

trotz äußerster Anspannung aller Kräfte und Nerven, die in diesen letzten Tagen des Aufräumens mit fast drei Jahrzehnten nötig ist, möchte ich Dir ein Wort über die *Wasserfälle* schreiben. Ich habe das Buch mit selbst für

Dein Œuvre ungewöhnlicher Bewunderung und Rührung gelesen – nicht, weil ich es über Deine anderen großen Bücher stellen würde, denn solche Vergleiche sind überhaupt odios, sondern weil es so viele meiner, unser aller, Lebenselemente enthält. Überdies aber hat es vielleicht am meisten von allen Deinen Büchern den unausweichlichen Zwang des Fatums in sich. Hier wird wirklich der Autor zum Demiurgen. Und nicht, wie bei den alten Griechen, an mythischen Figuren, oder bei Shakespeare an historischen, sondern an selbsterschaffenen. Ein echtes Phänomen!

Auf dem privaten Gebiet geht es mir besonders nah, weil – Dir ganz unbekannt – so viele Anklänge an ein frühes und wahrscheinlich mißglücktes, jedenfalls im Vergleich dazu kindisch primitives Buch von mir vorkommen. So die Verbindung des rechtschaffenen Geschäftsmannes mit einer Hurengasse, der industrielle Aufstieg im Wien der 80er Jahre, sogar die Verbindung mit englischen Maschinen.

Am frappantesten für mich die physikalischen und chemischen Experimente des jungen Frehlinger! Mein Vater war Wissenschaftler, nur nebenbei, zum Broterwerb, auch kaufmännisch tätig, und er hatte auf dem Dachboden des Hauses, in dem wir wohnten – im dritten Bezirk – ein Atelier, in dem er ständig Experimente machte, mit Hilfe eines Dynamos, und Strom durch allerlei komplizierte Apparaturen jagte. Seine Gesellschaft zur Auswertung der vielen Erfindungen, die er machte, hieß »Elektro-Synthese-Gesellschaft«! Und es roch dort immer, das hätte ich Dir gern vorher gesagt, ungemein stark nach Ozon – ein Geruch, den ich nicht vergessen kann – und der ihm als Hochtourist besonders lieb war. Das *Blau* aber hat dort auch immer eine besondere Rolle gespielt, wenn der Strom blau durch die mit irgendwelchen Flüssigkeiten gefüllten Glasgefäße lief.

Lieber Heimito, in all diesen schwierigen Wochen, vor allem der Trennung von den Kindern, erscheint es mir als ein besonderer Lichtblick, Dich in Wien zu wissen und wiedersehen zu können.

Der Hans legt sich Dir zu Füßen.

Deine Hilde

Der *SZ* schrieb ich natürlich in Deinem Sinn. Hoffentlich hört man noch auf mich.

HILDE SPIEL AN HEIMITO VON DODERER.
WIEN, OHNE DATUM [FEBRUAR 1964]

Liebster Heimito,
    seit unserem Weihnachtsgespräch habe ich nicht von Euch gehört. Was mich angeht, so wirst Du aus der beiliegenden Kopie meines Briefes an Herrn End unter anderem entnehmen, weshalb ich mich nicht gemeldet habe. Die Sache mit der Wohnung hat neben den laufenden Dingen meine ganze Zeit in Anspruch genommen. Es war ein ungeheurer Glücksfall, daß ich von der Gemeinde die Einweisung bekam, aber ich mußte noch eine ansehnliche Summe auftreiben, vielmehr entlehnen, um Karl Löbl, den *Expreß*-Kulturredakteur, den vorherigen Wohnungsinhaber, für seine beträchtlichen Investitionen zu entschädigen. Nun sind wir in der Wohnung – Fleschy bekam mit mir einen Hauptmietschein – und hoffen, es uns schön und ruhig in ihr zu machen. Die Nachricht, daß die in London lebende Ilse Barea mir mit einem großen Wien-Buch zuvorgekommen ist, wirft freilich einen riesigen Schatten über unsere allgemeine Stimmung.
    Liebster, ich fand es richtig, Dich durch Mitschickung der Durchschrift über alles zu informieren. Ich hoffe Dich und Minzi bei guter Gesundheit und umarme Euch beide,

immer Deine Hilde

Auch von Hans die herzlichsten Grüße.

HILDE SPIEL AN GUSTAV END, BIEDERSTEIN VERLAG.
WIEN, OHNE DATUM [FEBRUAR 1964]

Lieber, verehrter Herr End,

Umgeben von unausgepackten Koffern und Kisten, in einer gänzlich unfertigen Wohnung, schreibe ich Ihnen den so lange verzögerten Brief. Ich hätte gern noch ein paar Tage gewartet, bis ich mich in Ruhe wieder zur Arbeit setzen kann, hätte Ihnen ein bereits angetipptes Kapitel mitgeschickt – das noch durchgesehen werden muß – und Ihnen dann mit einiger Zuversicht von meinen weiteren Plänen gesprochen. Statt dessen drängt es mich schon heute, mich mit Ihnen in Verbindung zu setzen, weil aus München, von Dagmar Henne, die Ihnen sicherlich ebenfalls zu Ohren gekommene Hiobspost über das Wien-Buch von Ilse Barea eingetroffen ist.

Zunächst ein Wort dazu. Von George Weidenfeld wußte ich, lange ehe wir unseren Vertrag schlossen, daß Ilse Barea an einem solchen Buch arbeitete. Sie begann damit im Jahr 1951 – vor mir liegt der Aufsatz im *Times Literary Supplement*, der George Weidenfeld veranlaßte, mit ihr einen Kontrakt darüber abzuschließen. Als sie nach acht Jahren nicht weiter gekommen war, wendete sich Mr. Weidenfeld an mich und bat mich, ihr Material zu übernehmen und das Buch für sie zu schreiben. Ich weigerte mich, das zu tun, und erklärte ihm überdies, ich würde mich auf ein Wien-Buch nur einlassen, wenn Ilse Bareas Plan nicht weiter gediehe. Als er mir ein Jahr später versicherte, sie werde die Arbeit bestimmt nicht zu Ende bringen, sie sei physisch und seelisch unfähig dazu, fing ich an, mich mit dem Gedanken zu befreunden. Ich war wirklich überzeugt, daß zumindest diese Konkurrenz ausgeschaltet sei. Dagmar Hennes Nachricht, das Buch sei nun fertig, von Secker, Knopf und Piper erworben und in London für den Herbst angezeigt, trifft mich wie ein Donnerkeil.

Meine eigene Situation war nun leider nicht angetan, mich so schnell vorankommen zu lassen, wie ich es gehofft hatte. Sehr bald nachdem ich im Sommer 1961 Vertrag mit Ihnen gemacht hatte, wurde mein Privatleben unerquicklich und nervenaufreibend. Trotzdem ging ich mit Freude und Eifer an die Arbeit. Ich trug eine Unmenge von Material zusammen, das jetzt nur noch in einigen Fällen einer kleinen Ergänzung bedarf. Ich begann zu schreiben, gleichlaufend mit meinen übrigen publizistischen Verpflichtungen, die ich ja niemals lange unterbrechen konnte und jetzt weniger denn je aufgeben kann. Wahrscheinlich war meine ursprüngliche Zeitberechnung zu optimistisch gewesen. Ohne die Zerrüttung meiner Ehe wäre ich heute gewiß viel weiter – beendet hätte ich aber das Buch auf keinen Fall. Wenn Ilse Barea zwölf Jahre brauchte und Herr Kiaulehn fünf zu seinem Berlin-Buch, das weit weniger Vorgänger zu scheuen hatte, waren zwei Jahre, die Quellenarbeit eingerechnet, gewiß zu gering angenommen.

Ich möchte Ihnen hier nicht allzu sehr mit meinen persönlichen Umständen zur Last fallen, aber ich muß, um mich von dem Vorwurf der Laxheit oder Trägheit reinzuwaschen, doch noch etwas darauf eingehen. Ehe ich London im vergangenen Juni verließ, hatte ich – von einem mehrwöchigen Studienaufenthalt in Wien abgesehen – keine Muße gehabt, um mehr als ein paar Kapitel aus dem aufgehäuften Material zu gewinnen und weitere zu entwerfen. Dann aber fing der Ernst des Lebens an: ich mußte mich völlig auf eigene Füße stellen. Das ging nur mit Hilfe einer neuen Vereinbarung mit der *FAZ*, die mir das Lebensminimum sichert, mich freilich auch mehr in Atem hält als die *Süddeutsche Zeitung*. Zudem durfte ich gewisse aktuelle Aufträge nicht abhalftern, weil ich nun auf jeden Schilling angewiesen war. Wann immer ich konnte, setzte ich mich zu dem Wien-Buch, das mir nach wie vor neben der *Fanny von Arnstein* als wichtigste Aufgabe meines Lebens erscheint. Aber ich hoffte immer darauf, endlich in einer eigenen Wohnung zur Ruhe zu kommen, meine Mappen und Bücher wieder aufstellen zu können und dann die Arbeit energisch weiterzutreiben. Als Sie mich im Herbst in Wien dringlich zur Eile mahnten, hatte ich nachher fast einen Zusammenbruch. Wie konnte ich Ihnen erklären, daß es mir unmöglich sei, in einem möblierten Zimmer, ohne Platz für meine Unterlagen und mit der neuen, anstrengenden Arbeit für die *FAZ*, das Buch in der von Ihnen angegebenen Zeit fertigzustellen! Ich bat also Heimito von Doderer, Ihnen das begreiflich zu machen. Vermutlich hat er es getan. Ihr rücksichtsvolles Schweigen, obwohl der Ihnen versprochene Brief nicht kam, deutet darauf hin. [. . .]

Vor wenigen Tagen konnte ich, mit Hilfe der überaus entgegenkommenden Wiener Behörden, eine eigene Wohnung beziehen. Mich jetzt an die Arbeit zu machen, ohne daß mir der Teufel auf den Fersen wäre, erschien mir als die glücklichste Aussicht. Und nun sieht es so aus, als wäre das ganze Unternehmen, zumindest für den Augenblick, sinnlos geworden. Denn Ilse Bareas Vorsprung einzuholen, gelingt mir keinesfalls. Und wenn ihr Buch sich weitgehend mit dem deckt, was ich vorhatte, ist für eine Weile nichts dagegen zu unternehmen. Gewiß kennt sie das heutige Wien überhaupt nicht, war meines Wissens seit dem Kriege nicht hier, hat sicherlich nicht an Ort und Stelle studiert – man hätte es mir auf den Bibliotheken erzählt – und hat ihr Buch rein theoretisch entworfen. Aber ehe man es vor sich hat, weiß man nicht, wie gut es ihr gelungen ist. Sie ist eine sehr gescheite Frau und muß sich zuletzt Mühe gegeben haben, sonst wären die drei Verlage nicht bereit, das Buch zu drucken.

Es hat wenig Zweck, Ihnen zu sagen, wie verzweifelt und niedergeschlagen ich bin. Sich für Schicksalsschläge entschuldigen zu wollen, ist wohl unnütz. Ich glaube nur eines: daß ich auch in konzentriertester Arbeit nicht imstande gewesen wäre, Ilse Bareas Buch zuvorzukommen. Ihr Anlauf war eben viermal so lang. Daß George Weidenfeld sich in ihr verrechnet hat, fällt vielleicht auch ein wenig zu meinen Gunsten aus. Zumindest wird er, wenn nun besprochen werden soll, was zu geschehen hat, für meine Lage Verständnis finden.

Ich möchte Ihrer Stellungnahme nicht vorgreifen. Sie können sich denken, mit welcher bangen Ungeduld ich Ihre Antwort erwarte.

    Die herzlichsten Grüße von Ihrer Hilde Spiel

HEIMITO VON DODERER AN HILDE SPIEL.
LANDSHUT, 11. FEBRUAR 1964

Bussi von der Mienzi

Liebestes Hilderl! Eben (9.08 Uhr) hab' ich in Wien bei Dir angerufen, leider meldete sich niemand. Mit End habe ich gesprochen; er hatte Deinen Brief noch garnicht. Natürlich sagte ich ihm nicht, dass ich jenen Brief schon kenne, sondern nur, dass Du Besorgnisse wegen der Barea hättest. (Ich *kenne* diese Frau. Katzengesicht mit ebensolchen, etwas *wilden* Augen). Er nahm das keineswegs so schwer wie Du! Ich persönlich traue der Barea *nicht* zu, dass sie was irgendwie erhebliches fertig gebracht hat. – Ich werde zwischen 10 und 11 Uhr End noch einmal anrufen, der inzwischen wohl Deinen Brief gelesen haben wird, und Dir sodann auf diesem Karterl weiter berichten. Übrigens habe ich den Eindruck, dass Du mit End *keinerlei Terminschwierigkeiten* haben wirst! –

Ein langes Telephongespräch mit Herrn End. Er meint, Du sollst Dir nicht Deinen Gaul scheu machen lassen und ruhig weiterarbeiten und die Depression hinter Dich bringen! Es sei zudem ganz gut, wenn zwischen dem Erscheinen des Buches der Barea – das ja, wie er vermutet, etwas *ganz* anderes sein werde wie Deines, welches im Rang wohl dem des Kiaulehn entsprechen würde! – wenn also zwischen den beiden Büchern 1–2 Jahre Abstand trete. Er wird Dir morgen schreiben. – So weit so gut. Ich bin in dieser Sache jetzt *ganz* beruhigt, sei Du es auch!

Wenn Du's kannst, so lasse die Vorschüsse bei Biederstein nicht *zu* hoch anwachsen (meine Privatmeinung). – W. J. Siedler (Propyläen=Verlag) bittet mich, ihm Fleschy's Manus zu schicken* (ich hatte ihm davon geschrieben). Es ist heute an ihn abgegangen. Ich umarme Euch beide herzlichst! Heimito 11. Febr. 64

---

* s. Beilagen

HILDE SPIEL AN HEIMITO VON DODERER.
WIEN, 17. FEBRUAR 1964

17. Februar 1964

Lieber, verehrter Heimito,

Hab schönen Dank für Deine Intervention. Ich war, ehe die beruhigenden Ankündigungen einer verständnisvollen Haltung des Verlages eintrafen, wirklich in einem Zustand der Verzweiflung. Herr End hat mir ein reizendes Telegramm geschickt und einen Brief in Aussicht gestellt. Ich glaube ja wirklich, daß man einfach weitermachen und Ilse Bareas Buch abwarten muß – es bleibt nichts andres übrig.

Du gehst uns sehr ab! Hans wird separat an Dich schreiben. Ich habe ihm von unserem weihnachtlichen Gespräch weder damals noch jetzt erzählt. Er hat also nur aus dem Briefwechsel mit Siedler auf die Beck-Ablehnung geschlossen. Auf diese Weise traf es ihn nicht so jäh, Du verstehst.

Komm doch bald. Alles alles Liebe Dir und Minci,

von Deiner Hilde

HILDE SPIEL AN MARCEL REICH-RANICKI.
WIEN, 22. JULI 1964

22. Juli 1964

Lieber Marcel Reich-Ranicki,

Es hat mir leid getan, Sie bei der Verleihung des Herder-Preises nicht zu sehen. Der Grund wurde mir vertraulich mitgeteilt. Ich hätte ihn fast in der *FAZ* erwähnt, aber man hätte der an sich guten Sache doch zu sehr damit geschadet, und nach einiger Überlegung tat ich es nicht. Wäre es Ihnen lieber gewesen? Ich sprach auch kurz mit Kott, der mir einen rührenden Eindruck machte.

Kürzlich war ich ein bißchen traurig, weil Sie in der

langen Liste deutscher Essayisten gar nicht an mich dachten. Vielleicht besitzen Sie meinen Band *Welt im Widerschein* nicht, dann will ich ihn Ihnen schicken. Mit den besten Aufsatzschreibern kann ich mich bei weitem nicht messen, aber mit ein oder dem anderen von Ihnen erwähnten nehme ich's vielleicht noch auf. Freilich haben mich meine englischen Schulmeister gelehrt, einfach zu sein und nichts hineinzugeheimnissen. Das klingt dann im Vergleich zur übrigen deutschen Essayistik leicht flach.

Ich schreibe Ihnen aber gar nicht meinetwegen, sondern aus einem anderen Grund. Wie mir W. J. Siedler sagt – vielleicht tat er's vertraulich, darum verraten Sie mich bitte nicht bei ihm –, liegt bei Ihnen das MS von Hans Flesch-Brunningen. Sie trafen diesen Herrn im Frühjahr bei mir in Döbling, zusammen mit Lernet-Holenia. Er ist mit mir aus England nach Wien zurückgekehrt, als ich mich von meinem Mann trennte. Ich sage Ihnen das ganz ehrlich, weil ich Ihnen diese Erklärung in diesem Zusammenhang schuldig bin.

Über die Meriten seines Buches will ich nicht sprechen. Sie wissen wohl, daß der Verlag Ullstein, wenn er es bringt, noch Änderungen zu fordern gedenkt. Ich möchte Sie nur bitten, ganz privat und freundschaftlich, das MS nicht allzu lange liegen zu lassen. Jede Wartezeit ist qualvoll für einen Autor – diese dauert schon ziemlich lang. Es scheint, daß von Ihrem Urteil viel oder alles abhängt. Es zu beeinflussen, liegt mir völlig fern. Wird das Buch aber abgelehnt, so sollte das nicht nach langen Monaten erst geschehen. Wenn es Ihnen also nur halbwegs möglich ist – und ich kann mir Ihre Arbeitsüberlastung denken –, dann werfen Sie doch bitte bald einmal einen Blick in das Buch.

Ich habe inzwischen brav die *Zeit* abonniert und bilde mich nach Kräften. Es hat mich gefreut, daß Sie kürzlich in den Eisenreich-Aufsatz einen Hinweis auf Doderer einbauten, von dem Sie in Wien eigentlich noch nichts hatten wissen wollen.

Mit den besten Grüßen, auch an Ihre Frau,
Ihre Hilde Spiel

MARCEL REICH-RANICKI AN HILDE SPIEL.
HAMBURG-NIENDORF, 30. JULI 1964

Hochverehrte, Liebste!

Seien Sie herzlichst bedankt für Ihren Brief vom 22. Juli. Ja, in der Tat, ich habe Ihren Namen in der Aufstellung der Verfasser literarkritischer Bücher, die in den letzten Jahren erschienen sind, nicht erwähnt. Ich bin aber – und bitte Sie dringend, es mir glauben zu wollen – weder Antifeminist noch Antisemit noch Antiösterreicher. Und daß Ihre Arbeiten erheblich mehr taugen als die von mindestens einem halben Dutzend der von mir genannten Autoren – dessen bin ich ganz sicher. Nur habe ich Sie in der Eile ganz einfach vergessen. Es bleibt mir nichts anderes übrig, als Sie um Entschuldigung zu bitten. – Was ich indes von Ihren Essays halte, habe ich schon einmal sehr deutlich gesagt. Sie fragen, ob ich Ihr Buch *Welt im Widerschein* kenne. Nicht nur daß ich es kenne und besitze – ich habe es in der *Welt* vom 22. Juli 1961 besprochen, gelobt, gerühmt, ja eigentlich schon fast besungen. Sie haben wahrscheinlich diese Kritik nie zu sehen bekommen. Das ist nun einmal so: Schreibt man etwas Negatives über einen Autor, dann denkt er daran das ganze Leben. Schreibt man etwas Positives, dann merkt er es überhaupt nicht. –

Nun zu der anderen Angelegenheit. Ich bin, offen gesagt, nicht eben froh, daß Siedler Ihnen mitgeteilt hat, wo das Manuskript von Hans Flesch-Brunningen sich befindet. Ich mache grundsätzlich keine Verlagsgutachten. Weil ich, ganz einfach, keine Zeit dazu habe. Siedler, dessen Gutachter alle das Manuskript entschieden abgelehnt haben, bat mich jedoch so inständig und dringend und flehentlich, sich doch diesen Roman anzusehen, daß ich nicht nein gesagt habe. Jetzt bedauere ich es. Denn es ist mir beim besten Willen unmöglich, dieses Manuskript zu empfehlen. Es tut mir furchtbar leid, aber ich kann es nicht ändern. Und ich bedaure es, dieses Manuskript angenommen zu haben, weil Sie mir jetzt im Stillen doch böse sein werden. Aber bitte, seien Sie vernünftig und glauben Sie mir, daß ich es sofort und nachdrücklich empfohlen hätte – wenn dieses Manuskript halbwegs druckbar wäre. Und ich glaube auch nicht, daß hier mit Überarbeitungen, Änderungen usw. etwas bewirkt werden kann. Bitte: nehmen Sie es mir nicht übel. Es ist mir wirklich sehr unangenehm.

Und zum Schluß noch etwas Freundliches, das aber ganz und gar aufrichtig ist: Ich lese Ihre Beiträge in der *FAZ* immer oder fast immer – und stets mit Gewinn und Vergnügen. Im Herbst werde ich wahrscheinlich wieder in Wien sein – und ich werde mich sehr freuen, Sie zu sehen.

Mit vielen herzlichen Grüßen und mit der dringenden Bitte um Entschuldigung
Ihr untröstlicher Marcel Reich-Ranicki

HILDE SPIEL AN MARCEL REICH-RANICKI. ST. WOLFGANG, 11. AUGUST 1964

11. August 1964

Lieber Marcel R.-R.,

Für Ihren Brief und die eingeschlossene Kritik aus dem Jahr 1961 vielen Dank! In der Tat, ich kannte sie nicht – hätte ich sie je gelesen, dann wäre ich viel weniger freundlich zu Ihnen gewesen, aus Angst, Sie könnten das für die üblichen Umgangsformen der »mutual admiration society« halten. Aber Sie müssen mir dieses Paradoxon nicht unbedingt glauben: Günter Grass hätte es bereits mit seinem schonungslosen Gelächter demaskiert. Auf jeden Fall freue ich mich nachträglich sehr darüber, um so mehr, weil ich Sie inzwischen ganz unbefangen kennen gelernt habe.

Was das MS von H. F.-B. angeht, so ist das recht traurig, aus inneren und äußeren Gründen. Ich erschrecke wieder einmal über die Unerbittlichkeit jeder Kritik, die von den außerordentlich weitreichenden Folgen ihrer

Äußerungen nichts ahnt, nichts ahnen will, nichts ahnen darf und vielleicht doch etwas ahnen sollte. Ich habe Ihnen absichtlich Zeit gelassen, inzwischen an W. J. Siedler zu schreiben, um auch nicht durch die geringste Bemerkung den Anschein zu erwecken, als wollte ich die Unbedingtheit Ihrer Absage beeinflussen. Daß Sie nicht einmal die Möglichkeit einer Bearbeitung einschließen würden, hätte ich nicht gedacht. Immerhin hat der Autor in seinem Leben etwa acht oder zehn Bücher veröffentlichen können. Aber über all das ein Wort, wenn wir uns in Wien wiedersehen. Ich hoffe nur, Sie haben Siedler keinen Vorwurf daraus gemacht, daß er mir von Ihnen sagte. Er ist ein alter Freund und auch ich war sehr offen mit ihm.

Bitte kündigen Sie sich mit einer Zeile in Wien an, damit ich nicht eben auswärts bin.

Die herzlichsten Grüße

von Ihrer Hilde Spiel

HILDE SPIEL AN HEIMITO VON DODERER.
ST. WOLFGANG, 11. AUGUST 1964

11. August 1964

Liebster Heimito,

Wir hatten gehofft, von Dir zu hören, Dich vielleicht gar hier zu sehen. Nun, Du scheinst vom sommerlichen Wien verschluckt, zuerst von der Hitze, jetzt vom Regen.

Von hier ist heute nichts Erfreuliches zu melden. Eben erst erreichte mich ein schon vor 10 Tagen abgeschickter Brief des Reich-Ranicki, dem Siedler Hanserls Buch zur Beurteilung gegeben hatte. Von seiner Meinung hing offenbar alles ab, denn die Mitarbeiter Siedlers waren im Gegensatz zu diesem selbst nicht für das Buch und er – Siedler – dachte nun, durch R.Rs Unterstützung die Annahme durchzudrücken. Er, R.R. diesmal, schreibt mir nun ebenso liebenswürdig wie unerbittlich, er könne das

MS nicht empfehlen, glaube auch nicht, daß »mit Überarbeitungen, Änderungen usw. etwas bewirkt werden kann«. Mit welcher lapidaren Entschiedenheit doch Kritiker eine ernste und mühevolle Arbeit, eine Herzenssache, einen Lebenswunsch, beiseite zu schieben vermögen!

Hans ist so unglücklich über diesen neuerlichen Fehlschlag, nach vorhergehenden Enttäuschungen verschiedenster Art, daß es einem in der Seele weh tut. Siedler selbst hat sich noch nicht geäußert, aber die Art seiner Antwort steht ganz außer Frage. Ich bin nun dafür, den Mut nicht sinken zu lassen, aber was geschieht, müßten wir – Du und ich – uns allein überlegen. Für den Hans sind weitere Aufregungen dieser Sorte gesundheitsschädlich. Außerdem hat er sein Leben lang Enttäuschungen mit Verlegern erlebt, ohne ihnen recht gewachsen zu sein – Du kennst sein Temperament.

Liebster, verzeih, daß ich Dir in einem vielleicht ungünstigen Moment mit all dem komme. Laß mich wissen, ob man Dich sieht. End will um den 17. hier auftauchen, ich habe ihn gebeten, mir den Umbruch der *Tangenten* mitzubringen. In der *SZ* soll Blöcker sie besprechen – ich hoffe, das ist immerhin besser als Finck.

Alles Liebe, ich umarme Dich,

Deine Hilde

ERNST SCHRÖDER AN HILDE SPIEL.
BERLIN, 26. DEZEMBER 1964

26. 12. 64

Sehr verehrte Frau Spiel,
ich möchte Ihnen sagen, daß ich mich riesig freue, den neuen Saunders zu inszenieren, nicht zuletzt, weil mir Ihre deutsche Fassung ganz besonders geglückt erscheint. Ich hatte das Stück einige Male im Original gelesen und sah Schwierigkeiten voraus, die jetzt wie weggeblasen

sind. Darf ich Sie aus dieser glücklichen Position heraus um die Beantwortung einer dramaturgischen Frage bitten.

Verständlicherweise liegt mir so viel an der Figur des Edgar. Im unrevidierten Original schneidet sich Edgar in das zentrale Gespräch zwischen Gottfried und Zoe ein, kurz bevor diese sagt: »Ich war zur Beichte« (II.) Statt dessen ist der Text Edgars in der neuen Fassung an den Anfang des Aktes gerückt, glücklich erweitert, jedoch: ich vermisse die Wiederholung des Satzes von den flügelschlagenden Engeln und der gewissen Träne – vielleicht aus musikalischen Gründen?

Wissen Sie vielleicht, sehr verehrte Frau Spiel, ob diese Umstellung vom Londoner Regisseur stammt oder von Saunders selbst? Beim ersten Lesen hatte es mich sehr erregt, die beiden Messer der Schere, von der Zoe zerschnitten wird, so dicht aufeinander zu fühlen.

Darf ich Sie übrigens freundlich bitten, mir die letzten drei Zeilen Edgars am Schluß des II. Aktes »You've more ... you bitch?« noch zu übertragen; es könnte sich bei der Arbeit herausstellen, daß wir den jetzigen Aktschluß als verzärtelt empfinden.

Bitte nehmen Sie im voraus meinen Dank und die ergebene Empfehlung

Ihres Ernst Schröder

HILDE SPIEL AN ERNST SCHRÖDER. WIEN 1. JANUAR 1965

1. 1. 1965

Lieber, verehrter Herr Schröder,

es war mir eine große Beruhigung, von Herrn Bessler zu hören, daß Sie sich der Inszenierung des Saunders-Stückes annehmen würden. Beinahe hätte ich Ihnen auch schon geschrieben, um Sie zu bitten, es doch sehr betont vor der Gefahr der Sentimentalität zu schützen – aber ich sehe, daß Sie den gleichen Wunsch haben. Es wäre das einzige, was der Aufführung schaden könnte.

Sie haben in jedem Fall eine große Chance: Saunders war unglücklich über die englische Inszenierung, hat sich nur widerstrebend mit den meisten Änderungen einverstanden erklärt, war sehr befriedigt, als ich ihm sagte, ich wolle den ursprünglichen Text wo immer möglich wieder herstellen, und freut sich jetzt sehr auf die deutsche Fassung, weil er hofft, sie mehr in seinem Sinne zu finden.

Es war eine der größten Schwierigkeiten der Übertragung, die alte und neue Version in Einklang zu bringen. Man hatte in London alles ausgemerzt, was die Theaterwirksamkeit und ein rasches Abspulen der Vorgänge behinderte. Dabei fielen sehr schöne Szenen unter den Tisch, aber man vermied freilich auch unnötige Längen. Die Umstellung des Edgar-Monologes im zweiten Akt kann ich kaum mehr rückgängig machen. Ich bin nicht einmal sicher, daß in diesem Fall nicht ebensoviel gewonnen wie verloren würde. Aber man kann natürlich versuchen, die von Saunders sehr bewußt eingeführte völlige Wiederholung des Edgar'schen Auftrittsmonologes im ersten Akt beizubehalten, ohne den sehr wirksamen Passus über den Bibeltext aufgeben zu müssen. Ich habe es auf den beiden beiliegenden Blättern getan.

Der Vorteil dieser Änderung liegt auf der Hand: eine ursprünglich geplante Vertiefung und Erweiterung der Edgar'schen Figur und ihrer Symbolik, und ein Beibehalten des sehr schönen und poetischen Textes von dem Flügelschlagen der Engel etc. Der Nachteil: ein Bruch zwischen Edgars Auftrittsworten, die sich auf seine Mutter, und den nachfolgenden Flitterwochen-Beschreibungen, die sich auf ihn und seine Ehe beziehen. Außerdem ein wenig wirksamer Abgang – denn während Edgar jetzt (in der neuen Version, die Sie vor sich hatten) auf einer ernsten, religiös-zynischen Note schließt und »lateinisch rezitierend« abgeht, sind seine Abtrittsworte in der Ihnen hier vorgelegten dritten Fassung weit weniger stark.

Es gäbe freilich noch eine Möglichkeit. Daß Sie die ganze Stelle von »Du erkennst doch diesen Ort, Mutter« bis »einmal für ja, zweimal für nein« wegstreichen und wie bisher Edgar, rezitierend, nach »Was für Beweise wollen Sie noch« abgehen lassen. Dann könnte man den Satz »Und wo ist meine Schneeprinzessin, wo ist meine kleine Eisjungfer...?« – da ja zumindest einmal auf Zoe angespielt werden muß – an den Schluß der Wiederholung setzen (anschließend an »auf den Wimpern dieses oder jenes der genannten Mädchen hatte glitzern sehen«) und die kurze Pause darauf folgen lassen.

Ich möchte Ihnen die Entscheidung darüber, welchen Textvorschlag Sie nun verwenden wollen, überlassen. Saunders ist ganz gewiß mit allem einverstanden; er gab mir sozusagen plein-pouvoir, und jede Rückkehr zu der ersten Fassung ist in seinem Sinne.

Die letzten drei Zeilen Edgars am Schluß des 2. Aktes habe ich Ihnen ebenfalls hier übersetzt.

Mit den besten Grüßen und Wünschen

Ihre Hilde Spiel

SIGISMUND VON RADECKI AN DIE REDAKTION DER
FRANKFURTER ALLGEMEINEN ZEITUNG.
ZÜRICH, 3. JANUAR 1965

3. 1. 65

Sehr geehrte Redaktion,

in Ihrem Artikel »Zeitungsschreiber« vom 24. Dezember, der sich mit Karl Kraus befaßt, stehen Unrichtigkeiten, auf die ich Sie hinweisen möchte. Gleich am Anfang heißt es, daß seine Lebensaufgabe der Bekämpfung (...) einer *gewissenlosen* Presse galt. Das ist nicht richtig. Jeder anständige Journalist wird eine gewissenlose Presse bekämpfen. Nein, das Besondere an Kraus war, daß er die Presse *überhaupt* bekämpfte, weil er in ihr, ob sie nun gewissenhaft oder gewissenlos, eine furchtbare Geistesgefahr sah. Weiter wird behauptet, daß der junge Kraus dem *Neuen Wiener Journal* seine Dienste anbot. Das ist niemals geschehen. Es wird auch auf die Möglichkeit hingewiesen, daß Kraus die *Neue Freie Presse* aus enttäuschtem Ehrgeiz angegriffen habe. In Wirklichkeit machte die *Neue Freie Presse* ihm (kurz vor Gründung der *Fackel*) das schmeichelhafteste Angebot, das ein Wiener Publizist überhaupt erhalten konnte: man bot ihm die Stelle an, »die seit Daniel Spitzers Tod verwaist geblieben war«. Von enttäuschtem Ehrgeiz kann also keine Rede sein.

Weiter wird von Kraus' Sprache – dem schönsten Deutsch, das je geschrieben wurde – gesagt: »Er schuf sich indessen seinen eigenen Stil.« Dieser Ausdruck stellt Kraus' Sprachentwicklung in ein falsches Licht, indem so gemacht wird, als habe Kraus seine Sprache bewußt, etwa um der Originalität willen, gemodelt. Das ist insofern unrichtig, als es Kraus *nur auf den Gedanken* und sonst nichts ankam – und darum entstand seine Sprache *von selbst*, ohne daß er etwas dazu tat. Weiter heißt es in demselben Satz von seiner Sprache: »eine teils langatmige, in gewaltigen Perioden hinfließende, *teils von den bloßzustellenden Unarten selber durchzogene Sprache*...« Das »selber« erweckt den falschen Eindruck, als habe Kraus anderen Menschen Sprachsünden vorgeworfen, die er doch selbst beging. In Wirklichkeit aber verwendet er solche Unarten *bewußt*, als jedem Leser erkennbare Kunstmittel.

Nun kommt eine Stelle, die ich als ganze zitieren muß: »*Nicht grundlos* bemerkte der Militärhumorist Roda Roda im Jahre 1913, Karl Kraus habe von der Tagespresse auch ›das Totschweigen gelernt, den nächtlichen Überfall – kurz alle, alle Fehler angenommen, die er von anderen virtuos aufgedeckt hat‹.«

Daß Roda Roda dies 1914 veröffentlicht hat und daß Ihr Zitat aus ihm stark zusammengestrichen ist, wo doch die Anführungszeichen Wörtlichkeit vortäuschen – solches nur nebenbei. »*Nicht grundlos*« heißt es zu Anfang. Natürlich nicht grundlos: war doch der Grund der, daß Karl Kraus eine bodenlos gemeine Skizze des Roda Roda über ein angebliches Hotelabenteuer mit der später ermordeten Draga Maschim, der Königin von Serbien, der Verachtung preisgegeben hatte. Daß Roda Rodas Behauptung »... alle, alle Fehler...« eine Lüge und bloß die Quittung für eine wohlverdiente geistige Ohrfeige war, ersieht man schon daraus, daß sie ganz allgemein gehalten blieb, denn wahrlich, wenn der Militärhumorist auch nur von einem dieser Fehler wirklich gewußt hätte, er hätte ihn in Substanz angeführt. Diese »nicht ohne Grund«-Behauptung Roda Rodas war für die Zeitschrift *März*, wo sie erschien, so beschämend, daß ihr Gründer Ludwig Thoma gleich im folgenden Heft empört schrieb: »Diese Behauptungen sind von einer *grotesken Ungerechtigkeit*...« Und weiter: »Mancher mag Ursache haben, ihm (Kraus) wegen eines scharfen Wortes zu zürnen, aber keine Verstimmung sollte dazu führen, *seine Lauterkeit* anzuzweifeln, oder mit einem geringschätzigen Lobe abzutun. Das ist so ungerecht wie töricht.« – Und nun ermesse man, wie ungerecht und töricht es ist, wenn der Zeitungsschreiber-Artikel diese eine Verleumdung als charakteristisch für das ganze Lebenswerk eines Genies verwendet!

Weitere Unrichtigkeiten: »Um 1910 setzte Kraus diesem Brauch (nämlich Mitarbeiter an der *Fackel* zu haben) ein Ende«. – Nicht »um 1910« sondern im Jahre 1912.

Dann heißt es: »Fortan wurden die roten *Monatshefte*«... – Es waren keine Monatshefte, sondern die *Fackel* erschien in zwangloser Folge.

Weiter fällt der Ausdruck: »... seinem *Widersacher* Anton Kuh...« – das erweckt die falsche Vorstellung, als ob Kuh der ständige große Widersacher von Kraus gewesen sei; dabei sind die Äußerungen von Kuh, genau wie die von Roda Roda, kleine, kaum beachtete Teilerscheinungen des jahrzehntelangen Hasses einer ganzen Zeitgenossenschaft.

Weiter heißt es: »In seinem Kriegsdrama *Die letzten Tage der Menschheit* rechnet er mit der Welt *vor* 1914 ab!« Das ist falsch, denn er rechnet darin mit der Welt von 1914–1918, also mit dem Kriege ab.

Das zum Faktischen. Zum Allgemeinen wäre zu sagen: Karl Kraus ist, neben Brecht und über Brecht hinaus, das letzte *große* Ereignis der deutschen Literatur. Darum ist es wichtig, daß ein *wahres* Bild von ihm gegeben wird. Ihn, den Bekämpfer der Zeitung, einen Zeitungsschreiber nennen, kommt aus der vagen Vermutung, daß sich die Extreme schon irgendwie berühren werden – aber das ist ja ein Mißverständnis, denn Kraus setzte sich mit den Zeiterscheinungen nicht deswegen auseinander, weil er ein Zeitungsschreiber, sondern weil er ein *Satiriker* war! Wenn das mit dem »Journalisten« Kraus stimmte, dann müßte folgendes für einen Zeitungsschreiber charakteristisch sein, da es für Kraus charakteristisch ist:

Daß er ein großer lyrischer Dichter ist, denn Kraus hat zehn Bände herrlichster Gedichte veröffentlicht – was in Ihrem Aufsatz *mit keiner Silbe erwähnt wird.*

Daß er ein genialer Vortragskünstler ist, denn Kraus war der größte Rezitator seiner Zeit – was in Ihrem Artikel ebenfalls verschwiegen wird.

Daß er ein großer Künstler des Aphorismus ist, denn Kraus ist mit seinen drei Aphorismenbänden einer der größten deutschen Aphoristiker – wovon Ihr Artikel ebenfalls nichts erwähnt. – Auch müßte es dann für einen Zeitungsschreiber charakteristisch sein, grandiose Dramen zu schreiben, was für einen solchen doch eigentlich nicht bezeichnend ist. Überblickt man dieses Kraus'sche Werk, so könnte man schließlich auch Goethe einen Zeitungsschreiber nennen, da er in seiner Jugend bekanntlich an einem Frankfurter Blatt mitgearbeitet hat.

Kurz, bloßes Erscheinen in einer periodischen Schrift macht noch nicht den Zeitungsschreiber, sondern etwas anderes. Kraus schrieb nicht für den Tag, sondern aus dem Tag hinaus, den er verewigte wie der Bernstein die hineingeratene Mücke. Für ihn spielte die Neuigkeit und das Neue – für jeden Publizisten eine gebieterische Notwendigkeit – kaum eine Rolle, sagt er doch selbst von seinem Schreiben: »Es veralte getrost in Wochen, es verjüngt sich in Jahrzehnten.« Darum ist es journalistisch gesehen, wenn Ihr Artikelschreiber sagt: »Vor der Erscheinung Hitlers *versagte* er zunächst...« Wie ist das? Kein Zeitungsschreiber des Auslandes versagte, alle, alle schreiben sie sogleich gegen Hitler, nur ihm, dem Meister der Sprache, erstarb das Wort auf der Zunge... Das ist doch der schlagendste Beweis dafür, daß er kein Zeitungsschreiber war! Man nennt ihn einen Zeitungsschreiber und macht ihm – »versagte« – zugleich zum Vorwurf, kein Zeitungsschreiber zu sein! Nun kommt aber wieder eine der Unrichtigkeiten, von denen Ihr Artikel leider wimmelt. »(Er) ließ sich aber in dem *Nachlaßwerk* (er starb 1936) darüber (über Hitler) vernehmen.« Das erweckt den falschen Eindruck, als habe Kraus zu seinen Lebzeiten nichts gegen Hitler veröffentlicht. Doch in dem bald nach dem Juni-Massaker 1934 erschienenen *Fackel*heft schleudert er Hitler die furchtbaren Shakespeare-Worte über den im Blut watenden Macbeth entgegen, mit dem Schluß: » – mir war's, als hört ich rufen: Schlaft nicht mehr, Macbeth mordet den Schlaf! Und darum wird Macbeth nicht mehr schlafen!«

Karl Kraus ist eine von der gesamten Kulturwelt anerkannte Geistesgröße – ich verweise nur darauf, daß die Pariser Sorbonne ihn seinerzeit für den Nobelpreis vorgeschlagen hat, oder auf die vor einigen Jahren erschienenen bewundernden Aufsätze im Times Literary Supplement, welches die wichtigste Literaturzeitschrift der Welt ist. Um so bedauerlicher wäre es, wenn eine repräsentative deutsche Zeitung von Kraus nichts weiter zu berichten wüßte, als diesen schon im Titel verfehlten Sack voll Schnödigkeiten, dem durch ein paar lahme Anerkennungsworte der Anschein der Objektivität gegeben wird. Um Ihre Zeitung vor einer solchen, verzeihen Sie, Kulturblamage zu schützen, bitte ich um gefl. Aufnahme meiner Zuschrift.

Sigismund v. Radecki

HILDE SPIEL AN SIGISMUND VON RADECKI.
WIEN, 22. JANUAR 1965

Sehr verehrter Herr von Radecki,
Es hat mich bekümmert, Ihren Brief an die *Frankfurter Allgemeine* mit seiner Anklage gegen meine Skizze von Karl Kraus zu lesen. Freilich mußte ich auf dergleichen

gefaßt sein; schade nur, daß dieses heftige, uneingeschränkte Bewunderung fordernde Plädoyer für den Porträtierten von einem Schriftsteller kommt, dem ich zeitlebens die höchste Achtung entgegengebracht habe. Ich sage »schade«, denn obzwar ich in der Blindheit dieser Liebe zu Karl Kraus die Anzeichen unverminderter – und sehr gewinnender – Jugendlichkeit erkenne, hätte ich mir von einem Manne Ihrer Reife und Würde eine etwas abgewogenere Haltung erwartet. Nahezu drei Jahrzehnte in England haben mich gelehrt, sowohl Zeitgenossen wie historische Figuren »this side of idolatry« zu betrachten. Die Genialität und Geistesgröße des von Ihnen Verehrten habe und hätte ich niemals geleugnet; seine menschlichen und literarischen Schwächen vermag ich dennoch nicht zu übersehen. Auch muß mir wohl erlaubt sein, von einem anderen philosophischen Ausgangspunkt als dem seinen die Metaphysik der Sprache zu verwerfen, und damit jene Haarspaltereien, die er zur Entlarvung vermeintlicher Symptome einer unheilvollen Weltverschwörung trieb und seinen Schülern anempfahl.

Darf ich Sie zunächst auf zwei Bedingungen aufmerksam machen, die mir vor der Abfassung des Beitrages über Karl Kraus gestellt worden waren: dieser Beitrag durfte ein gewisses Ausmaß nicht überschreiten und er sollte sich lediglich mit dem Aspekt des Geschilderten als Zeitungsschreiber befassen. Die notwendige Kürze gab Anlaß zu gewissen lapidaren Feststellungen, die jemand, der mir etwas am Zeug flicken will, in einem anderen als dem beabsichtigten Sinn deuten kann. Dazu gehören die Wendungen »er schuf sich seinen eigenen Stil«, »von den bloßzustellenden Unarten selber durchzogen«, »vor der Erscheinung Hitlers versagte er zunächst«, »ließ sich in dem Nachlaßwerk darüber vernehmen«, »sein Widersacher Anton Kuh« etc. Mit Ihnen über Dinge zu rechten, die ich nicht gesagt habe, die Sie bloß in meinen Text hineingelesen haben, will ich mir ersparen. Die meisten Ihrer anderen Anwürfe beziehen sich darauf, daß ich Karl Kraus als Satiriker, Lyriker, Dramatiker, Aphoristiker und Rezitator nicht gewürdigt habe. Dieser Umstand ist, ich wiederhole, durch die besondere Thematik dieser Porträt-Reihe »Große Zeitungsschreiber« erklärt.

Ich muß mich indessen mit einigen Beispielen befassen, die Sie für meine Ungenauigkeit angeführt haben. Ein für mich unbedingt vertrauenswürdiger Herr Ihrer Generation hat seinerzeit mit eigenen Augen eine Postkarte von der Hand Karl Kraus' gesehen, auf der dieser dem *Neuen Wiener Journal* seine Dienste anbot. Was Karl Kraus' Beziehung zu der *Neuen Freien Presse* angeht – an der er schließlich unter dem Pseudonym Crêpe de Chine nachweislich mitgearbeitet hat – so haben sich in der Familie Benedikt gewisse Erinnerungen an die Umstände erhalten, unter denen seine sehr freundschaftliche Beziehung zu diesem Hause zu Ende ging; ich muß Sie bitten, mir zu glauben, daß ich den betreffenden Satz, der übrigens im Konjunktiv gefaßt ist – nicht leichtfertig oder uninformiert hingeschrieben habe. Worauf nun die Querelen von Karl Kraus und Roda Roda beruht haben, tut meiner Meinung nach nichts zur Sache. Roda Roda hatte die erwähnte Form der Kraus'schen Polemik – wodurch immer sie ausgelöst worden war – auf eine Weise definiert, die ich für wert hielt, zitiert und allgemein angewendet zu werden: daß dies zulässig ist, können Sie bestreiten, aber die Nennung des *Anlasses* für jenen Klingenwechsel ist kein Gegenbeweis.

Wenn ich statt »im Jahre 1912« geschrieben habe, »um 1910«, so kann ich darin keine Irreführung erblicken. Den Einwand gegen das Wort *Monats*-Hefte lasse ich gelten, obschon die *Fackel* der *Gattung* nach diese Bezeichnung verdient; erscheint mein Aufsatz jemals in Buchform, so will ich das Wort »Hefte« dafür einsetzen und gern auch das Jahr 1918 als Schlußpunkt jener Epoche bezeichnen, die Karl Kraus in den *Letzten Tagen der Menschheit* beschreibt. Auf mehr als diese beiden Punkte läßt sich, wie mir scheint, Ihre Kritik nicht reduzieren. Ich kann freilich nicht hoffen, einen Mann, der Karl Kraus' Sprache für das schönste Deutsch hält, das je geschrieben wurde, zu einem objektiveren Standpunkt zu bekehren. Aber ich kann mich dagegen verwah-

ren, daß er meinen Versuch einer objektiven Darstellung unehrlich und das Ergebnis einen »Sack voll Schnödigkeiten« nennt. Und ich kann ihm schließlich jenes alte englische Wort ins Gedächtnis bringen, das kurz vor dem zweiten Weltkrieg im Unterhaus Neville Chamberlain zugerufen wurde, als er hartnäckig auf einer anfechtbaren Haltung beharrte: »I beseech ye in the bowels of Christ, consider that ye may be wrong!«
Mit dem Ausdruck vorzüglicher Hochachtung

Dr. Hilde Spiel

HILDE SPIEL AN MARCEL REICH-RANICKI.
WIEN, 20. FEBRUAR 1965

20. Februar 1965
Lieber Marcel Reich-Ranicki,
Ihre »Polemik« hat mich sehr amüsiert. Sicher beneiden mich hier viele Leute darum, so liebenswürdig angegriffen zu werden.
In der *FAZ* habe ich ein bißchen drauf geantwortet, aber der humorlose Herr vom Dienst strich mir den letzten Satz (auch sonst einiges), in dem Sie aufgefordert wurden, ebenfalls in diesem Hause Wohnung zu nehmen. Ihre altösterreichische Herkunft war ihm wohl nicht bekannt.
Mit den besten Grüßen

Ihre Hilde Spiel

HILDE SPIEL AN MARCEL REICH-RANICKI.
WIEN, 2. MAI 1965

2. Mai 1965

Lieber Marcel Reich-Ranicki,
 haben Sie den allerschönsten Dank für Ihr Buch, das gestern ankam. Ich habe natürlich sogleich die Namen meiner Feinde aufgeschlagen und entdeckt, daß Torberg Vegetarier ist. Wie gern würde ich das glauben; aber auch mich verspeist er mit Haut und Haar, obschon ich keine Kommunistin bin. Und wieder sehe ich, wie man sich wünschen muß, von Ihnen literarisch befehdet zu werden – Sie tun es so reizend, mit Boxhandschuhen aus rosa Glacéleder. Fast bedaure ich, daß mir diesmal nur ein Plätzchen in einem an sich ehrenhaften Katalog zugefallen ist.
 Und jetzt geh ich gleich daran, den Rest zu lesen.
 Mit den besten Grüßen

Ihre Hilde Spiel

HILDE SPIEL AN MANÈS SPERBER.
WIEN, 23. MAI 1965

23. Mai 1965

Lieber Munio,
 Sie wollten einmal einen Beitrag zur *Frankfurter Allgemeinen* von mir lesen. Dieser hier betrifft auch Sie. Ich hätte ihn gewiß nicht anders geschrieben, wenn die jüngsten Vorgänge in der Wiener Schlangengrube sich nicht ereignet hätten.
 Die Schlangengrube ist freilich von zweifacher Konfession. Auch die jüngsten Gerichtsbeschlüsse – in Sachen Borodajkewic und Gruber – sind nicht geeignet, das Herz zu erheben. Ich bin aus allen diesen Gründen seit kurzem hier in die »innere Emigration« gegangen.

Nur das Theater und die Oper freuen mich noch: ein Nestroy gestern, mit Paryla in der Hauptrolle, hat vieles wettgemacht.
Die schönsten Grüße
von Ihrer Hilde

MANÈS SPERBER AN HILDE SPIEL.
ISSY-LES-MOULINEAUX, 27. MAI 1965

Le 27/5/65

Liebe Hilde,
besten Dank für Ihren Brief und den sehr freundlichen Artikel.

Ich habe mich gefreut, Sie wiederzusehen; natürlich wäre es besser gewesen, wäre dies nicht in der Nähe einer Schlangengrube erfolgt. Aber glaube ich denn an Schlangengruben? Darüber werden wir wohl bei unserer nächsten Zusammenkunft ausführlich sprechen, doch nicht nur darüber.

Was ich Ihnen heute schon sagen möchte, ist dies: ich glaube nicht, daß man einen Menschen auf seine Tat oder auf seine Meinung reduzieren kann oder darf. Wegen dieser Auffassung wurde mir der stalinistische Kommunismus, der umgekehrt den Menschen auf seine wirkliche oder vorgebliche Meinung reduzierte oder vernichtete, unerträglich bis zur Qual. Und fast alles, was ich seither getan habe, steht im Zusammenhang mit dieser meiner, an sich simplen humanistischen Auffassung.

Torberg ist ein Polemiker und daher immer wieder dazu geneigt, übertreibend Identifikationen anzuprangern, die nicht bestehen oder nur so wahr sind, wie eine Karikatur es manchmal sein könnte.

Mit Torberg habe ich gemein, daß er zwischen 1945 und bis nach dem Tode Stalins gegen ungeheuerlichste Depravation mutig gekämpft hat. Der antifaschistische

Kampf ging also für ihn weiter, genau so wie für mich. Und auch er begriff, daß es sich nicht nur um Politik handelte. Seit dem 20. Kongreß der KP der Sowjetunion haben viele andere begonnen das zu begreifen. Hat Torberg in der Brechtfrage zum Beispiel Unrecht, so scheint mir seine Haltung zwischen 1933 und 56 ungleich annehmbarer, kompatibler mit dem geistigen Anstand als die eines Brecht.

Dies alles schreibe ich Ihnen nicht, um Sie von irgendetwas zu überzeugen, sondern damit Sie recht begreifen, daß mir die Mißlichkeiten, auf die Sie mit dem Worte »Schlangengrube« anspielen, natürlich höchst bedauerlich erscheinen, daß ich sie jedoch auf zwei verschiedenen Ebenen betrachte.

– Ja, ich wollte etwas von Ihnen lesen, aber was mich am meisten interessieren würde, wäre nicht so sehr ein Bericht als ein *Essay*. Schicken Sie mir doch gelegentlich einen zu.

Mit besten Wünschen und Grüßen,

Manès

HEIMITO VON DODERER AN HILDE SPIEL.
WIEN, 10. JULI 1965

Mein verehrtes liebes Hilderl! In der Anlage sende ich Dir das erste Blatt von No 60 der *Schweizer Bücherzeitung*, nicht wegen einer eher schwachen Auslassung über meine »Tangenten«, sondern um der ehrenvollen und *gerechten* Erwähnung willen, die Du auf Seite 2 findest. Ausserdem freut's mich, dass wir *zusammen* genannt werden!!! – Ein Voraus=Exemplar Deines neuen Romans ist von der »Nymphenburger« gekommen. Mienzi hat das Buch in einem Zuge gelesen, und ich schloss mich ihr an. Wie bei jedem *gelungenem* Romane liegt die Hauptkraft im Finale: und da bist Du diesmal ganz stark. Ich wüsste augenblicklich kein zweites Beispiel für eine mit so distanzierenden Mitteln durchgeführte Darstellung einer paranoischen Auflösung.*

Ich gratuliere Dir! Der »Nymphenburger«=Prospekt zeigt das Buch an *allererster* Stelle an, und das verdient es. Ich hab' mich sehr gefreut. Grüße Hans und sei umarmt!

Heimito 10. VII. 65

P. S. Mienzi bereitet sich schon in Landshut für ihre Reise nach Canada vor.

MARCEL REICH-RANICKI AN HILDE SPIEL. HAMBURG, 25. JULI 1965

25. 7. 65

Allerliebste Frau Spiel,
vielen herzlichen Dank für Ihre so freundlichen Zeilen, mit denen Sie vor einigen Wochen den Erhalt meines Buches *Literarisches Leben* bestätigt haben. – Heute möchte ich Sie mit Fragen bezüglich Ihres Romans *Lisas Zimmer* belästigen. Einer Verlagsnotiz im Leseexemplar entnehme ich, daß er zunächst in englischer Sprache erschienen ist. In diesem Zusammenhang:

1) *Wann* ist das Buch in England bzw. in Amerika erschienen?

2) War es ursprünglich in englischer Sprache geschrieben?

3) Ist die deutsche Fassung mit der englischen identisch? Handelt es sich also um eine Übersetzung oder etwa um eine Neubearbeitung?

---

* 250 ff.!!!

Dies alles interessiert mich sehr. Und da ich in Nachschlagebüchern keine Einzelheiten finden konnte, wäre ich Ihnen dankbar, wenn Sie meiner Unbildung etwas abhelfen wollten.

Mit besten Grüßen und einem ergebenen Handkuß
von Ihrem Marcel Reich

HILDE SPIEL AN MARCEL REICH-RANICKI.
ST. WOLFGANG, 29. JULI 1965

29. Juli 1965

Lieber M. R.-R.,

der Roman erschien 1961 unter dem Titel *The darkened room* in London beim Verlag Methuen. Wenn es Sie interessiert – und weil Sie's sind –, kann ich Ihnen ein Exemplar schicken. Das Buch wurde englisch geschrieben und erst von mir übersetzt, als die Nymphenburger aufgrund der englischen Ausgabe beschloß, es zu publizieren. Ich habe mich ziemlich genau an den Originaltext gehalten; eine Umarbeitung kam nicht in Frage.

Ich halte es für wichtig, daß der Roman englisch konzipiert wurde – aus vielen Gründen. Ich will Ihnen diese aber nicht angeben, um Ihrem Urteil nicht vorzugreifen. Das Leseexemplar habe ich noch gar nicht gesehen, weil ich drei Wochen in Sizilien war. Ich glaube, es enthält noch einige Sprachunreinheiten.

Die besten Grüße

von Ihrer Hilde Spiel

HILDE SPIEL AN HEIMITO VON DODERER.
ST. WOLFGANG, 29. JULI 1965

29. Juli 1965

Lieber, Bester und Verehrtester,
 bitte vergib mir, daß ich Deinen so herzlichen und ermutigenden Brief vom 10. erst heute beantworte. Er erreichte mich mit anderer nachgeschickter Post in Taormina, wo wir aber am nächsten Tage wegfuhren, und als ich mit Hans am letzten Wochenende hier ankam, begannen sogleich die Salzburger Festlichkeiten, mit denen ich auf das anstrengendste verbunden bin. Die Abreise des Stuckenschmiedes wegen allzu vielem Regen hat mir jetzt auch noch ein Referat über das Webern-Gedenk-Konzert (sogar deren drei) eingetragen: die *Frankfurter* tut mit mir, was man mit einem häßlichen Wort »überfordern« nennt, aber dem Brotgeber muß man zu Diensten sein.

Ich war so glücklich über Deine Worte anläßlich des Romans. Er konnte Dir nicht sehr liegen, ist doch wohl ganz aus dem englischen Romanbereich (dem neueren, knapperen, nicht dem Dickensschen) entstanden und zu verstehen, und hat im Deutschen noch am ehesten Ähnlichkeit mit der sogenannten »neuen Sachlichkeit« der späten zwanziger und frühen dreißiger Jahre: ist also Deinem großen epischen Wurf und weit ausholenden Schwung fast durchaus entgegengesetzt, ein dünnes Werkchen am Rande der großen und breiten Prosa, wie Du sie betreibst. Um so mehr erlaben mich Deine zustimmenden Äußerungen und ich danke Dir von ganzem Herzen für diese Einfühlsamkeit.

Wir haben uns in der antiken Sonne herrlich wohlbefunden und sind jetzt etwas unzufrieden im rauhen Klima des Salzkammergutes. Hans hat sich das Lünglein verkühlt und muß injiziert werden. Ich weiß nie, ob mir eiskalt oder zu heiß ist: Folgen eines Temperaturwechsels von 37° im Schatten (Syrakus) und etwa 15° hier, wenn's hochkommt. In der Felsenreitschule beim Sellnerschen *Oedipus* schien es freilich nur *ein* Grad zu haben.

Die liebsten Grüße von Deiner Hilde

HANS HABE AN HILDE SPIEL.
ASCONA, 28. OKTOBER 1965

Am 28. Oktober 1965

Liebe Hilde:

Mit dem gewidmeten Exemplar von *Lisas Zimmer* hast Du mir eine aufrichtige Freude bereitet.

Es ist zwar nicht unbedingt ein Kompliment – doch als solches ist es gemeint –, daß ich den Roman in einem Atem gelesen habe. Die Erinnerung an Zelinka, Stanislas und Güpferling – just Güpferling ist übrigens, heiliger Freud, nicht richtig: es war Curland – trug zu meinem entzückten Interesse bei, war aber nicht seine einzige Ursache. Hansi wäre mit dem Buch glücklich gewesen, nicht zuletzt, weil sie sich gerne so interessant gesehen hätte. Sie war es nicht. Sie war nur schrecklich unglücklich. Deshalb denke ich an sie oft – öfter als wenn sie nur interessant gewesen wäre.

Herzlichen Dank: Ich werde das Buch mit Liebe aufbewahren.

Laß es Dir gutgehen und sei herzlichst gegrüßt von
Deinem hans

HILDE SPIEL AN HANS HABE.
WIEN, 30. OKTOBER 1965

30. Oktober 1965

Lieber Hans,

die Zeit vergeht – aus dem Curland wird Güpferling und aus dem Stanislaus ein Stanislas, aber die Essenz bleibt erhalten, ein Tropfen genügt.

Was Du über Hansi schreibst, ist richtig. Ihre Figur ist wie alle anderen ein »composite« und ein Symbol, wie Du sicher ebenso gut weißt. So lebt sie doch noch einmal kurz auf, das war meine Freundschaft und wahrscheinlich auch Liebe zu ihr wert.
Die herzlichsten Grüße von
Deiner Hilde

HILDE SPIEL AN CLAUS HENNING BACHMANN. WIEN, 29. NOVEMBER 1965

29. November 1965
Sehr geehrter Herr Bachmann,
Elias Canettis schriftstellerische Bedeutung steht außer Frage. Eine Anzeige gegen sein Stück wegen »Erregung geschlechtlichen Ärgernisses« beweist wieder einmal, daß bürgerliche Konvention und Gesetzgebung im Bereich der Kunst nur begrenzt anwendbar sind, weil ihre Moralbegriffe sich mit den dort herrschenden nicht decken und im Vergleich mit diesen zumeist veraltet erscheinen. Canetti wollte fraglos anprangern was ihm nun zur Last gelegt wird. Ich verweise am besten auf die Argumente, die der hochachtbare Direktor des britischen Nationaltheaters Sir Laurence Olivier am 21. November für ein Stück vorgebracht hat, gegen das – freilich nicht von seiten der Staatsanwaltschaft – ähnliche Vorwürfe erhoben wurden.
Er sagt darin: »Es war nicht der ursprüngliche Zweck der Tragödie, das Leben erhaben zu gestalten. Ihr Nutzen lag in ihrer Kraft der Katharsis, ein tüchtiger Stoß in die Magengrube, Läuterung der Seele durch Schockbehandlung im wahrsten Sinn des Wortes.« Er erinnerte an Bernard Shaw, der zur Verteidigung seines Dramas *Frau Warrens Gewerbe* erklärt hatte: »Das Stück verbieten, heißt die Übel schützen, welche es enthüllt.« Und er fügte, anläßlich der in dem Drama *Saved* von Edward

Bond enthaltenen Darstellungen eines Kindermordes und gewisser sexueller Vorgänge, erläuternd hinzu: »Sie (diese Vorgänge) sind Lebenstatsachen, liegen in unserer Natur und müssen daher ebenso wahrgenommen und verstanden werden wie die allgemein akzeptierten Tatsachen, weil ein Nicht-Wahrnehmen und Nicht-Verstehen unserer Natur dazu führen würde, daß im Namen des Gesetzes und selbst der Frömmelei furchtbare Greueltaten begangen würden. Es ist die Aufgabe des Theaters, sei es nun die profundeste Tragödie oder die leichteste Komödie, das menschliche Herz Selbsterkenntnis zu lehren. Manchmal aber, wenn es nötig ist – und wir befinden uns offenbar in einer solchen Zeit –, ist es seine Aufgabe, sich mit dem Studium, der Erkenntnis und der Einsicht jener gefürchtetsten und gefährlichsten Ausschweifung im menschlichen Wesen zu befassen, der dreifachen Verschwörung zwischen dem Sexuellen, dem Fäkalischen und dem Grausamen.«

Im übrigen ist heute die Öffentlichkeit, durch ständige Informationen über den Spielplan eines Theaters, durch Vorankündigungen wie durch sofortige Rezensionen eines Dramas jederzeit so gründlich über den avantgardistischen und freizügigen Charakter eines Dramas unterrichtet, daß Jugendliche, die aus Unverständnis der dichterischen Absicht falsche Schlüsse aus dem Gesehenen zu ziehen versucht wären, von den für sie verantwortlichen Personen dem Theater ferngehalten werden können.

Ich hoffe zuversichtlich, daß die Staatsanwaltschaft die Diskussion um Canettis Stück sich fort abwickeln lassen wird, wo sie hingehört: auf dem Gebiet der Kunst und Kunstkritik.

Mit freundlichen Grüßen,

Dr. Hilde Spiel

MANÈS SPERBER AN HILDE SPIEL.
ISSY-LES-MOULINEAUX, 3. FEBRUAR 1966

Den 3/2/66

Liebe Hilde Spiel,

zu allererst meinen verspäteten Dank für *Die Welt im Widerschein*. Ich habe inzwischen fast alle Essays nicht immer in der angeordneten Folge, mit gleichbleibendem, großen Interesse gelesen. Ich finde sie alle sehr gut, obschon häufig zu kurz. Es ist mir selbst merkwürdig, daß ich von den drei ersten Essays (über die *Frühvollendeten*) und von dem über Virginia Woolf am stärksten berührt worden bin. Das hat mit deren Qualität zu tun, gewiß. Aber wohl auch mit dem Thema – mit dem, was es Ihnen, der Autorin, bedeutet, und natürlich auch mit dem, was es einem Leser wie mir sagt. Ich glaube, wenn ich Sie wäre, würde ich einen Essay von zumindest 150 Seiten über Virginia Woolf schreiben, über die Frau, ihr Werk und nicht zuletzt über die von ihr geschaffene und sozusagen realisierte, paradigmatisierte Ästhetik. Sie könnten das sehr gut behandeln; es würde das beste Buch über diese ungewöhnliche Dichterin sein.

Besten Dank auch für die Zusendung Ihres Kraus-Aufsatzes. Mit vielem davon bin ich einverstanden; daß mich die implizierte Polemik gegen Zeitgenossen weniger interessiert, das wissen Sie. – Über das Komplexe in Kraus' Stellung zum Judentum, zu seinem eigenen renegierten und dennoch nie wirklich verleugneten Judesein, habe ich einige, fast rüde Bemerkungen in meinem Wiener Vortrag über K.K. geäußert. Sie wissen natürlich, daß für diese Art Juden der Generation, die vor dem Beginn unseres Jahrhunderts geboren wurde, das jüdische Problem ebenso unerträglich wie unausweichlich war. Sie haßten ihr Judesein und sich selbst dafür, daß sie nicht vergessen konnten, daß sie es waren. Von da kommt eine bösartige, oft sogar dümmliche und geschmacklose pseudo-polemische Hervorhebung all dessen, was sich in falschen Situationen immer wieder aufs Neue anhäuft und zu einem Kilimandjaro wird, der jeden Ausblick versperrt.

Auch das wäre ein Thema für Sie: eine Fortsetzung der *Arnstein*: die Tragikomödie des Wiener Judentums mit seinen in Ungarn, Böhmen, Mähren, Schlesien-Galizien usw. ausgerissenen Wurzeln. Zu diesen Entwurzelten gehörte Kraus, aber das definiert ihn nicht.

(A propos »falsche Situationen«: da Sie über T.E. Lawrence geschrieben haben, könnte Sie mein Essay über ihn interessieren; er trägt eben den Titel. Sollten Sie den Band nicht haben, so will ich ihn gerne schicken. Am liebsten französisch, denn ich habe ihn nicht selbst ins Deutsche übersetzt.)

Ich werde wahrscheinlich nicht, wie vorgesehen, im Frühling nach Wien kommen, sondern erst im Herbst oder gar nächstes Jahr. Kommen Sie nicht einmal nach Paris? Ich würde mich freuen, Sie hier zu sehen.

Inzwischen danke ich Ihnen nochmals schönstens für Ihr Buch und für den Artikel und grüße Sie
         sehr herzlich Ihr Manès Sperber

HILDE SPIEL AN HANS HABE.
WIEN, 25. APRIL 1966

25. April 1966

Lieber Hans,

darf ich an Deine alte Hilfsbereitschaft appellieren: nicht für mich, aber für Barbara Coudenhove-Calergi, eine mutige und gewiß die anständigste junge Wiener Journalistin. Sie hat eben, im Zug der »Rationalisierung« des *Neuen Österreich*, ihren Kündigungsbrief erhalten. Sie ist eine der wenigen, die hier über die fragwürdigen Aktivitäten der Frontkämpferverbände, über KZ-Prozesse und alte Widerständler berichtet hat, sie schreibt gut und gescheit.

In Wien wird es, wie Du Dir denken kannst, nicht viele Chancen für sie geben. Aber wenn sie hier für deutsche Zeitungen arbeiten könnte, ginge sie der Publizistik

Österreichs nicht verloren. Könntest Du sie an jemand in der Bundesrepublik empfehlen, der über politische, lokalpolitische, soziale Zustände in Österreich richtig informiert werden will? Ich schreibe heute an Werner Friedmann, sonst fällt mir augenblicklich niemand ein.

Verzeih diese Attacke auf Deine Zeit – ich hätte sie kaum aus einem nichtigen Anlaß unternommen, aber Barbara braucht und verdient Hilfe in diesem Augenblick.

Die schönsten Grüße

von Deiner Hilde

HANS HABE AN HILDE SPIEL.
ASCONA, 1. MAI 1966

Am 1. Mai 1966

Liebe Hilde:

Besten Dank für Deinen Brief, den ich schnell und kurz beantworten will – kurz, weil ich sozusagen schon auf dem Sprung nach Amerika bin, wo ja *Die Mission* die Juni-Auswahl des Book-of-the-Month-Club ist. Ich werde am 25. Juni wieder zu Hause sein.

Selbstverständlich helfe ich Barbara Coudenhove-Calergi gerne. Ist sie übrigens mit meinem Freund Richard Coudenhove-Kalergi verwandt? Nur kann ich es beim besten Willen nicht mehr vor meiner Abreise tun. Nachher denke ich vor allem an die *Neue Ruhr-Zeitung* in Essen, an die *Augsburger Allgemeine* und das *St. Galler Tagblatt*. Ich ziehe jetzt Erkundigungen ein, ob diese in Wien richtig vertreten sind; nach meiner Rückkehr werde ich wohl die Antworten haben.

Damit auch nichts vergessen wird, wäre es nett, wenn mir Barbara Coudenhove-Calergi Ende Juni ein paar mahnende Zeilen schriebe.

Ich hoffe, daß es Dir gutgeht und grüße Dich herzlichst

Dein hans

ROBERT NEUMANN AN HILDE SPIEL.
LOCARNO, 24. JUNI 1966

24. 6. 66

Liebe und verehrte Hilde,
 ich hoffe, daß diese Zeile des Dankes für Deinen Brief vom 7. Juni Dich schon wieder in Wien erreicht.

Ich wüßte mir niemand Besseren und mir persönlich Willkommeneren, der die Nachfolge der armen Erika hätte antreten können. Du wirst das großartig machen.

Selbstverständlich liegt mir sehr daran, anläßlich unserer Reise nach Wien im Oktober mit den Freunden vom PEN zusammenzutreffen – aber machen wir das nicht am besten österreichisch-ungezwungen-privat und ganz ohne jeden »Pflanz«? Etwa ein Nachabendessen-Zusammentreffen mit Euch beiden, Jungks, Doderer, Sebestyén und all den Leuten aus der PEN-Exekutive, die mittun wollen? Selbstverständlich sind diese Namen nur Anregungen, zusätzliche Freunde sind mir immer willkommen, ob ich sie kenne oder nicht, und wenn unter den Leuten Feinde sind, so streich sie getrost – Torberg habe ich ohnedies schon vorsorglich gestrichen.

Oder wenn Ihr Euch einer der schon arrangierten Veranstaltungen »pen-offiziell« anschließen wollt, so ist das hier die Speisekarte:

18. 10. Literarische Gesellschaft, Kraus, Palais Palffy,
20. 10. Buchhandlung Berger, am Kohlmarkt
21. 10. Festrede über Hermann Broch, Konzerthaussaal, Eröffnung der Buchmesse.

Zwei private zusätzliche Bitten:
 Am 19. 10. gingen wir gern in die Oper, wenn da was Schönes ist, oder in den Redoutensaal. Oder ist in der Oper am 17. oder 22. was Aufregendes los – oder im Burgtheater? Könntet Ihr da für uns Karten verlangen?

Und die zweite Frage: Wo wohnen wir nicht allzu unzentral (wir haben den Wagen dabei) und hübsch und nicht teuer? Erika sprach von irgendeinem kleinen Hotel oder Boarding House, in dem sie PEN-Gäste unterbrachte, aber ich erinnere mich nicht an den Namen.

Ich freue mich sehr auf unser Zusammentreffen nach all dieser Zeit. Und dann wollen wir auch die Situation bezüglich Du und Sie begleichen. So geht das doch nicht.

Alles Herzliche, auch an Flesch, auch von Helga, und verzeih bitte, daß ich Dich gleich so sehr ausnutze.

Dein Robert

HILDE SPIEL AN ROBERT NEUMANN.
WIEN, 19. JULI 1966

19. Juli 1966

Lieber Robert,

Es ist kaum zu entschuldigen, daß ich Deinen Brief erst heute beantworte, denn ich bin seit dem 2. Juli in Europa und seit dem 10. wieder in Österreich. Aber es war so viel zu tun in den Tagen nach meiner Rückkehr, und ich habe inzwischen ja auch meinen Haushalt für den Sommer nach Sankt Wolfgang verlegt. Jedenfalls bitte ich um Vergebung. Gottlob haben wir ja noch viel Zeit bis zum Besuch im Oktober.

Da Wolfgang Kraus die Creme des Neumann-Besuches abschöpft, wie es ihm als Kapitalkräftigerem ja auch zukommt, werden wir schweren Herzens auf einen richtigen Vortragsabend im Rahmen des PEN verzichten müssen. Aber wir wollen natürlich in jeder Dir genehmen Form ein Zusammensein der Freunde und Verehrer in unserem Verein veranstalten, entweder als einen »Club-Nachmittag« im gemütlicheren Teil des Concordia-Raumes an Tischen, zwanglos, wobei natürlich ebenfalls eine kleine Begrüßung durch Csokor und ein deliziöser Vortrag Deinerseits stattfinden kann und soll, oder ein richtiges Abendessen im Hinterstübchen der Linde – mit einer erwählten Schar, und nachheriger ebensolcher Begrüßung und Lesung, oder aber auch auf eine andere, Dir passende Art. Du mußt also nur Deine Wünsche bekanntgeben.

Theater- oder Opernkarten können wir verschaffen. Das Programm für den Oktober kommt aber erst im September heraus. Auch das Hotel können wir reservieren, es kommt da auf die Preislage an. Es gibt allerlei Hübsches, etwa, wenn Ihr die Arabella-Atmosphäre anstrebt, den alten und vornehm Verblichenen König von Ungarn, dann das feine Kaiserin Elisabeth in der Weihburggasse, teurer und still, wenn man Hinterzimmer wählt, oder das literarisch traditionelle Grabenhotel in der Dorotheergasse, mit Hawelka visàvis, oder gleich das Regina der Herren Kremslehner hinter der Votivkirche, oder das Wandl, das jetzt ganz respektabel ist und ungemein zentral – aber es gibt auch Pensionen wie die Nosseck, die von Canetti und der Motesiczky bewohnt wurde. Kurz, Du hast nur zu sagen, welches Du vorziehst, und wir werden versuchen, Dich dort unterzubringen. Nosseck ist übrigens am Graben.

Das mit dem Du fließt mir leicht aus der Schreibmaschine, aber ob es sich mündlich so selbstverständlich anläßt, weiß ich nicht, weil ich aus der Jugend – in dieser Distanz aus der gemeinsamen Jugend – doch noch gewisse Respektshemmungen habe.

Ich bin bis Ende August hier, Mimi Sikor ist bis etwa Mitte August in Wien, es kann also dort alles vorbereitet werden, falls Du Dich rechtzeitig äußerst.

Mit den schönsten Grüßen   Hilde

ROBERT NEUMANN AN HILDE SPIEL.
LOCARNO, 14. AUGUST 1966

Locarno-Monti, 14. 8. 66
La Giorgica

Liebe Hilde,
vielen Dank für Deinen Brief und die Informationen. Es wäre mir sehr leid, wenn der von mir vorgeschlagene

und von Csokor sekundierte Wolfgang Leonhard nicht gewählt würde. Weil er ein Kommunist war? Sag doch den Freunden, daß er eben deshalb ein zuverlässiger Antikommunist ist als sonst wer – ich garantiere dafür gern (wenn meine Garantie dort etwas gilt).

Gewiß, besonders Opernkarten wären willkommen, wenn es etwas Schönes gibt.

Vielen Dank im voraus und auf baldiges Wiedersehen, und inzwischen alles Herzliche

Dein Robert

HILDE SPIEL AN ROBERT NEUMANN.
WIEN, 20. AUGUST 1966

20. August 1966

Lieber Robert,

Heute schrieb ich an Wolfgang Leonhard und bat ihn, uns noch mitzuteilen, ob er österreichischer Staatsangehöriger sei und ob er die Absicht habe, sich in irgendwelchem Maß an der Aktivität unseres Klubs zu beteiligen. Ich weiß, daß diese Fragen auf der Vorstandssitzung, die sich mit seinem Fall beschäftigt, gestellt werden müssen.

Die Widerstände gegen seine Aufnahme, die bereits auf der Sitzung im Juli laut wurden, richteten sich weniger gegen Leonhards Ex-Kommunismus als gegen seinen »um so zuverlässigeren Antikommunismus«, wie Du ihn nennst. Das will nicht heißen, wir seien »fellow-travellers«, obschon manche von uns, etwa von Deinem Freunde Torberg, als solche bezeichnet wurden. Es ist nur in den letzten Jahren, besonders von so konservativen Leuten wie Carry Hauser oder Rudolf Henz, eine wirkliche Bereitschaft zur geistigen Koexistenz mit den östlichen Ländern vertreten worden, die sich ja sogar im Internationalen Sekretariat durchgesetzt hat – wie man wieder in New York sah –, und man fürchtet ein wenig, daß so unbedingte kalte Krieger wie Leonhard die Ost-West-Kontakte, die in Wien nicht nur von uns, sondern auch von der Gesellschaft für Literatur gepflegt werden, etwas belasten könnten.

Das ist aber keineswegs der Haupteinwand gegen Leonhard. Man findet vielmehr, daß er doch, da er als 14jähriges Kind Österreich verließ, hier seither nicht auftauchte, nichts publizierte, was mit Österreich zu tun hat, seinen Wohnsitz in der Bundesrepublik hat etc. etc., nicht unbedingt gerade Mitglied des Österreichischen PEN werden müßte, sondern vielleicht eher unter Sternbergers Häuflein gehört, wo er wenigstens an PEN-Veranstaltungen leichter teilnehmen kann. Aber all das wird im September diskutiert und nicht von mir entschieden werden. Die allerherzlichsten Grüße von

Deiner Hilde

ROBERT NEUMANN AN HILDE SPIEL.
LOCARNO, 29. AUGUST 1966

29. 8. 66

Ach, Hilde, der Mann ist doch kein kalter Krieger – sonst rührte ich ihn nicht mit der Kohlenzange an: weißt Du nicht einmal mehr so viel von mir? Er ist einer derer, die »ihr Domizil nach dem Westen verlegt« haben – und bleiben all diese Dinge Deiner Executive unklar, so laß es doch bitte bei der Septembersitzung nicht zu einer Ablehnung kommen und vertag die Sache, bis ich im Oktober mit Euch gesprochen habe. Zu den Bundesrepublikanern gehört dieser Leonhard eben deshalb nicht, weil das nicht einfach Gegner des Kommunismus sondern mit Bonn gleichgeschaltete Reaktionäre sind.

Dank Dir noch für die Information über Elisabeth Paplé. Ich schreibe ihr heute, daß wir ihre gastliche Einladung mit Dank annehmen. Wir kommen dort am 17. 10. an. Adresse:

p.A. Plakolb
   Breitenfeldergasse 6-8/I/23
   Wien VIII
   Tel. 4286044

Sehr dankbar wäre ich Dir, wenn Du unsere Gastgeberin samt Mann (Herrn Plakolb) zu der Sache einlüdest, die Ihr für mich veranstalten wollt. Soll diese Veranstaltung nicht ein rein unverbindliches gesellschaftliches Geplauder bleiben, so spreche ich mit Euch gerne über die männermordende Schlacht, die zwischen mir und der Gruppe 47 ausgebrochen und Euch ja wohl bekannt ist. Das wäre deshalb ein Euch interessierendes Thema, weil ich mir vorstellen könnte, daß in diesem Zusammenhang ein neuer Kristallisationspunkt gerade in Wien erwünscht sein wird – im Zusammenhang mit Euch und/oder Kraus. Es ist da allerlei in Bewegung und es wäre mir willkommen, Euch einzuschalten.

Frau Pablé schreibt, daß sie das für die Oper für uns schon arrangiert hat – da muß ich Dich also nicht weiter bemühen. Aber wenn es sonst Theatralisches von wirklichem Interesse gibt – da wäre ich Dir sehr dankbar.

Ich habe ja unlängst diesen komischen Orden gekriegt (das weißt Du wahrscheinlich) – unklar ist mir, ob von mir erwartet wird, daß ich mich da bei dem mir nur flüchtig bekannten Präsidenten Jonas bedanke. Ich reiße mich nicht darum, aber er hat mir letztesmal versichert, er sei ein enthusiastischer Leser von mir (ich mißtraue dem sehr; wahrscheinlich verwechselt er mich). Aber Besuch bitte nur, wenn das üblich ist – wir werden in den paar Tagen dort mehr als genug beschäftigt sein.
   Alles Liebe Dein Robert

Wenn Ihr niemanden nach Arnhem schickt – soll ich für Euch dort etwas »erreichen«?

HILDE SPIEL AN ROBERT NEUMANN.
WIEN, 14. SEPTEMBER 1966

September 14th, 1966

Lieber Robert,

wir haben zur Sicherheit, obwohl Walther Schneider und Gyuri Sebestyén bereit waren, über Leonhard zu referieren, auf der gestrigen Vorstandssitzung diesen Fall doch noch zurückgestellt. Ich würde vorschlagen, daß wir zur Zeit Deiner Anwesenheit in Wien im Oktober eine Vorstandssitzung einberufen, der Du als unser Ehrenpräsident beiwohnst und auf der dann mit Deinem Nachdruck diese Aufnahme gewiß leicht durchgesetzt werden kann.

Zweitens wollen wir gern einen informellen Nachmittag in der Concordia veranstalten, an Tischen und Stühlen, wobei Du also einiges liest, was weder bei Berger noch bei Kraus zum Vortrag kommt. Unter uns: es herrscht eine ganz leichte Angerührtheit darüber, daß Du nicht uns Gelegenheit gabst, Deine Anwesenheit in Wien durch eine größere Lesung zu feiern, und wir wollen also keinesfalls, daß unsere Veranstaltung sich mit den beiden anderen überschneidet. Bitte behandle das als diskret.

Wir brauchen jetzt nur einen Termin, am besten vor dem 24. Oktober, da erstens an diesem Tag die Aichinger anderswo liest und zweitens die Literaturtagung des Kraus beginnt. Die Concordianachmittage beginnen um 5 und sind gegen 7, nach einer kleinen Erfrischung (die wir aber in diesem Fall vielleicht sogar vorher servieren werden) zumeist zu Ende. Du könntest also sogar noch ins Theater zurechtkommen.

Was das Theater angeht, so verstehe ich offenbar richtig, wenn Du sagst, daß bisher nur Opernkarten von Frau Pablé beschafft wurden. Soll ich mich mit ihr in Verbindung setzen, um zu besprechen, was sonst man für Dich arrangieren könnte?

Nach Arnhem wird nun für uns Piero Rismondo fahren. Eine gute Wahl, glaube ich.

Die herzlichsten Grüße Hilde

**ROBERT NEUMANN AN HILDE SPIEL.
LOCARNO, 17. SEPTEMBER 1966**

17. 9. 66

Liebe Hilde,

fein, über Leonhard will ich in einer Vorstandssitzung selbst referieren. Wir kommen am 17. 10. an und ich will mich dann sogleich bei Dir telefonisch melden, um Termine zu vereinbaren – es sei denn, Du sagst mir schon vorher Eure Wünsche.

Auch der Nachmittag in der Concordia ist mir sehr recht – in Betracht kommt wohl am besten der 19. oder zur Not der 22. – und wenn Ihr wollt, lese ich gern etwas bei den anderen Vorlesungen nicht Verwendetes vor – aber ein Alternativvorschlag wäre, daß ich Euch über meine Kämpfe mit der »Gruppe 47« (ich nehme an, Du kennst sie aus *Konkret*) referiere: sie laufen ja darauf hinaus, daß den jungen Autoren nach Eliminierung der derzeitigen »Führer-Persönlichkeiten« eine neue Möglichkeit für Zusammenkünfte geschaffen werden soll, und läßt sich das in Wien realisieren (einige Leute dort sind Feuer und Flamme dafür), so will ich den Österreichischen PEN in maßgeblicher Weise in die Organisation einschalten – wenn Ihr wollt. Das wäre also ein fruchtbares Gesprächsthema für den Concordia-Nachmittag – mit oder ohne Hinzuziehung von Kraus, mit oder ohne Hinzuziehung der Leute vom Zsolnay-Verlag, die an diesen Dingen sehr interessiert sind.

Bitte erklär doch den Freunden dort, daß Kraus, die Buchmesse und Berger sich von sich aus mit Einladungen an mich gewandt haben. Ihr habt das nicht von Euch aus getan – oder doch erst, als die anderen Dinge schon arrangiert waren. So besteht doch kein Grund für Euch, jetzt verschnupft zu sein, wenn ich das Zusammensein mit Euch, auf das ich mich ehrlich ganz besonders freue, mit den schon vorher arrangierten Terminen koordinieren muß!

Ja, es wäre furchtbar nett, wenn Du die Theater- und Opernsache mit Frau Pablé arrangiertest. Wir geben uns da ganz in Eure Hände – wir haben keinerlei andere Termine als die Dir bekannten, also Kraus am 18., Berger am 20., Buchmesse am 21., Concordia nach Deinem Wunsch. Auch nach dem 21. wollen wir noch ein paar Tage bleiben, wenn es Interessantes gibt: wir leben ja hier in der Provinz.

Alles Liebe, Dein Robert

HILDE SPIEL AN ROBERT NEUMANN.
WIEN, 20. SEPTEMBER 1966

20. Sept. 1966

Lieber Robert,

Wir scheinen jetzt alles nachzuholen, was wir in langen Jahren an Kommunikation versäumt haben. Dies also nun, um Dir zu sagen, daß wir vermutlich am 22. den Nachmittag in der Concordia machen wollen und natürlich entzückt sind von dem Alternativ-Vorschlag. Wir wollen dazu also nicht Krethi und Plethi, sondern nur den »Inner Circle« des PEN und ein paar literarisch wichtige Leute einladen, vor allem die Jungen, Kruntorad usw., die sich für Deinen Plan interessieren werden.

Ich hoffe, daß er sich nicht als wirkliche Gegenbewegung gegen die 47er ausnimmt, denn ich mag Kaiser, Mayer, Fried und andere sehr gern und möchte nicht in direkte Fehde gegen sie ausbrechen, finde aber natürlich die Cliquey-ness und Intoleranz der Leute unerträglich. Leider ist auch in Wien derlei im Gange und eine Zusammenrottung der Jüngeren (Fink, Kruntorad, Breicha, Fritsch, Dor) unter Umgehung der älteren und der Mittelgeneration merkbar. Um so lustiger kann die Diskussion drüber werden. Polak vom Zsolnay-Verlag ist jetzt in den PEN aufgenommen worden. Kraus müssen wir wohl dabei haben – ich habe ihn persönlich ganz besonders gern, er mag mich auch, aber eine gewisse Rivalität besteht zwischen uns und der Gesellschaft und ich bin natürlich doch dran interessiert, daß wir langsam wieder etwas darstellen: der PEN hat an Ansehen sehr verloren, und von Thomas Bernhard mußten wir uns die Mitgliedschaft, die wir ihm antrugen, ins Gesicht schmeißen lassen.

Darüber mehr. Jetzt nur eine Bitte. Nimm Dich Rismondos an, der für uns nach Arnhem fährt, hilf ihm sein französisches MS zu korrigieren und sieh zu, daß er für uns gute Figur macht. Er ist ein feiner Kerl, etwas scheu, und braucht Rückenstärkung. Jedenfalls ist er ein besserer Repräsentant als die meisten übrigen Mitglieder unserer Exekutivkomitees – entre nous. Und noch eines: bitte laß mir das *Konkretheft* schicken, ich hab's versäumt. Theater bespreche ich mit der Pablé.

Alles Liebe Hilde

MARCEL REICH-RANICKI AN HILDE SPIEL. HAMBURG, 22. NOVEMBER 1966

22. 11. 1966

Allerliebste Frau Professor,

nicht ohne Rührung habe ich festgestellt, daß Sie in Ihrem vorzüglichen Beitrag über die Kritik in dem Buch *Theater bei Tageslicht* mich zu zitieren versucht haben. Das freut mich, ich danke Ihnen bestens. Allerdings haben Sie in Wirklichkeit nicht eben mich zitiert. Das ist interessant, wenn auch nicht überraschend. Denn den Professoren fällt das Zitieren im allgemeinen schwer, den Germanisten – und jetzt habe ich doch den Eindruck, daß Sie auch Germanistin sind – ganz besonders. Der langen Rede dürftiger Sinn: Den von Ihnen auf Seite 185 bzw. 186 zitierten Satz habe ich nie geschrieben. Ich habe derartiges – sinngemäß – oft gesagt und oft geschrieben. Aber die von Ihnen angeführten Formulierungen stammen nicht von mir. Die schreckliche Forderung der Kritiker »als Führer« (!!!!) hätte ich nicht einmal im Suff von mir geben können. Bei dem Wort »Führer« ist man hierzulande, glück-

licherweise, immer noch etwas empfindlich. Woher kommt also Ihr Zitat? Ich vermute, daß es aus einem Vortragsbericht stammt, der irgendwann in irgendeiner Zeitung von einem (wahrscheinlich) dubiosen Journalisten verfertigt wurde. Der Mann hat referiert, was er glaubt gehört zu haben – und er hat in der Tat ungefähr richtig gehört, eben ungefähr. Das ist wohl alles. Und das alles ist (unter uns) nicht der Rede wert. Aber ich wollte Ihnen doch wenigstens für die guten Absichten sehr herzlich danken. – Was gibt es bei Ihnen, wann sieht man Sie mal in Hamburg? – Ich war letztens in Griechenland und in der Türkei mit Vorträgen – es war sehr interessant, für mich jedenfalls. – In Ankara traf ich Leute, die bei unserer Diskussion vor Jahren in Berlin anwesend waren. Man erinnert sich Ihrer auch in Kleinasien mit größter Sympathie.
Mit einer tiefen Verbeugung
    Ihr ergebener Diener Marcel Reich

HILDE SPIEL AN MARCEL REICH-RANICKI. WIEN, 19. JUNI 1967

19. Juni 1967

Lieber Marcel Reich-Ranicki,
nur ungern enttäusche ich Sie – außer durch meine Romane –, aber Böll ist bei mir eine Bildungslücke, die ich errötend eingestehen muß. Ich liebe sehr das »Gesammelte Schweigen des Herrn Murke« und habe Böll diese Geschichte auch vorlesen gehört, aber ich kenne die wenigsten seiner Bücher und weiß von ihnen, wie der Schulknabe von Julius Cäsar, nur das Beste, aber nicht viel mehr. Bitte haben Sie die große Güte, mich in diesem Fall zu dispensieren.

Die Torberg-Freundschaft hat ungeahnte Formen angenommen. Wir telefonieren miteinander und haben bei zwei Gelegenheiten auf das Freundlichste miteinander parliert.

Die schönsten Grüße von Ihrer Hilde Spiel

THEODOR W. ADORNO AN HILDE SPIEL. FRANKFURT AM MAIN, 19. MÄRZ 1968

19. März 1968

Liebe und verehrte Frau Spiel,

nicht möchte ich es unterlassen, Ihnen für die reizenden Worte zu danken, die Sie für meinen Aufsatz über Wien aus *Quasi una fantasia* gefunden haben. Im Augenblick, wo wirklich so etwa alles gegen mich losgelassen ist, was man sich nur vorstellen kann, ist so etwas wahrer Balsam, und vor allem auch, daß mir gerade aus Wien meine Zuständigkeit in diesen Dingen bestätigt wird. Ich überschätze mein Wahlwienertum nicht, aber unter Umständen findet man zu gewissen Phänomenen gerade durch Distanz eine größere Nähe, als wenn diese bloß unmittelbar ist.

Den Angriff, den Frau Arendt, die frühere Frau von Günther Anders im *Merkur* auf mich gerichtet hat, haben Sie wohl gelesen. Ich bin, gegenüber dem Maß von Mißverständnis und zugleich Bosheit, das eben über mich sich ergießt, so wehrlos, wie wenn man über mich schreiben würde, ich hätte als Kind silberne Löffel gestohlen, und diese Löffel würden heute noch in einem Archiv aufbewahrt.

Bitte empfehlen Sie mich Herrn von Flesch aufs schönste.

In herzlicher Verbundenheit stets Ihr Th. W. Adorno

HILDE SPIEL AN THEODOR W. ADORNO.
WIEN, 22. MÄRZ 1968

22. März 1968

Lieber, verehrter Herr Professor Adorno,

es war mir eine große Freude, daß Sie meinen Beitrag zum Anlaß nahmen, mir zu schreiben. Ihr Aufsatz stach aber auch wirklich aus der Überfülle jenes Buches durch seine Brillanz so unübersehbar heraus, daß man noch viel mehr darüber hätte sagen müssen.

Bitte unterschätzen Sie nicht in Augenblicken der Verstimmung Ihre einzigartige und unerschütterliche Stellung im deutschen Geistesleben. Frau Arendt [. . .] läßt nur zu deutlich den Ärger darüber durchscheinen, daß sie Benjamin nicht gepachtet und vor allem seine Schriften nicht selbst auf – wie sie immerhin zugibt – vorbildliche Weise herausgegeben hat. Dergleichen kann Ihnen nichts anhaben.

Ich hinwiederum habe Kummer mit der *FAZ*, die mir aus meinem Bericht über Hochhuths *Soldaten* siebzehn Zeilen strich, die sich mit den Schandtaten der deutschen Kriegsführung befaßten. Sicherlich wurden sie aus einer Art von »entgegenkommendem Gehorsam«, wie er in der alten österreichischen Armee verlangt wurde, von einem an sich Wohlmeinenden eliminiert. Das sind traurige Omina.

Mit den schönsten Grüßen, auch von Herrn von Flesch,

stets Ihre Hilde Spiel

HILDE SPIEL AN HANS PAESCHKE.
WIEN, 5. MAI 1968

5. Mai 1968

Lieber Herr Paeschke,

Ihr Brief war so gut und freundlich und ehrend, einmal im *Merkur* erscheinen zu können ist für mich ein alter und großer Wunsch, und doch muß ich Ihnen sogleich sagen, daß es nicht möglich ist, noch nicht jedenfalls, nicht in meiner gegenwärtigen Situation. Ich führe, es ist nicht zu ändern, ein gehetztes, mit zweit- oder drittrangiger Publizistik überbelastetes Leben. Die Zeiten, in denen ich ruhig in einem Vorort von London saß und Essays für den *Monat* basteln konnte, sind vorbei. In Wien werde ich bedrängt von tausend Unwichtigkeiten und muß auch noch über einige von ihnen berichten, darauf beruht mein tägliches Butterbrot. Überdies übersetze ich, mache Dinge für den Rundfunk, kann ab und zu etwas Muße für eine halbwegs ordentliche Buchrezension gewinnen, aber einen Aufsatz, den ich selbst des *Merkur* würdig fände, bringe ich in dieser Situation nicht zustande, vor allem nicht in der augenblicklichen, vor einer Fahrt zu einem überflüssigen Schriftstellertreffen in Piran und vor den Festwochen, die mich einen Monat lang tagtäglich mit irgendwelchen theatralischen und musikalischen Darbietungen bombardieren.

Haben Sie also bitte etwas Geduld und warten wir auf eine Zeit, in der sich alles ein wenig lichtet.

Zum Raddatz-Aufsatz möchte ich sagen, daß ich es schwer hätte, mit ihm zu polemisieren, weil ich vieles daran ganz richtig finde – ich habe immer eine sehr kritische Auffassung von Karl Kraus gehabt, bin mit Raddatz der Ansicht, daß man die bedingungslose Verehrung, die er jetzt genießt, etwas aus den Angeln heben muß, nur geht er – Raddatz – zweifellos zu weit. Ohne die Essays von Benjamin und Mayer durchzuarbeiten, was ich demnächst für meine Rezension des Weigel-Buches tun muß, ist aber mit Raddatz nicht zu polemisieren, und das kann ich nicht zur Zeit, könnte ich frühestens im Juni, also zu spät selbst für einen Offenen Brief an den *Merkur*.

Bitte, lieber Herr Paeschke, haben Sie Verständnis für meine Lage, aber es ist die Achtung vor dem Niveau des *Merkur*, das einem wirklich das Beste abverlangt, die mich davon abhält, in einem freien Moment frischfröhlich irgendetwas hinzuschreiben, das dann nicht hieb- und stichfest wäre. Damit ist weder Ihnen noch mir gedient.

Vielleicht läßt sich im Sommer einmal über etwas reden, was auf längere Sicht vorbereitet werden kann.

Wollen Sie den Abzug zurück? Im Augenblick behalte ich ihn noch zu gründlicherem Studium.

Mit den herzlichsten Grüßen Ihre Hilde Spiel

HANS PAESCHKE AN HILDE SPIEL. MÜNCHEN, 8. MAI 1968

München, den 8. Mai 1968

Liebe gnädige Frau,

postwendend meinen Dank, weil Sie ihn so spontan empfinden sollen, wie ich ihn zum Ausdruck bringe. Ich brauche nur an meine eigene Situation zu denken, um ohne jede Mühe Verständnis für die Ihre zu haben. Um so liebenswürdiger, geradezu liebenswerter ist es, daß Sie nur um etwas Geduld bitten – und um wie wenig! Denn wenn Sie, nach dem Studium von Benjamin und Mayer für die Weigel-Rezension bis Ende Juni, spätestens Anfang Juli, zu dem Raddatz-Aufsatz etwas schreiben, bin ich's voll und ganz zufrieden. Es wäre keinesfalls zu spät. Der *Merkur* hat, als Presseorgan gesehen, immerhin einen dreißigfach langsameren Rhythmus. Da Sie mit Raddatz zum Teil einig gehen, werden Sie es um so leichter haben, mit ihm zu polemisieren. Es ist in der Tat seine Neigung zu einseitigen Übertreibungen, mit der er sich selbst gern in den Arm fällt, mit der er auf sich selbst

Schatten wirft. Das kann ihm natürlich nur ein anderer sagen.

Zur Form: Offener Brief an ihn oder mich oder Zuschrift oder kleiner Gegenaufsatz – wie Sie mögen.

Ich habe in meinem Brief ein bißchen über die Differenzen von Wiener und Berliner Witz, auch österreichischem und deutschem herumdivergiert. Wär das eine Anregung für Sie, vielleicht für einen späteren Essay, oder teilen Sie die Ansicht nicht?

Zu England wollte ich Sie schon lange etwas ganz anderes fragen, frage aber jetzt per analogiam zu meinem letzten Brief: das Verhältnis von britischem und amerikanischem Humor. Ein Komplementärverhältnis, das auch für das Absinken des britischen Humors samt Zeichnern und das Aufsteigen des amerikanischen in ungefähr derselben Zeitphase gilt. Wendepunkt wohl nach 1918. Modell: der Niedergang des *Punch* und der Aufgang des *New Yorker*. Darüber würde ich gern noch manchen Brief mit Ihnen wechseln.

Auf ein Wort also wegen Raddatz zum Monatswechsel Juni/Juli und herzliche Grüße

Ihr Hans Paeschke

PS: Die Fahne Raddatz können Sie natürlich dabehalten.

HANS PAESCHKE AN HILDE SPIEL.
MÜNCHEN, 30. MAI 1968

30. Mai 1968

Liebe gnädige Frau,

ich kann doch mit Ihren Bemerkungen oder Anmerkungen zu Karl Kraus – oder dem Offenen Brief an Raddatz, wie Sie mögen – bis zu dem Termin rechnen, den Sie in Aussicht stellten (Ende Juni/Anfang Juli), ja? Bitteschön!

Herzliche Grüße Ihres Hans Paeschke

HILDE SPIEL AN HANS PAESCHKE.
WIEN, 15. JUNI 1968

15. Juni 1968

Lieber Herr Paeschke,
 es ist unverzeihlich, daß ich nicht früher geantwortet habe, aber erklären läßt es sich daraus, daß ich während der Festwochen drei Veranstaltungen täglich besuchte, nebenbei ein Stück zu übersetzen hatte und Berichte für zwei Zeitungen und zwei Rundfunkstationen liefern mußte. Es blieb keine Minute Zeit für Korrespondenz.
 Ich habe, wie ich sehe, in meinem Brief vom 5. Mai den Fehler begangen, zu schreiben, ich könnte mich frühestens im Juni zu der Kraus-Polemik äußern. In Wahrheit liegen die Dinge so, daß ich nach dem 20., wenn die Festwochen-Berichte abgeschlossen sind, für 14 Tage Ferien mache, mir da den Kraus von Weigel mitnehme und die Rezension vorbereite, aber ja doch wohl kaum vor Anfang Juli soweit mit der Materie vertraut sein werde, um mich auch nur im geringsten Umfang zu äußern. Schreiben Sie mir also bitte Ihren äußersten Termin, dann werde ich Ihnen sofort mitteilen, ob ich ein paar kleine Seiten rechtzeitig schicken kann. Ich kann's einfach nicht zwingen jetzt, bin auch durch die viele Arbeit völlig erschöpft.
 Mit den besten Grüßen
Ihre Hilde Spiel

HILDE SPIEL AN WOLFGANG KOEHLER.
WIEN, 19. JULI 1968

19. Juli 1968

Sehr geehrter Herr Koehler,
 zu Ihren Fragen, soweit ich sie beantworten kann: 1. Mit dem Werk von Saunders wurde ich zuerst konfron-

tiert anläßlich der englischen Aufführung von *Ein Eremit wird entdeckt*, im Original *Next time I'll sing to you*. Ich fand dies einen witzigen und tiefgründigen Exkurs in die Geheimnisse der Existenz. 2. Mir persönlich gefällt ein kleiner Monolog *Der Schulmeister (The Pedagogue)* am besten, weil er die conditio humana, die kosmische Bedrohung, unter der wir stehen, am eindringlichsten illustriert. Das »Hauptwerk« ist zweifellos *Duft von Blumen*, obschon Saunders wahrscheinlich nie wieder ein Stück dieser Art schreiben wird. 3. Sicherlich wären gewisse Einakter von Saunders anders geschrieben worden, gäbe es Ionesco nicht. Aber die skurrile und »absurde« Art, das Leben zu betrachten, ist eine Zeiterscheinung: wer diese Sicht nicht spontan in sich aufquellen fühlt, läßt sich auch von Ionesco nicht beeinflussen. 4. Saunders hat mit Shaw nichts zu tun. Die Bezeichnung »Ideendrama ohne viel Handlung« ist zu weit gefaßt und trifft auf Shaw noch weniger zu als auf Saunders. Shaw war ein sozialer Reformer, in erster Linie. Saunders ist weit davon entfernt, die Gesellschaftsstruktur verändern zu wollen. 5. Saunders wird gewiß noch viele neue Formen und Stile finden, um seine Gedanken auszudrücken. Er experimentiert dauernd. Die Spannweite zwischen *Duft* und *Opus* ist enorm. 6. Ich glaube kaum, daß Saunders irgendwelche Werke der Existenzphilosophie gelesen hat. Er ist ein Naturtalent, von der melancholisch-witzigen Lebensbetrachtung vieler englischer Humoristen und Satiriker (Swift, Edward Lear) sicher mehr beeinflußt als von philosophischen Hervorbringungen. Eine Läuterung des Zuschauers ist wohl kaum bezweckt, eher eine Hinführung zur Kontemplation der Wurzeln unserer Existenz, der letzten Dinge. Lesen Sie vielleicht einmal meinen Aufsatz über Saunders in der Zeitschrift *Die Zeit*. Sie werden sich von der Redaktion diesen vor längerer Zeit erschienenen Beitrag schicken lassen können. Im übrigen kann ich wohl nicht mehr beitragen, als ich hier angeführt habe. Meine Interpretation ist jedenfalls subjektiv.

Mit bester Empfehlung,

Dr. Hilde Spiel

HANS PAESCHKE AN HILDE SPIEL.
MÜNCHEN, 26. JULI 1968

München, den 26. Juli 1968

Liebe gnädige Frau,

sehr herzlichen Dank für den kleinen Text zu dem Aufsatz von Raddatz. Daß Sie die Anregung, hier österreichischer, dort norddeutscher Witz, mit aufgenommen haben, freut mich besonders. Die einzige Frage: die Zuschrift sollte Raddatz und dem *Merkur*-Publikum gegenüber nicht wie bestellt aussehen. Könnten Sie Ihre Kopie noch einmal daraufhin anschauen, ob sich die Sache nicht doch als Brief deklarieren läßt. Wenn an Raddatz, bedürfte es m. E. eigentlich nur auf Seite 1 zweiter Absatz und Seite 3 mittlerer Absatz einer kleinen Variation des ersten Satzes. Wenn an die Redaktion, eines Vorsatzes zur Lektüre des Heftes.

Falls Sie das aus irgendwelchen Gründen nicht mögen: dann müßte ich halt in einem Vorspann sagen, daß es sich um eine Zuschrift von Ihnen handelt. Mir wäre die erste Lösung lieber, aber entscheiden Sie frei.

Wie schön, könnte dieser kleine Text zum Auslöser werden – für Ihre weitere Mitarbeit mit ein paar Sachen, die Sie wahrscheinlich viel lieber schreiben mögen. Nennen Sie mir ein paar Pläne oder soll ich vorschlagen?

Herzliche Grüße

Ihres Hans Paeschke

HANS PAESCHKE AN HILDE SPIEL.
MÜNCHEN, 29. JULI 1968

München, den 29. Juli 1968

Liebe gnädige Frau,

mit herzlichem Dank für die Brief-Fassung an Raddatz: ich habe nichts weggelassen, weil mir in Ton und

Argument alles vortrefflich zusammenstimmen will. Nur die Grußformel am Schluß ließ ich weg, weil im *Merkur* nicht üblich.

Im übrigen sehen Sie in 8–10 Tagen ja noch die Autorkorrekturen.

Dieser Text hat mir doch auf mehr von Ihnen mächtig Appetit gemacht.

Herzliche Grüße Ihr Hans Paeschke

**HILDE SPIEL AN INGEBORG DREWITZ.
WIEN, 6. NOVEMBER 1968**

6. November 1968

Liebe Ingeborg Drewitz,

verzeihen Sie, daß ich mich für Brief und Buch nicht eher bedankt habe: es ging wieder einmal alles drunter und drüber. Ich habe schon einiges in Ihrem ausgezeichneten Buch über die Berliner Salons gelesen, das ist eine besondere Welt, in die Sie sich mit viel Liebe und Einfühlung versenkt haben. Den ungeheuren Reiz Berlins, das ich für ebenso traditionsträchtig halte wie Wien, habe ich in zwei Nachkriegsjahren an Ort und Stelle erfahren. Er ist gottlob weit weniger dem Klischee anheimgefallen als der Wiens – man wagt hier gar nicht mehr, über Stadt und Leute zu schreiben, alles klingt abgedroschen. Das ist auch der Grund, warum ein lange geplantes und mühsam vorbereitetes Buch über Wien nie weiter gediehen ist als bis zu sieben Kapiteln von zwanzig. Ich kann mich einfach nicht mehr dazu zwingen.

Es war sehr schön, Sie hier zu sehen. Das nächste Mal müssen Sie im Rahmen des PEN zu Wort kommen. Inzwischen wünsche ich Ihnen alles Schöne zur Arbeit, beneide Sie auch um die Möglichkeit, längere Dinge zu schreiben: das wird in diesem kleinen, aber hektisch aktiven Wien immer schwieriger.

Die schönsten Grüße und Wünsche für Weihnachten
und 1969

von Ihrer Hilde Spiel

HILDE SPIEL AN INGEBORG DREWITZ. WIEN, 14. NOVEMBER 1968

14. November 1968

Liebe Ingeborg Drewitz,

Wie schön, daß Sie nach Wien kommen. Ich freue mich sehr, Sie wiederzusehen – zu meinem wirklichen Kummer wird es am 19. November nicht möglich sein. Zur selben Stunde wie Sie liest Hans Lebert in der Wiener Secession, und da ich soeben zum »Korrespondierenden Mitglied« dieser Künstlervereinigung gemacht wurde, kann ich meine Zusage, diesem Abend beizuwohnen, gerade jetzt nicht rückgängig machen. Es tut mir von ganzem Herzen leid.

Indessen wollen wir etwas anderes vereinbaren. Sie werden ganz in meiner Nähe wohnen, also besuchen Sie mich vielleicht. Auch haben wir Ihnen eine Einladung zu einem Clubnachmittag des P. E. N. für Mittwoch den 20. geschickt, der recht hübsch werden kann. Ich muß abends in's Burgtheater zu einer Premiere, aber wir könnten uns auch vor Beginn in unserem Clubraum treffen, der ebenfalls in der Bankgasse 8 liegt. Am besten, Sie rufen mich nach Ihrer Ankunft an – Sie erreichen mich immer morgens zwischen neun und zehn, auch nachmittags meistens zwischen 4 und 6.

Herzlichste Grüße Ihre Hilde Spiel

INGEBORG DREWITZ AN HILDE SPIEL.
BERLIN, 23. NOVEMBER 1968

23. November 1968

Liebe Hilde Spiel,

die Stunden im PEN haben mich sehr gefreut. Sie haben da etwas aufgebaut, das wirklich so etwas wie ein Zentrum (und Zuhause) sein kann. Offenbar sind Sie gerade so mit Wien verbunden wie ich hier mit Berlin. Man versucht mit allem, was man kann, die Stadt wohnlich zu erhalten, die man liebt. Das ist in Wien leichter als in Berlin und erscheint doch eigentümlich ähnlich jetzt. Beide Städte haben Grenzschicksal. Beide sind, wenn auch ganz anders, gezeichnet.

Ich las Ihr *Arnstein*-Buch damals so gern und jetzt auch das Tagebuch. *Lisas Zimmer* zeigte mir Ihre so ganz andere Herkunft. Ich komme so ziemlich von unten herauf. Aber das sind Erfahrungen oder Erinnerungen, für die man nicht kann, die einen prägen, man darf sie nur nicht sentimentalisieren. Doch genug von Privatem.

Ich wünsche Ihnen, daß die viele Kraft, die Sie in den P. E. N. stecken, nicht Ihrem Schreiben verloren geht, sondern sich dort und darin verzinst: Reichtum an Menschen – Begegnungen, auch Bitteres natürlich – wir sind alle so schön unzeitgemäß, weil zweckfremd, daß es guttut, voneinander zu wissen!

Für heute, berlinisch: tschüs.
Die *Berliner Salons* schick ich als Drucksache!
Herzlichst Ihre Ingeborg Drewitz

HILDE SPIEL AN HERMANN KESTEN.
ST. WOLFGANG, 23. NOVEMBER 1968

23. 11. 1968

Lieber bester Hermann,

Sie haben mir mit Ihrer wirklich wundervollen Rezension eine ganz große Freude gemacht. Wenn das alles wahr ist, was Sie darin schreiben, könnte ich fast der Sünde des Stolzes schuldig werden. Ich bin vor allem so glücklich, daß dieses Buch Ihnen gefällt, weil ich mir nichts, aber auch nicht das Geringste von seiner Veröffentlichung versprochen hatte. Und jetzt interessiert man sich für diese doch so privaten und subjektiven Aufzeichnungen: das ist ebenso erstaunlich wie befriedigend. Danke!

Ich bin froh, daß Sie offenbar in einem recht netten Hotel untergekommen sind, ich glaube es vor mir zu sehen – ist es ganz blütenweiß angestrichen? Wenn ja, dann bin ich oft daran vorbeigefahren, in der Bayswater Road, aber natürlich kann man nichts empfehlen, von dem man nicht weiß, wie es innen drin ist. Ich beneide Sie um Ihren Londoner Aufenthalt, hier sehne ich mich wieder nach dieser Stadt, auch wenn ich 1963 dachte, sie zur Genüge ausgekostet zu haben. Ich fahre zweimal im Jahr hin, aber immer zu kurz. Gehen Sie auch ins Theater? Ich lese von sehr guten Aufführungen zur Zeit, als ich im September dort war, gab es wenig Interessantes. Und wen sehen Sie? Peter? Er ist ein Eremit geworden, lebt ganz oder fast ganz freundlos, anscheinend, er tut mir unendlich leid, obwohl er sich mit biblischer Rachsucht gegen mich verhält und gar nichts mit mir zu tun haben will.

Daß wir Toni diesmal gar nicht gesehen haben! Die schönsten Grüße an sie.

Im Moment ist Inge Bachmann da, sie hat den Großen Österreichischen Staatspreis bekommen. Ich bin nicht ganz sicher, daß sie ihn verdient, so ausgezeichnet sie auch dichtet, aber ich mag sie sehr gern und bin mit ihr vertraut seit langen Jahren, freue mich immer, sie zu sehen. Ihre Lyrik ist wohl von erstem Rang, aber sie las eine

Geschichte vor, »Simultan«, die etwas von der Mondanität und Mädchenhaftigkeit der Joe Lederer hatte, sehr reizend, aber doch nicht ganz ernst zu nehmen.

Alles Liebe und Schöne Ihnen beiden, und bitte lassen Sie wieder von sich hören. Auch Flesch grüßt von Herzen.

Ihre Hilde

HILDE SPIEL AN INGEBORG DREWITZ. WIEN, 18. JANUAR 1969

18. 1. 1969

Liebe Ingeborg Drewitz,
Sie sind wirklich ein Genie des Briefschreibens: Ihre kleinen Kommunikationen können wirklich eine menschliche Beziehung aufrecht erhalten, das ist eine seltene Kunst.

Es war schön, Sie hier zu haben, ich muß noch einmal sagen, wie leid es mir tat, daß ich nicht durchsetzen konnte, Ihretwegen das unnötig strikte und auch von vielen beanstandete Trauerprogramm zu durchbrechen und Ihre guten Worte öffentlich hörbar zu machen. Aber wir werden sie in unser nächstes, vielmehr erstes Mitteilungsblatt aufnehmen. Und es wird Ihnen und Eurem Zentrum unvergessen sein, daß Sie die Mühe des Fluges nach Wien nicht scheuten und bei uns waren in diesem Augenblick.

Die aufrichtigsten Grüße,

Ihre Hilde Spiel

HILDE SPIEL AN MIRA MIHELIČ.
WIEN, 18. JANUAR 1969

18. 1. 1969

Geliebte Mira,

erst jetzt, da unser lieber Csokor begraben ist, komme ich dazu, Dir zu schreiben. Der Nachmittag mit Dir in unserem PEN sollte also der letzte sein, an dem er fungierte. Zu Jahresende – ich hatte ihn noch am 21. gesehen und mich vor Weihnachten von ihm verabschiedet – bekam er plötzlich einen Kreislaufkollaps, die Gehirnverkalkung wurde akut, und er mußte tobend ins Spital eingeliefert werden. Dann beruhigte man ihn dort mit Spritzen und er dämmerte ungefähr 5 Tage vor sich hin, um dann ruhig einzuschlafen.

Es war, wie wenn einem eine ganze Epoche unter den Füßen weggerissen würde. Wir hatten ihn ungeheuer lieb, obwohl sich neben der absoluten politischen und ideologischen Integrität manchmal eine gewisse private Koboldhaftigkeit bei ihm bemerkbar machte, besonders im hohen Alter. Aber er war ein wirklicher Gefährte, ein Gleichgesinnter in allen wesentlichen Dingen, und von weit größerer Jugendlichkeit als viele seiner Generationsgenossen, die meisten eigentlich. Er wird uns unendlich fehlen.

Wir haben jetzt große Sorgen im PEN, wen wir zum Präsidenten wählen sollen. Unter uns gesagt wird es wohl Lernet-Holenia werden, der zumindest als Repräsentant sich gut machen wird. Er hat den Nachteil, in den letzten 10 oder 15 Jahren eine Reihe von peniblen Querelen instigiert zu haben, aber man muß die Menschen nehmen, wie sie sind. Viele wollten, daß ich das Amt übernehme, aber wenn es einen Schriftsteller von der Bedeutung und dem Œuvre Lernets gibt, ist er nicht zu umgehen. Hoffentlich bringen wir ihn durch bei der Wahl.

Was jetzt die Besprechungen mit Ernst Fischer wegen der Piraner Tagungen angeht, so habe ich erst letzten Sonntag dazu Gelegenheit gehabt. Er ist ja drauf und dran, aus der Partei ausgeschlossen zu werden: ich nehme nicht an, daß das seine Persönlichkeit für Euch untragbar macht. Er würde gern nach Piran kommen, 1970 und vielleicht schon in diesem Jahr. Zu den Themen sagte er folgendes.

Die Formulierung »Desintegration in der Kultur im Zeitalter der Automatisierung und Mechanisierung« findet Fischer zu umständlich. An sich gefällt ihm das Thema, und er würde es für den wichtigeren Kongreß 1970 befürworten. Er meint, ein Titel wie »Deus ex machina – deus contra machinam« wäre besser.

Das Thema »Gibt es neue Kriterien der ästhetischen Betrachtung« müßte man auch präzisieren. Es soll ja dabei wohl die utilitaristische Bedeutung der Kunst besprochen werden. Also im weiteren Sinn eben doch: engagiert oder l'art pour l'art. An sich kein neues Thema. Zu diesem 2. Thema noch als Anregung: »Kunst: Ende oder Anfang« oder »Transformation der Kunst«. Verzeih, aber ich schreibe das aufgrund von flüchtigen Notizen.

Kunst als Quell der Erkenntnis würde er lieber als »Kunst als Form der Erkenntnis« formulieren.

Zuletzt: bitte sage Sveta Lubić, daß ich mich für das Buch und die Neujahrsgrüße von *ganzem Herzen* bedanke. Und bitte schreib mir seine Adresse, damit ich es persönlich tun kann. Auch in seinen Sendungen war sie nur kyrillisch angegeben.

Liebste, ich umarme dich, schreibe bald!
Immer Deine Hilde

HILDE SPIEL AN THOMAS BERNHARD.
WIEN, 27. JANUAR 1969

27. 1. 1969
Lieber Thomas Bernhard,
die Drucksachen des P. E. N. Club wurden Ihnen zugeschickt, weil Sie sich, nach anfänglichem Sträuben, in

einem Gespräch mit mir bei Christine von Kohl bereiterklärten, die Mitgliedschaft anzunehmen.

In dem Vorspruch zu Ihrer Lesung in der Bankgasse dankten Sie dem Österreichischen P. E. N., weil er sich – kurz nach dem Eklat bei der Preisverleihung – zu Ihnen bekannte.

Ich verstehe es durchaus, lieber Thomas Bernhard, wenn Sie sich's nun wieder überlegt haben und die Mitgliedschaft wieder zurücklegen wollen. Aber bitte vernebeln Sie die Genesis nicht.

Obwohl ich an die Charta und an die Funktion des P. E. N. glaube und dieser Institution in meinem englischen Exil tausendfach zu Dank verpflichtet war, daher auch in Wien für sie arbeite, bin ich nicht mit dem P. E. N. identisch. Ich bedaure es zwar sehr, daß Sie nichts mit ihm zu tun haben wollen, hoffe auch, daß Sie nie in die Lage kommen mögen, auf die Hilfsbereitschaft und Freundschaft einer ausländischen Schriftstellervereinigung angewiesen zu sein, werde mich aber persönlich sehr freuen, Sie wieder einmal in Döbling zu sehen. Meine große Bewunderung für Ihre Arbeiten und meine Zuneigung zu einem liebenswürdigen Menschen sind dazu Anlaß genug.

Mit schönen Grüßen Ihre Hilde Spiel

HILDE SPIEL AN INGEBORG DREWITZ.
WIEN, 5. FEBRUAR 1969

5. Februar 1969

Liebe Ingeborg Drewitz,

danke für den reizenden Brief. Ich bewundere es, wie Sie sich die Zeit nehmen, immer so reizend und ausführlich und frisch von Geist und Herz weg zu schreiben – bei mir liegen Briefe oft wochenlang unbeantwortet, meine liebste Mira Mihelič (slowenischer P. E. N.) nennt das »Pannonien« – das ist die unendliche Trägheit, die von der sibirischen Tundra über die russische Steppe und die ungarische Puszta in unsere Gegend herein reicht, ein einziger mittelalterlicher Sumpf der Verschlampung. Auch ich versinke oft darin.

Wir haben also den Lernet-Holenia zum Präsidenten gemacht: vielleicht haben Sie in der *FAZ* meinen kleinen Schrieb über ihn gelesen, ungezeichnet, weil sich's sonst nicht gehört hätte. Es ist ihm darin etwas Narrenfreiheit bescheinigt und die wird er auch in Anspruch nehmen. Aber wir sorgen schon für die ungebrochene Linie.

Ich freue mich auf Ihr Buch, kann es zumindest hier im Rundfunk sicher besprechen.

Grass hat durch eine Sekretärin abschreiben lassen, er sei in Klausur, dann mit Wahlkampf beschäftigt. Wen könnten wir uns denn holen? Ich muß mir's noch überdenken. Nach Mannheim zu gehen, wäre nett, aber man müßte es bald wissen. Ich bin selbst noch nicht ganz sicher, ob ich Ende April wegkönnte, aber man wird sehen.

Alles Liebe und Gute Ihnen, und bald einmal auf Wiedersehen,

Ihre Hilde Spiel

HILDE SPIEL AN HERMANN KESTEN.
WIEN, 5. FEBRUAR 1969

5. Februar 1969

Lieber guter Hermann,

um die Weihnachtszeit kam auch noch in der Münchener *Abendzeitung* Deine fulminante Rezension und seither will ich Dir die ganze Zeit schreiben und Dir noch einmal danken, und komme erst jetzt dazu. Es ist wirklich bezaubernd und rührend, wie Du zu Deinen Freunden hältst, und wenn ich auch sicher bin, daß Du ein ausgesprochen schlechtes Buch von mir sicher nicht gelobt hättest, denke ich mir doch, daß Du diese kleine Arbeit ohne das persönliche Verständnis, das Du für mich aufbringst, nicht so warmherzig der Öffentlichkeit hättest empfehlen können. Nicht alle Freunde sind so: Robertl der Neumann fand nur, es sei doch schade, daß der Band fragmentarisch geblieben ist, und schien ihn damit eigentlich abzutun, und selbst mein guter und geliebter Csokor, der am 5. Januar, vor einem Monat, gestorben ist, schrieb kurz vor seinem Tode noch eine recht eigentümliche, fast ein wenig vorwurfsvolle Kritik. Es hat einen ganz leisen Schatten über unsere Beziehung geworfen, aber gottlob versöhnten wir uns gleich wieder, und dann löschte er ganz plötzlich aus, in wenigen Tagen.

Es war schwierig, zu bestimmen, wer sein Nachfolger werden sollte, manche wünschten sich eine Maria Theresia im PEN und wollten mich, aber ich ließ es auf keine Kampfabstimmung mit Lernet ankommen, der ja trotz all seiner Exzentrizitäten und Schrulligkeiten und reaktionären Marotten der einzige Mann von wirklichem Œuvre und Namen ist, den wir herzeigen können. So wurde er denn mit Fleschens und meiner Unterstützung gewählt, und gleich mußte man ihm Mores beibringen und einige Versuche, den PEN umzufunktionieren und vom Bekennerischen ins Gesellschaftliche umzubiegen, im Keim ersticken. Das heißt, gewissen voreiligen Proklamationen Lernets, daß das Protestieren und das Diskutieren erst in einiger Ferne käme und zuerst das Schreiben (was sich ja von selbst versteht, aber im PEN ja nicht ausgeübt wird), trat gestern die Vorstandsitzung entgegen und mahnte zur Beibehaltung der Csokor-Linie, und der neue Präsident versprach's.

Flesch liest eben die Zoff-Memoiren mit großem Interesse, er wird sie im Österr. Rundfunk rezensieren. Er hat heute 74. Geburtstag und läßt schön grüßen, lieber Hermann. Und von mir alles Liebe Dir und Toni, bitte laß von Dir hören, und aufrichtigen Dank, noch einmal und immer,

von Deiner Hilde

MIRA MIHELIČ AN HILDE SPIEL.
LJUBLJANA, 9. FEBRUAR 1969

9. 2. 1969

Liebste Hilde,

die Nachricht vom Tode Csokors hat auch hier bei uns erschütternd gewirkt; von unseren älteren Kollegen haben ihn manche persönlich gekannt, die anderen aber dem Namen nach. Besonders ich werde es nie vergessen, daß er meinem Vortrag beigewohnt hat und mir die wunderschönen Nelken gegeben hat. Er war ja dann mit uns noch im Melker Keller sehr munter und vergnügt und zum Abschied habe ich ihm noch einen Kuß gegeben.

Wie ich aus der Zeitung ersehe, habt ihr doch Lernet-Holenia zum Präsidenten gewählt, Du wärst aber viel besser gewesen – also das nächste Mal!

Und nun zu den Piraner Tagungen! Wir wären sehr glücklich, wenn Ernst Fischer schon dieses Jahr kommen könnte. Wenn Du uns seine Adresse schickst, werden wir ihm auch eine offizielle Einladung schicken. Als Thema haben wir Deine Anregung angenommen. Also: »Kunst: Ende oder Anfang«.

Wen sollen wir noch einladen? Neben Dir und Flesch noch zwei, drei Namen, vielleicht von jüngeren Leuten.

Zuletzt: ich habe dem Sveta Lubić zwei von Deinen Büchern geschickt und ihm ans Herz gelegt, daß er sie mir ja zurückschicken soll. Außerdem möchte ich Dich bitten, daß Du mir noch ein Exemplar von *Lisas Zimmer* schicken möchtest; ich habe das Buch gelesen und finde es ausgezeichnet, also werde ich versuchen, auch hier in Slowenien einen Verleger zu finden; es schadet nämlich nicht, wenn es auch in Belgrad in der serbischen Sprache gedruckt wird.

Liebste, teuerste, ich umarme Dich und freue mich schon sehr, daß die Piraner Tagungen immer näherrükken und wir uns wiedersehen werden.

Deine Mira

P. S. Die Premiere vom *Tag der Frauen* war erst vor fünf

Tagen. Beim Publikum war es Gott sei Dank ein großer Erfolg, das Stück ist aber ziemlich ketzerisch und ich bereite mich vor, von der offiziellen Kritik ein paar gute Hiebe über den Kopf zu bekommen.

HERMANN KESTEN AN HILDE SPIEL.
NEW YORK, 13. FEBRUAR 1969

New York, 13. 2. 1969
Liebe und verehrte Hilde,
vielen Dank für Deinen Brief vom 5. 2., der wegen der durch den Blizzard gesperrten Flugplätze erst heute morgen zum Frühstück ankam. Ich freue mich immer, von Dir zu hören, noch dazu so freundliche Worte. Daß ich zu Deinen aufrichtigsten Bewunderern gehöre, weißt Du sicher schon lange, wobei meine Bewunderung gleichermaßen der Dame wie der Autorin gilt. Es ist ein seltenes Vergnügen, einen gescheiten deutschen Autor zu lesen (von Talenten wimmelt es bei uns!), und eine zehnfache Seltenheit, eine wahrhaft gescheite und überlegene deutsche Autorin.

Das ist das Erste. Obendrein glückte es Dir in fast allem, was Du schreibst, Deinen Charme, Deine persönliche und intellektuelle Grazie zum Ausdruck zu bringen, und wer wäre ich, diesem literarischen (und persönlichen) Zauber widerstehn zu können. Um es kürzer zu sagen: Mir gefällt fast alles, was Du schreibst. Die Rezension habe ich ziemlich viel versandt, ich sah bisher Abdrucke in der *Abendzeitung* (die spät kam, obgleich ich sie schon in München abgeliefert hatte), in der *Rhein-Neckar-Zeitung* in Heidelberg, im *St. Galler Tagblatt* und in der *Frankfurter Rundschau*. Auch der *Kölner Stadtanzeiger* erhielt eine, der Redakteur wußte aber nicht, als ich sie ihm in Köln versprach, ob er die Rezension nicht bereits einem andern gegeben habe.

Daß Csokor nicht mehr da ist, ist mir ein wahrer Kummer, die liebsten Freunde sterben einem zum Trotz, sozusagen. Deine Bewunderung für die artistischen Verdienste von Lernet-Holenia teile ich durchaus, er gehört sicherlich zu den besten Erzählern unseres Jahrhunderts und hat schöne Gedichte geschrieben.

Für Hans Flesch die herzlichsten nachträglichen Geburtstagswünsche und Grüße.

Wir wollen ja am 11. oder 15. April bereits nach Europa fahren, und hoffen sehr, Dich und Flesch wiederzusehn, spätestens beim PEN in Mentone und freuen uns sehr darauf.

Toni und ich umarmen Euch beide herzlich,
stets Dein Hermann

HILDE SPIEL AN JEAN AMÉRY.
WIEN, 3. MÄRZ 1969

3. März 1969

Lieber Jean Améry,

aus allem, was Sie schreiben, spürt man eben jene Grazie heraus, die Ihnen zwar suspekt ist, aber doch zum Österreichischen gehört – vielleicht am entschuldbarsten, wenn sie mit jüdischer Skepsis zusammengeht. Und nun ist all dieses Elegante und Kluge noch dazu über mich, was mich wirklich glücklich macht, das muß ich Ihnen sagen. Wie gescheit nur die Formulierung vom Klettersteig! Ich habe die Rezension stolz Ernst Fischer gezeigt, weil er Sie von der Ferne so gern hat. Sie müssen ihn eines Tages kennen lernen, aber die Courage oder Verstiegenheit, nach Wien zu kommen, haben Sie wohl nicht?

Ich danke Ihnen von ganzem Herzen und hoffe sehr, daß wir uns bald wieder begegnen.

Ihre Hilde Spiel

HILDE SPIEL AN JEANNIE EBNER.
WIEN, 6. MÄRZ 1969

6. März 1969

Liebe Jeannie,
 hoffentlich stimmst Du mit mir überein, daß diese Frau Schutting höchst begabt ist. Ich glaube, man sollte sie auch an den Suhrkamp Verlag empfehlen – hast Du Beziehungen dorthin? Und jedenfalls habe ich sie auch an den Schaffler verwiesen: der Residenzverlag ist wenigstens österreichisch. Der könnte etwas tun für sie.
Alles Liebe, Deine Hilde

HANS PAESCHKE AN HILDE SPIEL.
MÜNCHEN, 27. MÄRZ 1969

München, den 27. März 1969 P/z

Liebe gnädige Frau,
 Jean Améry erzählt mir, daß seine Besprechung Ihrer Erinnerungen Ihnen Freude bereitet habe. Ich freue mich mit Ihnen und wäre so dankbar, wenn Sie jetzt doch ein Wort zu Politzers *Schweigen der Sirenen* zu Papier brächten. Ob Sie das Nestroy-Buch von Rio Preisner hinzunehmen wollen oder nicht, steht ganz in Ihrem Belieben.

 Und was könnten wir sonst verabreden? Ob Sie sich noch an meinen Brief vom 30. Januar erinnern, in dem ich Ihnen eine regelmäßige Mitarbeit antrug? Hoffentlich kommen bald ein paar Zeilen von Ihnen.
Herzlich grüßt Sie Ihr Hans Paeschke

HILDE SPIEL AN MIRA MIHELIČ.
WIEN, 20. APRIL 1969

20. April 1969

Liebste Mira,

hier ist endlich mein Beitrag. Du könntest immerhin noch an Thomas Bernhard telegrafieren, und zwar in sein Landhaus 4694 Ohlsdorf, Oberösterreich. Vielleicht reagiert er dann. Wenn er noch dort ist. Schön wär's, wenn er mitkäme.

Danke für die Reservation im Riviera. Ich bin sicher, daß es sehr zeitgemäß und bequem ist, erinnere mich auch an das Hotel. Natürlich hatten wir eine lächerliche Bindung an das süße alte Grand Hotel, diesen »weißen Elefanten« aus der alten Zeit, aber wahrscheinlich war dort alles mit Reisegesellschaften belegt.

Alles Liebe! Wir kommen also am 8. abends, falls Ihr nichts weiter von uns hört – mit den Fischers.

Immer Deine Hilde

MIRA MIHELIČ AN HILDE SPIEL.
LJUBLJANA, 22. APRIL 1969

Ljubljana, 22. IV. 1969

Meine herzallerliebste Hilde,

vielen Dank für Deinen Brief und den ausgezeichneten Beitrag, der jetzt schon in die französische und slowenische Sprache übersetzt wird. Mir persönlich tut es auch leid, daß wir nicht in dem alten Franz-Joseph-Hotel wohnen werden, aber es war schon alles mit diesen blöden Reisegesellschaften besetzt – und am Ende kann es auch so kommen, daß die Leute gar nicht da sein werden, es geschieht öfters, daß sie absagen und das Hotel leersteht, aber darauf konnten wir uns nicht verlassen. Jedenfalls werdet ihr es im Riviera bequem haben. Die 4 Zimmer –

für die beiden Fischers und Dich und den Flesch sind also ab 8. Mai reserviert. Wir – der Stab oder besser »Generalstab« – kommen Freitag den 9. Mai, so daß wir schon zusammen zu Abend essen werden. Ich freue mich schon sehr, Dich wiederzusehen; wir müssen uns wieder so ein Plauderstündchen gönnen wie in London. Gestern waren bei uns zwei Repräsentanten von den tschechischen Schriftstellern – sie sind verzweifelt. Mehr werden wir in Piran erfahren, es kommen 6 oder 7 von den Tschechen und Slowaken.

Alles Gute, mit viel Liebe von Deiner Mira

HILDE SPIEL AN THOMAS BERNHARD.
WIEN, 24. APRIL 1969

24. April 1969

Lieber Thomas Bernhard,

um ein Haar hätten wir Sie gestern bei der Heimfahrt nach Wien in Ohlsdorf besucht, aber wir wußten nicht genau, ob Sie dort sind. Vielleicht fahren wir am 1. Mai wieder nach St. Wolfgang, übers Wochenende. Sind Sie dann dort?

Nach Piran werden Sie wohl, so sagte mir Ihre Tante eben am Telefon, nicht kommen können. Das tut mir leid – es ist immer sehr schön dort, die Jugoslawen und Tschechen sind reizende, kluge Leute, es herrscht eine wirkliche Verbundenheit mit ihnen, und Mira Mihelič würde Ihnen sehr gefallen. Das ist eine schöne und kluge Slowenin, schon wieder klug, aber sie ist es eben auch.

Und jetzt nur eine Bitte, die ich im Namen von Breicha und Georg Eisler und natürlich auch dem meinen – als Herausgeber des neuen *Ver sacrum* – an Sie richte. Bitte geben Sie uns ein Stück Prosa für diese Zeitschrift. Sie soll schön werden, eine würdige Nachfolgerin der alten Secessions-Zeitschrift, repräsentativ für die Gegenwart. Ringen Sie sich etwas ab, bitte. Ich habe die Sendung in

»Kultur aktuell« durch Zufall vor zwei Tagen in St. Wolfgang gesehen: Sie waren viel düsterer als bei mir kürzlich. Ich würde Sie schon deshalb gern besuchen, um wieder mit Ihnen zu lachen. Anlässe, wenn auch eher satirische als humorvolle, gibt es ja immer genug.

Sehr herzlich Ihre Hilde Spiel

HILDE SPIEL AN THOMAS BERNHARD.
WIEN, 6. MAI 1969

6. Mai 1969

Lieber Thomas Bernhard,

Den Zettel mit der Schmied-Adresse habe ich dann doch verloren. Ich bitte Sie also, ihm den beiliegenden Brief entweder zu schicken oder zu geben. Seien Sie nicht bös, daß ich Sie so ausnütze.

Die fünf Seiten für das *Ver sacrum* sind uns doch sicher? Breicha wird Sie noch einmal dran erinnern. Bis 25. Mai.

Wir sind auf dem Sprung nach Piran. Alles Liebe und auf Wiedersehen Ende Mai oder im Juni, in Wien.

Ihre Hilde Spiel

HILDE SPIEL AN THOMAS BERNHARD.
WIEN, 31. MAI 1969

31. Mai 1969

Lieber Thomas Bernhard,

Sie haben mir mit der Geschichte für das *Ver sacrum* eine wirklich große Freude gemacht. Sie wird von mir sofort an Breicha weitergeschickt. Ich bin sehr stolz darauf, Ihre Mitarbeit an der Zeitschrift erreicht zu haben, denn

Breicha war skeptisch und meinte, Sie seien immer mit der größten Liebenswürdigkeit bereit, ein Manuskript zu schicken, aber dann käme es nicht dazu. Ich rechne es mir also als ein Verdienst an, Sie dazu bewogen zu haben.

In Jugoslawien haben wir uns sehr wohl befunden, waren dann auch in Venedig. Fischers würden Sie gern kennen lernen, wenn Sie doch einmal vor dem Juli in Wien wären. In Wolfgang »logieren« wir erst wieder nach dem 9. Juli, leider.

Die herzlichsten Grüße, Ihre Hilde Spiel

HANS PAESCHKE AN HILDE SPIEL.
MÜNCHEN, 24. JUNI 1969

München, den 24. Juni 1969
Liebe gnädige Frau,
bitte gönnen Sie mir nach so langer Wartezeit ein Wort! Und lassen Sie zwischen uns nicht den Titel des Buches wahr werden, zu dem ich jetzt nun so dringend ein Wort von Ihnen erwarte. Ich meine natürlich Heinz Politzer's »Schweigen der Sirenen« –, Sie fanden doch auch etwas an diesen Essays, baten nur im Winter um etwas Geduld. Ich schreibe diesen herzlichen Appell zur Sommermitte, mit einer ganzen Reihe von Fragebriefen Politzers nach der Besprechung vor mir – Sie kennen das. Er hat für den *Merkur* interessante Themen in der Hand, und ich muß das auch ein wenig nach der Taktik des Do-ut-des handeln können.

Bis 6 Seiten, etwa 4 Seiten täten es auch. Erbarmen Sie sich meiner des Buches, was nicht heißen soll, daß Sie sich kritisch mit den Sachen auseinandersetzen sollen, die Sie am meisten interessieren (Nestroy oder Grillparzer). Auf ein Wörtlein, bald, ja?

Herzlich grüßt Sie Ihr Hans Paeschke

MIRA MIHELIČ AN HILDE SPIEL.
LJUBLJANA, 27. JUNI 1969

27. VI. 1969

Meine liebe, allerliebste Hilde,
  erst jetzt komme ich dazu Dir auf Deinen herzlichen Brief zu antworten. Ich war die ganze Zeit wie gejagt, aber morgen fahre ich Gott sei Dank auf's Land und bleibe dort bis zum September mit einem kleinen Zwischensprung an das Meer – dort werde ich keine Schreibmaschine haben und werde mich ausruhen *müssen*. Ich denke sehr viel an Dich und an unsere Piraner Begegnung, ich bin so froh, daß wir wieder beisammen waren und daß Du sogar bei mir warst. Im September sehen wir uns hoffentlich in Frankreich. Du fragst, für wen wir uns entscheiden werden von den beiden Kandidaten. Ich persönlich wäre schon für Silone, aber wir in Jugoslawien haben 4 Zentren und es ist sehr fraglich, wie sich die Serben und Makedonier entscheiden werden, weil Silone politisch in Jugoslawien nicht besonders beliebt ist. Wir haben aber in der Exekutive 2 Stimmen, und es ist sehr möglich, daß die Slovenen und Croaten für Silone sein werden und die anderen für Castro – in Bled war es ebenso, die Serben waren für Asturias, die Slovenen für Miller.
  Der Verleger hat mir geschrieben, daß er die Autorenrechte für die Veröffentlichung von *Lisas Zimmer* bekommen hat, und ich habe versprochen, daß ich das Buch bis zum Februar nächsten Jahres übersetzen werde.
  Liebste, Du bist gewiß auch müde, ich schreibe Dir zwar nach Wien, aber wahrscheinlich bist Du schon am Wolfgangsee, hoffentlich schickt man Dir die Post nach. Wenn Du Zeit hast, schreibe mir ein paar Zeilen nach: Mira Mihelič, Žihovo selo, pošta Otočec ob Krki, Jugoslavija.
  Viele Grüße auch dem lieben Flesch
    und Dir einen innigen Kuß von Deiner Mira

HILDE SPIEL AN HANS PAESCHKE.
WIEN, 30. JUNI 1969

30. Juni 1969

Lieber Herr Paeschke,
heute ist der erste Tag seit vier Wochen, an dem ich Briefe schreiben kann. Sie machen sich keine Vorstellung davon, was ich hier zu tun habe, während Festwochen sind. Ich bin völlig verzweifelt von der Überlastung aus diesem Monat hervorgegangen, fahre morgen nach Hamburg und London, bin ab 12. in St. Wolfgang in einiger Ruhe, bevor die Festspiele in Salzburg beginnen. Ich will alles tun, um Ihnen wenigstens ein paar Seiten über den Politzer zu schreiben. Ich habe ja die beste Absicht, aber es wächst mir alles über den Kopf. Zum Schreiben einer einzigen kreativen Zeile komme ich seit vielen Monaten nicht mehr. Haben Sie Mitleid! Aber ich werde mich bemühen, ich nehme mir am 11. das Buch nach St. W. nochmals mit und tue, was ich kann.
Ihre Hilde Spiel

HILDE SPIEL AN MIRA MIHELIČ.
WIEN, 30. JUNI 1969

30. Juni 1969

Geliebte Mira,
eben kommt Dein Brief und ich beantworte ihn postwendend, weil ich eben – den ersten Tag – Zeit habe, mich mit meiner Korrespondenz zu befassen. Die Wiener Festwochen waren unerhört anstrengend, wir waren täglich, oft zweimal, bei Veranstaltungen, und ich mußte für die *FAZ* ununterbrochen dafür berichten. Zuletzt brachen wir ein wenig zusammen. Flesch bekam Gürtelrose überall nur nicht am Gürtel und sieht aus wie ein spotted dog, ich Rheumatismus. Beides ist im Abklingen. Ich

fahre morgen nach Hamburg, um dort Ernst Fischers 70. Geburtstag mitfeiern zu helfen (es findet ein Gespräch zwischen ihm und Bloch und Marcuse zu diesem Anlaß statt), dann nach England zu meinen Kindern, nur auf fünf Tage. Dann zurück und nach St. Wolfgang.

Auch ich denke mit Entzücken an Piran und Laibach zurück. Der Besuch bei Euch wird mir unvergeßlich bleiben. Unser nächstes Zusammentreffen, Liebste, wird hoffentlich Menton sein, wie Du sagst. Ich freue mich ungeheuer darauf.

Daß Du meinen Roman übersetzen wirst, ist eine besonders große Freude. Inniger kann man mit einem Menschen nicht sein, als indem man eine Arbeit auf diese Weise mit ihm teilt. Ich danke Dir schon jetzt von ganzem Herzen.

Ich glaube, daß trotz allem Silone gewählt werden wird. Zumindest hoffe ich es. Aber es wird sicher große Kämpfe und viel Ärger geben.

Flesch grüßt Dich und umarmt Dich, ich tue es auch. Laß bitte einmal von Dir hören während des Sommers, und erhole Dich gut, und arbeite gut, und sei innig geküßt und umarmt

von Deiner treuen Hilde

HILDE SPIEL AN INGEBORG DREWITZ.
ST. WOLFGANG, 4. AUGUST 1969

4. August 1969

Liebste Ingeborg.

Schönen Dank für Ihren Brief vom 21. 7. Die *Bettine* ist noch nicht eingetroffen, aber ich freue mich drauf. Bin freilich noch im Rückstand mit dem *Oktoberlicht,* das zwar angelesen, aber noch nicht ausgelesen ist: ich kann mich seit Monaten vor Arbeit nicht retten, war dazwischen auch in London bei meinen Kindern, alles viel zu rasch und zu kurz.

Ich schreibe darum auch nur diese knappen Zeilen, freu mich mit Ihnen über die Fernsehsache und, noch mehr, über die gute Nachricht über die Tochter, oder Töchter. Das ist eben doch das Allerwichtigste für uns, bis zum Lebensende.
Alles Liebe und Gute Ihre Hilde Spiel

HANS PAESCHKE AN HILDE SPIEL.
MÜNCHEN, 3. OKTOBER 1969

München, den 3. Oktober 1969 P/r
Liebe gnädige Frau,
ich habe herzlich zu danken. Mehr über Politzer als über das Buch, aber tant mieux. Manches dürfte seine gewisse »Angst vor dem Weiblichen« nicht gerade beruhigen, aber vor dem Lorbeer, den Sie ihm am Schluß aufs Haupt setzen, wird er wohl gerührt niederknien.
Wie fang ichs nur an, Sie enger an den *Merkur* zu binden? Erinnern Sie sich noch, was ich Ihnen in einem der letzten Briefe zum Salzburger Thema schrieb? Und da ich immer die zwei Heimaten Ihres Geistes, die österreichische und die angelsächsische, vor Augen habe: mit welcher Fragestellung könnte ich ein Englandthema aus Ihnen herauslocken? Statt vieler allgemeiner Überlegungen dazu nur die Frage, ob die fünfbändige Autobiographie von Sean O'Casey (jetzt deutsch vollständig im Diogenes) Sie interessieren könnte.
Sehen wir uns auf der Buchmesse?
Herzlich grüßt Sie Ihr Hans Paeschke

HILDE SPIEL AN ROBERT NEUMANN.
WIEN, 22. OKTOBER 1969

22. Okt. 1969

Lieber Robert,

eine neue Adresse haben wir nicht, also muß es die alte tun. Flesch hat sich sehr mit Deinem Brief gefreut, ich nehme an, er wird ihn selber beantworten. Ich wollte auch längst schreiben, Dir zu der Milde gratulieren, mit der Du unseren Kongreß referiert hast, und Dir meinen Aufsatz drüber schicken, falls Du ihn nicht gelesen hast. Vielleicht sagst Du mir das einmal, dann bestelle ich noch einen Beleg für Dich. Außerdem noch eine Bitte:

Du wirst das kleine Heftchen der *Blätter des Österreichischen P. E. N.* bekommen haben. Es wäre schön, wenn Du für die nächste Nummer etwas darüber schreiben könntest, ganz leger, ohne daß es Dich Mühe kostet, wie der Österreichische P. E. N. sich durch den Krieg in England geschleppt hat bis zum Moment, wo er in Österreich wieder aufgerichtet wurde, Du also Deine Funktion an Csokor übergabst. Du kannst das ja dann irgendwo anders verwenden (hab Verwendung für jede, heißt es im *Rosenkavalier*), nur unserem obskuren kleinen Sheet vielleicht den Erstdruck geben, der ja ohnehin kein wirklich öffentlicher ist. Es würde uns sehr freuen und wäre doch ganz objektiv ein notwendiges Dokument.

Ich habe Ärger im P. E. N., verstehe nicht, warum ich immer noch dran glaube – es muß wohl die Summe der Güte und Hilfe sein, die man von Leuten wie Henrietta und Margaret damals erhalten hat, eine alte Anhänglichkeit und Dankbarkeit. Aber die Wiener Schriftsteller organisieren – bin ich dazu zur Welt gekommen? [...] Lernet macht blöde Bubenstücke oder absentiert sich ganz, und wenn er das tut, tritt Carry Hauser als Repräsentant auf, und ich spiele im Hintergrund das Bummerl. Als etwas zustandekam, woran ich ein halbes Jahr gearbeitet hatte, nämlich Kohout der Franz-Theodor-Csokor-Preis verliehen wurde, den Weininger (Ottos Bruder) im Namen des Österreichischen P. E. N. gestiftet hat, fuhr Lernet in sein Landhaus und Carry bestand darauf – obwohl ich ihn bat, diesmal selbst präsidieren zu dürfen –, die Begrüßung vorzunehmen. Unwichtig, natürlich, aber es zeigt die Mentalität dieser Kleintierzüchter aus Küahdreckspatschn.

Wahrscheinlich hat mich das Penicillin – ich erwache eben aus den Armen einer kleinen Angina – so mieselsüchtig gemacht.

Bitte, wir haben nachgeprüft und entdeckt, daß wir nur den ersten Band der neuen drei Parodienbände haben. Jetzt geht die Seite zu Ende und ich habe keinen Platz mehr, um Dich zu fragen, ob es menschenmöglich wäre, daß Du um den 10. Jänner nach Wien kämest, falls. Es wäre ein Treffen mit dem bundesdeutschen P. E. N. Mehr darüber, wenn es überhaupt in Betracht kommt.

Alles Liebe, auch an die schöne Helga,

Hilde

ROBERT NEUMANN AN HILDE SPIEL. LOCARNO, 30. OKTOBER 1969

30. 10. 69

Liebste Hilde,

freut mich, daß Flesch das gefreut hat. Die *FAZ* sehe ich nicht – so kenne ich auch nicht Deinen Aufsatz, der bestimmt substantieller gewesen ist als der meine. Die *Blätter des ÖPEN* sind heute gekommen und ich will sie mir noch anschauen. Über den PEN im Exil schreibe ich gelegentlich gern etwas – und Du kriegst es virginal.

Nicht nur Du – alle Menschen, die sich ernsthaft mit PEN-Funktionen abgeben, sind die Bummerln. Ärger Dich nicht darüber – es ist wirklich nicht der Mühe wert. Wenn Ihr nur wen andern statt des Lernet hättet! Du hättest das übernehmen sollen – allenfalls Du plus Torberg, plus ein dritter.

Hoffentlich ist Deine Angina vorüber. Schon' mir

meine spät wiedergefundene und um so mehr geliebte Freundin. Den 2. und 3. Band der Parodien lasse ich Dir schicken. Bitte tu so, als ob Du darüber etwas schriebst (Du mußt nicht), damit das vor dem Verlag gerechtfertigt ist.

Am 10. 1. käme ich gern zu Euch – aber in den Wintermonaten reise ich nicht. Den bundesdeutschen PEN hätte ich gern in Wien getroffen, womöglich einschließlich Friedenthal, der mir eben einen langen und für seine Verhältnisse nicht unbedingt feindseligen Brief geschrieben hat, um mir zu sagen, was er alles gegen mich auf dem Herzen hat.

Ich dank Dir sehr für die schönen Fotos. Auch Helga hat ja welche gemacht, aber sie fotografiert so wenig – der Film ist noch nicht zu Ende. Du kriegst welche, wenn es so weit ist.

Und Du weißt, daß Du hier immer von Herzen willkommen bist.

Innigst Dein Robert

Herzlichstes auch an Hans. Und auch Helga grüßt vielmals.

HILDE SPIEL AN INGEBORG DREWITZ.
WIEN, 2. NOVEMBER 1969

2. Nov. 1969

Liebe Ingeborg Drewitz,
    verzeihen Sie, daß ich erst heute für Ihre *Bettine* danke. Ich war überarbeitet, dann verreist, dann krank, bin es immer noch, muß aber doch jetzt endlich sagen, wie sehr ich mich über das Buch und auf die Lektüre freue – wenn ich erst einmal die dringendsten Arbeitslasten etwas verringert habe. Alles alles Liebe, immer Ihre

Hilde Spiel

HANS PAESCHKE AN HILDE SPIEL.
MÜNCHEN, 23. DEZEMBER 1969

München, den 23. Dezember 1969 P/r
Liebe gnädige Frau,
 wenn Sie sich im Januar nicht mehr wundern, weil neben Ihnen Politzer mit einem Freud-Aufsatz drinsteht, der Ihr Urteil unausgesprochen, aber Punkt für Punkt bestätigt – dann denken Sie bitte nicht nur mit Grüßen zu den Festen an mich, sondern auch mit Manuskripten. Die Verzögerung entstand durch die eben erwähnte Kombination, für die mich Politzer 6 Wochen hängen ließ.
 Mein Wunschzettel für 1970? Salzburgisches, in dem schon einmal beschriebenen Sinn; Joyce, die Briefe und die *Dubliners* als erste Bände der Suhrkamp-Ausgabe, wenn Sie mögen (ich wüßte da kaum einen besseren als Sie) ... Und überhaupt, wozu Sie Lust haben und was für die *FAZ* zu lang sein sollte.
 A votre disposition im neuen Jahr, nein, im neuen Jahrzehnt – also zehnfach.

Herzlich Ihr Hans Paeschke

HILDE SPIEL AN THOMAS BERNHARD.
ST. WOLFGANG, 29. DEZEMBER 1969

St. Wolfgang
[...]
Lieber Thomas Bernhard,
 Wir sind bis 6. hier. Haben Sie Lust, einmal herüberzukommen? Wenn Sie überhaupt da sind, rufen Sie doch bitte einmal an. Am besten am Vormittag bis halb elf, oder am späten Nachmittag.

Herzliche Grüße, Ihre Hilde Spiel

HEINZ POLITZER AN HILDE SPIEL.
BERKELEY, 21. JANUAR 1970

Liebe Hilde Spiel,
Wie soll ich Ihnen danken! Sie haben mit tödlicher Sicherheit eine Samariterhand in die Mitte der Wunde gelegt. Natürlich müßte ich den Roman meines Lebens schreiben – das könnte ich aber nur in Wien, wo die Stühle leer sind. Eine Ausrede? Keine ganze. Ich habe während der letzten 25 Jahre versucht und versucht, etwas Neues zu geben. Aber das Zuhause (es war der Schottenring) wollte nicht, und heute kann ich's wohl nicht mehr.

Darf ich einen Gegenvorschlag machen? Wenn ich einmal wirklich etwas kann, will ich einen Aufsatz schreiben: »Mein Essay ist mein Gedicht« und Ihnen diesen Aufsatz widmen. Zum Dank für Ihre Ehrlichkeit. Sie haben die Wunde wieder zum Bluten gebracht – aber Blut ist wie Tränen; es schmerzt weniger, wenn es fließt.

Haben Sie nochmals vielen Dank Ihres Heinz Politzer

HILDE SPIEL AN HERMANN KESTEN.
ST. WOLFGANG, 23. JANUAR 1970

23. 1. 1970

Lieber, guter Hermann,
es ist meine Hoffnung, daß dieser Brief Dich rechtzeitig zum 28. Januar, Deinem Ehrentag, erreichen möge. Aber ich weiß, daß Du mir vergeben wirst, wenn er den Launen der österreichischen und italienischen Post zum Opfer fällt und sich verspätet. Er gilt ja nicht nur diesen einen Tag, sondern für alle bis zum Rest unseres Lebens.

Wir wollen Dich – denn auch der Hans schreibt mit an diesem Brief – unserer großen und unverbrüchlichen Liebe versichern, die wir für Dich hegen, seit wir Dich kennen, und die jedes Zusammentreffen nur noch bestärken und erhöhen kann. Jeder Mensch ist unersetzlich, aber Du bist in einem Orwellschen Sinne noch unersetzlicher als die anderen, mit jenem Nachdruck also eines irrationalen Komparativs. Was täten Deine Freunde, die Literatur, die Deutschen ohne Deinen Charme, Deinen Witz, Deine Phantasie, Dein Moralbewußtsein, ohne die unverrückbaren Maßstäbe, die Du setzt? Gäbe es Dich nicht, man müßte Dich erfinden.

Ich sehe Dich vor mir an vielen Orten, an denen wir zusammen waren, aber merkwürdiger Weise am deutlichsten in Pietrasanta, wie Du mit kurzen Sommerhosen und Zeitungen unterm Arm zum Café unter den Platanen radelst. Das ist eben doch die Dir gemäßeste Lebensform, im Süden, am Mittelmeer, es könnte auch Sanary sein oder Positano. Du lebst als einziger auf die richtige Art, setzt eine Existenzform fort, die Schickele und Feuchtwanger und Heinrich Mann als die dem Schriftsteller liebste und angemessenste herausgefunden und vorgelebt haben, und bist im Grunde – heut darf man es sagen und dabei auf Holz klopfen – wirklich unter uns allen der einzig »glückliche Mensch«. Schreibst, was Dich freut, verkaufst Dich nicht unterm Wert, ziehst den Hut nur vor anständigen Menschen – wem wäre das noch vergönnt.

Kurz, mein lieber Hermann, wenn man Dir zum Geburtstag schreibt, braucht man gar nicht zu diesem gratulieren, sondern zu Dir selbst, zu Deiner weisen und ingeniösen Art, Dich durch dieses Leben zu bewegen, ohne Gesicht und Anstand zu verlieren. Und natürlich zu der Toni, ohne die – und so weiter, denn das weißt Du ja selbst.

Daß wir dich so kurz vor dem 28. Januar 1970, zu dem Dir schließlich und endlich doch alles noch Erdenkliche an Glück, Gesundheit, Freude, kreativer Kraft und Sonnenschein gewünscht werden soll, in Wien gesehen haben, freut uns sehr. Daß wir Dich bald einmal in Rom sehen werden, hoffen wir. Und bis dahin sei umarmt und geküßt
      von Deiner Dich liebenden Hilde

Was könnte ich einem so lieben, weil so wahrhaftigen Brief noch hinzufügen als daß mir ist, ich hätte ihn geschrieben?

Ein Gefühl der akuten Dankbarkeit kommt hier nur noch hinzu – mit einem Wort VV Vivat Ermanno!

Dein Flesch

HILDE SPIEL AN INGEBORG DREWITZ.
WIEN, 25. FEBRUAR 1970

25. 2. 1970

Liebe Ingeborg,
  Sie haben mir mit Ihrem Brief über unser Treffen die größte Freude gemacht. Auch Dr. Flesch-Brunningen strahlte über Ihre so reizenden Worte. Nun komme ich mit einer Bitte. Wir hätten gern einen kurzen Beitrag von Ihnen für unsere nächsten *Blätter des P.E.N.*, der ein paar abschließende Worte über die Zusammenkunft enthält, kein bestelltes Lob um Himmelswillen, aber für unsere Leser nur einige Eindrücke von Wien und der Nützlichkeit oder Fragwürdigkeit solcher Besuche. Haben Sie übrigens meinen Aufsatz in der *FAZ* drüber gelesen? Hat nichts mit meiner Bitte zu tun. Jedenfalls: schreiben Sie in Ihrer so schön spontanen Art einfach eine Seite oder zwei, wie Sie es in einem Brief täten, ganz leger, ohne Zwang und Formulierungsmühe, nur eben möglichst bald, weil wir das Heft abschließen wollen. Ich hätte Sie längst drum bitten sollen, war angestrengt, mit Sohnsorgen, Sie kennen das.
  Alles Liebe und lassen Sie bitte von sich hören.

Immer Ihre Hilde Spiel

HILDE SPIEL AN THOMAS BERNHARD.
ST. WOLFGANG, 25. MÄRZ 1970

St. Wolfgang, 25. 3. 1970
Lieber Thomas Bernhard,
  wollen Sie nicht doch noch einmal anrufen und herkommen, oder fahren Sie schon weg? Unsere Salzburgfahrten sind jetzt vorüber, wir haben immer Zeit.
Alles Liebe, Ihre Hilde Spiel

HILDE SPIEL AN HEINZ POLITZER.
WIEN, 27. MÄRZ 1970

Wien– 27-März-1970
Lieber Heinz Politzer,
  zur Seelenverwundung jetzt auch noch dieses lange Schweigen, keine Antwort auf Ihren so freundlichen, gar nicht gekränkten Brief! Aber welche Hemmung muß sich aufstauen, wenn einem ohne den geringsten Vorwurf mitgeteilt wird, man habe eine Wunde zum Bluten gebracht. Lieber Heinz Politzer, ich kann nur um Verzeihung bitten, kann das Geschäft des Kritikers nur verwünschen, das einen dazu bringt, so tief in die existentiellen Fährnisse und Verflechtungen eines Mitmenschen einzugreifen. Ist es ein Trost, wenn ich Ihnen sage, daß ich selbst über das, was ich so mache, sehr unglücklich bin, mir täglich klarer darüber werde, daß der »impact«, den ich auf die deutschsprachige Literatur gehabt habe – auch mir sitzt das Englische im Genick –, dem einer Flaumenfeder auf Granit gleicht? All die Mühe, der Aufwand an Bildung, Wissen, Einsicht, ja, auch Geist, und nichts erreicht im Grunde, ein paar ephemere Hervorbringungen, einen Tag, bestenfalls zwei Jahre, nachdem sie geschrieben werden, schon vergessen.
  Wir stecken also unrettbar in unserem Schicksal drin.

Und Sie werden wenigstens unter den drei oder vier Namen derer, die Gültiges *zur* Literatur gesagt haben, unweigerlich genannt.

Mit den besten Grüßen, Ihre Hilde Spiel

MIRA MIHELIČ AN HILDE SPIEL.
LJUBLJANA, 7. APRIL 1970

Ljubljana, 7. IV. 1970

Liebste Hilde,

vor ein paar Tagen habe ich die Übersetzung von *Lisas Zimmer* dem Verlag übergeben. Ich habe mich fast um 6 Wochen verspätet, aber Du weißt ja, wie es ist, genauso wie Du habe auch ich immer viel zu viel zu tun und komme nie dazu, die Arbeit zu verrichten, die mir Freude macht. Es ist wahr, daß mir das Übersetzen von Deinem Roman viel Freude gemacht hat; ich habe aufs Neue gespürt, wie verwandt wir uns eigentlich sind – und ich habe Dich jetzt noch lieber.

Ich schreibe Dir vom Bett aus, eine ganz dumme Geschichte: man hat mich am Fuß operiert, nicht an demselben, den ich mir in Korsika verstaucht habe, es ist nichts besonderes, trotzdem muß ich eine Woche liegen und werde noch einige Zeit nicht besonders gut gehen können. So werde ich voraussichtlich nicht nach London kommen können – es wäre sowieso strapaziös, denn ich muß ja am 8. Mai in Piran sein. Am 8. haben wir schon am Abend einen kleinen Cocktail auf einem alten Fischerboot im Hafen von Piran, sonst aber wohnen wir dieses Jahr im Hotel Metropol, Lucija, Porto, sehr schön in einem Park, denn im Riviera und neben dem Palace sind große Bauten im Gang, so daß wir dort keine Ruhe hätten. Für die Fischers sind zwei Zimmer nebeneinander reserviert, für Dich und Fleschy auch – er wird es sich hoffentlich anders überlegen und auch kommen? Der Thomas Bernhard hat einen netten Brief geschrieben, daß er kommt, die Kruntorads auch – ich freue mich schon auf Österreich!

Aus Frankreich kommt Pierre Emmanuel, Vercors – und Garaudy haben wir auch eingeladen. Aus Serbien wieder unsere Freunde Sveta Lubič und Jara Ribnikar. Usw. usw. Den Ausflug machen wir dieses Jahr nach Poreč und dann nach Motovun, eine phantastische verlassene Stadt auf einem spitzen Berg in der Mitte der istrischen Ebene.

Liebste, die Koreaner haben mich eingeladen nach Seoul, und ich gehe, weil sie die Reisekosten bezahlen. Eigentlich soll man in seinem kurzen Leben so viel sehen, wie man kann.

Meine Handschrift ist im Bett noch schlimmer als sonst, also beendige ich diesen Brief.

Alles Liebe und Gute, es küßt Dich Deine Dich liebende Freundin Mira

P.S. Wirst Du ein Referat zum Thema schicken, oder bist Du überlastet? Ich möchte Dich nicht drängen, aber schön wäre es doch.

HILDE SPIEL AN MIRA MIHELIČ.
WIEN, 15. APRIL 1970

15. 4. 1970

Liebste Mira,

in großer Eile, weil ich heute abend nach Darmstadt fahre, um an der Generalversammlung des Deutschen P.E.N. teilzunehmen, will ich Dir nur ein paar Zeilen schreiben. Ich danke Dir innig und von Herzen für die Übersetzung und Deine lieben Worte darüber. Wie schade, daß ich sie nicht verstehen werde, aber ich bin sicher, daß sie ganz wunderbar ist. Es ist schön, so verbunden zu sein. Und nun bitte ich Dich, mir in Piran Romane von Dir zu geben, die wir hier von Lektoren lesen lassen wollen und Verlagen vorschlagen. Vergiß sie nicht.

Wir wollen also beide nach Piran kommen, ich muß Dir noch schreiben, wann. Ob wir am Abend des 8. schon dort sein können, ist fraglich. Auch bin ich im Moment noch sehr besorgt um die Fischers. Er ist in Capri, wo er über Ostern war, krank geworden, und immer noch dort, um sich auszukurieren, kommt erst in einigen Tagen nach Wien zurück. Ob er am 7. oder 8. oder 9. Mai schon reisefähig sein wird, wage ich nicht zu sagen. Aber Du wirst rechtzeitig von ihm hören. Ich finde es interessant, wer diesmal kommt. Ob Garaudy wohl erscheinen wird? Ich habe ihn kürzlich in Wien gesehen.

Nach Korea fahre ich nicht, uns haben sie, als Kapitalisten, keine Reisekosten angeboten, und die Fahrt ist mir zu teuer. Aber es wird sicher sehr interessant für Dich. Hoffentlich bricht in London im Frühjahr der PEN nicht auseinander, es sieht ja schlimm aus im Moment.

Zuletzt alles Gute, Liebes, für Deinen armen Fuß. Hoffentlich bist Du bald wieder in Ordnung, ich hoffe es von Herzen.

Ja, und das Referat. Bitte, bitte, sei mir nicht böse, wenn ich diesmal keinen Beitrag liefere: ich bin halb wahnsinnig vor Arbeit, muß vom 27.–6. nach London und komme auch dort sicher nicht dazu. Nächstes Jahr dann wieder. Ich umarme Dich, Fleschi grüßt innig,
immer Deine Hilde

HILDE SPIEL AN ROBERT NEUMANN.
WIEN, 22. APRIL 1970

22. 4. 1970
Lieber Robert,
In Wolfgang bin ich nun endlich dazu gekommen, Dein Büchlein über Österreich zu lesen, und fand es wie alle Deine Hervorbringungen ungemein scharfsinnig,

witzig, pointiert, informativ. Einige kleine Verschiebungen der Perspektive, wie sie aus dieser Entfernung unvermeidlich sind, wären anzumerken, auch da und dort ein sachliches Übersehen – so hast Du den Leopold II. genial wegeskamotiert. Aber das fällt ja alles überhaupt nicht ins Gewicht. Es ist ein unverkennbarer R. N. geworden, mit aller wohlgelaunten Aggressivität.

Ob Du Dir hier bei den maßgeblichen Herren viele Freunde damit gemacht hast, kann ich nicht sagen. Die Empfindlichkeiten sind ja immer recht groß, und Du hast Dir in keiner Weise ein Blatt vor den Mund genommen. Als Basis für Ehrungen scheint es mir nicht zu dienen, dazu sind die Ressentiments der Österreicher doch zu rasch erweckt. Aber so hast Du Dir's ja auch wieder nicht gedacht. Das heißt, ich würde es z. B. nicht an Henz weiterleiten mit der Bitte, sich es in Hinblick auf den großen Staatspreis anzusehen.

Was diesen betrifft, so wird er für 1970 an Dramatiker, für 1971 wieder an Lyriker vergeben. Wir arme Prosaisten haben da also keine Chance, zumindest nicht in absehbarer Zeit. Aber ich fände doch, daß Du Deine Vaterstadt bald wieder besuchen und hier nach dem Rechten sehen solltest, etwa auch in bezug auf andere mögliche Ehrungen. Ich wiederhole also die dringende Bitte, Du mögest in der letzten Maiwoche oder Anfang Juni nach Wien kommen und hier im P.E.N. eine Vorlesung halten. Bitte überleg es Dir doch noch einmal und laß mich bald wissen, ob es Dir möglich ist.

Ich fahre am 27. nach London, bekomme aber Post nachgeschickt, bin dort bis zum 6., danach für einen Tag in Wien, dann in Piran und Italien bis etwa 22. Aber ich hätte gern die Vorlesung unter Dach und Fach. Mit der Honorierung hapert es bei uns ja, wir zahlen eigentlich nie an Autoren, höchstens an Schauspieler gelegentlich Minihonorare, sind ja a arma Verein. Aber wenn Du doch einen kleinen Beitrag zu Deinem Aufenthalt nicht verachtest, dann würden wir in die Tasche greifen und 1000 Schilling herausziehen. Irgendein Gönner gibt es uns dann vielleicht zurück.

Lieber Robert, laß mich bald Deine Entscheidung wissen. – Ich war übrigens in Darmstadt bei der deutschen PEN-Generalversammlung, Friedenthal erschien, er leidet immer noch an Neumannitis und klagt davon jedem, der es hören will.

          Alles Liebe Euch beiden, Deine Hilde

ROBERT NEUMANN AN HILDE SPIEL.
LOCARNO, 26. APRIL 1970

          26. 4. 70

Liebe Hilde,
es war gut, endlich wieder einmal von Dir zu hören.

Das Österreich-Büchel ist unerwartet erfolgreich – wenn auch offenbar einige beleidigte österreichische Sortimenter an den Verlag geschrieben haben. Aber sowohl Jonas wie auch die Stadträtin Sandner, wie auch die andern maßgeblichen Honoratioren, die nicht nach rechts und links schielen oder leisetreten müssen, haben durchaus positiv reagiert.

Ja, den Leopold hatte ich vergessen. Noch viel schlimmer »Der Österreicher hat ein Vaterland ...« ist nicht, wie ich behauptete, von Grillparzer sondern von einem gewissen Schiller. All das wird in einer Neuauflage richtiggestellt werden.

Der PEN kotzt mich ein wenig an. Es ist so sehr nicht der Mühe wert, sich über die verwundeten Friedenthäler und dergleichen aufzuregen. Gäbe es nicht ein Dutzend alter Freunde (wie Dich und den Deinigen), die man dort alle auf einmal trifft, so zöge mich nichts zu diesen Kongressen.

Es rührt mich sehr, daß Ihr für meinen Besuch in Wien sogar Geld locker machen wollt – aber das kommt doch gar nicht in Frage. Schwicrig ist nur: ich kann es nun doch mit den Terminen nicht schaffen. Vielleicht im Herbst – es wäre mir ein Bedürfnis, mit den Wiener Freunden wieder einmal zu plaudern. Vorläufig also:

Dank Dir sehr für Deinen guten Willen, und vielleicht treffen wir einander doch noch irgendwann im Laufe des Sommers. Daß Du hier von Herzen willkommen bist, weißt Du. Es kann aber auch sein, daß wir Dich, etwa auf einer Fahrt nach Aussee, einmal sehr kurzfristig in Wolfgang überfallen. Sonst bleibt ja jedenfalls noch die Buchmesse – es kommt im Herbst ein neuer kurzer Roman von mir heraus, den ich dort einweihen soll.
    Alles Liebe wie immer, Dein Robert.

Kann Flesch mir die eine oder andere ausführliche Kritik (möglichst mehrere) seines Romans leihen?

HILDE SPIEL AN THOMAS BERNHARD.
ST. WOLFGANG, 15. AUGUST 1970

  5360 St. Wolfgang Haus am Bach 15. 8. 1970
Lieber Thomas Bernhard,
 Rufen Sie vielleicht doch einmal an? Meine Nummer ist geändert, statt 297 jetzt 515. Ilse Aichinger käme vielleicht um den 24., es wäre nett, wenn Sie's auch täten.
   Alles Liebe von uns beiden, Ihre Hilde Spiel

HILDE SPIEL AN JEAN AMÉRY.
ST. WOLFGANG, 19. AUGUST 1970

            19. 8. 1970
Lieber verehrter Jean Améry,
 erst jetzt komme ich dazu, Ihnen für Ihren Aufsatz über die Krise der Dialektik in der *Weltwoche* zu danken. Ich war sehr von ihm beeindruckt, möchte so gern hoffen, daß Sie recht haben, denn wie Sie wissen habe ich vom

Wiener Kreis meine ersten und entscheidenden Denkanweisungen erhalten und mich nie wieder von den großen Dunkelmännern der deutschen Philosophie beeinflussen lassen.

Aber wenn Sie gegen die Dialektiker polemisieren und deren Tage als gezählt ansehen, vergessen Sie nicht die viel schlimmeren Widersacher in einer ganz anderen Richtung? Ich habe Kinder, erwachsene Kinder, in England, die ganz im Bann jeglicher Metaphysik sind, die an sie herantritt, von den fernöstlichen Geheimlehren bis zu Wilhelm Reichs Orgasmus-Vergöttlichung und dergleichen mehr. Hat der logische Positivismus Aussicht, auf diese Jugend Eindruck zu machen? Oder erwarten Sie sich mehr von den jungen Deutschen? Von der anarchistischen neuen Linken? Ich wüßte es gern.

Immer Ihre Hilde Spiel

HERMANN KESTEN AN HILDE SPIEL.
ROM, 5. SEPTEMBER 1970

Rom, 5. September 1970

Liebste Hilde,

vielen Dank für Deinen ausführlichen Brief. Wie schade, daß wir alle diesmal nicht in Venedig zusammenkommen. Wir bleiben ja auch nur eine Woche vom 7.–14. September im Hotel La Fenice.

Nach Edinburgh werde ich wohl nicht kommen, da von unserem deutschen Penzentrum der Bundesrepublik der Präsident Heinrich Böll und der Generalsekretär Thilo Koch hinfahren und das genug der Vertretung ist.

Wir müssen uns also gelegentlich etwas anderes ausdenken, um einander wiederzusehen.

Ich bin gerührt, daß Du mitten im Wirbel Deiner Arbeiten und Aufträge nicht vergißt, auch meinen *Optimisten* aufzuführen. Ich hoffe freilich, daß Du das Buch, wenn Du es rezensierst, es noch in diesem Jahrhundert tust, denn wer weiß, ob wir beide das Jahrhundert überleben, und was nutzt mir die schönste Besprechung, wenn ich schon tot bin und mein Buch schon vergriffen ist?

Ich las eben von Giovanni Boccaccio wieder: *Die neun Bücher vom Glück und Unglück berühmter Männer und Frauen,* eine sehr heitere Lektüre, obgleich das Buch von lauter Schrecken und Tragödien handelt. Es war 200 Jahre lang ein bestseller, viel berühmter als Boccaccios *Decamerone.* Dann wurde es vergessen, und hundert Jahre lang nicht mehr gedruckt. Natürlich ist der *Decamerone* unvergleichlich. Und doch ist auch dieses Buch vom Glück etc. ein charmantes und vielfach reizvolles Buch eines großen Dichters.

Welch kuriose Schicksale Bücher und Autoren haben.

Und was macht der Hans?

Alles Liebe für Euch beide, auch von Toni und von Deinem ergebenen Bewunderer und Freund

Hermann

HILDE SPIEL AN W. H. AUDEN.
WIEN, 18. SEPTEMBER 1970

18th September 1970

Dear Mr. Auden,

here are the German versions of the three poems I was given to translate. I have done my best, I think, but most probably it isn't good enough. One could spend weeks trying to improve on it.

I am sending you a little poem of my own so that you shouldn't think that I have never tried to lisp in numbers.

Yours sincerely, Hilde Spiel

JEAN AMÉRY AN HILDE SPIEL.
BRÜSSEL, 18. SEPTEMBER 1970

18. September 1970

Sehr verehrte, liebe Frau Dr. Spiel:
Dank für Ihre Zeilen vom 19. August.
Mein Gott, was wäre da nicht alles zu sagen! Die Mystagogen aller Spielarten sind gewiß ebenso gefährlich wie die begriffsdichtenden Dialektiker. Ob ein neuer Positivismus Chancen hat, die Jugend zu impressionieren? Doch. Ich glaube es. Aber es wird ein langer Weg sein, denn es ist und bleibt nun einmal so, daß es der Vernunft an jenem gefährlichen Glamour fehlt, der allen metaphysischen Denkrichtungen eignet. Gerade starb der alte Carnap. So wie einst wird's nicht mehr sein. Aber junge Leute wie der Philosophie-Professor Hans Albert und unser Landsmann, der sympathische, nur mit häßlichem Namen behaftete Gerd-Klaus Kaltenbrunner werden à la longue ihre Präsenz erhärten.
Seien Sie für heute recht herzlich gegrüßt von Ihrem sehr ergebenen: Jean Améry

Werden Sie auf der Buchmesse sein? Ich bleibe für diesmal weg. Aber ich denke in freundschaftlicher Gesinnung an unsere Begegnungen!

W. H. AUDEN AN HILDE SPIEL.
KIRCHSTETTEN, 21. SEPTEMBER 1970

Sept. 21st, 1970

Dear Doktor Spiel,
Many many thanks for the translations. I think they are *marvellous*. How lucky I am to hear you are a

translator. On first reading I like your poem very much, of course, must study it further.
With best wishes yours gratefully Wyston Auden

W. H. AUDEN AN HILDE SPIEL.
KIRCHSTETTEN, 5. OKTOBER 1970

Oct. 5th,

Dear Dr Spiel:
I have just finished reading *A Darkened Room,* which I enjoyed enormously. I am most grateful to you for sending it, and also for all the trouble you took with the translations. [unleserlich]
Yours sincerely Wyston Auden

P.S. Do you think this is just criticism?
To Goethe: a complaint
How wonderfully your songs begin
With the praise of Nature and her beauty,
But then, as if it were a duty,
You drag some god-damned sweetheart in.
Did you imagine she'd be flattered?
They never sound as if they mattered.

HILDE SPIEL AN INGEBORG DREWITZ.
WIEN, 6. OKTOBER 1970

6. Okt. 1970

Liebe gute Ingeborg,
wie schön, Sie auf der Messe zu sehen. Ich war nur 2 ein halb Stunden da. Um so schöner. – Bitte vergessen Sie nicht, mir durch Diederichs das Städtebuch schicken zu lassen, man hätte doch gern den Beleg.
Nun zu dem P.E.N. Treffen. Wie ich Thilo Koch schon

sagte, hat es damit eine Schwierigkeit. Im Mai findet nämlich ab 9. immer, und diesmal besonders groß, ein Schriftstellerverband-P-E-N-Treffen in Piran statt. Da müssen wir hin. Und am 22. beginnen in Wien die Festwochen, da bin ich unabkömmlich. Und dazwischen lohnt sich's kaum, ist zu gehetzt. Anfang Mai ginge, aber man müßte sehen, wann das Internationale Exekutivkomitee tagt, vielleicht diesmal erst in Piran, dann ginge Anfang Mai. Ob aber da schon das Theatertreffen begonnen hat? Bitte überlegt Euch das. Wir kommen ja immer gern, wenn es irgend geht.

Alles Liebe, immer Ihre Hilde Spiel

INGEBORG DREWITZ AN HILDE SPIEL.
BERLIN, 24. NOVEMBER 1970

24. 11. 70

Meine liebe Hilde,
zugegeben, ein bißchen komisch kommt mir die Anrede vor, Hilde hieß nämlich meine Mutter und ich hör dann immer noch die rauhe Stimme meines Vaters oder gar die der Großeltern bei dem Namen, aber dennoch oder vielleicht gerade deshalb freut mich die Nähe.

Ja, ich schreibe also wegen der Namensliste – und bitte ganz inoffiziell. Du weißt, welche Eurer Autoren dem harten Nordwind widerstehen können, stell doch die Namen einmal zusammen. Tramin möchte ich gern auch dabei haben und eigentlich besonders gern »Deinen« Flesch. Aber das mußt Du entscheiden oder mit ihm durchsprechen. Ihr solltet etwa soviel sein wie wir und es wäre auch gut, wenn's ein bißchen »quer durch den Garten« wär. Was hältst Du von der Busta? von der Lavant? Obwohl gerade auf die beiden das »nach D . . .« nicht zutrifft. Sie hatten beide ihre beste Zeit noch zu seinen Lebzeiten. Und die Ebner ist wohl ein bißchen sehr konservativ. Und die junge Jellinek? Ist die schon so weit? Begabt jedenfalls. Kurz, macht Ihr's mal ein bißchen im Gespräch aus. Wir haben's dann leichter, niemandem wehezutun. Und Ihr beide seid klug genug zur Einschätzung der Lage.

So, das wär's für heute.

Du warst am letzten Abend wohl noch bei Palitzsch. Ich bekam keine Karte mehr, schade. Die Nachkriegs-*Mutter-Courage* im Dt. Theater war eines meiner stärksten Theatererlebnisse überhaupt. Ich hätt gern die Brechung in der anderen Generation geprüft.

Übrigens mein ich, Kraus sollte in Berlin dabei sein. Er ist ein so kluger Kopf, dem gelingt's auch, die Gegensätze zwischen Österreichern und Berliner Österreichern in den Griff zu bekommen.

Grüß Flesch und Wien und – und –

Ja, und schreib mir Deine Gedanken, dann kann die offizielle Einladung von Darmstadt aus geschrieben werden und das ist dann doch ziemlich wichtig [...]

Herzlich Deine Ingeborg

HILDE SPIEL AN HANS PAESCHKE.
WIEN, 14. JANUAR 1971

14. Januar 1971

Lieber Herr Paeschke,

Verzeihen Sie die späte Antwort, aber ich hatte nicht einmal Zeit für meine dringende Korrespondenz, ganz zu schweigen von – nun ja, Sie wissen schon. Ich habe noch nicht einmal den Doderer-Band gelesen. Sobald ich dazu komme, will ich Ihnen sagen, ob ich mich darüber äußern möchte. Ich hoffe, das wird Anfang Februar möglich sein. Aber bitte lassen Sie sich nicht davon abhalten, eventuell jemand anderen aufzufordern, der rascher zur Stelle sein kann. Ich hatte und habe mit laufenden Dingen, einem in Satz befindlichen Buch, einem vorzubereitenden Band und einer Schriftsteller-Enquête, einfach entsetzlich viel zu tun.

Inzwischen alles Liebe Ihre Hilde Spiel

HILDE SPIEL AN LUISE RINSER.
WIEN, 27. JANUAR 1971

27. 1. 1971

Liebe Luise Rinser,

morgen ist meine Enquête mit der Regierung. Ich stecke also mitten in der ärgsten Arbeit. Aber weil es ja doch nicht besser wird in der nächsten Zeit, und meine berufliche Hetzjagd weitergeht, will ich Sie nicht länger warten lassen mit meinem Kommentar zu Ihrem Buch über die Frau. Ich habe es auf dem Hin- und Rückflug London–Wien gelesen, es war die stillste Möglichkeit. Das Buch ist ungemein wichtig, ich habe mir viel angestrichen an klugen, vor allem vernünftigen Formulierungen, es ergänzt und erweitert vieles, was ich vor Jahren bei Virginia Woolf (sehr lesenswert *A Room of One's Own* und *Three Guineas*) über dieses Thema las, vor allem in der geschichtlichen Rekapitulation und den prinzipiellen Bemerkungen. Auf Seite 91, Ende des 1. Paragr., decken Sie sich genau mit ihr. Natürlich hat mir der erste allgemeine Teil und dann wieder der letzte am besten gefallen, – im einzelnen wäre über manches zu diskutieren, etwa über Ihre erstaunliche Dezidiertheit in bezug auf die Blutsbande; mir persönlich liegt dieser Muttermythos näher als jeder religiöse, aber sei's drum, – denn ich stehe nun einmal der Theologie fern. So erscheint mir die lange Diskussion mit der kirchlichen Stellung zur Frau weniger interessant, obwohl sie ja in der christlich-gläubigen Welt sicher nötig ist. Nicht, daß mich das gar nichts anginge, zu Ihrer Verwunderung muß ich Ihnen sagen, daß ich katholisch aufgewachsen bin, bei katholischen, wenn auch nicht rein arischen Eltern. Aber ich kann Ihnen auf dem Gebiet klerikaler Auseinandersetzung nicht folgen, oder nur mit distantem Interesse. Um so einleuchtender, wichtiger die vielen gescheiten und richtigen Analysen der Allgemeinsituation.

Verzeihen Sie die Kürze. In Freundschaft und Bewunderung Ihre Hilde Spiel

HILDE SPIEL AN MIRA MIHELIČ.
WIEN, 17. FEBRUAR 1971

17. 2. 1971
Liebste Mira,
Unsere Briefe haben sich gekreuzt, inzwischen schrieb ich Dir, daß Jeannie Ebner bereit ist, das Buch zusammenzustellen. Ich habe ihr gestern gesagt, Ihr behieltet Euch ein Einspruchsrecht vor, Autoren wegzulassen oder hinzuzufügen, die auf ihrer Liste entweder vorhanden oder ausgelassen wurden. Sie ist damit einverstanden. Bedingungen müßten dabei ausgehandelt werden. Nun hat sie gestern schüchtern gefragt, ob es nicht möglich wäre, daß auch sie nach Piran eingeladen würde, sie käme gern hin, um alles zu besprechen, könnte sich's aber nicht leisten. Sie hat in der Tat wenig Geld. Nun weiß ich nicht, ob das in Eurem Budget noch drin ist. Wenn nicht, werde ich versuchen, hier bei unserem Unterrichtsministerium um die Kosten ihrer Fahrt und ihres Aufenthalts in Piran anzusuchen. Laß mich also wissen, Liebste, wie Du zu der Frage stehst.

Wir sind alle – die meisten jungen Leute vom Pen, Fleschy und ich – Ende März zu einem Pen-Treffen nach Berlin eingeladen. Ich habe ein bißchen Angst davor, weil dort die aufsässige junge Garde, lauter Wiener Auswanderer nach der BRD wie Rühm, Wiener, Artmann, Jandl und so fort, wahrscheinlich dagegen protestieren wird, daß die gemäßigteren Autoren die Wiener Literatur »nach Doderer« vertreten. Es kann zu Unannehmlichkeiten führen. Andererseits freue ich mich schon auf Berlin, wo ich lange nicht war.

Im übrigen habe ich unendlich viel zu tun wie immer, nur noch etwas mehr. Aber man darf sich nicht beklagen, der Wirbel erhält jung. Mein Sohn lebt in München zur Zeit, das ist schön für mich, weil ich ihn öfter sehe. – Liebste, laß von Dir hören und sei umarmt
von Deiner Hilde

THOMAS BERNHARD AN HILDE SPIEL. DUBROVNIK, 2. MÄRZ 1971

Grand Hotel Imperial
Dubrovnik 2. 3. 1971

Liebe, verehrte Doktor Spiel,
 ich habe Ihnen einen Beitrag für Ihr *Ver sacrum* versprochen – Sie schreiben »etwas über Ludwig Wittgenstein«, und ich habe diesen Gedanken seit zwei Wochen, also dem Tag meiner Rückkehr aus Bruxelles im Kopf – jetzt bin ich wieder auf Reisen – Ragusa, Beograd, Roma etc., und die Schwierigkeit, über Wittgensteins Philosophie und vor allem Poesie, denn meiner Ansicht nach handelt es sich bei Wittgenstein um ein durch und durch poetisches Gehirn (HIRN), um ein philosophisches HIRN also, nicht um einen Philosophen, zu schreiben, ist die größte. Es ist, als würde ich über mich selbst etwas (Sätze!) schreiben müssen, und das geht nicht. Es ist ein Zustand von Kultur und Gehirn-Geschichte, der sich nicht beschreiben läßt. Die Frage ist nicht: schreibe ich über Wittgenstein. Die Frage ist: *bin* ich Wittgenstein *einen* Augenblick ohne ihn (W.) oder mich (B.) zu zerstören. Diese Frage kann ich nicht beantworten und also kann ich nicht über Wittgenstein schreiben. – In Österreich sind Philosophie und Poesie (mathematisch-musikalische) ein absolutes Mausoleum, schauen *wir* vertikal die Geschichte an. Es ist erschreckend einerseits, fortschrittlich andererseits, mit einem Wort: Philosophie und Kunst existieren zum Unterschied von anderen Völkern

in Österreich nicht im Bewußtsein seines Volkes, sondern nur im Bewußtsein seiner Philosophie und Poesie (-Kultur) etc., was für den Philosophen und für den Dichter ein Vorteil ist, ist ihm dieser Vorteil bewußt.

Was Wittgenstein betrifft: er ist die Reinheit Stifters, Klarheit Kants in einem und seit (und mit ihm) Stifter der Größte. Was wir durch NOVALIS, den deutschen, nicht gehabt haben, ist uns jetzt Wittgenstein – und ein Satz noch: W. ist eine Frage, die nicht beantwortet werden kann – dadurch ist er eins mit jener Stufe, die Antworten (und Antwort) ausschließt.

Unsere heutige Kultur ist in allen ihren unerträglichen Erscheinungen eine solche, die leicht beantwortet wäre, ließe man sich darauf ein – allein mit Wittgenstein ist es anders.

Und die Welt ist immer die zu dumme, die nicht begreift, darum ist *sie* immer absolut ohne Begriffe – die Begriffe stehen für sich selbst als Begriffe. Das ist tödlich für die MASSE der Köpfe, aber auf die Masse der Köpfe ist keine Rücksicht zu nehmen. So schreibe ich nicht über Wittgenstein, *weil ich nicht kann,* sondern weil ich *ihn nicht beantworten kann,* woraus sich alles von selbst erklärt.

Mit besten Grüßen, allen Wünschen

Ihr Thomas Bernhard

HILDE SPIEL AN THOMAS BERNHARD.
WIEN, 5. MÄRZ 1971

5. 3. 1971

Lieber Thomas Bernhard,

danke für den wundervollen Brief. Darf ich ihn, (wie weiland das *Theater heute,* nur hoffentlich ohne die gleichen Folgen) statt eines Beitrags abdrucken? Bitte erlauben Sie's mir.

Immer Ihre H. S.

HILDE SPIEL AN THOMAS BERNHARD.
WIEN, 20. MÄRZ 1971

20. 3. 1971

Lieber Thomas Bernhard,
nur einige kleine Unklarheiten haben sich ergeben, als ich Ihren Brief über Wittgenstein transkribierte. Ich habe das Manuskript meinem Material hinzugefügt, das ich dem Verlag zur Drucklegung übergab, aber ich möchte Ihnen den Durchschlag schicken, damit Sie noch verbessern können, was nicht in Ihrem Sinne ist, und bitte ein Wort einfügen mögen, das ich einfach nicht entziffern konnte: das erste auf der Seite 1, Zeile 10 von unten.
Ich fahre jetzt auf 10 bis 14 Tage nach Berlin und London. Würden Sie Ihre Korrekturen direkt an Dr. Helmut Leiter, Verlag Jugend & Volk, 1010 Wien, Tiefer Graben 7, schicken, mit dem Vermerk *Ver sacrum*.
Die herzlichsten Grüße von Ihrer Hilde Spiel

Und nochmals innigen Dank!

HILDE SPIEL AN INGEBORG DREWITZ.
WIEN, 3. MAI 1971

3. Mai 1971

Liebste Ingeborg,
nur ein paar Zeilen, hastig, in den letzten angestrengten Tagen vor meiner Abreise nach Piran. Ich muß mich tausendmal bei Dir entschuldigen, weil es zu einem Privatbrief und Privatdank bis nun nicht kam. Ich war mit Arbeit überhäuft nach der Rückkehr aus Berlin, vor allem aber mit einer schrecklichen Nachricht konfrontiert: mein Sohn wurde während der Unruhen in Belfast verhaftet und sitzt seit Wochen (es geschah während unseres Berlinaufenthaltes) in Untersuchungshaft, der Pro-

zeß ist im Juni und er kann jahrelangen Kerker bekommen. Ich glaube, daß er unschuldig ist, aber es herrscht in Belfast Rechtsunfreiheit, alles geht durcheinander, selbst mit den teuersten Anwälten wird man ihn vielleicht nicht freikriegen.

Mein früherer Mann und ich werden uns in Piran bemühen, mit dem PEN-Komitee für Schriftsteller in Haft in Verbindung zu kommen, eventuell auch Amnesty International einzuschalten. Hoffentlich kommt da Unterstützung. Auch sollen Zeitungen und Zeitschriften die Sache schon vorher publizieren, das mag etablieren helfen, daß er als Journalist nach Belfast ging, was stimmt. Also, Du siehst, schwerste Sorgen.

Im Übrigen nochmals innigen Dank für all Deine liebe Gastfreundschaft. Von Enttäuschung keine Rede, wir fanden Berlin alle an- und aufregend, die Kollegen haben sich ungemein wohlgefühlt und Kontakte angeknüpft, alle waren dankbar für die Einladung.

Laß wieder von Dir hören, ich bin am 20. in Wien zurück.

Immer Deine Hilde

HILDE SPIEL AN HANS PAESCHKE.
WIEN, 10. JUNI 1971

10. 6. 1971

Lieber Herr Paeschke,
nun sind auch wieder 12 Tage vergangen seit Ihrem Brief, und ich wollte doch wenigstens den gleich beantworten. Ach, könnten Sie sich doch in meine Lage versetzen, mit der ewigen Hetzjagd, den Verpflichtungen, *FAZ*, P.E.N., Interessengemeinschaft Österreichischer Autoren, *Ver sacrum,* Bücher, Rundfunk, Fernsehen, und kaum Zeit, die dringendsten Briefe zu beantworten, die »Administration« dieser zumeist überflüssigen Aktivitäten durchzuführen. Sie sehen ja, die wichtigsten

Dinge kommen da nicht zustande, die Vorabdrucke vernachlässigt, und so fort. Was wäre schöner, als in Muße für den *Merkur* schreiben zu können, aber es zerrt alles an mir, und wann ich zu kreativer Arbeit komme, steht in den Wolken, trotz Plänen, Skizzen, Material.

 Lieber guter Herr Paeschke, pazienza, wenn ich nach den Festwochen dazu komme, fang ich mit dem *Drachen* an. Und als Rezensent des Wien-Buchs? Améry? Hansjörg Graf? Kesten? Krüger – der am liebsten, wenn er's tut. Der wäre wenigstens betriebsfremd, hätte nicht den schon verglasten Blick aller Wien-Experten.

 Ich lasse von mir hören, sobald irgend etwas soweit ist.
Herzlich Ihre Hilde Spiel

W. H. AUDEN AN HILDE SPIEL.
KIRCHSTETTEN, 15. JUNI 1971

June 15th, 1971

Dear Miss Spiel:
 Thank you for your letter. Of course, I shall be delighted if you print my verses and your translations in *ver sacrum*.
 Shall look forward to reading your Vienne book.
 With best wishes yours sincerely W. H. Auden

HANS PAESCHKE AN HILDE SPIEL.
MÜNCHEN, 18. JUNI 1971

München, den 18. Juni 1971 P/k

Liebe gnädige Frau,
 wie lieb, so viele Sätze bei so großer Hetze. Der nächste Brief kommt mit dem *Drachen,* nicht wahr? Was heißt

genau »Nach den Festwochen«? Horst Krüger für das Wien-Buch ist ein guter Vorschlag, ich werde ihn fragen.

Ist von dem, was Sie so über Festwochen schrieben, nicht einmal etwas für den *Merkur* abzuzweigen? Schließlich kann ja die *FAZ* nicht alles bringen, was Sie z. B. für den Rundfunk machen. Was meinen Sie mit dem *Ver sacrum*? Ich verbinde damit einen geheimnisvollen Impuls unserer rebellierenden Jugend in der gegenwärtigen Verfassung: sie ist verzweifelt und weiß, daß sie unserer technisierten Gesellschaft geopfert wird. Daher ihre seltsame Trauer. Aber das meinten Sie gewiß nicht mit dem Wort.

Schicken Sie mir alles, was nicht durch den Zeitungsvertrag besetzt ist. Ich finde Sie einfach herrlich zu lesen.

Stets Ihr Hans Paeschke

FRIEDRICH TORBERG AN HILDE SPIEL.
BREITENFURTH BEI WIEN, 1. JULI 1971

1. Juli 1971

Verehrte Herausgeberin, Generalsekretärin, Dachpräsidentin und liebe Hilde,

ich eile, Ihnen für die Zusendung bzw. Zusendenlassung Ihres soeben eingetroffenen »Wien«-Buchs zu danken. Ob eine Stellungnahme erwünscht ist, weiß ich nicht, kann mich jedoch, alt-üblem Brauchtum folgend, ihrer nicht ganz enthalten. Zum Beispiel habe ich, gleichfalls brauchtumbedingt, als erstes die mich betreffenden Seiten aus dem Personenregister herausgeklaubt und sofort (im Beitrag von Gotthard Böhm) eine falsche und eine überhaupt nicht Seitenangabe entdeckt. Auch fiel auf der Bildtafel vor S. 273 mein Blick auf einen Ludwig Wittgenstein, der nicht die entfernteste Ähnlichkeit mit dem Gemeinten aufweist. Dies und dergleichen könnte bei einer – innigst zu wünschenden – Neuauflage korrigiert werden.

Der Korrektur entzogen und höchstens der privaten Richtigstellung zugänglich sind zwei mich betreffende Stellen in Ihren Beiträgen. Hier stimmen zwar die Seitenangaben, aber die Angaben selbst nicht mehr so ganz. Auf S. 138 lassen Sie mich aus Prag »zu gelegentlichen Aufenthalten« nach Wien kommen. Das mag, da sowohl »gelegentlich« wie »Aufenthalt« dehnbare Begriffe sind, historisch nicht zu widerlegen sein. Andere Historiker verfechten allerdings die Lesart, daß ich in jenen Herrenhof-Jahren eigentlich mehr aus Wien zu gelegentlichen Aufenthalten nach Prag gekommen bin. Der Streit, in dem die beiden Schulen liegen, ist noch nicht entschieden. Ich selbst neige der zweiten Schule zu, die sich überdies darauf berufen darf, daß ich dem »Prager Schriftstellerkreis«, dem Sie mich auf S. 215 ausdrücklich und kommentarlos beiordnen, nun wirklich niemals angehört habe. Sogar Max Brod, der allen Anspruch darauf hätte, mich für Prag zu beanspruchen, registriert mich in seinem Buch *Der Prager Kreis* nur als »Hospitanten«, indessen Ihr zweimaliger Hinweis bei Nichtinformierten – die es ja nach wie vor zu geben scheint – den Eindruck erwecken muß, als ob ich von Geburt und von Literatur ein Prager wäre. Ich bin es leider nicht. »Leider«: weil es inzwischen zu einem absoluten Gütezeichen geworden ist – das ich hier nicht zum erstenmal zurückweise. Die Beilage mag Ihnen das dokumentieren. Sie hat immerhin dreizehn Jahre auf dem Buckel und freut sich, daß sie 1971 noch zu Ehren kommt.

In der stolzen Gewißheit, daß in Wahrheit ihr Anlaß als Ehre gemeint war, und mit einem speziellen Dank für diese, grüßt Sie

ergebenst Ihr Torberg

HILDE SPIEL AN FRIEDRICH TORBERG.
ST. WOLFGANG, 10. JULI 1971

10. Juli 1971

Lieber Torberg,

als Ihr Brief kam, war ich in Belfast, und hatte dann nur zwei Tage Zeit, um mich zu reorganisieren und hierher zu fahren. Verzeihen Sie also die Säumigkeit. Ich entsinne mich da, weil wir doch eine lange Historie der Irrungen und Wirrungen haben, an einen Brief, den ich um 1946, von Freunden an Sie geschrieben, mit der Militärpost nach den USA befördern sollte, was aus irgendwelchen Gründen nicht sehr rasch gelang, worauf mir die Beschwerde hinterbracht wurde, »die Hilde Spiel hat mir Euren Brief auf dem langsamsten Wege zukommen lassen«. Ach ja.

Aber nun zu der vorliegenden Beschwerde. Sie dürfen mir's nicht übelnehmen, daß ich den Tatbestand Ihres mehr-Wiener-denn-Pragers-Seins falsch gesehen und geschildert habe. Wir wissen ja alle, wie langsam die Jugend vergeht. In diesen fünf Jahren, die Sie in Prag verbrachten, habe ich Sie offenbar am besten gekannt. Das war während Ihrer letzten Mittelschuljahre und kurz nachher. Sowohl die Affairen mit meinen Freundinnen Hansi und Maria wie die berühmten Fehden mit Habe, (ich erinnere mich da an ein Treffen in der Chinesischen Teestube – das liegt alles auf einem anderen Planeten –, bei dem Sie den jungen Bekessy zum ersten Mal kennen lernten,) wie auch die Abende im Herrenhof, an denen Sie da waren: all das, kommt mir vor, spielte sich auf Visiten aus Prag ab. Und als Sie dann nach Wien kamen, Ihre Familie blieb doch wohl dort, und in dieser kleinen Gasse beim Versorgungshaus wohnten, schien mir doch damals, als wären Sie eben aus Prag nach Wien zum Studium gekommen. Dann gab's auch noch was mit dem tschechischen Militär, und Wahnsinn-Simulationen, die Sie daraus befreiten, was wir alle unerhört chic fanden – da waren Sie doch tschechischer Staatsbürger, oder nicht? Kurz, bei mir hatte sich das festgesetzt. Übrigens entsinne ich mich an jenen ersten Besuch Max Brods in Wien, als die Polizei ausrücken mußte, weil so viele Literaturbegeisterte gekommen waren. Da sagte er doch deutlich, Sie gehörten zum Prager Kreis, obwohl Sie's eigentlich nicht wahrhaben wollten. Ich habe mir das damals im Geist notiert. Daher der Irrtum, den ich sehr zu entschuldigen bitte und in irgendeiner Form bei der Buchklub-Ausgabe, die in zwei Jahren erscheinen soll, korrigieren werde. Haben Sie einen Vorschlag, wie?

Daß das Porträt des Wittgenstein nicht echt sein soll, bestürzt mich desgleichen. Wir haben es aus dem Archiv der Nationalbibliothek bekommen. Ich habe ihn, obwohl Schlick-Schülerin, ja nie gesehen. Wir lassen das jetzt überprüfen, um so mehr, als wir das Bild auch in die nächste Nummer des *Ver sacrum* aufnehmen wollten.

Sonst haben Sie aber vielleicht doch, hoffentlich, noch einiges Gute dem Buch abgewinnen können. Es war eine mühsame Sache und ich bin froh, daß ich sie endlich los bin. Eine weitere Stellungnahme, von den Korrekturen abgesehen, wär' schon sehr erwünscht.

Herzliche Grüße von Ihrer Hilde Spiel

HILDE SPIEL AN ROBERT NEUMANN.
WIEN, 11. JULI 1971

11. 7. 1971

Liebster Robert,

vor allem die gute Nachricht: Anthony wurde in Belfast freigesprochen. Es war mirakulös, daß dies gelang, denn unter den gegenwärtigen Bürgerkriegsverhältnissen ist jeder, der sich auch nur im entferntesten mit Leuten einläßt, die Brandbomben schmeißen, jeder Jury verhaßt. Wir hatten viel viel Glück und einen ausgezeichneten Verteidiger. Ich war in Belfast, habe zwei Tage gezittert, denn die Gefahr bestand durchaus, daß er bis zu sieben Jahren Zuchthaus bekommt, und habe diese ganze furchtbare Situation miterlebt. Es waren aufregende Tage. Wieder einmal konnte ich den P. E. N. preisen, denn hätte uns nicht Mrs Cooper Foster in Piran zu einem Anwaltswechsel dringend geraten und den richtigen Mann verschafft, säße Anthony jetzt wahrscheinlich noch hinter Gittern.

Nun zu unserem Präsidenten. Es soll also Böll sein, und ich schreibe in diesem Sinn an Carver. Du mußt hinkommen, das geht gar nicht anders, laß uns jetzt nicht im Stich. Wir können, wenn wir an diese Institution glauben und auch zu ihren Treffen fahren, diesen französischen Pfau nicht länger ertragen, der muß weg.

Ich schreibe jetzt nicht mehr, bin ganz erschöpft von allem und muß mich hier erst etwas erholen. Bitte laß von Dir hören und sei mit Deiner Helga innig gegrüßt,

immer deine Hilde

ROBERT NEUMANN AN HILDE SPIEL.
LOCARNO, 20. JULI 1971

Locarno-Monti, 20. 7. 71
Villa Belmonte
Liebste Hilde, das muß eine große Erleichterung für Dich sein – das mit Anthony. Ich hoffe von Herzen, daß das mit ihm jetzt gut und sorgenfrei weitergeht. Hab einen guten Sommer. Hab Dank auch für die Nachricht, daß Du David Carver in diesem Sinn verständigt hast. Für Böll (bzw. gegen Emmanuel) sind nun die Finnen, Flamen, Holländer, Deutsch-Schweizer, West- und Ostdeutsche, Österreicher, Jugoslawen, Israelis, Amerikaner, Ungarn und ich. Die Liste wird sich hoffentlich ausreichend vergrößern lassen. Alles Herzliche wie immer, von Haus zu Haus,

Dein Robert

FRIEDRICH TORBERG AN HILDE SPIEL.
BREITENFURTH BEI WIEN, 20. JULI 1971

20. Juli 1971

Das will bedankt sein, liebe Hilde. Und will sogleich gekoppelt sein mit der Beruhigung, daß ich Sie in keine weitere Korrespondenz zu verwickeln plane und keine Antwort auf dieses hier erwarte. Ich will's nur deshalb nicht verbergen, weil der Holunderstrauch so günstig ist.

Und weil's mir vielleicht gelingen wird, die offenbar *nur* unangenehmen Erinnerungen, die Sie an mich bewahren, allmählich abzudecken. Es erschreckt mich ein wenig, das alles. Ich glaube mich im Besitz eines ziemlich elephantösen Gedächtnisses, aber gegen das Ihre schrumpft es zur Mücke. Das ist jedoch nicht der eigentliche Schrecken. Der besteht vielmehr in der unweigerlich herandrängenden Überlegung, *was* sich da alles abgespielt und akkumuliert haben muß, wenn Sie sich solche Sachen merken. Zum Beispiel den Brief aus dem Jahr 1946, den Sie mir »auf dem langsamsten Weg« hätten zukommen lassen. Ich habe keine Ahnung, what it's all about, and it rings no bell whatsoever. Immerhin kann ich mich hier noch mit der Vermutung trösten, daß ich diese »Beschwerde« in Wirklichkeit gar nicht vorgebracht habe und daß sie, wie so vieles andere, der Zwischenträgerei kommunikationsfreudiger Freunde entstammt. Wie denn überhaupt... nun, gleichviel. Oder wie Sie so richtig sagen: Ach ja.

Auch ob mein Brief in Sachen Prag, auf den Sie so geduldig reagieren, schlechterdings als »Beschwerde« zu empfinden ist, möchte ich bezweifeln dürfen. Gemeint war er eher als Richtigstellung – die Sie jetzt auf durchaus einleuchtende Weise zurechtgerückt haben. Ich hatte tatsächlich vergessen oder verdrängt und jedenfalls nicht bedacht, daß die Erinnerungen, auf die Sie sich stützen und auf Grund deren Sie mich als Prager verbucht halten, bis in die Ära Hansi Mahler zurückreichen. Das erklärt vieles, möglicherweise sogar manches. Denn daß ich jene Mittelschuljahre permanent in Prag verbracht habe und damals nur zu gelegentlichen Besuchen nach Wien gekommen bin, ist ja wirklich nicht zu leugnen. In den Herrenhof-Jahren hingegen, die in *meinen* Erinnerungen dominieren, verhielt sich's umgekehrt.

Jetzt weiß ich nicht, ob mir das »leugnen« nur so herausgerutscht oder einem zweckhaften Vorsatz entsprungen ist. Es gab nämlich eine Zeit, in der ich meine Beziehungen zu Prag am liebsten geleugnet hätte und beinahe beleidigt war, wenn man mich für einen Prager hielt. Das geht auf die sehr einfache, ja geradezu primitive, aus der Psychologie eines Heranwachsenden ohneweiters verständliche Abneigung zurück, die ich gegen unsere Familienübersiedlung nach Prag empfand, gegen die ungewollte, irgendwie gewaltsame Verpflanzung aus einer gewohnten Umgebung in eine fremde. Aber ich glaube nicht, daß Sie das interessieren kann, und im Grund interessiert's auch mich nicht mehr. Die Dinge und Aspekte haben sich längst verschoben, schon in der Emigration und nachher erst recht. Heute denke ich an meine Prager Jahre mit beinahe sehnsuchtsvoller Wehmut zurück, heute hätte ich – und wahrhaftig nicht nur aus den letzthin erwähnten literarischen Gründen – kaum noch etwas dagegen, ein Prager zu sein oder zumindest stärkere Bindungen an Prag zu besitzen, als es tatsächlich der Fall ist. Aber an diese Tatsachen muß ich mich jetzt schon halten. Daß auch hier, im Beharren auf diesen Tatsachen, also auf meiner Zugehörigkeit zu Wien und zu Österreich, noch andere und zum Teil recht komplizierte Umstände wirksam werden, hat desgleichen keinen Anspruch auf Ihr Interesse. Genug daran, daß ich in dem von Ihnen gemeinten Zeitabschnitt aus ebenso kindischen Gründen nicht als Prager gelten wollte wie heute aus erwachsenen, daß ich in dem von *mir* gemeinten Zeitabschnitt (1932) Mitglied des österreichischen PEN-Clubs wurde (nicht der deutschsprachigen Sektion des tschechoslowakischen), und daß ich heute auf mein literarisches und geistiges Heimatrecht als Österreicher auch dann Wert legen würde, wenn ich zufällig in Prag auf die Welt gekommen wäre statt zufällig in Wien.

Von der Voraussetzung ausgehend, daß Sie das alles

gar nicht interessiert, bin ich jetzt ganz hübsch in die Breite gegangen. Bitte um Entschuldigung.

Auf einen einzigen Punkt muß ich noch zu sprechen kommen und muß eilends hinzufügen, daß ich die zwangsläufig damit verbundenen Assoziationen in keiner Weise aufrühren möchte, u. a. schon deshalb nicht, weil sie mir physische Übelkeit verursachen. Sie schreiben etwas von »berühmten Fehden mit Habe« und erinnern sich »an ein Treffen in der Chinesischen Teestube«. Hilde: ich gebe Ihnen mein Großes Persisches Offiziersehrenwort, daß ich mich an *nichts* von alledem erinnern kann und daß ich bis heute überzeugt war, den von Ihnen erwähnten Zeitgenossen persönlich nicht zu kennen. Diese Überzeugung werde ich bis zum unwidersprechlichen Beweis des Gegenteils aufrechterhalten. (Übrigens hat er selbst, in jener Jauchen-Explosion damals in Deschens »Kultur«, ein gleiches angegeben.) (Was andererseits ein Anhaltspunkt dafür wäre, daß ich ihn vielleicht *doch* persönlich kennengelernt habe.) (Aber da fällt mir zum Glück der berühmte Ausspruch Franz Molnárs über einen andern Zeitgenossen ein: »Der lügt so, daß nicht einmal das Gegenteil wahr ist.«)

Sollten Sie meinem Erinnerungsvermögen – dessen Nachlassen mich in diesem Punkt ausnahmsweise *nicht* erschrecken würde – bei einer künftigen zwanglosen Gelegenheit nachhelfen wollen, dann werden Sie mich locker aufgeschlossen finden, ohne daß ich's für besonders wichtig hielte. Wichtig ist ja das Ganze nicht. Aber es lag mir daran, das Protokoll zu ergänzen. Ich hoffe auf Ihr Verständnis.

Ihrem Wien-Buch habe ich mehr als nur »einiges« Gute abgewonnen, aber mit einer ausführlicheren Stellungnahme müssen Sie sich, ich bitte Sie sehr darum, noch etwas gedulden. Mein *Süßkind* liegt nach jahrelanger qualvoller Arbeit in den letzten qualvollen Zügen, und bevor er sie nicht ausgehaucht hat, kann ich mir keine Ablenkung leisten, die nicht unbedingt lebenswichtig wäre. Selbst ein Brief wie dieser hier ist für mich, so wie die Dinge derzeit liegen, ein enormer Luxus. Was immer Sie daraus schließen wollen, daß ich ihn trotzdem geschrieben habe – ich werde Ihnen nichts dreinreden.

Haben Sie einen schönen Sommer am Bach, empfehlen Sie mich dem Dazugehörigen, und nehmen Sie die besten Wünsche und Grüße Ihres Torberg

HILDE SPIEL AN THOMAS BERNHARD.
ST. WOLFGANG, 21. JULI 1971

Haus am Bach 5360 St Wolfgang 21. 7. 1971
Lieber Th. B.,
In Ihrem Brief an mich, den wir im *Ver sacrum* bringen, steht folgender Satz: »So schreibe ich nicht über Wittgenstein, *weil ich nicht kann*, sondern weil ich *ihn* nicht beantworten kann«. Da scheint mir doch eine doppelte Negation nötig zu sein oder eine Konstruktion ohne das »sondern«. Verzeihen Sie die Schulmeisterlichkeit, es ist mir aber jetzt beim Fahnen-Korrigieren aufgefallen.
Alles Liebe, Ihre Hilde Spiel

MIRA MIHELIČ AN HILDE SPIEL.
LJUBLJANA, 24. JULI 1971

Meine liebste Hilde,
wie froh bin ich, daß Dein Sohn wieder frei ist! Ich kenne ihn zwar nicht, habe aber deinetwegen viel an ihn gedacht und ihm von Herzen Glück gewünscht. Der heilige Antonius bekommt von mir (damit sind alle guten Kräfte gemeint) eine schöne Kerze und recht schönen Dank.

Ich freue mich schon sehr, Dich in Dublin wiederzusehen. Inzwischen haben wir vom amerikanischen PEN ein Telegramm bekommen, mit der Mitteilung, daß sie für

Heinrich Böll sind, und haben telegraphisch geantwortet, daß auch wir seine Kandidatur unterstützen. Was die anderen sozialistischen PENs betrifft, weiß man ja nie, was ihre politische Situation im Augenblick von ihnen verlangt, aber ich bin gewiß, daß ihnen Böll viel angenehmer sein wird als der Pierre Emmanuel mit seinem Congrès pour la liberté de la culture. Ich persönlich möchte endlich einen Europäer als Präsidenten haben – und die Franzosen sind keine Europäer, zu dieser Überzeugung bin ich allmählich gekommen.
    Viel Liebes für Dich und Hans und Küsse und Grüße
von Deiner Mira

HILDE SPIEL AN FRIEDRICH TORBERG.
WIEN, 29. JULI 1971

29. 7. 1971

Lieber Torberg,
    nur der Ordnung halber, ganz kurz, um Sie in den letzten Zügen des Romans nicht zu behindern und wirklich keine Antwort nötig zu machen, aber doch zur Ergänzung Ihrer Biographie:
    Franz Ferdinand lebt, der zweite Weltkrieg war umsonst, Sie haben den Habe tatsächlich kennen gelernt, in jener Chinesischen Teestube vis-à-vis der Oper, in grauer Vorzeit, die aber der Maria Ditfurth gottlob genau so erinnerlich ist wie mir und daher von ihr gestern telefonisch mit Präzision zurückgerufen wurde. Zu Ihrer Beruhigung, Sie waren sich gegenseitig unsympathisch und das Treffen der premature adversaries verlief unbefriedigend für alle Beteiligten.
    Die Maria wußte dann noch viel mehr, über einen zweiten Besuch, allein mit Ihnen, in der Teestube, über ein Gedicht, das Sie damals auf sie schrieben – aber das soll sie Ihnen selbst einmal erzählen.
    Alles Gute für den, das *Süßkind*. Ihre Hilde

WOLFGANG BAUER AN HILDE SPIEL.
WIEN, ANFANG OKTOBER 1971

Sehr geehrte Frau Spiel,
   lese eben mit Spannung Ihre *FAZ*-Kritik, gegen die ich als solche nichts einzuwenden habe;
   nur eins: Ich habe Dürrenmatt nie »verhöhnt«. Ich habe mich in einem Programmheft zu *Magic Afternoon* wohl (vielleicht zu heiter und poppig) gegen verschiedene theoretisch-dramaturgische Betrachtungen von Schiller, Lessing, Brecht und Dürrenmatt gestellt, nie aber wäre es mir eingefallen, Dürrenmatt, eins meiner großen Vorbilder zu »verhöhnen«! Ich kenne Dürrenmatt nicht persönlich, aber möglicherweise besteht zwischen ihm und mir (soweit ich Berichten glauben darf) eine Art literarische Freundschaft, um die es mir sehr leid täte, würde ich sie verlieren.
   Sollten Sie Ihre Kritik noch anderswo publizieren, bitte ich Sie vielmals, diesen Satz zu streichen.
       Mit herzlichen Grüßen, Ihr Wolfgang Bauer

HILDE SPIEL AN WOLFGANG BAUER.
WIEN, 8. OKTOBER 1971

                                8. Oktober 1971
Lieber Wolfgang Bauer, Ihre Haltung zu Dürrenmatt habe ich dem *Spiegel* entnommen. Vielleicht hätten Sie sich gegen diesen Bericht wehren sollen und sich irgendwo ebenso deutlich zu Dürrenmatt bekennen, wie Sie es jetzt in diesem Brief an mich tun. Jedenfalls publiziere ich meine Kritik nirgends sonst, obschon ich Sie im *Theater heute* auch nicht eben sanft behandle, wenn auch mit anderen Worten und Argumenten. Aber daß Sie hart im Nehmen sind, lieber Wolfgang Bauer, haben Sie in Ihrem Brief bewiesen, es gefällt mir großartig an Ihnen

und Ihrer Generation. Überhaupt werden Sie wohl wissen, wie gern ich Sie mag und daß ich nur so scharf geschrieben habe, weil ich fürchte, daß Sie Ihr Talent verschleudern. Sie haben das Recht, hier anderer Meinung zu sein, gewiß. Aber wir haben das Recht, Ihre Stücke in Bezug zu bringen zur zeitgenössischen Weltliteratur, das haben Sie sich mit Ihren bisherigen Arbeiten verdient. Und da denke ich, Sie sollten selbst mit sich härter umgehen. Verzeihen Sie den magistralen Ton, man verfällt so leicht in ihn: nehmen Sie's als ein freundschaftliches Wort.
　　　　　Mit herzlichen Grüßen, Ihre Hilde Spiel

HANS PAESCHKE AN HILDE SPIEL.
MÜNCHEN, 2. NOVEMBER 1971

　　　　　München, den 2. November 1971 P/k
Liebe, gnädige Hilde Spiel,
　gibt es noch eine Auferstehung für Doderer, unser Projekt meine ich? Im Dezember ist er fünf Jahre tot, so hoffte ich für dieses Heft. Aber natürlich kommt jeder spätere Termin infrage; nur wenn Sie definitiv resignieren, müßte ich's wissen. Kann ich Ihnen neuen Mut machen mit der Bitte, über Wolfgang Hildesheimers *Zeiten in Cornwall* drei bis vier Seiten zu schreiben? Falls Sie seine Prosa mögen. Ich finde, er *sieht* großartig, eigentümlich stereoskopisch, ein Mann des Ohrs nicht nur (siehe seinen Mozart) sondern auch des Auges. Und Sie könnten sich von Wien wieder ein bißchen in England erholen.
Sagen Sie mir rasch ein Wort dazu?
　　　　　　　　　　　Ihr getreuer Hans Paeschke

HILDE SPIEL AN HANS PAESCHKE.
WIEN, 19. NOVEMBER 1971

19. Nov. 1971

Lieber guter Hans Paeschke,

Ihr Brief vom 2. November lag über zwei Wochen hier und ich las ihn gestern, als ich von einer Israel-Reise zurückkam, mit dem üblichen Schuldbewußtsein. Wie soll ich je Ihre Güte und Geduld aufwiegen und wettmachen? Ich will versuchen, die Doderer-Sache zu schreiben, ernsthaft, so bald ich irgend dazu komme, heben Sie mir's noch auf. Ich muß das Buch sowieso lesen, denn ich habe Kindler meine Seele verkauft und mache für ihn eine Österreichische Literaturgeschichte der Nachkriegszeit. Hingegen wage ich nicht, den Hildesheimer zu reklamieren, so sehr mir das Buch wohl liegt – es wartet hier bereits auf Lektüre –, denn ich komme ganz gewiß nicht so bald dazu, wie es sein müßte. Bitte entschuldigen Sie diesmal die unvermeidliche Verzögerung.

Ihre dankbare Hilde Spiel

HILDE SPIEL AN HANS PAESCHKE.
WIEN, 29. NOVEMBER 1971

29. 11. 1971

Lieber Herr Paeschke,

noch etwas mehr über Israel zu schreiben, würde mich sehr reizen, um so mehr, als die *FAZ*, der ich gestern meinen Beitrag schickte, bestimmt wird kürzen müssen. Am besten, Sie lesen ihn dann und sagen mir, ob Ihnen ein Bericht, der sich nur eben ausführlicher mit den angeschnittenen Themen beschäftigt und noch ein oder zwei dazunimmt, recht wäre. Ich würde auch etwas eingehender auf das Buch von Amos Elon hinweisen. *The Israelis*, das erst in einem Jahr bei Molden erscheinen soll und das ich auf englisch gelesen habe.

Kortner, beim besten Willen, nicht auch noch, bitte. Ich schaff ja das alles ohnehin nur mit äußerster Mühe.

Herzlich, Ihre Hilde Spiel

HILDE SPIEL AN HERMANN KESTEN.
ST. WOLFGANG, 3. JANUAR 1972

3. Januar 1972

Lieber guter Hermann,

seit langem habe ich nichts von Dir gehört. Ich fürchte, Du warst vielleicht böse, weil ich an jenem Frankfurter Abend nicht zu Horst Krüger kam. Aber erstens hatte ich vorher eine Muß-Einladung zu Günther Rühle, die gesamte Kulturredaktion der *FAZ*, und dann bekam ich einen entsetzlichen Schnupfen und fühlte mich bereits um halb elf so schwach, daß ich einfach nicht mehr in die Stadt fahren konnte, obwohl ich wußte, was mir da entging – Du vor allem, aber auch die vielen anderen interessanten Menschen. Meine Physis versagt selten, damals tat sie's, leider. Verzeih.

Lieber Hermann, ich hoffe, es geht Euch gut. Von mir ist zu vermelden, daß ich meine Stelle als Generalsekretär des Österreichischen PEN niedergelegt und an Dorothea Zeemann abgegeben habe, ich wurde dafür zum Vizepräsidenten gewählt, als zweiter wohlgemerkt, nach Carry Hauser. Habe aber versprochen, mich um die Auslandsbeziehungen weiter zu kümmern, und ich hoffe demnach, Dich nach wie vor häufig zu sehen.

Nun eine zweite Sache. Ich bringe da, lieber Hermann, gemeinsam mit zwei anderen Leuten, Georg Eisler, dem Präsidenten der Künstlervereinigung Secession, und Dr. Otto Breicha, einem Literaten und Kunsthistoriker, eine wunderschöne bibliophile Zeitschrift heraus, die einmal jährlich erscheint und *Ver sacrum* heißt, in Nachfolge

der seinerzeitigen Jugendstilzeitschrift. Die nächste Nummer soll zum Teil den Emigranten-Schriftstellern und Malern gewidmet sein. Über Dichter im Londoner Exil schreibe ich, über die im Schweizer Robert Jungk, über die in Hollywood-Los Angeles Lou Eisler-Fischer, und nun stehen noch Paris und New York offen. Es soll sich um deutschsprachige Schriftsteller handeln, mit Vorrang für die Österreicher. Ich habe an Dich und Paris gedacht (Joseph Roth usw.!), aber auch für New York wärest Du so brillant, nur hätte ich da niemand für Paris. Bitte, lieber Hermann, schreibe uns eins von beiden, 6–10 MS-Seiten, gut bezahlt, allerdings erst nach Erscheinen, MS sollte Anfang März da sein, Erscheinen im Herbst. Ganz persönlich soll's werden, informativ auch, muß aber nicht erschöpfend sein, nur die wichtigsten Leute genannt. Paris würde natürlich auch Sanary-Bandol etc. einschließen, wäre für Dich lockender. Und wer macht uns New York? Bitte hilf mit Rat. Und schreibe bitte entweder bis 12. hierher oder dann nach Wien. Wir umarmen Euch und wünschen alles Liebe für 1972. Immer
Deine Hilde

HILDE SPIEL AN MIRA MIHELIČ.
ST. WOLFGANG, 3. JANUAR 1972

3. Januar 1972
Allerliebste Mira,
Du mußt schon ganz böse auf mich sein und an meiner Freundschaft verzweifeln, denn ich habe seit langem nicht geschrieben und mich nicht für Deinen lieben, herzlichen Brief bedankt. Aber zuerst waren wir in Israel, wie Du weißt, und ganz überwältigt von diesem Land, dann kamen wir zurück und ich mußte eilig darüber schreiben, schließlich gab es eine Unmenge von Premieren, immer Arbeit für mich, und zuletzt war Weihnachten mit den vielen Sonderaufgaben, die diese Zeit mit sich bringt.

Wir sind seit dem 23. hier in St. Wolfgang, aber erst heute habe ich einen Augenblick, um Dir zu schreiben. Vorgestern brachte ich meine Tochter an die Bahn, die ein paar Tage hier war, und gestern mußte ich noch einen Artikel schreiben.

Liebste, immerhin hast Du mein Büchlein bekommen, ein Lebenszeichen wenigstens von mir. Jetzt habe ich eine Hürde vor mir, soll eine Geschichte der österreichischen Nachkriegsliteratur schreiben, und weiß nicht, wie ich die Zeit und die Kraft dafür finden werde, ich kann immer weniger zustande bringen, alles strengt mich immer mehr an. Geht's Dir auch so? Selbst hier kann ich mich kaum erholen, und es ist doch meine einzige Chance, in Wien fängt die Hetzjagd wieder an.

Mira, ich habe das Generalsekretariat des öst. PEN niedergelegt. Dorothea Zeemann hat meine Stelle übernommen, dafür wählten sie mich zum Vizepräsidenten (ausdrücklich zum zweiten, denn Carry Hauser hat die Ancienneté). Ich habe versprochen, mich weiter den Auslandsbeziehungen zu widmen, und will es auch tun, aber ich konnte nicht mehr den täglichen Kram im PEN machen, auch wollte Lernet mir schon einen anderen Vizepräsidenten in den Pelz setzen, da hätte ich nur noch einen Nichtstuer als Vorgesetzten gehabt und weiter schuften können für diese faulen und geltungssüchtigen alten Herren. So ist es doch ein etwas besseres Cachet. Ich muß es Carver bald mitteilen. Nach London will ich kommen und bin so froh, daß Du's auch tun wirst. Man weiß freilich nie, wer mich im PEN nun hinausintrigieren wird, es gibt da den oder jenen. [...]

Süße, sonst ist alles halbwegs, wir sind gesund, nicht überglücklich (der Kinder wegen, wie immer) aber es geht. Liebe, laß von Dir hören, wir sind bis 12. Januar hier.

Hilde

HILDE SPIEL AN FRIEDRICH TORBERG.
WIEN, 23. JANUAR 1972

Wien, am 23. 1. 1972

Lieber Torberg,

bitte wundern Sie sich nicht, einen Brief von mir auf diesem Papier zu erhalten. Ich schreibe, um Sie »zwar nicht offiziell, aber offiziös« um einen Beitrag für das nächste *Ver sacrum* zu bitten.

Die Zeitschrift erscheint einmal im Jahr, ist bibliophil gestaltet, hat nach drei Nummern einen guten Ruf und zählt bereits Ihren verflossenen Freund Thorn zu ihren Mitarbeitern. (Im letzten Heft hat er über die Vortizisten geschrieben). Für 1972 bereiten wir Artikel über Schriftsteller – vor allem österreichische – in den verschiedenen Exilstädten vor. Kesten schreibt über Paris und Sanary, Lou Eisler-Fischer über Los Angeles, ich über London. Erbeten wären 6 bis 10 Maschinenseiten persönlicher Art, mit Erinnerungen und einigen Informationen. Wir würden meinen, daß Sie über Broch, Werfel, Polgar, Bruckner und andere so viel wissen, daß Sie eine solche kleine Pièce geradezu aus dem Ärmel schütteln könnten. Allerdings müßte es bald geschehen, wenn Sie überhaupt zusagen. Honoriert wird anständig. Würden Sie sich dazu verstehen?

Die besten Grüße von Ihrer Hilde Spiel

FRIEDRICH TORBERG AN HILDE SPIEL.
FRANKFURT AM MAIN (FRANKFURTER HOF),
26. JANUAR 1972

Frankfurt, 26. 1. 1972

Liebe Hilde,

dankeschön für Ihren Brief vom 23., der mich knapp vor meiner Abreise erreicht hat. »Dankeschön« im Sinne von »danke nein«. So sehr die Einladung mich ehrt, und so gern ich mich auch verspäteten Ehrungen unterziehe – die leidige Zeitnot verwehrt's mir. Ich kann nämlich, entgegen Ihrer gleichfalls ehrenden Vermutung, nichts »aus dem Ärmel schütteln« (nicht einmal einen Brief). Das ist eines der vielen Talente, die mir fehlen. Ich bin ein sehr, sehr langsamer Schreiber und nie mit dem Ergebnis zufrieden – weshalb ich z. B. jetzt eigens hierherfahren mußte, um beim Verlag Fischer noch ein paar Umbruchkorrekturen an einem Roman durchzusetzen, an dem ich sechs Jahre lang gearbeitet hatte. So schwer tu ich mich.

Noch rasch eine sozusagen vorsorgliche Richtigstellung, weil man doch als Mitglied des Prager Kreises nie wissen kann: mit Broch und Werfel war ich tatsächlich eng befreundet, auch Polgar habe ich aus nächster Nähe gekannt, aber Bruckner so gut wie kaum. Dies nur für den Fall, daß die selige Hansi Mahler wieder einmal als Richtschnur für literarische Einteilungen fungieren sollte.

Der vierten Nummer von *Ver sacrum* und Ihnen persönlich alles Gute wünschend, grüßt Sie

Ihr Torberg

MIRA MIHELIČ AN HILDE SPIEL. LJUBLJANA, 5. FEBRUAR 1972

5. 2. 1972

Meine geliebte Hilde:

vielen Dank für Deinen lieben Brief – auch ich bin eine »verspätete« Briefschreiberin. Hoffentlich hast Du inzwischen unsere Einladung nach Piran bekommen, neben den Fischers haben wir noch Paul Kruntorad und Milo Dor eingeladen, die beiden haben schon zugesagt, vom Thomas Bernhard, den wir auch nebst Gemahlin eingeladen haben, haben wir aber bis jetzt keine Antwort. Ich würde mich sehr freuen, wenn Du als erste zum Thema »Literatur als Information« das Wort nehmen würdest und uns Deinen Beitrag bis zum 15. April schicken könntest, damit wir ihn in andere Sprachen übersetzen können. Jedenfalls sehen wir uns am 17. April in London, nicht wahr? Eine gute Nachricht: dieses Jahr werden wir alle im alten Palace wohnen, haben schon die Zimmer reserviert, ist doch am bequemsten, das Bassin mit warmem Meereswasser ist im Hotel, und man bekommt das Frühstück ins Zimmer.

An den Zsolnay Verlag habe ich noch nicht geschrieben, habe mich aber zu einem verwegenen Schritt entschieden: meinen letzten Roman habe ich ins Deutsche übersetzen lassen von einem Kärntner Schriftsteller, der ebenso gut Deutsch wie Slowenisch kann. Dann werde ich halt das übersetzte Werk an den Verlag schicken, an die Adresse, die Du mir gegeben hast, und das beste hoffen.

Sonst ist in Slowenien alles beim alten, ruhig und fleißig, als ob wir auf einem anderen Planeten lebten. Meine Verwandten aus Wien haben mir einen Artikel geschickt, den Du geschrieben hast, sie scheinen ungeheuer stolz zu sein, daß wir uns kennen – ich werde ihn heute abend im Bett lesen und an Dich denken. (Ich lese immer im Bett, das sind die schönsten Stunden.) Wie wenn man einen Roman schreibt. Ich bin noch immer nicht fertig, arbeite jeden Tag.

Viele Küsse und viel Liebes an Dich und Fleschy, hoffentlich sehen und umarmen wir uns bald!

Deine Mira

HILDE SPIEL AN HERMANN KESTEN.
WIEN, 13. FEBRUAR 1972

Wien, am 13. 2. 1972

Lieber guter Hermann,

verzeih das lange Zögern, ich wollte erst sehen, was meine anderen Mitarbeiter hinsichtlich der Emigrationsberichte tun und schreiben. Torberg hat mir abgesagt, freundlich aber bestimmt, und ich weiß immer noch nicht, wen ich bitten soll. Ob ich Hertha Pauli auffordern soll? Sie schreibt nicht gut, so »gushingly«, aber es geht ja in diesem Fall um sehr persönliche Berichte, die »inside stories« mitteilen. Rate mir da bitte.

Lou Eisler-Fischer hat ungemein persönlich und interessant hauptsächlich über Hanns Eisler und Brecht geschrieben, aber mit Streiflichtern auf andere. Thomas Mann in Los Angeles leider überhaupt nicht erwähnt, das muß ich sie wohl bitten, noch nachzutragen. Dich würde ich schon sehr herzlich bitten, über Paris und Sanary zu schreiben, aber wenn es geht, nicht über allzu viele Leute, denn die vielen Namen, die Du mit Recht ja nennst, verwirren etwas und nehmen allein schon den Raum ein, den man den eigenen Erinnerungen vorbehalten sollte. Ich denke mir, daß Du doch in erster Linie und ausführlich über die Österreicher berichten solltest, also Roth und Broch und Torberg und Stefan Zweig und Urzidil, den wir zu den Unseren rechnen, Bruckner, Robert Pick eventuell, Roda Roda, Franz Höllering (aber die waren ja in New York, wie ich sehe), über Blei, Bruckner, Polgar, Werfel, Kisch. Ich überlege mir, ob Du Lust hättest, vielleicht über die Pariser *und* die New Yorker Exilzeit zu schreiben, aber es wird Dir vielleicht ein bißchen viel, und natürlich ist es, obgleich keiner das besser macht als Du, auch unter Umständen gut, mehr als einen Blickpunkt zu bringen. Mehring: dieser Vorschlag ist zweifelhaft: kann er so was und tut er's vor allem? Schön wär's. Bist Du lieb und antwortest bald? Und schreibst auch bald, den Artikel nämlich.

Huchel fanden wir hinreißend und haben ihn liebgewonnen wie einen alten Freund. Die *FAZ* brachte einen kleinen Bericht von mir über ihn mit Druckfehlern. Statt »Läden« »Stätten«. Bitte sag's ihm mit vielen Grüßen. Ein Hörfehler am Telefon. Wir sehen uns spätestens in Dortmund, ja? Und dann in London? Zum Exekutivkomitee, oder nicht? Bitte schreib bald, und sei mit Deiner Toni von uns beiden umarmt,

immer Deine Hilde

HERMANN KESTEN AN HILDE SPIEL.
ROM, 19. FEBRUAR 1972

Rom, 19. II. 1972

Liebste und verehrte Hilde,

Vielen Dank für Dein Buch *Städte und Menschen*. Ich las es gleich, war sehr angetan, und bat die *Süddeutsche Zeitung* um die Rezension, spät, am 21. Januar 72 antwortete Dr. Goldschmit: »am Wochenende habe ich die kleine Sammlung unserer Freundin Hilde Spiel (sic) in einem Zug gelesen. Da ich mich gleich hingesetzt und eine kurze Notiz geschrieben habe, muß ich Ihnen diesmal, leider, mit Nein antworten.« Immerhin erschien die Rezension gleich darauf. Ich will zusehn, woanders darüber zu schreiben.

Dein Buch hat mir durchaus gefallen. Wie anschaulich, wie unterhaltend, charmant und geistreich Du schreibst, durchaus dem Gegenstand das Gewicht gibst, das er verdient, und ohne Schwere bleibst, kurz es ist ein Spaß und eine Lust. Die Londoner Aufführung mit Olivier als Shylock sahn wir, ich kann also Dein Urteil, Deine Darstellungskraft als Zeuge bewundern.

Dank für Brief vom 13. und Postkarte vom 14. 11.

Soma Morgenstern, Jahrgang 1896, war Feuilletonkorrespondent der *Frankfurter Zeitung* in Wien, ging 1938 nach Paris, 1941 nach New York. Er schrieb einen oder zwei Romane, *Der Sohn des verlorenen Sohnes*, 1936 bei Erich Reiss, Berlin, *Der verlorene Sohn*, bei Kiepenheuer & Witsch 1963. Er war vor vierzig Jahren ein talentierter Feuilletonist, persönlich witzig und bitter. In Paris pflegte er Roth und mir zu erklären, er sei im kleinen Finger begabter als wir beide, was vielleicht stimmte. Ich kann ihn nicht empfehlen. Er kam wahrlich nur durch meine Hilfe nach New York, ich schickte ihm Tikket und Geld, er sandte mir auf offenen Postkarten 1940 aus Marseille altjiddische Flüche – a riach auf deines Tatten tatten – Ein Dämon (ruach) auf Deines Vaters Vater – zog ins Parkwaldhotel in New York, zu mir, gegenüber dem Museum for Natural History, und schien anfangs mir vergeben zu wollen, daß ich ihm mit wahrer Anstrengung sein Leben gerettet hatte, begann aber mich und Toni im Fahrstuhl des Hotels wieder zu verfluchen, weil ich ihn nicht in meiner (und Klaus Manns) Anthologie *The Heart of Europe* zwischen Hofmannsthal und Kafka, Werfel und Roth gedruckt hatte, und also seine literarische Laufbahn in USA absichtlich zerstört hätte. Seitdem erzählt er die bösartigsten Lügen und Verleumdungen über mich, also ein geretteter Todfeind.

Walter Mehring und Hertha Pauli kennst Du ja. Daß Mehring ein besserer Autor als die Pauli ist, wird sie vielleicht selber zugeben.

Soviel ich weiß, schreibt auch die Adrienne Thomas, die ja gleichfalls in Paris und New York im Exil war, ihre Erinnerungen.

Ein glänzender Autor ist Manès Sperber, der das *Pariser* Exil durchgemacht hat. Vielleicht kannst Du ihn gewinnen?

Ich möchte Dir, wenn möglich, meinen Aufsatz erst Ende März liefern, da ich vorher einige Terminarbeiten habe. Mir ist es kein Unterschied, ob ich Deine Österreicher – meine Österreicher – in Paris oder New York beschreibe. Meist sind es ja dieselben, sogar die Situation und die Anekdoten sind nicht fundamental anders.

Auch uns gefällt der Huchel. Wie schön daß Du (Ihr beide?) nach Dortmund kommen wollt. (Nach London komme ich nicht zum PEN, da ich nicht zur Exekutive gehöre.) Huchel sagte, Du wolltest nach Rom kommen? Wann? Toni, die nach Dortmund mitfahren will, will auch danach mit mir nach Oslo fahren, wo ich einen Vortrag halten soll.

Huchel brachte mir Deinen Aufsatz aus *Die Presse*, »Die Totengräber – Anleitung zum Schreiben eines Romans«. Schönsten Dank.

Du malst ein ganzes Jahrhundert, eine witzige Chronik, und unsre heruntergekommene Zeit, im kleinsten Raum, im melancholischen Wandel von St. Wolfgang. Du spiegelst alles ironisch heiter und mit unterdrücktem Zorn im parodistisch verspielten Auftrag für einen Romancier. Da Du die Stile vermischst und einen neuen Stil schaffst, triffst und verurteilst Du großartig den Stilverfall, den Naturverfall des krankenden Orts. Es ist meisterlich, mit einem so betrüblichen Anlaß so kunstheiter und überlegen sich auseinanderzusetzen und in der Beschreibung stilistisch zu gewinnen, was der Ort verliert.

Wir erleben es ja alle, die Lebensmittel, die immer ungenießbarer, die Städte, die immer unwohnlicher werden. Zuvor glaubte man noch an die stetigen Tugenden des Dorflebens, an die »Stille der Natur«, an die Einsamkeit, an gewisse »fromme« Traditionen ... welche Illusion!

Wir waren im vorigen Sommer im Berner Oberland, 1200 m hoch, mitten in der Natur, zwischen Bergen und Schweizern, in Gstaad ... wenn man im Ort die Straße überqueren wollte, schwebte man in akuter Lebensgefahr, wie auf dem Times Square oder auf der Piazza Colonna in Rom, aus allen Richtungen schossen betrunkene Autos auf einen los, Benzingestank, Lärm, verkleidete Großstädter in wüsten Haufen, verbaute alte Häuser, betrunkne, geldgierige Schweizer, der Lärm schien von den Bergen widerzuhallen, verhundertfacht, sie grinsten einen höhnisch an, und der alte Ort sah so verstümmelt neu aus, wie Du Deinen Ort schilderst.

Freilich ging man fünf Minuten abseits, fand man, was man suchte, Stille, Einsamkeit, Ruhe, die Berge lächelten, Vögel zwitscherten, ein Bach rauschte, Gras und Blumen dufteten, man konnte eine Stunde gehn, ohne einem Menschen oder einem Ochsen oder Kalb zu begegnen, das Vieh weidete vierhundert Meter höher. Und ist es nicht auch in St. Wolfgang so?

Was mich betrifft, so komme ich mir vor, wie jene Figur von Nestroy, »Der Zerrissene«. Teils möchte ich das ganze Jahr reisen und nichts tun. Teils das ganze Jahr arbeiten und rasch noch ein Dutzend Bücher schreiben, kurz zwischen zwei Bündeln Heu.

Toni und ich grüßen und umarmen den Hans und Dich sehr herzlich.

Stets Dein Hermann

HILDE SPIEL AN INGEBORG DREWITZ.
WIEN, 22. FEBRUAR 1972

22. 2. 1972

Liebste Inge,

mit dem schlechtesten Gewissen der Welt schreibe ich heute, denn ich hätte es längst tun sollen. Aber Du weißt ja, daß unsereiner nicht an Versäumnissen leidet, die er vermeiden könnte. Einfach: zu viel zu tun, zu viele Hüte auf, wie es im Englischen heißt, zu den Freunden erst zuletzt kommen, das ist unser Geschick. Ich habe mir einen entsetzlichen Auftrag eingewirtschaftet, soll eine Nachkriegs-Literaturgeschichte Österreichs schreiben, unendliches Quellenstudium, 400 Seiten Text, und ich komme weder zum Bücherlesen noch zum Schreiben. Ich glaube, ich habe mir hier meinen Sarg gezimmert. Jedenfalls kann ich nichts, nichts nebenbei mehr tun, annehmen, versprechen, verzeih mir's, Gute, aber auch die Mitarbeit wird nicht klappen, es sei denn, ich habe mal zufällig was. Aber Erstdrucke? Ich wollte einen Roman eigentlich schreiben, aber den will ja ohnehin keiner. [. . .]

Sehen wir uns in Dortmund? Ich bin doch sicher, will unbedingt hin und Du kommst doch bestimmt. Bis dahin, liebe Ingeborg,

alles Gute von Deiner Hilde

HILDE SPIEL AN MIRA MIHELIČ.
WIEN, 29. FEBRUAR 1972

29. Febr. 1972

Geliebte Mira,

Hab schönen Dank für Deinen Brief, ich bin einfach nicht dazu gekommen, ihn früher zu beantworten. Was Piran angeht, so möchten wir natürlich wie immer kommen, ich muß nur noch abwarten, ob und wann eine Sitzung der Darmstädter Akademie stattfindet, an der ich unter Umständen teilnehmen muß, weil ich in die Akademie gewählt werden soll, eine große Ehre. Ich hoffe aber bestimmt, daß sich die Daten nicht exakt überschneiden. Ich habe, was Thomas Bernhard – der unverheiratet ist – betrifft, gehört, daß er mit den Kruntorads kommen will, hoffentlich tut er's auch. Mit meinem Beitrag muß ich sehen, wie ich zurecht komme, mir schwirrt der Kopf vor Arbeit, aber das ist Dir ja nichts Neues oder Unbekanntes.

Nun höre, Liebste, was den Zsolnay Verlag betrifft. [...] Es gab inzwischen ein Gutachten, das ich »vertraulich« behandeln soll, aber ich werde es Dir natürlich zeigen. Es redet viel herum, lobt und tadelt zugleich, nennt es inhomogen und empfiehlt es nicht gerade. Kurz, [...] obwohl Du sie als Autorin *sehr* interessierst, wollen sie dieses spezielle Buch, Igra V. Vetru, [...] in dieser Form nicht bringen.

Ich bin sicher, daß Du Dich darüber nicht grämst. Mein *Darkened Room (Lisas Zimmer)* hat in England genau 20 (!) Verleger passiert, ehe es bei Methuen landete. Auch in Deutschland wurde es x-mal abgelehnt. Das heißt also gar nichts. Wir müssen jetzt besprechen, wem wir was von Dir anbieten. Eventuell kann man sogar in Wien zu Molden gehen, wenn Du es über Ernst Fischer versuchen willst. Aber jedenfalls haben wir ja jetzt eine deutsche Fassung. Vielleicht kann ich sie mir ansehen und Dir dann sagen, ob ich sie sprachlich gut finde. Erst dann wollen wir sie einreichen, ja? Geliebte, schreib bald und spätestens in London auf Wiedersehen.

Immer Deine Hilde

HILDE SPIEL AN HERMANN KESTEN.
VENEDIG, 17. MAI 1972

17. 5. 1972

Lieber guter Hermann,

vielleicht kann ich Dich doch von hier anrufen, denn am Pfingstmontag fährst Du ja schon ab, und angeblich ist ab morgen wieder einmal Poststreik. Aber jedenfalls will ich mich auch schriftlich bei Dir bedanken, daß Du großzügig und einsichtig genug warst, um Georg Eislers Bitte zu erfüllen. Danke Dir sehr. Ich schicke Dir Korrekturen heute nach Wien und hoffe, sie kommen per Expreß auch richtig und rechtzeitig dort an.

Jetzt nun aber eine Bitte, die Du mir nicht übelnehmen darfst. Wir haben im *Ver sacrum* das hochmütige Prinzip, nur Erstdrucke zu veröffentlichen, denn es handelt sich um eine sehr elegante und vornehme Publikation, die mit lauter noch nie gezeigten Lithographien und noch nie gedruckten Beiträgen ausgestattet ist. Nur mit diesem oder jenem fremdsprachigen Gedicht machen wir eine Ausnahme, aber auch das nur ungern. Deutschsprachige Beiträge erscheinen uns entwertet, wenn sie anderwärts bereits vorabgedruckt sind. Willst Du auch dies großzügig zur Kenntnis nehmen? Ich kann gern veranlassen, daß Dir das Honorar für Deinen ausgezeichneten Exil-Artikel bald ausgezahlt wird, also noch vor Erscheinen im Herbst (so lange dauert leider die bibliophile Gestaltung des Heftes, wie ein Buch also). Dann hast du wenigstens das Gefühl, nicht umsonst gearbeitet zu haben. Wir müssen ja immer alle zusehen, daß sich unsere Hervorbringungen sofort amortisieren.

Liebster Hermann, schade daß Ihr nicht nach Venedig kommt. Wir sind bis Mittwoch früh hier.

Alles Liebe Dir und Toni, und erholt Euch gut in Florenz. Sehr herzliche Grüße auch von Hans.

Immer Deine Hilde

HILDE SPIEL AN HANS PAESCHKE. WIEN, 26. MAI 1972

Wien, am 26. 5. 1972

Lieber Herr Paeschke,

eben von einer längeren Reise zurück. Ihre Karte: die Doderer-Erinnerungen schrieb ich vor einem Jahr. Ich bin voll Zerknirschung Ihnen gegenüber. Das Buch ist längst gelesen, nicht ein Augenblick Zeit noch, es zu behandeln. Ich habe schlaflose Nächte, auch Ihretwegen, aber vor allem größerer Aufträge willen, die ich nicht werde bewältigen können. Wie soll das noch werden? Mein Ex-Mann sagte immer: Goethe les ich im Grab. Ich muß meine fälligen Verpflichtungen vielleicht auch ebendort bereinigen. Alles Gute.

Ihre Hilde Spiel

ROBERT NEUMANN AN HILDE SPIEL. LOCARNO, 26. JUNI 1972

Locarno-Monti, 26. 6. 72

Liebe Hilde,

Bei dieser Gelegenheit ein privates Wort, das nicht in diesen »offiziellen« Brief gehört. Ich habe in letzter Zeit das Gefühl gewonnen, daß die Österreicher wieder einmal über irgend etwas bös sind, was ich getan hab. Alle möglichen guten Freunde haben seit einer Weile geschwiegen – und einer schreibt mir, er habe mich in einer öffentlichen Diskussion »intensiv verteidigt«. Was ist da los? Weißt Du was? Oder bist Du auch aus irgend einem Grund bös? Jedenfalls hat mir das die Freude an dem von mir ursprünglich für den September geplanten Besuch in Wien genommen und ich werde wohl nicht hinfahren.

Alles Liebe, Dein Robert.

HILDE SPIEL AN THOMAS BERNHARD.
ST. WOLFGANG, 15. JULI 1972

15. 7. 1972

Lieber Thomas Bernhard,

Nicht nur wäre es schön, Sie zu sehen, ich würde auch sehr gern das Stück vor der Premiere lesen – wenn das nicht gegen Ihre Absicht ist. Erzählt haben Sie mir's ja schon einmal. Ich leide immer mehr unter meinem Beruf, unter der Verpflichtung, am nächsten Morgen einfühlsam, verständnisvoll, weise und witzig sein zu müssen. Die Kenntnis des Stücks würde mir das erleichtern.

Rufen Sie einmal an?

Sehr herzlich Ihre Hilde Spiel

HILDE SPIEL AN ROBERT NEUMANN.
WIEN, 18. JULI 1972

18. 7. 1972

Liebster Robert,

In großer Eile – ich komme eben von einem längeren Aufenthalt in Venedig zurück und muß mich durch einen Kleisterberg von Korrespondenz und Arbeit durchfressen: es ist niemand bös, ich am wenigsten, ich verstehe überhaupt nicht, wie jemand, aber die Tücken der Wiener Intriganz sind unerschöpflich, behaupten kann, er habe Dich »intensiv verteidigen müssen«. Die einzige halböffentliche Diskussion, die etwa im PEN Dich berührte, galt der Vorbereitung für die Londoner Exekutivsitzung, und wir waren eigentlich der Meinung, daß wir die von Dir damals vorgeschlagenen Änderungen bzw. Resolutionen nicht durchwegs unterstützen wollten, weil wir nach vielen üblen Erfahrungen mit den Delegierten der DDR und Ungarn und Bulgarien auf sämtlichen Exekutivsitzungen diesem üblen Demagogen- und Funktionärspack nicht noch mehr Macht im Internationalen PEN einräumen wollen. Aber das ging sehr höflich und sachlich vor sich, und ohne die geringste Kontroverse, in der Du etwa angegriffen worden wärest, keine Rede davon. Also bitte laß Dich nicht von irgendwelchen Dunkelmännern, deren es bei uns eine Menge gibt, aufhetzen und irre machen, und ändere Deine Absichten nicht. Ich wüßte nur gern bald, wie es im September aussehen soll, weil ich eigentlich zwischen dem 17. und 26. mit Sabina Lietzmann besprochen bin, die unbedingt mit mir nach Venedig fahren will, und da ich sie liebe, und Venedig immer mehr liebe, werde ich das wohl wahr machen. Zur Messe aber will ich diesmal wohl kaum fahren. Vielleicht kommst Du anschließend an die Messe nach Wien?

Ich hoffe, Du hast es schön in diesem Sommer, und genießt Deine Besucher. Ich ertrinke in Arbeit, nach den wenigen Wochen wirklichen Ausspannens, die ich mir nie hätte erlauben dürfen.

Alles Liebe Euch beiden, auch von Hans, immer
Deine Hilde

HILDE SPIEL AN W. H. AUDEN.
ST. WOLFGANG, JULI 1972

Dear Mr. Auden,
reading in Robert Craft's journal that you were confident once of making Goethe sound like a limey did not make my task any easier, nor did your avowed pride about your knowledge of metre. I don't know what you will think of my poor attempts to render your beautiful and meaningful poetry into anything like adequate German. There is no hope of getting the metre right, I'm afraid. It ist probably worst where I have tried to rhyme as well, as in »Under Sirius«. Anyhow, if I don't succeed it is not for want of training.

A few short remarks on some doubtful points. In »Since« I have translated rank cheese as scharfer Käse, but one might also say krasser Käse which is more wilful. In »Up there« I have allowed myself for once the poetic licence of translating aloft with lufthoch. In »Profile«, if you don't want to do without the alliteration in hungry or horny I could use hitzig instead of geil. Where you speak of the night in the Freud poem I am not sure whether you mean Wunder or Staunen when you talk of a sense of wonder it alone can offer. And in »Mezzogiorno« I was stymied by one word: vendages. This is not to be found anywhere, but nearest to expressions of feud, wine-harvest or a commercial sense. Please enlighten me there.

I am at the above address until September.

Yours sincerely, Hilde Spiel

W. H. AUDEN AN HILDE SPIEL.
KIRCHSTETTEN, 19. JULI 1972

July 19th

Dear Dr Spiel:

Many thanks for your letter and the translations which seem to me excellent. I'm enormously grateful to you for all the trouble you have taken.

As to your queries:
1) *scharfer* Käse is right.
2) *lufthoch* is fine
3) *geil* is better
4) *wonder* here is *Staunen*
5) *vendages* means vine-harvests. I suppose originally a French word.

Now I want your help in another matter. I have been having terrible troubles with the Finanzamt. It seems that it will come to a court case, but this is unlikely to be before the New Year so that I shan't be here. I want to make a personal statement of my point of view which my lawyer can read out.

If I sent you a draft, could you possibly translate it for me?

           with many thanks yours ever Wyston Auden

HILDE SPIEL AN W. H. AUDEN.
ST. WOLFGANG, 20. JULI 1972

                               20th July 1972

Dear Mr. Auden,

I am very glad the translations seem good to you. If you want anything improved when you have looked at them a bit more closely, do let me know. Meanwhile would you insert the word »Weinernten« in the empty spot in the last verse of »Mezzogiorno«, and alter the two last lines of the last verse but three of »Freud« in the following way:

nicht nur, weil sie allein uns noch zum Staunen bewegen kann, sondern auch, etc.

Of course I shall translate your statement, if you give me a week or two for it. (I am doing Stoppard's *Jumpers* at the moment). How unpleasant for you. Have you got a good chartered accountant? I know Kreisky's – perhaps he can help.

           Best regards, yours sincerely, Hilde Spiel

W. H. AUDEN AN HILDE SPIEL.
KIRCHSTETTEN, 26. JULI 1972

                                   July 26th

Dear Dr Spiel,

Many thanks for your letter. It is awfully kind of you to be willing to translate my »Statement« which I herewith enclose.

If you can say a word to Kreisky, I should be most grateful
Yours ever, Wyston Auden

P. S. What has made the Finanzamt cross to that I made over my share of the property to Chester Kallman, so that I am no longer a *Grundbesitzer*. I also have no longer here a bank account, and even my car is [unleserlich] to my Hausmeisterin. The only Eigentum are my clothes and my typewriter!

JEAN AMÉRY AN HILDE SPIEL. SART-LEZ-SPA, 14. AUGUST 1972

Sart-lez-Spa, 14. Aug. 1972

Liebe Hilde Spiel:

Etwas Schreckliches ist passiert – im »Trubel der Geschäfte« hätte ich beinah' geschrieben, ohne zu bedenken, daß doch von Geschäften bei unsereinem noch weniger die Rede sein kann als darf – im Trubel also habe ich verabsäumt, Ihnen seinerzeit, gleich nach meiner Rückkehr nach Brüssel, für unsere so angenehme Begegnung im Rathauskeller meinen herzlichen Dank auszusprechen. Dies sei nun spät, aber mit größtem empressement nachgeholt. Erst hier in den Ferien, wo ich nichts Besseres zu tun weiß, als eine Kur zu machen, komme ich dazu, an private Korrespondenzen zu denken. Darf ich auf Vergebung hoffen? Ich empfehle mich jedenfalls Ihrer Großzügigkeit.

Wenn ich mich recht erinnere, so versprach ich Ihnen auch ein paar Kritiken über Bücher von mir; die habe ich jetzt natürlich nicht zur Hand, aber meine Frau, die diese Zeilen tipped,* verspricht mir hoch und heilig, sie werde sie daheim heraussuchen. Hoffentlich ist es nicht zu spät,

---

* Meine Frau, US-citizen, holt sich den casus aus dem Englischen!

so daß ich doch noch eine Chance habe, in die österreichische Literaturgeschichte einzugehen ...

Ich war schrecklich betroffen vom Tode Ernst Fischers, den ich – leider allzu spät und allzu kurz – in Wien persönlich kennenlernte. Welch ein Verlust für uns alle und für Sie und Dr. Flesch, die Sie ja mit ihm befreundet waren, ganz besonders. Ich weiß nicht, ob Sie die *Frankfurter Rundschau* lesen; es wird dort an einem der kommenden Wochenenden ein kleiner Gedenkaufsatz von mir über Fischer erscheinen.

Ich hoffe, liebe Hilde Spiel, daß Sie sich, abgesehen vom Tode des Freundes, wohl befinden und einen schönen Sommer hatten. Wenn alles gutgeht, werde ich vielleicht im Frühjahr 1973 wieder bei Kraus in Wien sprechen und ich hoffe sehr, daß ich dann auch nochmals eine Chance habe, Sie zu sehen.

Mit den herzlichsten Grüßen an Sie und Dr. Flesch,
  Ihr freundschaftlich ergebener: Jean Améry

HILDE SPIEL AN W. H. AUDEN.
ST. WOLFGANG, 15. AUGUST 1972

        15th August 1972

Dear Mr Auden,
Here is a German version of your statement, slightly amended. I hope it will help. If I don't hear from you within a few days I shall take it that you approve of the wording, and will send the statement with a covering letter to Chancellor Kreisky, asking him to look into the matter.

    Yours Hilde Spiel

HILDE SPIEL AN THOMAS BERNHARD.
ST. WOLFGANG, 16. AUGUST 1972

16. August 1972

Lieber Thomas B.,

hätten Sie Lust, diesen Freitag zu uns zu kommen? Inzwischen hat mir Kaut geschrieben und eine allgemeine Ächtung hat auch mir gegenüber eingesetzt. Das macht mir einigen Spaß. Leider hat ein Herr Wendland in der *Zeit* sehr dumm kommentiert – sollte nicht jemand einen Brief an die *Zeit* schreiben?

Ihre Hilde Spiel

HILDE SPIEL AN JEAN AMÉRY.
ST. WOLFGANG, 19. AUGUST 1972

19. August 1972

Lieber Jean Améry,

Nur ein Wort des Dankes für Ihren Brief. Wie können Sie annehmen, daß ich Ihre Arbeitsbelastung nicht verstehe, nicht ganz genau weiß, wie schwer, ja unmöglich es ist, dann auch noch eine Korrespondenz mit Freunden zu führen. Wir halten ja alle gerade noch den Kopf über Wasser, lesen gelegentlich, was der andere schreibt, und wissen genug.

Gewiß kommen Sie noch in die Literaturgeschichte, wenn die Kritiken auch noch etwas auf sich warten lassen. Ich bin ja erst beim – sehr langsamen – Materialsammeln. Vielleicht gebe ich auch den ganzen Plan noch auf, wenn die Bundesdeutschen mir alle interessanten Österreicher wegschreiben, was sie beabsichtigen. Wir werden sehen – aber inzwischen tun wir ganz, als sei es fix, und Sie lassen mir alles schicken, so bald es geht.

Über Ernst Fischer kann ich nicht reden, ohne daß es mir den Hals zuschnürt. Wir waren jahrelang jeden

Sonntag mit ihm zusammen, haben mehrere Reisen miteinander gemacht. Er war einer der allerliebsten Freunde, vielleicht der einzig wirkliche – denn in Wien wird es immer schlimmer –, und ganz gewiß die einzige Autorität für uns in literarischen und ästhetischen Dingen. Ich konnte nicht über ihn schreiben, war froh, daß niemand es dringlich verlangte. Es ging und geht mir zu nah. Ich bitte Sie sehr, mir Ihren Gedenkaufsatz zu schicken, ich sehe die *Frankfurter Rundschau* nicht und kann sie hier nicht kaufen. Bitte an die obige Adresse, wir sind bis 11. 9. hier.

Mit Kraus bin ich immer noch nicht gut, habe keine Lust, es wieder zu werden. Aber wenn Sie nach Wien kommen, müssen wir uns sehen.

Grüßen Sie Ihre liebe Frau, und seien Sie von uns beiden gegrüßt, Ihre Hilde Spiel

HILDE SPIEL AN TOM STOPPARD.
WIEN, 21. AUGUST 1972

August 21st 1972

My dear Tom,

I have decided to carry on using the mimeographed script for translation as it's easier to handle, and will then correlate with the pocket book. So my queries are marked according to the stagescript. Before going into them, a word about Auden. I am in constant touch with him as he is preparing a statement for the Income Tax people in which he needs my help. Since you are interested in what I have translated of his poetry: earlier on I did »The Cave of Making«, »In Memory of Emma Eiermann«, »Profile of a Senior Citizen« (I think this is what they were called, I haven't got them with me). Recently I did »In Memory of Sigmund Freud«, »Goodbye to the Mezzogiorno«, »Under Sirius«, »Profile«, »Circe«, »Up there and Down there«, and my favourite, »Since«. They are from various volumes, some given to me to do, some picked by me because I thought I could do them. It's a terrific job, terrifying as well.

Now to my queries.

1.5 a »bounce« light. Haven't found a German translation yet. Can you describe it?

1.7 Oh horror horror horror etc. Haven't looked it up yet, it sounds like Hamlet, or is it an Elizabethan collage?

1.8 end of first bit: to follow into the Theory of Descriptions, the late Lord Russell (do I insert a »which« there – does it mean: »which« the late Lord Russell etc? Otherwise the late Lord Russell seems to hang in the air).

Same page: A much larger number of men, by the exercise of their emotional and psychological states, have affirmed. My query: isn't emotion a function of the soul, therefore these two adjectives not additive? Secondly, how can one exercise a state – it's often in translation that these difficulties emerge.

1.12 By missing the point of a converging series – does this mean Zeno didn't grasp the meaning of it or Zeno didn't see where they actually converged?

1.14 (bottom) George (reckless, committed) – how do these two adjectives tally? Can you give synonyms?

1.16 (middle) George (pang) does the pang mean: answers rapidly, like a shot?

I love translating the play, especially George, but am rather stymied by the lack of pseudonyms in Germans, often when you have a Latin and an Anglo-saxon root, I have only one word like nought and zero. This leaves me unsatisfied, as I hate repetition.

What do you think of the name Nurmi for the hare? Thumper is out, for the mentioned reasons, and Nurmi was after all well known as the Finnish (?) master long-distance runner. Just an idea – but perhaps too far removed from your intentions!

How is the radio play?

Much love to you both, Hilde

HILDE SPIEL AN BRUNO KREISKY.
WIEN, 25. AUGUST 1972

25-8-1972

Sehr verehrter Herr Bundeskanzler!

Obwohl Sie mir immer mit dem größten Verständnis und jeglicher Art von Hilfsbereitschaft entgegengekommen sind, habe ich nach Möglichkeit vermieden, mich in all den öffentlichen und privaten Auseinandersetzungen, in die ich seit meiner Rückkehr nach Wien verwickelt wurde, an Sie zu wenden.

Darf ich es heute im Falle eines anderen, mir bekannten Schriftstellers tun. Es scheint, daß durch das ungeschickte Verhalten der Steuerbehörden ein Mann aus Österreich hinausgeekelt zu werden droht, dessen wiederholte Anwesenheit unserem Land zur Ehre gereicht: W. H. Auden, neben Ezra Pound der bedeutendste lebende Lyriker in englischer Sprache und ein präsumtiver Nobelpreisträger.

Es fällt mir schwer, Sie zu bitten, sehr verehrter Herr Bundeskanzler, sich die Zeit zu nehmen, die beiliegende Erklärung W. H. Audens zu lesen. Aber ich meine, Sie sollten es tun. Er wehrt sich darin gegen eine Besteuerung in Österreich mit wirklich einleuchtenden Gründen. Ich wäre Ihnen sehr dankbar, wenn Sie sich der Sache dem Finanzministerium gegenüber annehmen könnten.

Mit aufrichtigen Empfehlungen,

Ihre Hilde Spiel

TOM STOPPARD AN HILDE SPIEL.
IVER HEATH, 31. AUGUST 1972

Fernleigh, Wood Lane, Iver Heath, Bucks.

Aug 31st

My dear Hilde,

Sorry about the delay – I have been in New York rehearsing the new actors in my Insp. Hound (the director being unavailable). Also, forgive brief letter, we are moving house tomorrow to the above address, and all is chaos tonight.

1.5 – I do not have the typed text and cannot find the »bounce« light, nor remember it – what is the complete sentence! Is it in a stage direction? – to do with light »bouncing« (as a ball bounces), i.e. reflecting into an area which should be dark?

1.7 Horror, horror – Macbeth, on the discovery of Duncan's body.

1.8 Misprint (there should be no comma after the word »descriptions«.) »The late Lord Russell« is the object of the verb »follow«. It is just an inverted way of saying »follow the late Lord Russell into the Theory of Descriptions.«

1.8 Good criticism. I have never analysed the sentence. Exercise is perhaps not a good word: »under the influence of« might be clearer. However, I have no objection to »emotional and psychological states.« If you prefer it, make it »emotions and psychological stages« . . . as long as you are happy with the rhythm in German – it must not get too pedantic (I'd rather it were sloppy than pedantic. Also, I've forgotten how to type – my nails are too long I think).

1.12 It means that Zeno was applying the logic appropriate to non-converging series, to converging series. The series $1+1+1+1$ . . . accumulates towards infinity, and Zeno assumed that $n+n+n+n$ . . . always does so, but this is not true of a converging series $(1+\frac{1}{2}+\frac{1}{4} \ldots)$ and he missed this point. In the text the word »point« does not refer to the »point« of convergence: this is a double meaning whose possibility I had not noticed.

1.14 »Reckless« because he is moving from innuendo (about Archie) towards direct accusation, and he doesn't really know, he is not sure of his facts; it is reckless of him to »commit« himself to the path he has chosen, i.e. to say what he is about to say; he probably suspects that she will find an answer (as she does with »sounds to me he's the doctor«) but he »recklessly« (heedlessly?) »commits himself« (the opposite of being hesitant or of leaving himself a line of retreat . . .) okay?

I think you should call the tortoise Achilles. (It was Achilles, not a tortoise, in the Zeno paradox) The radio play is finished. The BBC is pleased. So am I. I hope you will be asked to translate it. How can I bring it about?

I'll get a copy to you but don't tell Rowohlt – they (Juncker) got mortally offended because I sent »Dogg's Our Pet« to Lunin before they saw it (no, I didn't even send it to him I only told him about it.) This was a little play, (or nonplay), I wrote for a lunch-time theatre last year.

We are all fine. Our love to you both. Tom

FRIEDRICH TORBERG AN HILDE SPIEL.
BREITENFURTH BEI WIEN, 21. OKTOBER 1972

21. Oktober 1972

Liebe Hilde,

daß es sich im folgenden um einen persönlichen Brief handelt, ersehen Sie aus der Anrede – die ich aus Gründen einer sentimentalen Bindung an gemeinsame frühere Zeiten beibehalten möchte. Überhaupt wäre es mir sehr lieb, wenn Sie sich damit abfinden könnten, daß ich gegen Sie persönlich nichts habe. Die Bemühung um ein gutes persönliches Einvernehmen ist ja seinerzeit, Sie erinnern sich, von mir ausgegangen. Seither haben Sie mir's nicht immer leichtgemacht. Aber wahrscheinlich empfinden Sie das vice versa ebenso.

Von alledem werden unsere sachlichen Gegensätze natürlich nicht tangiert und sollen es auch nicht werden. Ich bin sehr dafür, daß es zumal in politischer Hinsicht eine möglichst bunte Vielfalt von Meinungen gibt und daß man sie äußert – freilich auf eindeutig demokratischer Basis, freilich in scharfer Abgrenzung gegen alle totalitären Tendenzen. Vielleicht ist dort, wo solche Meinungsäußerungen im Rahmen der eigenen Verantwortlichkeit erfolgen, also beispielsweise zwischen Buchdeckeln oder in signierten Kulturberichten, eine scharfe Abgrenzung gar nicht erforderlich. Anders verhält es sich, wie mir scheint, wenn man beispielsweise in einer politisch motivierten Kontroverse federführend für den PEN-Club in Aktion tritt. Da klaffen also unsere Meinungen grundsätzlich auseinander.

Deshalb möchte ich Sie – schon aus Gründen der Fairneß und zwecks Vermeidung von Heimlichkeiten und Tratschereien – nicht im Zweifel darüber lassen, daß ich Ihrer von Lernet-Holenia vorgeschlagenen Kandidatur für die Präsidentschaft des Österreichischen PEN-Zentrums meine Zustimmung verweigern muß. Ich selbst, das wissen Sie, habe nicht den geringsten Wunsch, diesen Posten zu bekleiden. Aber ich werde einen andern Kandidaten unterstützen.

Sollten Sie unter diesen Umständen bei der Berliner PEN-Tagung lieber nicht mit mir zusammen auftreten wollen, so könnte ich das sehr gut verstehen und wäre Ihnen in keiner Weise gram. Bitte lassen Sie mich gegebenenfalls wissen, ob ich meine Anmeldung rückgängig machen soll, und nehmen Sie in jedem Fall die besten Grüße
Ihres Torberg

HILDE SPIEL AN HERMANN KESTEN.
WIEN, 23. OKTOBER 1972

23. 10. 1972
Liebster Hermann,
Bei uns ist der Teufel los. Nach Lernets abstrusem Schritt – sicher aus einer Neidsituation entstanden und ohne Ahnung, daß ihn die deutsche Rechtspresse als Prellbock gegen Brandt verwenden würde, was ihm jetzt freilich sehr behagt – ist jetzt im Österreichischen P.E.N. ein abscheulicher Machtkampf ausgebrochen. Während ich noch vor kurzem alle Chancen hatte, Präsidentin zu

werden, stehen diese Chancen jetzt auf nil. Torberg hat mir bereits mitgeteilt, daß er wegen der ideologischen Meinungsverschiedenheiten jemanden anderen vorschlagen und wählen wird, alle Reaktionäre bei uns, die Böll hassen – obwohl sie Lernet auch nicht lieben und daher nolens volens unsere Distanziertheit gutgeheißen haben – sind gegen mich, als Exponentin der Linken, und die jungen Autoren, die zwar nicht bei uns sind, sich aber als die einzig wahren Vertreter der österreichischen Literatur sehen (Bauer, Jandl, Frischmuth etc.), bezeichnen uns als Schande innerhalb des Internationalen P.E.N. und wollen uns sprengen. Ich weiß, daß ich nach 35 Jahren im P.E.N. mehr über diese Institution weiß als alle anderen zusammengenommen, und imstande wäre, einen vernünftigen Kurs zu steuern, aber das scheint zur Zeit unmöglich, ich sitze zwischen allen Stühlen und werde wohl in Kürze meine Funktionen niederlegen und bei Euch um Asyl ansuchen. Das ist das eine.

Das andere ist, daß Torberg, der mich seiner privat herzlichen Gefühle versichert, mir aber ideologisch an die Gurgel will, weil er noch immer nicht begriffen hat, daß ich weder kommunistisch noch neue Linke bin, sondern einfach tolerant, daß Torberg, sich auf eine persönliche Einladung auf Dich berufend, der Du ihm gesagt haben sollst, Du willst ihn als österreichischen offiziellen Delegierten in Berlin sehen, kurz, daß Torberg jetzt mit nach Berlin kommen will und ich nicht sicher bin, daß ich Lust habe, da auch hinzufahren. Er hat zwar fairerweise angeboten, selbst seine Anmeldung zurückzunehmen, falls ich es so wolle, aber das kann ich nicht.

Dies als Zwischenbericht. Ich behalte mir alles vor. Wir werden ja sehen, wie sich hier alles entwickelt, aber keinesfalls zum Guten.

Es umarmt Dich,

Euch, Hilde

HILDE SPIEL AN FRIEDRICH TORBERG.
WIEN, 23. OKTOBER 1972

23. 10. 1972

Lieber Torberg,

Sie versichern mich Ihrer freundlichen Gefühle trotz ideologischer Differenzen, und ich möchte Ihnen sagen, daß ich ebenfalls sehr wohl zwischen dem Privaten und dem Sachlichen zu unterscheiden weiß. Es ist mir sogar gelungen, mit Alexander weiter auf vertrautem Fuß zu bleiben, obwohl ich, woraus ich wahrlich kein Hehl gemacht habe, seinen Schritt verurteile und seine Gesinnung nicht teile. Ich empfinde es ebenso wenig als Schande, in Böll eine integre Figur und lieber Willy Brandt als die Herren Strauß und Barzel auf der deutschen Regierungsbank zu sehen, wie Lernet es als Schande empfindet, gegenteiliger Meinung zu sein. Auf dieser Basis haben wir uns geeinigt. Ich bin sicher, es auch mit Ihnen tun zu können.

Nun zu Ihrer Mitteilung. Ich mache mir keine Illusionen über eine Aussicht meiner Kandidatur und überlege noch, ob ich sie nicht schon jetzt zurückziehen soll. Wäre ich nicht davon überzeugt, daß eine mehr als 35-jährige Mitgliedschaft im Internationalen P.E.N., davon 26 Jahre im englischen, mir etwas mehr von der toleranten Grundhaltung dieser Organisation vermittelt haben als den meisten anderen P.E.N. Mitgliedern in Österreich eignet, dann hätte ich diese verschiedenen federführenden Funktionen längst niedergelegt. Ich halte es für durchaus möglich, daß ich mich angesichts der Querschüsse von rechts und links noch dafür entscheide.

Was Berlin betrifft, so fällt es mir keineswegs bei, etwa nicht gemeinsam dort mit Ihnen auftreten zu wollen. Ich erscheine lieber mit einem ideologischen Gegner von Rang und Verstand in der Öffentlichkeit als mit einem Gesinnungsgenossen, dessen Mangel an Geschick ich dauernd beklagen muß. Damit sind keine Personen gemeint, ich habe die Alternative nur abstrakt feststellen wollen. Übrigens kann es sein, daß ich nach Berlin nicht

mehr als offizielle Delegierte oder Vizepräsidentin fahre – das hängt davon ab, wann es zu einer Wahl im Vorstand kommt.
    Mit den besten Grüßen, Ihre Hilde Spiel

HILDE SPIEL AN THOMAS BERNHARD.
WIEN, 25. OKTOBER 1972

25. 10. 1972

Lieber Thomas Bernhard,
    Die Affären in und um den P.E.N. haben Sie verfolgt, das Grausen wächst täglich, trotzdem fahren wir zu unseren Freunden nach Berlin. Wenn Sie wirklich am 12. mit dem Vindobona fahren wollen (9.35–21.20), dann lassen Sie mich's bitte wissen. Sonst fliegen wir nämlich doch. Aber führen gern mit Ihnen. In St. Wolfgang hat man alle Sträucher und mehrere Bäume auf dem Gegenufer abgeholzt, es soll entsetzlich aussehen. Ihre
                                          Hilde S.

HILDE SPIEL AN THOMAS BERNHARD.
WIEN, 31. OKTOBER 1972

31. 10. 72

Lieber Thomas B.,
    Mangel an Kommunikation auf der Bühne ist ja in Ordnung, aber ich möchte doch wissen, ob wir am 12. mit dem Vindobona fahren oder am 13. mit dem Flugzeug fliegen. Muß nämlich Hotel buchen.
    Bitte um eine Zeile, Hilde S.

HILDE SPIEL AN THOMAS BERNHARD.
WIEN, 3. NOVEMBER 1972

3. November 1972

Lieber Thomas B.,

um ein Haar hätten wir Sie gestern besucht, es war ein so schöner Tag und wir hatten nicht ganz 24 Stunden in St. Wolfgang verbracht, um dort nach dem Rechten oder vielmehr Unrechten zu sehen – man hat alle Büsche und Sträucher jenseits des Wildbachs abgeholzt und das nackte Betonelend starrt uns ins Gesicht –, und wären auf dem Weg nach Wien gern vorbeigekommen, aber der Flesch meinte, Sie hätten's gar nicht so gern, wenn man unangemeldet käme, und überhaupt drängten wir uns ohnehin zu sehr auf, Sie hätten seelische Berührungsangst: und das ist alles andere als ein Tadel. Wir taten es also nicht, aßen nur sehr schlecht, leider, aber Ihrer gedenkend in der Post in Traunkirchen, und fuhren dann direkt nach Wien.

Es tut uns von Herzen leid, daß wir nicht mit Ihnen nach Berlin fahren sollen, wir werden also wohl fliegen, denn nur Ihretwegen wären wir im Vindobona gerumpelt, lieber wollen wir dann einmal im Auto durch die Tschechoslowakei und DDR. Wir wollen uns dafür dann zu Weihnachten sehen, bei Ihnen oder bei uns. Und bitte bleiben Sie bis dahin guter Dinge und lassen Sie sichs nicht verdrießen, wie auch ich michs nicht verdrießen lasse von all den bösen Affären und Intrigen und Quertreibereien. Und warum muß ich eigentlich diese kleinen s-Buchstaben einfügen, wenn ich gar nicht finde, daß sie nötig sind: nur weil's im Duden steht.

Was Sie über meine Beiträge sagen, macht mich wirklich glücklich.

Sehr herzliche Grüße,

Ihre Hilde S.

HILDE SPIEL AN PETER MARGINTER.
WIEN, 3. NOVEMBER 1972

3. November 1972

Lieber Peter,

vor etwa einer Woche hatten wir eine Sitzung der Interessengemeinschaft, die erste seit jenem 24. Juni, an dem wir zuletzt tagten und an dem Dein Brief an mich datiert war, der mit dem Vorschlag zur Sozialversicherung. Ich konnte den Sommer über nichts unternehmen, habe aber nun, bei unserer Herbstsession, den ganzen Passus in Deinem Brief vorgelesen. Wir hatten gleich zwei Rechtsanwälte da, Dr. Perner und Dr. Barazon, und beide haben sogleich Haare in der Suppe gefunden, alle möglichen Einwände, warum Dein Vorschlag versicherungsrechtlich nicht aussichtsreich oder empfehlenswert sei. Da ich selbst nichts davon verstehe, hat schließlich Dr. Suchy Deinen Brief an sich genommen und wird ihn jetzt mit Hilfe der Rechtsanwälte beantworten und weiter behandeln. Ich hoffe, das ist Dir recht.

Inzwischen haben wir die besten Aussichten, mit Hilfe Dr. Brodas auch den Bibliotheksgroschen in vorsehbarer Zeit durchzubekommen. Jedenfalls haben die Bundesdeutschen es erreicht, daß die Urheberrechtsnovelle akzeptiert ist, und wir müssen nur noch den Widerstand der Bibliothekare überwinden, aber der Minister hat mir zugesagt, alles in seiner Macht Stehende dafür zu tun. Wenn der Bibliotheksgroschen durchgedrückt ist, will ich mich langsam von der IGA zurückziehen, ich will nicht mein Leben lang Funktionär sein. Anders steht es um den PEN. Den würde ich gern weiter betreuen, aber das scheint nicht zu gehen, denn Torberg und Gyury haben eine Gegenbewegung organisiert, die Prof. Schönwiese zum Präsidenten des PEN machen will, was er leidenschaftlich gern werden möchte, und meine Chancen sind sehr schlecht, gegen ihn zu bestehen, da er alle seine alten Freunde für sich hat. Dank vom Hause Österreich: ich habe mich sieben Jahre abgestrampelt und brav dem schwierigen Alexander die Steigbügel gehalten, aber nun will ich nicht länger dienen wie Leporello, und wenn man mich nicht als Präsidentin haben will, dann ziehe ich mich auch vom PEN zurück.

Nun aber etwas anderes. Mein Sohn und dessen Freundin Jutta Schwarz, deren Namen als Schauspielerin Du vielleicht kennst, begeben sich heute auf eine lange Reise in den Orient, die zwei Jahre dauern soll. Sie fahren erst nach Rumänien, dann in die Türkei, dann weiter auf verschiedenen Wegen bis Indien. Jutta, die mit Dr. Breicha viele Vortragsreisen im In- und Ausland gemacht hat, bringt einen ausgearbeiteten Abend österreichischer Literatur mit, von Hofmannsthal bis Handke. Es wäre wunderbar, wenn Du einen Abend für sie arrangieren könntest, in Istanbul oder Ankara oder an beiden Orten, damit sie sich ein bißchen was dazuverdienen kann. Sie ist ein süßes Mädchen, plutôt Hippie, aber ein richtiger professional, und macht ihre Sache sehr gut. [...]

Sei mit Deiner Familie gegrüßt von   Deiner Hilde

HILDE SPIEL AN JEAN AMÉRY.
WIEN, 4. NOVEMBER 1972

4. Nov. 1972

Lieber und verehrter Jean Améry,

darf ich sehr verspätet viel Glück wünschen und Ihnen sagen, wie froh ich bin, daß es Sie gibt und daß Sie so sind, wie Sie sind, und so schreiben, wie Sie schreiben. Und dazu sind Sie auch noch ein guter lieber Mensch, was ich von E. Canetti, mit dem Sie heutzutage in einem Atem genannt werden, leider nicht sagen kann, und ganz und gar uneitel und darum wahrhaft sind.

Das Allerschönste und Beste deshalb zu Ihrem Geburtstag und die Hoffnung, Sie bald wieder zu sehen – vielleicht sogar in Berlin beim P.E.N.; es wäre mir eine wirkliche echte Freude.

Immer Ihre Hilde Spiel

PETER MARGINTER AN HILDE SPIEL.
ANKARA, 6. NOVEMBER 1972

6. November 1972

Liebe Hilde!

Diesmal antworte ich Dir hochoffiziell mit Briefkopf und Zahl, denn natürlich habe ich mir aus Deiner bzw. Deines Sohnes Jutta Schwarz gleich einen Akt gemacht. Und das mit großem Vergnügen: Ich erinnere mich noch sehr gut an die paar Male, die ich sie in Wien gesehen habe. Ein süßes Mädchen und eine prima Schauspielerin, für die ich mich gern in medias res begebe:

Wie Du wahrscheinlich nicht weißt, aber hiermit wissen sollst, verfüge ich hier nicht, wie mein Vorgänger, der dem Unterrichtsministerium diente, über eine bestimmte Summe, die ich im Monat oder im Jahr ausgeben kann, sondern muß jeweils einen Bericht dem Außenministerium hinaufreichen, in dem ich um die Genehmigung – auch die finanzielle – der betreffenden Veranstaltung bitte. Das hat mehr Schatten- als Lichtseiten, weil mein Tun dadurch recht schwerfällig wird – aber, bitte, so ist es. Aus Prinzip, nehme ich an, und nur am Rand vielleicht auch deshalb, weil man mit diesen windigen Bücherschreibern erst eingehendere Erfahrungen machen will. Zur Ehre des Außenministeriums darf ich auch betonen, daß man mir bisher alle meine Veranstaltungen genehmigt und mir zugleich erspart hat, in irgendeiner buchhalterischen Fallgrube zu landen. Das ist bestimmt eine Lichtseite.

Natürlich könnte ich jetzt so etwas wie einen Blankoantrag nach Wien loslassen. Blanko allerdings nur hinsichtlich des Datums, nicht auch des Honorars. Und da beginnt bei mir das Kopfzerbrechen: Ich möchte auf keinen Fall weniger beantragen, als man vielleicht höheren Ortes zu geben bereit wäre, und habe hier auch kein Beispiel, nach dem ich mich richten könnte. Am liebsten würde ich Dich zu Botschafter Hartl schicken und Dich bitten, im Namen von Jutta Schwarz diskret zu fragen, wo die Grenze der Unverschämtheit liegt, die ich doch gerade noch einhalten möchte. Aber, bitte, wenn Du's tust, dann berufe Dich nicht allzu ausdrücklich auf meine Anregung, denn ich will den Eindruck vermeiden, daß ich Direktgespräche zwischen meinen Kunden und meinen Oberen einfädle, um mir einen Bericht ans Ministerium zu ersparen.

Mir müßtest Du sowieso bald schreiben, denn wenn ich hier was arrangieren soll, dann muß ich auch ein Datum wissen. Oder bleiben die beiden so lange in der Türkei, daß man darüber mit ihnen auch erst nach ihrer Ankunft in Istanbul reden könnte?

Das Nachfolge-Lernet-Spiel betrübt mich sehr. An sich schätze ich Dich ja als Schreiberin viel zu sehr, als daß ich Dir ohne weiteres wünschen würde, Dich noch jahrelang mit dem ganzen PEN-Kram herumzuschlagen, aber wenn Du es Dir selbst wünschst, ist das natürlich etwas ganz anderes. Da fände ich doch, daß Du Dir den Thron ehrlich verdient hast. Daß der Schönwiese nach seinem Abgang vom ORF einen anderen langen Ast als Sitzgelegenheit sucht, ist mir psychologisch verständlich, und Ehrgeiz schändet ja an sich noch nicht. Ich gehöre auch nicht zu den Leuten, die über ihn schimpfen oder geschimpft haben: zu mir war er auf seine pastose Weise immer sehr freundlich. Allerdings fürchte ich, daß wir mit ihm beim Nachwuchs schlecht ankommen würden, denn dort hat er – nach allem, was ich so aufgeschnappt habe – nicht viele Freunde. Und das wird immer mehr das Problem unseres guten PEN. Oder sollte seit vergangenem September tatsächlich neues Leben aus den Ruinen blühen?

Daß meine Sozialversicherungsidee durchaus angreifbar und derzeit ohne rechtliches Fundament ist, war mir von vornherein klar. Ich meine nur, daß man sich mit den zwei Fragen befassen müßte, die dahinterstehen: Verteilung des Aufkommens aus einem Bibliotheksgroschen oder ähnlichem und Altersversorgung. Tragisch wird es bei den Schriftstellern doch erst, wenn ihnen nichts mehr einfällt, was ihnen die Leute abnehmen wollen. Und als Junger hungert's sich leichter.

Das »Nichts-mehr-Einfallen« gilt allerdings nicht für

Deinen Mann. Eva und ich haben seine Lernet-Laudatio lauthals genossen. Bitte empfiehl mich ihm als Bewunderer.

Ansonsten bleibt im Augenblick nichts als meine Handküsse. Aber schreib mir bald!

Alles Liebe, Dein Peter

HILDE SPIEL AN PETER MARGINTER.
WIEN, 12. NOVEMBER 1972

12. 11. 1972

Lieber Peter,

dank Dir sehr für die prompte Antwort. Zunächst, was den Nachwuchs betrifft: Jutta und mein Sohn sind erst noch einmal schnell nach England gepilgert, weil eine seiner besten Freundinnen dort einen Motorradunfall hatte und ein Bein verlor, und er nach Cambridge wollte, um sie im Spital zu besuchen. Eben habe ich in London mit ihm telefoniert. Er ist ein wenig vage, wie diese Generation nun einmal ist, will aber Dienstag von London weg (also am 14.) und dann langsam seinen Weg in den Südosten machen. Er meinte, vor Weihnachten würden sie wohl in Istanbul eintreffen. Und ob es Dir recht wäre, wenn sie sich dann gleich mit Dir in Verbindung setzten.

Ich nehme an, sie werden länger in der Türkei bleiben, so daß es hoffentlich möglich sein wird, genug Zeit zu haben vom Datum ihres Eintreffens bis zu einem möglichen Vortragsabend. Und wenn Du einen Eventualantrag inzwischen nach Wien ergehen lassen könntest, so wäre das schön. Genaueres wird sich wohl zur Zeit nicht fixieren lassen und soll's auch nicht. Man kann sich nicht zerspragein wegen dieser Sache. Wenn sie zustande kommt, muß Jutta eben zufrieden sein mit dem Geld, das Hartl bewilligt: er hat da sicher einen Schlüssel, hier würde die Gesellschaft für Literatur 1000 S zahlen, in London bekam ich 20 Pfund für einen Doderer-Vortrag im Österreichischen Kulturinstitut und drei Tage Hotelgeld, dies vielleicht als Hinweis. Wenn sie's macht, wird es sicher nett, sie ist hübsch genug, um auf die Türken Eindruck zu machen.

Im PEN also jetzt die Querelen. Wir fahren morgen nach Berlin zu einer Regionalkonferenz, Torberg fährt mit, ein sonderbarer Zustand, da er die Lobby gegen mich organisiert, sich aber gern der guten Beziehungen mit mir rühmt. Das verpflichtet mich zu einem gentlemen's oder ladies' agreement. Unangenehm.

Lieber Peter, ich informiere Dich weiter über Entwicklungen. Und sei bedankt für Deine rasche Hilfsbereitschaft.

Dir und Eva alles Liebe, Deine Hilde

PETER MARGINTER AN HILDE SPIEL. ANKARA, 9. DEZEMBER 1972

Ankara, 9. Dezember 1972

Liebe Hilde,

Heute habe ich das PEN-Rundschreiben vom 5. Dezember samt Deiner »Erklärung« bekommen und darauf sofort ein Telegramm zurückgeschossen, mit dem ich Dir meine Stimme zu Füßen lege. Ich weiß dabei – Schande über das Haupt eines gewesenen Vorstandsmitglieds! – nicht einmal, ob das einen Sinn gehabt hat. Bei den meisten Vereinen wählen die Mitglieder ja nur den Vorstand, und der Vorstand dann den Obmann und die anderen Chargen. Ist der PEN da eine Ausnahme? Aus dem Rundschreiben war da nichts zu entnehmen, aber aus Deiner Erklärung glaubte ich es herauszulesen. Auf jeden Fall bin ich sehr neugierig, wie dieser Urnengang endet. Vorsichtshalber – um nichts zu verschreien – zitiere ich Dir den Prediger 12,12: »Mein Sohn (meine Tochter), laß dich warnen: Das Bücherschreiben nimmt kein Ende, und allzuviel Eifer ermüdet den Leib.« Wobei ich bei schlechtem Ausgang das letzte »und« als disjunktiv oder so ähnlich nehmen würde. Also: Das Bücherschreiben nimmt kein Ende (Hurra!) – der PEN ermüdet den Leib (Pfui!). Wenn Du mich wirklich zu Weihnachten anrufen willst, dann tu's unter der Nummer 346697 (meine Schwiegereltern: Hofeneder), aber bitte nix PEN, das käme zu teuer und würde zu lang: nur Deinen Segen.

Im Augenblick bin ich verdrossen: a) habe ich keine Gelegenheit gehabt, meine Patentmethode der Direktintrige (Trottel mimend beim Vordertürl rein) im PEN zu exerzieren, und b) habe ich Dir nicht einmal familiär behilflich sein können. Die liebe Jutta Schwarz hat mich vor ein paar Tagen angerufen und mir mitgeteilt, daß sie zwar in der Türkei sei und Göreme besuchen wolle, sich eigentlich aber schon auf dem Absprung nach Zypern und Israel befinde. Was soll da ein armer Kulturrat tun? Vierzehn Tage brauche ich zur Vorbereitung für einen Vortrag: Eine Woche zum Drucken und Ausschicken der Einladungen, und eine zweite Woche für die Leute, damit sie sich zum Kommen entschließen können. Vierzehn Tage ab dem Anruf der Jutta am 4.: damit wäre ich am 18. gelandet. Und ausgerechnet an diesem 18. hält hier der Eisenreich einen Vortrag, der schon seit Monaten ausgemacht, verschoben und jetzt endlich fixiert ist. Ich kann nicht einmal auf irgendein Datum ausweichen, das ein paar Tage später liegen würde, denn der Kreis der an deutschsprachiger Literatur Interessierten ist hier so klein, daß eine zweite Veranstaltung in so kurzem Abstand nur ein Reinfall werden könnte. Immmerhin hoffe ich sehr, daß ich Deine beiden Kinder bei uns beherbergen kann, wenn sie nach Göreme fahren, denn die anatolischen Durchschnitthotels sind nicht gerade so, daß man in ihnen (ich zitiere Dich) »sich finden« könnte. Da graust einem nur vor sich und der Welt. Abgesehen davon täte es mir wohl, meine Auseinandersetzung mit der diplomatischen Subkultur von zwei Menschen unterbrochen zu sehen, die Du als »plutôt Hippie« bezeichnest. Sie können es gar nicht genug sein.

Alles Gute! Für die Wahl am 12., für Weihnachten und für 1973!

Viele Grüße von uns allen und Handküsse von mir

Dein Peter

HILDE SPIEL AN MIRA MIHELIČ.
WIEN, 21. DEZEMBER 1972

21. 12. 1972

Liebste Mira,
der heilige Antonius hat diesmal leider nicht Wunder gewirkt und ich bin durchgefallen, wie ich es ja vorausgesehen hatte. Die Gegenseite war zu gut organisiert, sie hatten sich so viele Stimmen von abwesenden Mitgliedern delegieren lassen, daß das Resultat entscheidend gegen mich ausgefallen ist.

Ich war eine Nacht sehr erschüttert, nicht so sehr von dem sachlichen Ausgang als von dem unsagbaren Undank und Verrat einiger, ja einer ganzen Reihe von Menschen. Ich habe das aber rasch überwunden und mich gefaßt, und halte mich an meine verbliebenen Freunde.

Meine ganze Situation im P.E.N. muß neu durchdacht werden. Ich bin bereits telefonisch in den bundesdeutschen P.E.N. aufgenommen worden, aber dort habe ich ja keine Funktion, die mich berechtigen würde, in den internationalen Exekutivkomitees mitzuwirken.

Es gäbe einen Weg, aber den wird David nicht gehen wollen, er klingt auch recht anmaßend. Er könnte natürlich versuchen, mich angesichts meiner 35-jährigen Arbeit für den P.E.N. zu einer internationalen Vizepräsidentin zu machen – Csokors Stelle ist ja nicht besetzt worden. Aber wahrscheinlich wird er das nicht wollen. Es ist die einzige Möglichkeit, mir eine ausreichende Autorität oder auch nur Funktion im Internationalen P.E.N. zu sichern.

Ich habe ihm davon nichts geschrieben, nur eine Andeutung gemacht, und ihm alles überlassen. Wir müssen nun sehen, was man in London meint.

Vorerst sehe ich nicht, wie ich in den beiden Komitees weiter bleiben kann, denn sämtliche Funktionen sind in den Händen meiner Gegner. Ich bin vorläufig aus dem österreichischen P.E.N. nicht ausgetreten, aber bei nächster Gelegenheit werde ich es tun.

Geliebte, ich war so glücklich, Dich hier gehabt zu ha-

ben. Hab es schön zu Weihnachten, und ich versichere Dir, ich werde auch das Fest so fröhlich wie möglich verbringen.
      Ich umarme Dich, immer Deine Hilde

HILDE SPIEL AN JEANNIE EBNER.
ST. WOLFGANG, 28. DEZEMBER 1972

               28. 12. 1972
Liebste Jeannie,
 dank Dir von Herzen für die Weihnachtsbotschaft und Deine Zeilen. Es tut mir leid, daß Du jetzt für Deine Anständigkeit und Treue zu mir bestraft und von den Gegnern angegriffen wirst. Ich habe Schlimmeres zu erdulden und muß mich gefaßt machen auf viel Seelenschmerz, wenn Torbergs junge Löwen in Aktion zu gehen beginnen. Denn obwohl ich glaube, Haltung bewahrt zu haben, wäre es unehrlich, nicht zuzugeben, daß mich die Ereignisse der letzten Wochen nicht doch etwas erschüttert haben – erschüttert vor allem wegen der Welle von Haß, von Ranküne und Mißgunst, die mir plötzlich in Wien entgegengeschlagen ist, obwohl ich niemandem – von einer winzig kleinen Bosheit in einer Rezension des Sebestyén-Stückes, wie er sie sich als Kritiker weit ärger leistet, abgesehen – auch nur das geringste zuleide getan habe. Ich kann auch die zwei Hauptvorwürfe, ich hätte meine Erklärung auf PEN-Kosten verschickt und eine ultimative Forderung erhoben, nicht als schwerwiegend bezeichnen: erstens war ich von Lernet, wohl oder übel, als Kandidatin vorgeschlagen worden, zweitens amtierende Vizepräsidentin, drittens hat das Schriftstück die Couverts höchstens um 50 g, wenn überhaupt, verteuert, da ja noch vieles andere zugleich versendet wurde – und was das Ultimatum betrifft, so habe ich ja »gebeten«, aus dem Vorstand entlassen zu werden, falls ich verliere, also keine sehr kategorische Formulierung.

Für mich ist der ganze Sinn meiner Rückkehr in Frage gestellt, nicht weil ich meine Funktionen eingebüßt habe, das ist weniger wichtig, als weil ich mir offenbar statt Freunden vor allem Feinde gemacht habe, und eigentlich doch ohne böse Absicht, einfach aus einer doch zuweilen recht anstrengenden und zeitraubenden Tätigkeit zugunsten der österreichischen Schriftsteller. Von meinem alten Feind Torberg und von Gyury abgesehen, kann ich mir das Übelwollen der 40–50-jährigen nicht erklären.

Bitte nimm's nicht zu tragisch, laß Dich im Vorstand nicht unterkriegen, diese Männer warten nur darauf, daß eine Frau sich blamiert. Es werden da Urinstinkte wirksam, offenbar. – Ich stehe immer zu Deiner Verfügung, bin ab 8. oder 10. in Wien.

Alles Liebe zu Neujahr, und dank Dir nochmals allerherzlichst für Deine Hilfe.

Deine Hilde

HILDE SPIEL AN TOM STOPPARD.
ST. WOLFGANG, 30. DEZEMBER 1972

30th December 1972

Dearest Tom,

This minute I finished the translation of *Artist . . .*, the first draft that is. I cannot type it yet as I am in my country house and have neither bible nor a German edition of Shakespeare here. When I drive to Salzburg early in the new year I shall get both and check on the Song of Solomon and the passage from *King Lear*. Meanwhile I can ask you a few questions about the play and hope for an early answer so that I can work the corrections into my text.

First, Tom, I want to ask your permission for a few changes. I have replaced Lambeth by Battersea because it is easier to pronounce and have said Thames (Themse rather) whenever you talk of the river. Then I have put

Virginia Woolf for Edith Sitwell, Henry James for Augustus John, D. H. Lawrence for Wyndham Lewis, and Corot for Landseer, also Mary Pickford for Clara Bow. If you dislike any of these changes please let me know. And now for the queries:

p.28 (in the script), at the bottom what does (Whoops!) mean here?

p.29 I think 2. should be Donner not Martello, right?

p.33 »rattletrap lorries« – is that an army expression for a rickety vehicle?

p.36/13 What does »Talking up and out« mean here?

p.40 Early in Sophie's monologue »Am I to weave you endless tablemats etc. in return for life«. Does it mean: as a recompense for life or, as a recompense, a life long?

And now a silly difficulty. There is much talk of Sophie's nipples. This word is not very attractive in German, it is called, in a verbal translation, either »breastwarts« which sounds awful, or »breast-buds« which sounds over-poetic, even kitschig. May I just say breasts or do you insist on the nipples?

Apart from translating your play I am doing some more Auden poems and checking up on some German translations of Edward Bond poems done by his Austrian wife. *And* going for lovely walks in a clear-sky-and-sunshine landscape.

Happy new Year to you both, from us both

Yours Hilde

HILDE SPIEL AN HEINRICH BÖLL.
ST. WOLFGANG, 31. DEZEMBER 1972

31. 12. 1972

Lieber Heinrich Böll,

Wie Sie gelesen haben mögen, ist die Wahl gegen mich ausgefallen. Torberg und seine Gruppe haben den ganzen Vorgang so geschickt manipuliert, daß ich kaum eine

Chance hatte. Ich will Sie mit den Einzelheiten nicht langweilen, nur sagen, daß ich gegen Ende auf das Häßlichste diffamiert wurde und selbst alte Freunde wie Milo Dor (mit dem ich die Interessengemeinschaft österreichischer Autoren, das Gegenstück zum VS, aufgebaut habe) mir in den Rücken fielen [...]. Ich habe dann nur noch mit halber Kraft gekämpft, weil ich nicht wußte, wie ich mit diesen Leuten noch an einem Tisch sitzen könnte.

Leider werde ich Sie in Hamburg nicht sehen, wenn der VS zusammentritt, weil ich auch als Präsidentin der Interessengemeinschaft ausgeschieden bin. Ich hätte dort gern mit Ihnen über unser Koordinationskomitee gesprochen und über die Möglichkeit, doch in ihm zu verbleiben. Ich wäre aus ganz objektiven Gründen dagegen, daß meine Stelle darin von einem der falschen Bonhommes eingenommen wird, die jetzt den Österreichischen P.E.N. führen. Im übrigen bitte ich Sie um eins, lieber Heinrich Böll: sollte man versuchen, Sie gegen mich einzunehmen, dann geben Sie mir Gelegenheit, mich vor Ihnen gründlicher zu rechtfertigen, als ich es vorerst tun möchte oder muß.

Mit herzlichen Wünschen für das Neue Jahr,
Ihre Hilde Spiel

HILDE SPIEL AN INGEBORG DREWITZ.
ST. WOLFGANG, 31. DEZEMBER 1972

31. 12. 1972

Liebste Inge,

dank Dir für Deine tröstlichen Worte. Ich muß mich hier auf dem Lande erst erholen von der Malice und Ranküne, mit der dieser Wahlkampf in Wien zuletzt gegen mich geführt wurde. Torberg hat nichts ungeschehen gelassen, um mich zu diffamieren, und seine Gruppe hat so geschickt manipuliert und mich außerdem durch Schmähbriefe – die selbst alte und gute Freunde wie Milo

Dor unterschrieben – zuletzt so angewidert, daß ich am Ende nur noch mit halber Kraft vorgegangen bin – ich konnte beim besten Willen nicht sehen, wie ich mit diesen Leuten noch an einem Tisch sitzen konnte. Von vielen Mitgliedern kamen mir Sympathiekundgebungen zu, aber ich durfte sie nicht als Stimmen für »meine« Vorstandsliste zählen, sonst hätte ich womöglich noch gewonnen.

Mich kränkt nicht der Ämterverlust – ich hatte das nicht aus Ehrgeiz getan, sondern weil ich meinte, es gut und richtig zu tun, glaube mir –, mich kränkt der wirklich unvorhergesehene Verrat vermeintlicher Freunde. [...] Torberg hat gewonnen und mir ist Wien verleidet, aber nochmals emigrieren kann ich nicht, ich kann nur in die »innere Emigration« gehen und das will ich tun.

Anders im Internationalen P.E.N. Ich bin ja indessen Eurem Zentrum beigetreten, mit Thilos Hilfe, und werde vielleicht – vielleicht – im Internationalen P.E.N. noch irgendeine direkte Funktion bekommen. Jedenfalls will ich im April nach Berlin. Bitte, Liebste, laß mich rasch wissen, wann Eure Generalversammlung ist.

Nach Hamburg kann ich nun auch nicht, leider, denn ich mußte als Präsidentin der Interessengemeinschaft österreichischer Autoren, die ich gegründet hatte, zurücktreten – erstens, weil ich als Vertreterin des Öst. P.E.N. in ihr saß, zweitens weil ich mit Milo Dor und Schönwiese (den zwei Vizepräsidenten) nicht mehr arbeiten kann. Auch dieses mühsam aufgebaute Werk ist jetzt für mich verloren. Aber ich schlucke das alles schon.

Ich bin bis etwa 8. hier. Schreibe mir, bitte.

Alles Schöne zum Neuen Jahr!

Deine Hilde

INGEBORG DREWITZ AN HILDE SPIEL.
BERLIN, 6. JANUAR 1973

6. 1. 73

Liebe Hilde,
Du kannst Dir denken, wie ich das ganze Ärgernis verfolge. Denn ich weiß doch, unter welchen Schwierigkeiten Du angefangen hast, mit welcher Leidenschaft und kühlen Intelligenz Du das Instrument PEN wieder in Gang gebracht und Dich zugleich auch für die Rechte der Autoren in Österreich eingesetzt hast. Jedoch ist es Unsinn, auf irgendwann zu vertrösten, wo Dir Gerechtigkeit widerfahren muß. Wir haben ja längst gelernt, daß dieses Balance-Gesetz zerbrochen ist. Du mußt die Distanz finden und die Freiheit, die Du dadurch fürs Schreiben gewonnen hast, schmecken lernen. Und ich weiß, Flesch wird Dir das würzig anrichten. Er hat ja lange genug beobachtet, wie das Hintergrundgepolter eingeübt wurde. Und wie gut, daß Deine Erfahrungen dem Intern. PEN erhalten werden sollen. Zu viele haben ja beobachtet, wie klug und umsichtig Du gearbeitet hast. Schade nur, daß Du in Hamburg nicht dabei sein kannst. Das deutsche Pen-Treffen ist am 13. und 14. April in Berlin, also 1 Woche vor Ostern. Ort Kongreßhalle. Und bitte, liebe Hilde, denk nicht ans Emigrieren, auch wenn Österreich Dich augenblicklich anwidert. Diesmal gibt es noch etwas zu verteidigen – ich meine die Existenz von Literatur, gegen die von *allen* Seiten angerannt wird. Und Du mußt also reden und schreiben und handeln – gegen den verdammt verlogenen Literaturbetrieb an. Und Dich nicht in Dich selbst verkriechen!
Ich denk herzlich und oft an Dich,

Deine Inge

HEINRICH BÖLL AN HILDE SPIEL.
KÖLN, 7. JANUAR 1973

7. 1. 73

Liebe Hilde Spiel,
Ich habe es mit Schmerz vernommen und finde es schade, auch traurig, weil durch Sie der Österr. PEN so wohltuend cooperativ war: kritisch und doch loyal, vor allem: nicht neutral, sondern international im Geist.

Ich werde auch nicht nach Hamburg fahren können: das Jahr 1972 war einfach »zuviel« – an Ärger, Unruhe, Reisen, auch die große Freude aus und in Stockholm. Ich muß auf sehr strikten fast-Befehl der Ärzte bis Ende April Ruhe halten, freue mich aber, daß ich endlich einmal an meine Post gehen und vielleicht wieder mal was schreiben kann!

Ich denke, wir sehen uns »trotz allem«. Ich bin müde, krank, erschöpft – wir verstecken uns auf dem Lande!

Bitte grüßen Sie Hans Flesch – auch Ihnen viele viele herzliche Grüße!

Ihr Heinrich Böll

P.S. In Israel werde ich ja mein »international« abgeben! Ich dachte an Västberg als Nachfolger!

Ihr H B.

TOM STOPPARD AN HILDE SPIEL.
IVER HEATH, 8. JANUAR 1973

Jan 8th

My dear Hilde,
A happy new year to you both.
Congratulations on finishing your first draft. I wish I worked as hard as you.
Your changes are fine, thank you.

Sorry about whoops. It just means that her remark is rather startling and risque, and the men react, wordlessly, perhaps little gasps and laughs. I'm sure you understand. Originally I had intended whoops to signify that she lifts her skirts up so that her stockings are visible, which I still like, and would mean a slightly bigger reaction from the men; but stupidly I forgot, and later in the play I made Beauchamp say, »You are wearing blue stockings« as though he had just seen them when she bent down to pick up the fallen tea-tray. So this is an inconsistency for which I apologise. I think we get away with it though.

I do not have your script, different page numbers. Please tell me which speech should be Donner.

Rattletrap lorries means what you think, yes – not just an *army* expression.

Talking up and out just means raising his voice to address somebody unknown (the soldier) some way off the mike.

Recompense for *life*, yes, not life-long.

I do not insist on nipples. (What a dreadful language you have, warts and all.)

Peter Wood goes to Vienna tomorrow (Jan 9th). If all goes well, I shall go with him next time. And of course see you. Peter and I, as I think I warned you, are trying a few changes for the Old Vic *Jumpers* (Jan 31). If they are improvements, I will tell you about them. I want to get rid of the astronaut and the bishop, in the coda.

In great haste, much love from us both. I hope Miri will come with me to Vienna.

Tom

HILDE SPIEL AN HERMANN KESTEN.
WIEN, 16. JANUAR 1973

16. 1. 1973

Liebster Hermann,

Du hast die Hartung-Kritik vermutlich schon gelesen, aber ich schicke sie Dir hier jedenfalls. Gewiß, sie hätte freundlicher ausfallen können, gewisse Einwände werden Dich verstimmen, aber der Bezug zu Heinrich Mann ist doch richtig. Am ärgerlichsten finde ich, daß er meint, bei Dir habe im Kampf zwischen Witz und Moral der erstere gesiegt, das halte ich für unwahr: ich glaube vielmehr, daß Du wie Shaw den Witz für einen der wirkungsvollsten Anwälte der Moral hältst, einer Moral freilich, die mit den üblichen Sittenvorstellungen nicht viel zu tun hat.

Hermann, nun kann *ich* Dir sagen, kränke Dich nicht, es gibt immer Zeiten, wo man mehr oder weniger einstecken muß an Unverständnis. Ich werde etwa in der *Zeit* der Selbstrühmung bezichtigt, weil meine Gegner in Österreich eine von mir verfaßte Erklärung als solche bezeichnet haben und der, welcher darüber referiert, meine durchaus sachlichen und gewiß nicht unbescheidenen Äußerungen gar nicht gelesen hat. Ich muß viel herunterschlucken an Diffamierungen in diesen Tagen, und bin von vermeintlichen Freunden erbärmlich im Stich gelassen worden, und fühle mich ein bißchen wie Timon von Athen, aber auch das wird vorübergehen.

Lieber Hermann, dank Dir für Deine Bereitwilligkeit, in Euren P.E.N. mich aufzunehmen. Ich muß jetzt noch ein paar kurze Wochen darauf warten, ob sich ein passender Moment findet, um aus dem Österreichischen P.E.N. vorerst auszutreten. Das würde, wie Thilo sagt, meinen Beitritt bei Euch erleichtern. Ich kann es nicht ohne Anlaß tun, denn schon bezeichnet man mich, weil ich mit meinen Gegnern nicht mehr an einem Tisch sitzen will, als »schlechten Verlierer«, und hat Hans, der impulsiv sofort austrat wie Carry Hauser, in der *Frankfurter Rundschau* (!) mit demselben Ausdruck belegt. Aber wenn sich zeigt, daß man die jungen Schriftsteller nicht oder nur sehr beschränkt aufnimmt, habe ich dann die Möglichkeit, gleichfalls jenen Leuten, die mich als »größenwahnsinnig« bezeichnen, weil ich gewagt habe, für ein Amt zu kandidieren, das ich praktisch Jahre lang verwaltet habe, den Rücken zu kehren.

Alles alles Liebe Dir und Toni,   Deine Hilde

HILDE SPIEL AN PETER MARGINTER.
WIEN, 20. JANUAR 1973

20. 1. 1973

Lieber Peter,

den versprochenen Brief bin ich Dir noch schuldig, Du wirst mir verzeihen, aber ich habe eben immer viel zu tun und komme mit der Korrespondenz nie nach. Dem Sohne zwar hab ich geschrieben, aber das ist halt der mütterliche Drang nach Kontakt mit der Brut, wie ein Freund von mir das einmal nannte. Jedenfalls dank ich Dir noch einmal von Herzen für alles, was Du für die beiden getan hast. Ich werd Dir's nie vergessen, es war mir in diesem ersten Stadium der Reise eine wirkliche, große Beruhigung.

Und nun der PEN. Was soll ich Dir da schreiben? Du hast gewiß vieles erfahren, nebst dem, was ich Dir am Telefon sagte, und ich habe wieder gehört, daß Du Dich, obwohl Du weiterhin für mich plädiertest, dem neuen Vorstand für Deine Rückkehr zur Verfügung gestellt hast. Mich wirst Du im österreichischen PEN nicht mehr sehen, auch nicht in der Interessengemeinschaft. Und zwar nicht wegen meiner Niederlage, die einer organisierten – von meinem alten Gegner Torberg organisierten – Übermacht zuzuschreiben ist, sondern wegen der häßlichen, diffamierenden Art, mit der dieser Wahlkampf von der Gegenseite geführt wurde und der sich selbst mein IGA-Kamerad Milo anschloß. Ich glaube immer noch, daß alles anders gekommen wäre, wenn Du in Wien geblieben wärst, denn erstens hättest Du dann das Amt des Generalsekretärs übernommen [...] und zweitens hättest Du mit Deinem Anstand und Deiner Vernunft sicherlich verhindert, daß meine Verteufelung durch Torberg diese Formen angenommen hätte und alle, alle sich gegen mich erklärten. Im Grunde geschah das, weil ich wirklich unabhängig bin, parteiunabhängig, nicht angewiesen auf die Wiener Cliquen und Geldquellen, und im wahrsten Sinne liberal, das heißt, mir mein Urteil jedesmal neu bilde, statt mein Mäntelchen nach dem jeweiligen Wind zu hängen. [...]

Mit der völligen Meinungsfreiheit und gegenseitigen Toleranz, die ich in England und im Internationalen PEN kennen gelernt habe, hat das nichts mehr zu tun.

Lieber Peter, dies sei genug für heute. Ich lebe jetzt in Wien in der inneren Emigration, mehr brauche ich Dir nicht zu sagen.

Alles Liebe Dir und Eva,   Deine Hilde

PETER MARGINTER AN HILDE SPIEL.
ANKARA, 2. FEBRUAR 1973

                               Ankara, 2. Februar 1973

Liebe Hilde!

Jetzt komme ich endlich dazu, Dir für Deinen jüngsten – aber eben nicht mehr ganz so jungen – Brief zu danken. Eva hat Dir zwar inzwischen schon berichtet, wie sehr wir die Gegenwart Deines Anthony samt seiner Jutta genießen, aber ich möchte mich dieser Feststellung doch auch noch ausdrücklich anschließen. Das sind zwei besonders liebe Leute, und manchmal werde ich fast ein bisserl neidig, wenn ich sehe, mit welcher heiteren Selbstverständlichkeit sie da als Blumen auf dem Felde leben. Ich habe noch immer viel zu viel Angst vorm Verhungern; aber ohne diese Angst wäre ich vielleicht nur stinkfaul und sonst gar nichts.

Die Konsequenz, die Du gegenüber dem PEN gezogen hast, verstehe ich sehr gut, so traurig es natürlich sein wird, Dich dort nicht mehr wiederzufinden. Es ist richtig, daß ich Gyury gesagt habe, ich werde nach meiner Rückkehr (wer weiß, wann das sein wird?) eine Kooptierung in den neuen Vorstand nicht ablehnen. Aus meiner Perspektive, die ja doch eine andere ist, glaube ich, daß Mitarbeiten auch unter den nun einmal gegebenen Bedingungen besser ist als der Rückzug in einen Schmollwinkel. Ich bin keine Protestnatur, auch kein guter Parteigänger. Ich habe gewisse Ansichten über Gut und Böse, Vorurteile vielleicht, die ich mir nicht leicht ausreden lassen werde, vor allem glaube ich aber, daß es meistens sinnvoller ist, den Lauf der Dinge von innen her zu beeinflussen. D. h. ich glaube an die Evolution. Einfach deshalb, weil dabei noch am wenigsten kaputtgeht.

Und da wir nun schon bei der Entwicklung sind: Ich bin sehr gespannt, wie sich das Verhältnis unseres Außenministeriums zu den Schriftstellern weiter entwickeln wird. In der letzten Budgetdebatte hat der schwarze Kulturnationalrat Karasek an den Minister Kirchschläger die Frage gerichtet, ob er beabsichtige, in Zukunft nur mehr Schriftsteller als Kulturreferenten ins Ausland zu schicken; denn er, Karasek, halte eine vernünftige Mischung von Schriftstellern und Karrierebeamten für die bessere Lösung. Kirchschläger antwortete darauf, daß das durchaus auch seine Meinung sei. Trotzdem bin ich bis heute der einzige Schriftsteller, dem solche Ehre widerfahren, und ich fürchte, daß der erste Schritt, den man mit mir setzen wollte, zu einem einmaligen Fehltritt werden könnte, wenn man nicht bald jemanden findet, der den Ausnahmefall zur Regel macht. Die Voraussetzungen dafür werden in nächster Zukunft besonders trächtig werden, wenn im Zug des Großen Kompetenzgesetzes die Kulturinstitute vom Unterrichtsministerium zum Außenministerium herübergeholt werden. Ich verbreite mich darüber so ausführlich, weil ich fände, daß jemand von Deiner Art sehr geeignet wäre, irgendwo in einer schönen Gegend einen literarisch-künstlerischen Salon zu führen – ad maiorem Austriae gloriam: während das

Fußvolk der Goetheinstitutoren sein Geld mit dem Veranstalten von Deutschkursen u. dgl. los wird. Wie gesagt: ich könnte es mir vorstellen. Allerdings wurde mir hinterbracht, daß auch mein Chef, der große Hartl, an dem großen Quertreiben auf der Seite Deiner Gegner teilgenommen hat. Na ja – von hier aus werde ich nie draufkommen, was da alles zusammengewirkt hat.

Abgesehen davon, daß ich mir wenig nur (und das recht holprig) zusammenreimen kann, weiß ich nicht einmal, was alles von dem, das ich gehört habe, wahr oder nur ein Gerücht ist. Soll ich glauben, daß Du den Kruntorad zum Generalsekretär gemacht hättest?

Aber ich mag nicht länger in diesem unerfreulichen Thema herumrühren. Es ist nur so, daß einen die winterliche Atmosphäre Ankaras irgendwie zu dumpfem Brüten anregt. Es stinkt, und der Großteil der Bevölkerung stinkt mit, weil er sich mangels ausreichenden Wassers nicht ordentlich waschen kann. Wobei der animalische Gestank dennoch immer der harmlosere, weniger gesundheitsschädliche bleibt. Nicht einmal für den verklärten Blick Deiner Kinder scheint dieser Zauber des Orients mehr zu genügen. Unter solchen Umständen freut einen auch die Arbeit recht wenig. Es ist gut, daß ich augenblicklich mit den Fahnen des Romans und des Kinderbuchs eingedeckt bin. Bei dem Roman hat es noch bis Anfang dieser Woche ein böses Gerangel mit dem Verleger gegeben. Vielleicht habe ich Dir einmal erzählt, daß das Buch *Königrufen* heißen sollte. Dazu fand man aber in München, daß die Norddeutschen, bei denen ich eh schlecht bzw. gar nicht liege, mit einem solchen Titel nichts anzufangen wissen würden. Ich hatte gehofft, daß *Königrufen* auch bei einem Menschen, der nichts von Tarock versteht, anregende Assoziationen erwecken könnte, ließ mich aber überzeugen und akzeptierte schließlich *Der Graf von Carabas* (frei nach Perraults »Gestiefeltem Kater«). Geplatzt bin ich erst, als nun – die Fahnen waren schon ausgedruckt – wieder ein neuer, völlig idiotischer Vorschlag kam: *Der Doppeladler im Sacher*. Warum das nicht nur eine Frechheit, sondern wirklich eine Idiotie war, wirst Du sehen, wenn Du geneigterweise das Buch bis zu Ende liest: Unter seinem alten Titel *Königrufen*. Ich würde Dich nämlich sehr bitten, an geeigneter Stelle ein paar gute Worte darüber fallen zu lassen. Vorausgesetzt natürlich, daß es Dir gefällt. Aber bei den Deutschen – vor allem bei den Hyperboräern jenseits des Limes – habe ich Hilfe sehr, sehr nötig. Schau Dir's halt an: Ich werde dem Verlag befehlen, Dir so bald als möglich ein Exemplar zu schicken.

Ansonsten geht es uns gut, und wenn der Winter erst einmal vorbei ist, wird auch der Sommer schon so nahe sein, daß ich mich auf den Urlaub freuen darf.

Viele herzliche Grüße – auch an Deinen Mann – und Handküsse, Dein Peter

HILDE SPIEL AN PETER MARGINTER.
WIEN, 6. FEBRUAR 1973

6. 2. 1973

Lieber Peter,
darf ich Dir vor allem wieder einmal von Herzen danken, daß Du mit meinen Kindern so herzlich umgehst und sie Deiner Freundschaft teilhaftig werden läßt. Ich bin so glücklich sie auf diesem ersten längeren Stadium ihrer Reise in so guten Händen zu wissen, denn Du hast ja ihren Schutz übernommen auf Deine stille, gute Art. Hoffentlich geht es ihnen im weiteren Verlauf ihrer Wanderungen auch nur halbwegs so gut wie unter Deiner Hut.

Ich freue mich auf Deinen Roman und werde bei der *Frankfurter* gleich anmelden, daß ich ihn zu besprechen wünsche. Hoffentlich hat man nicht etwa jetzt schon anders disponiert.

Eine offizielle Stellung möchte ich nie wieder bekleiden, gerade weil ich mich mit solchem Enthusiasmus für meine Kollegen betätigt habe und nun diese ganzen Energien, Mühen und auch Opfer für vergeblich halten muß.

Wenn es mir vergönnt ist, will ich noch dies und das schreiben, aber den Kulturbetrieb aktiv mitmachen: nein, bitte nicht mehr. Für Dich werden diese Erfahrungen sicher sehr nützlich sein und diese türkischen Jahre keine verlorenen Jahre. Aber das wichtigste ist Deine literarische Arbeit, vergiß das nie.

Dennoch hast Du sicher recht, im PEN weiter mitarbeiten zu wollen. Weshalb denn ein Schmollwinkel für Dich? Du hattest ja mit meinen Gegnern keinen Streit. Auch ich sitze nicht in demselben, ich kann nur nicht mit Leuten operieren, die den Wahlkampf mit so häßlichen Mitteln und mit wirklichen Verleumdungen gegen mich geführt haben. Die letzte, die mir jetzt durch Dich zu Ohren kommt, ist die Sache mit Kruntorad. Nie, nie habe ich daran gedacht, ihn »zum Generalsekretär zu machen«, nicht nur, weil er selbst ein solches Amt niemals angestrebt hat, sondern auch, weil in einem demokratischen Wahlgang der Vorstand den Sekretär bestimmt. Ich hatte an Milo Dor gedacht und mir gewünscht, er möchte mit mir so zusammenarbeiten wie in der IGA. Aber in Milo hatte ich mich ja auch, und am erschreckendsten, geirrt.

Mir tut leid, daß Ihr in einer so getrübten Atmosphäre leben müßt, aber im Sommer muß es doch besser werden und allzu lange dauert's ja nicht mehr. Ich freue mich auf Eure Rückkehr.

Alles Liebe Dir und Eva. Ihr Brief hat mich sehr erfreut. Deine Hilde

HILDE SPIEL AN HANS PAESCHKE. WIEN, 12. JUNI 1973

12. 6. 1973
Lieber Herr Paeschke,
ein Schrecken befiel mich, als ich das Datum Ihres letzten Briefes las: 24. 4. 1973. Nicht böser Wille, gänzliche Unfähigkeit, über die Verpflichtungen des Tages hinweg

etwas zu unternehmen, haben mich daran verhindert, Ihnen bis heute zu antworten. In einer Atempause zwischen Festwochenberichten habe ich meine Brief-Mappe durchgesehen.

Nein, ich kann nicht über Doderer schreiben, nicht mehr, nicht jetzt, ich habe ihn geliebt und liebe ihn immer noch, aber es muß erst wieder eine Spanne vergehen, ehe ich mich wieder analytisch mit ihm beschäftigen kann. Es ist einfach kein neuer Zugang, kein unbetretener Weg für mich sichtbar – ganz abgesehen von der Zeitnot. Wie gern hätte ich über Virginia Woolf für Sie geschrieben, aber wann, wann?

Seien Sie mir bitte nicht gram.

Herzlich Ihre Hilde Spiel

HILDE SPIEL AN MIRA MIHELIČ.
ST. WOLFGANG, 4. AUGUST 1973

4. 8. 1973

Geliebte Mira,

Dank Dir sehr für Deinen Brief. Ich habe diesen Sommer sehr schön, aber auch sehr anstrengend verbracht, war dauernd in Salzburg, wo wir herrliche Konzerte und wunderbares Theater besuchten, mußte aber auch viel arbeiten. Ich komme also erst heute dazu, Deinen Brief vom 25. August zu beantworten, obwohl er schon ein paar Tage hier liegt.

Ich bin traurig, daß Du mit Deinem Manuskript der Übersetzung so viel Ärger hast, aber es kommt jetzt auf ein paar Wochen nicht an, wichtig ist, daß es zuletzt in einem schönen und richtigen Deutsch vorliegt. Du hast recht, ich bin im September kaum in Wien, werde – nachdem ich übermorgen für ein paar Tage hinfahre, dann wieder – hier sein, bis ich nach Deutschland und England fahre, und erst im Oktober wieder auf länger nach Wien zurückkehren. Vorher kann ich das MS sowieso nicht ansehen, also lasse Dir Zeit. Wir besprechen in London, wo ich schon ab 21. September, aber nicht viel länger als bis zum 1. oder 2. Oktober sein kann, dann alles genau. Du weißt, ich werde für das Buch tun, was ich kann.

Ich bekam gestern aus heiterem Himmel einen reizenden Brief von Böll, der mir noch einmal erklärt, warum er keinesfalls weiter das Präsidium übernehmen will. Er versucht auch, zu begründen, warum er sich in der letzten Zeit anders gegen die Russen verhalten hat, aber ich finde, das bedarf keiner Begründung. Er ist ein reiner, aufrichtiger Mensch und tut mehr instinktiv als überlegt zumeist das Richtige. Übrigens schrieb er mir, man wollte Dich zur Internationalen Vizepräsidentin machen, was mich von ganzem Herzen freut. Du hast es Dir wirklich verdient, liebste geliebte Mira, und wirst Deinen unverminderten Glauben an den P.E.N. in nützliche Taten umsetzen.

Mir, ich muß es Dir gestehen, ist dieser Glaube allmählich abhanden gekommen. Ich habe in Wien so Abscheuliches mit den Leuten erlebt, für die ich jahrelang diesen Verein geführt habe, und ich sehe nicht recht, was ich noch als Funktionärin im Internationalen P.E.N. soll. Ich habe seit 1937 für meine P.E.N. Ideale gekämpft und gearbeitet, aber jetzt habe ich keine Lust mehr. Ich werde David sagen, daß ich im Dezember meine Komitee-Mitgliedschaften abgeben will und mich als einfaches Mitglied betrachten möchte. Natürlich komme ich zu Kongressen, aber von der sinnlosen und unbedankten Arbeit habe ich genug. Die Verhältnisse in Wien sind auch zu unerfreulich: ich ziehe mich überall aus der Öffentlichkeit zurück. Dir, Geliebte, alles Liebe und gute Erholung. Ich freue mich auf Dich in London. Immer

Deine Hilde

**HILDE SPIEL AN ERNST JANDL.
ST. WOLFGANG, 7. AUGUST 1973**

7. 8. 1973

Lieber Herr Dr. Jandl,

Sie werden von Ihrer mit Oswald Wiener unternommenen »goodwill tour« vermute ich schon zurück sein. Wenn nicht, dann finden Sie meinen Brief nach Ihrer Rückkehr vor. In München hätten Sie von Dr. Goldschmit erfahren können, daß ich anläßlich des Berichtes, den Otto F. Beer vor einigen Wochen an die *Süddeutsche Zeitung* über die österreichische literarische Szene schrieb, einen sehr scharfen Leserbrief an dieses Blatt gerichtet habe, in dem ich gegen seine falsche und gehässige Darstellung in allen Punkten Stellung nahm. Daß dieser Brief, dessen Durchschlag ich Otto F. Beer sofort zuschickte, offenbar auf sein Betreiben von der *SZ* nicht gedruckt wurde, war leider nicht vorherzusehen. Dr. Goldschmit ist nicht schuld daran, denn er hatte ihn dem betreffenden Redakteur weitergegeben und war dann auf Urlaub gegangen. Zumindest aber hatte ich die einseitige und maliziöse Schilderung der österreichischen Zustände richtigzustellen versucht.

Um so mehr muß es mich erstaunen, daß Sie und Oswald Wiener, wie mir aus Deutschland zugetragen wird, sich auf Ihrer Tour nicht nur gegen die Berichterstattung Otto F. Beers, sondern im selben Atem auch gegen meine ausgesprochen haben. Ich kann nicht finden, daß Sie sich in meinem Fall über »systematische Schmähungen und Zurücksetzungen« zu beklagen hatten. Im Gegenteil: in der *FAZ* veröffentlichte ich seinerzeit anläßlich der Gründung der Grazer Autorenversammlung die einzige Darstellung, die nicht Partei für den Wiener P.E.N. Club nahm. Wie sehr ich mich im Internationalen P.E.N. für die Grazer Autoren eingesetzt habe, müßten Sie eigentlich wissen. Sicherlich hatte ich, als Sie während meiner Amtszeit zum ersten Mal den Wiener P.E.N. angriffen, Ihre Anwürfe von der Hand gewiesen, erstens, weil ich trotz eines sehr konservativen Präsidenten und Vorstandes immer wieder Lesungen von Avantgarde-Autoren veranstaltet hatte, und zweitens, weil ich nach dem Rücktritt Alexander Lernet-Holenias imstande gewesen war, im Vorstand eine Mehrheit zu mobilisieren, die sich sofort von seiner Anti-Böll-Erklärung distanzierte. Aber nach dem Fehlschlag meines Versuches, im P.E.N. eine Einigung der traditionellen Schriftstellergruppe und der in Graz zentralisierten Autoren herzustellen – ein Ziel, das ich zu meinem Wahlprogramm gemacht hatte –, habe ich mit den Wienern völlig gebrochen und mich öffentlich und inoffiziell für Ihre Bestrebungen eingesetzt. Mein jüngster Briefwechsel mit David Carver anläßlich der Londoner Besuche von Tramin und Klaus Hoffer könnte Sie, hätten Sie Kenntnis davon, gleichfalls von dieser Tatsache überzeugen.

Verstehen Sie mich recht: ich bange weder um meine Stellung als Berichterstatterin der *Frankfurter Allgemeinen*, noch sehe ich einen zwingenden Grund, mich als ungebetene Schützenhelferin mit der Grazer Autorenversammlung immer weiter zu solidarisieren. Aber es vermehrt den Abscheu, den ich nachgerade vor jeder Clique im österreichischen Literaturbetrieb empfinde, daß ungeachtet meiner Bemühungen für die Anerkennung eines Grazer P.E.N. Zentrums dessen Vertreter in Deutschland nichts besseres zu tun haben, als mich gemeinsam mit Otto F. Beer zu attackieren und meine berufliche Position untergraben zu wollen.

Mit besten Grüßen, Ihre Hilde Spiel

SIEGFRIED MELCHINGER AN HILDE SPIEL.
18. AUGUST 1973

18. 8. 73

Liebe Frau Spiel!
So was schickt sich nicht unter Kollegen – ich weiß es; aber ich nehme es auf mich: ich muß Ihnen danken für

Ihre schöne Kritik des Salzburger *Spiels der Mächtigen* in der *FAZ*. Ich bin froh, daß Strehler diese Würdigung gefunden hat, die seiner würdig ist!

Mir selbst ist es eigentlich schlimm ergangen. Ich hatte ihn vor diesem Unternehmen gewarnt, und so bin ich mir wie ein Rechthaber vorgekommen. Ich habe ihn nie so krank gesehen, obwohl ich so oft die Zeit vor den Premieren, diese Nervenmorde, miterlebt habe. Ich weiß, was er wollte, und mir krampften sich Hirn und Herz zusammen, weil ich nur das Scheitern sah. Sie waren, gottlob, objektiver.

Nehmen Sie diese Zeilen so wie sie gemeint sind: als einen dankbaren Gruß Ihres Siegfried Melchinger

HILDE SPIEL AN SIEGFRIED MELCHINGER.
WIEN, 23. AUGUST 1973

23. 8. 1973

Lieber Herr Melchinger,
Ihr Brief hat mich unendlich gefreut. Ich kann Ihre guten Worte gebrauchen, denn wie Sie wohl gesehen haben, bin ich mit meiner fast uneingeschränkten Zustimmung fast allein geblieben. Sie sind so liebenswürdig, mich objektiv zu nennen. Ich weiß nicht, ob ich das bin. Mir schien lediglich, daß angesichts eines solchen Konzeptes und eines solchen Maßes an geglückter Verwirklichung alle möglichen Einwände unwichtig werden. Ich habe keinen einzigen stichhaltigen, grundsätzlich richtigen Vorbehalt gegen dieses ganze Unternehmen gelesen, nur kleinliches Gemäkel an dem, was in der kurzen Zeit und unter den Gegebenheiten dieser mörderischen Bühne nicht anders zu erreichen war. Aber in ihrer Gesamtheit kann diese Ablehnung in der deutschen Presse Strehlers Aufgabe in Salzburg sehr gefährlich sein.

Ich zittere, davor, daß er sich von dem Kesseltreiben entmutigen läßt. Wenn von links Herr Professor Hans

Mayer wie ein Besessener aus der Presseloge buht, während von rechts Herr Nekola alles daran setzt, um den lästigen »Linken« wieder loszuwerden, dann kann man sehr wohl die Lust daran verlieren, diesem Salzburg wieder Glanz zu geben. Sie werden Strehler im Herbst ja wohl sehen. Bitte wirken Sie auf ihn ein, er soll sich's nicht verdrießen lassen. Und noch einmal genau kalkulieren, ob eine neuerliche Betreuung des *Spiels der Mächtigen*, eine *Zauberflöte* mit Karajan und eine nochmals aufgefrischte *Entführung* nicht doch über seine Kräfte gehen.

Mit aufrichtigem Dank und herzlichen Grüßen
Hilde Spiel

ERNST JANDL AN HILDE SPIEL.
WIEN, 26. AUGUST 1973

Verehrte Frau Dr. Spiel,
besten Dank für Ihren Brief vom 7. August.

Ich möchte Ihnen zuerst dafür danken, daß Sie sich für die Bestrebungen der Grazer Autorenversammlung wiederholt öffentlich und inoffiziell eingesetzt haben, was den Mitgliedern dieses Vereins nicht unbekannt geblieben ist. Ich hoffe, daß Sie der Grazer Autorenversammlung auch weiterhin, wenn sich dazu Gelegenheit bietet, Ihre Unterstützung nicht versagen werden, vor allem auch im Hinblick auf die Sitzung des Internationalen Exekutivkomitees des P.E.N. im Dezember in Israel, wo über das Ansuchen der Grazer Autorenversammlung um Anerkennung als zweites autonomes P.E.N. Zentrum in Österreich abgestimmt werden soll.

Meine und Oswald Wieners Vorsprache bei einigen Zeitungen in der BRD, darunter am 25. Juli auch bei der *FAZ*, erfolgte im Auftrag der Grazer Autorenversammlung, doch war unsere Vorgangsweise beim Gespräch mit den Redakteuren einzig uns beiden überlassen und in keinem Detail mit irgend jemand sonst, also auch mit keinem weiteren Mitglied der Grazer Autorenversammlung abgesprochen. Wenn Sie also aus den Darstellungen Ihrer Informanten den Eindruck gewannen, wir hätten uns gegen Ihre Berichterstattung in der *FAZ*, und nur um dieses Blatt kann es sich hier handeln, ausgesprochen, so müßte dies für Sie noch kein Grund sein, die Grazer Autorenversammlung als ganzes nicht länger zu unterstützen.

Allerdings darf ich Ihnen versichern, daß wir beide, Oswald Wiener und ich, Sie weder attackiert noch uns gegen Ihre Berichterstattung ausgesprochen haben, und daß wir auch nie daran dachten, irgend etwas zu tun oder zu sagen, das als ein Versuch, Ihre berufliche Stellung zu untergraben, hätte gewertet werden können.

Vielmehr galt die Diskussion bei der *FAZ* der Frage, ob Sie, aufgrund Ihrer Stellung in dieser Zeitung, dort ein Monopol der Berichterstattung über österreichische Kulturbelange ausüben (was wir – wohl auch in Ihrem Sinne – für ausgeschlossen hielten) oder ob nicht doch, unbeschadet Ihrer Funktion und Tätigkeit, Mitglieder der Grazer Autorenversammlung, in freier Mitarbeit, der Feuilleton-Redaktion der *FAZ* hin und wieder eigene Beiträge vorlegen können.

Mit der Hoffnung, hier Klarheit geschaffen zu haben, bleibe ich mit freundlichen Grüßen

Ihr ergebener Ernst Jandl

HILDE SPIEL AN HORST KRÜGER.
ST. WOLFGANG, 27. AUGUST 1973

27. 8. 1973

Lieber Horst,
obwohl ich eine ganze Menge Deiner Piècen schon kannte, habe ich das Buch noch einmal von Anfang bis Ende durchgelesen. Vieles erinnert mich nicht so sehr an

Polgar und Tucholsky oder an die Franzosen, mit denen der Waschzettel Dich vergleicht, wie an englische Essayisten. Ein moderner Lamb oder Hazlitt, so mutet es mich an. Niemand anderer in Deutschland versucht dasselbe oder erreicht Ähnliches. Man denkt, Du hättest drei Augen, siehst mehr von der Gegenwart und Umwelt als Alle. Dafür kann man dir schon verzeihen, daß Du keine Jahrtausendgymnastik betreibst.

Besonders schön fand ich wieder die Beschreibung Deutschlands in einer Nußschale in dem Nürnberg-Essay. Auch die elegischen Betrachtungen über das Ende, in Sommerzeit. Und natürlich den Nachruf, wie damals, als ich ihn zum ersten Mal las. Man wird am Schluß gerührt wie über Brechts Gedicht an die Nachgeborenen. Ich weiß, wie schwer es einem gemacht wird, links zu sein oder es zu bleiben. Aber was ist links? Nur negativ formulierbar: alles, was nicht rechts ist. Man weiß nur, daß man Habe nicht mag, aber wie steht es mit Astel? Ich habe das Problem dauernd mit meinem Sohn, das heißt, wann immer ich mit ihm korrespondiere oder ihn sehe, was nur alle paar Monate der Fall ist. Obwohl wir uns lieben und das gleiche wollen – er ist ja schließlich von seinem Vater und mir so konditioniert worden –, führt manchmal kein Weg zu ihm: so etwa, als ich mit ihm über Deinen *Spiegel*-Artikel sprach.

Eine Randbemerkung: auf Seite 11 nennst Du den Striese einen Volksschauspieler oder Schmierenkomödianten aus Mannheim. Wieso Mannheim? Das ist doch die Figur des Theaterdirektors aus dem *Raub der Sabinerinnen*, – Schönthans alter Posse.

Ich glaube kaum, daß ich zur Messe komme. Oder vielleicht doch, um Rubinstein zu sehen und Deiner Party willen. Ich bin jedenfalls um den 3. Oktober in Frankfurt und rufe kurz an. Aber für den Fall, daß ich Dich nicht erreiche – wann ist Deine Party. Kannst Du mir eine Zeile schreiben? Und freue Dich an Deinem Buch, es ist schön und einzigartig.

Herzliche Grüße Hilde

HORST KRÜGER AN HILDE SPIEL.
FRANKFURT AM MAIN, 28. AUGUST 1973

den 28. 8. 73

Liebe Hilde,

Dank für Deinen kundigen und mir so gewogenen »Leserbrief«. Es ist eigentlich der erste, der mich erreicht, fällt also auf taufrischen Boden, sozusagen. Du wirst mich für einen Barbaren halten: die Namen Lamb oder Hazlitt habe ich nie gehört. Was haben denn die geschrieben? Sind das Zeitgenossen? Die Frage, was links ist: im Grunde interessiert sie mich heute nicht mehr. Das sollen die anderen entscheiden: Politikwissenschaftler. Beim Schreiben, meine ich mehr und mehr, muß man nur ehrlich sein, seine Erfahrung, seine Wahrheit ausdrücken, sich selbst ausformulieren, heftig und rücksichtslos. Ich lese eben Arno Schmidts »Dankadresse zum Goethe-Preis 1973«, der ihm gestern hier von der Stadt verliehen wurde. Das ist alles so herrlich querbeet durch unsere jüngsten ideologischen Felder. Der Mann sagt: Jugend? Die ist mir zu jung und zu dumm, um damit meine Zeit zu vertrödeln. Der Dichter soll mit dem Arbeiter gehen? Er soll allein gehen, nur von der Phantasie begleitet. Er ist für Arbeit, für Leistung, beschimpft die 40-Stunden-Woche, da er eine 100-Stunden-Woche habe. In Summa: nie nach den Pfeifen der Zeit tanzen. Sich selber glauben, sonst nichts.

Du solltest zur Messe kommen, schon mir zur Liebe. Die Party ist am Freitag, den 12. Okt. ab 20 Uhr, aber natürlich bist Du zu jeder Zeit hier willkommen. Ich gehe jetzt auf Urlaub nach Griechenland, bin ca. 5. Okt. zurück, empfehle sich Anfang September Heft 37 des *Stern* zu kaufen. Da steht mein »San-Francisco-Gesang« – schön bebildert.

Herzlichst Dein Horst

HILDE SPIEL AN HANS PAESCHKE.
WIEN, 7. SEPTEMBER 1973

7. September 1973

Lieber Hans Paeschke,

schönen Dank für Ihren bezaubernden Brief. Ich habe mich in der Tat für Strehler sehr engagiert und bin bereit, es weiter zu tun. Aber in welcher Form? Mit Orff kuppeln: das nicht. Es hat wenig Sinn, meine ich, sich für die eschatologische Fumisterie zu erwärmen, da sie musikalisch so unergiebig ist. Im übrigen hat H. K. Ruppel sich ja ganz akribisch über die Neo-Gnosis des Altmeisters in der Sonntagsbeilage der *SZ* ausgelassen. Was könnte ich dem hinzufügen? Viel Arbeit wäre nötig, um sich noch mehr hineinzudenken, und das wird nicht gerechtfertigt durch das ganze Werk.

Zu erwägen wäre, und das könnte ich vielleicht gelegentlich tun, eine Art »Anatomie einer Reaktion«, oder wie man's nennen will, zu schreiben. »Analyse einer Rezeption« geht auch. Die wirklich erstaunliche Wirkung dieser Strehler-Inszenierung zu durchleuchten, die von allen attackiert wurde und aus der jeder herauslas, was er in ihr zu sehen meinte. Ich habe da einen Briefwechsel geführt mit dem Wirtschaftsredakteur der *FAZ*, der unter dem Pseudonym Tobias Lampe die Aufführung öffentlich angegriffen hat: das allein wäre interessant.

Darf ich vorschlagen, daß Sie sich's überlegen, ob so etwas möglich wäre. Ich müßte jedenfalls abwarten, was Hans Mayer im Oktoberheft von *theater heute* drüber schreibt – das reizt mich dann vielleicht dazu, mich noch einmal über den ganzen Komplex zu äußern.

Ich bin vom 19. September bis Anfang Oktober in England, danach wieder in Österreich.

Herzliche Grüße, Ihre Hilde Spiel

Übrigens habe ich den *Merkur* seit Monaten nicht gesehen. Die Deutsche Botschaft, die ihn mir immer schickte, hat damit aufgehört, vielleicht weil ich aus den offiziellen P.E.N. Funktionen gefallen bin.

HILDE SPIEL AN HANS WEIGEL.
WIEN, 9. SEPTEMBER 1973

9. 9. 1973

Lieber Hans,
darf ich Dir sagen, wie schön ich Deinen Nachruf auf Willy Haas fand. Es macht mich froh, daß Du Deine Memoiren schreibst: wenn jemand, dann hast Du ein Kapitel Kulturgeschichte zu erzählen. Übrigens sagte mein Hans, es komme ihm so rührend vor, daß Du, während er schon als Mitarbeiter in der *Literarischen Welt* auftauchte, ihm unbekannt Wand an Wand mit der Redaktion gesessen seist.

Ich würde gern wieder einmal mit Dir tratschen, über vieles, nicht zuletzt über Kudronofskys Buch. Aber wir waren diesmal nur drei Tage in Wien und fahren morgen bis Oktober weg. Vielleicht treffen wir uns dann einmal. Und dürfen wir sagen, daß wir auch froh waren, zu hören, daß ...

Immer Deine Hilde

HILDE SPIEL AN FRITZ HOCHWÄLDER.
WIEN, 1. APRIL 1974

1. April 1974

Lieber Fritzl,
Dein Stück *Lazaretti* habe ich nun zweimal gelesen und mir überlegt, was dafür und dagegen zu sagen ist. Zuerst das Positive. Mir scheint die Thematik wirklich interessant und ich finde die Figuren gut angelegt, sowohl individuell wie in ihrer Beziehung zueinander. Auch das Plot ist grundsätzlich brauchbar. Du hast das Stück mit Bahr verglichen, mir fiel Pirandello als erstrebenswerter Vergleich ein, freilich auch Dürrenmatt in seinen nicht immer geglückten Politik-Kriminalgrotesken. Ich bin der Mei-

nung, daß mit diesen Figuren und einer Art Vorwurf wie diesem ein interessanter Theaterabend zu machen ist, aber vielleicht doch ein anderer als der, den man jetzt daraus zu entnehmen imstande wäre: Der ausgeschriebene Denker, der ehrgeizige Arzt, die doppelt engagierte Sekretärin, der sinistre Diener, der ungarische Räsonneur – alles sehr gut, und im Grunde auch der zwischen Irrsinn und Genie irrlichternde Lazaretti. Aber so wie es ist, scheint es mir noch nicht richtig zu sein.

Für mich besteht der grundlegende Fehler darin, daß Lazarettis Buch, vielmehr dessen Wirkung, ernst genommen wird. Es ist nicht glaubhaft, daß dieses, ja daß irgendein geistiges Erzeugnis eine der Atombombe vergleichbare Bedeutung haben könnte, daß es tatsächlich Ekrasit sein könnte, wie Du sagst. Darum wäre mir die Problematik eines wahnsinnigen Genies interessanter gewesen als die nicht zu beweisende Drohung, die sein Manuskript für die Menschheit bedeutet. Die Gefahr, das dramatische Element, müßte einerseits in der Schießwütigkeit des Wahnsinnigen liegen, andererseits müßte es sich – immer meine eigene, fehlbare Meinung – ganz pirandellesk darum drehen, ob der Kerl wirklich verrückt ist oder beabsichtigt, selbst seine Gewalttaten auszuführen. An der Handlung müßte sich nicht allzu viel ändern. Peltzer könnte ein von seinem Chef und Meister suggestiv beeinflußter, gleichfalls labiler junger Mann sein, der dann doch draufkommt, einem Irren aufgesessen zu sein, und sich entweder dafür an Lazaretti rächen will oder ihn davor bewahren will, sich lächerlich zu machen, ihn lieber als klinisch verrückt oder an einem Nervenzusammenbruch erkrankt in das Manicomio abschieben will. Camenisch müßte sofort glauben, daß Lazaretti geisteskrank ist, sich aber vorübergehend durch dessen Suggestivkraft gefangennehmen lassen und den ganzen Irrsinnsplan akzeptieren. Du verstehst, worauf ich hinauswill. Daß Lazarettis Buch zwar ein einziger gigantischer Unsinn ist und auch die Menschheit ganz allgemein völlig kalt lassen würde, daß er aber seine persönliche Begabung durch mesmerisierende Kräfte zeitweilig dazu bringen kann, jenes Ekrasit darin zu sehen, das Du jetzt dem Buch zuzuschreiben geneigt bist. Es kann so weit gehen, daß das Publikum (Pirandello) vorübergehend überredet wird, an Lazarettis geheime Macht zu glauben, aber der Autor müßte der Sache in Wahrheit ganz skeptisch gegenüberstehen.

Ich meine auch, daß es nicht genügt, am Schluß das MS zu verbrennen. Irgendjemand muß umkommen, erschossen werden, ein Knalleffekt ist nötig bei diesem plakativen Stück. Unter anderem auch deshalb, weil man nicht geladene Waffen und Detektiv-Leibwächter einführen kann, ohne daß am Schluß dann doch jemand umgebracht wird – die berühmte Flinte, die im ersten Akt an der Wand lehnt und im dritten losgehen muß. Das gilt auch für die frischen Steinpilze, die entweder giftig sein müssen oder nicht erwähnt werden sollten.

Darf ich jetzt noch ein paar Einzelheiten anmerken, die mir während der Lektüre aufgefallen sind. Seite 4 – hast Du Fließ mit Absicht nach Freuds Freund, dem Berliner Neurologen, so genannt? Seite 6, Rouzhas »Wir gehören zusammen« erscheint mir als Klischee. Seite 7, »Keine Silbe« kommt hier schon zum zweiten Mal vor. Übrigens: Kambovitz sollte noch etwas mehr unterbaut werden, er ist sinister, aber am Schluß wird nichts über ihn enthüllt – das wäre vielleicht doch nötig, irgendeinen Überraschungseffekt. Galgotzy ist für mich die beste, schon jetzt völlig abgerundete Figur, Sprache blendend getroffen, Räsonnement amüsant. Seite 11, ich glaube, man kann nicht Thomas Manns Spitznamen in seiner Familie einfach übernehmen, nenne den Mann doch »Magus« oder »Magier«, Zauberer ist wirklich von Mann usurpiert. Seite 17, man kann nicht sagen, die Progressiven würden sich über Mord an Trotzki und seinesgleichen freuen, das täten nur Stalinisten. Ich bin dagegen, daß man das Wort Progressive pejorativ verwendet. Seite 21, bist Du sicher, daß ein Paranoiker nicht manchmal weiß, daß er paranoisch ist? Und es darum nicht ist? Und selbst wenn das klinisch unmöglich sein sollte, was ich nicht glaube, müßte es zwecks einer pirandellesken Ungewißheit möglich sein. 29, unwahrscheinlich, daß ein irrwitziger Konkurrent Lazaretti aus der Welt schaffen will, damit sein MS nicht erfolgreich ist. Habe ermordet Simmel? Glaub es nicht. Das Tischgespräch, oder Vor-Tischgespräch im 2. Akt scheint mir sehr gut, auf diese Art sollten auch mehrere noch verbliebene Leerstellen im Dialog – zu viele Haushaltsanweisungen, Begrüßungen etc. – ausgefüllt werden. Seite 61, Rouzhas Ausbruch gegen Gewalt nicht glaubhaft als Motiv. Ihre Figur scheint mir am wenigsten stichhaltig, sie müßte anders angelegt und motiviert sein, glaube ich. 66, finde ich gut mit Hinblick auf Lazaretti. Daß er zwischen ganz normal und Wahnsinn schwankt, ist ja das Wesen dieser Figur. Der Schluß, wie gesagt, müßte anders gelöst werden – soll Lazaretti nicht doch Camenisch erschießen, soll Kambovitz *ihn* erschießen, alles natürlich in Notwehr, damit dann kein Verbrechen in der Luft hängt? Ich weiß es nicht, ehrlich gesagt, aber ich glaube, ein starker und sehr dramatischer Schluß müßte das Gedankenspiel beenden.

Es wäre also noch vieles zu tun an dem Stück, aber ich glaube durchaus, daß es sich lohnen würde. Also würde ich nicht raten, es einfach als mißlungen wegzuschmeißen, wie Du in pessimistischen Momenten vielleicht erwägst. Und wenn Dich meine Bemerkungen zu einer energisch eingenommenen Gegenposition veranlassen, desto besser. Dann wirst Du vielleicht noch glaubhafter zu unterbauen versuchen, was Du selbst an dem Stück für unabänderbar und richtig hältst, und dann wäre es immerhin möglich, daß es auch ohne grundlegende Umarbeit Leser wie mich und präsumtive Zuschauer überzeugt.

Alles Liebe, Deine Hilde

HILDE SPIEL AN ANDRÉ HELLER. WIEN, 12. MAI 1974

12. Mai 1974

Lieber André Heller,
(zum »Franzi« reicht es bei der wohlwollenden Nichtfreundin noch nicht) – Sie haben mir kürzlich gesagt, ich

wirkte ermutigend, aber heute möchte ich entmutigen, oder besser, abraten von einer allzu achtlosen Hit-and-miss-Attitüde, wie sie sich in Ihrem *Weltwoche*-Interview niederschlägt.

Ich weiß, daß man dafür nicht einstehen muß, was man nur indirekt von sich gegeben hat, aber manches sieht doch sehr nach getreuem Zitat aus. Und da gefällt mir einiges nicht – der Zensurenausteiler wird hier ein paar Zensuren schon hinnehmen müssen.

Mir gefallen unter gar keinen Umständen – auch unter gewollt provokanten – Sätze wie »Das Gute ist unendlich langweilig« oder »Ich halte alle Parteien für etwas Restauratives« oder gar, leider an Sebestyéns linksüberholende Rechtsmanöver erinnernd: »Auch die Progressiven sind zutiefst reaktionär!«. Ich mag Ihnen als altmodische Humanistin erscheinen, bin es in der Tat, aber an Ihnen goutiere ich alles, nur nicht das Schmollmündchen des gekränkten Ästheten, den poesielose Anhänger der Linken ablehnen und der darum über jedes fortschrittliche Engagement den Kübel gießt.

Und ich mag gar nicht, und empfinde dabei das gleiche peinliche Gefühl im Magen wie bei der Stolz-Entgleisung, Ihren Versuch, den lästigen Todesthematik-Konkurrenten abzuschieben mit dem Ausspruch »Thomas Bernhard ist ein alter Herr«. Dort, bei Stolz, der Schuß auf ein »sitting target«. Und hier, bei Bernhard, das Eigengoal durch Unkenntnis oder Verkennen einer Figur, an der allzu kindische Wurfgeschosse abprallen, um den Schützen selbst zu treffen.

»Wenn Sie zufrieden waren, sagen Sie es Ihren Freunden. Wenn Sie unzufrieden waren, sagen Sie es mir.« So ein Werbeslogan aus den Dreißigerjahren. Darum dieser Brief,
    mit den schönsten Grüßen Ihrer

                                    Hilde Spiel

HILDE SPIEL AN DEN ÖSTERREICHISCHEN P.E.N.
WIEN, 27. MAI 1974

27. Mai 1974

Sehr geehrte Kollegen,
 die Ereignisse in Ochrid veranlassen mich, meinen Austritt aus dem Österreichischen P.E.N. Club, der de facto bereits erfolgt ist, nun auch de jure zu vollziehen.
 Ihre Delegierten haben sich vor dem Internationalen Exekutivkomitee des P.E.N. mit allen Mitteln der Aufnahme von siebzig Autoren ihrer eigenen Länder als geschlossene Gruppe in den Internationalen P.E.N. widersetzt. Sie haben den dort versammelten Schriftstellern aus aller Welt das beschämende Beispiel österreichischer Uneinigkeit geliefert und sogar gegen die Einsetzung einer Schlichtungskommission gestimmt, die dann, dem Willen der überwiegenden Mehrheit folgend, mit der Lösung der österreichischen Frage und der Einbringung der Grazer Autorenversammlung in den P.E.N. beauftragt wurde.
 Ich hoffe, daß die Einsicht um sich greifen wird, daß man eine große Anzahl avantgardistischer Autoren, die geschlossen im Internationalen P.E.N. vertreten sein wollen, auf die Dauer nicht daran hindern kann. Die Schlichtungskommission wird, falls nicht in den nächsten Wochen eine Einigung zwischen den beiden Parteien zustandekommt, die Bereitschaft zu einem Kompromiß in Ihnen zu erwecken trachten. Ich für meine Person ziehe mich vom Österreichischen P.E.N. Club in seiner gegenwärtigen Form und Zusammensetzung zurück.
 Mit besten Grüßen,

Prof. Dr. Hilde Spiel

HORST KRÜGER AN HILDE SPIEL.
FRANKFURT AM MAIN, 20. JULI 1974

den 20. Juli 74

Liebe Hilde,

ich lese eben Deine »Randnotizen« vom 14. 7., die mir mehr zufällig ins Haus flattern, und will Dir nur sagen: Das ist ein herrlicher Text, der natürlich an dieser Stelle ziemlich sinnlos ist. Ich habe so etwas Schönes, Genaues und zugleich Sinnbildhaftes in den letzten Jahren kaum gelesen. Es ist sozusagen Dein Echtestes und Typischstes, das, was nur Du kannst, so subtil und überzeugend ganz verschiedene Eindrücke verbinden. Wenn man Dich einmal zu interpretieren haben wird: ich meine, an einem solchen Text wäre das Besondere Deines Schreibens ganz mühelos nachzuweisen. Dies nur als »Leserbrief« und Ausdruck von ganz privatem Lesevergnügen, verbunden auch mit dem Rat, das der *FAZ* zu geben. Dort erst wird es seinen richtigen Platz haben.

Dies in aller Eile und nur so – Dein Horst.

HILDE SPIEL AN JAMES SAUNDERS.
ST. WOLFGANG, 22. JULI 1974

22nd July 1974

My dear Jimmy,

Your letter is a few months old again, but please don't think that I am lagging in friendship or loyalty if I don't reply at once. I cannot tell you how burdened I am with work of all kinds. [. . .]

How horrid that I never said how I loved *Kohlhaas* – I took such care translating it and fitting it together with the original Kleist language, it was real love's labour and I hope it helped. This is not to blow my own trumpet but to confirm that I was much taken by your version. I did not see any of the German productions but stayed in Austria long enough – before taking my only holiday, ten days in Venice, early in July – to see the beautiful open-air production they did in Krems. You would have liked it though it was quite anti-Brechtian in that they had real horses and dogs and chickens and a very fruity Kohlhaas, but it was beautifully thought out and very well acted, and only suffered from the awful weather which we have been smitten with. I don't know how many open-air performances in this heavenly little Romanesque and Renaissance town they ware able to manage – it's weekends only anyway –, but I hope lots of people were able to come, as it's really to your credit and was liked by everyone.

Dearest Jimmy, I so wish I could see you and your family again. But I haven't been to England for so long. Perhaps I shall be able to come before the year is out. I am glad for you about the Greenwich thing and your plans sound very promising. If only we could do something in Germany and Austria with your *Borage Pigeon Affair*, this is a play I also liked very much.

Let's hear from each other more often, and love to you and Audrey, yours Hilde

HILDE SPIEL AN HORST KRÜGER. WIEN, 25. JULI 1974

25. Juli 1974
Lieber Horst,
Flesch sagte am Abend, nachdem Dein Brief gekommen war, ich sähe ganz anders aus, viel heiterer und gelöster. Er, der Brief, war wirklich ein Lebenselixier, denn ich leide in der letzten Zeit wieder sehr an Kleinmut, finde alles ungenügend und überflüssig, was ich so schreibe, meine literarische Existenz verpfuscht. Welche Hilfe es dann ist, von jemandem wie Dir gelobt zu werden, kannst Du Dir denken.

Eigentlich würde es schon genügen, das meine ich ganz ernst, einen solchen Leser erreicht zu haben. Aber ich will Deinem Rat folgen und das MS zu publizieren versuchen – freilich muß ich es Paeschke schicken, denn für die *FAZ* habe ich das *Familienalbum* eben gesondert rezensiert.
Ich danke Dir sehr   Hilde

HILDE SPIEL AN HERMANN KESTEN.
ST. WOLFGANG, 2. AUGUST 1974

2. August 1974
Liebster Hermann, liebste Toni, oder besser umgekehrt –
jetzt ist unser geliebter Erich dahin und wir müssen uns damit abfinden. Es ist ein großer und schwer erträglicher Schmerz, und trifft Dich doch noch ein bißchen mehr als mich, die ich ihn erst nach dem Krieg kennengelernt habe, aber Du, Du hast mit ihm alle Jahre des Aufstiegs und der vergeblichen Versuche, in der Weimarer Republik den Untergang aufzuhalten, gemeinsam erlebt. Ich trauere mit Dir nicht minder als mit der Lotte, weil ich weiß, wie nahe es Dir gehen muß. Sei darum nicht weniger vital und tatkräftig, Du hast Dein Leben lang nach der Vernunft gelebt, und Erich, so sehr er die Vernunft verkörperte, war doch in seinen physischen Instinkten weniger klug, hat nicht hausgehalten mit seinem Leibe, was man tun muß, um alt zu werden und weise zu bleiben. Ich habe ihn geliebt, aber in München vor mehr als einem Jahr, als ich bei ihm war, wachte er nur kurze Augenblicke aus seiner Versteinerung auf, es war ein wahrer Jammer. Und doch – hätte ich zum 75. Geburtstag fahren können (die Zeitung ließ mich nicht, es war irgendeine dumme Premiere in Wien), so wäre mir jetzt wohler, so hätte ich ihn doch noch einmal gesehen.

Ich weiß gar nicht, ob Du diesen Brief erhältst, vielleicht wirst Du zur Beerdigung fahren, ich tue es nicht, was hülfe es ihm auch, wenn ich da acte de présence machte, bei Dir ist es was anderes. Ich habe einen schwierigen Sommer, nur die zehn Tage Venedig waren eine Erholung. Aus den lächerlichsten Gründen sind mir die größten Mühen bereitet: mein Sohn, der aus Israel und der Türkei nun bald hierher kommt, mit Frau und Baby, hat einen Hund vorausgeschickt, ein süßes und bisher sanftes Tier, eine israelische oder syrische Wüstenhündin. Nun kam meine Bedienerin aus Wien, um mir hier den Haushalt zu führen, der mir so viel Zeit und Kraft wegnimmt, und der Hund haßt sie, kläfft sie dauernd an, will sie beißen. Sie ist eine alte Nazisse und er spürt das, ich werde sie womöglich aus dem Hause geben müssen, dabei ist sie nur eine verrückte alte zahnlose Hexe, die nicht weiß, ob sie lebt.

Geliebter Hermann, Dir und Toni von uns alles alles Liebe, Deine Hilde

HERMANN KESTEN AN HILDE SPIEL.
WENGEN, 10. AUGUST 1974

Wengen, 10. August 1974

Liebe Hilde,
vielen Dank für Deinen Brief vom 2. August. Du hast vielleicht in der *Süddeutschen Zeitung* meine Grabrede auf Kästner gelesen. Er gehörte zu meinen ältesten Freunden, neben Gustav Regler, Toller und Joseph Roth.

Eben las ich Deinen Aufsatz in der *FAZ* für Strehlers Regie *Eine neue Runde im Spiel der Mächtigen*. Du überzeugst mich, obgleich ich es nur selten nachprüfen kann, wenn ich zufällig in einer Aufführung war, die Du rezensierst. Ich stimme nicht mit Dir überein, selten genug, etwa, wenn Du über Doderer oder Thomas Bernhard schreibst, der mir wie ein mattes Plagiat, ein Plagiat an Nachahmern von Beckett erscheint.

Heute las ich den halben Tag Zeitungen, über Nixon. Sahst Du in der *Herald Tribune* von heute Restons Porträt von Nixon, und der »Ironie« seines Schicksals? Recht interessant und klug.

Hoffentlich versöhnten sich »Hexe und Hund« in Deinem Haus.

Wir hatten in Wengen dreieinhalb Wochen prächtiges Wetter, nur anderthalb Regentage, schier sensationell fürs Gebirge.

Toni und ich umarmen Hans und Dich aufs Herzlichste
Dein Hermann

INGEBORG DREWITZ AN HILDE SPIEL.
BERLIN, 2. JANUAR 1975

2. 1. 75

Meine liebe Hilde,
laß Dir und Euch ein gutes Jahr wünschen! Hoffentlich entpolarisiert sich das politische Klima und bleibt das Vertrauen in die Demokratie erhalten.

Unmittelbarer Anlaß dieses Briefes ist ein Versehen meinerseits, das ich beim »Jahresaufräumen« entdeckt habe. Du weißt, daß ich an einer Zeitschrift *Frauen f. Politik und Mitbestimmung* mitarbeite, die zum Intern. Jahr der Frau einen Sonderband »Frauen international« herausbringt. Ich habe einen Fragebogen an einige Schriftstellerinnen in der Welt geschickt und Antworten bekommen. War immer erstaunt, daß Deine Antwort ausblieb. Aber da habe ich (so stelle ich jetzt fest) vergessen, Dir einen Fragebogen zu schicken, obgleich ich Dich »abgehakt« habe. Ob Du nun noch antworten kannst? Ich brauchte die Antworten bis spätestens Ende Januar. Und sie sind mir so wichtig, weil ich ja einige Deiner Ansichten kenne.

Du siehst, der Brief hätte vor ½ Jahr abgehen müssen, wie er an alle anderen abgegangen ist. So etwas passiert mir fast nie, denn ich arbeite normalerweise die verschiedenen Komplexe hintereinander ab. Also pardon, ja!

Dein Israelbericht war ausgezeichnet, hochempfindlich und gerecht.
> Grüße von Deiner Ingeborg Drewitz

ANLAGE ZUM BRIEF VON INGEBORG DREWITZ AN HILDE SPIEL VOM 2. JANUAR 1975

29. 6. 74
Dr. Ingeborg Drewitz D 1 Berlin 37 Quermatenweg 178, Kult. Redaktion der Zeitschrift *Frauen-Zeitschrift für Politik und Mitbestimmung* Verlagsort Koblenz

Anläßlich des Internationalen Jahres der Frau wird die oben genannte Zeitschrift zum Jahresanfang 75 eine Nummer herausgeben, die noch mehr als bisher internationale Informationen geben soll.
Ich möchte Sie deshalb bitten, mir die nachfolgenden Fragen zu beantworten (bitte nicht mehr als 30 Zeilen!) und sie mir bis Ende Januar 75 unter Beigabe einer Fotografie, die sich zum Abdruck eignet, zu übersenden.
Haben Sie herzlichen Dank für Ihre Mitarbeit.
> Ingeborg Drewitz
> Vicepräsidentin des PEN Zentrums
> der Bundesrepublik Deutschland

1. Sie sind eine anerkannte Autorin. Glauben Sie, daß Sie durch Ihre Arbeit das Selbstbewußtsein ungezählter Frauen in Ihrem Land gefördert haben?
2. Haben Sie irgendwann in Ihrem Leben berufliche Schwierigkeiten gehabt, weil Sie eine Frau sind? Oder sind Ihnen, im Gegenteil, die Wege zum Erfolg, zur freien schöpferischen Leistung geebnet worden?
3. Nehmen Sie teil an den sozialen Auseinandersetzungen in Ihrem Land? Oder bevorzugen Sie die Zurückgezogenheit?
4. Wie bewerten Sie die Ausbildung der Mädchen in

Ihrem Land? In der BRD haben wir das Phänomen, daß mehr Studentinnen als Studenten vorzeitig abbrechen; daß viel mehr Frauen als Männer ungelernt arbeiten.

Halten Sie dafür, daß Studium oder Fachausbildung allein schon die Emanzipation der Frau garantieren? Oder erwarten Sie eine veränderte Einstellung beider Geschlechter zueinander und zum Leben und seiner Gestaltung?

5. Haben Sie Kinder? Und wenn ja, wie haben die Kinder auf Ihre so erfolgreiche Berufsausübung reagiert?

6. Ergänzungen und Anmerkungen nach Ihrer Wahl.

HILDE SPIEL AN INGEBORG DREWITZ.
WIEN, 15. JANUAR 1975

15. 1. 1975

Liebste Ingeborg,
hier die Antworten, sie sind nicht rasend interessant ausgefallen, aber so ist es nun einmal. Hoffentlich nützen sie Dir – leider 2 Zeilen zu viel, wie ich feststelle, aber Du kannst ja streichen.

Schön, daß Dir mein Israelbericht gefiel. Er war ein wenig gestrichen, zu meinem Ärger, vor allem, was meinen Bericht über die österreichische Frage anging, die ja sehr unbefriedigend behandelt wurde. Daß man im November in Wien Kongreß abhält, wo die Hälfte der Schriftsteller nicht vertreten sein kann, wegen der ungelösten Kontroverse Wien–Graz, ist ein wahrer Jammer. Übrigens fand ich Michaelis,* den ich persönlich sehr schätze, in vielen Dingen ungerecht. Aber das würde zu weit führen. Wir sehen uns wohl im März und April.

Sehr herzlich

Deine Hilde

---

* in der *Zeit*

Hilde Spiel

1. Die Frage ist ein wenig suggestiv gestellt. Gewiß habe ich nicht *ungezählten*, dafür aber auch Frauen *außerhalb* meines Landes ein wenig Selbstbewußtsein einflößen können. Gewisse Briefe von Leserinnen scheinen das zu beweisen.

2. Als Schriftstellerin sind mir niemals Hindernisse in den Weg gelegt worden, weil ich eine Frau bin. Hingegen habe ich als Organisatorin von Berufsverbänden, konkret: im Österreichischen P.E.N. Club, unter anderem auch aus diesem Grunde Enttäuschungen und Rückschläge erfahren.

3. Ich habe mit ein paar Freunden eine Weile lang sehr aktiv für die soziale Besserstellung von Schriftstellern gearbeitet. An der theoretischen Auseinandersetzung zwischen Arbeitnehmern und Arbeitgebern, die in Österreich zur Zeit wenig spannungsreich ist, nehme ich nicht teil, was nicht heißen soll, daß ich politisch und ideologisch unbeteiligt wäre.

4. Ich kenne die Statistik hinsichtlich des Frauenstudiums in Österreich nicht. Gewiß aber sind in diesem Lande, in dem es an großen Frauen von der Kaiserin Maria Theresia bis zu Marianne Hainisch und den heutigen weiblichen Regierungsmitgliedern nicht gefehlt hat, keineswegs alle Voraussetzungen für eine völlige Emanzipation der Frauen gegeben. In der älteren und konservativeren Bevölkerungsschicht ist das maskuline Vorrecht noch unerschütterlich etabliert.

5. Ich habe zwei Kinder, die meine berufliche Tätigkeit mit Anteilnahme und gelegentlich mit Stolz verfolgt haben. Es versteht sich von selbst, daß meine Tochter sich ein Leben ohne Berufstätigkeit niemals vorstellen konnte und mein Sohn, neben seiner eigenen Arbeit, auch Geschirr zu spülen und Windeln zu wechseln versteht.

HILDE SPIEL AN HERMANN KESTEN.
WIEN, 15. JANUAR 1975

15. 1. 1975

Liebster Hermann,
die guten und schlimmen Gedenktage häufen sich. Kaum haben wir unseres Freundes Robert Neumann gedenken müssen – und wie er uns fehlen wird mit seiner hundertfältig facettierten, häufig enragierenden und immer liebenswerten Persönlichkeit! –, da nahen schon Jubiläen. Das Deine, liebster Hermann, werden wir gebührend wahrnehmen und die fast ununterbrochene Hermann-Kesten-Feier, seit Darmstadt, fortsetzen können. Schon jetzt möchte ich Dir von ganzem Herzen gratulieren, weil ich ja nicht weiß, wie es mit der Post bestellt sein wird, wenn wir dem Datum näherrücken. Und will Dir sagen, daß Du seit den frühen fünfziger Jahren, in denen ich Dich zum ersten Mal traf, vollkommen unverändert geblieben bist, im Äußerlichen nämlich, wenn Du auch als Schriftsteller immer markanter wirst – wie man an Deiner Darmstädter Rede sah. Ich freue mich, daß Du da bist und dort stehst, wo Du stehst.

Schon hast Du aber gewiß das Beiblatt bemerkt und Dir gedacht, um was es dabei geht. Der Hans wird 80 am 5. Februar, und obwohl er literarisch dieses Datum nicht so fröhlich begehen kann, wie er wollte, denn sein im Vorjahr beendeter Roman *Der kleine Mensch* ist noch von keinem Verlag angenommen worden, wollen wir ihn doch so heiter machen an seinem Geburtstag wie nur möglich. Es wäre also schön, wenn sein Leben und seine Arbeiten als Ganzes irgendwo gewürdigt werden könnten, und da weiß ich, daß Du als guter Freund mir Deine Hilfe nicht versagen wirst. Ich schicke Dir also die Unterlagen nach dem letzten Stande. Und ich werde sowohl Goldschmit oder Kaiser wie auch den strengen Reich-Ranicki bitten, doch irgendetwas über Hans zu bringen. In einem dieser Blätter wirst Du vielleicht etwas über Hans schreiben wollen und können. Er leidet, wie sein Leben lang, an einem literarischen Gefühl nicht der Minderwertigkeit, aber der Unzulänglichkeit und Erfolglosigkeit, und in der Tat hat er, durch Ungeschick und aus vielen anderen Gründen, seine schriftstellerische Tätigkeit oft selbst unter den Scheffel gestellt.

Ich hoffe sehr, daß dieser Brief Dich erreicht, weiß gar nicht, was ich mache, wenn er es nicht oder zu spät tut. Aber den Versuch ist es wert.

Es war schön, Euch in Jerusalem täglich zu haben, und wir wollen uns im März in Darmstadt wiedersehen. Bis dahin bleibe gesund und vergnügt und tätig, und verbringe den Geburtstag so schön wie möglich. Solltest Du aber in unsere Breiten kommen, laß es mich wissen. Und alles alles Liebe auch der Toni,

immer Deine Hilde

HERMANN KESTEN AN HILDE SPIEL.
ROM, 26. JANUAR 1975

Roma, 26. 1. 1975

Liebste Hilde,

herzlichen Dank für Deinen Brief vom 15. 1. 1975 und für Deine guten Wünsche zum Geburtstag.

Vielen Dank für das Beiblatt, ohne das ich verloren wäre. Ich habe leider bei meinem zerstreuten Wirtshausleben kein einziges Buch von Hans Flesch bei mir, auch *Die Teile und das Ganze* fand ich nicht mehr, wahrscheinlich liegt es in New York.

Ich rief trotzdem sogleich die *Süddeutsche Zeitung* an, und erreichte Dr. Goldschmit sogar, der mir spontan sagte, er habe eine Nachricht von Dir, und er oder Joachim Kaiser wollten eine Notiz zum 80. Geburtstag bringen. Schließlich sagte er, er müsse noch Joachim Kaiser fragen, ob er nicht seine Notiz machen wolle, und falls nicht, ob ich es mit zwei Seiten schaffe. Er rief mich auch den andern Tag an, und ich sagte, nicht unter drei Seiten.

Ich schrieb also drei Seiten, mit Anleihen bei mir selber.

Ich hätte so gerne mehr und gründlicher geschrieben, kann es aber nicht, wenn ich nicht die Bücher in der Hand habe. Im Goethehaus ist keines.

Toni und ich wären am 5. Februar so gerne mit Euch. Rom ist wirklich zu weit von aller Welt.

Toni hat einen Schnupfen, heute regnete es den ganzen Tag.

Hoffentlich kommen meine drei Seiten rechtzeitig nach München. Die italienische Post spielt wieder verrückt, wie ganz Italien.

Toni und ich grüßen Euch beide aufs Herzlichste, umarmen Euch schon jetzt für den Geburtstag.

Bitte sage dem Hans, wie gern ich ihn habe, und wie sehr ich seine Bücher bewundere. Er wird es auch lesen.

Stets Eure Toni und Euer Hermann

HILDE SPIEL AN HERMANN KESTEN.
WIEN, 13. FEBRUAR 1975

13. 2. 1975

Geliebter Hermann,

Du hast Dich selbst übertroffen in Deiner Würdigung des Hans. Ich habe etwas so Schönes, Persönliches, Ehrendes und Erfreuendes noch nie über ihn gelesen, und es hat ihm den hohen Geburtstag auf das Wunderbarste verklärt. Dafür wollte ich Dir rasch danken, und für Deinen Brief vom 26., der vor wenigen Tagen ankam. Ich habe also wenig Hoffnung, daß mein eigener späterer Brief mit dem Ausschnitt Hansens über Dich inzwischen bei Dir eingetroffen ist. Und überhaupt schreibe ich heute besser nach Darmstadt, weil ich irgendwo las, daß Du in diesen Tagen in Brüssel bist – vielleicht bleibst Du dann gleich im mittleren Europa.

Ich kämpfe noch mit mir, ob ich am 28. nach Darmstadt komme. Ich täte es gern vor allem, um Dich zu sehen – aber ich muß Dir sagen, daß ich nun auch langsam müde werde der Querelen in einem Club, in den ich vor den heimischen Querelen geflüchtet bin. Nun schon wieder dieser Engelmann-Brief, und kein Ende. This is not what PEN is for. In England hat man Jahrzehnte in Ruhe diesem Verein angehören können. Aber wahrscheinlich war der ideologische und der Generationenstreit dort nie so heftig betont.

Kurz, ich überlege noch – es ist ja auch sehr beschwerlich mit dem Fliegen in dieser Nebelzeit. Kürzlich, sinnloser Weise zum Münchner *Anatol* geschickt, mußte ich dann trotz Flugbillet mit der Bahn fahren, und war am Rückflug drei Stunden zu spät.

Liebster, ich hoffe, es geht Euch gut, vor allem auch der Toni. Und ich umarme Euch und dank Dir noch einmal.

Immer Deine Hilde

Liebster Hermann,
dieser Brief war schon im Couvert und zugeklebt, als die Post kam und Deine beiden Briefe an Hans und mich vom 5. Februar brachte. Du siehst, wie sehr uns selbst der gestrichene Aufsatz über Hans noch entzückt hatte – er hätte uns keine größere Freude machen können. Doch noch ein Wort darüber, wie wir den Geburtstag verbrachten. Eigentlich sehr schön. Mittags lud uns ein 84-jähriger Freund zum Essen ein, und vorher tranken wir hier ein bißchen Baby-Champagner und aßen dazu Lachsbrötchen. Und abends gingen wir mit ungefähr 45 Freunden zu einem Heurigen, auf Wiener Art, und saßen informell zusammen und unterhielten uns, und Lernet-Holenia gab eine nette kleine Rede von sich, in der er über die Sinnlosigkeit des Schreibens monologisierte, ganz gegen Dein Prinzip, aber natürlich ironisch gemeint, und Hanserl erwiderte recht witzig, es gebe nur eins, das noch schlimmer wäre, als 80 zu werden, das sei, nicht achtzig zu werden, und am Ende tobten noch mehrere Schauspieler herein, die nach der Vorstellung kommen wollten, um zu gratulieren, und obwohl wir immer denken, wir sind mit ganz Wien zerstritten, waren es doch viele Freunde, die es so halb-

wegs ehrlich meinten, und der schwierige Tag ging gut vorbei. Was alles nur beweisen soll, daß auch Du in Gegenden zurückkehren solltest, wo Deine Freunde nah sind und sich um Dich versammeln können, wenn es gebraucht wird. Mir hat leid getan, zu lesen, wie Ihr mit Euren schönen Blumen dann doch, und Du auch noch mißgestimmt, allein bei der Arbeit wart. Freilich: eine Piazza Navona entschädigt für vieles! Und jetzt noch der Wunsch, daß es keine Darmgrippe war und, wenn, daß sie schon vorüber ist.

Immer Hilde

HILDE SPIEL AN ERICH FRIED.
WIEN, 14. JUNI 1975

14. 6. 1975
Lieber Erich,
die *Aktion kritischer Wähler* wendet sich an Dich mit der Bitte, im September bei einer originellen Art der Wahlwerbung für Bundeskanzler Kreisky und »den guten Teil seiner Mannschaft« mitzuwirken. Ich möchte diese Bitte bei Dir unterstützen.

Im Grunde gibt es ja keine Alternative zu einer Wiederwahl der SPÖ-Liste. Diese Partei ist so pluralistisch, daß sie linke Wähler aller Schattierungen außer jener, die für Ernst Fischer und Franz Marek nicht mehr annehmbar schien, in sich vereinen kann. Was aber die Person des Bundeskanzlers besonders für Dich attraktiv machen müßte, ist kurioserweise eben jener Teil seiner Politik, der mich selbst zögern läßt, im Rahmen der Aktion tätig zu werden: sein außerordentlicher Einsatz für die Probleme der arabischen Welt, dessen Vorteil für Österreich mir einleuchtet, den ich aber emotionell nicht mitmachen kann.

Für Dich sollte gerade diese Haltung ein Grund sein, der Bitte der Aktion um Dein öffentliches Auftreten bei

ihrer Veranstaltung zu entsprechen, und ich würde mich freuen, wenn Du Dich dazu entschließen könntest,
    Sehr herzliche Grüße, Deine Hilde Spiel

HERMANN KESTEN AN HILDE SPIEL.
INTERLAKEN, 11. JULI 1975

    Interlaken 11. 7. 75
Liebste Hilde,
für unsern Erich-Kästner-Preis 1975 schlage ich Wolfgang Koeppen vor.
Wir sollten auch eine Erich-Kästner-Preis-Ehrung im Betrag von 2000/3000 DM gleichzeitig verteilen, für diese schlage ich Hans Bender vor,
Koeppen fürs gesamte Werk,
Bender für sein literarisches Werk, insbesondere seinen Roman *Wunschkost*, bei weitem besten deutschen Kriegsroman aus dem 2. Weltkrieg, und für Benders editorische Leistung.
Wie geht es Euch?
Wie schade, daß Du nicht nach Nürnberg kamst. Die fünf bis sechs Dichter, die sprachen, sprachen recht gut. Wolfgang Koeppen, Bender, Kalow, Weyrauch, Horst Krüger und Buhl.
Das Wetter war wechselnd, wir machten viele Ausflüge nach Coburg, Bamberg, Würzburg, Rothenburg, Dinkelsbühl etc.
Jetzt ruhen wir uns in Interlaken aus. Wollt Ihr uns nicht in Interlaken besuchen?
Wie geht es Dir und Hans? Hast Du viel Arbeit?
Wir wollen zur Buchmesse nach Frankfurt kommen, mein Verleger R. S. Schulz hat uns fürs Hotel Intercontinental eingeladen, er bringt zur Buchmesse meinen Roman *Die Zwillinge von Nürnberg* heraus, die seit 1947, wo Querido sie in Amsterdam brachte, nicht mehr da waren, und damals kaum nach Deutschland hereingekommen sind, da Holland nur soviel Bücher nach

Deutschland exportieren durfte, als Holland deutsche Bücher nach Holland importierte. Auch erhielt das Buch kaum Rezensionen. Es ist also de facto eine Novität. Ich schreibe eine kurze Einleitung.

Sperber erhielt den Büchner-Preis. Ich freue mich damit für ihn. Im Gegensatz zur Gruppe 47 zeigt unsre Akademie in Darmstadt offenbar Sympathien für Exilierte, Canetti, Kesten, Sperber, und Mendelssohn der Präsident.

Herzlichst grüßen Toni und ich Euch beide, stets Dein
Hermann

HILDE SPIEL AN HERMANN KESTEN.
ST. WOLFGANG, 15. JULI 1975

15. 7. 1975

Liebster Hermann,
eben kommt Dein Brief und schon antworte ich Dir umgehend. Ich habe mich so über dieses Zeichen von Dir gefreut. Verzeih noch einmal, daß ich nicht nach Nürnberg kommen konnte, aber die Festwochen machen mich jedes Jahr kaputt mit ihrer allabendlichen Belastung und den unsinnigen Sammelberichten, in denen sich ein Monat Kulturqual versteckt. Beim allerbesten Willen, und den wirst Du mir ja zugestehen, hätte ich keinen Tag abkommen können.

Aus demselben Grund konnte ich ja nicht zur Gründungsversammlung der Erich-Kästner-Gesellschaft kommen und wurde auch nicht verständigt, ob ich nun ein Gründungsmitglied bin oder nicht. Ich hatte Herrn Hohenemser meine Unterschrift geschickt und gebeten, trotz Abwesenheit dabei sein zu können, erfuhr aber dann weiter nichts. Ich bin voll und ganz einverstanden mit Deiner Wahl. Koeppen verdient jede Ehrung, er ist ein hervorragender Schriftsteller und auch Marcel R.-R. gebührt Lob, weil er ihn aus seiner publizistischen Reserve hervorgelockt hat. Bender ist sicherlich ebenfalls sehr verdienstvoll.

Wie gern führen wir nach Interlaken. Du weißt nicht, wie Flesch mich immer quält, mit ihm in die Schweiz zu fahren, und das wäre nun der schönste Anreiz. Aber nicht nur lebe ich hier in Wolfgang billiger und kann meine dringenden Schreibepflichten erfüllen, bevor die Salzburger Festspiele am 25. beginnen, ich bin auch recht erschöpft von meinen kürzlichen Reisen und könnte mich jetzt nicht aufraffen, eine neue anzutreten. Gänzlich ausgelaugt von den Festwochen wollte ich nur rasch für 10 Tage nach Venedig, fern jeder Post und jedes Telefons, um dort richtig auszuspannen, dann erfuhr ich am Tag vor der Abreise, daß meine Tochter Christine in London einen Motorradunfall hatte und dringend meiner bedurfte. Ich flog also sofort hin und konnte sie ein paar Tage lang betreuen und über das Unangenehmste hinwegbringen, aber es war eine rechte Aufregung und nebenbei viel körperliche Anstrengung, denn ich mußte alles und jedes dort betreuen. Das arme Kind hat Glück gehabt, es hätte um so vieles schlimmer sein können, denn ein Auto fuhr geradewegs in sie hinein. Nun hat sie ein Bein in Gips und noch ein wenig Schock, aber die Wunden und Abschürfungen heilen und sie ist über den Berg, und im August will Peter mit ihr ein bißchen nach Korfu fahren, um sie aufzuheitern.

Dann flog ich rasch nach Venedig, wo Hans schon war, und es regnete oft, aber es war ruhig und schön, und zum ersten Mal sahen wir die oberen Räume der Ca' Rezzonico, die wir nie gesehen hatten, mit all den herrlichen Giandomenico Tiepolos und den Puppen und Gläsern und Kostümen, und waren davon ganz beschwingt, und sahen auch auf dem Markusplatz vier herrliche Tänzer, und im Palazzo Grassi die schöne Ausstellung von Diaghilev-Entwürfen. Und sonst nur Flanieren in der unvergleichlichen Stadt.

Ich freue mich, Dich in Frankfurt und Darmstadt im Herbst zu sehen, und gratuliere Dir zu der Neuauflage der *Zwillinge von Nürnberg*, die ich seinerzeit las. – Ich fürchte, meine Literaturgeschichte des Nachkriegsösterreich wird wieder nicht erscheinen, weil die Mitarbeiter mich im Stich gelassen haben. In dieser Welt ist mir eine Buchveröffentlichung kaum mehr bestimmt.

Ich umarme Euch beide, auch Flesch tut es.

Immer Deine Hilde

HILDE SPIEL AN THOMAS BERNHARD.
ST. WOLFGANG, 12. AUGUST 1975

St. W. 12. 8. 1975

Lieber Thomas,

schon wollte ich fragen, ob man besser beim »Sie« geblieben wäre, weil da die Kommunikation besser gewesen sei, da kam heute der reizende Brief. Es trifft sich sehr schön mit dem Noch-ein-bißchen-Warten, denn wir sind gerade zwischen dem 15. und dem 20. erst sicher immer hier, auch am 22. und 23. Danach wird es wieder bewegter. – Geister gibt es hier in der Tat, eher unheimliche, die verschiedene Dinge zum Verschwinden bringen, aber hoffentlich nicht uns selber.

Alles Liebe Hilde

JAMES SAUNDERS AN HILDE SPIEL.
EAST TWICKENHAM, 24. SEPTEMBER 1975

24-9-75

My Dear Hilde,

The word I was trying to remember was court-bouillon.

My schlafrock arrived this morning, and with a few magical passes has been transformed back into a humble dressing-gown. Thank you very much; but these unworldly touches are of course allowed in an artist, who may play fast and loose with friends, memories, wives, dressing-gowns and all the other accoutrements of the unreal world for the sake of the reality of his art; I am being ironical again. More relevantly, to leave a personal possession somewhere is, any psychiatrist will tell you, a sign of wanting to return (and what else would I need there but a dressing-gown, a handbag and a pair of bathing drawers?).

Anyway, I'm back here, something over two thousand miles – I worked out – further along wherever I'm going, and feeling a little better, or a little less worse, than when I left, or at least with a slight tingling in the extremities, I mean metaphorically, the fingers and toes (for toe-holds) of my mind, as sign of the possibility of a renewed connection with life or Life (the distinction is an English one; for the German-speaking, life can only have a capital L, which must sometimes be a strain). The tone at the moment, you'll notice, is arch and somewhat mannered, but at least there *is* a tone. The weather is bright autumnal, and I'm full of vague intentions – to do a bit of Yoga again, note down my dreams, get back to my spasmodic journal (which shows by its silence that I have not existed for a month or two) and even renew the struggle to come to at least nodding terms with the German language so as to be able to misread glowing reviews while not understanding bad ones. The task is for me like rolling a pea up a mountain with my nose, and I suspect that by the time we get to the top I shall be only fit to roll down the other side, but it's something to do which has a certain directedness about it, unlike writing plays which is like threading beads – I won't say pearls – on a string of unknown length. I have, though, managed to garble a gist from your Nachwort on me, a copy of which Klaus Juncker let me have, and it sounds to me pretty accurate, though nowadays I see the angst/grief/absurdity attaching to life/death also in psychoanalytical terms where everything is both a symbolisable reality and a symbol of another reality; so that the paradox of life containing death is the same as that of the present containing memory, the adult containing the child, the child containing the parents, each paradox somehow both symbolising and being symbolised by the others, so that the reconciliation is a total one. (And then, no more infantilism, no more post-coital tristesse, no more dreaming of Christmas-trees, no more fear of death and therefore life, and no more art, which is, I've come to think, only (not merely), like any other neurosis but a communicable one, itself a paradox, a symptom of the disease and at the same time an attempt at a cure, but expressing, to the outside, the sense of the loss of the reconciliation and thus pointing to its possible existence. All art is this for me: the true attempt to reconcile the reality of the instant with the reality of a timeless continuum; and at the same time an expression of the loss of this sense of reconciliation; and at the same time the false attempt to fix the moment, revere the object, make time stand still, conquer death; and so I like figurative sculpture and poor Mahler and all the rest of it.) So. [. . .] Kathleen Knott is out of print, but I shall get it from the library. In return, try two books by Norman O. Brown, called *Life Against Death* and *Love's Body*; and *Zen and The Art of Motor-Cycle Maintenance* by I forget whom since someone has borrowed my copy.

Pollini also is in short supply over here, but I have one ordered.

My very best regards to Flesch in the encyclopedia of whose mind, full of knowledge and memory, I like to think I have a little place (if only on a side shelf in a slim volume with the paperbacks). Lesser regards to my friend the dog; and my love to you.

James

HILDE SPIEL AN HORST KRÜGER.
WIEN, 24. OKTOBER 1975

24. Oktober 1975

Lieber Horst,
darf ich Dir noch einmal sehr herzlich dafür danken, daß Du in Darmstadt meine Familie warst. Ich werde Dir diesen wahren Freundesdienst gewiß nie vergessen.

Ich habe am Morgen des 19. Oktober einen Beschluß gefaßt, der Dich vielleicht nicht überraschen wird. Ich möchte mich vom P.E.N. und von der Akademie zurückziehen. Ich habe Hermann Kesten und Thilo Koch geschrieben, daß ich während des Kongresses in Wien abwesend sein werde – unter uns gesagt, in Wolfgang. Ich will aus dem Beirat nicht feierlich austreten, aber stillschweigend nicht erscheinen und mich in Düsseldorf, sollte ich überhaupt hinfahren, was ich nicht für wahrscheinlich halte, nicht mehr zur Wiederwahl stellen. Und auch die Akademie hat vorerst genug von mir gesehen.

All das ist kein überstürzter Akt und keine Aufplusterei von Lappalien. Ich habe nur einfach keine Lust mehr, mich zwischen Skylla und Charybdis hindurchzuwinden – Du wirst wissen, wen ich damit meine. Und ich finde, es erspart nicht nur mir, sondern auch meinen Freunden alle Arten von Peinlichkeiten, wenn ich mich aus dem Weg räume.

Es ist schade, daß wir uns dann weniger sehen werden. Aber Du bist immer und zu allen Zeiten nach Sankt Wolfgang eingeladen, das versteht sich. Und sollst weiter meine Familie bleiben, wenn Du willst.

Alles Liebe, Hilde

HORST KRÜGER AN HILDE SPIEL.
FRANKFURT AM MAIN, 29. OKTOBER 1975

den 29. Okt. 75

Liebe Hilde,
daß Du Dich selbst aus dem Weg räumen willst, klingt bestürzend, fast wie das letzte Wort eines Suicidalen, aber Du hast es wohl, hoffe ich, nur metaphorisch gemeint. Im Ernst: Ich kann Deine Entscheidung verstehen. So zwischen Mendelssohn und Ranicki eingeklemmt, ist

Dein großes Maß an Loyalitäten, das Du besitzt, in der Tat überstrapaziert. Die dadurch gewonnene Unabhängigkeit wird Deiner Berichterstattung in der *FAZ* zugute kommen. Im übrigen beschäftigen mich angesichts der langweiligen Akademie-Tagung, die wir eben hinter uns haben, ähnliche Gedanken. Jedenfalls die Frühjahrstagung lasse ich ausfallen. Und was Dortmund anlangt, vereinnahme ich Deinen Rückzieher zu meinem Interesse. Die liebenswürdige Schnapsidee, mich da zum Präsidenten anzubieten, wollen wir damit, gemeinsam, auch als entschlafen betrachten. Ich denke nicht daran, mich zum Prellbock der kommenden PEN-Querelen zu machen. Faulheit, die uns Marcel vorwarf, ist für mich eine lobenswerte Tugend. Ich beabsichtige, sie weiter zu kultivieren – für mich. Im Übrigen: Deine Strauß-Rezension war excellent. Was da alles an Stoffen von Dir bewegt und durchreflektiert wurde: ich konnte es würdigen, eben meinen bescheidenen Wien-Sermon beendend.

Grüß mir den Flesch herzlich und bleibe mir gleichwohl ein »Beirat« in unseren Sachen!

Herzlichst! Dein Horst

HILDE SPIEL AN HORST KRÜGER.
WIEN, 3. NOVEMBER 1975

3. Nov. 1975

Lieber Horst,

als man einmal die Preisfrage nach der aufregendsten Schlagzeile stellte, gewann die folgende Doppel-Überschrift: »Franz Ferdinand lebt – zweiter Weltkrieg umsonst«.

Dies zur Einleitung. Denn als ich aus Baden-Baden zurückkam, erhielt ich aus dem Blauen einen Anruf von Mendelssohn, der mir im Zuge eines dreiviertel Stunden langen Gesprächs aus München erstens mitteilte, er habe gar nicht geheiratet, und zweitens für sein erstaunliches

Benehmen eine Reihe von komplizierten, aber nicht unplausiblen Erklärungen anbot. Sogar dafür, daß er Dir gegenüber nicht geleugnet hatte, was durch den Ring bewiesen erschien. Ein wichtiges Indiz, das ihm einigermaßen zu entkräften gelang.

Also: ich werde meine Entschlüsse etwas modifizieren. Zur Akademie gehe ich im Frühling keinesfalls, auch ich nicht. Was den P.E.N.-Beirat betrifft, so will ich unter diesen Umständen nicht all die Freunde im Stich lassen, die bisher mit mir gerechnet haben. Vielleicht komme ich also Ende Januar. Wegen der Generalversammlung und den Neuwahlen müssen wir noch reden. Daß Du Dich nicht aufstellen lassen willst, erschreckt mich denn doch ein bißchen – zu viel Interesse und Anhänglichkeit habe ich in all den Jahrzehnten in den Verein investiert, um nun einfach mitanzusehen, wie auch nun die bundesdeutsche Abteilung nach Kestens Abgang vor die Hunde geht. Bitte überlege es Dir also noch. Wir reden drüber.

Mein Lieber, finde das Ganze nicht zu unsinnig. Und bitte, schick mir sofort den Wien-Essay, sobald er erscheint, oder laß es mich wissen, falls er in einem Blatt oder Magazin veröffentlicht wird, das ich nicht automatisch lese.

Alles Liebe, Hilde

HILDE SPIEL AN ERNST JANDL.
WIEN, 27. NOVEMBER 1975

27. 11. 1975

Lieber Dr. Ernst Jandl,

Wie ich höre, haben Sie sich abfällig über meine Haltung den Grazer Autoren gegenüber während meiner Tätigkeit im Wiener PEN geäußert und zeitweilig sogar Zweifel an der Aufrichtigkeit meiner Gesinnung Ihnen und Ihren Freunden gegenüber gehegt.

Ich glaube, ich sollte einmal »for the record« beschreiben, wie meine Amtszeit im PEN verlief. Erlauben Sie, daß ich Ihr Mißtrauen zum Anlaß einer Rekapitulation dieser Jahre nehme und an Ihre Adresse richte, was irgendwann einmal gesagt und festgehalten werden muß.

Ich hatte dem Londoner PEN-Zentrum vom Jahre 1937 an angehört. Als ich 1963 endgültig nach Wien zurückkehrte, übertrug ich meine Mitgliedschaft auf den Wiener PEN. 1965 starb Erika Hanel, die administrative Sekretärin und »Seele« des damaligen PEN. F. Th. Csokor bat mich, Carry Hausers Amt als Generalsekretär zu übernehmen, während dieser zum Vizepräsidenten aufrückte, und in dieser Funktion sämtliche Geschäfte des PEN zu führen. Nach Csokors Tod trat Lernet-Holenia an seine Stelle. Als ich im Jahr 1971 versuchte, mich etwas von der Arbeitslast zu befreien, und mein damaliges Amt mit dem einer Vizepräsidentin vertauschte, zeigte sich außer Dorothea Zeemann niemand willig, meine Nachfolge zu übernehmen. Tatsächlich blieb ich maßgeblich und federführend im PEN, ohne die Möglichkeit zu haben, seine Linie zu ändern. Nach dem turbulenten Austritt Lernet-Holenias im Herbst 1972 kandidierte ich als Präsidentin und unterlag in der Dezemberwahl gegenüber Schönwiese. Dies die dürren Fakten. Nun der Kommentar.

Aus England kommend, hatte ich bestimmte Vorstellungen von der friedlichen Vereinbarkeit ideologischer, methodischer, thematischer und formaler Gegensätze im literarischen Bereich. Ich fand im PEN-Club Schriftsteller älterer und mittlerer, kaum aber jüngerer Jahrgänge vor, und einen grundsätzlichen Mangel an Bereitschaft, sich mit Autoren experimenteller und generell »progressiver« Texte auseinander- oder gar an einen Tisch zu setzen. Dem abzuhelfen, war schon unter Csokor nicht so leicht, wie man sich das hätte denken sollen. Unter Lernet-Holenia, dessen Haltung der österreichischen Avantgarde gegenüber immer starrer wurde, endete diese Möglichkeit.

Trotzdem gelang es mir in den Jahren 1969 bis 1972, mit Hilfe Carry Hausers und später Dorothea Zeemanns, Autoren aus dem anderen Lager zumindest für Lesungen im PEN zu gewinnen. Es traten in diesem Rahmen auf: Mitarbeiter des »Neuen Forum« (Geyrhofer, Jonke, Kruntorad, Priessnitz); Vertreter des Forums Stadtpark (Kolleritsch, Hoffer, Hengstler); Barbara Frischmuth; Angehörige der akademischen »Literarischen Situation« (Mayer-König, Twaroch); die Salzburger Wallner und Schneyder und, unter dem Motto »Die Wiederentdeckung der außersprachlichen Wirklichkeit«, Autoren um das »Wespennest« (Gustav Ernst, Gerhard Hanak, Henisch und E. A. Richter). Überdies wurden vor dem Ende meiner Amtszeit Turrini, Henisch und Wallner Mitglieder des PEN.

Als Lernet-Holenia, mit dem mich seit fast 25 Jahren eine ambivalente, hier nicht näher zu erläuternde Freundschaft verbindet, jene Trotzhandlung gegen Böll beging, brachte ich den PEN-Vorstand sofort dazu, sich von seinem Präsidenten zu distanzieren. In der abstrusen und paradoxen Situation, von ihm selbst als Nachfolgerin vorgeschlagen zu werden, beschloß ich, zu kandidieren, weil ich endlich eine Möglichkeit sah, selbsttätig und ungehindert eine gründliche Reorganisation, Verjüngung und Vereinigung des PEN mit der Avantgarde vorzunehmen. Mit Michael Scharang besprach ich damals, daß er im Falle meiner Wahl versuchen würde, die progressiven Autoren zum Eintritt in den PEN zu bewegen. In meiner »Erklärung« an den Vorstand, die ich hier beilege, umriß ich mein Programm.

Meine zur Genüge bekannte aufgeschlossene Haltung den damals bereits in Graz zentrierten Schriftstellern gegenüber, mehr noch, meine Freundschaft mit Heinrich Böll und mein entschiedenes Eintreten für ihn während der Anti-Böll-Kampagne nach seinem »Gnade für Ulrike Meinhof«-Artikel im *Spiegel*, hatte inzwischen meinen alten Widersacher Torberg veranlaßt, eine Gegenkandidatur Schönwieses anzuregen. Er vergatterte eine Gruppe von Vorstandsmitgliedern gegen mich, die hinter meinem Rücken im PEN-Büro tagten und ihre Wahlstrategie gegen mich besprachen. Selbst Milo Dor, mit dem ich die Interessengemeinschaft österreichischer Autoren aufgezogen hatte, wurde im Zeichen der gemeinsamen

Freimaurer-Zugehörigkeit zum Abfall von mir bewogen. Durch geschickte Wahlmanöver, auf die ich hier nicht eingehen will, bewirkte man Schönwieses Sieg. Unterrichtsminister Sinowatz, ein Logenbruder der meisten Angehörigen dieser Kamarilla, der alsbald die bisherige Subvention seines Ministeriums verfünffachen sollte, schickte Schönwiese ein Gratulationstelegramm.

Ich glaube, ohne meine Rolle dabei zu überschätzen, daß damals ein Versuch, die österreichische Literatur vor der Polarisierung zu bewahren, historisch gescheitert ist. Da vorerst niemand sich findet, der diese Dinge genau schildert, und ich in meiner Einleitung zu Kindlers Literaturgeschichte Nachkriegsösterreichs nur unvollständig davon berichten kann, habe ich den Hergang hier in großen Zügen festgehalten. Meine endgültige Austrittserklärung aus dem Österreichischen PEN – nach Ochrid, wo ich mich nach Ihrer Abreise, leider um einen Tag zu spät, für die Grazer Autoren eingesetzt und zur Bestellung einer Schlichtungskommission beigetragen hatte – lege ich Ihnen ebenfalls bei. Vielleicht kann all dies das Bild, das Sie sich von mir und meiner Haltung machen, ein wenig ergänzen oder korrigieren. Ich wünsche es mir.

Mit herzlichen Grüßen,

                                                Hilde Spiel

ERNST JANDL AN HILDE SPIEL.
WIEN, 30. NOVEMBER 1975

Wien, 30. November 1975

Liebe, verehrte Frau Dr. Spiel,
ich danke Ihnen sehr für Ihren Brief vom 27. November mit der ausführlichen Darstellung Ihres Wirkens im Österreichischen PEN, sowie für die beiden Beilagen, Ihre Erklärung vor der Wahl im Dezember 1972 und Ihre Austrittserklärung vom 27. Mai 1975.

Ich habe Ihre Haltung gegenüber der »Grazer Autorenversammlung«, wie sie etwa in Ihren Beiträgen in der *FAZ* zum Ausdruck kam, stets anerkannt und als eine äußerst wertvolle Unterstützung für unseren Verein gewürdigt. Auch wenn ich Ihnen zuweilen Anlaß zu Unmut und Ärger gebe, hoffe ich, daß Ihre Einstellung zu unserem Verein als ganzes sich deshalb nicht ändert. Ich bin nicht der Verein, und seit Anfang versuche ich, jede allzu große Fixierung auf mich, innerhalb des Vereins und außerhalb, zu verhindern. Deshalb zum Beispiel drang ich darauf, daß Artmann der Präsident sein müsse, und bemühe mich ständig um die eigenverantwortliche Kooperation anderer Mitglieder, wie auch, und das ist nicht einfach, um ein kräftiges Sekretariat. Die Sache darf nicht mit einer einzigen Person stehen und fallen.

Mein Mißtrauen, das Sie mir vorhalten, ist eine über die Jahre erworbene Eigenschaft, die nahezu alle und alles betrifft, und dies ganz besonders auf dem Gebiet des Literaturbetriebs. So sah ich seinerzeit tatsächlich, und nicht nur ich allein, zahlreiche Indizien dafür vorhanden, daß man die ältere Gruppe von Autoren der österreichischen Avantgarde – also etwa die Wiener Gruppe, Friederike Mayröcker und mich – innerhalb des österreichischen Literaturbetriebs, wozu für mich auch der PEN zählt, einfach links liegen lassen wollte, um sich, wenn es nur gelungen wäre, mit den jüngeren Autoren, die jetzt nahezu vollzählig bei uns, d. h. *mit* uns sind, ins Einvernehmen zu setzen und zu verbünden.

Wie ich unsere »Autorenversammlung« kenne, weiß ich auch nicht, welche Änderungen tatsächlich noch möglich gewesen wären, wenn Sie im Dezember 1972 Präsidentin geworden wären; denn auch für uns wäre der PEN nicht durch eine einzelne Person, mit der wir sympathisieren können, bestimmt worden, sondern durch das Gros seiner Mitglieder, und das wäre geblieben, was es ist.

Mit herzlichen Grüßen,

Ernst Jandl

HILDE SPIEL AN JAMES SAUNDERS.
ST. WOLFGANG, 18. DEZEMBER 1975

18th Dec 1975

Dearest Jimmy,

Your long letter came in September, and this is the first moment I have to answer it properly. You cannot imagine my life in Vienna – it must have seemed a lot more restful in Wolfgang. Work work work – ephemeral, of course, as journalism is, satisfactory only for a day or two until the impact a piece might have had wears off. This is my first suggestion to you along the lines of: praise your fate that made you a real writer, an author who sometimes hits it off in a big way, sometimes does not entirely succeed in giving shape to his idea, but always, always has a chance to survive in his work, to reach generations after him etc. etc. No price too high to pay for this, and the price is usually paid in nerves and mental sanity. But then: a famous Austrian author, essayist and drama critic mainly,* once wrote a little piece about an execrable writer who goes through the same pains and birth pangs when he creates a small mouse as does a writer who creates a lion.

When you roll a pea up the mountain with your nose, as you say in your letter, it accumulates enough on the way to turn into an avalanche, sometimes anyway. But nothing I say can match what you formulated about art in that letter of which you may not have kept a copy, but which I treasure and re-read from time to time. Except for one word: when you say, it's a »false« attempt to fix the moment, revere the object, make time stand still, conquer death. Why false? The only possible attempt, there is no other.

The first draft of my translation of *The Island* is finished, I have to type it, correct it while I go along etc. I have to find a title for it as »The Island« was used recently here. If you have any quick suggestions, do write to me

---

* Alfred Polgar

here, in Wolfgang. I may be able to send the finished script to Rowohlt after Twelfthnight, to put it poetically.

A sad autumn for me and Flesch; friends died, a famous writer dear to us falling into a real, a clinical depression from which he recovers slowly, helped by chemistry. Lastly, a father and youngish daughter on their way to Munich wanting to stop here for tea. When asked which route to recommend – apart from imploring them not to drive after dark in winter which they insisted on – I thought it would be better to recommend the Autobahn till Mondsee, which they would have taken anyway on their way to Munich, branching off at Mondsee to come here, instead of an earlier route which would have led them to Wolfgang in a complicated way on smaller roads. This, as it turned out, was fatal advice. Because the woman who drove skidded on the icy Autobahn before Mondsee, the car overturned and fell down a slope, and while the father had some ribs broken, she broke her neck and died a fortnight after in a local hospital.

You can imagine how this thought never leaves my mind: if I had told her to branch off at Regau and take the smaller roads . . . but it is, as people tell me, an appointment in Samara. I thought I was giving sound advice, and anyway, it happened on the main route to Munich which they would have taken anyway, even if they hadn't wanted to visit me. But still, still . . .

Jimmy, I am sorry to have saddened you with this story. But palpable tragedy and grief somehow drive out abstract ones – silken worries, as the Jews call them, »seidene Zores« in German-Yiddish, a very apt expression. Have a nice Christmas, Jimmy, and love to you and family, from Hilde and Flesch

HILDE SPIEL AN MIRA MIHELIČ. WIEN, 3. MAI 1976

Wien, am 3. 5. 1976

Liebste Mira,

es hat mich doch sehr geschmerzt, daß Du nicht nach Düsseldorf gekommen bist, ich hatte bestimmt mit Deinem Erscheinen gerechnet, zumal Du schriebst, Du würdest kommen, falls ich es täte, und ich Dir ja ungefähr gleichzeitig mitgeteilt hatte, ich führe hin.

Hoffentlich waren es nicht gesundheitliche Gründe, die Dich abgehalten haben. Ich könnte mir denken, daß es eher die strapaziösen Vorbereitungen für Deine eigene Tagung waren, die Dich abgehalten haben.

Liebste, wie ich Dir schon sagte, kann ich während der Wiener Festwochen beim allerbesten Willen nicht wegfahren, es ist für mich als Kulturkorrespondentin die alleranstrengendste Zeit, jeden Abend mindestens eine Veranstaltung, das beginnt um den 18. Mai und dauert einen Monat, also haargenau die Zeit, in der Ihr diesmal Piran macht. Wäre es um die Zeit gewesen wie immer in den früheren Jahren, dann wäre ich oder wären wir liebend gern gekommen. Es tut mir von Herzen leid, nicht hinzukönnen und Dich nicht zu sehen. So wird es erst im August in London möglich sein, denn ich will den Kongreß mitmachen, obwohl ich, ehrlich gesagt, mit dem PEN nur noch das Nötigste, und nicht mehr, zu tun haben will.

Mein Desillusionnement ist schwer zu erklären auf schriftlichem Weg. Ich will es Dir bei der nächsten Gelegenheit verständlich zu machen versuchen. Es hängt zu einem beträchtlichen Teil mit der Stagnation des Komitees zusammen, in dem ich mich so engagiert hatte. Und auch mit den neuen Persönlichkeiten. Peter ist eine wirkliche Enttäuschung für mich, ich kann ihn nicht als würdigen Nachfolger Davids betrachten. Und auch mein eigener Deutscher PEN hat seit Kestens Abgang und der soeben erfolgten Neuwahl gänzlich an Reiz für mich verloren.

Ich bin also schon vor Wochen aus dem Internationalen Komitee ausgetreten und jetzt auch aus dem bundesdeutschen Vorstand, noch vor der Neuwahl, so daß ich eine Kandidatur, die wieder beantragt wurde, sofort ausgeschlagen habe. Ich kann nicht nur parteipolitische und bundesdeutsche Querelen ertragen, das war nie der Sinn unseres internationalen Vereins. Aber ich weiß wohl, daß unsere rein humanitäre und völkerverbindende Vorstellung von PEN veraltet ist. Jetzt wird da harte Tagespolitik gemacht.

Nach London komme ich in einer Art von Sentimentalität – es wird der dritte Kongreß in London sein, den ich im Leben mitgemacht habe und damit dann Schluß. Ich würde nicht austreten, mich aber doch sehr zurückziehen. In Den Haag komme ich ja auch nicht mehr – Du wirst wohl hinfahren – und auch sonst wird es mehr oder weniger aus sein, zumindest mit den fernerliegenden Treffen, denn bezahlen kann ich mir diese Reisen ja nicht und ohne Funktion zahlt sie mir niemand. – Es bleibt mir nur übrig, Dich zu umarmen und Dir alles, alles Liebe zu wünschen. – Würdest du vielleicht Ende Juni kurz nach Venedig kommen können? Da könnte man sich vielleicht treffen. Und viel Glück für mein geliebtes Piran, habt es schön und gedenkt unserer!

Immer Deine Hilde

HILDE SPIEL AN TONI UND HERMANN KESTEN.
WIEN, 14. JUNI 1976

14. Juni 1976

Liebste Toni, liebster Hermann,
es scheint, ich habe den Fehler begangen, mich allzu intensiv mit Eurer Situation zu befassen und unerwünschte Beschleunigungen anzuregen, was eine etwas praktischere Lebensform betrifft. Nun werde ich bestraft und höre seit Monaten nichts von Euch. Das ist schmerzlich, aber es paßt irgendwie in das Bild, das ich mir nun lang-

sam von meiner gesamten Tätigkeit im öffentlichen und privaten Bereich – vermeintlich zugunsten von Freunden und besonders mir befreundeten Schriftstellern – machen muß. Ich merke langsam, daß alles unsinnig war, ein falsch angewendetes, vielleicht manchmal auch falsch verstandenes Bedürfnis, dort einzugreifen, wo ich Lebensnot, Mißgeschick, Hilfsbedürfnis vermutete. Im PEN etwa, nicht nur im österreichischen, sondern neuerdings auch im bundesdeutschen und leider ebenfalls im internationalen, bin ich nach all den Bemühungen, dem Zeitaufwand, der Illusion, Gutes oder zumindest Nützliches zu vollbringen, ruhmlos und unbedankt verabschiedet worden, kein Hahn kräht nach vierzig Jahren Devotion für diese Institution. Meine Enttäuschung ist grenzenlos, aber sie vergällt mir keineswegs das Dasein. Es gibt noch genug zu bewundern und zu genießen, auch wenn man – so nach und nach – von allen Leuten im Stich gelassen wird.

Das gilt aber keineswegs endgültig für Euch, ich hoffe immer noch, den Kontakt wieder zu erneuern, weiß Euch in einer ungewissen und sicherlich schwierigen Lage, will aber nun nichts mehr unternehmen, was nachträglich Eure Billigung nicht findet und endlich einsehen, daß ein laisser faire und die Menschen nach ihrer Façon sich debrouillieren lassen offenbar doch die richtigere und ungefährlichere Haltung ist. Also bloß noch: Freundschaft und Loyalität, das könnt Ihr jederzeit von mir haben.

Ich bin, nach vielen Reisen in diesem Frühjahr, gleichfalls etwas erschöpft und will den Sommer ruhig in Wolfgang verbringen, etwa ab Ende Juni.

Alles Liebe Euch beiden, Eure Hilde

HERMANN KESTEN AN HILDE SPIEL.
ROM, 16. JUNI 1976

Rom, 16. Juni 1976

Liebste und allerbeste Hilde,
eben kommt Dein Brief vom 14. Juni, mit so treffender Klage und Anklage.

Du hast recht. Wir hätten Dir längst schreiben sollen. Aber ich habe keine andere Entschuldigung, als daß ich niedergeschlagen bin und mitten in Schwierigkeiten und Sorgen.

Toni und ich wissen es aus eigener Erfahrung, was für ein aktiver, ergebener, zuverlässiger und liebevoller Freund Du bist, und wir schätzen und lieben Dich nicht nur darum.

Wir wußten aber, daß Du in Amerika lange warst. Meine Schwester Gina schrieb mir, wie sehr sie sich gefreut hat, Dich zu sprechen und wie reizend Du warst und wie besorgt Du Dich nach uns erkundigt hast. Ich glaube Dir, daß diese Vortragsreisen recht anstrengend sind und freilich kommt man müde zurück. Auch ich war schon ängstlich für Toni und mich mit all unsrer geplanten Querfahrt durch USA.

Wir hoffen, Du wirst Dich in St. Wolfgang erholen.

Auch Deine dreifache Enttäuschung über unsern P.E.N. Club verstehen wir und teilen sie. Das ist freilich eine generelle Erfahrung. Nur nutzen einem, wenn man sich mit Recht enttäuscht fühlt, weder die realen noch die psychologischen Einsichten. Man identifiziert sich allzu leicht mit solchen neutralen Institutionen, verwechselt sie mit einer Person und erwartet vergeblich menschliche Gefühle. Unsere Münchener Verhandlungen ziehen sich hin. Ein Vertrags-Entwurf liegt noch beim Rechtsamt, von da kommt er irgendwann vor den Kulturellen Ausschuß des Stadtrats, und so bleibt alles in der Schwebe, und kann auch noch immer negativ enden. Ich sehe jetzt auch immer besser, welch eine Last all diese Papiere und Bücher sein können, die ein Schriftsteller im Laufe eines Lebens ansammelt. Da sind so viele Bücher, die ich nie gelesen habe, und auch nie mehr lesen werde, und doch fällt es mir schwer, mich von ihnen zu trennen. Übrigens ist es auch technisch gar nicht so einfach, Bücher loszuwerden. Wir sitzen hier im unruhigen Italien, ungeduldig, und können keine Pläne machen.

Du schreibst gar nicht, wie es Dir in USA gefallen hat.

Und wie es dem lieben Hans geht, und was er tut?

Du tust recht daran, daß Du Dich nicht Deinen Enttäuschungen preisgibst.

Bleibt gesund und habt einen guten Sommer in St. Wolfgang.

Mit herzlichsten Grüßen für Euch beide von Toni und
Deinem Hermann

Liebste, beste Hilde, wir sprechen oft von Dir und wie Du uns in vielen unangenehmen Stunden u. Tagen geholfen hast, aber man soll dann auch schreiben. Hermann ist im Moment nicht in guter Schreiblaune und ich bin sehr niedergeschlagen, da mein Bruder in Tel-Aviv vor kurzer Zeit starb. Wir wollten uns diesen Sommer treffen und freuten uns darauf. Das tut weh. Wir haben Dich und den lieben Hans sehr lieb, bleibt nur gesund u. schreibt wieder. Ich umarme Euch beide sehr herzlich, habt einen guten Sommer,

stets Eure Toni

HILDE SPIEL AN HERMANN UND TONI KESTEN.
ST. WOLFGANG, 6. JULI 1976

6. 7. 1976

Liebster Hermann, liebste Toni,

Euer Brief kam so rasch, daß ich denke, die Post muß gewußt haben, wie sehr ich auf Nachricht von Euch warte. Ich selbst aber konnte nicht gleich antworten, so gern ich's getan hätte, denn die Wiener Festwochen lasteten noch auf mir und so viele andere kleine Kommissionen waren zu erledigen. Wir hatten uns kaum hierher gerettet, vor mehr als einer Woche, als auch schon der Zustand unseres Freundes Lernet, der seit Monaten in der Matratzengruft lag, in ein kritisches Stadium geriet, und nun ist er dahin, eine Gnade Gottes, so entsetzlich das klingt, denn er hatte ganz und gar den Verstand verloren und sein armer Leib war von Zirrhosen und Krebsgeschwüren ausgehöhlt. Man klammert sich dennoch an das Häufchen vertraute Leben, das da vor einem liegt, und wir besuchten ihn zweimal die Woche, obwohl nur ein Lächeln und kein Wort mehr von ihm kam, und ein wenig Freude über Walderdbeeren, die man ihm löffelweise gab. Genug – er ist uns hier in Wolfgang immer gegenwärtig, und in Wien wird er es ebenfalls sein.

Amerika war für mich ein außerordentlich schönes Erlebnis, ich flog gänzlich losgelöst von allen Bindungen und Pflichten dauernd in der Luft umher, zwischen New York und New Mexico und Kalifornien und Montana und Ohio und Georgia, und ließ mich immer nur kurz zu einem oder mehreren Vorträgen oder Vorlesungen nieder, es war eine herrliche Zeit. Die Woche beim guten Schnauber habe ich sehr genossen, wohnte freilich bei Freunden, was das Ganze noch schöner machte, und traf viele gute Bekannte. Die Studenten waren sehr aufgeschlossen und reizend, viel gesprächiger und angeregter als im Osten. Aber ich war auch glücklich in Montana mit seinen Buffalos und Indianern und in Taos und weiß Gott wo noch, an etwa sieben Universitäten las ich, und fuhr dann zu meinem Privatvergnügen noch ein Wochenende nach Charleston zur Azaleenblüte. Inzwischen saß der arme Fleschi zu Hause und pflegte seine angeschlagene Gesundheit, denn wie ich Euch vielleicht schrieb, war er Anfang Februar von einem Auto angefahren worden.

Nach London zum PEN-Kongreß fahre ich nicht, mag den PEN überhaupt nicht mehr, werde aber im Herbst zur Akademie fahren. Wann und wo können wir einander denn wiedersehen? Was sind Eure Pläne?

Ich umarme Euch, und Flesch tut es auch.

Immer Eure Hilde

JOSEF KAUT AN HILDE SPIEL.
SALZBURG, 26. AUGUST 1976

Salzburg, den 26. August 1976
Sehr verehrte gnädige Frau!

Ihren Aufsatz »Salzburg und Bayreuth« habe ich in der *Frankfurter Allgemeinen Zeitung* – ich gestehe mit Mißbehagen – gelesen. Ich möchte Ihnen daher auch offen sagen, daß Ihr kritischer Vergleich der beiden Festspiel-Rivalen – was Salzburg und Bayreuth übrigens gar nicht sind – mich peinlich an das Bild, das illustrierte Blätter nach dem Tratsch über Curd Jürgens und über einen völlig verfälschten Karajan zeichnen, erinnert.

Wenn Sie die Karambolage zwischen den Rolls Royces der beiden Künstler, die übrigens gar nicht stattgefunden hat, als »gleichnishaft« für Salzburg bezeichnen, so kann ich nur bedauern, daß sich eine angesehene Kritikerin in einem seriösen Blatt auf dieses Niveau begibt. Völlig absurd wird es, wenn Sie finden, daß die »Entseelung Salzburgs« durch die Mönchsberggaragen vollendet worden sei. Ich erinnere mich, daß Sie es gar nicht so angenehm empfunden haben, als Sie in den letzten Jahren selbst Parkschwierigkeiten hatten, die ich bemüht war, durch ein Festspiel-Pickerl zu erleichtern. Es war auch für unsere Besucher gar nicht erfreulich, wenn sie nach einer schönen Vorstellung im Regen zu ihrem Auto auf den Residenzplatz laufen mußten und sie sind jetzt froh, unabhängig vom Wetter, trockenen Fußes die Festspielhäuser zu betreten und zu verlassen.

Wir werden gewiß der »kühnen Moderne in Bayreuth« nicht folgen und auf eine Vergewaltigung Mozarts verzichten. Ich bedaure nur, daß Sie über unsere Festspiele, die neben den Opern- und Schauspiel-Aufführungen auch wunderschöne Konzerte, stimmungsvolle Matinéen und Serenaden brachten, nichts Besseres zu sagen wissen, als abgebrauchte Klischees, z. B. vom »kostspieligen Festspiel-Betrieb« zu wiederholen. Sie müßten wissen, daß die Festspiele mit Besetzungen wie z. B. heuer in *Don Carlos* teurer sind als ein armseliger Monteverdi in Hellbrunn.

Ich kann nur feststellen, daß die Künstler, die in Salzburg wirken und das Publikum, das die Festspiele besucht, erfreulicherweise viel besser sind, als sie in manchen Zeitungen und gar in den illustrierten Blättern dargestellt werden. Und schließlich veranstalten wir die Festspiele für unsere Besucher aus der ganzen Welt, bei denen sie ein begeistertes Echo finden.
Mit freundlichen Empfehlungen, J. Kaut

HILDE SPIEL AN JOSEF KAUT.
WIEN, OHNE DATUM [AUGUST 1976]

Sehr verehrter Herr Präsident, es tut mir wirklich leid, mir Ihre Huld verscherzt und Ihren Unmut zugezogen zu haben. Aber der Gefahr, mit einer scharf pointierten Kritik an einem künstlerischen Ereignis oder einem kulturellen Klima die Gefühle der Verantwortlichen zu verletzen, können Publizisten leider nicht immer entgehen. Ich hoffe, Sie billigen mir nach so vielen Jahren der Bekanntschaft eine wahre und tiefe Liebe zu Salzburg und seinen Festspielen zu. Wenn ich an dem Geist, der sie in den letzten Jahren beherrscht, im Vergleich zu den von Hofmannsthal und Reinhardt gesetzten und viele Jahrzehnte lang gültigen Maßstäben etwas auszusetzen habe, dann geschieht es aus enttäuschter Zuneigung und Treue zu dieser schönen Stadt und ihrem einzigartigen Festival. Sie schreiben, mein Aufsatz erinnere Sie peinlich an das Bild, das illustrierte Blätter nach dem Tratsch über Curd Jürgens und einen – verfälschten – Karajan zeichnen. Aber das war ja gerade meine Absicht. Denn daß durch den erstgenannten Herrn, und in gewissem, wenn auch weit entschuldbarerem Maße, durch den genialen Herbert von Karajan Salzburg immer mehr zum Tummelplatz einer internationalen Schickeria, eines aufgeblähten Jet set und einer sich durch ständige Skandalgeschichten der Öffentlichkeit einprägenden ganz bestimmten Clique geworden ist, läßt sich anhand eben dieses Zeitungstratsches beweisen. Ob es nun stimmt oder nicht, daß die beiden Herren eine Karambolage hatten – der Bericht über eine solche ist typisch. Oft sind Legenden, wenn es wirklich eine ist, aufschlußreicher als die Wirklichkeit. Es läßt sich ja nicht leugnen, daß Curd Jürgens, der als ernstzunehmender Schauspieler unter dem verehrungswürdigen Berthold Viertel begann, durch seine verschiedenartigen Affären und sein mit Pornostellen durchspicktes Memoirenbuch zu einer Belastung für die Festspiele geworden ist, anstatt sie, wie manche meinen mögen, durch seine – fragwürdige – Prominenz zu bereichern. Es täte mir wahrhaft leid, verehrter Herr Präsident, wenn Sie hier anderer Ansicht wären. Was aber die Mönchsberggarage betrifft, die in ihrer stimmungstötenden Nützlichkeit vermutlich nicht zu verhindern war, so wehre ich mich jetzt nur noch gegen ihren Monopolanspruch. Mögen doch jene, die lieber trockenen Fußes durch die feuchtkalten und lichtlosen Gänge eilen, als sich vor der Vorstellung im reizenden Stadtbild Salzburg auf die Darbietung einzustellen – mögen sie sich doch der Garage bedienen. Daß aber nun die Philharmonikergasse und der Universitätsplatz leblos und entleert daliegen, weil man jegliches Parken auf ihnen verboten hat, daß jene, die den Kontakt mit den Salzburger Gassen, Gemüseläden, Weinstuben im Zusammenhang mit den Festspielen nicht missen wollen, von der hellen Außenwelt weggescheucht und in die Tiefgarage gezwungen werden: das hat wieder meinen Unmut erregt. Keiner meiner Leser in der *FAZ* wird annehmen, daß ich über die Festspiele selbst, ihre Opern, Schauspielaufführungen, Konzerte und so fort nichts Besseres zu sagen wüßte als abgebrauchte Klischees. Ich habe, bei Gott, jahrzehntelang Proben eingehender und liebevoller Rezensionen geliefert. Wenn einem einmal die Geduld reißt und man ein allgemeines Phänomen – ein wenig drastisch, das gebe ich zu – zu geißeln unternimmt, müßte einem nicht unbedingt böser Wille in die Schuhe geschoben werden. Mein verewigter Freund Lernet-Holenia schrieb einmal: »Nur der schlechte Österreicher ist ein guter Österreicher.« Wandeln wir es ab: »Nur der schlechte Salzburger ist ein guter Salzburger« – denn er will ein Salzburg sehen und wiederherstellen, das seine Seele nicht verloren hat.

Mit aufrichtigen Empfehlungen, Prof. Dr. Hilde Spiel

HILDE SPIEL AN ALBERT VON SCHIRNDING.
WIEN, 6. DEZEMBER 1976

6. 12. 1976

Lieber Albert von Schirnding,

mein Mann war zu Tränen gerührt – alte Männer weinen leicht, wie man an Churchill sah und an der Gielgud-Rolle in David Storeys *Home* –, aber mein Sohn sagte ungerührt, Sie hätten ruhig auch etwas rügen können, dann wäre es glaubhafter gewesen. Sie sind ihm im Alter viel näher, darum macht es mich besonders glücklich, daß Sie die Scheu nicht hatten, sich über alle möglichen und bei Ihnen sicher auch vorhandenen Vorbehalte hinweg zu etwas zu bekennen, und noch dazu zu einem Buch von mir. Es gehört sich nicht, an Kritiker zu schreiben, aber für ein Wort des Dankes war ich selbst auch immer dankbar, also erlauben Sie es mir.

Ihre Hilde Spiel

ALBERT VON SCHIRNDING AN HILDE SPIEL.
HARMATING, 10. DEZEMBER 1976

10. Dezember 1976

Verehrte Frau Hilde Spiel,

wie glücklich bin ich über Ihren Brief, wie stolz auf ihn. Meine Rezension hatte noch einen Schlußabsatz, den der liebe Go wegließ – wahrscheinlich weil er ihn zu poetisch fand. Man soll halt auch einen vorletzten Absatz so enden lassen, daß er *auch* den Schluß bilden könnte. Das Gestrichene lautete:

»Der Herzensschrei ertönt nicht nur auf den letzten Seiten. Er ist auch vernehmbar, wo heiter und überlegen erzählt, berichtet wird. Aber an der Selbstpreisgabe, der reich instrumentierten Passioniertheit dieser Schriftstellerin haftet keine Spur von Peinlichkeit. Ihren Gefühlsausbrüchen eignet die Kühle der Marschallin aus dem Rosenkavalier. Sie ist eine große Dame der Feder, eine ›Cœur-Dame‹.«

Sie sehen daraus, daß es wirklich nichts an Vorbehalten zu unterdrücken gab, durchgehende (durch Ihr Buch und mit mir) Bewunderung nur mühsam sich zügeln lassen wollte.

In herzlicher Verehrung,

Ihr Albert Schirnding

HILDE SPIEL AN ALBERT VON SCHIRNDING.
ST. WOLFGANG, 5. JANUAR 1977

5. 1. 77

Lieber Albert von Schirnding,

darf ich Ihnen noch einmal ein paar Worte schreiben, nachdem ich nun Zeit hatte, Ihre Kindheitserinnerungen und die vier Gedichte im *Merkur* zu lesen.

Die Erinnerungen kannte ich schon, das fiel mir dann gleich auf, aber ich hatte sie damals noch – aufmerksam und angerührt – ohne Bezug auf Ihre Person gelesen, weil ich Sie ja nicht kannte. Gleich fand ich diese erinnerte Jugend so ungemein anschaulich und gegenwärtig, wobei Träumen und Wirklichkeit ja ganz das gleiche sind. Von den Gedichten gefällt mir die Glyptothek am besten: ich sehe das ganz scharf vor mir, wie ein Bild von Chirico oder einen Augenblick in einem Film.

Sehr schöne Grüße von Ihrer Hilde Spiel

ALBERT VON SCHIRNDING AN HILDE SPIEL.
HARMATING, 8. JANUAR 1977

8. 1. 77

Verehrte Frau Hilde Spiel,
 die paar Sachen hatte ich natürlich nicht in der Absicht geschickt, daß Sie mir nochmals schreiben sollten – und dann haben Sie mich ja auch schon generös belohnt mit *Park und Wildnis* – dieses Buch hatte ich mir schon vor Jahren antiquarisch gekauft. Nun hab ichs verschenkt und besitze das Ihre mit der Widmung.
 Ich weiß nicht, ob Sie regelmäßige *SZ*-Leserin sind; für alle Fälle lege ich den heute erschienenen Aufsatz bei. Man hat in der Zeitung so selten Gelegenheit, ein bißchen persönlicher zu sein (und ist auch besser so).
 Die arme Barbara Bondy hat schon ihre zweite Netzhautablösung innerhalb von einigen Monaten; vielleicht ist deshalb die Rubrik nicht ganz geglückt (ich meine das grammatikalisch nicht einwandfreie »uns«).
 Da die Luft nach Ferienende schmeckt, schicke ich den Brief nach Wien.
 In dankbarer Verehrung bin ich Ihr ergebener
 Albert Schirnding

HERMANN KESTEN AN HILDE SPIEL.
ROM, 29. JANUAR 1977

Rom, 29. Januar 1977

Liebste Hilde und sehr lieber Hans,
 mit Rührung empfingen wir Euer Telegramm zu meinem Geburtstag. Was für gute Freunde Ihr seid. Wenn wir es nicht schon lange wüßten, würden wir es immer wieder neu erfahren. Dank auch für Eure liebe Postkarte aus St. Wolfgang, vom 6. 1. 1977.
 Toni hat meinen Geburtstag mit mir, und ich habe ihn

mit ihr verbracht. Mittags gingen wir nach Trastevere, um einen Fisch zu essen. Toni fragte mich zwischen Spaß und Ernst: Mit wem würdest du gerne heut essen gehn? Und in meiner Antwort fehltet Ihr nicht.

Das ist natürlich schade, daß wir uns mit einem Mal so selten sehn. Toni und ich müssen anfangen, wieder reiselustig zu werden. Rom rüstet sich zum soundsovielten Male zu einem neuen Untergang, aber diese ewige Stadt geht ja nicht unter. Aber schon das Spiel mit dem Untergang ist unheimlich.

Und was wird aus Wien? Ihr sollt nun die tschechischen Dichter einsammeln, die der heimischen Regierung mißfallen. Was für ein Elend, daß das Elend mit den verfolgten Dichtern nicht aufhört.

Eben las ich Deinen Aufsatz über Doderer in der *FAZ*. Wie du bemüht bist, gerecht zu bleiben, Kritik und Bewunderung verteilst, nichts verschweigst und Deine eigene kritische Position erklärst, ist bemerkenswert und ausgezeichnet.

Hast Du noch neben der *FAZ* neue Arbeit, liebe Hilde? Wir wünschen Euch alles Gute, oder um Euch zu zitieren: Gesundheit, Geld, Ehre. Wir hoffen, bald wieder von Euch zu hören
    Stets Eure Toni und Euer Hermann

HILDE SPIEL AN HERMANN KESTEN.
WIEN, 27. FEBRUAR 1977

27. 2. 1977

Liebster Hermann,
 und wie steht es jetzt? Habt Ihr schon Frühling? Kommst Du nicht wieder einmal – etwa zur Akademie im Mai in München? Zum PEN fahre ich nicht, den habe ich mir in Düsseldorf abgewöhnt, aber vielleicht nach Bled, wo die liebe Mira vom 11.–15. Mai irgendetwas abhält.

Bei uns nichts Neues, außer viel Arbeit und ein neues

(zweites) Enkelkind, Tochter meines Sohnes, eine Anna, jetzt drei Monate alt. Da sie in Wien leben, ist es eine ständige Freude für mich. Kummer nur um den lieben Braem, den wir alle so gerne mochten. Wie hübsch war es doch im alten PEN, als da alle noch saßen.

Ich hoffe Euch im großen und ganzen doch bei Gesundheit und ein wenig Lebenslust, bitte schreibt gelegentlich wieder.

Alles Liebe, auch von Fleschi,

             Eure Hilde

HILDE SPIEL AN HANS MAYER. WIEN, 1. MÄRZ 1977

             1. März 1977

Verehrtester Hans Mayer,

Vor zehn Jahren hatte ich die Freude, zu dem Gratulationsbüchlein für Sie beizutragen. Diesmal kann ich leider nicht nach Frankfurt kommen und mitfeiern. Darum möchte ich Ihnen schon heute von Herzen alles Gute und Ersprießliche zum Geburtstag wünschen, weitere Lebenslust und Schaffenskraft und jene wunderbare Helligkeit des Geistes, die alles beleuchtet und durchleuchtet, worauf ihr Lichtkegel fällt.

Ich bin Ihnen im Augenblick besonders dankbar für den Essay über *Soll und Haben*. Das Buch hat eine große Rolle in meiner Jugend oder gar Kindheit gespielt, ich kannte es halb auswendig, und meine ganze Vorstellung von einem Deutschland, das ich erst 1936 an einem einzigen entsetzlichen Tag in München (auf der Durchreise nach England) kennen lernte, war daraus gewonnen. Ich schrak zusammen, als ich die Nachricht von Fassbinders Verfilmung las, denn alle bösen Keime, die in dem Roman enthalten sind, wird und muß er an die Oberfläche bringen. Ihr Vorwort zur Neuauflage liefert bereits jetzt das Gegengift. Und es ist nötig, daß dieses Buch und diese Kontroverse wieder auflebt, sie kann ins Herz der Dinge treffen, denn nirgends ist – auch nicht im *Doktor Fau-*

stus, wie ich meine – die deutsche Zwiespältigkeit so deutlich enthalten wie in *Soll und Haben* – eben weil sie hier ohne distanzierende Reflexion dargestellt ist.

Sie schrieben mir im November 1976, Sie würden zu Beginn des nächsten Jahres einmal in Wien sein. Dazu kommt es wohl jetzt nicht? Dann hoffentlich auf Wiedersehen in Bayreuth, denn wir wollen zum ersten *Ring*.

Noch einmal die aufrichtigsten Glückwünsche, auch von Flesch,

Ihre Hilde Spiel

HILDE SPIEL AN HERMANN KESTEN.
ST. WOLFGANG, 17. AUGUST 1977

17. August 1977

Liebster Hermann,

Dir zu schreiben, hatte keinen Sinn, bevor wir es sicher wußten. Und auch jetzt will ich kein Wort sagen, das Dir auch nur einen Nadelstich von Schmerz mehr zufügt. Nur, daß wir immerfort an Dich denken, daß wir Dich lieben, daß wir für Dich da sind, wie immer und eh und je. Alles weitere ist unaussprechbar, ja undenkbar. Sei also umarmt von uns beiden und hoffen wir, daß wir uns doch mal wiedersehen.

Immer Deine Hilde und Hans

HILDE SPIEL AN JAMES SAUNDERS.
ST. WOLFGANG, 17. AUGUST 1977

17th August 77

Jimmy dear,

it's a long time since we've written to each other or spoken on the phone, but I was very glad to get your play *Bodies* and have read it right through.

Jimmy, I like the play very much indeed, I think it is a very excellent psychological study and the idea of Simpson in the background adds just that symbolic touch it needs.

There is only one flaw in it, and you will allow me to say it frankly, without hurting you. It is the end. After all this highly intelligent analysis all through, and the dramatic situation which seems more or less stagnant but implies a secret build-up towards some sort of significant ending, the last page comes as an anti-climax. One expects a bang, not a whimper. To me, it is not thought out, or not acted out.

I know that you may think a psychological play cannot come to a violent full-stop. But for the sake of theatrical effect it has to. As a thought, it is very debatable whether man's capacity to be wilfully illogical is really the quality that sets him above the other animals. I think it is a quality which plays some part in poetic inspiration, and which has to do with the irresponsibility of artists and, alas, writers. But it is the deformation of a quality, not the quality itself. Man would not have got anywhere, neither to Goethe's *Faust* and to *Hamlet* nor to the neutron bomb, without the capacity for logical thinking. But the fact that he is capable of irrationality is the dialectic counterpart to his rationality, and neither are in any way practised by animals.

Or something to this effect. I won't insist. I merely mean that you cannot toss a few debatable remarks at the audience at the end of the play, and leave them unanswered, *and* then have the action peter out.

I should look forward to translating the play and would like to start soon, but Klaus is even more concerned about the ending than I and does not really feel like tackling the whole thing before a little more work is done in this respect. I am sure, Jimmy, you will have the objective and distant view now to see yourself that both action and thought will have to be taken a little further at the end so that the whole thing is a really rounded and complete and forceful thing.

I hope you are all well. We had a lovely time early this

summer, I took Flesch (82 now) to the States and he spent nearly five weeks in Los Angeles with friends, and we went to San Francisco, and he bore up magnificently. I did some teaching in the meantime at Taos, New Mexico, and spent the rest of the time with him in California. Now we are back here the whole thing seems like a dream, but he is proud to have done it.

Much love, also to Audrey,

yours Hilde

JAMES SAUNDERS AN HILDE SPIEL.
EAST TWICKENHAM, 2. SEPTEMBER 1977

11-9-77

Dear Hilde,

I'm just back from a long Greek holiday, so I've only just read your letter.

First, I have already expanded Act II of *Bodies*. Hampstead Theatre plans to put the play on around the end of the year, with hopes that Michael Codron may take it into the West End; so I took the opportunity to revise the second act and sharpen the Simpson thread and carry it through to the end of the play.

However, I don't think the revised version answers your objections, so I shall try to answer them here.

To start with, there is a paradox built in to the writing of a play which affects to take the psychoanalytical view of human behaviour seriously. In brief, psychoanalysis – using the term to describe a life-view, as one talks of the religious view or the Marxist view, the other two forms of expression of what living is about – cannot contain the idea of value outside the narrow confines of personal well-being; unease has value only insofar as it can be diagnostic, or educative as a case-study. In other words, psychoanalysis cannot contain the poetic or religious view, which it can only explain away as *secondary effects* of various forms of psycho-physical unease. In this respect psychoanalysis is similar to dialectical materialism, taking in the first place only the axiom that the well-being of others is a Good Thing. Secondly, to psychoanalysis as to dialectical materialism, character structure, personality, the set of personal attributes which make one person appear uniquely different from another, has no value (except as stated above) and is not inherent to the individual but implanted from outside. Within these philosophies, the healthy individual thinks, feels and behaves like any other healthy individual. Neurotics are dissidents. Dissidents are neurotics. Ferenczi, who was brave or mad enough to follow Freud through rather than watering him down, stated that character structure is neurotic. His point, and Freud's, is that a character structure *is* a structure, a set of responses which does not indicate or allow freedom but constricts it, by forbidding other possibilities: character structure indicates all that an individual is *not*.

Theatre runs counter to all this. Leaving aside the supernatural element, neither Goethe's *Faust* nor *Hamlet* (the two you mention in your letter) make any sense as experiences an audience elects to undergo without the assumption that there is a poetic value, a value in the vividness, uniqueness and consistency of the characters, and a value in the unease, the suffering, the tragedy: a value in the *idea* of love and the other passions. We, the audience, have to assume they are not just entertainments, not just moral or educational tales, and not just titillations of the senses. It is the immutability of the characters and situations which puts value on them, the vividness with which this immutability is stated, and the author's implied statement of their value which we call the artistic content. The question doesn't arise whether Faust or Hamlet are heroes or villains, good or bad people, socially healthy or unhealthy; their existence is their value and justification. Maugham wrote a story about a simple, contented, well-adjusted family happily living together, his first line was »I wonder if I can do it«. It's not a bad story, but without the pay-off line – »I wondered if I could do it, write a story about a happy family« – it would be unsatisfying.

People who *cannot* successfully live in their environment are the stuff of drama.

The paradox, then, is that in putting the psychoanalytical case one undercuts the audience's sense of values. Or putting it the other way round, in dramatising successfully the situations and characters, one rejects the psychoanalytical view. In the case of *Bodies*, there are two specific dangers: that the audience will put its sense of value onto the sufferings and delights the four people undergo in Act 1, as it normally would, and thus will not be in a position to question whether this value is real; and that the audience will empathise with the two hung-up characters, particularly Mervyn, will put its sense of value onto him because he is vivid, *because* he is drunk, neurotic, confused, histrionic, because he is a »well-drawn character«, and will thus *accept* his unhappiness, his inability to live properly in his environment, as in some way a good thing; at the expense of the two contented people.

In other words, there is in theatre a sense in which the form can be made to »work« regardless of the content; as rhetoric in speech can make a series of statements »work« regardless of their content. I suppose it is the old problem of empathy taking over which engrossed Brecht, and any decent playwright knows the feeling of unease at being master of the audience, at being able to have them say (Next Time I'll Sing To You) »I dont know what they're on about, but it's all so *true*.« The problem is an old one, of theatrical honesty; but in *Bodies*, because of the content, it becomes acute, and is put in terms in which, perhaps, it has not been put before.

My attempted solution was: to express as vividly as possible in Act 1 the intensity of the experiences undergone by the characters, but keeping some sense of perspective (clinical objectivity if you like) by having it in the past; to cut into this glimpses of the two couples in the present, who are to all intents and purposes more or less »normal« people; to express, by having the characters come together in a fairly mundane meeting in Act 2, the fact that whatever the intensity of an experience, life *does* go on afterwards, as water stills after a brick has been thrown in; to keep the dramatic element of Act 2 on a tight rein; and to make Mervyn drunk. I did this to give him a *legitimate* theatricality; to enable him to use rhetoric, which can go with drunkenness and which I found necessary to put his points over; to open him up so that he could express things he otherwise would not; and to express his sickness. A drunken man is very entertaining; he is also sick; and again, of course, the old danger is there: that in being entertained by the drunkenness, the audience will applaud it. To what extent this happens in the play will depend to some extent on the actor. But the fact is that Mervyn, as well as being an entertaining figure and even to a degree a heroic one (what more heroic to an audience than to be entertaining in adversity, like the band playing as the ship goes down) is also an object of pity, a failure, clinging to ideas he cannot justify. His rhetoric, his sense of external values, is set against the reality of the other couple and against a logic which he cannot deal with. To me, his penultimate speeches are rhetorically rather fine, and express something I believe in; but their only form is rhetoric (and, possibly, the »artistic« content of the play); his ideas, his yearnings, have no flesh to clothe themselves in. There is no way in which he can – or we can – relate them to the factual logic of a physical world. And to me, Helen's speech to him expresses this. What you seem to have taken as the climax of the act I see as a dying fall, his last twist away from defeat, or to make it seem that it doesn't matter. That I believe his last idea has a possible truth in it – see later – is less important than that it is apparently ridiculous and that it is a forced-jocular turning away of the blade by a beaten man.

In rewriting Act 2 for Hampstead I felt that, for another audience than the original one, I was to a small extent cheating, taking liberties with the audience in the way I've described. I haven't reread it since I did it so I don't know. But I also felt that it was necessary both to allow more time for reactions to occur simply by lengthening the act, and to add some element of suspense, of something which was being waited for, by using the Simpson theme. But substantially the play is as it was, and I can only wait to see how the Hampstead production comes on before I can know to what extent it will work on a stage.

To come to what is really the minor point in your letter (because the last page is *meant,* as I said, to be a whimper): it seems to me that since mankind has begun to think about what it is doing – which means since it has consciously tried to better itself – we have had to do a lot of cheating in order to hold on to all the components of life while keeping a semblance of rationality in our lives. The problem is not so much the much-discussed one of the split between thought and feeling, as that rationality rests on a basic of a number of a priori assumptions, the dubious origins of which we then conveniently forget. »One plus one always equals two.« »God exists.« »Mankind is a good thing.« »Progress is desirable.« »The wellbeing of others is desirable.« »Art is valuable.« The trouble is that to accept more than one of these axioms can lead to a series of paradoxes which cannot be resolved logically, except by throwing overboard one or other of the axioms. (I forgot the fundamental axiom, »Rationality is a good thing.«) The Inquisition thought they were rational. Harry Lime in the famous scene on the Big Wheel was being rational. Catholics will explain rationally why, for the wellbeing of the world at the time, they had to suppress Galileo's truths, and to counter this with »But truth must prevail« is only to throw in another axiom which cannot be rationally defended. Neither psychoanalysis as a system of rational thinking about Man, nor Marxism nor any religious philosophy, as far as I know, can contain the idea of the poetic experience as you and I understand it, or can define its value in terms we could accept. Well, perhaps religion can come towards it, but religion is no longer a force. And to say »Art enhances life« only suggests, what psychoanalysis would question, that life *needs* enhancing if lived properly. I don't want to go on about this, and am getting out of my depth (past my bedtime); the point I want to get to is that psychoanalysis is not any more an academic study, but, together with Marxist philosophy, a tool in general use for evaluating our society and ourselves and what we want them to be. In other words, and I've been trying to avoid the cliché, we live in a materialist world. In the choice of primary axioms on which our thinking is based, God has disappeared, progress is technological rather than spiritual, and wellbeing has come to have a pretty materialistic ring to it. *So*, the poetic experience (and I include in this all those apprehensions of value one has in life-situations) does not come into the equation; and the equations, in any case, are based on unprovable assumptions of value. As soon as one gets past the manifestations of the instincts for survival, propagation and comfort, one takes leave of the firm physical basis for justifying one's actions which is required for rationality. It seems to me very questionable that the writing of *Hamlet* or *Faust* – and the necessary discomforts which go with it – can be put in a rational context, i. e. proved to be either necessary or good. (To say »It satisfied the writer to do it« makes it no more rational, or logical, than to say rape is necessary to the rapist or compulsive washing to the compulsive washer.) I see no logical imperative for inventiveness, creativity or the attempt to become more than one is. (As for the invention of the neutron bomb, this seems to me doubly irrational.) We run on instinct, and we run on faith, but we really *cannot* glibly assume that the difference between cave-man and modern man is the result of a process of rationality. Rather it's the result of a series of gratuitous acts, of steps taken out of no apparent antecedent and with no apparent justification. *Why* did Newton have to explain gravity to himself? He was in no danger of falling off the world.

Incidentally (referring to your letter) I think you fall into another trap in calling artists (»and, alas, writers«) irresponsible. It's true that they lack responsibility, i. e. power; they are voices, only; they can neither control nor coerce. But my experience is that in general the artist's sense of responsibility to, and for, his work is so great as to be, in worldly terms, neurotic.

Anyway. Let's wait and see how I feel about what goes

on at Hampstead. You may be right, that the play will not work. But I really didn't dash the play off, and really did come to the end of my thinking on its subject. If and when I'm satisfied with the way the play goes during rehearsals at Hampstead (or if the Hampstead production doesn't come off) I'll send you the new version. I hope I haven't upset your work schedule and that you'll be patient with me, and with this long screed, which is perhaps the result of five weeks in Greece doing nothing.
  Love to you, and to Flesch, James

HILDE SPIEL AN PETER WAPNEWSKI.
WIEN, 9. SEPTEMBER 1977

9-9-1977

Lieber guter Peter,
  was kann man sagen zu einem so unerwartet fulminanten Respons? Schon daß Sie's gleich gelesen haben, das alte kleine Bändchen, ist mir eine große Freude. Wer schlägt denn all die Bücher überhaupt auf, die ihm tagtäglich ins Haus fallen? Und dann diese für mich fast beschämende Würdigung, die ich doch kaum in diesem Maß verdiene, und dazu so rasch! Ich bin wirklich überwältigt. Und froh, daß ich zumindest Anlaß zu all dem Schönen gegeben habe, was Sie ganz einfach über einen Wiener Versuch, kleine Prosa und Essayistik zu schreiben, formuliert haben. Ich will Sie nun keineswegs mit Hervorbringungen erdrücken, aber haben Sie die *Kleinen Schritte* eigentlich? Wenn nicht, laß ich sie schicken, aber ohne Notwendigkeit, sich wieder so Lobendes – nein, nicht abzuringen, aus der Feder fließen zu lassen, mit Ihrer bewundernswert leichten und eleganten Hand.
  Für Monica, die es lesen wollte, eine blasse Kopie des Bayreuth-Salzburg-Artikels.
  Und Ihnen beiden das Allerherzlichste von Ihrer Hilde

HILDE SPIEL AN JAMES SAUNDERS.
WIEN, 4. OKTOBER 1977

4th October 1977

Dear Jimmy,

I have been away from Vienna a lot and quite unable to answer letters, please forgive. I was quite overwhelmed by the great kindness and care with which you answered my various points, and I have studied your reply more than once in order to quite grasp your intentions. It is all so tremendously carefully thought-out and so convincingly reasoned that I have no objections left, but can only hope that the alterations you made on your own free will may partly fulfil my hopes. I was quite ashamed to cause you to go to so much trouble, but my consolation is that in answering my letter so extensively you may have had occasion to formulate again what you had in mind, and in this case I hope you kept a carbon copy. I wish I had made one of my original queries, but for some stupid reason I didn't.

Dear Jimmy, I admire your clarity and detailed application in thinking out the meaning of every play you do, and in judging other peoples' works. I am sure that you are understood by some highly intelligent people in England, and much loved by people of lesser intelligence in Germany and Austria, and I only hope that you will have all the success you deserve. I feel that writing gets more difficult for you the more you progress, and this is quite in line with Thomas Mann's saying that a writer is someone who finds writing difficult. But I sometimes wish you could, just for once, throw all your theory to the wind and just write by giving free rein to your imagination, and justify afterwards what you have done. I firmly believe that there must be a thing dictating to us if we are creative, and this in effect is what you say yourself when you say that we run on instinct, and on faith.

No carbon copy made of this letter either, but never mind, and thanks again for the real friendship you displayed by taking so much trouble in answering. Give my love to Audrey.

Yours Hilde

And love from Flesch, of course.

HILDE SPIEL AN HERMANN KESTEN. WIEN, 20. DEZEMBER 1977

20. 12. 1977

Lieber Hermann,

Darf ich noch einmal, ein letztes Mal an Dich schreiben und Dich bitten, doch nicht jeden Kontakt mit uns für immer abzubrechen. Wir waren in Amerika, als Toni starb, haben nach der Rückkehr immer wieder an die falsche Adresse an Dich geschrieben – einen der Briefe, die zurückkamen, lege ich bei – und auf jede Weise versucht, mit Dir in Verbindung zu kommen. Es schmerzt uns sehr, daß dies nicht gelungen ist, und wir wissen gar nicht, warum Du uns verstoßen hast. Wenn ich in meinen Bemühungen um eine neue Existenzform für Dich in den vergangenen Jahren zu weit gegangen sein sollte, dann doch nur aus ehrlicher Liebe und Besorgnis. Und was sonst zwischen uns stehen sollte, weiß ich nicht.

In jedem Fall wünschen wir Dir ein zumindest erträgliches Neues Jahr. Mehr wünschen wir uns selbst nicht, können wir uns nicht wünschen.

Immer Deine Hilde

HILDE SPIEL AN ALBERT VON SCHIRNDING.
WIEN, 7. JANUAR 1978

7. 1. 1978

Lieber Herr von Schirnding,

zu meiner wirklichen Freude habe ich hier Ihr Buch lesen können. Es war sicherlich besser, daß ich darauf gewartet hatte, etwas zur inneren Ruhe zu kommen. Nun hat alles viel unmittelbarer und eindringlicher auf mich gewirkt. Ich kann Ihnen gar nicht sagen, wie sehr, scheue mich auch, von dem Gefühl einer Verwandtschaft zu sprechen, tue es dann aber doch, weil es kein besseres Wort gibt für das, was ich beim Lesen Ihrer Prosa und Ihrer Gedichte empfinde.

Das Märchen vom Frieder und dem Katherlieschen habe ich immer geliebt und mit mir herumgetragen. Was Sie darüber schreiben, finde ich so richtig wie ergreifend. Ich konnte neulich nicht schlafen, auch hier nicht, und als ich gegen Früh dieses Stück von Ihnen gelesen hatte, schlief ich friedlich ein, obwohl es nichts Herzzerreißenderes gibt als den Schluß des Märchens und darum auch den Schluß Ihres Stücks.

So vieles müßte ich nennen, was mich besonders berührt hat. »Der dich verpfiff«, und andere Gedichte wie »Delos«, »Schlechter Schütze«, »Ende einer Belagerung«. Die frühen Prosatexte aus der Kindheit und die späteren, »Freispruch« etwa in seiner Kürze, ja und das Gedicht »Büchner« – ich blättere noch einmal nach, während ich das schreibe, und möchte eigentlich alles nennen. Ich würde mir sehr wünschen, daß Sie mehr schrieben, Längeres. In manchen Gedichten übrigens, den Therapiegedichten etwa, meine ich einen Nachklang von Thomas Bernhards Dramen zu verspüren – ob Sie den auch so schätzen wie ich? Aber es ist freilich alles ganz original bei Ihnen, ich meine das nicht als Einschränkung.

Ich danke für Ihre Geduld und daß Sie mir's nicht übelnahmen, das lange Zögern. Und sehr herzliche, sehr aufrichtige Wünsche für das neue Jahr,

von Ihrer Hilde Spiel

HANS WERNER HENZE AN HILDE SPIEL.
WIEN, 11. MAI 1978

Wien, am 11. Mai 1978

Verehrte frau Spiel,

Ihr besuch hat mich sehr gefreut und geehrt, und ich bin gerade dabei, Ihr buch zu lesen. das was Sie über Ingeborg schreiben ist bisher das einzige das eine realität besitzt und ein gefühl. »psychologie des exils« hat mich betroffen und nachdenklich gemacht, jetzt bin ich gerade bei Bayreuth und Visconti (mit dem ich mich wegen seiner *Verdammten* die ich für demagogisch halte verkracht habe) und so springe ich in Ihrem buch umher. es drängt mich aber, Ihnen mein kleines buch von aufsätzen zu schicken* – wenn es ginge daß Sie es lesen! – damit wir beim wiedersehen schon eine basis haben! freundliche grüße

Ihr Hans Werner Henze

HILDE SPIEL AN HANS WERNER HENZE.
WIEN, 30. MAI 1978

30. Mai 1978

Lieber verehrter Hans Werner Henze,

es schickt sich nicht, Sie so lange auf Antwort warten zu lassen, es schickt sich nicht, Ihnen nicht handschriftlich zu schreiben, aber das ganze Leben, das ich führen muß, schickt sich nicht, denn es ist das einer Lohnsklavin, keiner Schriftstellerin. Ich stecke fest in den Wiener Festwochen, muß die ephemersten Berichte darüber verfassen, zudem dies oder jenes übersetzen oder für eine Sendung vorbereiten – und dazu gehören sage und schreibe drei Minuten im Fernsehen über Ingeborg Bach-

---

* nächste Woche

manns gesammelte Werke –, und es bleibt keine Zeit, nicht einmal Zeit zur gelassenen Abfassung eines Briefes an Sie. Bitte verstehen und verzeihen Sie das.

Ich war sehr froh über Ihren Essayband, habe darin zuerst die Stellen über den *Jungen Lord* gelesen und zunächst weiter nichts. Aber schon habe ich gesehen, daß Sie ebenso gut hätten schreiben wie komponieren können, und so ungemein lebhaft etwa, in dem Brief an Kurt Pscherer, das deutsche Biedermeier heraufbeschwören können, in wenigen Worten, wie es wenige Schriftsteller zu tun vermöchten. Ich will das Büchlein mitnehmen, wenn ich irgendeinmal in diesem Sommer einige Tage ganz ohne Arbeit verbringen kann.

Es war sehr schön, Sie besuchen zu können. Mir war, als hätten wir einander seit eh und je gekannt.

     Mit freundlichen Grüßen, Hilde Spiel

HERMANN KESTEN AN HILDE SPIEL.
NEW YORK, 15. JUNI 1978

     New York, 15. Juni 1978
Liebste Hilde und mein lieber Hans,

eben las mir Gina Deinen Brief, liebe Hilde, am Telephon vor, und ich weiß wohl und fühle es schmerzlich, daß ich Unrecht hatte, Euch nicht schon längst zu schreiben.

Ich kann keinen vernünftigen Grund für mein Versäumnis angeben, warum ich meinen besten Freunden nicht geschrieben habe. Offenbar gab mir kein Gott zu sagen, was ich leide.

Offenbar hat mich der Tod von Toni – am 3. Juli wird es schon ein Jahr sein – in vieler Hinsicht asozial gemacht. Ich konnte auf die Trostbriefe meiner besten Freunde nicht antworten, und fühlte meine Briefschuld, was mich wieder hinderte, zu schreiben.

Und dabei dachte ich in früheren Zeiten, ich sei ein

gutwilliger Briefeschreiber, und ich freute mich auf Briefe, was ich noch heute tue.

Kurz und gut, ich bin Euch beiden, Dir und Hans, so zugetan wie immer, ich habe Euch beide von Herzen lieb, und ich weiß, was für treue und zuverlässige und hilfreiche Freunde Ihr seid, ich muß nur an meinen Wiener Aufenthalt beim PEN-Kongreß denken ...

Ich habe die Absicht, Ende des Monats nach Europa zu fliegen, zuerst in die Schweiz, nach Basel und Zürich, und dann wahrscheinlich in die Bundesrepublik Deutschland. Leider kann ich Euch noch keine europäische Adresse geben, weil ich es dem Zufall und der zufälligen Laune überlassen will, wo ich mich für den Sommer niederlasse.

Sobald ich eine Adresse für einige Zeit in Europa habe, schreibe ich sie Euch gleich, und vor allem, um Euch eventuell wiederzusehn, wenn Eure Reisepläne es dahin bringen, daß wir uns näher sind, als jetzt von New York bis Wien. Wann geht Ihr nach Salzburg?

In New York sah ich nur wenige Freunde, einige Witwen meiner Freunde, wie Richard Lindners junge Frau, er rief mich an, wir machten eine Verabredung, und bevor ich ihn treffen sollte, las ich in der *Times* schon den Nachruf auf ihn.

Einige Male traf ich Landshoff, der gestern mit mir für einen bayerischen Fernsehfilm über Lion Feuchtwanger ein Gespräch geführt hat, oder ich mit ihm?

Ich schreibe in Eile, da ich zum Abendessen einen Freund treffe, aber nicht den Tag versäumen will, sogleich an Euch zu schreiben.

In New York müßte ich weit fahren (ich wohne in der West End Avenue und 104th Street), um die *FAZ* zu bekommen und Dich, liebe Hilde zu lesen. Woran arbeitet Ihr, falls Ihr an einer größeren Sache arbeitet?

Ich umarme Euch, und bin Euch sehr dankbar, daß Ihr mir meine nicht geschriebenen Briefe verzeiht,

stets Euer Hermann

HILDE SPIEL AN HELGA SCHÜTZ.
WIEN, 15. NOVEMBER 1978

15. November 1978

Liebste Helga Schütz,

Ihre *Jette* kam vor etwa einer Woche in meine Hände und ich bin sehr glücklich mit diesem Buch. In meinem Zimmer häufen sich die Neuerscheinungen des Herbstes, jeder Tag bringt ein kleines Paket, aber ich habe alles beiseite geschoben und lese nur in der *Jette*, hab schon die Hälfte, und das Buch liegt auf meinem Bettisch und wird jede Nacht herbeigeholt. Es ist ein so schönes, zartes, anschauliches, dabei resolutes Buch, so empfindsam und doch so sicher, so klar. Ich wollte, die Menschen bei uns schrieben so, anstatt – und das gilt für die jungen Österreicher – ständig Rundgänge um ihre uninteressante Psyche zu unternehmen. Oder auch, sich mit Sprachspielereien zu befassen, weil sie zu wenig erleben, um die Realität als wichtig zu empfinden. Berührungsangst vor der Wirklichkeit nannte das gestern ein junger Soziologe, und hatte ganz recht.

Ich denke so gern an unsere Bahnfahrt, sie war filmisch umrahmt vom Semmering und den schönen Burgen Kärntens, an denen wir vorbeifuhren, und bleibt auch in Erinnerung wie ein Film. Ich wünsche mir so sehr, und mein Mann tut es auch, daß wir uns wiedersehen. Ich werde immer wieder von Joachim Herz in die Komische Oper eingeladen, und vielleicht kann ich doch einmal zu einer seiner Premieren, dann würden wir einander treffen. Oder vielleicht bringt Sie auch wieder einmal ein Film, ein richtiger, von Ihnen geschriebener, in unsere Gegend.

In jedem Fall wollen wir in Verbindung bleiben. Und ich danke Ihnen so sehr für das Buch. Ich hätte Ihnen gern einmal was von mir geschickt, aber ich weiß nicht, ob Sie Essays oder eine historische Biographie interessieren? Ich habe seit langer Zeit keinen Roman mehr geschrieben. Nun, lassen Sie mich wissen, ob Ihnen etwas schicken darf.

Sehr herzliche Grüße,   Ihre Hilde Spiel

HELGA SCHÜTZ AN HILDE SPIEL.
GROSS-GLIENICKE, 11. DEZEMBER 1978

Groß-Glienicke, den 11. 12. 78
Liebe verehrte Hilde Spiel,
gut, daß ich Ihren lieben Brief habe. Ich danke Ihnen sehr herzlich dafür. Gestern hätte ich Ihnen, verbunden mit meinem Dank, sicherlich vom Eichhörnchen vor meinem Fenster geschrieben, heute aber drängt es mich sehr, Ihnen meine neueste üble Lage zu schildern. Haben wir doch einen Fernsehfilm nach einer Novelle von Gottfried Keller, »Ursula« geheißen, gemacht. Ich als Autor des Szenariums. Und da war die Sendung, die Ausstrahlung, wie es heißt, und wir haben von unseren Herren und Auftraggebern in der Schweiz und in der DDR Lob geerntet. Aber gestern hat unser Volk gesprochen, es forderte in Briefen, Leute, die solche Filme machen, sollte man einsperren, und unser Volk befand sich in Einigkeit mit den Männern des Staates. Eingesperrt haben sie mich zwar nicht, aber meinen Arbeitsvertrag zu einem Film, an dem ich schon ein Jahr arbeite, einem Lieblingsprojekt – bisher – meines Dramaturgen und auch von mir, eine Bearbeitung einer Erzählung von Hamsun, gekündigt. Entschuldigen Sie, liebe Hilde Spiel, daß ich Sie förmlich damit überfalle, aber ich fühle mich dermaßen verletzt und ausgestoßen. Es brennt. Ich erhoffe mir ein bißchen Beruhigung, indem ich Ihnen schreibe. Mein Roman wird mir unterdessen auch mehr und mehr zum Karren, in den ich mich spannen muß. Aber wenn ich einmal im Geschirr bin, gehe ich verhältnismäßig frei und fröhlich voran. Zeit habe ich auf einmal viel. Ich will sehen, daß ich im Januar fertig werde. Mein Sohn ist gerade für achtzehn Monate bei der Armee und mein Gefährte arbeitet für zwei Jahre als Fernsehregisseur in der BRD. Er dreht dort einen Film nach Feuchtwangers Roman *Exil*.
Sie schrieben, liebe Frau Spiel, daß Sie ev. bei einer

Gelegenheit nach Berlin kommen. Ich würde mich sehr freuen! Und es wäre sehr schön, wenn ich von Ihnen etwas bekäme, was Sie gedacht und geschrieben haben. Der sicherste Postweg wäre über den Aufbau Verlag, 108 Berlin, Französische Straße 32, auf meinen Namen. Daß Ihnen mein Büchlein gefallen hat, freut mich über die Maßen. Das hilft über die Kümmernisse.

Ich grüße Sie und Ihren Gefährten sehr herzlich
Ihre Helga Schütz

HILDE SPIEL AN HELGA SCHÜTZ.
WIEN, 13. JANUAR 1979

13. 1. 1979

Liebe Helga Schütz,

Es war schön und auch ein bißchen traurig, von Ihnen zu hören. Ich bin in jedem Fall sehr froh, daß Sie mir geschrieben haben, und möchte mir wünschen, daß wir in Kontakt bleiben. Sobald ich in die Nähe einer Post komme, will ich Ihnen ein Buch schicken, das eben als Taschenbuch herausgekommen ist, aber zuerst 1962 erschien: eine historische Biographie über Fanny von Arnstein, eine Berliner Jüdin, die zwischen 1758 und 1818 lebte und in Wien einen großen Salon hatte. Vielleicht versetzt es Sie in eine andere Zeit, was ja immer etwas Tröstliches hat. Ich soll ja wieder etwas über diese Epoche schreiben, ein Buch über die Berliner Salons der Aufklärung, aber ich bin immer so überlastet mit der täglichen Kulturkorrespondenten-Fron, daß ich mir die Zeit dazu einfach abringen muß. Was in dem Buch über das Berlin der Aufklärung steht, wird Sie vielleicht interessieren, in meiner *Fanny* nämlich, zunächst.

Ich bin in einiger Aufregung, weil ich morgen mit meinem Schreibtisch und einem Teil meiner Bücher in eine kleinere Arbeitswohnung übersiedle, die ich mir um die Ecke – leider sündteuer – habe mieten müssen. Ich bin hier in einer sehr kleinen Wohnung seit Jahren in klaustrophobischer Lage, weil ich in dem einen Zimmer, in dem ich schlafe, arbeite und lebe – der Rest der Wohnung ist ebenso überladen von Büchern, Zeitungen, Zeitschriften, Archiven, Quellenwerken, kurz, bedrucktem Papier, völlig in die Enge getrieben wurde. Nun soll das besser werden, aber mein 83-jähriger Mann, der im Grunde nie allein sein will, ist darüber alles andere als glücklich. Nur: tu ich's nicht, dann ertrinke ich in Papier.

Übrigens: auch von ihm, dem Flesch, erscheint demnächst noch ein Roman, soll *Die Frumm* heißen und ist eine sehr pikareske Geschichte, mit kontemplativen Einschüben.

Lassen Sie wieder von sich hören, liebe Helga, und verzeihen Sie, wenn ich nicht immer prompt antworte, manchmal ist eben überhaupt keine Zeit zum privaten Schreiben, vielleicht kennen Sie das.

Sehr herzliche Grüße und Wünsche für 1979 auch von Flesch,

Ihre Hilde Spiel

HELGA SCHÜTZ AN HILDE SPIEL. GROSS-GLIENICKE, OSTERMONTAG 1979

Groß-Glienicke, am Ostermontag 79

Liebe verehrte Hilde Spiel,
Heute möchte ich Ihnen von Herzen für Ihren lieben Brief und für Ihre *Fanny von Arnstein* danken, beides habe ich längst hier, das Buch ist ohne Schwierigkeit über den Aufbau Verlag zu mir gelangt und ich bin sehr froh, es zu besitzen. Sprachlos bin ich vor dieser ungeheuren Materialfülle, die Sie auf den fünfhundert Seiten zusammengetragen haben, und bewundert habe ich Ihre schöne

Sprache. Sie haben mich mit Ihrem Buch wieder süchtig nach Geschichte gemacht, besonders nach Preußens, von der ich etliches anschaulich vor der Haustür habe. Ich plage mich augenblicklich mit dem märkischen Sand in meinem Garten, verfeinere mit Kompost und Torf, um ihm ein paar Blüten abzugewinnen. Ich muß zugeben, eine schöne Plage, eine, die ich gerne behalten will. Ich finde außerdem um die Ecke Sanssouci und in Potsdams Umgebung die Reste des Stadtschlosses, von denen ich den Schlußstein der Torzufahrt mit den goldenen Initialen F. R. in einem verfallenen Grundstück weiß. Ich würde den Klotz sehr gerne zu mir wälzen. Ich sinne, wie ich das bewerkstelligen könnte, selbstverständlich bei Nacht. Allerdings geht es nicht mit einer Karre (wie sagt man wohl in Wien?), ich brauche Komplizen mit technischem Gerät. Da ich hier unterdessen so sehr zu Hause bin, interessieren mich Ihre Zeugnisse von Fannys Herkunft besonders sehr. In einem Ihrer Briefe schrieben Sie von Plänen, die Sie eventuell nach Berlin führen könnten. Werden Sie über die Berliner Salons schreiben? Wer sollte sich sonst so genau in solchen legendenreichen Zeiten bewegen, ohne weder Juden noch Christen zum Besten zu reden! Ich wünschte mir, daß mein Dankeschön für die *Fanny* Sie ein wenig wieder an Ihre Pläne denken ließe.

Neben meiner Arbeit im Preußensand bin ich mit den letzten Seiten meines Romans beschäftigt. Ich hatte mich den Winter über für einige Wochen ganz aus dem Roman herausgerissen, weil ich einen Intensivkursus für Französisch besucht habe – fünf Stunden tägl. Unterricht und am Nachmittag nochmals fünf Stunden Hausarbeit. Jetzt, unter der Frühlingssonne und endlich wieder beim Schreiben, rieselt französische Grammatik und Lexik von mir ab. Ich hoffe, daß ich das letzte Kapitel in diesem Frühjahr bewältige. Außer in Klagenfurt habe ich noch nirgends aus dem Manuskript gelesen, und ich habe es auch noch niemandem zum Lesen überlassen. On verra – besonders in meiner Nähe. Unterdessen haben zwei Filme, zu denen ich die Szenarien geschrieben habe, Premieren gehabt. Ein Film über Georg Büchners letzte

Jahre in Gießen, Strasbourg und Zürich und ein Gegenwartsfilm, der im heutigen Berlin spielt. Beides Kinofilme. Von unterschiedlich sensiblen Regisseuren inszeniert. Büchner ist nach meinem Geschmack ein bißchen grob geraten, den anderen aber mag ich gern. Übrigens habe ich von Ludwig Fels *Mein Land* bekommen, und ich muß mich korrigieren, in Klagenfurt fand ich keinen Zugang, nun aber gefällt es mir sehr. Ich habe den Ernst seiner Sprache erst beim Lesen entdeckt. Ist denn der Roman von Flesch unterdes erschienen? Würden Sie ihn bitte sehr herzlich grüßen und mein großes Interesse an seiner Arbeit bescheiden anmelden? Ich denke Sie mir nun schon in den Bergen, nicht mehr in Wien, denn Sie haben mir erzählt, daß auch Sie ein Stadtflüchter sind. Ich wünsche Ihnen einen schönen grünen freundlichen Sommer und grüße Sie, liebe Hilde Spiel, und Flesch
      von Herzen Ihre Helga Schütz

HILDE SPIEL AN FRITZ J. RADDATZ.
WIEN, 19. SEPTEMBER 1979

19. 9. 1979
Lieber Fritz Raddatz,
 wir kennen einander sehr lange, und ich möchte Ihnen nicht hinter Ihrem Rücken zürnen, also schreibe ich Ihnen, warum ich zur Zeit ein wenig böse auf Sie bin.
 Das hat zwei Gründe, die nicht das Geringste miteinander zu tun haben. Den unpersönlichen zuerst: Ich war sehr unglücklich über die Haltung, die Sie im Wiener Club 2 zu Syberberg und zu *Holocaust* einnahmen. Ganz kurz gesagt, ich kenne Syberberg sehr gut und hatte mich mit ihm nach dem Winifred-Film angefreundet. Sein Hitler-Epos scheint mir ein gefährliches Dokument des noch gefährlicheren deutschen Irrationalismus zu sein. Im Zusammenhang mit Nietzsche hat Friedrich Heer neulich das Wort von den »Schleichwegen ins Chaos« zitiert, die

von den Deutschen immer wieder gesucht werden. Ein solcher ist, meiner Meinung nach, Syberbergs Film. Zweitens, niemand leugnet den kommerziellen Aspekt von *Holocaust*. Aber der Film war anständig gemacht und seine Wirkung nicht zu verachten. Ihre Gräfin Dönhoff schrieb am 14. September, von einer Schrift, die alles Wissensnotwendige über die Nazi-Zeit für Lehrer zusammenstellt, seien seit der Aufführung von *Holocaust*, also seit Januar, 300000 Stück abgesetzt worden. Sie hatten mit solcher Verachtung von *Holocaust* gesprochen, daß sicher manches alten Nazi Herz höher schlug. Und zuvor doch Ihre so kluge und richtige Betrachtung über *Mein Kampf*, von der ich jeden Satz unterschrieben habe.

Jetzt das Private. Lou Fischer hatte Sie gebeten, Flesch-Brunningens sicherlich letzten Roman *Die Frumm* rezensieren zu lassen. Ich hatte Ihnen noch einmal das Buch geschickt. Dennoch wurde dieses Werk eines uralten Expressionisten, der mit 84 und sehr zerrütteter Gesundheit noch einmal das Erscheinen einer literarischen Hervorbringung erlebt, in der *Zeit* totgeschwiegen, nicht einmal auf der Büchereingangsliste erwähnt. Warum? So blamabel war es nicht, in der *FAZ* und *Süddeutschen* wurde es höchst positiv besprochen. Es kränkt ihn und kränkt mich, daß die *Zeit* keinen Raum für ihn hat.

Herzliche Grüße, Hilde Spiel

FRITZ J. RADDATZ AN HILDE SPIEL.
HAMBURG, 27. SEPTEMBER 1979

27. September 1979

Liebe Hilde Spiel,
auch wenn Ihr Brief unwillig ist: es trifft sich gut, daß ich von Ihnen höre, da ich Sie nämlich um etwas bitten wollte. Aber vorerst zu Ihren Ermahnungen:

Beim Syberberg sind wir beide halt ganz anderer Meinung, wenn ich auch nicht ein ungetrübter Bewunderer seines Hitler-Films bin. Das kam ja wohl in dem Gespräch immerhin auch zutage; einige Zeitungen, die mir der Sender schickte, referierten sogar, daß es mir als erstem gelungen sei, durch kritische Bemerkungen ihn zu bestimmten Äußerungen zu bewegen.

Ganz emphatisch anderer Meinung allerdings sind wir wohl über den Fall *Holocaust*. Meine ganz krasse Ablehnung dieses tränenseligen und unaufklärerischen Machwerks habe ich ja schon einmal in einem sehr aggressiven *Zeit*-Artikel dokumentiert – mich wundert, daß Sie damals nicht schon gescholten haben.

Wegen der Rezension erinnere ich Rolf Michaelis noch einmal. Ich hatte ihm seinerzeit das Buch und die Bitte weitergeleitet, denn nicht ich, sondern er ist ja für Rezensionen zuständig. Aber Sie wissen doch selbst, wie es in Zeitungen zugeht: Irgendeine Pseudo-Aktualität überstürzt die andere, und so bleibt ganz ohne bösen Willen manches liegen. Er wird Ihnen sicherlich dazu eine Zeile schreiben.

Nun meine Bitte: Hätten Sie Zeit und Lust, bei unserem inzwischen doch sich zum Gelingen rundenden 100-Bücher-Spiel mitzumachen? Ich schicke Ihnen hier die Liste, damit Sie sich noch einmal vergegenwärtigen können, um welche Bücher es geht und wer was besprochen hat oder besprechen wird. In schlechter Gesellschaft fänden Sie sich nicht. Können Sie sich für den Tschechow erwärmen? Das würde mich besonders freuen – allerdings müßte ich mich darauf verlassen können, das Manuskript innerhalb von vier Wochen hier zu haben. Mit der Bitte um eine Zeile
ganz herzlich

Ihr Fritz Raddatz

PETER WAPNEWSKI AN HILDE SPIEL.
BERLIN, 6. DEZEMBER 1980

den 6-XII-80

Verehrte liebe Hilde, –

es gibt immer Gründe, sich auf ein Wiedersehen mit Ihnen zu freuen, – es gab in diesem Falle der Gründe besonders viele und besonders triftige.

Aber Sie waren nicht da, als ich Sie anrief, waren bei der Frau Lernet-Holenia und heilten deren Bein, und so mußte ich denn dankbar sein, mich mit Fleschi am Telephon besprechen und erfahren zu können, daß er schon viele hundert Seiten seiner Autobiographie hinter sich gebracht hat.

Ich *war* auch dankbar; – nur: dankbarer noch wäre ich gewesen, hätte ich mit Ihnen reden und Sie wiedersehen dürfen. Ich weiß, meine Schuld, ich hätte mich anmelden sollen. Und doch nicht meine Schuld: die dienstlichen Obliegenheiten, die mich in Ihre Stadt führten, waren derart unübersichtlich, daß es vermessen gewesen wäre, im vornherein über die Stunden anderer zu verfügen.

So bleibt mir denn nur die Hoffnung, – und vielleicht Hoffnung auf ein Wiedersehen in Berlin. Davon gleich. Zuerst zu einem der andern von den vielen triftigen Gründen:

Ich wollte Ihnen allererst sagen, mit welchem Entzücken Monica und ich, einander den Band aus den Händen zerrend, *Mirko und Franca* gelesen haben, Ihnen gratulierend und dankend. Stimmungswerte, unvergleichlich vergegenwärtigt, und im Individuellen das Allgemeine, sprich die Geschichte, sinnhaft dargestellt; alte unnennbare Tage und eine vergehende Welt, deren Überreste uns helfen, zu überleben. In aller Traurigkeit also auch Tröstliches, – weil ja nur um der Trostlosen willen der Trost gegeben ist, um Sankt Benjamin abzuwandeln.

Das also hätte ich Ihnen gern gesagt, geschrieben nimmt es sich, eben weil in Dankbarkeit zustimmend, allzu gravitätisch und wichtigtuerisch aus. Aber Sie werden es verstehen, recht verstehen.

Sodann hab ich nicht weniger als zwei Anträge und dazu eine Bitte:

Antrag eins:

Ich leite hier im SFB, III. Fernsehprogramm eine Sendung, die Autoren im lebendigen Gespräch vorstellen will. Kein sehr origineller Gedanke, aber es kommt darauf an, wies gelingt, oder mißlingt. Trotz des idiotischen Titels (nicht von mir, unnötig es zu sagen) *Autor-Scooter* eine, wie mancher Kenner meint, nicht sinnlose Sache. Eine Stunde, der Autor im Gespräch mit mir und einem weiteren Gast.

Es läge mir sehr daran, nachdem ich vor zwei Jahren mit Walser angefangen und zuletzt Heißenbüttel hier gehabt habe, Sie zu gewinnen. Und ich bin vermessen genug zu behaupten, der Abend lohnt die Mühen der Reise. (Und die finanziellen Bedingungen wie die Vorzüge der »Ausstrahlung« mögen gleichfalls konvenieren.)

Jedenfalls hab ich der zuständigen Redaktion vorgeschlagen, Sie einzuladen, und Sie werden von ihr hören, – was ich persönlich mit der Bitte verbinde, mich nicht im Stich lassen zu wollen. (Übrigens alterniert als Gesprächsleiter Raddatz mit mir.)

Antrag zwei:

Ich bin seit einigen Monaten »Rektor des Wissenschaftskollegs zu Berlin«. Anspruchsvoller Titel, ich weiß, aber die Sache ist auch anspruchsvoll. Um sie auf die einfachste aller Formeln zu bringen: Wir wollen hier ein kleines feines Princeton errichten und uns viele kleine, feine Einsteins holen. Jeweils für 10 Monate, jeweils ohne Bedingung außer der, daß der »Fellow« durch die Präsenz seiner Person und seines Geistes diesem Institut Leben gibt. Sonst keine Verpflichtung, weder vorgegebene Projekte noch gesellschaftliche Aktivität. Vielmehr gedeihliches Existieren procul negotiis. Remuneration, falls gewünscht: Etwa die eines deutschen Ordinarius. Wohnung, Studio, Arbeitshilfen werden gestellt.

Stimmen Sie mir zu, wenn ich die Vermutung ausspreche, es sei dieses Unternehmen ganz und gar auf Ihre Person zugeschnitten?

Und mögen Sie mich mit ein paar Zeilen wissen lassen,

ob Sie versucht sind zu kommen, und wenn ja, wann? Ob ab Oktober 1981, ab Oktober 1982 ...?

Sobald ich ermutigende Auskunft von Ihnen habe, werden wir Sie ausführlicher informieren. Noch besser: wir präsentieren uns Ihnen, wenn Sie zum *Autor-Scooter* kommen. Übrigens aber sollte ich hier schon erwähnen, daß Sie gebeten sind, weitere Namen zu nennen, im Verein mit denen Sie denkend und erwägend hier wohl leben möchten.

Endlich die Bitte:

Neben Ihnen in Wien lebt jemand, den ich persönlich leider (leider!) nur flüchtig, – aber eben doch gut genug kenne, um mich für menschliche, geistige, moralische und stilistische Qualität nicht ohne (freilich diszipliniertes) Pathos zu verbürgen. Eine junge Frau, in ihrer besten Lebensphase, will sagen in ihren gereiften Dreißigern. Aussehend wie eine lombardische Prinzessin, – und, mag sein, sie ist auch eine, was weiß man. Daß sie über alles verfügt, was eine Frau liebenswert macht, ist mir ahnungsweise deutlich, ist mir indes gänzlich gewiß dank dem Zeugnis eines durchaus verläßlichen und mit dem Wissen der Erfahrung ausgestatteten Informanten. Sie war vor ein paar Jahren Regierungsrätin bei einem der Berliner Senatoren, ist also Juristin und derzeit Syndicus der Deutsch-Österreichischen Handelskammer. (Ihr Mann übrigens ist der ZDF-Korrespondent fürs Balkanische.) Ihr Name:

Barbara Tautz-Wiessner

[...]

Eher zu erreichen wohl im Office.

Zu erreichen, sage ich. Denn wenn es noch einer Bestätigung der angedeuteten liebenswerten Eigenschaften bedarf, dann wird sie geliefert durch den innigen Wunsch von Frau Tautz-Wiessner, die Hilde Spiel kennen zu lernen. Und da sie, wie jeder anständige Mensch, schüchtern ist und Hemmungen hat, ließ sie sich nicht durch mich zu einem Billet oder Anruf encouragieren, sondern war lediglich bereit, mir zögernd ihr Placet zu diesem Vermittlungsversuch zu geben.

Ein Versuch, der den Mut hat, Sie, verehrte liebe

Hilde, zu bitten, nun zum Telefon zu greifen und Frau Tautz-Wiessner den Vorschlag zu machen, dann und dann dort und dort eine Tasse Tee oder wie man wohl bei Ihnen sagt, ein Schalerl Kaffee zu trinken.

Sie würden damit einen Menschen sehr glücklich machen, der dieses Glück verdient, – und so oft ergibt sich im Leben ja eine derartige Chance nicht.

Das wars: Der Dank; der Antrag; der weitere Antrag; die Bitte.

Allenfalls noch die sich fast selbstverständlich einstellende Information, daß Monica und ich nun seit dem 1. September (wieder) in Berlin wohnen, direkt am Ihnen ja nicht unbekannten Steinplatz. Ich tu mich mit dem Einleben ein wenig schwer, mir fehlen die freundlichen Konturen der Schwarzwaldlandschaft, fehlt auch die Muße die ich gern hätte, um etwas am Schreibtisch zustande zu bringen, was einige flüchtige Dauer hat. (Wagner läßt mich noch nicht los, ich werde noch ein paar Mal zuschlagen müssen, ich freu mich zu wissen, daß Sie das billigen.)

Monica und ich freuen uns aufrichtig und nicht ohne Ungeduld, Sie bald hier begrüßen zu dürfen.

Bitte empfehlen Sie mich dem verehrten Fleschi, dem ich weiter gutes Gelingen mit Hilfe von (dem Appollon dargebrachten) Trankopfern erflehe. (So forderte er es neulich am Telephon von mir, zu Recht.) (Die Rezension über ihn neulich in der *FAZ* war dümmlich, weil ahnungslos in bezug auf die Person und Persönlichkeit des Autors.)

Und so bin ich denn herzlich und ergeben (und zugleich Monicas Grüße apportierend) wie je und mit einem Handkuß treulich Ihr

              Peter

HILDE SPIEL AN PETER WAPNEWSKI.
ST. WOLFGANG, 28. DEZEMBER 1980

28. 12. 1980

Bester Peter,

Ihr Brief war so angenehm wärmend wie ein lange chambrierter Rotwein, oder auch, um es mit Churchill zu sagen, it warmed the cockles of my heart. Immer ist Ihr Lob, obschon ich es für übertrieben halten muß, sehr tröstlich, denn immer gibt es Kränkungen, und der kleine Band, von dem Sie so freundlich sprechen, hat zwar gleichfalls liebenswürdige Äußerungen von Kesten, Krüger (Horst) und Magris ausgelöst, aber in Wien ist er im Grunde totgeschwiegen worden, mit schweigender Verachtung bestraft, so daß ich doch glauben muß, meine Freunde eilten zu meinem Schutz herbei und das Buch sei eigentlich mißglückt. Ende Februar kommt noch ein schwerer Brocken auf diese Freunde zu, denn die Nymphenburger bringt ein von mir vor nahezu vierzig Jahren geschriebenes und äußerst altmodisches Ding heraus, einen historischen Roman aus den siebziger Jahren des vorigen Jahrhunderts – und daran werden sich die Handke-Liebhaber und Jandl-Bewunderer (zu welch letzteren ich gehöre) die Zähne ausbeißen.

Aber genug davon. Ich freue mich und bin dankbar, daß Sie mit mir ein Fernsehtänzchen wagen wollen. Ich habe Herrn Tomm ja schon zugesagt, wie Sie gewiß gehört haben, und hoffe nur, Sie nicht zu enttäuschen. Ich hätte Ihren Brief ja längst beantworten müssen, fand aber nicht die richtige Zeit dafür, und wußte, über den Termin würden Sie schon beruhigt sein. Mein Leben ist sehr angestrengt, ich arbeite viel zu viel, oder besser gesagt, viel zu angestrengt, denn es kommt ja leider weniger dabei heraus als früher, weil ich nicht so konzentriert bei der Sache sein kann und die vielen verschiedenen Aufgaben wirklich nur mit Mühe bewältige. Vielleicht gelingt es mir, mich im Laufe des kommenden Jahres von der allzu regelmäßigen Tagesarbeit für die *FAZ* zu lösen, aber irgendeine Form muß gefunden werden, die mich dabei nicht schlagartig verarmen läßt.

Daß ich gern einmal Ihr Einstein wäre, versteht sich, aber es ist nicht abzusehen, wann das geschehen könnte. Fleschi ist geistig rüstig wie eh und je, wie Sie ja wohl bemerkt haben, aber physisch sehr labil, will dauernd meine Nähe, kann selbst kaum mehr verfrachtet werden außer hier nach Wolfgang oder mal kurz nach Venedig. Nach Berlin könnte er nie mitkommen, und so muß der ganze Plan erst einmal fallengelassen werden. Ich freue mich aber, und endlich komme ich zu Ihnen, daß Sie so herrlich sitzen und walten an der Spree, da ist Wagner zumindest im Wort nicht weit, und ich denke mir, Sie werden da noch einiges zu sagen haben. Wir waren vorgemerkt und einquartiert für die Dernière des von uns oft gehörten Chéreau-*Ringes*, mußten aber absagen, weil wir beide plötzlich Angst hatten vor der August-Autobahn. – Frau Barbara Tautz-Wiessner rufe ich an, sobald es mir möglich ist.

Ihnen und Monica alles Liebe!

Ihre Hilde

HILDE SPIEL AN ALBERT VON SCHIRNDING. ST. WOLFGANG, 3. JANUAR 1981

3. 1. 1981

Lieber Herr von Schirnding,

nie hätte ich mir erhofft, daß Ihnen auch dieses kleine Buch gefallen würde, und nun habe ich Ihnen wieder einmal für eine schöne und nachsichtige Rezension zu danken, die mich in einer etwas mühseligen Zeit sehr erfreut und ermutigt hat.

Mit den aufrichtigsten Wünschen zum neuen Jahr,

Ihre Hilde Spiel

STEN NADOLNY AN HILDE SPIEL.
BERLIN, 14. APRIL 1981

Berlin, 14. 4. 81
Sehr verehrte, liebe Frau Spiel,
 für Ihre guten, fairen und liebevollen Worte über die *Netzkarte* habe ich Ihnen sehr zu danken! Ich habe die Sendung* erst jetzt sehen können (ein Bekannter hatte sie mir aufgezeichnet) weil ich am fraglichen Abend »Nachtdreh« hatte (bei einem Fernsehfilm).
 Vor allem freut mich, daß Sie die späte Begegnung mit dem Vater erwähnt haben – ich war und bin mir in diesem Punkt sehr unsicher. Bestimmt könnten Sie mir dazu – und nicht nur dazu – noch sehr viel sagen.
 Ich hoffe sehr, Sie einmal wiederzusehen, ohne das ganze Mediengewirr drum herum.
 Sie sind wahrscheinlich nicht dauernd in Wien, sondern reisen viel herum? Ich möchte nämlich dieses Jahr irgendwann wieder einmal dorthin (habe Verwandte dort) und dann würde ich gern frech bei Ihnen anrufen und Sie besuchen, wenn es Ihnen paßt. Ja?
 Ich wünsche Ihnen viel Freude und einen guten Sommer
           Herzlichst Ihr Sten Nadolny

HILDE SPIEL AN STEN NADOLNY.
ST. WOLFGANG, 18. APRIL 1981

18. 4. 1981
Lieber Sten Nadolny,
 es war schön, von Ihnen zu hören. In Ihr Buch habe ich mich wirklich verliebt, und mein 86-jähriger Mann, Flesch-Brunningen, der es noch vor mir las, war auch

---

* ZDF, *Aspekte*

entzückt davon. Ich verstehe nicht, daß Görtz so wenig Gefühl für die vielen versteckten Feinheiten hatte.

Die Vater-Geschichte hat mich sehr betroffen, ich habe schon gemerkt, daß dies ein Kernstück des Buches ist, und so wie es dasteht, ersetzt es eine ganze Biographie. Wenn es Ihre Mutter war, die in der *Süddeutschen* diese kleinen hübschen Feuilletons schrieb, vor mehreren Jahren, dann macht das alles einen besonderen Sinn. Mir ist es jedenfalls, das ihre und noch mehr das Ihre, merkwürdig verwandt und nah.

In Wien bin ich – mit Unterbrechungen – etwa bis 20. Juni, dann hier, was ja von den bayerischen Seen nicht so weit ist, bis sicherlich Anfang September. Kommen Sie doch einmal zu Besuch!

Sehr herzlich Ihre Hilde Spiel

STEN NADOLNY AN HILDE SPIEL.
BERLIN, 25. APRIL 1981

Berlin, 25. 4. 1981

Sehr verehrte, liebe Frau Spiel,
über Ihren liebenswürdigen Brief habe ich mich, nein, freue ich mich immer noch seit nunmehr drei Tagen! Ja, meine Mutter ist die, die vormals in der *Süddeutschen* viel schrieb. Ich besuche sie ab übermorgen, sie wohnt am Chiemsee. In der *Netzkarte* habe ich alles ganz schön verfremdet, ich habe mir Geschwister zugelegt, die ich nicht habe (aber ganz gerne hätte, eigentlich!) und meinem Vater eine Fabrik angedichtet, die er nicht hatte, denn er war Schriftsteller (Burkhard Nadolny). Aber in puncto Vater stimmt trotzdem etwas überein: es war tatsächlich so, daß ich nach seinem plötzlichen Tod (1968) scheinbar wie unbeteiligt blieb und »ganz normal« weitermachte mit Studium, Freundinnen, Plänen. Und jedem, der mir gesagt hätte, ich täte dies und jenes nur aus einer latenten Traurigkeit heraus, dem hätte ich sofort

Witze erzählt, um das Gegenteil zu beweisen. Und irgendwann erwischte es mich dann unverhofft und ich weinte furchtbar lange um diesen wunderbaren Menschen (den ich bei seinen Lebzeiten nie so genannt hätte). Vielleicht, wenn ich einmal viel älter bin, schreibe ich ganz direkt und ohne Verkleidungen alles auf, was ich von ihm und überhaupt von meinem Leben dann noch weiß.

Mir fällt auf, daß Sie den Namen Görtz nennen (Görtz habe, so schreiben Sie, wenig Gefühl für die guten Stellen in der *Netzkarte* gehabt) – das verstehe ich nicht ganz, vielleicht ein Irrtum: der einzige mir bisher bekannte »Bösewicht« ist Josef Quack von der *Frankfurter Allgemeinen*. Hartmann Görtz hingegen ist ein ganz lieber Freund meiner Familie und auch (was ja nicht notwendig der Fall sein müßte) von dem Buch recht angetan. Ich glaube, Sie meinten den Herrn Quack. Im August bin ich wieder am Chiemsee, und dann würde ich mich wirklich gerne einmal ins Auto setzen und zu Ihnen nach St. Wolfgang fahren. Ich schreibe Ihnen vorher kurz ein paar Zeilen oder rufe einfach an.

Mit ganz herzlichen Grüßen Ihr Sten Nadolny

HILDE SPIEL AN STEN NADOLNY.
WIEN, 5. MAI 1981

5. 5. 81

Lieber Herr Nadolny,
natürlich war es Quack und nicht Görtz, den ich freilich auch gut kenne.

Bis zum August also! Ihre Hilde Spiel

HILDE SPIEL AN STEN NADOLNY.
ST. WOLFGANG, 8. AUGUST 1981

8. 8. 1981

Lieber Sten Nadolny,
  sehr schönen Dank für Ihren Brief. Fast ist es jetzt besser, mit Leuten zusammenzusein, die meinen Mann nicht gekannt haben. Wenn Sie also doch noch im August einmal kommen wollen, würde ich mich freuen. Es sind freilich mehrere Besuche angesagt, und vom 23. an kommen meine englischen, später dann die österreichischen Kinder. Vielleicht rufen Sie bei mir an, wenn Sie diesen Brief bekommen haben, und wir sehen dann, ob sich noch ein Tag vereinbaren läßt, an dem Sie ein bißchen hereinschauen. Im Spätherbst und Winter bin ich in Wien, dann sind Sie nicht so nahe.
  Mit herzlichen Grüßen

Ihre Hilde Spiel

HILDE SPIEL AN STEN NADOLNY.
ST. WOLFGANG, 26. AUGUST 1981

26. 8. 1981

Lieber Sten Nadolny,
  es war schön, daß Sie da waren. Sie waren mir der liebste und angenehmste Besuch in diesen Wochen.
  Ihr Haus ist reizend. Bitte sagen Sie Ihrer Mutter vielen Dank und daß ich sehr gern einmal zu Besuch komme.
  In Berlin melde ich mich, wenn ich ein bißchen Zeit habe.
  Bis dahin sehr herzlich

Ihre Hilde Spiel

MIRA MIHELIČ AN HILDE SPIEL.
LJUBLJANA, 12. JUNI 1982

Ljubljana, 12. VI. 1982
Meine geliebte Hilde,
vielen, vielen Dank für *Mirko und Franca*, die Erzählung ist sehr schön und hat mir außerordentlich gefallen. Es ist erstaunlich, wie gut Du Dich in den jungen Slowenen eingelebt hast, und auch alle Details stimmen, als ob Du in Koper (Capodistria) gelebt hättest. Nur hattest Du recht – wegen Deiner Stellungnahme zu Osimo würde das Buch bei uns nicht ankommen, wie schade!
Wahrscheinlich bist Du schon auf dem Weg nach den Vereinigten Staaten oder bist Du schon in Kalifornien, jedenfalls wird mein Brief auf Dich warten. Ich kann Dir nicht genug versichern, wie glücklich ich war, daß Du wieder unser lieber Gast in Bled gewesen bist, wir alle waren so froh darüber, Du hast es ja gespürt. Diesen Monat bleiben wir noch in Ljubljana, dann siedeln wir über nach Žihovo selo, aber jedenfalls kommen wir jede Woche einmal auf einen Tag nach Ljubljana, um zu sehen, ob das Haus noch steht. Liebste, sei gesund und zufrieden – und auf Wiedersehn!
Es küßt und umarmt Dich

Deine Mira

HILDE SPIEL AN INGEBORG DREWITZ.
ST. WOLFGANG, 14. AUGUST 1982

14. 8. 1982
Meine liebe gute Ingeborg,
Du hast die richtigen Worte gefunden. Es ist arg, ärger als ich gedacht hätte. Zwei meiner Leben sind innerhalb eines Jahres zur Hälfte getilgt worden. Die Beziehung zu Peter ist nie abgerissen, ich hätte gewollt, Goethes *Stella*

umgekehrt erleben zu können, und daß es nicht möglich war, hat zu viel Kummer geführt und zu einem stets belasteten Gewissen. Ich kann das alles gar nicht überwinden und soll's wohl auch nicht. Csokor sagte schon lange, bevor er selbst starb: Ich habe viel mehr Leute drüben als hier. Und so geht es mir jetzt auch. Es macht, dann einmal, den eigenen Abschied leichter.

Alles Liebe, immer Deine Hilde

HILDE SPIEL AN INGEBORG DREWITZ.
ST. WOLFGANG, 5. JANUAR 1983

5. 1. 1983

Meine liebe gute Ingeborg,
  von ganzem Herzen wünsche ich Dir alles erdenklich Schöne zum Geburtstag, weiter viel Schaffenskraft und Stärke im Einsatz für Deine Kollegen und für Schutzbedürftige in aller Welt. Du bist, wie Böll, der seltene Fall eines guten Schriftstellers *und* guten Menschen – wie rar das ist, merkt man erst mit zunehmenden Jahren so recht.
  Aber Du weißt, daß nicht nur Deine Freunde, sondern auch Leser und dankbare Schützlinge Dich lieben, und das wird Dir in Deinem ebenso reichen wie oft sicher mühsamen Leben eine große Hilfe sein.

Immer Deine Hilde

CHRISTOPHER FRY AN HILDE SPIEL.
CHICHESTER, 17. JANUAR 1983

January 17. 1983

Dear Hilde Spiel:
  This letter should have come to you long ago. We were so very sorry to hear of your sad summer and I wanted to write at once, but the letters with your address (I had got

it from Herr Fürdauer) had vanished – it has mysteriously reappeared this morning exactly where I had been looking for it! and your own letter was addressed from where you had been staying in the country. I wrote the other day to Krista Jussenhoven asking her for your address, but it is too early yet for her to have replied. – I have had you very much in my thoughts and only regret that you got no word from me.

We do hope that you will be in England in the Spring, as you thought you might be, and that you won't forget to visit us. Harold Pinter is coming tomorrow to discuss a new production of my translation of *La Guerre de Troie n'aura pas lieu*, at the National Theatre: to open in May.

Krista sent me a very handsome brochure of Ellen Schwiers' production of *The Lady*, which I believe tours in Germany from [gestrichen], no, I see that it has evidently done so, between September and December, but I got no news of it, to be able to wish them well.

Warmest wishes from us both: Christopher Fry

HILDE SPIEL AN CHRISTOPHER FRY.
WIEN, 22. JANUAR 1983

January 22nd, 1983

Dear Christopher Fry,

Your letter has come and brought me joy just as I am preparing to go to hospital for a gallbladder operation. I do hope that it will all go well and that I will be able to move to England and stay there for a while, from this April to the summer 1984. But of course there is always a risk involved and some gloomy thoughts creep in, especially after the loss of both my husbands and, quite recently, one of my very best friends, the widow of the great Austrian writer Alexander Lernet-Holenia, my neighbour in the country. So I had better answer your letter in return, since at best I may not be able to do so for some weeks.

I am so happy to hear that the Ellen Schwiers production has come off and seems to be successful. I must ask Krista Jussenhoven to send me the brochure, too, as soon as I am up again. I love every word of this play as I have done since I first saw it, and though I admire your later ones just as much, *The Lady* will always be bound up, for me, with this really miraculous appearance on the scene of a playwright whose metaphorical power and humorous wisdom moved one as nothing since Shakespeare had done. I don't want to be fulsome but this is how I at least, felt.

It was strange that you should have mentioned Harold Pinter in your letter. I met him for the first time last autumn and found him extraordinary as a person, quite apart from his plays. So natural, so warm, so full of empathy. I don't know whether I have told you that I translate all Stoppard and all Saunders, but it is only with Saunders – and, if you allow me, with you – that there is the sort of human rapport I felt one could have with Harold Pinter.

Thank you again for your letter and if I get to England in the spring I shall certainly try to come to Chichester as soon as possible.

With best wishes to you and Mrs. Fry,
            yours Hilde Spiel

CHRISTOPHER FRY AN HILDE SPIEL.
CHICHESTER, 26. JANUAR 1983

January 26. 1983
Dear Hilde (may I?):
What a hammering you are having to take in these many months. You are filling my thoughts. If you could

find a friend who would send me a message from time to time to tell us of your progress, it would help us not to feel out of touch. Telepathy doesn't work in all weathers. The weather today, for instance, has filled our valley with a thick white mist, difficult to penetrate: but the yellow crocusses are in flower, and the snowdrops, and the wild daffodils are already in bud, and the birds have started to sing again, so it does really feel that April is not so far belong the horizon.

This brings you affectionate wishes for »a happy issue out of all your afflictions«, as the Chaplain says in *The Lady*. I shall be impatient to hear that you're well on the way to good health again.

Ever sincerely: Christopher

HILDE SPIEL AN CHRISTOPHER FRY.
WIEN, 15. MÄRZ 1983

15th March, 83

Dear Christopher,
you were so kind when I was in hospital that I feel I must tell you about my recovery. I am a lot better really, but still not quite up to my usual activities. In a few days I hope to go to St. Wolfgang where I have a house, and in April perhaps to Los Angeles to stay with friends who look after me well and take me to a tiny bungalow they own in Palm Springs, which sounds magnificent but is far from luxurious though the desert air seems really what I need before going to London, as I hope to do, early in May.

Meanwhile may I quote two lines from a letter I wrote to my first husband Peter de Mendelssohn, in June 1949? »I read *The Firstborn* yesterday and for the first time in years wept over a book or play. A tremendous play, not yet performed.« I must have written my piece for *Der Monat* about you soon after. This and many more letters written between 1945 and 1949 have just reached me, after Peter's death last year, and they make fascinating reading. Since I have decided to write my memoirs, if at all, in English they will be most helpful some day.

I shall get in touch as soon as I am at all settled in London, around the middle of May, if all goes well.

Kindest wishes, yours Hilde

HILDE SPIEL AN CHRISTOPHER FRY.
LONDON, 15. MAI 1983

May 15th, 1983

Dear Christopher –
if I may still call you by your first name –
I have arrived in London and gone to a hotel to begin with, but hope to move into a small rented house in Pembroke Place, W.8., within the next ten days or so.

It would be wonderful going down to Chichester some time, and I could combine it even with covering the renewal of Osborne's play at the Festival. I have no programme however, and cannot make any suggestion yet. It is all a little difficult – finding my bearings again, sparing time for my daughter and little granddaughter, negotiating with the estate agents *and* starting to work for my paper.

Three and a half months after my stint in hospital I feel almost well, but easily tired. They say it takes six months to be one's old normal self again, which at my age isn't all to be desired anyway.

I am very much looking forward to seeing you and Phyl, or rather Mrs. Fry as yet, as soon as it can be arranged.

With kindest regards, yours Hilde

CHRISTOPHER FRY AN HILDE SPIEL.
CHICHESTER, 17. MAI 1983

May 17. 1983

Dear Hilde:

Delighted to hear that you are in London. Often as I walked along the South Bank towards the National Theatre during rehearsal time and while the previews were on, I wondered whether you were here yet. I didn't answer your last letters because I knew you were planning to go to the States.

Phyl and I are looking forward to seeing you when the Racing Season of this Spring is over. Choose a warm day.

The notices for *The Trojan War* were a bit mixed, ranging from exstatically good to bad: I think Harold Pinter has done an excellent production, and the audiences have been splendidly receptive. The last fortnight before the opening night was shaken by the death of Jimmy Wax – my agent for 37 years – and Harold's agent, too.

Take great care of yourself: do rather *less* than you feel like doing until you have found your full self again.

Very warmest wishes: Christopher

HILDE SPIEL AN STEN NADOLNY.
LONDON, 6. JUNI 1983

6-6-1983

Lieber Sten Nadolny,

Wie schön, daß Ihr Buch jetzt fertig ist. Ich fürchte, man wird es mir nicht hierher nachschicken, weil das den Leuten zu mühsam ist. Aber ich komme um den 7. Juli wieder nach Deutschland und Österreich und werde es in Wien vorfinden und in den Sommerwochen in Sankt Wolfgang lesen. In England verbringe ich vermutlich ein

Jahr und will dann vor allem in St. Wolfgang leben und arbeiten.

Die schönsten Grüße, Ihre Hilde Spiel

HILDE SPIEL AN INGE MERKEL.
LONDON, 23. JANUAR 1984

23. 1. 1984

Liebe Inge Merkel,

Zu Weihnachten, in Österreich auf Besuch, habe ich endlich Ihren Erzählband gelesen und wollte Sie anrufen oder Ihnen gleich schreiben, aber dann kam es wieder nicht dazu. Ich mußte, obwohl eigentlich auf Ferien, wieder eine dringliche größere Sache (für den ORF) fertig schreiben und konnte nicht einmal mit meinen Kindern in den Schnee hinauf fahren, geschweige denn alte Briefschulden aus der Welt schaffen.

Jetzt habe ich Ihr Buch nicht vor mir und kann Ihnen im Detail nicht sagen, was mir bei der Lektüre aufgefallen war. Aber ich möchte ganz allgemein betonen, daß mir vor allem die erste Geschichte außerordentlich gut gefallen hat. Niemand außer Doderer – verzeihen Sie diesen für Sie sicher schon odiosen Vergleich – hat noch solche erstaunlichen, zwiespältigen Figuren so schildern können, wie sie in Wien grassieren. Ich habe eine ähnliche gekannt. Immer wieder gefällt mir nicht nur Ihr so scharfer, kluger Blick auf Menschen, sondern auch die scheinbar legere, in Wahrheit sehr kunstvolle Art, mit der Sie diese Menschen beschreiben. Ich hoffe, Sie holen die lange und beklagenswert versäumte Zeit, in der Sie diese Begabung nicht haben fruchtbar werden lassen, jetzt nach. Eigentlich müßten Sie doch der Schule längst Adieu gesagt haben und nur noch schreiben. Ihr Verlag wäre sicher glücklich darüber und viele Leser wären es auch.

Ich mache jetzt mit Ach und Krach meine »vierzehn Tag«, will heißen, die letzten Monate im aktuellen Dienst der *FAZ*, und werde, mit sehr gemischten Gefühlen frei-

lich, Ende Mai nach Österreich zurückkommen, wie ich es ja immer geplant hatte, dort aber, so hoffe ich, möglichst zurückgezogen leben. Sie und Ihren Mann dann wiederzusehen, wird mir eine große Freude sein, und ich hoffe, Sie haben an die sehr erwünschte Gabe eines Merkel-Bildes nicht vergessen. Hier spreche ich mit seinem Bewunderer Thorn oft über ihn.
 Ihnen beiden alle guten Wünsche und Grüße
Ihre Hilde Spiel

HILDE SPIEL AN THOMAS BERNHARD.
WIEN, 27. SEPTEMBER 1984

27-9-1984

Lieber Thomas,
 vielleicht magst Du in diesen Tagen nicht zum Telefon gehen, oder vielleicht bist Du nicht da. Ich würde Dich jedenfalls gern sehen. Wenn Du mich anrufen willst, am besten zwischen 9 und 11 Uhr morgens, so tu's bitte noch bis Dienstag. Danach, denke ich, sind wir beide wieder weg.
Alles Liebe Hilde

HILDE SPIEL AN THOMAS BERNHARD.
WIEN, 30. OKTOBER 1984

30-10-84

L. Th.,
 in einem englischen Buch lese ich ein Zitat von Voltaire: »Qui plume a guerre a.« Das ist doch köstlich, sogar ermutigend.
Liebe Grüße Hilde

HILDE SPIEL AN INGE MERKEL.
ST. WOLFGANG, 31. DEZEMBER 1984

31-12-1984

Liebe Inge Merkel,

noch rasch, bevor das alte Jahr zu Ende ist, ein paar Zeilen zu Ihrem Manuskript, das ich hier trotz Feiertagsrummel und viel Familie zu Ende gelesen habe. Ich muß Ihnen sagen, daß ich unendlich davon beeindruckt, ja mehr noch, daß ich geradezu süchtig nach Ihrer Prosa bin und gar nicht genug davon kriegen kann. Das betrifft aber nur die Form, der Inhalt ist ja ebenso aufregend, und Sie haben an mir eine solche Bewunderin, daß ich gar nicht weiß, ob mein Urteil noch objektiv ist. Ich hab freilich auch diese oder jene kleine Entgleisung mir notiert, wie sie mir erscheinen mag und, wenn Sie einverstanden sind, wieder eingerenkt werden könnte. Es handelt sich dabei da und dort um eine ausgerutschte Metapher oder ein Wort, das mich stört, obwohl es an sich berechtigt sein kann. Am liebsten würde ich, wenn ich wieder in Wien bin – ich weiß nicht, wie sehr es mit der Drucklegung eilt, aber das MS ist ja auch noch gar nicht vollständig, oder? –, mit Ihnen rasch diese ganz kleinen Anregungen besprechen. Es sind jedenfalls herrliche Dinge in dem Buch, auch wieder die großen Visionen vom Weltei und Haus Gottes, und wenn ich auch durch Doderer und den von mir ja nur bedingt geschätzten Herzmanovsky her auf diese besondere Art von barocker Skurrilität eingeschworen bin, gefällt mir das Werk ja noch viel mehr durch seine psychologischen Verstiegenheiten und Phantasieflüge vor allem eschatologischer Art. Kurzum, ich danke, daß ich's hab lesen dürfen und beschwöre Sie, weiterzuschreiben.

Sehr herzlich, und zum Neuen Jahr besonders viel Glück und Gesundheit wünschend,

Ihre Hilde Spiel

INGE MERKEL AN HILDE SPIEL.
WIEN, 2. JANUAR 1985

2. 1. 85

Liebe Frau Doktor!
Ich danke Ihnen sehr für Ihren Brief. Ich habe ihn sehr gebraucht. Und zwar nur von Ihnen, die ich nicht nur als Kritikerin mehr schätze, als alle anderen mir bekannten, sondern die – zum Unterschied zu den anderen – selber sehr gut schreiben kann und daher weiß, wovon sie redet. Nach den Haiderschen Auslassungen über meine »damenhafte Betulichkeit« und mein »Sprachgewölle, aus dem der bereitwilligste Rezensent nur flüchten kann« (so in der *Presse*), können Sie sich vorstellen, daß mir ein recht kompaktes Gewölle im Magen liegt und mir nicht mehr nach Veröffentlichen zu Mut ist. Eigentlich habe ich mir geschworen, künftighin meine einsamen Grübeleien und Belustigungen nicht mehr an die Öffentlichkeit zu lassen und Leuten von der Art Haiders als Dreckschleuderziel zu dienen. Da hat mir aber vor einiger Zeit der gute, geduldige Herr Jung ein Stück des Manuskripts herausgezerrt (dasselbe, das Sie haben) und sich dann mit jugendlicher Emphase darüber geäußert, die mich zwar rührt, aber nicht sehr überzeugt, besonders, wenn ich in Rechnung ziehe, was ihm sonst so angetragen wird im Residenz Verlag.

Ich wäre Ihnen also sehr, sehr dankbar, wenn Sie sich der Mühe unterziehen wollten, mein Ungeheuer (Roman trau ich mich's nicht zu nennen), zu lesen und jegliche Kritik zu üben, die Ihnen angebracht erscheint. Es ist allerdings mehr als 300 Seiten lang und man kann es nicht gerade aktuell oder unterhaltend nennen. Ich bemühe darin Gott, Satan und das Chaos, worauf ich mich Adam zuwende und seinem mühseligen Gefretze durch Sünde, Tod und letztem Gericht, worauf ich noch verschiedenes von der ewigen Seligkeit und von der Hölle weiß. Das Schwanzstück ist dann noch ein »Wiener Requiem«. Und das ganze ein Bankert aus einer nicht gerade leicht verdaulichen Verbindung von Spott und Grausen, wobei der Spott eigentlich recht ernst ist und das Grausen eine ridiküle Note hat.

Mit vielem Dank noch einmal und der Hoffnung, Sie bald wieder zu sehen!

I. M.

HILDE SPIEL AN THOMAS BERNHARD. WIEN, 11. FEBRUAR 1985

11-2-1985

Lieber Thomas,
es ist hoffnungslos: Du tust es nicht. Dabei glaube ich Dir sogar, daß Du mich ganz gut leiden kannst. Aber nicht gut genug, um Dich zu überwinden und mich einmal spontan anzurufen.

Also gut. Ich bin im Feber in Wien, bis etwa 3. März. Es ist sehr nah von der Obkirchergasse. Am besten erreicht man mich am Morgen vor 11, oder nachmittags nach 5. *Ich* würd Dich sehr gern wieder einmal sehen.

Hilde

HILDE SPIEL AN INGE MERKEL. ST. WOLFGANG, 5. APRIL 1985

5-4-1985

Liebe Inge Merkel,
seit ein paar Tagen bin ich nun auf und war auch schon einmal im Ort, aber die Antibiotika, die ich noch bis morgen nehmen muß, schwächen und deprimieren mich. Um so stärker und wuchtiger hat Ihr Kapitel über den Tod auf mich eingewirkt, als ich es gestern abend – die anderen Abschnitte hatte ich sofort nach der Ankunft des

MS gelesen, denn »unputdownable« ist Ihr Buch für mich und wird es für viele sein – im Bett vor dem Einschlafen zu Ende las.

Es ist kein Zufall, daß sowohl Jochen Jung wie ich das Wort »außerordentlich« für Sie verwenden. Ich kann nur hoffen, aber ich bin ziemlich sicher, daß die übrige Welt das nach diesem Buch ebenfalls finden wird. Bei jedem Satz, den ich lese, freue ich mich, noch am Leben zu sein, um diese Prosa kennen zu lernen, und trauere um Doderer und meinen Fleschy, die es nicht mehr sind. Beide hätten Sie auf Händen getragen – Doderer gewiß auch mit sinnlichen Gelüsten, denn Sie wären seine Idealfrau, obschon seinen Ansprüchen an Fülligkeit keineswegs entsprechend.

Es wäre halt wichtig, daß in einem Werk von so großartiger Thematik – wie verblaßt und verblasen wirken dagegen die Expectorationen dieser nächsten Generation, all diese ziselierten Selbstbeweihräucherungen, weil man halt das bißchen Umwelt, das man in Österreich zu sehen bekommt, mit solcher Sensitivität und Subtilität betrachtet –, daß in einem Werk wie diesem ungemein genau lektoriert wird, weil ab und zu, neben gewaltigsten und gelungensten Metaphern, die ganz schlichte Sprache ein bißchen ausrutscht. Zumindest für mein Gefühl, und selten genug, und ganz ganz subjektiv beurteilt. Nichts, nichts stört mich an Ihren scatologischen Betrachtungen; die eschatologischen stehen mit denen ja in unmittelbarem Zusammenhang, und kein Wort ist mir da zu derb. Aber manchmal erscheint mir Ihre allzu kritische Distanzierung von dieser Antonia – in der Reflexion anderer – doch ins allzu Grobe und Unsympathische getrieben. Daß sie »keift«, soll noch hingehen. Aber das Wort feixend (»fragte sie feixend«, Seite 10, im Tod-Abschnitt) ist mir persönlich ohnehin verhaßt und sticht mich schon gar im Zusammenhang mit der Hauptperson. Oder Sie schreiben – aber das kann auch ein Druckfehler oder bewußte Idiomatik sein – »Les nach«, auf S. 10 des ersten Abschnitts. Kleinigkeiten, aber ich wäre froh, sie ausgemerzt zu sehen – wenn J. J. genügend darauf achtet, statt mit verständlicher Bewunderung vor Ihnen einfach alles blind zu drukken.

Ich kann Ihnen gar nicht sagen, wie mich ganz besonders gewisse kleinere Dinge entzücken, das »Wäschefest«, die kurze Kontroverse mit dem Herrn Pictor, wobei er das »Gattengesicht« macht, die Sache mit den »Kranichen des Ibykus« – obzwar ich weit älter bin, ganz wesentlich, denn 70 ist die entscheidende Wasserscheide, sind ja manche dieser Dinge mir aus meiner Kindheit und Jugend genauso bekannt, wenn die Heutigen nichts mehr davon wissen.

Zu Ihrer Kontroverse mit der *Presse*. Sie haben recht mit jedem Wort, nur die Wertschätzung der Herausgeber im Nebensatz werden Sie sich nach den letzten Kommentaren in dieser Zeitung zu Bitburg vielleicht doch abgewöhnen müssen. [...]

Sehr herzliche Grüße, Ihre Hilde Spiel

Bitte um den Schluß!

INGE MERKEL AN HILDE SPIEL. WIEN, 18. APRIL 1985

18. 4. 85

Verehrteste!

Ich hoffe, daß ein Brief Sie nicht stört in Ihrer wohlgewählten Abgeschiedenheit. Es ist doch so ein Brief ein zarteres Angedrängel als ein Anruf oder gar ein Besuch, wo man breit dahockt. Einen Brief kann man wo hinlegen und ihn aufmachen, wann's einem paßt. Ich bin sehr für Briefe.

Ich danke für die Kreta-Karte, die natürlich später gekommen ist als Sie selbst. Ich kenn das. Den Canetti hab ich natürlich gekauft und ungefähr bis zur Hälfte gelesen. Ich habe ja – zum Unterschied zu Ihnen und meinem Mann – nur die wenigsten der Leute, die er beschreibt, persönlich gekannt. Den Wotruba und seine erste Frau und natürlich den alten Merkel. Die anderen nur von dem, was sie geschrieben haben.

Ich weiß nicht, wie Sie das sehen. Ich habe das Gefühl, daß der Canetti ein sehr scharfer Beobachter und treffender Schilderer ist, aber immer noch – trotz seiner mehr als 70 Jahre – gar keine Distanz hat, sich immer selber dazwischensteht, so wie man es tut, wenn man noch sehr jung ist und einem am andern eigentlich, aus Angst und Schüchternheit, nur interessiert, wie er einen selbst sieht, wie er einem entgegenkommt. Etwas von den wenigen Sachen, die ich am Alter genieße, ist, daß ich die Dinge oder Leute sehe, ohne mich dazwischen, jedenfalls bild ich mirs ein oder versuche es. Als guter Siebziger könnte man schon den andern sehen nicht nur als Bestätigung oder als Affront von sich selbst. Nicht wegen der Gerechtigkeit, sondern wegen der Neugier.

Am deutlichsten ist mir das natürlich bei meinem Schwiegervater zu Bewußtsein gekommen. Er beschreibt brillant seine Außenseite. Es ist eine Art Schutzschild, auch ein wenig Pose gewesen, die er Leuten entgegenhielt, die ihm gleichgültig waren. Dahinter war viel mehr. Besseres und Böseres. Auch der Werfel ist nicht nur der aufgeblähte Popanz, als den er ihn schildert, auch wenn ich seine Wut auf ihn verstehen kann. Aber solange man auf jemand noch bös ist, soll man nichts schreiben, find ich halt. Man muß immer auf den Abstand warten und das sind eben Jahrzehnte und da kommt einiges nicht mehr dran. Andererseits verstehe ich, daß der Canetti – er hat lang genug warten müssen – sich ein bißchen vom Aufwind tragen läßt, diese Alibiblähung – verzeihen Sie – die Österreich abläßt zur Zeit, um Tiefergehendes, genau gesagt, die ganze niederträchtige Vergangenheit zu verschleiern, die noch in die Gegenwart hereinreicht.

Ich weiß nicht, ob ich Ihnen gesagt habe, daß der Otto Schulmeister mich aufgefordert hat, für eine Extraausgabe der *Presse* anläßlich der gewissen 40 Jahre Österreich etwas zum Antisemitismus in diesem Land zu schreiben. Ich hab ihm gleich gesagt, es wird böser sein, als es ihm recht sein wird. Er aber hat darauf bestanden und von ungefähr 7 Maschinenseiten geredet. Ich hab mir die entsprechende Literatur verschafft und ihm recht interessante Fakten geliefert. Darauf ein klagender Anruf, es müßte auf 3 Seiten gekürzt werden und seine Leute würden das schon machen. Im ersten Augenblick war ich geneigt zu sagen, er solle es ganz sein lassen und sich jemand anderen dafür suchen. Dann hat mich aber die Vorstellung intrigiert, welche Scheißfigur er sich auswählen wird dafür und mich erboten, selbst zu kürzen. Es war ihm sichtlich nicht recht. Ich habe auch nichts mehr von ihm gehört. Der Artikel ist auch nicht sehr gut, so zusammengepreßt, aber immerhin steht das meiste von dem drin, was die Leute lesen und wissen sollten. Ich hoffe – und jetzt komme ich wieder auf den »Aufwind« zurück – daß wenigstens herauskommt, was (zumindest in dieser Frage) in Österreich »die ebene Erde« und der »1. Stock« ist. Da macht man – wie z. B. jetzt – pompöse Ausstellungen über unsere gescheiten Juden. Zu ebener Erde aber ist es nach wie vor zum Erschrecken. Das Schauderhafte an diesem Land und an dieser Stadt, ohne die ich im übrigen nicht leben könnte, ist, daß man sich schämen muß, dazuzugehören. Ich gehe jetzt fast täglich um 5 Uhr früh spazieren, weil ich da keinen Menschen seh außer speiende Besoffene.

In anderen Ländern kann man stolz sein, wenn einem eine Ehrung oder etwas dergleichen zuteil wird. Hier hat man voll zu tun, um so etwas abzulehnen. Ich weiß das von meinem Mann. Ich selbst bin unlängst mit einem sehr genauen Brief aus dem PEN-Club ausgetreten, in dem ich ein paar Monate lang war.

Ich versteh sehr gut, wenn die jungen Leute weg wollen. Meine Kinder jedenfalls wollen es. Ich kanns nicht mehr. Dabei weiß ich nicht einmal, ob es das Alter ist und die Bequemlichkeit, die generationenlange Verbundenheit und meine mangelnde Weltläufigkeit, oder nicht eine fast perverse Faszination, nach deren tiefsten Ursachen ich mich zu fahnden scheue.

Mit ehrlicher Verehrung u. Neigung!

I. Merkel

INGE MERKEL AN HILDE SPIEL. WIEN, 10. MAI 1985

10. 5. 85

Carissima! Sie wissen nicht, wie sehr Sie mich aufgerichtet und getröstet haben. Ich war wieder einmal ganz unten und Sie sind – bitte, dies nicht für eine meiner üblichen Aufbauschungen zu nehmen – die einzige Person, die, was Kritik und Beurteilung meiner Schreiberei anbelangt, für mich zählt. Und dieses hat gar nichts mit der großen Sympathie zu tun, die ich für Sie empfinde, sondern allein mit Ihrem außergewöhnlichen Sinn für Sprache und Stil, und zwar nicht nur für den eigenen, sondern auch für den fremden. Das ist etwas ganz Seltenes, fast möchte ich sagen, Ausgestorbenes, irgendwo im 18. Jh. zu Hause, bei Lessing, Schiller und Goethe: die mögen sich auf diese Weise unterhalten haben. Dieses Gehör für den Lapsus in der Sprache setzt eine geistige Universalität voraus, die es heute nicht mehr gibt. Es ist eine große Begabung, teils angeboren, teils entwickelt und verfeinert durch das Leben in einer größeren Welt und den Umgang mit vielen Sprachen und Menschen: beides Dinge, die mir empfindlich fehlen. Mein räumlicher Horizont ist sehr eng, fast auf ein Kretzel beschränkt; auch was Menschen anbetrifft. Ich komme mit den Fingern einer Hand aus, wenn ich nachrechne, was da gezählt hat. Es hat sich so ergeben und oft genug habe ich Anfälle von Klaustrophobie erlitten, besonders in jüngeren Jahren. Aber was solls! Urlaubsreisen und sightseeing-Aufenthalte zählen nicht, auch nicht die paar Monate Frankreich, die sich nach und nach ergeben haben (sie standen zu sehr unter dem Eindruck meiner Schwiegereltern, für die ich nie mehr als »gar nicht so mies« war. Wenn ich an Paris denke, fallen mir nur die Wasserspeier von Notre-Dame ein).

Wenn es einem neugierigen Menschen – und Neugier ist (auch in den niedrigen, vulgären Varianten) eine meiner hervorragendsten Eigenschaften – wenn es also einem Neugierigen nicht gegeben ist, sich zum »Weltmenschen« auszuweiten, dann wird er zum Tiefenbohrer und überläßt sich dem Sog der Zeit hinunter zu. Da werden Fakten zur Höhlenmalerei, von der man ja bekanntlich immer noch nicht genau weiß, was sie eigentlich bedeutet. Der Geschichte haftet immer etwas von Traum an, von Spinnerei und Grille, wenn man sie nicht wie einer der üblichen Historiographen versteht als eine logische Entwicklung von politischen, wirtschaftlichen, gesellschaftlichen Gegebenheiten. Aber dies ist eben immer nur bestenfalls das Skelett. Stellen Sie sich vor, man wird einmal (man versucht es ja schon jetzt) das Phänomen Hitler aus der Wirtschaftskrise der 30er Jahre erklären! Die Knochen, wie ich sagte, allenfalls ein bißchen vom Gehirn, aber wie soll man bei der historischen Beschreibung unserer Lebenszeit ohne die Gedärme auskommen?

Aber ich komme ins Schwätzen. Eigentlich wollte ich Ihnen nur danken und sagen, daß ich Ihre, überaus zart formulierten, Hinweise sehr ernst genommen habe und auf eine Woche in Klausur gegangen bin, um noch einmal, so gut ich es eben kann, das Opus kritisch zu strählen: etwas zwischen Beichtspiegel und Entlausung. Vom Lektor erwarte ich mir nicht viel. Der Dr. Jung ist ein kluger, tüchtiger und gewissenhafter Mensch und alles andere als kritiklos. Ich habe auch von Anfang an versucht, es ihm möglichst leicht zu machen hinsichtlich »ältere Dame, die ein ordentlich erzogener junger Mann ungern kränkt«. Aber er kommt aus dem redlichen Norden und wird daher von unsereinem – alt und abgebrüht und aus dem Wiener Sumpf stammend – sogar gegen unseren Willen eingeseift. Denn seine panegyrischen Ergüsse – wer denn als Sie durchschaut das – sind zu einem ganz beträchtlichen Teil auf Eingeseiftheit zurückzuführen, womit ich eine Bewunderung meine, die sich nicht auf nüchtern sachlicher Basis gründet, sondern auf eine Art ungewollter Hexerei.

Deshalb also die Klausur, Ihren Brief dicht unter der Nase, und auch sonstige Bemerkungen Ihrerseits im Ohr, wo sie vor sich hinnagen: der Hang zum barocken Ausborden und die Seitensprünge ins Vulgäre. Ich

schäme mich sehr, bin aber zutiefst dankbar, daß *Sie* wenigstens nicht auf mich hereinfallen.
  Sehr die Ihre

Inge Merkel

Ich hoffe, es geht Ihnen gut!?
Leider konnte ich Sie vor meiner Abreise am Donnerstag weder in St. Wolfgang, noch in Wien erreichen. Ich komme am 16. 5. wieder zurück.

HILDE SPIEL AN THOMAS BERNHARD.
ST. WOLFGANG, 26. SEPTEMBER 1985

St. Wolfgang, 26-9-85

L. Th.,
  statt am 23. fahre ich nun am Samstag nach Wien und bin nächste Woche auch noch da – aber Du wahrscheinlich nicht. Die Kontroversen sind köstlich, Du siegst auf der ganzen Linie. Alles Liebe

H.

HANS BENDER AN HILDE SPIEL.
KÖLN, 20. FEBRUAR 1986

20. Februar 1986

Liebe Frau Spiel,
  vielleicht ist die Kunde schon zu Ihnen gedrungen. Das Literaturgremium des Kulturkreises (dem ich als Berater angehöre) hat Ihnen die »Ehrengabe« zugesprochen. Sie folgen darin Annette Kolb, Marie Luise Kaschnitz, Marieluise Fleißer und anderen Autorinnen und Autoren. In den nächsten Tagen kommt ein offizieller Brief von Jörg A. Henle, dem Vorsitzenden des Kulturkreises.
  Die Verleihung ist im Oktober, in Bremen, wo der Kul-

turkreis tagt. Sie müssen keine Rede halten. Nur eine Verpflichtung ist mit dem Preis verbunden. Im *Jahresring* sollen Sie sich präsentieren mit einem Beitrag, und den sollten Sie mir zu Anfang April schicken. Sie kennen das Buch sicher. Noch heute bin ich stolz auf den Text von Hans Flesch von Brunningen, der vor langer Zeit darin erschien. (Ich lasse Ihnen den letzten Band zur Ansicht schicken.)

An die Tagung in Marbach erinnere ich mich gern. Eine Photographie hat uns festgehalten beim Weintrinken ...

Mit Glückwünschen und Grüßen verbleibe ich,

Ihr Hans Bender

HILDE SPIEL AN HANS BENDER.
WIEN, 25. FEBRUAR 1986

25-2-1986

Bester Hans Bender,

Andeutungen waren schon erfolgt. Meine Freude ist groß. Alles Mögliche geschieht in diesem Jahr. Man muß es nur erleben können. Ich fühle mich überaus geehrt, besonders durch die erlauchte Vorgängerschaft.

Wie schön, daß Sie sich eines Textes von H. F-B. erinnern. Nun wüßte ich gern, welche Art von Beitrag Sie von mir wünschen. Länge – Erstdruck? – Vorabdruck? – Ein kleines Wort von Ihnen hülfe da sehr.

Mit vielem Dank für Ihre Mithilfe an der Entscheidung.

Und sehr herzlichen Grüßen!

Ihre Hilde Spiel

HANS BENDER AN HILDE SPIEL.
KÖLN, 4. MÄRZ 1986

4. März 1986

Liebe Frau Spiel,
 inzwischen muß der letzte *Jahresring* bei Ihnen angekommen sein, und ich bedanke mich sehr herzlich für den raschen Antwortbrief.
 Sie sehen, die Preisträger '85 stellen sich mit unterschiedlichen Beiträgen vor: Erzählung (Barbara König), Reisebericht (Fakir Baykurt), Essay (Burkhart Kroeber). Sie haben also selber die Wahl. Es sollte schon ein Originalbeitrag sein. Nicht schön wäre es, wenn ein »Vorabdruck« zusammentrifft mit der Buchveröffentlichung im Herbst. Auch der *Jahresring* erscheint zur Buchmesse.
 Den Termin habe ich Ihnen schon genannt. Ich hoffe, Sie fühlen sich durch diese Wünsche der *Jahresring*-Redakteure nicht zu sehr bedrängt.
 Ich warte auf Ihre Antwort und verbleibe herzlich grüßend

Ihr Hans Bender

HILDE SPIEL AN HANS BENDER. WIEN, 2. MAI 1986

2. Mai 1986

Lieber Herr Bender,
 Zu meinem wirklichen Entsetzen sehe ich, als ich nun nach Ihrem Brief fische, daß Ihr Datum für die Ablieferung eines Beitrags zum *Jahresring* nicht Ende April war – wie sich in mir festgesetzt hatte –, sondern Anfang April. Ich wollte mich eben entschuldigen, daß ich um ein paar Tage zu spät dran bin, und nun ist es ein Monat! Das tut mir von Herzen leid, und ich hoffe, es ist kein Unglück.
 Ich habe, da ich einen neuen Originalbeitrag unmög-

lich schreiben konnte, einen längeren Abschnitt aus meinem zweiten Roman *Der Sonderzug* leicht bearbeitet und für Sie abgetippt. Das war ein ehrgeiziger Versuch, nach Art der damals (1934) im Nachhang an die *Brücke von San Luis Rey* entstandenen »Begegnungsromane«, eine Reisegesellschaft während drei Tagen in Paris zu beschreiben, die aus der Schweiz mit dem Reisebüro Ruodi (Kuoni) dort hinfährt und Menschen verschiedenster Art und Nationalität umfaßt. Nachdem mein erstes Buch *Kati auf der Brücke* 1933 bei Zsolnay erschienen war und gleich einen Preis bekam, hatte ich große Hoffnungen für den *Sonderzug*, aber Zsolnay wollte ihn nicht und er ist nie erschienen.

Im Herbst bringt der Knaus-Verlag meine ersten drei *gedruckten* Romane unter dem Sammeltitel *Frühe Tage* heraus. Den *Sonderzug* wollte ich da nicht dazutun, ihn vielleicht irgendeinmal noch bearbeiten und auch noch publizieren – wenn wir das alles überleben. Im Augenblick werden wir ja bereits aus dem 1000 Kilometer weit entfernten Kiew langsam verseucht.

Mit herzlichen Grüßen Ihre Hilde Spiel

HANS BENDER AN HILDE SPIEL. KÖLN, 13. MAI 1986

13. Mai 1986

Liebe Frau Spiel,

ja, Sie sind meiner »Mahnung« zuvorgekommen – und heute kann ich schon die Zustimmung schreiben, auch die von Herrn Henle, dem Mitherausgeber des *Jahresring*. Wir sind sehr zufrieden mit dem Romankapitel »Paris bei Nacht« und stellen Sie damit – neben den anderen Preisträgern – in dem dafür vorgesehenen Kapitel im *Jahresring* 86/87 vor.

Anfang Juni wird Ihnen die DVA die Korrekturfahnen schicken. In Bremen, hoffe ich, wird man Ihnen das erste Belegstück überreichen. Die Herstellung des umfangreichen Buches ist sehr langwierig. Ich bin redaktionell dafür verantwortlich.

Noch eine Bitte müssen Sie mir erfüllen: Schicken Sie mir in den nächsten Tagen eine »Vita«. Ich weiß, die Nachschlagwerke sind oft nicht zuverlässig; Fehler werden weitergereicht...

Vielleicht haben Sie da und dort in den Zeitungen die Meldung für die BDI-Preise gesehen und waren verwundert. Herr Henle hatte sorgfältig formuliert: Hilde Spiel »für ihr erzählerisches Werk«. Die Redakteure der dpa machten daraus: »für ihr erzieherisches Werk«. Ob Sie damit einverstanden sind?

Ich hoffe, Sie kommen nach Bremen. Diese Tagungen sind immer ganz angenehm. Die Preisträger müssen keine Reden halten, und als Teilnehmer lernt man die Stadt und Umgebung kennen. Die offizielle Einladung kommt vom Kulturkreisbüro.

Heute schon Dank für die erste Mitarbeit beim *Jahresring*! Mit herzlichen Grüßen verbleibe ich

Ihr Hans Bender

HILDE SPIEL AN HANS BENDER. WIEN, 22. MAI 1986

22. 5. 1986

Lieber Herr Bender,

es freut mich ganz besonders, daß der Auszug aus dem *Sonderzug* Ihre Zustimmung findet. Vielleicht wird der ganze Roman doch noch einmal überarbeitet und publiziert – Herr Neunzig plante das schon vor Jahren.

Nach Bremen komme ich sicher, obwohl die Tagung mitten in die Buchmesse fällt und der Knaus-Verlag mich lieber die ganze Zeit in Frankfurt hätte. Ich habe Herrn Henle geschrieben, ob es genügt, einen Tag in Bremen zu verbringen.

Zu meinem Bedauern habe ich auch vorerst die Einladung nach Straelen ausgeschlagen. Ist das sehr schlimm?

Ich bin sehr erschöpft, beende eben unter Qualen ein Buch, wollte im Juni endlich wieder meine Tochter und Enkelin in London besuchen und vielleicht, wenn ich's schaffe, zum PEN nach Hamburg. Dann, Ende Juni, wollte ich nichts wie aufs Land und Ruhe, Ruhe. Noch eine Reise in den deutschen Norden: das wäre zu viel.

Das »Erzieherische« an meinem Werk hat mich nicht gestört, nur daß die Österreicher wieder einmal meinen bescheidenen Beitrag zur epischen Prosa ignorieren konnten.

Sehr herzlich Ihre Hilde Spiel

HILDE SPIEL AN ALBERT VON SCHIRNDING.
ST. WOLFGANG, 4. SEPTEMBER 1986

4. 9. 1986

Sehr geehrter, lieber Herr von Schirnding,

Verzeihen Sie, daß ich Ihre Zeit in Anspruch nehme. Es geht um Peter de Mendelssohn. Ich habe ja kein äußerliches Recht mehr, als seine Sachwalterin aufzutreten, aber vielleicht von den Jahrzehnten meiner Ehe mit ihm und dem Aufsatz über ihn als Erzähler (in der posthumen Ausgabe der *Kathedrale*) her doch noch den Anspruch, gegen Kränkungen seines Andenkens etwas unternehmen zu wollen.

Mit Kummer habe ich schon feststellen müssen, daß aus Anlaß der Marbacher S. Fischer-Jubiläums-Ausstellung sein großes Buch über S. Fischer und seinen Verlag zwar im Katalog zitiert, aber innerhalb der Ausstellung nirgends zu sehen war. Herr Pfäfflin, den ich danach fragte, verhielt sich sehr ausweichend. Und tatsächlich ist jetzt, da die Dokumentation dieser Ausstellung und eine zweite Publikation über ihr Thema erschienen sind, in den Rezensionen so gut wie gar nicht mehr die Rede von dem doch grundlegenden und umfassendsten Werk, an dem Peter jahrelang gearbeitet hatte und das eine wirkliche Kulturgeschichte der Zeit geworden ist.

Nun, dagegen läßt sich nichts machen. Aber vielleicht könnte jemand wie Sie, lieber Herr von Schirnding, ein Wort zu P. de M.s Verteidigung sagen, nachdem in der *Frankfurter Allgemeinen* vom 23. 8. ein so schonungsloser Angriff, als Rezension gehalten, gegen seine editorische Arbeit an der Thomas-Mann-Ausgabe erschienen ist. Sie werden mir sagen, daß ich hier am besten selbst mit dem Literaturchef der *FAZ* über eine mögliche Entgegnung reden sollte. Aber das ist mir nicht möglich. Marcel Reich-Ranicki hat sich seit meiner ernstlichen Erkrankung vor ein paar Monaten dauernd so rührend um mich besorgt und gekümmert, daß ich ihm nicht mit – berechtigten – Vorwürfen kommen kann. Gewiß hätte er den Ton des Herrn Kurzke mildern können. Mich auf eine Kontroverse mit ihm darauf einzulassen, muß ich mir aber versagen.

Was tun? Es ist offensichtlich, daß der Rezensent mit vielen Vorwürfen recht hat. Aber es läuft doch, wie der letzte Absatz seiner Kritik verrät, auf den tiefen Haß des Fachmanns, des Germanisten, auf den »Liebhaber«, will heißen Dilettanten, hinaus, der es wagt, die Thomas-Mann-Forschung nicht mit der äußersten wissenschaftlichen Akribie, dafür mit wahrem Enthusiasmus und – in den Nachworten – mit einer sprachlichen Geschliffenheit zu betreiben, deren Herr Harry Matter vermutlich nicht fähig ist.

Auch Sie wissen, vielleicht, unter welchen Umständen Peter diese Th.-M.-Ausgaben herausgegeben hat – ständig überlastet, gedrängt von dem ungeduldigen und finanziell engherzigen Verlag, kränkelnd und zuletzt todkrank. Nur 8 der 16 Bände hat er selbst zu verantworten gehabt, hätte vielleicht manches geändert oder ergänzt. Herr Kurzke ist unerbittlich. Das »De mortuis nil nise bene« kann »in diesem Fall unmöglich eingehalten werden«. Er nennt den Verstorbenen herablassend »treuherzig«, macht sich lustig über »das persönliche Gefühl und den Geschmack des Herausgebers« und urteilt schlicht, die Frankfurter Ausgabe komme »für die Forschung ernsthaft nicht in Frage«. Der Verlag wird, wie ich ihn kenne, nichts zur Verteidigung Peters tun. Sehen Sie,

etwa in einem Leserbrief, selbst irgendeine Möglichkeit dazu?
 Herzliche Grüße Ihre Hilde Spiel

HILDE SPIEL AN THOMAS BERNHARD.
WIEN, 21. OKTOBER 1986

21-10-86

Lieber Thomas,
 die Rührung über Deinen Brief ist tief. Indem Du keine großen Worte machen willst, machst Du sie dennoch und beglückst mich damit.
 Laß uns in Zukunft, so lange wir noch können, einander gelegentlich wieder ganz unfeierlich begegnen. Wenn Du das ab und zu ermöglichst, werde ich Dir dankbar sein.

Hilde

HILDE SPIEL AN CLAUS PEYMANN.
WIEN, 12. NOVEMBER 1986

12-11-1986

Lieber Claus Peymann,
 gestern hatten Sie und Ihre Herren mich zur *Mutter* eingeladen. Ich möchte Ihnen für den Genuß einer fabelhaften Aufführung dieses historisch so bedeutenden Stückes danken. Ich habe meiner Jugend nachgeweint, in der ich das alles gesungen und geglaubt habe. Und wie anders sieht die Welt jetzt aus.
 Mit sehr herzlichen Grüßen Ihre Hilde Spiel

HILDE SPIEL AN CLAUS PEYMANN.
ST. WOLFGANG, 20. DEZEMBER 1986

20-12-1986

Lieber Claus Peymann,
kaum habe ich es bisnun bedauert, die Theaterkritik aufgegeben zu haben, aber nach dem *Sommernachtstraum* tat es mir leid, dem Unverständnis der Wiener Rezensenten nicht ein weniges entgegensetzen zu können. Die Inszenierung hat mich, mit geringen Vorbehalten, unerhört beeindruckt. Ich fand sie mehr im Sinn des guten alten Kott als damals die Brook'sche, und niemals habe ich noch einen Oberon von solch fabulöser Erotik gesehen.

Ich wünsche Ihnen trotz allem etwas Freude an Ihrem Institut und ein gutes Neues Jahr, in dem Sie uns hoffentlich nicht schon wieder echappieren werden.

Ihre Hilde Spiel

CLAUS PEYMANN AN HILDE SPIEL.
WIEN, 31. DEZEMBER 1986

Liebe Hilde Spiel,
ich danke Ihnen sehr für Ihren aufmunternden Brief.
Insgeheim habe ich natürlich Spaß an der Wiener Arbeit.
Beste Wünsche für das neue Jahr.
Herzlich Ihr Claus Peymann

31. Dezember 1986

HILDE SPIEL AN MARCEL REICH-RANICKI.
LONDON, 20. MAI 1987

London, 20. Mai 1987

Lieber Marcel,
  die mir wohlbekannten Empfindlichkeiten der Familie Hofmannsthal schonend, habe ich ihre Herkunft – wie mir schien, deutlich genug – umschrieben, übrigens im Stil Hugo v. Hofmannsthals.
  Es ärgert mich *sehr*, daß es nötig gefunden wurde, meine sorgfältige Wortwahl in plumpe Direktheit umzuwandeln.

Alles Liebe dennoch, wie immer, Deine Hilde

HILDE SPIEL AN CHRISTOPHER FRY.
WIEN, 21. MAI 1987

May 21, 1987

Dear Christopher Fry,
  It would have been so nice to see you again, but I do understand that you could not come up specially for the occasion.
  I was very ill for a year but have been granted a respite and can travel a bit and write my memories.
  My address in Vienna is 1190 Wien, Cottagegasse 65/2/3.
  With kindest wishes

Yours Hilde Spiel

MARCEL REICH-RANICKI AN HILDE SPIEL.
FRANKFURT AM MAIN, 29. MAI 1987

29. Mai 1987

Meine liebe Hilde,

jeder ist seines Glückes Schmied, auch Du, die Du offenbar Dich jetzt bemühst, Deinen glänzenden Ruf zu ruinieren. Dem versuche ich, soweit nur möglich, entgegenzuwirken. Ich habe Dich gebeten, die vielen Verse in dem Artikel über Lernet-Holenias Park zu streichen. Du warst störrisch. Entstanden ist daraus ein in der ersten Hälfte schön geschriebener (wenn auch eher für die *Salzburger Nachrichten* geeigneter) Artikel, der durch ungewöhnlich schlechte Gedichte verdorben wird. Man hat mich gefragt, was mit Dir los sei, und ich hatte keine andere Möglichkeit, als den besorgten Fragestellern zu erklären, daß manch eine Frau, wenn sie liebt oder geliebt hat, den literarischen Geschmack einbüßt.

Seit der Veröffentlichung dieses nicht sehr glücklichen Artikels ist nun einige Zeit verstrichen, und ich wäre nicht auf die Sache zurückgekommen, wenn ich nicht soeben Deinen Brief vom 20. Mai gelesen hätte. Eigentlich habe ich für meine Bemühungen um Deinen Artikel über die Beerdigung der Christine Zimmer eher Dank erwartet als Beanstandungen. Auch dieser Artikel bot im Manuskript jene für Deine jetzige Produktion offenbar charakteristische Mischung – nämlich aus wunderbaren Passagen einerseits und aus einem Hofbericht andererseits. Und ein wenig redselig war das Ganze auch. Ich habe mir viel Mühe gegeben, den Artikel gestrafft und die Hofberichtelemente beseitigt. Was erschienen ist, hat alle, übrigens auch Joachim Fest, entzückt. Darüber verlierst Du kein Wort, doch protestierst Du gegen eine in der Tat nicht unwichtige inhaltliche Änderung.

Du hast darauf hingewiesen, daß der geadelte Urgroßvater Hofmannsthal und dessen Gemahlin Juden waren, dies aber hast Du nur angedeutet, als sei das Wort »Jude« oder »Jüdin« unpassend oder gewissermaßen ehrenrührig, weshalb Dir eine Umschreibung richtig schien. Das ist nicht schlimm und ich weiß, daß es nicht so gemeint war. Warum Du es aber für nötig gehalten hast zu betonen, daß Hofmannsthal im Dritten Reich nicht diskriminiert worden wäre, daß er also als »Arier« gegolten hätte, da sich ja bekanntlich die Nationalsozialisten für die Vorfahren nur bis zu den Großeltern einschließlich interessiert haben, ist mir schleierhaft. Hofmannsthal hat das Dritte Reich nicht erlebt, und so scheinen mir derartige Überlegungen überflüssig. Manch ein Leser hat Deinen Zeilen entnehmen müssen: Der Hofmannsthal war letztlich doch kein Judenabkömmling, sondern ein richtiger Arier. Mir hat diese Passage arg mißfallen, aber ich habe sie dennoch nicht gestrichen oder geändert – unter anderem des wunderbaren Zitats wegen. Ob ich richtig gehandelt habe, weiß ich nicht.

Daß Du aber noch das Judentum der Frau Gerty Schlesinger umständlich und beinahe schamhaft andeutest – nein, das führt zu weit. Und ich bin sehr froh, daß ich diese peinliche Stelle geändert habe. Nun sagst Du in Deinem Brief vom 20. Mai, Deine Formulierung sei im Stil Hugo von Hofmannsthals. Das mag schon zutreffen und das eben ist das Unangemessene und Peinliche. Aus den Briefen Hofmannsthals weißt Du gewiß besser als ich – unter anderem aus den Briefen an Willy Haas –, wie sehr Hofmannsthal daran gelegen war, seine jüdische Herkunft wenn nicht gerade zu bestreiten, so jedenfalls zu bagatellisieren. Das Entscheidende aber ist, daß Hofmannsthal sich über diesen Aspekt schließlich in einer ganz anderen Epoche geäußert hat: er hat darüber vor dem Dritten Reich geschrieben, Dein Artikel über die Beerdigung der Christiane Zimmer stammt aber aus der Zeit nach dem Dritten Reich. Ich fürchte, daß Du dies, den Bericht schreibend, außer acht gelassen hast. Daher mußte ich eingreifen, und dafür solltest Du mir dankbar sein.

Dein Brief beginnt mit den Worten: »die mir wohl bekannten Empfindlichkeiten der Familie Hofmannsthal schonend, habe ich usw.« Ich aber hatte gedacht, daß Du Deinen Bericht für die Leser der *F.A.Z.* geschrieben hast und nicht für die Mitglieder der Familie Hofmannsthal.

Daß Du seit vielen Wochen mich nicht angerufen hast, bedaure ich sehr. Ich habe es häufig versucht und mußte von der Ruppel erfahren, daß Du in den U.S.A. oder in England oder neulich, glaube ich, in Südafrika weilst. Alles in allem entnehme ich den verschiedenen Nachrichten, daß es Dir gesundheitlich nicht schlecht geht. Dies freut mich außerordentlich.

Sehr herzlich   Dein Marcel

HILDE SPIEL AN MARCEL REICH-RANICKI.
WIEN, 1. JUNI 1987

1. Juni 1987

Mein lieber Marcel,
– »und höre nur, wie bös er war: Er peitschte seine Gretchen gar!«
Du kennst das Zitat und weißt, daß ich Dich für einen argen Wüterich halte, der seine Freunde nicht von seinen Feinden zu unterscheiden weiß. Du hast mir eine lange Lektion erteilt, deren ersten Teil ich gar nicht anfechten möchte. Hier steht Meinung oder Empfinden gegen Meinung und Empfinden. Mir gut bekannte, aber auch wildfremde Menschen fanden die »Wehklage« rührend und auch L. H.s gewiß epigonale, aber die von Herrn Koneffke immer noch übertreffende Lyrik schön. Sei's drum. Mich hat zuletzt nur die »Einkehr« in meinen Aufsatz eben dieses Herrn Koneffke gestört, die immer noch beträchtlichen Kürzungen hatte ich überwunden.

Nun zu dem makabren Begräbnisbericht. Ich wußte, daß er zu lang war, hatte ihn an meinem ersten Tag in London rasch mit einem Stift verfaßt, um nicht an Aktualität zu verlieren. Bei all meinem Respekt für das christliche Ritual, in dem ich ja selbst aufgewachsen bin – nebenbei sagt man in Österreich *ein*segnen, nicht *aus*segnen, wie mir irgend jemand verbessert hat –, war ich von der Abwesenheit jeglichen Hinweises auf den jüdischen

Ursprung der Christiane Zimmer nun doch ein wenig aigriert und habe eben deshalb, um das Ganze wieder zurechtzurücken, den Umstand der Herkunft ihrer Mutter erwähnt. Keineswegs kann diese jüdischer Religion gewesen sein, denn sonst hätte sie H. v. H. nicht kirchlich geheiratet und wäre ihr Bruder Hans nicht zu irgendeinem Zeitpunkt Mönch geworden.

Sie als Jüdin rundweg zu bezeichnen, habe ich deshalb nicht erwogen, aber doch ihren Ursprung nicht verschwiegen – wenn auch durch Umschreibung, was mir ausreichend schien. Ich sehe nicht den geringsten Grund, dies zu ändern oder geändert zu sehen. Von schamhaft kann keine Rede sein. Du hast zuweilen meine – in aller Bescheidenheit angestrebte – Affinität zu H. v. H. gelobt. Daß Du hier eine Formulierung in seinem Sinn tadelst, muß andere Gründe haben.

Du sagst, ich hätte seit vielen Wochen Dich nicht angerufen. Ich gebe diesen Vorwurf an Dich zurück. Sonst warst immer Du es, der anrief, darum hat mich gekränkt, nichts von Dir zu hören. Fast scheint mir, nach Deinen ironischen Sätzen über meine Reisen in die USA und nach England oder gar (woher denn das?) Südafrika, Du bedauertest, meinen Nachruf noch nicht schreiben zu können. Nach fünf Chemotherapien und mit allmonatlichen Kontrollen wage ich, unter Aufbietung meiner gesamten Willenskraft, in den kurzen Wochen zwischen verschiedentlichen Anfällen, ein mehr oder weniger normales Leben zu führen. Auf Zeit. Ich bitte, mir das zu gönnen.

Und nun höre auf, Dein Gretchen zu peitschen, die Dir trotz allen möglichen Meinungsverschiedenheiten immer die Treue gehalten hat und hält.

Hilde

HILDE SPIEL AN CLAUS PEYMANN.
WIEN, 15. APRIL 1988

15-4-88

Lieber Claus Peymann, bester Herr Berg, hochgeschätzte Dramaturgie, verehrtes Ensemble!

Lassen Sie sich von einer glücklichen und stolzen Autorin noch einmal von Herzen für alles danken, was Sie für *Anna und Anna* getan haben.

Das Ereignis ist eine unverhoffte, aber um so schönere Krönung meines langen Lebens.

Ihre Hilde Spiel

HILDE SPIEL AN ALBERT VON SCHIRNDING.
WIEN, 16. AUGUST 1988

16. 8. 1988

Lieber, bester Albert von Schirnding,

es hat lange gedauert, aber jetzt kann ich Ihnen für die Erzählung danken, weil ich endlich dazu gekommen bin, sie auszulesen. Nachdem ich die Lektüre begonnen hatte, wurde ich darin unterbrochen und habe wirklich ungeduldig darauf gewartet, dieses bezaubernde Buch ganz kennenzulernen. Es ist so sehr nach meinem Herzen, wie ich Ihnen gar nicht sagen kann. Ich habe unzählige Freuden damit erlebt, all die Vignetten und knappen Menschenschicksale und schönen, anschaulichen Schilderungen, so glücklich in der Formulierung und so voll, wenn ich das verpönte Wort gebrauchen darf, von Geschmack.

Ganz besonders berührt bin ich von den mehrmaligen Beschreibungen dieses gewissen Ich-Bewußtseins, das man nicht hat, oder erst erwirbt, oder manchmal wieder verliert. Das ist mir sehr bekannt. Auch die Leitfiguren des *Nibelungenliedes*, Sie werden's mir nicht glauben, haben mich in meiner Kindheit sehr beschäftigt. Ich bin auch sehr angetan von dem Fragmentarischen, das Sie als Kunstmittel einsetzen, nur manchmal ein bißchen unbefriedigt, wenn wichtige Stücke des Mosaiks dann doch fehlen. Der Umzug mit Hilfe des Gauleiters – mehr oder weniger wäre mir da lieb gewesen, nicht aus Ideologie-Schnüffelei, sondern weil man doch wissen möchte, wie sich eine so noble und gescheite und sensitive Familie dann in der kritischen Generation verhält. Sehr gefällt mir die Vorstellung von einem »graziösen Preußentum«. Ich habe mich ja, als ich die *Fanny von Arnstein* schrieb, und schon vorher im Nachkriegs-Berlin, in die Preußen verliebt.

Darf ich einen kleinen Vorschlag für eine zweite Ausgabe machen? Der englische Gesandte kann nicht Sir Lyons geheißen haben, denn Ritter haben in England in erster Linie Vornamen, und nie einen bloßen Nachnamen nach dem Sir. Es würde der makellosen Prosa nützen, wäre auch dies, wie es sein soll.

Mit vielem Dank noch einmal und Glückwünschen zu dem Buch,

Ihre Hilde Spiel

HILDE SPIEL AN CLAUS PEYMANN.
WIEN, 5. FEBRUAR 1989

5. 2. 1989

Lieber Claus Peymann,
Ihr Brief kam zu einer Zeit, in der es mir wieder einmal gar nicht gut ging, und er hat mich wunderbar aufgemuntert. Jetzt ist die Krise überwunden oder für ein Weilchen verschoben, ich komme zum Arbeiten, was ja immer die Rettung ist.

Im Sommer, als Sie auf Ibiza oder sonstwo waren, schickte ich Ihnen mein Wien-Buch, aber ob Sie's bekommen oder gar angeblättert haben, das weiß ich nicht. Inzwischen hab ich auch das Buch von *Anna und Anna* an Sie nachgeliefert – häßlich hergestellt, aber die Vorworte interessieren Sie vielleicht.

Shakespeare widmete die Sonette – vielmehr tat es sein Verleger für ihn – »to the only begetter«. Der einzige Erzeuger der *verwirklichten* Annen sind Sie.

Ihre dankbare Hilde Spiel

HILDE SPIEL AN CLAUS PEYMANN.
WIEN, 31. MÄRZ 1989

31-3-1989

Lieber Claus Peymann,
es war ein wunderbar geglückter Tell, und was ich daran alles geglückt fand, hab ich am selben Abend noch in ein paar – leider stark gekürzten – Sätzen für den Rundfunk angegeben. Ihnen brauch' ich's nicht zu sagen, Sie wußten schon, was Sie machen. Und wenn die Wiener Giftspritzen *wieder einmal* böse am Werk waren, so können Sie sich mit Leichtigkeit darüber hinwegsetzen – die Zuschauer haben Sie *wieder einmal* für sich. Welche Genugtuung hätte dem Thomas der Geßler-Auftritt bereitet: ein Inbegriff dessen, was er an Österreich gehaßt hat, und das Schizophrene ist, daß er ja selber im Geländewagen durch die Gegend fuhr, wenn auch nicht im Ausseer Hut. Daß er für Sie wie für seine anderen Freunde fast stärker noch da ist als vorher, wird mir aus allem klar.

Sehr herzliche Grüße

Ihre Hilde Spiel

HILDE SPIEL AN MARCEL REICH-RANICKI.
WIEN, 15. JUNI 1989

15. 6. 1989

Lieber Marcel,

nie hätte ich gedacht, daß Du mich je gleichsam bei lebendigem Leib völlig abschreiben, aus Deinem Umgang und Deiner Freundschaft einfach herausstreichen würdest, und ich frage mich, womit ich das verschuldet haben könnte.

Es ist mir völlig gleichgültig, ob Du Dich irgendwo öffentlich zu meinen Memoiren äußern wirst, aber ich möchte privat und persönlich wissen, ob sie Dir so entsetzlich mißfallen, daß Du lieber kein Wort zu mir darüber sagst, um mich zu schonen, oder ob Du mir übelnimmst, daß mein Verlag sie – ohne mein geringstes Zutun – der *FAZ* zum Vorabdruck angeboten hatte und sie nun dort erscheinen.

Es geht hier um die menschliche, nicht die literarische Beziehung, und ich möchte mir ganz einfach im klaren darüber sein, warum Du sie abgebrochen hast.

Mit lieben Grüßen, auch an Tosia,   Hilde

MARCEL REICH-RANICKI AN HILDE SPIEL.
FRANKFURT AM MAIN, 28. JUNI 1989

28. Juni 1989

Liebste Hilde,

Dein Brief vom 15. Juni hat mich verblüfft, betrübt und verstört.

Nie im Leben bin ich auf die Idee gekommen, Dich abzuschreiben. Niemals habe ich aus meinem Umgang und meiner Freundschaft Dich gestrichen; und somit ist die Frage, die Du mir stellst, schlicht gesagt, gegenstandslos.

Wie soll ich Dir beantworten, warum ich unsere Beziehung abgebrochen hätte, wenn ich sie nie im Leben abbrechen wollte und dies auch nie getan habe? Kurz: In Deinem Brief wimmelt es von Vorwürfen und Unterstellungen, die allesamt aus der Luft gegriffen sind. Doch kann ich immerhin Deinen Zeilen klar entnehmen, was Du mir so schrecklich verübelst: daß ich mich zu Deinen Memoiren bisher nicht geäußert habe. Du vermutest, daß ich Dich entweder schonen wollte oder daß ich Dir gar verübele, daß die Memoiren in der *F.A.Z.* vorabgedruckt werden. Die letzte Vermutung ist so abwegig, daß ich sie überhaupt nicht ernst nehmen kann. Offenbar bist Du nicht darüber informiert, daß sich die *F.A.Z.* mir gegenüber äußerst großzügig verhalten hat: Es würde zu weit führen, hier die Details aufzuzählen. Wahr ist, daß es ein Zerwürfnis zwischen mir und Fest und ein anderes zwischen Schirrmacher und mir gegeben hat. Beide wurden inzwischen behoben und die Beziehungen sind wieder vernünftig geregelt. Aber selbst wenn dies nicht der Fall wäre: Wie sollte ich auf die Idee kommen, Dir zu verübeln, daß Deine Memoiren in einer Zeitung vorabgedruckt werden, in der wir beide seit vielen Jahren tätig sind?

Die andere Vermutung, ich hätte Dich schonen wollen, ist auch gänzlich falsch. Kommst Du denn nicht auf die Idee, daß hier ein ganz anderer Umstand im Spiele ist? Um es kurz zu machen: Ich habe keine einzige Folge des Vorabdrucks Deiner Erinnerungen gelesen und ich werde auch in den nächsten Monaten, jedenfalls bis zum Erscheinen des Buches, mit Sicherheit nichts von diesen Erinnerungen lesen können.

Du zwingst mich, Dir zu schreiben, was ich gar nicht so genau schreiben möchte, weil es notwendigerweise den unangenehmen Beigeschmack eines Klageliedes haben muß.

Tosia hat im Januar den Fuß gebrochen, mußte eine schwere Operation durchmachen und lag sechs oder sieben Wochen im Krankenhaus, kam nach Hause, noch bevor sie sich einigermaßen bewegen konnte, und ist auch jetzt noch nicht wiederhergestellt. Meine in London lebende Schwester hat einen Schlaganfall erlitten, ich mußte nach London fliegen. Ich habe, alte Verpflichtungen erfüllend, an Symposien in Palästina und Lübeck teilgenommen, ich hatte Vorträge zu halten an den Universitäten von Wuppertal, Bamberg und natürlich Tübingen, ich bin stark in Anspruch genommen durch die dreibändige Edition der *Romane von gestern – heute gelesen*, der zweite Band wird im August erscheinen, und ich habe noch immer das Vorwort nicht geschrieben. Ich bin der *F.A.Z.* einige Artikel schuldig und da ich sie hinauszögere, entsteht schon der Verdacht, daß ich Schirrmachers Arbeit nicht unterstützen will. So sehr überlastet ich war und bin, mußte ich doch die Bitte von Horst Krüger und seinem Verlag erfüllen und ein Buch über ihn zu dessen 70. Geburtstag im September herausgeben. Im Herbst erscheint ein Buch von mir im Ammann-Verlag (Fotokopie beiliegend). Dieses Buch ist für mich genauso wichtig wie es für Dich Deine Memoiren sind. Die Manuskripte der Tonbandgespräche liegen bei mir, aber ich habe noch keine Zeile lesen und redigieren können, dennoch soll das Buch zur Messe erscheinen.

Erlaube, daß ich diese Aufzählung abbreche und nur noch hinzufüge, daß ich noch sehr viel anführen könnte und selten so eine schwere Zeit durchmachen mußte wie in den letzten fünf, sechs Monaten. Wenn Du mich irgendwann angerufen hättest, um Dich zu erkundigen, was sich bei mir abspielt, statt unentwegt zu erwarten, daß ich mich melde, dann hättest Du Dir den nun wirklich absurden Brief vom 15. Juni sparen können. Vielleicht wirst Du verstehen können, daß ich weder Zeit noch Muße hatte, Deine wahrscheinlich sehr interessanten Erinnerungen zu lesen, zumal ich mir ungern von einer Zeitung Tagesportionen vorschreiben lasse. Der langen Rede kurzer Sinn: Ich liebe, bewundere und verehre Dich wie eh und je. Aber ich habe es nicht gern, wenn sich Beziehungen zu Einbahnstraßen entwickeln. Du bist der Liebe bedürftig, das kann ich gut verstehen, denn ich bin es auch.

Ich umarme Dich in alter Herzlichkeit

Marcel

HILDE SPIEL AN MARCEL REICH-RANICKI.
WIEN, 7. JULI 1989

7. 7. 1989

Liebster,

Dein Brief hat mich über alle Maßen gefreut. Nicht nur nimmst Du mir nichts übel, es sind auch, was ich als Wichtigstes aus ihm entnehme, die Beziehungen zu Fest und Schirrmacher »wieder vernünftig geregelt«. Beweis: der Abdruck Deines großartigen Döblin-Essays heute in der Zeitung. Bitte denke wirklich nicht, ich hätte Dir in erster Linie wegen der mangelnden Äußerungen zu meinen Erinnerungen geschrieben. Nein, daß Du überhaupt nichts von Dir hören ließest, also auch nicht zu den Erinnerungen etwas sagtest, hat mich verwundert und auf die Idee gebracht, es sei irgendetwas nicht in Ordnung zwischen uns.

Ich habe ein paar Mal versucht, Dich telefonisch zu erreichen, wie ich Dir ja schon schrieb, und das gelang mir nicht. Du warst ja auch viel unterwegs. Und ich muß Dir ehrlich sagen, daß ich selbst zur Zeit sehr kommunikationsträge bin – ganz einfach aus dem Gefühl heraus, daß ich mit dem wenigen, das ich noch machen möchte und meiner stets schwindenden Tatkraft abringe, also mit dem Schreiben und – hoffentlich – Beenden des zweiten Bandes dieser Erinnerungen, einen Wettlauf mit der Zeit vor mir habe. Dann werde ich unruhig und gebe zu rasch auf, wenn ich jemanden nicht am Telefon erwische, oder ich fürchte mich vor dem Berg unbeantworteter Briefe und gehe lieber nicht an den Schreibtisch, sondern tippe auf einer anderen kleinen Maschine, sitzend, im Bett.

Bitte glaub nicht, daß ich all Deine Sorgen und Plagen, Tosias Krankheit und die Deiner Schwester, und Deine vielen Verpflichtungen unterschätze. Es ist ja sehr eindrucksvoll, was Du alles tust. (Mich wundert übrigens ein bißchen, daß Krüger keinen Beitrag von mir wollte, aber es erleichtert mir zugleich das Leben, weil mir auch dazu die Zeit gefehlt hätte und ich es dennoch nicht hätte absagen können). Bedenke aber auch ein bißchen, daß ich in zwei Jahren achtzig werde – wenn ich es werde – und doch gesundheitlich recht angeknackst bin, so daß ein Freund sich auch ab und zu nach mir erkundigen könnte, wie Du es früher immer tatest.

In Liebe zu Dir und Tosia, Deine Hilde

HILDE SPIEL AN ALBERT VON SCHIRNDING.
MÜNCHEN (HOTEL PREYSING), 1. OKTOBER 1989

1. Oktober 1989

Lieber, bester Albert von Schirnding,

schöner und klüger wird niemand, niemand über mein Buch schreiben. Sie haben, feinfühlig *und* intuitiv, besser als ich selbst die Triebfeder all dessen erkannt, was mich ein langes Leben lang bewegt und vor den vielen möglichen Verzweiflungen bewahrt hat. Ich wollte in diesen Erinnerungen nur offen sein, weil ich meinte, es werde in solchen Rückblicken immer wieder manches verfälscht und umgedeutet. Dabei haben mich meine Aufzeichnungen vor allzu großen Irrtümern bewahrt.

Ich kann Ihnen nicht genug danken für dieses große Verständnis und die so bezaubernd formulierte Sympathie Ihrer Rezension.

Ihre Hilde Spiel

HILDE SPIEL AN PETER WAPNEWSKI.
WIEN, 1. MAI 1990

1. Mai 1990

Liebster, bester Peter Wapnewski,

mein Kummer, Sie in München nicht zu sehen, war sicher nicht geringer als der Ihre. Ich hatte mich ja trotz elenden Gesundheitszustandes aufgerafft, diese Reise zu unternehmen, und dann fehlte jedoch der Freund, der mich als erster von der Verleihung benachrichtigt hatte und mich dadurch bewogen, die mir nicht ganz einsichtige Ehre anzunehmen.

Nach der Rückkehr bin ich denn auch leider ganz zusammengebrochen und versuche nun mühsam, mich noch einmal hochzurappeln.

Lieber P. W., wann sehen wir einander denn wieder? Zu Marcels Geburtstag kann ich nicht kommen, weiß Gott, wohin je noch fahren.

Sehr schönen Dank jedenfalls für die Goethemedaille und alles Liebe von Ihrer Hilde S.

HILDE SPIEL AN MARCEL REICH-RANICKI.
WIEN, 18. MAI 1990

18. Mai 1990
Liebster Marcel,
eine Hürde, dieser Geburtstag, die Du mit gewohnter Souveränität nehmen und dessen festliche Begleiterscheinung Du genießen wirst. Ich wünsche Dir, daß alles so weitergeht wie bisher, nur ohne den Ärger – oder den meisten Ärger, denn ein bißchen brauchst Du zur Anstachelung Deiner polemischen Kräfte und wohl auch Lebenslust.

Vielleicht gefällt Dir zumindest eins der Bilder, die ich hier schicke. Beim Lapicque solltest Du bitte das Gedichtchen zu entziffern suchen, es amüsiert Dich gewiß.

Ich umarme Dich, vermutlich aus der Ferne, am 2. und 8. Juni, in Liebe und Dankbarkeit
Hilde

BOLESLAW BARLOG AN HILDE SPIEL.
BERLIN, 25. MAI 1990

25. V. 90

Liebe, verehrte Frau Spiel,
 es betrübt mich, wenn ich heute noch so hämische Worte über meinen großen Freund Wilhelm Furtwängler, gerade aus Ihrer Feder, lesen muß. Sie schreiben: »Staatsrat«. Als er dazu ernannt wurde, stürmte er in Hausschuhen quer durch den Garten von Sanssouci, um Göring dieses Schriftstück vor die Füße zu werfen, und wurde angedonnert: »Wenn ich Sie zum Staatsrat ernenne, dann haben Sie nicht abzulehnen.« Was Sie zu Brust und Kroll anmerken, ist auch nicht nur abfällig, sondern auch falsch. Ebenso Ihre Einstufung neben den zwei anderen ganz Großen. Und der Vergleich dieses Konzerts mit dem Nürnberger Parteitage ist wirklich schon infam. Bei Furtwängler gibt es nichts zu vergessen oder gar zu verzeihen.

Eher bei dem von Ihnen so geschonten Karrierenazi Herrn von Karajan; aber das tun Sie ja auch.

Sie wissen, wie ich Ihre schriftstellerischen und Übersetzer-Fähigkeiten immer geschätzt habe. Gerade das macht mich traurig, wenn ich Ihr Mißverstehen des für mich größten Dirigenten erkenne. F. war nicht nur ein die Nazis aus voller Seele hassendes Genie, er hat auch vielen von den Braunen bedrohten Menschen das Leben gerettet, darunter auch vielen jüdischen Freunden! Das sollen Sie wissen! Trotzdem herzliche Grüße und Wünsche

Ihr alter Boleslaw Barlog.

HILDE SPIEL AN BOLESLAW BARLOG.
WIEN, 23. JUNI 1990

23-6-1990

Verehrtester Boleslaw Barlog,

es ist traurig, daß unsere so lange und schöne Beziehung nun, spät in unser beider Leben, getrübt scheint. Aber ich kann nun einmal nichts anderes tun, als authentisch aus der Sicht jener Zeit die Vorgänge und meine damalige Haltung zu ihnen wiedergeben. Dazu gehört das mit allem Ressentiment der Emigrantin, wie ich ja selbst betone, empfundene Verhalten des von Ihnen so vorbehaltlos geliebten Staatsrates. Gewiß habe ich ihn in späteren Jahren auch oft bewundert, obschon er niemals zu meinem Lieblingsdirigenten wurde. Aber wenn Sie mir die Szene mit Göring schildern, muß ich erwidern: er hätte natürlich sehen müssen, daß dies der Anfang einer von ihm geforderten und nicht verweigerten Unterwerfung unter das Diktat des scheußlichen Regimes war, zu der unausbleiblichen Signalfunktion, die er als dessen Aushängeschild würde übernehmen müssen. Gewiß war er ein humaner Mensch, der Verfolgten half, soviel er konnte – daran hat niemand je gezweifelt. Aber die Ambivalenz, die ein im NS-Reich verbliebener großer Künstler (siehe auch Gründgens) fortan zur Schau trug, war in solchen anfänglichen Zugeständnissen vorgegeben. Im übrigen hat Furtwängler seine Machtstellung (darüber eben Einzelheiten in dem Buch von Walter Thomas), etwa in Wien, durchaus auch zu anderen als karitativen Zwecken zu nutzen gewußt.

Aber lassen wir das. Die Kluft zwischen den Dortgebliebenen und Fortgegangenen oder -getriebenen kann sich niemals schließen, und wir wollen sie unsere persönlichen alten Freundschaften dennoch nicht zerrütten lassen. Den Ihnen odiosen Vergleich habe ich übrigens ja nicht geprägt, nur zitiert. Er lag halt damals bei vielen Gelegenheiten nahe. Also: bleiben Sie mir gleichwohl gewogen. Mit lieben Grüßen

Ihre Hilde Spiel

BOLESLAW BARLOG AN HILDE SPIEL.
KEITUM (SYLT), 5. JULI 1990

Keitum/Sylt, 5. VII. 90

Sehr verehrte liebe Mme. Spiel,

nein, unsere gute Beziehung wird durch zwei gegensätzliche Ansichten überhaupt nicht getrübt!

Aber es schmerzt mich, wenn eine von mir so hochgeschätzte Autorin eine so von verständlichen Ressentiments getrübte falsche Meinung über einen Menschen kultiviert, wie dieser – wie der russische Kulturoffizier General Tjulpanow ihn nannte – Goethemensch von Ihnen als Nazistaatsrat angesehen wird. Ob er Ihr Lieblingsdirigent nie war, das ist völlig Ihre ureigenste Meinung, und daran gibt es nichts zu rütteln, aber daß Sie seine Haltung unter den Nazis verteufeln, das ist einfach unrecht. Ich war eng mit Furtwängler befreundet und habe ihn die ganze braune Scheißzeit über aus nächster Nähe beobachtet: er war stets integer, genauso wie Hilpert und Gründgens es waren. Ich hörte ihn oft sagen: »Ich bin Deutscher und wenn 65 Millionen meiner Landsleute durch dieses Inferno hindurchmüssen, dann will ich sie nicht verlassen, sondern ihnen beistehen, das alles durch gute Musik leichter zu ertragen.« Ich finde, das ist ein durchaus ehrenwerter Standpunkt, daß er sich *nie* unter das Diktat der Nazis gebeugt hat, beweisen seine Handlungen. Darüber einiges, wenn wir uns einmal wiedersehen! In alter Freundschaft, hoffe ich, der ich auch mit Walter und Klemperer befreundet war. Bitte lesen Sie einmal mein Büchlein *Theater lebenslänglich*!

Herzliche Grüße und Toitoitois!

Ihr alter Boleslaw Barlog mit Herta.

Editorische Notiz

Ausgangspunkt für die Briefauswahl war der schriftstellerische Nachlaß Hilde Spiels im Österreichischen Literaturarchiv. Hier fanden sich, wie zu erwarten, von wenigen Durchschlägen eigener Briefe abgesehen, jene Briefe, die an Hilde Spiel gerichtet wurden, also die Briefe ihrer Freunde und Partner aus der literarischen Welt.

Etwa 4000 Briefe aus fünfzig Jahren waren durchzusehen.

Hilde Spiels eigene Briefe befanden und befinden sich entweder in den Händen der Adressaten oder in verschiedenen Archiven und Sammlungen. Sie mußten ausfindig gemacht, und auch unter ihnen mußte für diese Buchausgabe ausgewählt werden. Hauptkriterium war immer die literar- und zeitgeschichtliche Relevanz, ihre Aussagekraft für die literarische, schlichter gesagt, schreibende Existenz.

Die Anordnung folgt streng der Chronologie. Auch wenn damit Brief und Antwortbrief in vielen Fällen auseinandergerissen sind, wurde dem Geflecht der gesamten brieflichen Kommunikation der Vorzug gegeben.

Die Schreibweise der Briefe wurde beibehalten. Vereinheitlicht wurde lediglich der Gebrauch von »ß« statt »ss«, da es häufig nur von der Verwendung englischer Schreibmaschinen abhängig war, daß »ss« statt »ß« benutzt wurde. Im Falle der Briefe von Heimito von Doderer wurde dessen bewußter Gebrauch von »ss« nach kurzen Vokalen und »ß« nach gedehnten Vokalen beibehalten. Buchtitel, in fast allen Briefen in unterschiedlicher Form angetroffen, wurden einheitlich kursiv gesetzt.

Auslassungen sind durch eckige Klammern und Auslassungspunkte bezeichnet.

Die Fundstelle jeden Briefes ist in der jeweiligen Anmerkung verzeichnet. Angaben über die Abdruckgenehmigungen der Rechteinhaber finden sich in der Danksagung von Herausgeber und Verlag.

H. A. N.

Danksagung

Herausgeber und Verlag danken den Briefverfassern und Rechteinhabern für die Genehmigung, die Briefe von Hilde Spiels Korrespondenzpartnern in diesem Band abzudrucken: Theodor-W.-Adorno-Archiv, Frankfurt am Main; The Estate of W. H. Auden, New York; Generalintendant a. D. Boleslaw Barlog, Berlin; Wolfgang Bauer, Graz; Hans Bender, Köln; Thomas-Bernhard-Nachlaßverwaltung, Gmunden; Heinrich-Böll-Archiv und Verlag Kiepenheuer & Witsch, Köln; Hofrat Mag. Erwin Chvojka, Wien (Theodor Kramer); Bernhard Drewitz (Ingeborg Drewitz), Berlin; Jeannie Ebner, Wien; Christopher Fry, Chichester; Licci Habe (Hans Habe), Ascona; Prof. Hans Werner Henze, Marino; Prof. Ernst Jandl, Wien; Inge Kaut (Josef Kaut), Salzburg; Hannelore König (Heimito von Doderer), Moosburg; Stiftung Bruno-Kreisky-Archiv, Wien; Horst Krüger, Frankfurt am Main; Liepman AG (Robert Neumann), Zürich; Peter Marginter, London; Prof. Dr. Hans Mayer, Tübingen; Dr. Christa Melchinger (Siegfried Melchinger), Freiburg; Dr. Inge Merkel, Wien; Prof. France Mihelič (Mira Mihelič), Ljubljana; Sten Nadolny, München; Prof. Elfriede Ott (Hans Weigel), Wien; Claus Peymann, Wien; Jane Politzer (Heinz Politzer), Berkeley; Prof. Dr. Fritz J. Raddatz, Hamburg; Prof. Dr. h. c. Marcel Reich-Ranicki, Frankfurt am Main; RA Dr. Claus Regnault, München, und J. G. Cottasche Buchhandlung Nachf., Stuttgart (Hans Paeschke); Prof. Dr. Heinz Rieder (Franz Theodor Csokor), Wien; James Saunders, Glos; Pierre C. Schindel, Brüssel und G. Cottasche Buchhandlung Nachf., Stuttgart (Jean Améry); Dr. Albert von Schirnding, Harmating; Ernst Schröder, Castellina; Helga Schütz, Potsdam; Zenija Sperber (Manès Sperber), Paris; Tom Stoppard, Iver. Bucks.; Marietta Torberg (Friedrich Torberg), Wien; Prof. Dr. Peter Wapnewski, Berlin; Ruth Weilandt-Matthaeus (Sigismund von Radecki), Gladbeck.

Herausgeber und Verlag danken außerdem den folgenden Persönlichkeiten und Institutionen, die durch tätige Hilfe zum Zustandekommen dieser Brief-Auswahl insbesondere beigetragen haben: Frau Ministerialrätin Dr. Elisabeth Brandstötter, Bundesministerium für Wissenschaft und Forschung; Herrn Generaldirektor Dr. Hans Marte, Österreichische Nationalbibliothek; Frau Dr. Eva Irblich, Handschriftensammlung der Österreichischen Nationalbibliothek; Herrn Professor Dr. Wendelin Schmidt-Dengler, Institut für Germanistik an der Universität Wien; Herrn Dr. Wolfgang Kraus, Österreichische Gesellschaft für Literatur, Wien. Im Österreichischen Literaturarchiv Frau Dr. Ingrid Schramm und Herrn Dr. Volker Kaukoreit; Herrn Dr. Walter Obermeier, Wiener Stadt- und Landesbibliothek; Herrn Dr. Heinz Lunzer, Dokumentationsstelle für neuere österreichische Literatur, sowie folgenden Archiven und Handschriftenabteilungen: Akademie der Künste, Berlin; Deutsches Literaturarchiv, Marbach; Historisches Archiv der Stadt Köln; Landesarchiv Berlin; Münchner Stadtbibliothek.

Anmerkungen

HILDE SPIEL AN THEODOR KRAMER.
LONDON, 2. DEZEMBER 1941
Nachlaß Theodor Kramer. Erwin Chvojka, Wien.

Den österreichischen Lyriker Theodor Kramer (1897–1958) lernte Hilde Spiel im Londoner Exil kennen. Der Weltkriegsteilnehmer (1916 schwer verwundet) hatte seit 1938 Berufsverbot und emigrierte 1939 nach England. S. Theodor Kramer: *Gesammelte Gedichte.* 3 Bde. (Hg. Erwin Chvojka, Wien, Europaverlag, 1984–87), mit einer ausführlichen Würdigung von Autor und Werk durch den Herausgeber.

Nochmals der Zeitung geschickt: Die Zeitung hieß das von J. H. Lothar herausgegebene deutsche Exilblatt in London (Maxwell Publ., London).

Albert Fuchs: gehörte in den frühen 30er Jahren bereits zum literarischen Freundeskreis Hilde Spiels. In der Emigration traf sie den Schriftsteller wieder, der seinerseits als Kommunist in den Untergrund gegangen war.

HILDE SPIEL AN THEODOR KRAMER.
LONDON, 4. DEZEMBER 1941
Nachlaß Theodor Kramer. Erwin Chvojka, Wien.

Ihre Chancen: Es ging um eine Stellung für Theodor Kramer. 1942 arbeitete er als Bibliothekar am Count Technical College in Guildford.

Eleanor F.: Eleanor Farjeon und Irene Rathbone gehörten zu den Schriftstellerinnen, die sich im P.E.N. mit der Hilfe für exilierte Autoren beschäftigten.

HILDE SPIEL AN THEODOR KRAMER. LONDON, 5. JANUAR 1942
Nachlaß Theodor Kramer. Erwin Chvojka, Wien.

Ein Kind ist nach einem englischen Wort »one person's job«: Christine, die Tochter von Hilde und Peter de Mendelssohn, war 1939 zur Welt gekommen. 1944 kam Anthony Felix dazu.

So verwende ich jede freie Minute für meinen Roman: The Fruits of Prosperity. Der zunächst auf englisch geschriebene Roman erschien erst 1981 in seiner deutschen Fassung: *Die Früchte des Wohlstands* (München, Nymphenburger, 1981).

Roubiczeks: Paul Roubiczek, Verleger, Schriftsteller und Philosoph, und seine Frau hatten mit Hilfe Hilde Spiels eine Einreisegenehmigung nach England erhalten. Tatsächlich fand der Wissenschaftler Aufnahme an der Universität Cambridge.

HILDE SPIEL AN THEODOR KRAMER. LONDON, 18. JANUAR 1942
Nachlaß Theodor Kramer. Erwin Chvojka, Wien.

HILDE SPIEL AN THEODOR KRAMER. LONDON, 2. MÄRZ 1942
Nachlaß Theodor Kramer. Erwin Chvojka, Wien.

HILDE SPIEL AN HERMON OULD. LONDON, 26. NOVEMBER 1942
Briefdurchschlag. Nachlaß Hilde Spiel im Österreichischen Literaturarchiv. Österreichische Nationalbibliothek, Wien.

Hermon Ould gehörte von 1941–47 dem während der Kriegsjahre gegründeten Internationalen Präsidialkomitee des P.E.N. an. Zu dieser Zeit war er auch Generalsekretär und Schatzmeister des London Centre.

Hilde Spiel kommt in diesem Brief auf einen Diskussionsbeitrag ihres Mannes, Peter de Mendelssohn, während einer Tagung des Londoner P.E.N.-Clubs, dem beide angehörten, zurück, in dem er sich gegen eine Erleichterung des Beitritts zum P.E.N. ausgesprochen hatte.

In ihrem Brief wies sie auf das Schicksal des österreichischen P.E.N. hin, in den nach dem »Anschluß« an Nazi-Deutschland politisch genehme Autoren geströmt waren, da kein qualitatives Kriterium mehr galt. Wenn der Internationale P.E.N. nur vage gezogene Grenzen für den Beitritt zulasse, sei zu befürchten, daß damit die Tür für einen Mißbrauch durch persönliche oder politische Interessen geöffnet werde.

HERMON OULD AN HILDE SPIEL. LONDON, 28. NOVEMBER 1942
Nachlaß Hilde Spiel im Österreichischen Literaturarchiv. Österreichische Nationalbibliothek, Wien.

Hermon Ould antwortete Hilde Spiel, er habe den Eindruck gehabt, Peter de Mendelssohns Diskussionsbeitrag gelte eigentlich einer unausgesprochenen Sorge. Denn er habe sich nicht vorstellen können, daß jemand dem Londoner Komitee nicht zutraue, seine Mitglieder richtig auszuwählen. Seine Vorstellung von einer Erweiterung der Mitgliedschaft sollte keineswegs einer milderen Beurteilung von Kandidaten das Wort reden, sondern gehe davon aus, daß qualifizierte Autoren aufgenommen werden sollten, auch wenn sie keine Lyriker, Stückeschreiber, Essayisten und Romanschreiber seien. Und er nannte Einstein als Beispiel. Dagegen zeigte sich Hermon Ould ganz überzeugt davon, daß der P.E.N. jede moralische Autorität verlöre, wenn er zulasse, für politische Zwecke benutzt zu werden.

HILDE SPIEL AN FRIEDRICH TORBERG. LONDON, MAI 1951
*Wiener Stadt- und Landesbibliothek,
Handschriftensammlung.*

Die spannungsvolle Beziehung zwischen Hilde Spiel und Friedrich Torberg (1908–1979) nahm ihren Anfang bereits während der Gymnasialzeit der Schriftstellerin. Der später, wie es auch aus den hier abgedruckten Briefen hervorgeht, weltanschaulich geprägte Disput hat seinen Ursprung bereits in dieser frühen Zeit, als Torberg (mit bürgerlichem Namen Fritz Kantor) Gründer und aktives Mitglied des jüdischen Sportclubs Hakoah war und Hilde Spiel noch die Frauen-Oberschule besuchte. Vermutungen, es könne ein Gegensatz zwischen dem bewußt gelebten Judentum Torbergs und der Haltung Hilde Spiels als Tochter eines katholischen Elternhauses den lebenslangen Auseinandersetzungen zugrunde gelegen haben, können als eher unrealistisch gelten. Wahrscheinlicher sind private Gründe. Trotz vieler wiederkehrender Versöhnungsversuche verhärtete sich der Dialog zwischen den Freund-Feinden nach 1945 mehr und mehr. Torberg, der unbedingte Antikommunist, sah in Hilde Spiel den Musterfall des fellow-travellers, wie er es im Falle Thomas Manns und Berthold Viertels stets von neuem konstatierte. »Fellow-travellers« war der Begriff, mit dem während der Epoche des kalten Krieges jene Personen des öffentlichen Lebens bezeichnet wurden, die dem Kommunismus bewußt oder unbewußt durch ihre »verstehende« Haltung nach Meinung dezidierter Antikommunisten in die Hände arbeiteten.

Ihr Buch: Torberg hatte noch im amerikanischen Exil den Roman *Die zweite Begegnung* (Frankfurt am Main, 1950) geschrieben. Darin beschrieb er die Problematik des Intellektuellen in einer kommunistischen Diktatur. Der Roman spielt im Prag nach 1948. Den Schauplatz kannte der Autor gut. Er hatte in Prag studiert.

Angriff auf Fadejew in der Welt: Hilde Spiel: »Der Preis des Linsengerichts« in: *Die Welt*, Hamburg, 29. Mai 1948. Nachgedruckt in *Welt im Widerschein. Essays* (München, C. H. Beck, 1960) und in *Das Haus des Dichters. Literarische Essays, Interpretationen, Rezensionen* (Hg. Hans A. Neunzig, München, List, 1992). Der Artikel wendet sich gegen den »Sozialistischen Realismus«, dessen Prinzipien Alexander Fadejew (1901–1956) mit entworfen hatte. Hilde Spiels Resümee: »[. . .] ihre Verpflichtung sehen die Künstler des Westens ohnedies nicht im Dienst am Volk, sondern in ihrem Dienst an der Wahrheit – in ihrer geistigen und künstlerischen Unabhängigkeit.

Als einzig unverrückbar im Wandel der Zeiten und der Ideologien haben sich ja ebenjene Begriffe erwiesen, die man drüben um einer Patentlösung willen über Bord geworfen hat. Kunst, Gedankenfreiheit, objektive Wissenschaft, unveräußerliche Menschenrechte stehen als letzte Standbilder in den verwüsteten Ehrenhallen Europas. Was drüben blindgläubige Materialisten verwerfen, erkennen hüben idealistische Skeptiker an. Auch für ein Linsengericht, das ihrer aller Hunger stillt, sind sie nicht bereit, das Erbe der europäischen kulturellen Tradition zu verkaufen.«

Brief an John Peet: Der Journalist, der Hilde Spiel noch aus dem Wien der Vorkriegszeit bekannt war (»der lange schlenkrige Mensch, liebenswert exzentrisch, ein Abenteurer in der alten Tradition der spleenigen Mylords« – so Hilde Spiel in ihren Erinnerungen), hatte nach 1945 als Reporter für die Nachrichtenagentur Reutter gearbeitet. Im Juni 1950 ging er freiwillig in den Ostsektor von Berlin und stellte sich den Behörden zur Verfügung. Ihren offenen Brief »Absage an einen früheren Kollegen« an die *Neue Zeitung* zitierte Hilde Spiel im zweiten Band ihrer Erinnerungen, *Welche Welt ist meine Welt?* (München, List, 1990, S. 131–135).

FRIEDRICH TORBERG AN HILDE SPIEL. WIEN, 10. MAI 1951
Nachlaß Hilde Spiel im Österreichischen Literaturarchiv. Österreichische Nationalbibliothek, Wien.

Den Weigel: Hans Weigel (1908–1992), österreichischer Schriftsteller.
Beim Havelka: richtig Hawelka: Wiener Kaffeehaus in der Dorotheergasse, das seinen Ruf als Literaten-Café auch nach dem Zweiten Weltkrieg über Jahrzehnte hinaus bewahrte.
Das mit der »Entscheidung«: Es ging um Torbergs Entscheidung gegen die »Collaborateure der Diktatur«, wie er es in diesem Brief nennt.

Um mit uns Angelsachsen zu sprechen, auf sprechenden Ausdrücken bleiben: Torberg bezieht sich auf die englische Redensart »to be not on speaking terms«, das heißt: nicht miteinander reden.

HILDE SPIEL AN HERMANN KESTEN. LONDON, 28. MAI 1951
Handschriftensammlung der Stadtbibliothek München.

Hermann Kesten (geb. 1900) lernte Hilde Spiel durch ihre Mitarbeit im P.E.N. kennen, dem sie seit 1937 angehörte.

Lufts: Mit dem Berliner Theaterkritiker Friedrich Luft (1911–1990) und seiner Frau Heide verband die Autorin, seit sie von Herbst 1946 bis Sommer 1948 in Berlin gelebt und selbst Theaterkritiken für die Berliner Ausgabe der *Welt* geschrieben hatte, eine enge Freundschaft. Von dem sich anschließenden ausgedehnten Briefwechsel sind nur die Briefe Lufts erhalten. Er selbst bewahrte beantwortete Briefe nicht auf.

Gina Kaus: (1894–1985) österreichische Schriftstellerin, emigrierte 1938 nach Paris, 1940 nach Hollywood und starb in Los Angeles. Ihre Erinnerungen *Und was für ein Leben* erschienen 1977 in Hamburg.

Wallenberg: Hans Wallenberg (1907–1977) war Herausgeber und Chefredakteur der *Neuen Zeitung*.

Habe: Hans Habe (1911–1977), österreichischer Schriftsteller.

Meinen »intimen Feind« von eh und je, den Torberg: S. Anmerkungen zum Brief Hilde Spiels an Torberg vom Mai 1951 und dem folgenden Briefwechsel beider.

Streit um Viertel: Berthold Viertel (1885–1953), österreichischer Regisseur und Schriftsteller, Mitarbeiter der *Fackel* von Karl Kraus, Mitbegründer (1912) der Wiener Volksbühne, 1938 nach London und Hollywood emigriert, kehrte 1948 63jährig nach Wien zurück, inszenierte am Wiener Burgtheater und am Züricher Schauspielhaus, aber auch an Brechts Berliner Ensemble. Während des Boykotts der Brechtschen Stücke wurde er in der Wiener Presse als »KP-freundlicher Gastregisseur am Burgtheater« angefeindet.

Über Peet: S. Anmerkung zu Hilde Spiels Brief an Friedrich Torberg vom Mai 1951.

Czokor (richtig Csokor): Franz Theodor Csokor (1885 bis 1969), österreichischer Schriftsteller und Dramaturg, emigrierte 1938 über Polen, Rumänien nach Jugoslawien, wo er auf der Insel Korčula interniert wurde. Csokor kehrte 1946 nach Wien zurück. Von 1947 bis zu seinem Tod im Jahr 1969 war er Präsident des Österreichischen P.E.N.-Clubs, dessen Aufbauphase der engagierte Links-Katholik und Europäer entscheidend prägte. Als Generalsekretärin des Österreichischen P.E.N. verband Hilde Spiel eine enge Zusammenarbeit mit dem späteren Vizepräsidenten des Internationalen P.E.N. Hilde Spiel sah in ihm »einen jener wenigen Gerechten, um derentwillen die Welt nicht untergeht«. Sie schrieb: »Ödön von Horvath, seinen geliebten Bruder im Geiste, nannte Csokor einen ›Kronzeugen für die ewige Wahrheit gegenüber der vergänglichen Wirklichkeit, für die ewige Gerechtigkeit gegenüber menschlichem Richten‹. Ein solcher Kronzeuge war er selbst, er erhob seine Stimme in entscheidenden Augenblicken, so etwa 1933 in Dubrovnik, als es im P.E.N.-Club zum Exodus der faschistischen Schriftsteller kam. Dem P.E.N., dessen Charta alle Grundsätze enthielt, an die er glaubte, stand er in Österreich vor; er hat ihm zuletzt auch als Internationaler Vizepräsident das Gewicht seiner moralischen Haltung verliehen. Franz Theodor Csokor starb tief betrauert von allen, die ihn kannten. Eine Zeit ging mit ihm dahin.«

Der ständige unmittelbare Austausch ließ nur wenige briefliche Zeugnisse entstehen.

Peter: Peter de Mendelssohn (1908–1982), dt. Schriftsteller und Journalist, mit dem Hilde Spiel seit 1936 in erster Ehe verheiratet war. Im selben Jahr übersiedelten beide nach London. Der Briefwechsel zwischen ihnen ist einer eigenen Veröffentlichung vorbehalten.

Ihr von Desch so fürstlich ausgestattetes Philipp-Buch: Hermann Kesten: *König Philipp II.* (München, 1938; 1950 unter dem Titel *Ich, der König* wieder aufgelegt).

Nun warten wir schon alle auf den Casanova: Hermann Kesten: *Casanova* (München, Desch, 1952).

Ungefähr von Fleschens Alter: Hans Flesch-Brunningen (1895–1981), seit 1971 zweiter Ehemann von Hilde Spiel. S. Hilde Spiels Brief an Hermann Kesten vom 18. Dezember 1955 mit einer ausführlichen Lebens- und Werkbeschreibung des Schriftstellers.

Gütersloh Paris: Albert Paris Gütersloh (1887–1973), eigtl. Albert Conrad Kiehtreiber, Maler und Schriftsteller, Professor an der Wiener Akademie der bildenden Künste.

FRITZ FELDNER AN HILDE SPIEL. WIEN, 2. JUNI 1951
Doderer-Archiv. Wendelin Schmidt-Dengler, Wien.

Der 1965 verstorbene Fritz Feldner, ein langjähriger Freund Doderers, war Werbekaufmann, von Doderer in der Zeitschrift Contact 1934, Heft 3, als »der werbende ›poeta laureatus‹« bezeichnet. Der Romancier verewigte den Freund in der Figur des Herrn Höpfner in der *Strudlhofstiege*.

HILDE SPIEL AN FRITZ FELDNER. LONDON, 13. JUNI 1951
Doderer-Archiv. Wendelin Schmidt-Dengler, Wien.

Was mich betrifft, so kann ich nur sagen, daß ich, sooft ich kann, Gutes über Doderer schreiben werde: Hilde Spiel hat diesen Vorsatz uneingeschränkt eingelöst.

HERMANN KESTEN AN HILDE SPIEL.
NEW YORK, 21. SEPTEMBER 1951
Nachlaß Hilde Spiel im Österreichischen Literaturarchiv. Österreichische Nationalbibliothek, Wien.

Wie war es z. B. mit dem PEN Kongreß: Während des Kongresses 1951 in Lausanne wurde der kollektive Beitritt des P.E.N. zu dem Stockholmer Friedenskongreß, nach Hilde Spiel »Werkzeug einer Pax sovietica«, verhindert, unter anderem durch sie selbst und Richard Friedenthal. Über die Haltung des P.E.N. in diesen Jahren schrieb Hilde Spiel im zweiten Band ihrer Erinnerungen, *Welche Welt ist meine Welt?*, sehr bezeichnend: »Lachend und gutmütig ertrug man in der Führung des P.E.N., wie es im politischen und gesellschaftlichen Leben damals üblich war, auch als falsch oder gar gefährlich empfundene Überzeugungen, ohne sie freilich zu übernehmen. Nie war man in dieser wahrhaft völkerverbindenden Gemeinschaft je total zerstritten, jeder Wirrkopf oder ideologische Starrkopf blieb stets ein ›cher confrère‹.«
Robert Neumann: (1897–1975) österreichischer Schriftsteller, 1934 nach England emigriert. Er war dem P.E.N. in ständiger Mitarbeit verbunden. 1966 wurde er Vizepräsident des Internationalen P.E.N., s. sein Briefwechsel mit Hilde Spiel in diesem Band.

Hilde Spiel vermutet in ihren Erinnerungen, Robert Neumann habe die »Sache der Kommunisten« zu fördern versucht, allerdings nur in diesem besonderen Fall und nur aus »Freude an der Intrige«.

Tu l'as voulu, Georges Dandin: »Du hast es so haben wollen.« Nach Molières *George Dandin* (1668).

HILDE SPIEL AN HERMANN KESTEN. LONDON, 7. JANUAR 1952
Handschriftensammlung der Stadtbibliothek München.

Mit Edschmiden: Kasimir Edschmid (1890–1966), dt. Schriftsteller, wesentlicher Protagonist des Expressionismus, erhielt 1933 Rede- und 1941 Schreibverbot. Nach dem Krieg war er Sekretär des P.E.N.-Zentrums in Darmstadt und Vizepräsident der Deutschen Akademie für Sprache und Dichtung.

Kasack ins Englische übersetzen: Hermann Kasack (1896–1966), 1948 Mitbegründer des deutschen P.E.N.-Zentrums, hatte 1947 den Roman *Die Stadt hinter dem Strom* veröffentlicht, eine vielbeachtete Anti-Utopie. Peter de Mendelssohn übersetzte das Buch ins Englische.

Studien über Katherine Mansfield: Hilde Spiels Essay über Katherine Mansfield erschien zuerst in dem Band *Der Park und die Wildnis – Zur Situation der neueren englischen Literatur* (München, C. H. Beck, 1953), wieder aufgenommen in dem Essayband *In meinem Garten schlendernd* (München, Nymphenburger, 1981).

Häuschen in St. Wolfgang: Es handelt sich noch nicht um das »Haus am Bach« in St. Wolfgang, in dem über die Jahre viele der hier aufgenommenen Briefe geschrieben wurden. Dies wurde erst 1954 erworben.

Günther Weisenborn: (1902–1969) dt. Schriftsteller, der auch als Dramatiker hervortrat.

Kästnern: Erich Kästner (1899–1974) war als Feuilletonchef der *Neuen Zeitung* über seine literarische Arbeit hinaus eine wichtige Bezugsperson für andere Literaten. Hilde Spiel wie vor allem auch Peter de Mendelssohn schrieben für die *Neue Zeitung*, »eine amerikanische Zeitung für die deutsche Bevölkerung«, gegründet im Oktober 1945, reduziert 1953 und eingestellt 1955.

HEIMITO VON DODERER AN HILDE SPIEL.
LANDSHUT, 31. OKTOBER 1952
Nachlaß Hilde Spiel im Österreichischen Literaturarchiv.
Österreichische Nationalbibliothek, Wien.

Heimito von Doderer (1896–1966) war als Romancier und Freund eine der wesentlichen Bezugspersonen für Hilde Spiel in der literarischen Szene Österreichs. Der in diesem Band veröffentlichte Briefwechsel spricht eine eindeutige Sprache gegenseitigen Respekts und freundschaftlicher Bewunderung.

Die Zusendung Ihres Manuscriptes: die erste Fassung des Essaybandes *Der Park und die Wildnis – Zur Situation der neueren englischen Literatur.*

Meine Freunde in der Wilhelmstraße: In der Wilhelmstraße in München-Schwabing lag und liegt der Firmensitz der Verlage C. H. Beck und Biederstein.

Was Sie über meinen Freund Hans (Vincent Brun) schreiben: Hans Flesch-Brunningen. Vincent Brun war ein Nom de plume.

HILDE SPIEL AN HERMANN KESTEN.
LONDON, 14. NOVEMBER 1952
Handschriftensammlung der Stadtbibliothek München.

Casanova: Roman von Hermann Kesten, erschienen 1952.

HEIMITO VON DODERER AN HILDE SPIEL.
LANDSHUT, 9. FEBRUAR 1953
Nachlaß Hilde Spiel im Österreichischen Literaturarchiv. Österreichische Nationalbibliothek, Wien.

Essay=Band bei C. H. Beck: Der Park und die Wildnis – Zur Situation der neueren englischen Literatur.

Dr. med. Oskar Adler: wahrscheinlich ein Schulfreund Doderers.

HILDE SPIEL AN HEIMITO VON DODERER.
LONDON, 15. FEBRUAR 1953
Österreichische Nationalbibliothek. Handschriftensammlung.

HEIMITO VON DODERER AN HILDE SPIEL. WIEN, 21. MÄRZ 1953
Nachlaß Hilde Spiel im Österreichischen Literaturarchiv. Österreichische Nationalbibliothek, Wien.

Dämonen: Heimito von Doderer: *Die Dämonen. Nach der Chronik des Sektionsrats Geyrenhoff.* Roman (München, Biederstein, 1956).

HILDE SPIEL AN HEIMITO VON DODERER.
LONDON, 27. JULI 1953
Österreichische Nationalbibliothek. Handschriftensammlung.

Handschriftlicher Vermerk Doderers auf dem Umschlag: ein[gegangen] Mü[nchen] 5.VIII. b. expr. über Lernet-St. Wolfgang. 21.VIII.53
Das Büchlein: Essayband aus dem Brief vom 9. 2. 1953.
Einen längst noch im Kriege begonnenen Roman: Die Früchte des Wohlstands. Hilde Spiel hatte den Roman zunächst in englischer Sprache geschrieben *(The Fruits of Prosperity)*. Er erschien erst 1981 (Nymphenburger, München).
Mit Zsolnay: Der Paul Zsolnay Verlag hatte 1933 Hilde Spiels ersten Roman *Kati auf der Brücke* herausgebracht.

HILDE SPIEL AN BERTHOLD VIERTEL.
ST. WOLFGANG (VILLA TIROL), 6. AUGUST 1953
Deutsches Literaturarchiv. Schiller-Nationalmuseum, Marbach.

Berthold Viertel (1885–1953), österreichischer Regisseur und Schriftsteller, s. Anmerkung zu Hilde Spiels Brief an Hermann Kesten vom 28. Mai 1951. Viertel starb am 24. September 1953.
Die Schuhs: Oscar Fritz Schuh und seine Frau. Mit dem Regisseur und Theaterleiter verband Hilde Spiel eine jahrzehntelange Arbeitsfreundschaft.

HEIMITO VON DODERER AN HILDE SPIEL.
LANDSHUT, 21. AUGUST 1953
Nachlaß Hilde Spiel im Österreichischen Literaturarchiv. Österreichische Nationalbibliothek, Wien.

Durch Freund Lernet: Alexander Lernet-Holenia (1897–1976). Mit dem österreichischen Schriftsteller verband Hilde Spiel eine lange, nicht unkomplizierte Freundschaft. Als Nachfolger von Franz Theodor Csokor leitete er 1969–72 als Präsident die Geschicke des Österreichischen P.E.N. Hilde Spiel wurde 2.Vizepräsidentin. Die gemeinsame Arbeit und persönliche Freundschaft zwischen beiden schlug sich auch in einer umfangreichen Korrespondenz nieder, von der allerdings nur die Briefe Lernets im Nachlaß Hilde Spiels zu finden sind. Lernet-Holenia hat die

Gegenbriefe nicht aufbewahrt. In den Erläuterungen zu Alexander Lernet-Holenia: *Das lyrische Gesamtwerk* (Wien/Darmstadt, Zsolnay, 1989) schreibt Herausgeber Roman Rocek von Briefen Lernets an seine Freunde und setzt hinzu: »Die Gegenbriefe sind leider nicht erhalten, da der Dichter die für Philologen überaus unangenehme Eigenschaft besaß, sie unmittelbar nach Beantwortung zu vernichten.«

HILDE SPIEL AN FRANZ THEODOR CSOKOR.
LONDON, 22. SEPTEMBER 1953
Briefdurchschlag. Nachlaß Hilde Spiel im Österreichischen Literaturarchiv. Österreichische Nationalbibliothek, Wien.

Mein Bändchen: Hilde Spiel: *Der Park und die Wildnis – Zur Situation der neueren englischen Literatur.*
Braun: Felix Braun (1885–1973), österreichischer Schriftsteller und Literaturwissenschaftler, emigrierte 1938 nach London. 1953 veröffentlichte er den Gedichtband *Viola d'amore.*
Schönwiese: Ernst Schönwiese (1905–1911), Redakteur und Schriftsteller, Herausgeber von literarischen Zeitschriften, wurde 1972 als Gegenkandidat zu Hilde Spiel Nachfolger von Lernet-Holenia als Präsident des Österreichischen P.E.N. 1953 veröffentlichte er das *Requiem in Versen.*

HILDE SPIEL AN LIESL VIERTEL-NEUMANN.
LONDON, 15. OKTOBER 1953
Deutsches Literaturarchiv. Schiller-Nationalmuseum, Marbach.

Berthold Viertel war am 24. September 1953 in Wien gestorben.

HILDE SPIEL AN HEIMITO VON DODERER.
LONDON, 21. OKTOBER 1953
Österreichische Nationalbibliothek. Handschriftensammlung.

Ihr schönes Büchlein: Heimito von Doderer: *Das letzte Abenteuer.* Erzählung (mit einem autobiographischen Nachwort, München, Biederstein, 1953).
Das MS meines Wiener Romans: Die Früchte des Wohlstands.

HILDE SPIEL AN HERMANN KESTEN.
LONDON, 23. NOVEMBER 1953
Handschriftensammlung der Stadtbibliothek München.

Buch über die Poeten: Hermann Kesten: *Meine Freunde, die Poeten. Erinnerungen* (München, Desch, 1953).
Die Woolf-Tagebücher: Virginia Woolf: *A Writer's Diary* (London, 1953).
David Garnetts Memoiren: The Golden Echo (London, 1953).
Peter steckt tief in seinem Lustmörder Christie: Peter de Mendelssohn arbeitete an einer Studie über den Fall Christie und seine Vorgänger.
Mein Essaybüchlein: Der Park und die Wildnis.
Roman über die Wiener Siebzigerjahre: Die Früchte des Wohlstands.
Meister Flesch erficht Siege über die störrischen Mitglieder des auslandsdeutschen PEN-Klub: Hans Flesch-Brunningen hatte die Präsidentschaft des Exil-P.E.N. übernommen.
Unseren gemeinsamen Freund den Tulpenjankel: Heinrich Eduard Jacob (1889–1967), dt. Schriftsteller, Redakteur, weiten Leserkreisen bekannt durch seine Musikerbiographien (Haydn, Mozart, Mendelssohn). Er liebte es, in langen Briefen die Vorzüge seiner Bücher (übrigens zu Recht) herauszustreichen.

HEIMITO VON DODERER AN HILDE SPIEL.
LANDSHUT, 28. DEZEMBER 1953
Österreichische Nationalbibliothek. Handschriftensammlung.

Den Roman gern in Wien gehabt: Hilde Spiel hatte das Romanmanuskript *Die Früchte des Wohlstands* direkt an den Biederstein Verlag nach München geschickt.
In Ansehung der Dämonen: Doderers Roman wurde umfangreicher und nahm mehr Zeit in Anspruch als ursprünglich vorgesehen.

HERMANN KESTEN AN HILDE SPIEL. ROM, 14. JANUAR 1954
Nachlaß Hilde Spiel im Österreichischen Literaturarchiv. Österreichische Nationalbibliothek, Wien.

Den Empfang der Poeten: Hermann Kesten: *Meine Freunde, die Poeten. Erinnerungen* (München, Desch, 1953).

Unter den stärksten literarischen Eindrücken des Jahres 1953 Ihr Essaybuch genannt: in der Neuen Zeitung, *Weihnachtsausgabe 1953.*

Einschrumpfung der Neuen Zeitung: Die Neue Zeitung (NZ), *eine amerikanische Zeitung für die deutsche Bevölkerung, 1945 gegründet, erschien ab 1947 in einer Berliner Ausgabe und einer westdeutschen Ausgabe, diese seit 1951 in Frankfurt am Main. Aus wirtschaftlichen Gründen wurde 1953 die westdeutsche Ausgabe eingestellt. Das war die Einschrumpfung. Die Berliner Ausgabe erschien noch bis 1955.*

»Viktualien-Jacob«: Heinrich Eduard Jacob schrieb neben den erwähnten Musikerbiographien u. a. auch sog. »Tatsachenromane« kulturgeschichtlicher Art, so 6000 Jahre Brot *(1954) und* Sage und Siegeszug des Kaffees *(1934).*

HILDE SPIEL AN HERMANN KESTEN. LONDON, 17. JANUAR 1954
Handschriftensammlung der Stadtbibliothek München.

HERMANN KESTEN AN HILDE SPIEL. ROM, 4. FEBRUAR 1954
Nachlaß Hilde Spiel im Österreichischen Literaturarchiv. Österreichische Nationalbibliothek, Wien.

Von gewissen Deutschen wie Hans Reimann oder Friedrich Sieburg: Hans Reimann (1889–1969), dt. satirischer Erzähler und Parodist, gab seit 1952 die eher rückwärtsgewandte Zeitschrift *Literazzia* heraus. Friedrich Sieburg (1893–1964), dt. Schriftsteller und Publizist traditioneller Prägung. Der große Stilist und Kulturkritiker hatte im Dritten Reich dem Nationalsozialismus nahegestanden.

Der Herr Präsident hat's schön: Der P.E.N.-Kongreß in Amsterdam stand bevor.

Neue österreichische Zeitschrift [...] von Torberg, Lernet-Holenia, Hubalek und noch einem berühmten Österreicher: Die neue österreichische Zeitschrift hieß *Forum – Österreichische Monatsblätter für kulturelle Freiheit*. Als Redakteure erscheinen Friedrich Hansen-Loeve, Felix Hubalek, Alexander Lernet-Holenia und Friedrich Torberg. Heft 1 erschien im Januar 1954. In einer editorischen Notiz ist zu lesen: »*Forum* erscheint mit Unterstützung des Congrès pour la liberté de la Culture, einer internationalen Organisation, deren Hauptsitz sich in Paris befindet und in deren Rahmen die Zeitschriften *Preuves* (französisch), *Encounter* (englisch) und *Cuadernos* (spanisch) publiziert werden.« In *Forum* wurde z. B. 1958 die Debatte über Aufführungen von Brechts Theaterstücken im Westen exemplarisch nachvollzogen (*Forum*. September 1958, Seiten 329–334).

HEIMITO VON DODERER AN HILDE SPIEL.
WIEN, 21. FEBRUAR 1954
Nachlaß Hilde Spiel im Österreichischen Literaturarchiv. Österreichische Nationalbibliothek, Wien.

Marie Luise: Maria v. Doderer, geb. Thoma (1896–1984), Doderers Ehefrau.

Hilde Spiel übernahm die Stelle einer Londoner Korrespondentin für das *Neue Österreich* und schrieb fortan regelmäßig für das Wiener Blatt.

HILDE SPIEL AN HERMANN KESTEN.
LONDON, 23. FEBRUAR 1954
Handschriftensammlung der Stadtbibliothek München.

Churchillbiographie: Churchill. Biographie. 1957.
Herrn Heer: Friedrich Heer (geb. 1916), österr. Schriftsteller und Historiker, Redakteur der katholisch orientierten Zeitschrift *Die Furche*. Wurde 1961 Dramaturg am Wiener Burgtheater.

HERMANN KESTEN AN HILDE SPIEL. ROM, 23. MÄRZ 1954
Nachlaß Hilde Spiel im Österreichischen Literaturarchiv. Österreichische Nationalbibliothek, Wien.

Der Sohn des Glücks: München, Desch, 1955.
Ingeborg Bachmann: (1926–1973) österr. Schriftstellerin, lebte seit 1953 – mit wenigen Unterbrechungen – in Rom.

HILDE SPIEL AN HERMANN KESTEN. LONDON, 6. JULI 1954
Handschriftensammlung der Stadtbibliothek München.

Desch wird also funktionieren müssen: Es ging um das Erscheinen von Hermann Kestens Roman *Der Sohn des Glücks*.
Und darf ich den Herrn jetzt auch wegen des Donau-Verlages

bemühen?: Es ging wieder um den Wien-Roman *Die Früchte des Wohlstands,* in dem Hilde Spiel ein Bild Wiens in den siebziger Jahren des vergangenen Jahrhunderts zu zeichnen versucht und das Völkergemisch porträtiert, das aus Wien Wien machte.

HILDE SPIEL AN HERMANN KESTEN.
ST. WOLFGANG (VILLA TIROL), 15. AUGUST 1954
Handschriftensammlung der Stadtbibliothek München.

Duvivier: Julien Duvivier verfilmte *Douloureuse Arcadie,* eine Erzählung von Peter de Mendelssohn, zuerst unter dem Titel *Schmerzliches Arkadien* 1932 erschienen (s. Hilde Spiel: *Welche Welt ist meine Welt?,* S. 175 ff.).

Leo Perutz: (1884–1957) österr. Schriftsteller aus Prag, emigrierte 1938 nach Tel Aviv. Seinen Roman *Nachts unter der steinernen Brücke* (Frankfurt am Main, Europäische Verlagsanstalt, 1953) rezensierte Hilde Spiel später in der *Süddeutschen Zeitung* vom 26./27. April 1958 unter dem Titel »Böhmische Episode«. (Nachgedruckt in Hilde Spiel: *Das Haus des Dichters. Literarische Essays, Interpretationen, Rezensionen.* Hg. Hans A. Neunzig, München, List, 1992.) Die Autorin stellt Leo Perutz in eine Reihe mit so unterschiedlichen Autoren wie Rilke und Werfel, Kafka und Brod und Meyrink als Dichter, die das Land Böhmen hervorbrachte. Sie »waren alle, mochten sie auch nicht demselben Glauben angehören, Kämpfer mit dem Engel, Träumer uralter Mythen, Verächter der benachbarten Wiener Weltläufigkeit«.

HILDE SPIEL AN JEANNIE EBNER. LONDON, 29. SEPTEMBER 1954
Wiener Stadt- und Landesbibliothek.
Handschriftensammlung.

Jeannie Ebner (geb. 1918 in Sydney) wuchs in Wiener Neustadt auf. Die Autorin impressionistischer Romane und Lyrik fand in Hilde Spiel eine engagierte Beraterin und Fürsprecherin. Ihr erster Roman *Sie warten auf Antwort* erschien 1954. Hilde Spiels Rezension unter dem Titel »Die Welt im Stromland – Zu einem Erstlingsroman« erschien im *Monat,* 7. Jg., Heft 77, Februar 1955.

HEIMITO VON DODERER AN HILDE SPIEL.
WIEN, 2. OKTOBER 1954
Nachlaß Hilde Spiel im Österreichischen Literaturarchiv. Österreichische Nationalbibliothek, Wien.

Zur Finalisierung der Dämonen: Heimito von Doderer: *Die Dämonen.*

HEIMITO VON DODERER AN HILDE SPIEL.
WIEN, 29. NOVEMBER 1954
Nachlaß Hilde Spiel im Österreichischen Literaturarchiv. Österreichische Nationalbibliothek, Wien.

Hier ist eine Recension, (Prof. O. M. Fontana): Unter dem Titel »England ›kontinental‹ gesehen« erschien in der *Presse* (Wien, 23. Okt. 1954) eine bemerkenswert einfühlsame und positive Kritik des Essaybandes *Der Park und die Wildnis*.

Meine einzige größere essayistische Arbeit: Mit an Sicherheit grenzender Wahrscheinlichkeit handelt es sich um Doderers Gütersloh-Essay »Der Fall Gütersloh – Ein Schicksal und seine Deutung«, zuerst erschienen 1930.

Das Geheimnis: Heimito von Doderer: *Das Geheimnis des Reichs. Roman aus dem russischen Bürgerkrieg* (1930, NA in: *Frühe Prosa*. Hg. Hans Flesch-Brunningen. München, Biederstein, 1968).

HILDE SPIEL AN HERMANN KESTEN. LONDON, 7. DEZEMBER 1954
Handschriftensammlung der Stadtbibliothek München.

Filmleute in Fuschl: Duviviers Verfilmung der Erzählung *Douloureuse Arcadie* von Peter de Mendelssohn.

Sensationsbüchlein um Schmerzliches Arkadien: Peter de Mendelssohn: *Marianne. Der Roman eines Films und der Film eines Romans* (München, Kindler, 1954).

Habt Ihr den »Habe« gelesen?: Hans Habe: *Ich stelle mich. Meine Lebensgeschichte* (München, Desch, 1954). Über Hilde Spiel ist darin auf S. 172 zu lesen: »Eine meiner Freundinnen, die reizende, weit über ihre Jahre hinaus feminine und kluge Hilde Spiel hat, kaum neunzehnjährig, einen Roman über sich und mich geschrieben, der unter dem Titel *Kati auf der Brücke* erschien und in dem sie mir den Namen Peter Stuyvesandt gab. Ich weiß nicht, ob sie mich gerecht oder ungerecht behandelte, aber der schlanke junge Mann, dunkelblond, mit hellgrauen

Augen, von natürlicher Eleganz und unglaublicher Frechheit, muß ihr als ein Romanheld erschienen sein.«

HILDE SPIEL AN HERMANN KESTEN. LONDON, 10. JANUAR 1955
Handschriftensammlung der Stadtbibliothek München.

Schreckensbotschaft über die Neue Zeitung: Einstellung der *Neuen Zeitung.* Die von den amerikanischen Besatzungsbehörden gegründete, von deutschen Journalisten redigierte Zeitung stellte 1955 endgültig ihr Erscheinen ein, nachdem es zuletzt nur noch eine Berliner Ausgabe gegeben hatte. Sie war als erstes Organ einer freien Presse, mit einem Feuilleton von hoher Qualität, ein Vorbild für den Journalismus in Nachkriegsdeutschland gewesen. Diese Funktion hatte sich erfüllt.

HERMANN KESTEN AN HILDE SPIEL. ROM, 14. JANUAR 1955
Nachlaß Hilde Spiel im Österreichischen Literaturarchiv.
Österreichische Nationalbibliothek, Wien.

Schönsten Dank auch an Peter für sein neues Buch: Peter de Mendelssohn: *Marianne.*
Ich las 1949 Perlen und schwarze Tränen: Der ganz dem Stil des Expressionismus verpflichtete Roman erschien zuerst 1948 bei Wolfgang Krüger in Hamburg. 30 Jahre später wurde er noch einmal aufgelegt: München, Nymphenburger, 1980.

HILDE SPIEL AN HERMANN KESTEN. LONDON, 18. JANUAR 1955
Handschriftensammlung der Stadtbibliothek München.

Nicht unähnlich dem Henri Quatre *unseres großen Heinrich:* Heinrich Mann: *Die Jugend des Königs Henri Quatre.* Roman. Berlin, 1935; *Die Vollendung des Königs Henri Quatre.* Roman. Berlin, 1938.

HERMANN KESTEN AN HILDE SPIEL. ROM, 24. JANUAR 1955
Nachlaß Hilde Spiel im Österreichischen Literaturarchiv.
Österreichische Nationalbibliothek, Wien.

Über Vincent Brun: Pseudonym von Hans Flesch-Brunningen.
Sowie Edwin Muir nicht weiß, wer er ist: Edwin Muir (1887–1959), schottischer Lyriker, wurde auf einer der Orkney-Inseln als Bauernsohn geboren. Die Familie mußte nach

Glasgow übersiedeln und fand sich bald im ärmsten Proletariat der Stadt wieder. Für Muir wurde der Ort seiner Geburt und frühen Kindheit zum verlorenen Paradies. – Erich Fried übertrug Gedichte von Muir, darunter »Hölderlin's Journey«, in: *Hölderlin-Jahrbuch.* 13. Band (Tübingen, J. C. B. Mohr, 1964).

HILDE SPIEL AN HERMANN KESTEN.
LONDON, 10. FEBRUAR 1955
Handschriftensammlung der Stadtbibliothek München.

Aufsatz in der Zürcher: Hermann Kesten veröffentlichte den Artikel zum 60. Geburtstag von Hans Flesch-Brunningen in mehreren Zeitungen.
Bermann-Fischer: Gottfried Bermann-Fischer (geb. 1897), Schwiegersohn des Verlegers Samuel Fischer, führte gemeinsam mit seiner Ehefrau Brigitte (Tutti) B.-Fischer (1905–1991) nach der Trennung von Peter Suhrkamp wieder den S. Fischer Verlag in Frankfurt am Main.
Aus ihren Verlegertagen: Hermann Kesten arbeitete 1927–33 zunächst als Lektor, dann als literarischer Leiter des Kiepenheuer Verlags in Berlin; 1933–40 des Allert de Lange Verlages für Emigrationsliteratur in Amsterdam.
Eine kleine Anthologie zusammenstellen – neue englische Erzähler: England erzählt. Achtzehn Erzählungen. Ausgewählt und eingeleitet von Hilde Spiel (Frankfurt am Main / Hamburg, Fischer Bücherei, 1960).

HILDE SPIEL AN JEANNIE EBNER. LONDON, 17. FEBRUAR 1955
Wiener Stadt- und Landesbibliothek.
Handschriftensammlung.

Kritik Ihres Romans im Monat: Hilde Spiels Rezension von *Sie warten auf Antwort.* S. Anmerkung zum Brief an Jeannie Ebner vom 29. September 1954.

HILDE SPIEL AN HANS HABE. LONDON, 14. MÄRZ 1955
Landesarchiv Berlin, Rep. 200 Acc. 3311.

Hans Habe (1911–1977) gehörte zu den Wiener Jugendfreunden Hilde Spiels. S. auch Anmerkung zu dem Erstlingsroman

der Autorin *Kati auf der Brücke* im Brief an Hermann Kesten vom 7. Dezember 1954.
Off Limits: Hans Habes Roman über die Besatzungszeit in Deutschland (München, Desch, 1955).

HANS HABE AN HILDE SPIEL.
MÜNCHEN (BAYERISCHER HOF), 29. MÄRZ 1955
Nachlaß Hilde Spiel im Österreichischen Literaturarchiv.
Österreichische Nationalbibliothek, Wien.

Ich stelle mich: Titel von Hans Habes früher Autobiographie. S. Anmerkung darüber zum Brief an Hermann Kesten vom 7. Dezember 1954.
Eloise und Marina: Eloise Habe war die derzeitige Ehefrau des Schriftstellers; Marina seine Tochter.
Peters Buch: Peter de Mendelssohns Roman *Marianne* war 1954 im Münchner Kindler Verlag erschienen.

HEIMITO VON DODERER AN HILDE SPIEL. WIEN, 4. APRIL 1955
Nachlaß Hilde Spiel im Österreichischen Literaturarchiv.
Österreichische Nationalbibliothek, Wien.

Artikel Hans Flesch: Zu dem geplanten Geburtstagsartikel für Hans Flesch-Brunningen kam es nicht. Doderer zog es schließlich vor, Flesch-Brunningen in seinem Tagebuch zu würdigen.
Neugründung einer großen literarischen Revue: Wort in der Zeit.
Hanns von Winter: Redakteur der Zeitschrift *Wort in der Zeit.*
Gabriel Marcel: (1889–1973) katholischer Philosoph, vertrat eine positive Variante der frz. Existenzphilosophie.
Julien Gracq: frz. Schriftsteller (geb. 1910). Surrealist. Schüler von André Breton. Prix Goncourt 1951.
»Unser Londoner H. S. Correspondent« im Neuen Österreich: Hilde Spiel schrieb seit 1948 in unregelmäßiger Folge für die Zeitung *Neues Österreich. Organ der Demokratischen Einigung*, Wien.

HILDE SPIEL AN HEIMITO VON DODERER.
LONDON, 12. APRIL 1955
Österreichische Nationalbibliothek. Handschriftensammlung.

Die Dämonen: Heimito von Doderers Roman *Die Dämonen* erschien im Herbst 1956.

HILDE SPIEL AN HANS HABE. LONDON, 19. APRIL 1955
Landesarchiv Berlin, Rep. 200 Acc. 3311.

Vielen Dank für das uns gewidmete Buch: Hans Habes Roman *Off Limits* hatte Hilde Spiel zu Teilen bereits in Fortsetzungsfolgen in der Zeitschrift *Revue* gelesen.

Ob tausend fallen: bis dahin erfolgreichstes Buch des Autors, erschien 1941 zuerst in englischer Sprache unter dem Titel *A Thousand Shall Fall*, 1943 im Exil auf deutsch. Habe verarbeitete auch hier eigene Erlebnisse: seinen Eintritt als Freiwilliger in die französische Armee, Gefangenschaft, Flucht und Emigration in die USA.

HILDE SPIEL AN JEANNIE EBNER. LONDON, 30. JUNI 1955
Wiener Stadt- und Landesbibliothek.
Handschriftensammlung.

Ihr Manuskript: Jeannie Ebners Roman *Die Wildnis früher Sommer* erschien 1958.

Dr. Hirsch: Rudolf Hirsch (geb. 1905), langjähriger Verlagsdirektor des S. Fischer Verlags.

Bermann-Fischer und seine Frau: Die Verleger Gottfried Bermann-Fischer und Brigitte (Tutti) B.-Fischer.

Saikos Auf dem Floß: George (Emmanuel) Saiko (1892–1962), österr. Kunsthistoriker und Schriftsteller, veröffentlichte den Roman im Jahre 1948.

Dr. Wiemer: Horst Eduard Wiemer (1907–1984) arbeitete über 40 Jahre lang als literarischer und kunstwissenschaftlicher Lektor in den Verlagen C. H. Beck und Biederstein.

Alles Liebe Ihnen und dem guten Herrn Alinger: Ernst Allinger (1921–1989), 1946–64 Lebensgefährte von Jeannie Ebner, dann mit ihr verheiratet. Handelsangestellter.

Rosica Colin: Londoner Literaturagentin.

Ilse Aichingers Buch: Die größere Hoffnung. Roman. Wien, 1948.

Denise van Moppès: Übersetzerin.

Mme Strassova: Helena Strassova, bereits zu Lebzeiten legendäre Literatur-Agentin, deren Pariser Büro Le Corbusier gestaltet hatte.

HILDE SPIEL AN HERMANN KESTEN. LONDON, 1. JULI 1955
Handschriftensammlung der Stadtbibliothek München.

Friederich der Wüterich: Friedrich Torberg, mit dem Hilde Spiel eine lebenslange Freund-Feindschaft verband. S. Anmerkung zu Hilde Spiels Brief vom Mai 1951.
Robert Pick: (1898–1978) österr. Erzähler, Essayist und Herausgeber. Emigrierte 1938 nach Großbritannien und lebte seit 1940 in den USA.

JEANNIE EBNER AN HILDE SPIEL. WIEN, 15. AUGUST 1955
Nachlaß Hilde Spiel im Österreichischen Literaturarchiv.
Österreichische Nationalbibliothek, Wien.

Wort in der Zeit: Österreichische Literaturzeitschrift. Hg. Rudolf Henz. Redaktion Hanns von Winter. Sowohl Jeannie Ebner als auch Hilde Spiel wurden Autorinnen des Blattes. Zu dem Artikel über Elias Canetti kam es nicht.
Romanmanuskript von Ihnen: Hilde Spiel: *Die Früchte des Wohlstands.*

HILDE SPIEL AN JEANNIE EBNER.
ST. WOLFGANG, 18. AUGUST 1955
Wiener Stadt- und Landesbibliothek.
Handschriftensammlung.

Ihr MS ist hier: Zauberer und Verzauberte, später *Die Wildnis früher Sommer.*
Die erste Nummer der Zeitschrift: Wort in der Zeit.

HERMANN KESTEN AN HILDE SPIEL.
SUPER MOLINA (SOLINEN HOTEL, SPANIEN), 22. AUGUST 1955
Nachlaß Hilde Spiel im Österreichischen Literaturarchiv.
Österreichische Nationalbibliothek, Wien.

Was den Robert Pick betrifft, so hat er ein gutes Buch über Sokrates dieses Jahr veröffentlicht: Robert Pick: *The Escape from Socrates* (New York, 1954, London, 1955). Deutsche Ausgabe unter dem Titel *Der befreite Sokrates* 1956. Robert Pick übersetzte u. a. zusammen mit dem Autor Hermann Kesten *Casanova* ins Englische. Die Ausgabe erschien 1955 in New York.

Alfred Döblin: (1878–1957). Autor des Romans *Berlin Alexanderplatz* (1929), gehörte zu den Begründern der »klassischen Moderne« des Romans. Er emigrierte 1933 über Südfrankreich, Spanien und Portugal in die USA, kehrte 1945 nach Deutschland zurück.

HILDE SPIEL AN JEANNIE EBNER. LONDON, 11. OKTOBER 1955
Wiener Stadt- und Landesbibliothek.
Handschriftensammlung.

Traf ich noch einmal das Seemännchen: der Verleger Seemann.
Die arme Busta: Christine Busta, österr. Lyrikerin, hatte sich nach 1933 selbst ein Publikationsverbot auferlegt. Ihre Lyrik fand, angefangen von den ersten Veröffentlichungen *Jahr um Jahr* (Wien, 1950) und *Der Regenbaum* (Wien, 1951), große Anerkennung.
Elizabeth Bowens letzter Roman: A World of Love, 1955.
Daß der gute Winter mir nun eine Erzählung abgekauft hat: Hilde Spiels Erzählung »Die Kanne« erschien in der Zeitschrift *Wort in der Zeit* zum erstenmal. Sie wurde mehrfach nachgedruckt, und zwar unter dem Titel »Das Haus des Dichters« zuletzt in dem gleichnamigen Sammelband, erschienen 1982 im Münchner List Verlag. Die Autorin hat sich nicht dazu erklärt, wessen Haus sie porträtiert hat.
Ihre Allegorie in Wort in der Zeit: Jeannie Ebners Novelle »Der Vater«, eine vielperspektivische Erzählung, erschien im Oktoberheft 1955 der Zeitschrift.
Wie fanden Sie des Weigels Angriff auf unseren Csokor?: Es ging um die Nazi-Vergangenheit der daheimgebliebenen jungen österreichischen Autoren. Dazu Jeannie Ebner in einem Brief an den Herausgeber: »Weigel kannte alle jungen Autoren nach 1945 persönlich und freute sich sehr, weil keine Nazis darunter waren, außer zwei oder drei, die als Volksschulkinder schon zum BDM oder zur Hitler-Jugend gehörten, ob sie wollten oder nicht. Csokor hat einmal gesagt: ›Die waren alle Nazis.‹ Aber der gute Papa Csokor hat seine Ansicht revidiert, als er uns kennenlernte.« – Der Streit ging jedoch vor allem um die damals virulente Frage eines ungebrochenen Antikommunismus, die die Geister schied.

HILDE SPIEL AN HERMANN KESTEN. LONDON, 7. DEZEMBER 1955
Handschriftensammlung der Stadtbibliothek München.

Ihr Sohn des Glücks: Hermann Kestens Roman war im Herbst 1955 bei Desch in München erschienen.
Jan Fabricius: niederl. Schriftsteller (1871–1958), vor allem als Dramatiker hervorgetreten.

JEANNIE EBNER AN HILDE SPIEL. WIEN, 16. DEZEMBER 1955
Nachlaß Hilde Spiel im Österreichischen Literaturarchiv.
Österreichische Nationalbibliothek, Wien.

Auf ihre Wien-Nostalgie ging Hilde Spiel in ihrem Brief vom 4. Januar 1956 nur noch mit einem Satz ein. Dennoch war diese Nostalgie ein wiederkehrendes Motiv ihrer Korrespondenz.

HERMANN KESTEN AN HILDE SPIEL. ROM, 20. DEZEMBER 1955
Nachlaß Hilde Spiel im Österreichischen Literaturarchiv.
Österreichische Nationalbibliothek, Wien.

Kerr: Alfred Kerr (1867–1948), der die Kritik als eigene Kunstgattung ansah, schrieb seit 1900 Theaterkritiken im *Tag* und ab 1919 im *Berliner Tagblatt*. 1933 emigrierte er über mehrere Zwischenstationen nach London, kehrte 1945 nach Deutschland zurück.
Hat Peter seinen Churchill beendet: Die Churchill-Biographie Peter de Mendelssohns erschien erst im Jahr 1957.

HILDE SPIEL AN JEANNIE EBNER. LONDON, 4. JANUAR 1956
Wiener Stadt- und Landesbibliothek.
Handschriftensammlung.

HILDE SPIEL AN JEANNIE EBNER. LONDON, 26. APRIL 1956
Wiener Stadt- und Landesbibliothek.
Handschriftensammlung.

Ihre Novelle: Jeannie Ebner: »Othon sucht Götter und Tote« in: *Die Neue Rundschau* (Frankfurt am Main, S. Fischer, 1956, Erstes Heft, S. 36).
Bei Fischers: S. Fischer Verlag, Frankfurt am Main.

Besuchten wir das Seemännchen in Freiburg: der Verleger Seemann.

Mein naives Wiener Œuvre: immer noch *Die Früchte des Wohlstands,* Hilde Spiels Roman, der erst im Jahre 1981 erschien.

In Sachen Csokor–Weigel: Die Freundschaft Hilde Spiels mit Hans Weigel erwies sich als dauerhafter als diese zeitweilige Entzweiung.

Und schließlich auch Basil: Otto Basil (1901–1983), Dramaturg, Redakteur, Lektor und Schriftsteller, erhielt 1938 Schreibverbot, Feuilletonchef der Zeitung *Neues Österreich.* Trotz der momentanen Verärgerung Hilde Spiels über ihn, die aus diesem Brief spricht, eine Integrationsfigur der literarischen Szene Wiens nach dem Zweiten Weltkrieg.

HILDE SPIEL AN HERMANN KESTEN. LONDON, 28. APRIL 1956
Handschriftensammlung der Stadtbibliothek München.

Aus St. W. zurück: aus St. Wolfgang und dem dort erworbenen »Haus am Bach«.

Jean Giono: (1895–1970) südfranz. Schriftsteller. Seine Romane sprechen von dem verlorenen Paradies eines natürlichen Lebens und dem der Natur entfremdeten modernen Dasein.

Polgar: Alfred Polgar (1873–1955) österr. Schriftsteller, Theater- und Filmkritiker. Polgars kritisches Vermögen und sein erfolgreiches Bemühen, »aus hundert Zeilen zehn zu machen«, brachten ihm die Bewunderung vieler Schriftsteller ein. Seine satirische, antiautoritäre und pazifistische Haltung schuf ihm scharfe Gegnerschaft im reaktionären Lager. Seine Satire konnte von Melancholie überschattet auftreten.

HANS HABE AN HILDE SPIEL.
ST. WOLFGANG (HAUS BREITGUT), 23. MAI 1956
*Nachlaß Hilde Spiel im Österreichischen Literaturarchiv.
Österreichische Nationalbibliothek, Wien.*

Ausbruch in dem wohlbekannten Lokal Furian: Es ging um eine mißverständlich getroffene Verabredung (s. auch Hilde Spiels Brief vom 26. Mai 1956 an Habe).

Fand ich dieses Bild Hansis: Hansi Höger, geb. Mahler, eine Jugendfreundin beider. Hilde Spiel spricht in ihren Erinnerungen *Die hellen und die finsteren Zeiten* (1989) und *Welche Welt ist meine Welt?* (1990) mehrfach von der schönen Freundin, und das nicht von ungefähr. Hansi wurde zum Vorbild für die Hauptfigur in Hilde Spiels Roman *Lisas Zimmer* (München, Nymphenburger, 1965).

Spolianskys: Mischa Spoliansky, Komponist aus Hollywood, hatte in diesem Frühjahr das »Haus am Bach« gemietet.

JEANNIE EBNER AN HILDE SPIEL. WIEN, 25. MAI 1956
Nachlaß Hilde Spiel im Österreichischen Literaturarchiv.
Österreichische Nationalbibliothek, Wien.

Ullstein *wagt den Roman nicht zu nehmen: Die Früchte des Wohlstands.*

Erich Fried: (1921–1988). Der Lyriker und Shakespeare-Übersetzer Erich Fried lebte zu dieser Zeit wie Hilde Spiel im Londoner Exil. Die Kontakte zwischen beiden waren sporadisch, jedoch von gegenseitiger Hochachtung geprägt.

HILDE SPIEL AN HANS HABE. LONDON, 26. MAI 1956
Landesarchiv Berlin, Rep. 200 Acc. 3311.

Hansis Bild: S. Anmerkung zum Brief von Hans Habe an Hilde Spiel vom 23. Mai 1956.

Was Dich oder vielmehr Licci so aufgebracht hat: Licci Habe, die Frau des Schriftstellers.

HILDE SPIEL AN JEANNIE EBNER. LONDON, 29. MAI 1956
Wiener Stadt- und Landesbibliothek.
Handschriftensammlung.

Ein anderer unveröffentlichter Roman Der Sonderzug: *Der Roman, von der Autorin 1934, also noch in Wien vor der Übersiedlung geschrieben, wurde nie veröffentlicht. Das maschinengeschriebene Manuskript liegt im Nachlaß vor bis auf die ersten 23 Seiten, die als verloren gelten müssen.*

Der alte Sami Fischer: Samuel Fischer (1859–1934), Gründer des S. Fischer Verlags.

Neulich habe ich irgendein Gedicht von Ihnen gelesen (Wie das Leben war, hieß es [. . .]): Jeannie Ebners Gedicht »Worin

das Leben bestand« nahm Hans Weigel als Herausgeber in den ersten Gedichtband *Gesang an das Heute* der Autorin auf (Wien, Jungbrunnen, o. J. [1952]).
Grüßen Sie den Ernst, der ein solcher Schatz ist: Ernst Allinger, Jeannie Ebners Lebensgefährte und späterer Ehemann.

HANS HABE AN HILDE SPIEL.
ST. WOLFGANG (HAUS BREITGUT), 20. JUNI 1956
Nachlaß Hilde Spiel im Österreichischen Literaturarchiv.
Österreichische Nationalbibliothek, Wien.

HILDE SPIEL AN JEANNIE EBNER. LONDON, 25. SEPTEMBER 1956
Wiener Stadt- und Landesbibliothek.
Handschriftensammlung.

Doderer-Feier: Doderers 60. Geburtstag am 5. September 1956. Die Beziehung zu Albert Paris Gütersloh, dem Maler und Schriftsteller, war lang und kompliziert in ihrer eigenartigen Lehrer-Schüler-Konstellation. 1930 hatte der junge Doderer den Essay »Der Fall Gütersloh. Ein Schicksal und seine Deutung« veröffentlicht. Mehrere Veröffentlichungen folgten. Der Essayband *Die Wiederkehr des Drachen* (Hg. Wendelin Schmidt-Dengler, München, Biederstein, 1970) enthält eine Reihe von Aufsätzen Doderers über Albert Paris Gütersloh, u. a. zu dessen 60. Geburtstag 1947 und dem 75. Geburtstag 1961. In diesem Artikel beschrieb Doderer seine erste Gütersloh-Lektüre: »Nach zehn Minuten wußte ich, daß es mich jetzt erwischt hatte.« Und schließlich, Doderer hatte die Nacht durch – noch im Abendanzug – gelesen: »Ich hatte kein Buch gelesen, sondern buchstäblich mein eigenes Leben. Ich sprang aus dem Zuge in die Mitte des Zimmers. Es war heller Tag. Diese Augenblicke wurden ein wilder Ringkampf. Dann wußte ich: dereinst wirst auch du begabt sein. Ich war durch! Ich atmete tief. Meine Brust trat vor, das steife Linnen knisterte, bog sich, es gab einen kaum spürbaren kleinen Ruck.

Ein Perlchen rollte vor mir auf dem Teppich.

Es rollte weit durch die Jahre, und bis in den Roman *Die Dämonen* hinein. Dort blieb es liegen und wurde dann gefaßt. Wer es sehen will, kann es auf Seite 467 finden.

Für mich aber bleibt es ein TEIL jener Nacht vor dreiunddreißig Jahren: mit Gütersloh verbracht.«

HILDE SPIEL AN HANS HABE. LONDON, 5. OKTOBER 1956
Landesarchiv Berlin, Rep. 200 Acc. 3311.

Die Bücher meiner Freunde Doderer und Friedenthal: Heimito von Doderer: *Die Dämonen*. Roman (München, Biederstein, 1956).
Richard Friedenthal: *Die Welt in der Nußschale*. Roman (1956. NA: München, Piper, 1986).
Deinen Roman: Hans Habe: *Im Namen des Teufels*. Roman (München, Desch, 1956). Ein Geheimdienstroman mit tieferer Bedeutung.
Die »Komtesse Mizzi«: Arthur Schnitzler: *Komtesse Mizzi oder der Familientag. Komödie in einem Akt.* 1907. Band 5 der Ausgabe von Schnitzlers dramatischem Werk (Frankfurt am Main, S. Fischer, 1962).
Die »Schlager-Mizi« aus Liebelei: Arthur Schnitzler: *Liebelei. Schauspiel in drei Akten,* Band 1 der Ausgabe von Schnitzlers dramatischem Werk (Frankfurt am Main, S. Fischer, 1962).

HANS HABE AN HILDE SPIEL.
ST. WOLFGANG (HAUS BREITGUT), 16. OKTOBER 1956
Nachlaß Hilde Spiel im Österreichischen Literaturarchiv.
Österreichische Nationalbibliothek, Wien.

Als ich meinen Roman Kathrine *schrieb:* 1943.

HILDE SPIEL AN HERMANN KESTEN.
LONDON, 26. OKTOBER 1956
Handschriftensammlung der Stadtbibliothek München.

HERMANN KESTEN AN HILDE SPIEL. ROM, 17. NOVEMBER 1956
Nachlaß Hilde Spiel im Österreichischen Literaturarchiv.
Österreichische Nationalbibliothek, Wien.

Von Zeit zu Zeit lese ich Sie mit Vergnügen in der Süddeutschen Zeitung: Seit ihrer Rückkehr nach London im Jahre 1948 – von Herbst 1946 bis Sommer 1948 hatte sie in Berlin als Theaterkritikerin für die *Welt* gearbeitet – schrieb Hilde Spiel regelmäßig für die *Neue Zeitung,* nach deren Einstellung für die *Süddeutsche Zeitung,* München, den *Tagesspiegel,* Berlin, die *Weltwo-*

che, Zürich, das *Neue Österreich,* Wien. Erst nach ihrer endgültigen Rückkehr nach Wien, 1963, und der Aufnahme ihrer Tätigkeit als Korrespondentin der *Frankfurter Allgemeinen Zeitung* beendete sie ihre Mitarbeit für die *Süddeutsche Zeitung* und die übrigen Blätter. Lediglich in der *Weltwoche* und dem Londoner *Guardian* erschienen bis 1970 noch Artikel aus ihrer Feder.

HILDE SPIEL AN HERMANN KESTEN.
LONDON, 27. NOVEMBER 1956
Handschriftensammlung der Stadtbibliothek München.

Anthony ist ein bißchen krank: Anthony Felix de Mendelssohn, Sohn von Hilde und Peter de Mendelssohn.

Lady Mary Wortley Montagu: (1689–1762) älteste Tochter des Duke of Kingston. Ihre *Letters from the East* erschienen zuerst 1763. Einer Ausgabe von 1925 folgte die erste deutsche Übersetzung 1931.

Alexander Pope: (1688–1744) engl. Repräsentant des literarischen Klassizismus.

Horace Walpole: (1717–1797) Sohn des bedeutenden Politikers Robert Walpole, Weltmann und Schriftsteller. Sein *Castle of Otronto* gilt als Vorläufer des romantischen Geschichts- und Schauerromans.

Joshua Reynolds: Sir (1723–1792) engl. Maler.

William Blake: (1757–1827) engl. Dichter und Kupferstecher. Als Lyriker von weiterwirkender Bedeutung.

Leslie Stephen: Sir (1832–1904), engl. Schriftsteller, Verfasser von Biographien und kritischen Schriften. Herausgeber des *Dictionary of National Biography.* Virginia Woolfs Vater.

Meredith: George Meredith (1828–1905), engl. Lyriker und Erzähler.

Thackeray: William Makepeace Thackeray (1811–1863), engl. Erzähler *(Vanity Fair).*

Stephen Spender: Sir (geb. 1909), engl. Lyriker, Kritiker und Literaturwissenschaftler.

John Lehmann: John Frederick Lehmann (geb. 1907), engl. Lyriker, Essayist und Verleger.

D. H. Lawrence: (1885–1930) engl. Schriftsteller (*Lady Chatterley's Lovers*).

Mansfield: Katherine Mansfield (1888–1923), englischsprachige Erzählerin.

Die Woolfs: Virginia Woolf (1882–1941) und ihr Ehemann

Leonard Woolf. In ihrem Umkreis bildete sich die sog. Bloomsbury group, deren Mitglieder z. T. mit den Gästen Lady Ottoline Morells identisch waren.

Lytton Strachey: Giles Lytton Strachey (1880–1932), engl. Schriftsteller, Mittelpunkt der Bloomsbury group mit E. M. Forster, Virginia Woolf u. a.

Raymond Mortimer: (geb. 1895) Publizist.

T. S. Eliot: (1888–1965) engl. Schriftsteller amerikanischer Herkunft. Lyriker (*The Waste Land*, 1922), Dramatiker und Essayist, Herausgeber. 1948 Nobelpreis.

George Fraser: (geb. 1915) engl. Lyriker und Kritiker.

Wilde: Oscar Wilde (1854–1900), anglo-irischer Schriftsteller.

Frieda Lawrence: geb. von Richthofen; seit 1914 mit D. H. Lawrence verheiratet.

Priestley: John Boynton Priestley (1894–1984), engl. Erzähler, Essayist und Dramatiker (*Und das am Montagmorgen*, 1955, dt. 1956).

Edith Sitwell empfängt manchmal: (1887–1964) engl. Lyrikerin, 1954 zur Dame of the Order of the British Empire ernannt.

Cyril Connolly: (1903–1979) engl. Schriftsteller und Journalist.

Wissen Sie, was Wien angeht, von der Fanny von Arnstein: S. Hilde Spiel: *Fanny von Arnstein oder die Emanzipation – ein Frauenleben an der Zeitenwende. 1758–1818* (Frankfurt am Main, S. Fischer, 1962).

Ich habe meinen Roman [. . .] wiederaufgenommen: Hilde Spiel: *The Darkened Room*, dt. *Lisas Zimmer* (London, 1961; München, 1965).

HERMANN KESTEN AN HILDE SPIEL. ROM, 30. NOVEMBER 1956
Nachlaß Hilde Spiel im Österreichischen Literaturarchiv.
Österreichische Nationalbibliothek, Wien.

Die Ereignisse in Ungarn: Am 23. Oktober 1956 begann in Budapest der ungarische Volksaufstand. Am 4. November nahmen sowjetische Panzer Budapest ein. Spätestens am 11. November war der Aufstand gebrochen. János Kádár bildete eine neue moskautreue Regierung.

Der Krieg der Juden: Am 29. Oktober 1956 griffen israelische Truppen ägyptische Stellungen auf dem Sinai an. Die Suez-Krise hatte begonnen und mit ihr der Israelisch-Arabische Krieg.

Über den neuen Roman von John O'Hara: John O'Hara (1905–1970), amerikanischer Erzähler. Gemeint ist sein Roman *Butterfield 8* (1935, dt. München, Droemer, 1966), der während der Prohibition im Jahre 1931 spielt.

HILDE SPIEL AN HERMANN KESTEN. LONDON, 3. DEZEMBER 1956
Handschriftensammlung der Stadtbibliothek München.

Vom kleinen Thomas Mann-Freunde Wilhelm Sternfeld: Der nach England emigrierte Journalist (1888–1973) führte von London aus seine – in der CSR begründete – Thomas Mann Society for Aid of Emigré Writers fort.
  Angesichts des Kasackbuches Das große Netz: satirischer Roman Hermann Kasacks über das Leben unter einer totalitären Bürokratie (Frankfurt am Main, S. Fischer, 1952).

HANS HABE AN HILDE SPIEL.
ST. WOLFGANG (HAUS BREITGUT), 4. DEZEMBER 1956
Nachlaß Hilde Spiel im Österreichischen Literaturarchiv.
Österreichische Nationalbibliothek, Wien.

Bei den Österreichern gilt wohl die Sippenhaftung: Hans Habe (vormals János Békessy) spielt hier wahrscheinlich darauf an, daß sein Vater, von Karl Kraus vehement angeklagt, unter dem Vorwurf des Skandaljournalismus Wien einst verlassen mußte.

HILDE SPIEL AN HANS HABE. LONDON, 10. DEZEMBER 1956
Landesarchiv Berlin, Rep. 200 Acc. 3311.

Zum ersten Mal seit 1938 muß man sich der Hypokrisie schämen, die diesem Land immer nachgesagt wurde: Hilde Spiel bezieht sich auf die Suez-Krise und den Israelisch-Arabischen Krieg.

HERMANN KESTEN AN HILDE SPIEL. ROM, 18. JANUAR 1957
Nachlaß Hilde Spiel im Österreichischen Literaturarchiv.
Österreichische Nationalbibliothek, Wien.

Buch von Kasack: Das große Netz. S. die Briefe vom 3. Dezember 1956 und 5. März 1957.

JEANNIE EBNER AN HILDE SPIEL. WIEN, 5. FEBRUAR 1957
*Nachlaß Hilde Spiel im Österreichischen Literaturarchiv.
Österreichische Nationalbibliothek, Wien.*

Die »Geschichte von Joel Brand«: 1944 übernahm Joel Brand von der jüdischen Organisation Waada in Budapest den Auftrag, 10 000 Lastwagen zu beschaffen, um damit eine Million Juden freizukaufen. Das war Adolf Eichmanns Angebot. Joel Brand scheiterte, da die Alliierten ungläubig oder ablehnend reagierten. Joel Brand wurde schließlich nach einer Odyssee durch den Nahen Osten in Kairo interniert. Heinar Kipphardt (1922–1982) dramatisierte den Stoff: *Joel Brand. Die Geschichte eines Geschäfts* (Frankfurt am Main, Suhrkamp, 1965).
Csokor und Weigel: S. Anmerkung zum Brief Hilde Spiels vom 11. Oktober 1955.
Übersetzung für S. Fischer: Nancy Hallinon: *Kleine Lampe im großen Wind.* Roman (Frankfurt am Main, S. Fischer, 1957).
Nino Erné: (1921–1994) dt. Schriftsteller, Lektor und Redakteur, war Belletristik-Lektor im S. Fischer Verlag, ging später zum Fernsehen (ZDF).
Den Roman von Paul Schallück: Wahrscheinlich *Die unsichtbare Pforte* von 1954. Paul Schallück (1922–1976) schrieb zeitkritische Romane in Auseinandersetzung mit der nationalsozialistischen Vergangenheit.
Ich bin an jedem Wochentag ins Gänsehäufel gegangen: Freibad an der alten Donau mit großem Baumbestand.
»Zauberer-Verzauberte-Roman«: Der Roman erschien 1958 unter dem Titel *Die Wildnis früher Sommer.*
Ernst: Ernst Allinger.

HILDE SPIEL AN JEANNIE EBNER.
ST. WOLFGANG, 13. FEBRUAR 1957
*Wiener Stadt- und Landesbibliothek.
Handschriftensammlung.*

Meine ungarischen Verwandten: Hilde Spiels Familie mütterlicherseits besaß eine ungarische Linie. Felix de Mendelssohn erinnert sich an Besuche von »Onkel Oskar« und »Tante Stella«.
Ein alter Bekannter aus meiner Jugend ist aufgetaucht, der Maler Alescha: Theodor Alesch-Alescha (geb. 1898), emigrierte nach KZ-Haft in die USA. Nach dem Zweiten Weltkrieg Ausstellungen in Grenoble, New York und Wien.
Heinz von Cramer San Silverio: Schriftsteller und Musiker

(geb. 1924), schrieb Lyrik und Prosa, Hörspiele und Libretti. Sein Roman *San Silverio* erschien 1955.
Dem Einem: Gottfried von Einem (geb. 1918), Komponist. Heinz von Cramer schrieb das Libretto zu von Einems Oper *Der Prozeß* (1953).
An einem englischen Roman arbeite: The Darkened Room (Lisas Zimmer).

HILDE SPIEL AN HERMANN KESTEN. LONDON, 5. MÄRZ 1957
Handschriftensammlung der Stadtbibliothek München.

Das große Netz: S. Anmerkung zum Brief Hilde Spiels an Hermann Kesten vom 3. Dezember 1956.
Stadt hinter dem Strom: Hermann Kasack: *Die Stadt hinter dem Strom*, erschienen 1947. S. Anmerkung zum Brief Hilde Spiels an Hermann Kesten vom 7. Januar 1952.
Mein unseliges Buch: wahrscheinlich *Lisas Zimmer*.

HERMANN KESTEN AN HILDE SPIEL. ROM, 1. APRIL 1957
Nachlaß Hilde Spiel im Österreichischen Literaturarchiv. Österreichische Nationalbibliothek, Wien.

*Gustav René Hocke: (*1908–1985) dt. Publizist, Schriftsteller, lebte seit 1949 in Rom.

HILDE SPIEL AN JEANNIE EBNER. LONDON, 20. MAI 1957
Wiener Stadt- und Landesbibliothek.
Handschriftensammlung.

Gütersloh-Feier: Doderer sprach auf der Feier zum 70. Geburtstag von Albert Paris Gütersloh (1887–1973).
Hofmannsthal: Hugo von Hofmannsthal (1874–1929).
Weinheber: Josef Weinheber (1892–1945), österr. Schriftsteller, schrieb autobiographische Romane, dann Lyrik.
Ich habe einen Roman (auf englisch) fast beendet: The Darkened Room.

JEANNIE EBNER AN HILDE SPIEL. WIEN, 6. JUNI 1957
Nachlaß Hilde Spiel im Österreichischen Literaturarchiv. Österreichische Nationalbibliothek, Wien.

Bachmann und Hofmannsthal in Rom stimmt: Jeannie Ebner bezieht sich auf die Bemerkung in Hilde Spiels Brief vom 20. Mai 1957, die junge Bachmann in einer Vorlesungsreihe »Österreicher des 20. Jahrhunderts« neben Hofmannsthal zu stellen sei »ein bißchen ›out of proportion‹«.
»Haßliebe« zwischen Meister und Schüler: S. Anmerkung zum Brief Hilde Spiels an Jeannie Ebner vom 25. September 1956 über das Verhältnis zwischen Heimito von Doderer und Albert Paris Gütersloh.

HILDE SPIEL AN BRUNO KREISKY. LONDON, 15. JUNI 1957
Briefdurchschlag. Nachlaß Hilde Spiel im Österreichischen Literaturarchiv. Österreichische Nationalbibliothek, Wien.

Sie waren bisher in der Angelegenheit Theodor Kramer so ungemein hilfreich: Bruno Kreisky (1911–1990), zu dieser Zeit (1953–59) Staatssekretär im Bundeskanzleramt – Auswärtige Angelegenheiten, machte seinen Einfluß mehrfach zugunsten der Repatriation des Schriftstellers geltend.

BRUNO KREISKY AN HILDE SPIEL. WIEN, 18. JUNI 1957
Nachlaß Hilde Spiel im Österreichischen Literaturarchiv. Österreichische Nationalbibliothek, Wien.

HILDE SPIEL AN THEODOR KRAMER. LONDON, 29. JULI 1957
Nachlaß Theodor Kramer. Erwin Chvojka, Wien.

Ritschl ist auf Urlaub: Dozent Ritschl war der damalige Leiter des österreichischen Kulturinstituts in London.
Dr. Fangel: Mitarbeiter desselben Instituts.
Mit Brassloff telefonierte ich neulich: Fritz L. Brassloff (1907–1985), Rechtsanwalt, emigrierte 1938 in die Schweiz, 1939 nach England. Seit 1947 Rechtsberater des Jüdischen Weltkongresses in London. Mitbegründer der Wiener jüdischen Zeitung *Die Gemeinde*.

HILDE SPIEL AN BRUNO KREISKY. LONDON, 29. JULI 1957
Briefdurchschlag. Nachlaß Hilde Spiel im Österreichischen Literaturarchiv. Österreichische Nationalbibliothek, Wien.

HILDE SPIEL AN JEANNIE EBNER.
ST. WOLFGANG, 20. AUGUST 1957
Wiener Stadt- und Landesbibliothek.
Handschriftensammlung.

Doderer-Beruhigung: wegen der Gütersloh-Feier, bei der sich Doderer »nackt ausgezogen« haben sollte, was aber nur im übertragenen Sinne galt, wie Jeannie Ebner in ihrem Brief vom 6. Juni 1957 erklärte.
Ein neuer Lektor bei S. Fischer, Herr Mauz: Gerhard Mauz.

BRUNO KREISKY AN HILDE SPIEL. WIEN, 26. AUGUST 1957
Nachlaß Hilde Spiel im Österreichischen Literaturarchiv.
Österreichische Nationalbibliothek, Wien.

HILDE SPIEL AN THEODOR KRAMER.
ST. WOLFGANG, 30. SEPTEMBER 1957
Nachlaß Theodor Kramer. Erwin Chvojka, Wien.

Guttenbrunner: Michael Guttenbrunner (geb. 1919), österr. Schriftsteller. Herausgeber von Anthologien und Literaturzeitschriften, arbeitete über Kramer.
Dr. Flesch [...] nach Wien zurückgeht: Hans Flesch-Brunningen übersiedelte 1958 für immer von London nach Wien.

THEODOR KRAMER AN HILDE SPIEL.
WIEN, 1. NOVEMBER 1957
Nachlaß Hilde Spiel im Österreichischen Literaturarchiv.
Österreichische Nationalbibliothek, Wien.

Erika Mitterer: (geb. 1906) österr. Lyrikerin und Erzählerin. Briefwechsel in Gedichten mit Rilke (1950).

HILDE SPIEL AN THEODOR KRAMER.
LONDON, 18. NOVEMBER 1957
Nachlaß Theodor Kramer. Erwin Chvojka, Wien.

Thorn: Fritz Thorn (geb. 1908), österr. Journalist und Literaturkritiker, ausgebildeter Chemiker. Jugendfreund Hilde Spiels

Emigrierte 1938 nach Portugal, danach über mehrere Stationen nach England. Verfaßte Kulturberichte, Literatur- und Theaterkritiken für *Forum* und *Kurier* in Wien, die *Süddeutsche Zeitung* und die *Neue Zürcher Zeitung*. Vgl. hierzu: Fritz Thorn: *Ort der Handlung: London – Theaterberichte, Porträts, Paralipomena 1963–1993* (Anif/Salzburg, U. Müller-Speiser, 1994).

Den Weigel-Angriff auf mich: Hans Weigel hatte Hilde Spiels Auffassung vom Ende der österreichischen Literatur in ihrem Artikel zu Lernet-Holenias Geburtstag (*Süddeutsche Zeitung*, 19./20. Oktober 1957) ironisiert. Auch Heimito von Doderer war, wie sein Brief vom 8. Januar 1958 zeigt, anderer Meinung, nur sagte er es liebenswürdig.

THEODOR KRAMER AN HILDE SPIEL.
WIEN, 20. NOVEMBER 1957
Nachlaß Hilde Spiel im Österreichischen Literaturarchiv.
Österreichische Nationalbibliothek, Wien.

Die Ebner: Jeannie Ebner.

Karl Kraus war eine einmalige Erscheinung: Karl Kraus (1874–1936), österr. Schriftsteller, Publizist und Kritiker, gründete 1899 *Die Fackel*, die er bis 1936 herausgab, von 1911 an nur mit eigenen Beiträgen.

Chvojka: Erwin Chvojka (geb. 1924), Herausgeber u. a. der Ausgabe: Theodor Kramer: *Gesammelte Gedichte*, wurde von Theodor Kramer zum Verwalter seines literarischen Nachlasses bestimmt.

HEIMITO VON DODERER AN HILDE SPIEL.
WIEN, 8. JANUAR 1958
Nachlaß Hilde Spiel im Österreichischen Literaturarchiv.
Österreichische Nationalbibliothek, Wien.

Dr. Hildes Besprechung der Dämonen *im* Monat: »Der Kampf gegen das Chaos« zu Heimito von Doderers *Dämonen (Der Monat*, Mai 1954, Heft 104, 9. Jg.).

Ein Attribut, das ich ohne weiteres dem Mann ohne Eigenschaften *beilegen würde:* Robert Musil (1880–1942): *Der Mann ohne Eigenschaften.*

»Essay zum 60ten Alexanders«, alias – bei der Totsagung Österreichs (und seiner Literatur): Doderer bezieht sich auf

Hilde Spiels Artikel »Der letzte österreichische Dichter. Zum 60. Geburtstag Alexander Lernet-Holenias« (*Süddeutsche Zeitung* vom 19./20. Oktober 1957). »Mit ihm«, schrieb Hilde Spiel, »wird die österreichische Dichtung sechzig. Die ihm auf den Fersen folgen, vermögen ihre Tradition nur noch zu hüten, aber nicht mehr fortzusetzen. Und die Jungen, deren literarische Entwicklung eben erst beginnt, haben ihr den Rücken gekehrt. Sie streben, wir sagten es schon, zum gesamtdeutschen Schrifttum, sie sind eine regionale Abart, ein Zweig an seinem Baume, kein eigenständiges Gewächs. Wenn eines Tages nach den letzten Schöpfern auch die letzten Hüter dahin sind, ist das Schicksal der österreichischen Dichtung besiegelt.« Dieser Abgesang löste eine starke Reaktion aus, s. auch die Briefe von Hilde Spiel und Theodor Kramer vom 18. und 20. November 1957.

Des alten Doderer Rede: Heimito von Doderers Rede über die »Wiederkehr Österreichs«, die er zu mehreren Gelegenheiten wiederholte, wurde unter dem Stichwort »Athener Rede« bekannt, nachdem er sie 1964 in Athen – übrigens in französischer Sprache – gehalten hatte. Eine deutsche Fassung findet sich in dem Band: Heimito von Doderer: *Die Wiederkehr des Drachen. Aufsätze, Traktate, Reden* (Hg. Wendelin Schmidt-Dengler, München, Biederstein, 1970). Doderers Resümee: »Das Auftreten eines wirklichen kritischen Genies in Österreich – und ein solches Auftreten bleibt jederzeit möglich – würde unsere nationale Literatur der letzten hundert Jahre urplötzlich wie einen sonnenbestrahlten Gebirgsgrat zeigen.«

THEODOR KRAMER AN HILDE SPIEL. WIEN, 11. JANUAR 1958
Nachlaß Hilde Spiel im Österreichischen Literaturarchiv. Österreichische Nationalbibliothek, Wien.

Die Ravag wird [...] eine Kramervorlesung bringen: Ravag hieß der Wiener Rundfunksender, Vorgänger des ORF Wien.

THEODOR KRAMER AN HILDE SPIEL. WIEN, 3. FEBRUAR 1958
Briefdurchschlag. Nachlaß Theodor Kramer. Erwin Chvojka, Wien.

HILDE SPIEL AN THEODOR KRAMER.
WIEN (HOTEL SCHWEIZERHOF), 7. FEBRUAR 1958
Nachlaß Theodor Kramer. Erwin Chvojka, Wien.

HILDE SPIEL AN THEODOR KRAMER. LONDON, 19. MÄRZ 1958
Nachlaß Theodor Kramer. Erwin Chvojka, Wien.

HILDE SPIEL AN JEANNIE EBNER. LONDON, 24. JUNI 1958
*Wiener Stadt- und Landesbibliothek.
Handschriftensammlung.*

Schon von Kiepenheuer gehört, daß Ihr Buch dort angenommen wurde: Die Wildnis früher Sommer.
Mein Essayband ist erst im Werden: Hilde Spiel: *Welt im Widerschein. Essays* (München, C. H. Beck, 1960).

FRANZ THEODOR CSOKOR AN HILDE SPIEL.
HENNDORF, 16. AUGUST 1958
*Nachlaß Hilde Spiel im Österreichischen Literaturarchiv.
Österreichische Nationalbibliothek, Wien.*

Das dazugehörige Stück: Treibholz. Stück in drei Akten (Wien, Zsolnay, 1969).
Haeussermann: Ernst Haeusserman (1916–1984) war 1953–59 Direktor des Theaters in der Josefstadt, 1959–68 des Wiener Burgtheaters, danach Mitdirektor wiederum des Theaters in der Josefstadt.
Martha Friedländer: (1896–1978) dt. Heilpädagogin, gründete 1927 eine Sprachheilklasse, 1930 einen Sprachheilkurs vor Schulantritt in Görlitz, emigrierte 1936 nach Dänemark, 1937 nach England. 1946 Rückkehr nach Deutschland.

HILDE SPIEL AN FRANZ THEODOR CSOKOR.
ST. WOLFGANG, 26. AUGUST 1958
*Wiener Stadt- und Landesbibliothek.
Handschriftensammlung.*

Das Theaterstück: Franz Theodor Csokor: *Treibholz.*
Emlyn Williams: (geb. 1905) anglo-walisischer Dramatiker, der in den 40er und 50er Jahren große Erfolge auch auf deutschen Bühnen verzeichnen konnte.

HILDE SPIEL AN HERMANN KESTEN. LONDON, 11. APRIL 1959
Handschriftensammlung der Stadtbibliothek München.

Ihr Buch habe ich im Fluge ausgelesen: Hermann Kesten: *Dichter im Café* (München, Desch, 1959).
Der armen Pichler das Wort im Mund umgedreht: Karoline Pichler (1769–1843), österr. Schriftstellerin, führte einen literarischen Salon. Vgl. dies.: *Denkwürdigkeiten aus meinem Leben* (1844).
A. W. Schlegel: August Wilhelm Schlegel (1767–1845), der ältere Bruder von Friedrich Schlegel. Dichter der Romantik, übersetzte Shakespeare, Dante, Calderón.
Wallenberg-Zeitschrift: Das neue Zeitschriftenprojekt des *Neue Zeitung*-Herausgebers Hans Wallenberg kam nicht zustande.

HERMANN KESTEN AN HILDE SPIEL. ROM, 15. APRIL 1959
Nachlaß Hilde Spiel im Österreichischen Literaturarchiv.
Österreichische Nationalbibliothek, Wien.

Der Geist der Unruhe: *Essays* (Köln, Kiepenheuer & Witsch, 1959).
Meine Freunde die Poeten: NA (München, Kindler, 1959).
Was schreibt Peter?: Peter de Mendelssohn arbeitete an einem journalistischen Buch: *Die Zeitungsstadt Berlin* (1959).

HERMANN KESTEN AN HILDE SPIEL. ROM, 5. OKTOBER 1959
Nachlaß Hilde Spiel im Österreichischen Literaturarchiv.
Österreichische Nationalbibliothek, Wien.

HILDE SPIEL AN HERMANN KESTEN.
LONDON, 14. OKTOBER 1959
Handschriftensammlung der Stadtbibliothek München.

HERMANN KESTEN AN HILDE SPIEL. ROM, 30. DEZEMBER 1960
Nachlaß Hilde Spiel im Österreichischen Literaturarchiv.
Österreichische Nationalbibliothek, Wien.

Peter, Christine und Anthony: Peter de Mendelssohn, seine Tochter und sein Sohn.
Ich habe mich auch sehr mit Ihrem Buch gefreut: Hilde Spiel: *Welt im Widerschein.*

HILDE SPIEL AN HERMANN KESTEN. LONDON, 5. JANUAR 1961
Handschriftensammlung der Stadtbibliothek München.

Die Einstellung [. . .] zum 15. Juli 1927 in Wien: Brand des Justizpalastes in Wien. Nach dem Freispruch für drei Mitglieder der sog. Frontkämpferbewegung, die bei Zusammenstößen mit Angehörigen des Republikanischen Schutzbundes einen Arbeiter und ein Kind erschossen hatten, entluden sich die innerpolitischen Spannungen in Demonstrationen und Straßenkämpfen. Die Universität Wien, die als Hochburg des Nationalsozialismus galt, wurde gestürmt, der Justizpalast brannte aus.

Doderers Einstellung zum Brand des Justizpalastes am 15. Juli 1927 kommentiert Wendelin Schmidt-Dengler in seinem Nachwort zu den *Commentarii 1951–1956*, den Tagebüchern aus dem Nachlaß von Heimito von Doderer (München, Biederstein, 1976) im Zusammenhang mit Doderers Wiederaufnahme der Arbeit an seinem Roman *Die Dämonen* im Jahr 1951: »Auch wenn Doderer es immer als nebensächlich hinstellen wollte, so hatte der Roman von Anfang an ein bedeutendes Ereignis aus der österreichischen Geschichte zum Höhepunkt: Den Brand des Justizpalastes am 15. Juli 1927.

Daß jedoch dieses Faktum, das nach den von ihm oft wiederholten Worten das ›Cannae der österreichischen Freiheit‹ bedeutete, nicht mehr im Sinne der Reichsideologie, wie er sie einst vertreten hatte, darzustellen war, war Doderer bewußt [. . .]. Diese Revision des Textes entsprach zweifelsohne auch der Revision einer eigenen Position.«

Mein englischer Roman: The Darkened Room (Lisas Zimmer).

HEIMITO VON DODERER AN HILDE SPIEL. WIEN, 25. JUNI 1961
Nachlaß Hilde Spiel im Österreichischen Literaturarchiv.
Österreichische Nationalbibliothek, Wien.

Eine historiographische Schrift: Hilde Spiel hatte gerade ihre Biographie *Fanny von Arnstein oder Die Emanzipation. Ein Frauenleben an der Zeitenwende 1750–1818* beendet. Das Buch erschien 1962 bei S. Fischer in Frankfurt am Main. Wahrscheinlich erhielt Doderer eine Manuskriptkopie.

Die Wiener Geserah: Am 12. März 1421 wurden auf der Wiese bei Erdberg vor Wien 210 Juden beiderlei Geschlechts verbrannt und ihre Asche in die Donau gestreut. Es waren Geiseln, die man bei der Vertreibung der Juden aus dem Herzogtum

Österreich zurückgehalten hatte. »So vertrieb der junge Albrecht, der später die deutsche Königswürde erhielt, die Juden zum ersten Male aus seinem Herzogtum.«

OTTO F. BEST AN HILDE SPIEL.
MÜNCHEN, 31. JULI 1961
Nachlaß Hilde Spiel im Österreichischen Literaturarchiv.
Österreichische Nationalbibliothek, Wien.

Otto F. Best (geb. 1929) arbeitete zu dieser Zeit als Lektor im Piper Verlag. Seit 1968 ist er Professor für Deutsche und Vergleichende Literaturwissenschaft an der University of Maryland, USA.
Herr Piper: Klaus Piper (geb. 1911), Verleger, leitete den R. Piper Verlag in der Nachfolge seines Vaters, des Verlagsgründers Reinhard Piper (1879–1953).

HILDE SPIEL AN OTTO F. BEST.
ST. WOLFGANG, 2. AUGUST 1961
Briefdurchschlag. Nachlaß Hilde Spiel im Österreichischen Literaturarchiv. Österreichische Nationalbibliothek, Wien.

HILDE SPIEL AN HEIMITO VON DODERER.
LONDON, 12. NOVEMBER 1961
Österreichische Nationalbibliothek. Handschriftensammlung.

Beschreibung Ihres englischen Verlegers Weidenfeld in der Weltwoche: Sir George Weidenfeld (geb. 1919), Verleger von Weidenfeld & Nicolson, London.
Zur Verwüstung von Rausnitz: Gemeint ist der Brand in der Burg Trausnitz bei Landshut.

HILDE SPIEL AN JEANNIE EBNER. LONDON, 28. NOVEMBER 1961
Wiener Stadt- und Landesbibliothek.
Handschriftensammlung.

Ihren neuesten Band: Jeannie Ebner: *Die Königstiger.* Erzählungen (Wien, 1959).

HEIMITO VON DODERER AN HILDE SPIEL.
LANDSHUT, 30. DEZEMBER 1961
Nachlaß Hilde Spiel im Österreichischen Literaturarchiv.
Österreichische Nationalbibliothek, Wien.

Hoffentlich geht's mit dem Wien=Buch voran: Das Projekt verschob sich über Jahre. Zehn Jahre später erschien die Anthologie *Wien. Spektrum einer Stadt* (herausgegeben und mitverfaßt von Hilde Spiel, München, Biederstein, 1971; Wien, Jugend und Volk, 1971).

Die Merowinger: Heimito von Doderer: *Die Merowinger oder Die totale Familie.* Roman (München, Biederstein, 1962).

HANS WEIGEL AN HILDE SPIEL. WIEN, 12. JANUAR 1962
Nachlaß Hilde Spiel im Österreichischen Literaturarchiv.
Österreichische Nationalbibliothek, Wien.

Saar: Ferdinand Saar (1833–1906), österr. Erzähler und Lyriker.

Schnitzler: Arthur Schnitzler (1862–1931), österr. Dramatiker und Erzähler.

Schönherr: Karl Schönherr (1867–1943), österr. Dramatiker und Erzähler.

Kafka: Franz Kafka (1883–1924), Prager Schriftsteller.

Stoessl: Otto Stoessl (1875–1936), österr. Schriftsteller aus dem Umkreis von Paul Ernst und Karl Kraus.

HILDE SPIEL AN HANS WEIGEL. LONDON, 16. JANUAR 1962
Wiener Stadt- und Landesbibliothek.
Handschriftensammlung.

Meine Erzählung »Die Kanne« (oder auch »Das Haus des Dichters«): zuerst abgedruckt in der Wiener Literaturzeitschrift *Wort in der Zeit,* 1955. S. auch die Anmerkung zum Brief Hilde Spiels an Jeannie Ebner vom 11. Oktober 1955.

HANS WEIGEL AN HILDE SPIEL. WIEN, 21. JANUAR 1962
Nachlaß Hilde Spiel im Österreichischen Literaturarchiv.
Österreichische Nationalbibliothek, Wien.

HILDE SPIEL AN HANS WEIGEL.
MÜNCHEN (HOTEL SCHOTTENHAMEL), 27. JANUAR 1962
Wiener Stadt- und Landesbibliothek.
Handschriftensammlung.

HANS WEIGEL AN HILDE SPIEL. WIEN, 4. FEBRUAR 1962
Nachlaß Hilde Spiel im Österreichischen Literaturarchiv.
Österreichische Nationalbibliothek, Wien.

HILDE SPIEL AN HANS WEIGEL. WIEN (HOTEL SCHWEIZERHOF),
8. FEBRUAR 1962
Wiener Stadt- und Landesbibliothek.
Handschriftensammlung.

Hier die Novelle: »Die Kanne oder Das Haus des Dichters«.

HILDE SPIEL AN HEIMITO VON DODERER.
ST. WOLFGANG, 24. APRIL 1962
Österreichische Nationalbibliothek. Handschriftensammlung.

Handschriftlicher Vermerk Doderers: »gedankt 14. V. 62«.

HEIMITO VON DODERER AN HILDE SPIEL. WIEN, 14. MAI 1962
Nachlaß Hilde Spiel im Österreichischen Literaturarchiv.
Österreichische Nationalbibliothek, Wien.

Dora: Dorothea Zeemann (geb. 1909), österr. Schriftstellerin, seit 1957 mit Heimito von Doderer befreundet. Vgl. ihr autobiographisches Buch *Jungfrau und Reptil. Leben zwischen 1945–1972* (Frankfurt am Main, Suhrkamp, 1982).

HERMANN KESTEN AN HILDE SPIEL. NEW YORK, 15. JUNI 1962
Nachlaß Hilde Spiel im Österreichischen Literaturarchiv.
Österreichische Nationalbibliothek, Wien.

Sehr schön das Motto vom König: In ihrer Biographie über Fanny von Arnstein zitierte Hilde Spiel als Motto aus den *Annalen der Juden in den deutschen Staaten.* Berlin, 1790, den Ausspruch von Joh. Balth. König: »Übrigens habe ich ganz unparteiisch und ohne alle Absicht geschrieben, und weder den Juden noch den Christen zum Besten geredet, und befürchte daher in dieser Absicht keine Vorwürfe.«

HILDE SPIEL AN HERMANN KESTEN.
ST. WOLFGANG, 29. JUNI 1962
Handschriftensammlung der Stadtbibliothek München.

Den Roman, der in Amerika spielt: Hilde Spiel: *The Darkened Room.*
Arbeite an einem Buch über Wien: Wien, Spektrum einer Stadt. Hg. und mitverfaßt von Hilde Spiel.
Manès Sperber: (1905–1984) österr.-franz. Schriftsteller.

HILDE SPIEL AN HEIMITO VON DODERER.
ST. WOLFGANG, 27. JULI 1962
Österreichische Nationalbibliothek. Handschriftensammlung.

Handschriftlicher Vermerk Doderers: »tel. gesprochen So 5 VIII 62«.
Fast gleichzeitig mit dem des Boeckes erschien auch mein Beitrag: Johann A. Boeck (geb. 1917), Schriftsteller und Wissenschaftsjournalist in Wien, veröffentlichte seinen Artikel »Erstens Strudlhofstiege, zweitens Döbling ... Heimito von Doderers Werk im Spiegel des Auslands« in der *Presse*, Wien, 21. Juli 1962.
Mein Beitrag über Dich: Hilde Spiel: »Der Prophet im Ausland – Zur Aufnahme der *Dämonen* von Heimito von Doderer in den Vereinigten Staaten« in: *Der Tagesspiegel*, Berlin, 19. Juli 1962.
Das fâché mit Lernets: In der jahrzehntelangen Freundschaft zwischen Hilde Spiel und Alexander Lernet-Holenia war es wiederholt zu Auseinandersetzungen gekommen, die entweder die jeweilige Einstellung zur neueren Literatur betrafen oder persönliche Mißverständnisse zur Ursache hatten.

HILDE SPIEL AN HANS WEIGEL. ST. WOLFGANG, 5. AUGUST 1962
*Wiener Stadt- und Landesbibliothek.
Handschriftensammlung.*

Schnitzler-Essays in den Neuen deutschen Heften: Hans Weigel: »Die große Vergeblichkeit – Zum hundertsten Geburtstag Arthur Schnitzlers« in: *Neue Deutsche Hefte*, Gütersloh, Juli/August 1962.

HILDE SPIEL AN HEIMITO VON DODERER.
ST. WOLFGANG, 27. AUGUST 1962
Österreichische Nationalbibliothek. Handschriftensammlung.

Handschriftlicher Vermerk Doderers: »alles b[eantwortet] ausf. 31. VIII. 62.«
Das Kapitel aus den Merowingern: Heimito von Doderer: *Die Merowinger oder Die totale Familie.*
Dorothee: Dorothea Zeemann.
Goertz: Hartmann Goertz (geb. 1907), Verlagslektor, Essayist.
Die Spangenbergs: Berthold Spangenberg (1916–1986), Verleger der Nymphenburger Verlagshandlung in München, und seine Frau Christa Spangenberg (geb. 1928).

HEIMITO VON DODERER AN HILDE SPIEL.
LANDSHUT, 31. AUGUST 1962
Nachlaß Hilde Spiel im Österreichischen Literaturarchiv.
Österreichische Nationalbibliothek, Wien.

Nach E. bin ich nicht gefahren: nach Edinburgh.
Mit Mienzi: Maria von Doderer, geb. Thoma (1886–1984), Doderers Ehefrau.

HILDE SPIEL AN HANS WEIGEL.
ST. WOLFGANG, 5. SEPTEMBER 1962
Wiener Stadt- und Landesbibliothek.
Handschriftensammlung.

Für den eben eingetroffenen Speidel: Ludwig Speidel (1830 BIS 1924), Theaterkritiker der *Neuen Freien Presse*, Wien.
Las ich etwa ein Drittel Deines Österreich-Buches: Im Jahr 1962 erschien eine Neuauflage von Weigels Buch O *du mein Österreich* (Stuttgart, Steingrüben, 1956).
Und so wird denn der Bielohlawek wieder einmal recht behalten: Hermann Bielohlawek (1861–1918), konservativer österr. Politiker und Publizist, tendierte zu antisemitischen Ansichten.

HEIMITO VON DODERER AN HILDE SPIEL.
WIEN, 17. OKTOBER 1962
*Nachlaß Hilde Spiel im Österreichischen Literaturarchiv.
Österreichische Nationalbibliothek, Wien.*

End: Gustav End (1900–1994), Verleger des Biederstein Verlags in München.

HILDE SPIEL AN HEIMITO VON DODERER.
LONDON, 23. OKTOBER 1962
Österreichische Nationalbibliothek. Handschriftensammlung.

Handschriftlicher Vermerk Doderers: »b[eantwortet] 31. X. 62 mit Notiz über ihr Hörbild Begegn. i. England (Mü 21h15 29. X. 62)«.

In zwei Tagen werde ich mich an die Rezension der Merowinger *machen können:* Hilde Spiel: »Doderers Befreiungstat – zu seinem Roman *Die Merowinger oder Die totale Familie*« in: *Der Tagesspiegel*, Berlin, 11. November 1962.

Hansens Buch: Hans Flesch-Brunningens Roman *Die Teile und das Ganze* (Wien, Zsolnay, 1969). Das Manuskript absolvierte eine lange Odyssee durch die Verlagslektorate, bevor es im Zsolnay Verlag erschien.

HEIMITO VON DODERER AN HILDE SPIEL.
LANDSHUT, 31. OKTOBER 1962
*Nachlaß Hilde Spiel im Österreichischen Literaturarchiv.
Österreichische Nationalbibliothek, Wien.*

Meine bisherigen Gespräche dort waren in Sachen Gütersloh: Albert Paris Gütterslohs Roman *Sonne und Mond* (München, Piper, 1962).

Deine Erzählungen: Hilde Spiel: »Begegnungen in England« und »Vier Erzählungen aus England«, Bayerischer Rundfunk, 29. Oktober 1962.

HILDE SPIEL AN MANÈS SPERBER. LONDON, 1. NOVEMBER 1962
*Nachlaß Manès Sperber im Österreichischen Literaturarchiv.
Österreichische Nationalbibliothek, Wien.*

HEIMITO VON DODERER AN HILDE SPIEL.
LANDSHUT, 11. NOVEMBER 1962
Nachlaß Hilde Spiel im Österreichischen Literaturarchiv.
Österreichische Nationalbibliothek, Wien.

Deine Besprechung der Merowinger: S. Anmerkung zum Brief an Heimito von Doderer vom 23. Oktober 1962.
Das Buch muss heraus: Hans Flesch-Brunningens Roman *Die Teile und das Ganze.*

HILDE SPIEL AN HEIMITO VON DODERER.
LONDON, 23. NOVEMBER 1962
Österreichische Nationalbibliothek. Handschriftensammlung.

Der Besuch meiner Brotherrin Tutti Fischer: Brigitte (Tutti) B.-Fischer leitete mit ihrem Mann Gottfried Bermann-Fischer den S. Fischer Verlag in Frankfurt am Main. Hilde Spiel arbeitete zu dieser Zeit als literarischer Scout für den Verlag.
Auch im Encounter: Hilde Spiels Rezension der *Merowinger.*

OTTO F. BEST AN HILDE SPIEL.
MÜNCHEN, 23. NOVEMBER 1962
Nachlaß Hilde Spiel im Österreichischen Literaturarchiv.
Österreichische Nationalbibliothek, Wien.

Mit dem Manuskript von Herrn Dr. Flesch-Brunningen: Die Teile und das Ganze.
Herrn Dr. von Doderer, der mir auch im Falle Gütersloh eine große Hilfe war: Albert Paris Gütersloh: *Sonne und Mond.*

HILDE SPIEL AN HANS WEIGEL. LONDON, 4. DEZEMBER 1962
Wiener Stadt- und Landesbibliothek.
Handschriftensammlung.

»Die demolierte Literatur« nachlesen?: Aufsatz Hans Weigels.
Ich habe dem Manuel bereits zugesagt: Manuel Gasser, Redakteur der schweizerischen Zeitung *Du.* Im Wien-Heft, »Wien 1900–1918«, Zürich, 1963, der Zeitschrift übernahm Hilde Spiel den Artikel über »Musik und Theater«.

HILDE SPIEL AN OTTO F. BEST.
LONDON, 6. DEZEMBER 1962
Briefdurchschlag. Nachlaß Hilde Spiel im Österreichischen
Literaturarchiv. Österreichische Nationalbibliothek, Wien.

HILDE SPIEL AN HEIMITO VON DODERER.
LONDON, 6. DEZEMBER 1962
Österreichische Nationalbibliothek. Handschriftensammlung.

Handschriftlicher Vermerk Doderers: »b[eantwortet] 12 XII 62«.
Beim Hans: Hans Flesch-Brunningens Roman *Die Teile und das Ganze*.

HANS WEIGEL AN HILDE SPIEL. WIEN, 10. DEZEMBER 1962
Nachlaß Hilde Spiel im Österreichischen Literaturarchiv.
Österreichische Nationalbibliothek, Wien.

HEIMITO VON DODERER AN HILDE SPIEL.
WIEN, 12. DEZEMBER 1962
Nachlaß Hilde Spiel im Österreichischen Literaturarchiv.
Österreichische Nationalbibliothek, Wien.

Vertrags=Abschluss mit P.: Es kam mit dem Piper Verlag schließlich doch nicht zum Verlagsvertrag über den Roman von Hans Flesch-Brunningen.

HILDE SPIEL AN HANS WEIGEL. LONDON, 18. JANUAR 1963
Wiener Stadt- und Landesbibliothek.
Handschriftensammlung.

Gielgud und zwei andere Schauspieler: Sir John Gielgud (geb. 1904), engl. Schauspieler und Regisseur.
Beitrag zum Du *und Kaffeehauskapitel aus dem Wien=Buch:* »Musik und Theater«, Artikel für das Heft »Wien 1900–1918« der Zeitschrift *Du*, April 1963; Kaffeehaus-Kapitel aus *Wien, Spektrum einer Stadt:* »Kaffeehaus als Weltanschauung«.

HEIMITO VON DODERER AN HILDE SPIEL.
LANDSHUT, 25. APRIL 1963
Nachlaß Hilde Spiel im Österreichischen Literaturarchiv.
Österreichische Nationalbibliothek.

Masse und Macht: Elias Canetti: *Masse und Macht. Essay.* 1960.
Ich hab' hier keinen Kürschner: *Deutscher Literatur-Kalender. Verzeichnis deutschsprachiger Schriftsteller.* (Berlin, Walther de Gruyter, 1879–1984).
Walther Schneider: ein Bekannter Doderers, las den Roman von Hans Flesch-Brunningen.

HILDE SPIEL AN HEIMITO VON DODERER.
LONDON, 29. APRIL 1963
Österreichische Nationalbibliothek. Handschriftensammlung.

Handschriftlicher Vermerk von Doderer: »b[eantwortet] 9. V. 63«.
Soll man sich von Streicher die Charakterisierung seiner Figuren unmöglich machen lassen?: Julius Streicher (1885–1946), dt. nationalsozialistischer Politiker, Herausgeber des antisemitischen Hetzblattes *Der Stürmer.*

HEIMITO VON DODERER AN HILDE SPIEL. WIEN, 9. MAI 1963
Nachlaß Hilde Spiel im Österreichischen Literaturarchiv.
Österreichische Nationalbibliothek, Wien.

Umseitig eine kleine Geschichte neuen Typs: »Aus einem alten Briefe . . .«

HEIMITO VON DODERER AN HILDE SPIEL.
LANDSHUT, 15. MAI 1963
Nachlaß Hilde Spiel im Österreichischen Literaturarchiv.
Österreichische Nationalbibliothek, Wien.

Humbert Fink [. . .] in der Mai=Nummer des Monat: Humbert Fink: »Österreichisches Zweigestirn – Die Erzähler Gütersloh und Doderer« in: *Der Monat*, Mai 1963, Heft 176, 15. Jg. Der Tenor der Kritik lautete: »Es wurde Doderer bedenkenlos bescheinigt, seine Romane stellten ein Nonplusultra österreichischer Lebens- und Geisteshaltung dar, doch vergaß man stets hinzuzufügen, daß Doderer eine Gesellschaft meinte, die im ersten Drittel dieses Jahrhunderts eine Realität war und die sich immerhin gewandelt und entwickelt hatte, während die österreichische Normal-Literatur immer noch mit Themen operiert, die schon 1920 kaum noch Wirklichkeit einschlossen.« Außerdem ironisierte der Autor Doderers Popularität: »Doderers Romane sind nämlich bei aller Umfänglichkeit, um es einfach zu sagen, leicht lesbar.«

HILDE SPIEL AN HEIMITO VON DODERER.
LONDON, 20. MAI 1963
Österreichische Nationalbibliothek. Handschriftensammlung.

Handschriftlicher Vermerk von Doderer: »b[eantwortet] L'h Luft ab 23 V 63 (mit Weigel's Entgegnung)«.
»*Unter schwarzen Sternen*«: Doderers Erzählung.
Den Gütersloh nicht gelesen: den Roman *Sonne und Mond* von Albert Paris Gütersloh.
Encounter-*Artikel:* Hilde Spiels Rezension von Doderers Roman *Die Merowinger*.
Ich werde Siedler angehen, der Dein Verehrer ist: Wolf Jobst Siedler, damals Redakteur des *Tagesspiegel*, Berlin.

HEIMITO VON DODERER AN HILDE SPIEL. WIEN, 22. MAI 1963
Nachlaß Hilde Spiel im Österreichischen Literaturarchiv.
Österreichische Nationalbibliothek, Wien.

Weigel hat dem Monat entgegnet, aber sie werden das nicht drucken: Sie haben es gedruckt, und zwar in der Rubrik »Briefe des Monats«, Überschrift: »Doderer unterschätzt«. *Der Monat*, Juli 1963, Heft 178, 15. Jg.
Walter Jens: Über Gütersloh (Pfullingen, Neske, 1962).
Dietrich Weber: Heimito von Doderer. NA 1987.
Ich beendigte neulich eine zweite größere Erzählung: »Der Tod einer Dame im Sommer«.
Correcturen von Roman No 7: Heimito von Doderer: *Roman No 7*, Teil 1: *Die Wasserfälle von Slunj* (München, Biederstein, 1964).

HILDE SPIEL AN HEIMITO VON DODERER.
ST. WOLFGANG, 29. JULI 1963
Österreichische Nationalbibliothek. Handschriftensammlung.

Handschriftlicher Vermerk von Doderer: »gesprochen 14. VIII. 63«.
Ich gratuliere Dir zu dem Abdruck in der FAZ: Roman No 7 von Heimito von Doderer.

HILDE SPIEL AN HEIMITO VON DODERER.
LONDON, 22. SEPTEMBER 1963
Österreichische Nationalbibliothek. Handschriftensammlung.

Handschriftlicher Vermerk von Doderer: »o[hne] A[ntwort] persönl. in W[ien] gesehen PEN, 2. Okt. 63«.
Ein Wort über die Wasserfälle: Heimito von Doderers *Roman No 7*, Teil 1: *Die Wasserfälle von Slunj.*
Ein frühes [...] Buch von mir: Hilde Spiels Roman *Die Früchte des Wohlstands.*

HILDE SPIEL AN HEIMITO VON DODERER.
WIEN, OHNE DATUM [FEBRUAR 1964]
Österreichische Nationalbibliothek. Handschriftensammlung.

Handschriftlicher Vermerk von Doderer: »b[eantwortet] 11. II 64 nach ausf. T[elefon]=Gespräch mit End, beigefügt Correspondenz mit Siedler (Propyläen) wegen Flesch=Ms, das heute an jenen *abgegangen* ist. 11. II 64«.
Karl Löbl: Wiener Kritiker.
Ilse Barea: geborene Pollak (1902–1973), Journalistin, Lyrikerin, Übersetzerin. Emigration nach Prag, Berichterstatterin im Spanischen Bürgerkrieg, Exil in England. Ihr Buch *Vienna: Legend and Reality* erschien 1966 in London.

HILDE SPIEL AN GUSTAV END, BIEDERSTEIN VERLAG.
WIEN, OHNE DATUM [FEBRUAR 1964]
Briefdurchschlag. Österreichische Nationalbibliothek. Handschriftensammlung.

Gustav End (1900–1994), Verleger des Biederstein Verlags in München.
Ein bereits angetipptes Kapitel: Wien, Spektrum einer Stadt.

Hg. und mitverfaßt von Hilde Spiel. Das Buch erschien 1971.

Dagmar Henne: arbeitete als Literaturagentin in der Agence Hoffman, für deren deutsche Niederlassung in München sie verantwortlich war.

Herr Kiaulehn: Walter Kiaulehn (1900–1968), dt. Schriftsteller, Verfasser volkstümlicher kulturkritischer Bücher: *Berlin, Schicksal einer Weltstadt* (München, Biederstein, 1958).

Eine eigene Wohnung: Es war bereits die Wohnung in der Cottagegasse im 19. Wiener Bezirk, in der Hilde Spiel bis an ihr Lebensende wohnte.

HEIMITO VON DODERER AN HILDE SPIEL.
LANDSHUT, 11. FEBRUAR 1964
Nachlaß Hilde Spiel im Österreichischen Literaturarchiv. Österreichische Nationalbibliothek, Wien.

Fleschy's Manus: Hans Flesch-Brunningens Roman *Die Teile und das Ganze*.

HILDE SPIEL AN HEIMITO VON DODERER.
WIEN, 17. FEBRUAR 1964
Österreichische Nationalbibliothek. Handschriftensammlung.

Siedler: Wolf Jobst Siedler, damals Verlagsleiter des Propyläen Verlages.

Beck-Ablehnung: Ablehnung von Hans Flesch-Brunningens Manuskript *Die Teile und das Ganze*.

HILDE SPIEL AN MARCEL REICH-RANICKI. WIEN, 22. JULI 1964
Briefdurchschlag. Nachlaß Hilde Spiel im Österreichischen Literaturarchiv. Österreichische Nationalbibliothek, Wien.

Verleihung des Herder-Preises: Preis der Hamburger F.V.S.-Stiftung. Reich-Ranicki schlug als ersten Preisträger den polnischen Schriftsteller und Kritiker Jan Kott (geb. 1914) vor, und er sollte bei der Feier in Wien die Laudatio auf den Preisträger halten. Der damalige Botschafter Polens in Wien ließ jedoch wissen, er werde dem Festakt fernbleiben, wenn jemand, der 1958 dem kommunistischen Polen den Rücken gekehrt hatte, die Laudatio für Kott halten würde. Man legte Reich-Ranicki nahe, plötzlich zu erkranken.

In der langen Liste deutscher Essayisten: In einem Artikel

»Kritik der Kritik der Kritik« (*Die Zeit*, 3. Juli 1964) hatte der Kritiker eine Reihe von Autoren genannt, die »in den letzten Jahren literarkritische Bücher veröffentlicht« hatten.

MARCEL REICH-RANICKI AN HILDE SPIEL.
HAMBURG-NIENDORF, 30. JULI 1964
Nachlaß Hilde Spiel im Österreichischen Literaturarchiv. Österreichische Nationalbibliothek, Wien.

Ihr Buch Welt im Widerschein: München, C. H. Beck, 1960.

HILDE SPIEL AN MARCEL REICH-RANICKI.
ST. WOLFGANG, 11. AUGUST 1964
Marcel Reich-Ranicki.

HILDE SPIEL AN HEIMITO VON DODERER.
ST. WOLFGANG, 11. AUGUST 1964
Österreichische Nationalbibliothek. Handschriftensammlung.

Handschriftlicher Vermerk Doderers: »o[hne] A[ntwort]«.
Tangenten: Heimito v. Doderer: *Tangenten. Aus dem Tagebuch eines Schriftstellers 1940–1950* (München, Biederstein, 1964).

ERNST SCHRÖDER AN HILDE SPIEL.
BERLIN, 26. DEZEMBER 1964
Nachlaß Hilde Spiel im Österreichischen Literaturarchiv. Österreichische Nationalbibliothek, Wien.

Ernst Schröder (1915–1994), Schauspieler und Regisseur.
Den neuen Saunders: James Saunders (geb. 1925): *Ein Duft von Blumen.*

HILDE SPIEL AN ERNST SCHRÖDER. WIEN, 1. JANUAR 1965
Briefdurchschlag. Nachlaß Hilde Spiel im Österreichischen Literaturarchiv. Österreichische Nationalbibliothek, Wien.

Des Saunders-Stückes: Ein Duft von Blumen.

SIGISMUND VON RADECKI AN DIE REDAKTION DER FRANKFURTER ALLGEMEINEN ZEITUNG.
ZÜRICH, 3. JANUAR 1965
Nachlaß Hilde Spiel im Österreichischen Literaturarchiv. Österreichische Nationalbibliothek, Wien.

Sigismund von Radecki (1891–1970), dt. Schriftsteller, der unter dem Einfluß von Karl Kraus die literarische Kleinform in Essays und Feuilletons pflegte.
Roda Roda: Alexander Roda Roda (1872–1945), eigtl. Sándor Friedrich Rosenfeld, emigrierte 1938 nach Amerika. Schriftsteller und Mitarbeiter am *Simplicissimus*.

HILDE SPIEL AN SIGISMUND VON RADECKI.
WIEN, 22. JANUAR 1965
Briefdurchschlag. Nachlaß Hilde Spiel im Österreichischen Literaturarchiv. Österreichische Nationalbibliothek, Wien.

HILDE SPIEL AN MARCEL REICH-RANICKI.
WIEN, 20. FEBRUAR 1965
Marcel Reich-Ranicki.

In der FAZ habe ich ein bißchen drauf geantwortet: Hilde Spiel: »Österreichs Bart« in: *Frankfurter Allgemeine Zeitung*, 19. Februar 1965. Darin: »Und muß man sich nicht mit einigem Fug von Marcel Reich-Ranicki, einen Patrioten, ja potentiellen Chauvinisten schimpfen lassen, wenn man beklagt, daß Österreichs Talent zum großen Teil im Ausland lebt und in deutschen Verlagen publiziert?«

HILDE SPIEL AN MARCEL REICH-RANICKI. WIEN, 2. MAI 1965
Marcel Reich-Ranicki.

Ihr Buch: Marcel Reich-Ranicki: *Literarisches Leben in Deutschland. Kommentare und Pamphlete* (München, Piper, 1965).

HILDE SPIEL AN MANÈS SPERBER. WIEN, 23. MAI 1965
Briefdurchschlag. Nachlaß Hilde Spiel im Österreichischen Literaturarchiv. Österreichische Nationalbibliothek, Wien.

Einen Beitrag zur Frankfurter Allgemeinen: »Die fruchtbare Kontroverse: Gestaltung der Wirklichkeit. Zu dem ›Symposium 600‹ in Wien – Golo Mann, Augstein, Manès Sperber, Ernst Bloch und ihre Thesen« in: *Frankfurter Allgemeine Zeitung*, 19. Mai 1965.

MANÈS SPERBER AN HILDE SPIEL.
ISSY-LES-MOULINEAUX, 27. MAI 1965
Nachlaß Hilde Spiel im Österreichischen Literaturarchiv.
Österreichische Nationalbibliothek, Wien.

20. Kongreß der KP der Sowjetunion: Auf dem Kongreß vom Februar 1956 begann Chruschtschow mit der Entstalinisierung. Die Verbrechen Stalins wurden vor der Welt offenbar.

HEIMITO VON DODERER AN HILDE SPIEL. WIEN, 10. JULI 1965
Nachlaß Hilde Spiel im Österreichischen Literaturarchiv.
Österreichische Nationalbibliothek, Wien.

Ein Voraus=Exemplar Deines neuen Romans: Lisas Zimmer. Roman (München, Nymphenburger, 1965).

MARCEL REICH-RANICKI AN HILDE SPIEL.
HAMBURG, 25. JULI 1965
Nachlaß Hilde Spiel im Österreichischen Literaturarchiv.
Österreichische Nationalbibliothek, Wien.

Meines Buches Literarisches Leben: Marcel Reich-Ranicki: *Literarisches Leben in Deutschland. Kommentare und Pamphlete.*

HILDE SPIEL AN MARCEL REICH-RANICKI.
ST. WOLFGANG, 29. JULI 1965
Marcel Reich-Ranicki.

HILDE SPIEL AN HEIMITO VON DODERER.
ST. WOLFGANG, 29. JULI 1965
Österreichische Nationalbibliothek. Handschriftensammlung.

Handschriftlicher Vermerk von Doderer: »o[hne] A[ntwort]«.

Die Abreise des Stuckenschmiedes: Hans Heinz Stuckenschmidt (1901–1988), dt. Musikkritiker und Musikwissenschaftler, schrieb wie Hilde Spiel für die *Frankfurter Allgemeine Zeitung.*

HANS HABE AN HILDE SPIEL. ASCONA, 28. OKTOBER 1965
Nachlaß Hilde Spiel im Österreichischen Literaturarchiv.
Österreichische Nationalbibliothek, Wien.

Die Erinnerung an Zelinka, Stanislas und Güpferling: Hans Habe kannte die Figuren des Romans aus der Zeit der Jugendfreundschaft mit Hilde Spiel.
Hansi wäre mit dem Buch glücklich gewesen: Hansi Höger, geb. Mahler. S. Anmerkung zum Brief Hans Habes vom 23. Mai 1956.

HILDE SPIEL AN HANS HABE. WIEN, 30. OKTOBER 1965
Landesarchiv Berlin, Rep. 200 Acc. 3311.

HILDE SPIEL AN CLAUS HENNING BACHMANN.
WIEN, 29. NOVEMBER 1965
Briefdurchschlag. Nachlaß Hilde Spiel im Österreichischen Literaturarchiv. Österreichische Nationalbibliothek, Wien.

Hilde Spiels Antwort auf einen vervielfältigten Brief des damaligen Braunschweiger Chefdramaturgen Claus Henning Bachmann. Das Theater hatte am 3. November 1965 Canettis Theaterstück *Hochzeit* uraufgeführt und wurde »wegen Erregung geschlechtlichen Ärgernisses« bei der Staatsanwaltschaft Braunschweig angezeigt.

MANÈS SPERBER AN HILDE SPIEL.
ISSY-LES-MOULINEAUX, 3. FEBRUAR 1966
Nachlaß Hilde Spiel im Österreichischen Literaturarchiv.
Österreichische Nationalbibliothek, Wien.

Die Welt im Widerschein: Hilde Spiel: *Welt im Widerschein. Essays.*
Besten Dank auch für die Zusendung Ihres Kraus-Aufsatzes: Hilde Spiel: »Zeitungsschreiber« (*Frankfurter Allgemeine Zeitung*, 24. Dezember 1964).

»Falsche Situationen«: in: *Die Achillesferse.* Essays (Köln/ Berlin, Kiepenheuer & Witsch, 1960).

HILDE SPIEL AN HANS HABE. WIEN, 25. APRIL 1966
Landesarchiv Berlin, Rep. 200 Acc. 3311.

HANS HABE AN HILDE SPIEL. ASCONA, 1. MAI 1966
Nachlaß Hilde Spiel im Österreichischen Literaturarchiv.
Österreichische Nationalbibliothek, Wien.

Die Mission: Hans Habe: *Die Mission.* Roman. 1965. – Eine Darstellung der Konferenz von Evian im Juli 1938, zu der Roosevelt eingeladen hatte, um über Hilfe für das deutsche Judentum zu beraten.

ROBERT NEUMANN AN HILDE SPIEL. LOCARNO, 24. JUNI 1966
Nachlaß Hilde Spiel im Österreichischen Literaturarchiv.
Österreichische Nationalbibliothek, Wien.

Die Nachfolge der armen Erika: Hilde Spiel trat die Nachfolge von Erika Hanel (1916–1965) an, die von 1948 an bis zu ihrem Tod das Sekretariat des Österreichischen P.E.N. geführt hatte.
Jungks, Doderer, Sebestyén: Robert Jungk (1913–1994), damals Leiter des Instituts für Zukunftsfragen in Wien, und seine Frau, Heimito von Doderer (1896–1966), György Sebestyén (1930–1991).
Literarische Gesellschaft, Kraus: Wolfgang Kraus (geb. 1924), Schriftsteller und Kritiker (vorher Verlagslektor), Gründer und Leiter der Österreichischen Gesellschaft für Literatur. Gründungsdatum 6. Februar 1962. Autorenvorlesungen, Vorträge, Forumsdiskussionen, Symposien sind Schwerpunkte ihrer Tätigkeit. Seit 1969 gibt es im Monat März den »Tag der Lyrik«, seit 1983 eine Veranstaltungsreihe »Autoren über Autoren«. Auch um Gedenktafeln für Autoren kümmert sich die Gesellschaft. Kaum ein österreichischer Schriftsteller, der nicht einmal in der Gesellschaft aufgetreten wäre. Ausländische Gäste kommen regelmäßig dazu. Die Gesellschaft wurde unter dem Patronat des Österreichischen Unterrichtsministeriums gegründet.

HILDE SPIEL AN ROBERT NEUMANN. WIEN, 19. JULI 1966
Briefdurchschlag. Nachlaß Hilde Spiel im Österreichischen Literaturarchiv. Österreichische Nationalbibliothek, Wien.

ROBERT NEUMANN AN HILDE SPIEL.
LOCARNO, 14. AUGUST 1966
Nachlaß Hilde Spiel im Österreichischen Literaturarchiv. Österreichische Nationalbibliothek, Wien.

Von Csokor sekundierte Wolfgang Leonhard: Franz Theodor Csokor war Präsident des Österreichischen P.E.N. Wolfgang Leonhards Aufnahme in den Österreichischen P.E.N. – s. Anmerkung zum Brief vom 20. August 1966 an Robert Neumann – war umstritten.

HILDE SPIEL AN ROBERT NEUMANN. WIEN, 20. AUGUST 1966
Briefdurchschlag. Nachlaß Hilde Spiel im Österreichischen Literaturarchiv. Österreichische Nationalbibliothek, Wien.

Wolfgang Leonhard: (geb. 1921) dt. Publizist österr. Staatsbürgerschaft. Als Kind mit seiner Mutter nach Schweden (1933) und in die UdSSR (1935) emigriert. 1941–43 Kominternschule, ab 1945 politisch-publizistische Arbeit in der sowjetisch besetzten Zone, 1949, im Jahr der Staatsgründung der DDR, Flucht in den Westen.
Carry Hauser: (1895–1985) Maler und Schriftsteller, emigrierte 1939 in die Schweiz und kehrte 1947 nach Wien zurück. P.E.N.-Mitglied seit 1947 in verschiedenen Funktionen, 1973 Vizepräsident.
Rudolf Henz: (1897–1987) österr. Schriftsteller, Redakteur, ab 1945 Programmdirektor beim ORF. Hg. der Literaturzeitschriften *Wort in der Zeit* und *Literatur und Kritik*.

ROBERT NEUMANN AN HILDE SPIEL.
LOCARNO, 29. AUGUST 1966
Nachlaß Hilde Spiel im Österreichischen Literaturarchiv. Österreichische Nationalbibliothek, Wien.

Der Mann ist doch kein kalter Krieger: Wolfgang Leonhard.
Im Zusammenhang mit Euch und/oder Kraus: der Österreichische P.E.N. und die Österreichische Gesellschaft für Literatur.

HILDE SPIEL AN ROBERT NEUMANN. WIEN, 14. SEPTEMBER 1966
Briefdurchschlag. Nachlaß Hilde Spiel im Österreichischen Literaturarchiv. Österreichische Nationalbibliothek, Wien.

Vorstandssitzung: des Österreichischen P.E.N.
Weder bei Berger noch bei Kraus: Buchhandlung Berger und Österreichische Gesellschaft für Literatur.
Die Aichinger: Ilse Aichinger (geb. 1921), dt. Schriftstellerin, von 1953 an mit dem Lyriker und Hörspielautor Günter Eich (1907–1972) verheiratet.
Piero Rismondo: (geb. 1905) Theaterkritiker aus Triest.

ROBERT NEUMANN AN HILDE SPIEL.
LOCARNO, 17. SEPTEMBER 1966
Nachlaß Hilde Spiel im Österreichischen Literaturarchiv. Österreichische Nationalbibliothek, Wien.

Aus Konkret: Konkret, die ehemalige Studentenzeitschrift, hatte sich zu einem politischen Magazin mit sozialistischer Tendenz und gelegentlicher literarischer Ambition entwickelt.

HILDE SPIEL AN ROBERT NEUMANN. WIEN, 20. SEPTEMBER 1966
Briefdurchschlag. Nachlaß Hilde Spiel im Österreichischen Literaturarchiv. Österreichische Nationalbibliothek, Wien.

Ich mag Kaiser, Mayer, Fried: Sie gehörten als Kritiker oder Autoren zur Gruppe 47 – Joachim Kaiser (geb. 1928), dt. Kritiker; Hans Mayer (geb. 1907), dt. Literaturwissenschaftler und Kritiker; Erich Fried (1921–1988), österr. Schriftsteller.
Fink, Kruntorad, Breicha, Fritsch, Dor: Die österreichischen Schriftsteller Humbert Fink (geb. 1933), Paul Kruntorad (geb. 1935), Otto Breicha (geb. 1932), Gerhard Fritsch (1924–1969), Milo Dor (geb. 1923).

MARCEL REICH-RANICKI AN HILDE SPIEL.
HAMBURG, 22. NOVEMBER 1966
Nachlaß Hilde Spiel im Österreichischen Literaturarchiv. Österreichische Nationalbibliothek, Wien.

Theater bei Tageslicht: Hg. Heinz Beckmann, Köln, 1966. Darin: Hilde Spiel: »Der Kritiker«.

HILDE SPIEL AN MARCEL REICH-RANICKI. WIEN, 19. JUNI 1967
Marcel Reich-Ranicki.

THEODOR W. ADORNO AN HILDE SPIEL.
FRANKFURT AM MAIN, 19. MÄRZ 1968
*Nachlaß Hilde Spiel im Österreichischen Literaturarchiv.
Österreichische Nationalbibliothek, Wien.*

Quasi una fantasia: Theodor W. Adorno: *Quasi una fantasia. Musikalische Schriften II* (Frankfurt am Main, Suhrkamp, 1963).

Angriff, den Frau Arendt [. . .] im Merkur *auf mich gerichtet hat:* Hannah Arendt: »Walter Benjamin« in: *Merkur – Deutsche Zeitschrift für europäisches Denken*, Februar–April 1968. Teil I: »Der Bucklige«, Teil II: »Die finsteren Zeiten«, Teil III: »Die Perlentaucher«.

Was Adorno betrifft, geht es darin u. a. um dessen Stellung in Horkheimers Institut für Sozialforschung im New Yorker Exil und Benjamins Mitarbeit an der *Zeitschrift für Sozialforschung*. Im Oktober 1968 antwortete Hannah Arendt auf eine Leserzuschrift, wiederum im *Merkur*, der Briefschreiber habe vollkommen recht, wenn er sage, daß »ohne [Adornos] große Bemühungen für die Herausgabe der Benjaminschen Schriften [. . .] wahrscheinlich nur ein paar Fachleute« heute noch etwas von ihm wissen würden. »Man darf hinzufügen, daß trotz aller Konflikte es eben doch das Institut war, das allein ihm das Leben ermöglichte, und daß mit Ausbruch des Krieges das Institut alles nur Menschenmögliche unternommen hat, um ihn zu retten.«

Was nicht gelang. Walter Benjamin (geb. 1892) nahm sich 1940 aus Furcht vor der Gestapo in Port Bou (Spanien) das Leben.

HILDE SPIEL AN THEODOR W. ADORNO. WIEN, 22. MÄRZ 1968
Briefdurchschlag. Nachlaß Hilde Spiel im Österreichischen Literaturarchiv. Österreichische Nationalbibliothek, Wien.

Benjamin: Walter Benjamin.

Bericht über Hochhuths Soldaten: Hilde Spiel: »Ein Brocken für Wien. Hochhuths *Soldaten* im Volkstheater« (*Frankfurter Allgemeine Zeitung*, 13. März 1968).

HILDE SPIEL AN HANS PAESCHKE. WIEN, 5. MAI 1968
Deutsches Literaturarchiv. Schiller-Nationalmuseum, Marbach.

Hans Paeschke: (1911–1991) Essayist, Film- und Literaturkritiker, 1939–44 Chefredakteur der *Neuen Rundschau*, gründete 1947 die Monatszeitschrift *Merkur* und war bis 1978 ihr Herausgeber. Im *Merkur* Veröffentlichungen u. a. über Paul Valéry, Thomas Mann, Günther Anders, Gottfried Benn.
Zum Raddatz-Aufsatz möchte ich sagen: Fritz J. Raddatz (geb. 1931): »Der blinde Seher. Überlegungen zu Karl Kraus« in: *Merkur*, 22. Jg., Juni 1968. Raddatz rückt zunächst den unkritischen Weihrauchschwenkern des »großen Wortstellers« zu Leibe und kategorisiert dann deren Aphorismen: »Da ist viel Listiges, Verdrehtes und vom Kopf auf die Füße und wieder auf den Kopf Gestelltes, gewiß: da ist auch manches gut Erinnertes: ›Man lebt nur einmal einmal‹ kennt man zum Beispiel schon von Rückert; da ist viel Biertischulk oder Heurigenschäkerei [. . .], da gibt es aber nichts, das unserer Zeit in ihrer verschlungenen Sprache auf die Schliche gekommen wäre: zur Fremdenwerbung der Nazimörder zu lesen ›Germany invites you. Aber dann gab's Haudujudu‹ – das ist in seiner Banalität fast so schlimm wie die Sache, um die es geht. Albert Ehrenstein nannte so was ›Noch ein Apokalypserl gefällig, der Herr?‹«
Resümee nach Auseinandersetzung mit den Schriften des Karl Kraus: »Karl Kraus beim Wort genommen, gibt nur Worte.«

HANS PAESCHKE AN HILDE SPIEL. MÜNCHEN, 8. MAI 1968
Nachlaß Hilde Spiel im Österreichischen Literaturarchiv. Österreichische Nationalbibliothek, Wien.

Punch: brit. satirische Wochenschrift, zuerst 1841 erschienen.
New Yorker: *The New Yorker*, amerik. Wochenschrift, zuerst 1925 erschienen.

HANS PAESCHKE AN HILDE SPIEL. MÜNCHEN, 30. MAI 1968
Nachlaß Hilde Spiel im Österreichischen Literaturarchiv. Österreichische Nationalbibliothek, Wien.

HILDE SPIEL AN HANS PAESCHKE. WIEN, 15. JUNI 1968
Deutsches Literaturarchiv. Schiller-Nationalmuseum, Marbach.

Den Kraus von Weigel: Hans Weigel: *Karl Kraus. Die Macht der Ohnmacht* (Wien, 1968).

HILDE SPIEL AN WOLFGANG KOEHLER. WIEN, 19. JULI 1968
Briefdurchschlag. Nachlaß Hilde Spiel im Österreichischen Literaturarchiv. Österreichische Nationalbibliothek, Wien.

Mit diesem Brief antwortete Hilde Spiel auf Fragen eines interessierten Lesers über James Saunders.
 Aufsatz über Saunders in der Zeitschrift Die Zeit: Hilde Spiel: »Im Strom des Absurden. James Saunders: Ein Porträt« (*Die Zeit*, Nr. 37, 10. September 1965).

HANS PAESCHKE AN HILDE SPIEL. MÜNCHEN, 26. JULI 1968
Nachlaß Hilde Spiel im Österreichischen Literaturarchiv. Österreichische Nationalbibliothek, Wien.

Zu dem Aufsatz von Raddatz: Hilde Spiels Replik auf den Kraus-Aufsatz von Fritz J. Raddatz, »Der blinde Seher« (s. Anmerkung zum Brief an Hans Paeschke vom 5. Mai 1968), erschien im Oktoberheft 1968 der Zeitschrift *Merkur* unter der Überschrift »Wer verteidigt nun Kraus? Ein offener Brief und eine Antwort«. Der *Merkur* veröffentlichte im selben Heft die Antwort von Fritz Raddatz auf Hilde Spiels »offenen Brief«. Hilde Spiel hatte u. a. festgestellt: »Wo Sie, lieber Fritz J. Raddatz, mit Ihren eigenen, an Tucholskys Wetzstein geschärften Waffen fechten, behalten Sie mühelos die Oberhand. Begeben Sie sich aber in die Wiener Satire, die von Nestroy über Daniel Spitzer bis Kraus immer gemütlich-dämonisch bleibt, immer einen Ausweg ins befreiende Gelächter läßt, dann müssen Sie unterliegen. Hier endet wohl auch Ihr Verständnis für jene Krausschen Wortspiele und Aphorismen, die selbst dort, wo sie in *mauvais goût* abgleiten, in einer ganz spezifischen Tradition verankert sind.« Hilde Spiel geht dann vor allem auf die Sprachmystik von Karl Kraus ein.

HANS PAESCHKE AN HILDE SPIEL. MÜNCHEN, 29. JULI 1968
*Nachlaß Hilde Spiel im Österreichischen Literaturarchiv.
Österreichische Nationalbibliothek, Wien.*

HILDE SPIEL AN INGEBORG DREWITZ. WIEN, 6. NOVEMBER 1968
Archiv der Akademie der Künste, Berlin.

Ingeborg Drewitz (1923–1986), dt. Schriftstellerin. Seit 1965 Vorsitzende des Schutzverbandes deutscher Schriftsteller. Mitbegründerin des Verbandes deutscher Schriftsteller (VS), 1969–80 dessen stellvertretende Vorsitzende; außerdem gehörte sie dem Präsidium des P.E.N.-Zentrums der Bundesrepublik Deutschland an.
Buch über die Berliner Salons: Ingeborg Drewitz: *Berliner Salons. Literatur und Gesellschaft zwischen Aufklärung und Industriezeitalter* (Hamburg, Claassen, 1965).

HILDE SPIEL AN INGEBORG DREWITZ.
WIEN, 14. NOVEMBER 1968
Archiv der Akademie der Künste, Berlin.

Hans Lebert: (1919–1993) österr. Erzähler (und ursprünglich Sänger).
Wiener Secession: Künstlervereinigung, die sich auf die Künstlergruppe um Gustav Klimt (1862–1918) von 1897 bezieht.

INGEBORG DREWITZ AN HILDE SPIEL.
BERLIN, 23. NOVEMBER 1968
*Nachlaß Hilde Spiel im Österreichischen Literaturarchiv.
Österreichische Nationalbibliothek, Wien.*

Ihr Arnstein-*Buch:* Hilde Spiel: *Fanny von Arnstein oder Die Emanzipation.*
Und jetzt auch das Tagebuch: Hilde Spiel: *Rückkehr nach Wien. Tagebuch 1946* (München, Nymphenburger, 1968).
Lisas Zimmer: Hilde Spiels Roman eines Emigrantenschicksals.

HILDE SPIEL AN HERMANN KESTEN.
ST. WOLFGANG, 23. NOVEMBER 1968
Handschriftensammlung der Stadtbibliothek München.

Mit Ihrer wirklich wundervollen Rezension: Hilde Spiel dankt für Hermann Kestens Besprechung ihres gerade erschienenen Buches *Rückkehr nach Wien. Tagebuch 1946,* die am 30. November 1968 in der *Frankfurter Rundschau* veröffentlicht wurde. »Alle leben in dieser Erzählung«, schrieb Kesten, »die Toten wie die Lebenden in diesem überlebendigen Schattenleben der Figuren von Kunstwerken.«
Im Moment ist Inge Bachmann da: Hilde Spiels Begegnungen mit der Lyrikerin und Erzählerin Ingeborg Bachmann waren eher sporadisch, doch freundschaftlich. Der Vergleich mit Joe Lederer (1907–1987), deren Bücher zu ihrer Zeit eher als sehr gute Unterhaltungsliteratur galten, zeigt aber auch, daß Hilde Spiel eine gewisse Überschätzung der Bachmann konstatierte. Dennoch kann sie der Autorin gerecht werden, etwa in ihrer Interpretation des Bachmann-Gedichtes »Die gestundete Zeit«, s. Hilde Spiel: *Das Haus des Dichters* (München, List, 1992, S. 105 ff.).

HILDE SPIEL AN INGEBORG DREWITZ. WIEN, 18. JANUAR 1969
Archiv der Akademie der Künste, Berlin.

Erstes Mitteilungsblatt: P.E.N.-Mitteilungen.

HILDE SPIEL AN MIRA MIHELIČ. WIEN, 18. JANUAR 1969
Briefdurchschlag. Nachlaß Hilde Spiel im Österreichischen Literaturarchiv. Österreichische Nationalbibliothek, Wien.

Mira Mihelič (1912–1985), slowenische Schriftstellerin. 1963–66 Präsidentin des slowenischen P.E.N.
Erst jetzt, da unser lieber Csokor begraben ist: Franz Theodor Csokor, erster Präsident des Österreichischen P.E.N., war am 5. Januar 1969 im 84. Lebensjahr gestorben, am 14. Januar wurde er in einem von der Stadt Wien gewidmeten Ehrengrab beigesetzt.
Ernst Fischer: (1899–1972) österr. Publizist, 1927–1934 Redakteur der *Arbeiterzeitung,* Wien, ging 34 in die Sowjetunion. Nach 1945 erster österreichischer Unterrichtsminister, Chefredakteur der Zeitschrift *Neues Österreich.* Wegen seines Protests

gegen die sowjetische Intervention in der Tschechoslowakei 1969 aus der Kommunistischen Partei ausgeschlossen. Fischer war mit Hilde Spiel befreundet. Der Nachlaß enthält Briefe von seiner Hand und von seiner Frau Lou Fischer. Hilde Spiels Gegenbriefe waren nicht auffindbar.
Sveta Lubić: Kritiker aus Belgrad.

HILDE SPIEL AN THOMAS BERNHARD. WIEN, 27. JANUAR 1969
Thomas Bernhard Archiv, Gmunden.

Thomas Bernhard (1931–1989) und Hilde Spiel entwickelten in den Jahren 1967–89 eine vertrauensvolle Freundschaft, die sich in diesem Band mit einer Ausnahme (der bereits zu Lebzeiten Bernhards veröffentlichte Brief vom 2. März 1971 über Wittgenstein) nur in Hilde Spiels Briefen spiegeln kann, da nach einer testamentarischen Bestimmung Bernhards aus dessen literarischem Nachlaß, »worunter auch Briefe und Zettel zu verstehen sind, kein Wort mehr veröffentlicht werden« darf.
Nach dem Eklat bei der Preisverleihung: Am 4. März 1968 war Thomas Bernhard mit dem Österreichischen Staatspreis 1967 ausgezeichnet worden. Nach seiner ungewöhnlichen Dankesrede – »ein Stück polemischer und trauriger Prosa« (Karl Heinz Bohrer) – verließ der damalige österreichische Unterrichtsminister mit den Worten »Wir sind trotzdem stolze Österreicher!« den Saal. Die vielleicht irritierendsten Sätze der Rede lauteten: »Die Zeitalter sind schwachsinnig, das Dämonische in uns ein immerwährender vaterländischer Kerker, in die die Elemente der Dummheit und der Rücksichtslosigkeit zur tagtäglichen Notdurft geworden sind. Der Staat ist ein Gebilde, das fortwährend zum Scheitern, das Volk ein solches, das ununterbrochen zur Infamie und zur Geistesschwäche verurteilt ist« (nach: *Neues Forum*, Mai 1968).

HILDE SPIEL AN INGEBORG DREWITZ. WIEN, 5. FEBRUAR 1969
Archiv der Akademie der Künste, Berlin.

Vielleicht haben Sie in der FAZ *meinen kleinen Schrieb gelesen:* »Lernet-Holenia. Österreichs neuer P.E.N.-Präsident«: »Mit der Wahl Alexander Lernet-Holenias zu seinem neuen Präsidenten hat der Österreichische P.E.N.-Club einen glücklichen Griff getan. Dem Dramatiker, Weltfreund und Polyhistoriker Franz Theodor Csokor ist ein Mann gefolgt, dessen reiches, vielfältiges Werk über den deutschen Sprachraum hinaus bekannt ist und der als bedeutendster Repräsentant der überlieferten österreichischen Dichtung gelten kann. In seiner Lyrik zunächst Hölderlin verpflichtet, später den Hölderlinschen Hymnen nah, in seinen Versdramen und Komödien sowohl Hofmannsthal wie Schnitzler verwandt, hat er in seiner Prosa handlungsträchtige, abenteuerliche, ja bizarre Stoffe in strenge und schöne Form gefaßt. Dieses Formgefühl, gepaart mit einer ebenso grandseigneuralen wie großzügigen Haltung, kennzeichnet ihn als Erben der alten habsburgischen Würde und Weltoffenheit. Eine diffusere Gegenwart hat Lernet-Holenia in den letzten Jahren in allerlei Satiren und Polemiken kommentiert, die ihm den Ruf eines unberechenbaren, ja vertrackten Menschen eingetragen haben; dem österreichischen P.E.N., dessen Rolle als moralische Instanz durch Csokor gewährleistet war und nun hinreichend gefestigt ist, werden solche gelegentlichen Eskapaden des neuen Präsidenten weniger schaden, als ihm dessen hoher Status in der deutschsprachigen Literaturtradition nützt.«

HILDE SPIEL AN HERMANN KESTEN. WIEN, 5. FEBRUAR 1969
Handschriftensammlung der Stadtbibliothek München.

Deine fulminante Rezension: Hermann Kestens Rezension über Hilde Spiels *Rückkehr nach Wien,* die bereits am 30. November 1968 in der *Frankfurter Rundschau* erschienen war.
Robertl der Neumann fand: Robert Neumanns Kritik fand sich nicht.
Csokor [. . .] schrieb kurz vor seinem Tode: Franz Theodor Csokor stellt in der *Presse,* Wien, vom 14. Dezember 1968, die Frage nach Rückkehr und Heimkehr: »1946 entstand aus Tagebuchnotizen dieses Buch über ihre Rückkehr, die damals noch keine Heimkehr wurde. Die erfolgte erst siebzehn Jahre später. Aber war sie es diesmal wirklich? Kann überhaupt einer von uns sagen, daß nach solchen Erlebnissen, wie jener grausamste Krieg, den die Geschichte kennt, die damals getrennten, selbst wenn sie an verschiedenen Fronten überlebten, einander noch wie früher in die Augen sehen werden?«
Die Zoff-Memoiren: Otto Zoff (1890–1963): *Tagebücher aus der Emigration 1939–44,* 1968.

MIRA MIHELIČ AN HILDE SPIEL. LJUBLJANA, 9. FEBRUAR 1969
*Nachlaß Hilde Spiel im Österreichischen Literaturarchiv.
Österreichische Nationalbibliothek, Wien.*

Zu den Piraner Tagungen: Schriftstellertreffen in Piran, einer Stadt auf einer Halbinsel im Nordwesten Istriens, am Golf von Triest.
Die Premiere vom Tag der Frauen: Komödie von Mira Mihelič, 1968 im Stadttheater von Ljubljana uraufgeführt.

HERMANN KESTEN AN HILDE SPIEL.
NEW YORK, 13. FEBRUAR 1969
*Nachlaß Hilde Spiel im Österreichischen Literaturarchiv.
Österreichische Nationalbibliothek, Wien.*

Die Rezension: über *Rückkehr nach Wien*, München 1968.
Beim PEN in Mentone: 36. P.E.N.-Kongreß in Menton an der Côte d'Azur.

HILDE SPIEL AN JEAN AMÉRY. WIEN, 3. MÄRZ 1969
*Deutsches Literaturarchiv. Schiller-Nationalmuseum,
Marbach.*

Die Formulierung vom Klettersteig: Jean Améry rezensierte Hilde Spiels Tagebuch *Rückkehr nach Wien* in der Zeitschrift *Merkur*, Februar 1969. »Zierlich, aber ohne Geziertheit geschrieben«, heißt es da, »von einer Frau, die ich noch als bildschönes Mädchen gekannt habe und als das, was man eine ›große Hoffnung der Literatur‹ nennt, bezaubert Hilde Spiels Buch mit der Melancholie jener österreichischen Selbststilisierung, die freilich auch bei geschärfter Sensibilität und gründlichster Geistesbildung auf dem Klettersteig spaziert, wo man auf der einen Seite zu Hofmannsthal hinaufsteigen und auf der anderen in die Fremdenverkehrspropaganda abstürzen kann – «.

HILDE SPIEL AN JEANNIE EBNER. WIEN, 6. MÄRZ 1969
*Wiener Stadt- und Landesbibliothek.
Handschriftensammlung.*

Diese Frau Schutting: Jutta (heute Julian) Schutting (geb. 1937), österr. Schriftsteller, mit Hilde Spiel über Jahre befreundet.

Schaffler: Wolfgang Schaffler (1919–1989), Verleger des Residenz Verlages in Salzburg, der sich der neueren österreichischen Literatur widmete.

HANS PAESCHKE AN HILDE SPIEL. MÜNCHEN, 27. MÄRZ 1969
*Nachlaß Hilde Spiel im Österreichischen Literaturarchiv.
Österreichische Nationalbibliothek, Wien.*

Jean Améry: (1912–1978) österr. Schriftsteller, emigrierte 1938 nach Belgien, lebte auch nach dem Zweiten Weltkrieg in Brüssel. S. auch den Brief von Hilde Spiel an Jean Améry vom 3. März 1969 und die Anmerkung dazu.
  Politzers Schweigen der Sirenen: Heinz Politzer (1910–1978), Schriftsteller und Literaturwissenschaftler, emigrierte 1938, lebte bis 1977 in Jerusalem, danach in den USA. Seine Sammlung von Studien zur deutschen und österreichischen Literatur, *Das Schweigen der Sirenen* (Stuttgart, Metzler, 1968), besprach Hilde Spiel im *Merkur* vom Januar 1970 unter dem Titel »Heinz Politzers ›zweite Wirklichkeit‹«.

HILDE SPIEL AN MIRA MIHELIČ. WIEN, 20. APRIL 1969
Briefdurchschlag. Nachlaß Hilde Spiel im Österreichischen Literaturarchiv. Österreichische Nationalbibliothek, Wien.

Thomas Bernhard: Er kam nicht zum Schriftstellertreffen in Piran.

MIRA MIHELIČ AN HILDE SPIEL. LJUBLJANA, 22. APRIL 1969
*Nachlaß Hilde Spiel im Österreichischen Literaturarchiv.
Österreichische Nationalbibliothek, Wien.*

Für die beiden Fischers: Ernst und Lou Fischer; s. Anmerkung zum Brief von Hilde Spiel vom 18. Januar 1969.
  Repräsentanten von den tschechischen Schriftstellern – sie sind verzweifelt: Mit dem Einmarsch der Warschauer-Pakt-Truppen in die Tschechoslowakei im August 1968 war der sog. »Prager Frühling« zu Ende. Am 17. April 1969 war der Reformer Alexander Dubček als KP-Chef abgelöst worden und durch Gustav Husák ersetzt.

HILDE SPIEL AN THOMAS BERNHARD. WIEN, 24. APRIL 1969
Thomas Bernhard Archiv, Gmunden.

In Ohlsdorf: Thomas Bernhard hatte 1965 einen Bauernhof im österreichischen Ohlsdorf erworben.

HILDE SPIEL AN THOMAS BERNHARD. WIEN, 6. MAI 1969
Thomas Bernhard Archiv, Gmunden.

Schmied-Adresse: Wieland Schmied (geb. 1929), Schriftsteller und Kunsthistoriker. Es ging um eine Mitarbeit an der von Hilde Spiel u. a. herausgegebenen Zeitschrift *Ver sacrum.*
 Die fünf Seiten für das Ver sacrum: *Ver sacrum* – Neue Hefte für Kunst und Literatur. Gegründet 1969. Herausgegeben von Georg Eisler, Maler und Graphiker, Präsident der »Wiener Secession«, Hilde Spiel und dem Wiener Publizisten Otto Breicha. Die Zeitschrift schloß lose an die um die Jahrhundertwende erschienene Sezessions-Zeitschrift an. Thomas Bernhard schrieb für die Ausgabe von 1969 die Erzählung »Ein ländlicher Betrüger«.

HILDE SPIEL AN THOMAS BERNHARD. WIEN, 31. MAI 1969
Thomas Bernhard Archiv, Gmunden.

HANS PAESCHKE AN HILDE SPIEL. MÜNCHEN, 24. JUNI 1969
Nachlaß Hilde Spiel im Österreichischen Literaturarchiv.
Österreichische Nationalbibliothek, Wien.

MIRA MIHELIČ AN HILDE SPIEL. LJUBLJANA, 27. JUNI 1969
Nachlaß Hilde Spiel im Österreichischen Literaturarchiv.
Österreichische Nationalbibliothek, Wien.

Ich persönlich wäre schon für Silone: Ignazio Silone (1900–1976), ital. Schriftsteller, floh vor den Faschisten ins Schweizer Exil. Präsident des Internationalen P.E.N. wurde nicht Silone, sondern der französische Schriftsteller Pierre Emmanuel (1916–1984).
 Autorenrechte für die Veröffentlichung von Lisas Zimmer: Mira Mihelič übersetzte Hilde Spiels Roman (*Lizina Soba*, Maribor, 1970).

HILDE SPIEL AN HANS PAESCHKE. WIEN, 30. JUNI 1969
Briefdurchschlag. Nachlaß Hilde Spiel im Österreichischen Literaturarchiv. Österreichische Nationalbibliothek, Wien.

Über den Politzer zu schreiben: Heinz Politzer: *Das Schweigen der Sirenen.*

HILDE SPIEL AN MIRA MIHELIČ. WIEN, 30. JUNI 1969
Briefdurchschlag. Nachlaß Hilde Spiel im Österreichischen Literaturarchiv. Österreichische Nationalbibliothek, Wien.

Bloch und Marcuse: Ernst Bloch (1885–1977) und Herbert Marcuse (1898–1979).
Daß Du meinen Roman übersetzen wirst: Lisas Zimmer.

HILDE SPIEL AN INGEBORG DREWITZ.
ST. WOLFGANG, 4. AUGUST 1969
Archiv der Akademie der Künste, Berlin.

Die Bettine *ist noch nicht eingetroffen:* Ingeborg Drewitz: *Bettine von Arnim. Romantik – Revolution – Utopie* (Düsseldorf/Köln, Eugen Diederichs, 1969).
Oktoberlicht: Ingeborg Drewitz: *Oktoberlicht.* Roman (München, Nymphenburger, 1969).

HANS PAESCHKE AN HILDE SPIEL. MÜNCHEN, 3. OKTOBER 1969
Nachlaß Hilde Spiel im Österreichischen Literaturarchiv. Österreichische Nationalbibliothek, Wien.

Sean O'Casey: (1880–1964) anglo-irischer Dramatiker.

HILDE SPIEL AN ROBERT NEUMANN. WIEN, 22. OKTOBER 1969
Briefdurchschlag. Nachlaß Hilde Spiel im Österreichischen Literaturarchiv. Österreichische Nationalbibliothek, Wien.

Kongreß: Der P.E.N.-Kongreß in Menton. Hilde Spiel schrieb in der *Frankfurter Allgemeinen Zeitung* vom 26. September 1969 unter der Überschrift »Der babylonische Turm« darüber. Da heißt es: »Der Traum vom babylonischen Turm, der archaische Wunsch nach ›einerlei Volk und einerlei Sprache‹: im

P.E.N. kommt er immer wieder der Verwirklichung nahe.«
Hilde Spiel wußte aber auch zu sagen, wo die Machtkämpfe sich
abspielten, wo die Gefahren lagen: »Über die Konstellationen
besteht kein Zweifel. Daß die Vertreter des Ostblocks, vor allem
die linientreuen Bulgaren, Polen, Ungarn – zuweilen unterstützt
von den sympathisierenden Franzosen –, jenen westlichen
P.E.N.-Zentren frontal gegenüberstehen, die ihrerseits von den
Exilschriftstellern in extreme Kampfpositionen gedrängt werden, wird an jedem Punkt der Tagesordnung klar. Bring das
einer unter einen Hut!«

ROBERT NEUMANN AN HILDE SPIEL.
LOCARNO, 30. OKTOBER 1969
*Nachlaß Hilde Spiel im Österreichischen Literaturarchiv.
Österreichische Nationalbibliothek, Wien.*

Wen andern statt des Lernet: als P.E.N.-Präsident. Lernet-Holenia war nach Csokors Tod zu dessen Nachfolger als
P.E.N.-Präsident gewählt worden. Sein durchaus eigenwilliges
Verhalten ist unbestritten.
Allenfalls Du plus Torberg: eine kühne Konstellation, die gemeinsame Präsidentschaft von Hilde Spiel mit dem lebenslangen Freundfeind Torberg.
Friedenthal: Richard Friedenthal (1896–1979), emigrierte
1938 nach England, 1945–50 Redakteur der *Neuen Rundschau*. Seine lange redaktionelle, verlegerische und schriftstellerische Laufbahn fand ihren Höhepunkt in den Biographien über
Goethe (1963) und Luther (1967).
Helga: Helga Neumann.

HILDE SPIEL AN INGEBORG DREWITZ.
WIEN, 2. NOVEMBER 1969
Archiv der Akademie der Künste, Berlin.

Ihre Bettine: Ingeborg Drewitz: *Bettine von Arnim. Romantik – Revolution – Utopie.*

HANS PAESCHKE AN HILDE SPIEL.
MÜNCHEN, 23. DEZEMBER 1969
*Nachlaß Hilde Spiel im Österreichischen Literaturarchiv.
Österreichische Nationalbibliothek, Wien.*

Neben Ihnen Politzer mit einem Freud-Aufsatz: Im selben Heft der Zeitschrift *Merkur*, der Januar-Ausgabe 1970, das Hilde Spiels Rezension »Heinz Politzers ›zweite Wirklichkeit‹« zu Politzers *Das Schweigen der Sirenen* enthielt, stand der Artikel »Sigmund Freud als Deuter seiner Träume«.

HILDE SPIEL AN THOMAS BERNHARD.
ST. WOLFGANG, 29. DEZEMBER 1969
Thomas Bernhard Archiv, Gmunden.

Die Besuche Thomas Bernhards waren meist spontan. In Hilde Spiels Tagebuch sind sie stets mit besonderer Freude verzeichnet.

HEINZ POLITZER AN HILDE SPIEL. BERKELEY, 21. JANUAR 1970
*Nachlaß Hilde Spiel im Österreichischen Literaturarchiv.
Österreichische Nationalbibliothek, Wien.*

Heinz Politzer (1910–1978), österr. Literaturwissenschaftler, emigrierte 1938, lebte bis 1947 in Jerusalem, danach in den USA (Berkeley). In seinem Brief reagiert er auf Hilde Spiels Rezension seines Sammelbandes von Studien zur deutschen und österreichischen Literatur (*Das Schweigen der Sirenen*, Stuttgart, Metzler, 1968).

In die Mitte der Wunde: Die Wunde, auf die Hilde Spiel »mit tödlicher Sicherheit eine Samariterhand gelegt« hatte, war der unerfüllte Wunsch des Autors, gerade das zu tun, was Hilde Spiel als seine wahre Berufung apostrophierte: »Wer mit ihm [Politzer] durch seine zweite, geläuterte Wirklichkeit wandelt [...], der bedauert auf Schritt und Tritt, daß solch reflektierter Scharfsinn, solche intuitive Einsicht, solche Wortkraft uns nicht das unmittelbare Sein, sondern dessen Spiegelungen in der Dichtung zu vermitteln trachten.«

HILDE SPIEL AN HERMANN KESTEN.
ST. WOLFGANG, 23. JANUAR 1970
Handschriftensammlung der Stadtbibliothek München.

28. Januar: Hermann Kesten wurde am 28. Januar 1970 70 Jahre alt.
Setzt eine Existenzform fort: die des Kosmopoliten.

Schickele und Feuchtwanger und Heinrich Mann: René Schickele (1883–1940), Lion Feuchtwanger (1884–1958) und Heinrich Mann (1871–1950) lebten nach Hilde Spiels Meinung solche Unabhängigkeit vor.

HILDE SPIEL AN INGEBORG DREWITZ. WIEN, 25. FEBRUAR 1970
Archiv der Akademie der Künste, Berlin.

Meinen Aufsatz in der FAZ: 10. Januar 1970: »Deutscher Besuch«. Der informelle Besuch brachte Ingeborg Drewitz, Peter Härtling, Erich Kästner, Hermann Kesten, Thilo Koch, Horst Krüger und Heinz W. Sabais nach Wien. Gesprächspartner auf österreichischer Seite waren u. a. Milo Dor, Hans Flesch-Brunningen, Wolfgang Kraus, Peter von Tramin und die Berichterstatterin selbst. Unter anderem ging es natürlich um die Frage einer österreichischen und deutschen Literatur.

HILDE SPIEL AN THOMAS BERNHARD.
ST. WOLFGANG, 25. MÄRZ 1970
Thomas Bernhard Archiv, Gmunden.

HILDE SPIEL AN HEINZ POLITZER. WIEN, 27. MÄRZ 1970
Briefdurchschlag. Nachlaß Hilde Spiel im Österreichischen Literaturarchiv. Österreichische Nationalbibliothek, Wien.

Hilde Spiel antwortet auf Heinz Politzers Brief vom 21. Januar 1970 zu ihrer Rezension seines Buches *Das Schweigen der Sirenen.*

MIRA MIHELIČ AN HILDE SPIEL. LJUBLJANA, 7. APRIL 1970
Nachlaß Hilde Spiel im Österreichischen Literaturarchiv. Österreichische Nationalbibliothek, Wien.

Die Kruntorads: Paul Kruntorad (geb. 1935) und seine Frau.
Pierre Emmanuel: (1916–1984), Präsident des Internationalen P.E.N. 1969–1971.
Vercors: franz. Schriftsteller (1902–1991), eigtl. Jean Bruller, Gründer des Résistance-Verlages Editions de Minuit.

Garaudy: Roger Garaudy (geb. 1913), franz. Philosoph. Chefideologe der Kommunistischen Partei Frankreichs, im Februar 1970 aus dem Politbüro ausgeschlossen. Sein Parteiausschluß (Mai 1970) stand bevor.

HILDE SPIEL AN MIRA MIHELIČ. WIEN, 15. APRIL 1970
Briefdurchschlag. Nachlaß Hilde Spiel im Österreichischen Literaturarchiv. Österreichische Nationalbibliothek, Wien.

Hoffentlich bricht in London im Frühjahr der PEN nicht auseinander: Die Auseinandersetzungen zwischen östlichen und westlichen P.E.N.-Zentren hatten sich verschärft.

HILDE SPIEL AN ROBERT NEUMANN. WIEN, 22. APRIL 1970
Briefdurchschlag. Nachlaß Hilde Spiel im Österreichischen Literaturarchiv. Österreichische Nationalbibliothek, Wien.

Dein Büchlein über Österreich: Robert Neumann: *Deutschland deine Österreicher* (Hamburg, Hoffmann & Campe, 1970).
Ich würde es z. B. nicht an Henz: Rudolf Henz (1897–1987), einflußreicher Literat und Redakteur in Wien, Programmdirektor beim Österreichischen Rundfunk. Leitete die Jury für die Vergabe des Großen Staatspreises.
Friedenthal [. . .] leidet immer noch an Neumannitis: Richard Friedenthals Unmut gegenüber Robert Neumann ging auf lange zurückliegende Meinungsverschiedenheiten in der Haltung des P.E.N. zu verschiedenen Fragen zurück. S. auch Anmerkung zum Brief von Hermann Kesten vom 21. September 1951.

ROBERT NEUMANN AN HILDE SPIEL. LOCARNO, 26. APRIL 1970
Nachlaß Hilde Spiel im Österreichischen Literaturarchiv. Österreichische Nationalbibliothek, Wien.

Aber sowohl Jonas wie auch die Stadträtin Sandner [. . .] haben durchaus positiv reagiert: Franz Jonas (1899–1974), österr. Bundespräsident 1955–74, zuvor (1951–65) Bürgermeister von Wien.

HILDE SPIEL AN THOMAS BERNHARD.
ST. WOLFGANG, 15. AUGUST 1970
Thomas Bernhard Archiv, Gmunden.

HILDE SPIEL AN JEAN AMÉRY.
ST. WOLFGANG, 19. AUGUST 1970
Deutsches Literaturarchiv. Schiller-Nationalmuseum, Marbach.

Aufsatz über die Krise der Dialektik: Jean Améry: »Die Krise der Dialektik. Kehrt der Positivismus wieder?« in: *Die Weltwoche*, Zürich, 24. Juli 1970.

Denn wie Sie wissen habe ich vom Wiener Kreis meine ersten und entscheidenden Denkanweisungen erhalten: Hilde Spiel studierte bei Moritz Schlick (1882–1936), dem Begründer des Wiener Kreises. Sie hat den Vertreter eines logischen Positivismus in ihren Erinnerungen *Die hellen und die finsteren Zeiten* (München, List, 1989) respektvoll porträtiert.

Wilhelm Reich: (1897–1957) österr. Psychoanalytiker.

HERMANN KESTEN AN HILDE SPIEL.
ROM, 5. SEPTEMBER 1970
Nachlaß Hilde Spiel im Österreichischen Literaturarchiv. Österreichische Nationalbibliothek, Wien.

Auch meinen Optimisten *aufzuführen:* Hermann Kesten: *Ein Optimist. Beobachtungen unterwegs* (München, Desch, 1970). Hilde Spiel rezensierte den Band unter dem Titel »Zorniger Hüter des Anstands« im Literaturblatt der *Frankfurter Allgemeinen Zeitung* vom 14. November 1970: »Das ist Kesten, wie wir ihn lieben – ein Enkel der Aufklärung, ein Sohn des Rationalismus, ein Vater der Sachlichkeit, ein Literat und Dichter.«

HILDE SPIEL AN W. H. AUDEN.
WIEN, 18. SEPTEMBER 1970
Briefdurchschlag. Nachlaß Hilde Spiel im Österreichischen Literaturarchiv. Österreichische Nationalbibliothek, Wien.

Wyston Hugh Auden (1907–1973), engl. Lyriker und Dramatiker (zusammen mit Christopher Isherwood) und Librettist (zusammen mit Chester Kallman). Er verbrachte viele Sommer im niederösterreichischen Kirchstetten. Hilde Spiel hat im Laufe der Jahre eine große Zahl von Gedichten Audens übersetzt. Wyston Hugh Auden: *Poems – Gedichte* (Hg. Wolfgang Kraus, Wien, Europa Verlag, 1973).

JEAN AMÉRY AN HILDE SPIEL. BRÜSSEL, 18. SEPTEMBER 1970
*Nachlaß Hilde Spiel im Österreichischen Literaturarchiv.
Österreichische Nationalbibliothek, Wien.*

Jean Améry hatte sich schon in seinem Artikel über die »Krise der Dialektik« auf die Bücher von Hans Albert (geb. 1921), *Traktat über die kritische Vernunft* (Heidelberg, J. C. B. Mohr, 1968), und Gerd-Klaus Kaltenbrunner (geb. 1939), *Hegel und die Folgen* (Freiburg, Rombach, 1970), bezogen.

W. H. AUDEN AN HILDE SPIEL.
KIRCHSTETTEN, 21. SEPTEMBER 1970
*Nachlaß Hilde Spiel im Österreichischen Literaturarchiv.
Österreichische Nationalbibliothek, Wien.*

Welches Gedicht Hilde Spiel an Auden geschickt hatte, ließ sich nicht mehr feststellen. Ihre Gedichte sind überwiegend unveröffentlicht.

W. H. AUDEN AN HILDE SPIEL. KIRCHSTETTEN, 5. OKTOBER 1970
*Nachlaß Hilde Spiel im Österreichischen Literaturarchiv.
Österreichische Nationalbibliothek, Wien.*

A Darkened Room: Hilde Spiels Roman von 1961 (dt. 1965, *Lisas Zimmer*).

HILDE SPIEL AN INGEBORG DREWITZ. WIEN, 6. OKTOBER 1970
Archiv der Akademie der Künste, Berlin.

Das Städtebuch: Ingeborg Drewitz, Hg.: *Städte 1945. Berichte und Bekenntnisse.* 1970.

INGEBORG DREWITZ AN HILDE SPIEL.
BERLIN, 24. NOVEMBER 1970
*Nachlaß Hilde Spiel im Österreichischen Literaturarchiv.
Österreichische Nationalbibliothek, Wien.*

Tramin: Peter von Tramin (1932-1981).
Busta: Christine Busta.

Lavant: Christine Lavant (1915–1973).
»*Nach D* . . .«: »nach Doderer«.
Ebner: Jeannie Ebner.
Jellinek: richtig Jelinek, Elfriede (geb. 1946), zunächst beeinflußt vom Experimentalstil der Wiener Gruppe, ging einen eigenen Weg formbewußter, thematisch provozierender Darstellung.
Palitzsch: Peter Palitzsch (geb. 1918), dt. Regisseur.
Kraus: Wolfgang Kraus, Leiter der Österreichischen Gesellschaft für Literatur.

HILDE SPIEL AN HANS PAESCHKE. WIEN, 14. JANUAR 1971
Deutsches Literaturarchiv. Schiller-Nationalmuseum, Marbach.

Doderer-Band: Heimito von Doderer: *Die Wiederkehr des Drachen. Aufsätze, Traktate, Reden*, Vorwort v. Wolfgang H. Fleischer (Hg. Wendelin Schmidt-Dengler, München, Biederstein, 1970).
Einem in Satz befindlichen Buch: Hilde Spiel: *Städte und Menschen*. Essays (Wien, Jugend und Volk, 1971).
Schriftsteller-Enquête: Für die in erster Linie von Hilde Spiel und Milo Dor initiierte Interessengemeinschaft österreichischer Autoren (IGÖA) wurde im Januar 1971 eine erste Enquete durchgeführt, bei der die urheberrechtliche und steuerrechtliche Situation der Autoren mit Vertretern von Regierung und Opposition diskutiert wurde. Die Besetzung der Runde war hochkarätig: Bundeskanzler Bruno Kreisky, Justizminister Hans Christian Broda und von der Opposition Ex-Unterrichtsminister Alois Mock. Ein zweites Informationsgespräch fand mit den Wirtschaftspartnern der Autoren statt: Buchverlegern, Zeitungsverlegern und Vertretern des ORF.

HILDE SPIEL AN LUISE RINSER. WIEN, 27. JANUAR 1971
Briefdurchschlag. Nachlaß Hilde Spiel im Österreichischen Literaturarchiv. Österreichische Nationalbibliothek, Wien.

Zu Ihrem Buch über die Frau: Luise Rinser: *Unterentwickeltes Land Frau* (Frankfurt am Main, S. Fischer, 1970).

HILDE SPIEL AN MIRA MIHELIČ. WIEN, 17. FEBRUAR 1971
Briefdurchschlag. Nachlaß Hilde Spiel im Österreichischen Literaturarchiv. Österreichische Nationalbibliothek, Wien.

Wiener Auswanderer nach der BRD: In den 60er Jahren lebten jüngere österreichische Autoren für kürzere oder längere Dauer in Berlin. Es waren vor allem einige Mitglieder der späteren Wiener Gruppe.
Artmann: H. C. Artmann (geb. 1921).
Jandl: Ernst Jandl (geb. 1925).
Rühm: Gerhard Rühm (geb. 1930).
Wiener: Oswald Wiener (geb. 1935).

THOMAS BERNHARD AN HILDE SPIEL.
DUBROVNIK, 2. MÄRZ 1971
Aus: Ver sacrum (*Wien, Jugend und Volk, 1971*).

Hilde Spiel hatte Thomas Bernhard für das von ihr redigierte Heft der Zeitschrift *Ver sacrum* für 1971 um einen Artikel über Ludwig Wittgenstein (1899–1951) gebeten. Er schrieb statt dessen diesen Brief.

HILDE SPIEL AN THOMAS BERNHARD. WIEN, 5. MÄRZ 1971
Thomas Bernhard Archiv, Gmunden.

Theater heute druckte ebenfalls einen Brief Thomas Bernhards ab.

HILDE SPIEL AN THOMAS BERNHARD. WIEN, 20. MÄRZ 1971
Thomas Bernhard Archiv, Gmunden.

Bitte ein Wort einfügen: Das erste Wort auf Seite 1, Zeile 10 von unten, war ein kleines »ich«.

HILDE SPIEL AN INGEBORG DREWITZ. WIEN, 3. MAI 1971
Archiv der Akademie der Künste, Berlin.

Mein früherer Mann: Peter de Mendelssohn.
In Piran: jährliches Schriftstellertreffen aus Ost und West.

HILDE SPIEL AN HANS PAESCHKE. WIEN, 10. JUNI 1971
*Deutsches Literaturarchiv. Schiller-Nationalmuseum,
Marbach.*

Fang ich mit dem Drachen *an:* Heimito von Doderer: *Die Wiederkehr des Drachen. Aufsätze. Traktate. Reden.*
Wien-Buch: Wien. Spektrum einer Stadt. Hg. und mitverfaßt von Hilde Spiel.
Améry: Jean Améry.
Hansjörg Graf: (geb. 1922) Rezensent und Verlagslektor.
Kesten: Hermann Kesten.
Krüger: Horst Krüger.

W. H. AUDEN AN HILDE SPIEL. KIRCHSTETTEN, 15. JUNI 1971
*Nachlaß Hilde Spiel im Österreichischen Literaturarchiv.
Österreichische Nationalbibliothek, Wien.*

Ver sacrum: Im Jahresheft 1971 erschienen zwei Gedichte Audens in Hilde Spiels Übersetzung: »The Cave of Making« und »Doggerel by a Senior-Citizen«.
Your Vienna book: Wien. Spektrum einer Stadt.

HANS PAESCHKE AN HILDE SPIEL. MÜNCHEN, 18. JUNI 1971
*Nachlaß Hilde Spiel im Österreichischen Literaturarchiv.
Österreichische Nationalbibliothek, Wien.*

Mit dem Drachen: Hilde Spiel hatte zugesagt, den Essayband von Heimito von Doderer *Die Heimkehr des Drachen* für den *Merkur* zu rezensieren.
Was meinen Sie mit dem Ver sacrum?: Ver sacrum. Neue Hefte für Kunst und Literatur erschien seit 1969 jährlich. Hilde Spiel war Mitherausgeberin.

FRIEDRICH TORBERG AN HILDE SPIEL.
BREITENFURTH BEI WIEN, 1. JULI 1971
*Briefdurchschlag. Wiener Stadt- und Landesbibliothek.
Handschriftensammlung.*

Ihres [. . .] »Wien«-Buchs: Wien. Spektrum einer Stadt.

HILDE SPIEL AN FRIEDRICH TORBERG.
ST. WOLFGANG, 10. JULI 1971
Wiener Stadt- und Landesbibliothek.
Handschriftensammlung.

Schlick-Schülerin: Hilde Spiel studierte bei Moritz Schlick (1882–1936), der im Laufe seiner erkenntnistheoretischen Forschung stark von der Philosophie Ludwig Wittgensteins beeinflußt wurde.

HILDE SPIEL AN ROBERT NEUMANN. WIEN, 11. JULI 1971
Briefdurchschlag. Nachlaß Hilde Spiel im Österreichischen Literaturarchiv. Österreichische Nationalbibliothek, Wien.

Anthony: Felix Anthony de Mendelssohn, Hilde Spiels Sohn.
Es soll also Böll sein: Heinrich Böll (1917–1985) wurde 1971 auf dem Kongreß in Dublin zum Präsidenten des Internationalen P.E.N. gewählt. Er blieb es bis 74.
Carver: David Carver arbeitete als Sekretär des Internationalen P.E.N. 1951–74.
Diesen französischen Pfau: Pierre Emmanuel, 1969–71 Präsident des Internationalen P.E.N.

ROBERT NEUMANN AN HILDE SPIEL. LOCARNO, 20. JULI 1971
Nachlaß Hilde Spiel im Österreichischen Literaturarchiv.
Österreichische Nationalbibliothek, Wien.

Eine große Erleichterung: Der Freispruch für Anthony Felix de Mendelssohn.
Für Böll (bzw. gegen Emmanuel): bei den P.E.N.-Präsidentenwahlen.

FRIEDRICH TORBERG AN HILDE SPIEL.
BREITENFURTH BEI WIEN, 20. JULI 1971
Nachlaß Hilde Spiel im Österreichischen Literaturarchiv.
Österreichische Nationalbibliothek, Wien.

Mein Süßkind: Friedrich Torberg: *Süßkind von Trimberg.* Roman (München, Langen Müller, 1972).

HILDE SPIEL AN THOMAS BERNHARD.
ST. WOLFGANG, 21. JULI 1971
Thomas Bernhard Archiv, Gmunden.

Der beanstandete Satz blieb, wie er war.

MIRA MIHELIČ AN HILDE SPIEL. LJUBLJANA, 24. JULI 1971
*Nachlaß Hilde Spiel im Österreichischen Literaturarchiv.
Österreichische Nationalbibliothek, Wien.*

Heinrich Bölls Kandidatur: S. Brief an Robert Neumann vom 11. Juli 1971. Böll wurde Präsident des Internationalen P.E.N.
Pierre Emmanuel mit seinem Congrès pour la liberté de la culture: der amtierende P.E.N.-Präsident.

HILDE SPIEL AN FRIEDRICH TORBERG. WIEN, 29. JULI 1971
Briefdurchschlag. Nachlaß Hilde Spiel im Österreichischen Literaturarchiv. Österreichische Nationalbibliothek, Wien.

Habe: Hans Habe. Der Brief führt in die Jahre vor 1933 zurück. Torberg hatte sich nicht daran erinnert, Hans Habe kennengelernt zu haben, oder wollte sich nicht erinnern. S. seinen Brief vom 20. Juli 1971.

WOLFGANG BAUER AN HILDE SPIEL.
WIEN, ANFANG OKTOBER 1971
*Nachlaß Hilde Spiel im Österreichischen Literaturarchiv.
Österreichische Nationalbibliothek, Wien.*

Lese eben mit Spannung Ihre FAZ-*Kritik:* Hilde Spiel: »Abschied von Wolfgang Bauer? – Silvester oder das Massaker im Hotel Sacher in Wien«. Die Kritikerin lehnte das neue Theaterstück Bauers rundweg ab und schrieb: »Er, der Lessing, Schiller, Brecht und Dürrenmatt spöttisch ablehnt, mag solche Hybris überwinden und sein eigenes Mundwerk ernster nehmen, so ernst wie jene, über die er sich lustig macht.« Dazu nahm Wolfgang Bauer Stellung.

Magic Afternoon: Wolfgang Bauer (geb. 1941): *Magic Afternoon.* NA 1968. Mit diesem Stück wurde der Dramatiker bekannt.

HILDE SPIEL AN WOLFGANG BAUER. WIEN, 8. OKTOBER 1971
Briefdurchschlag. Nachlaß Hilde Spiel im Österreichischen Literaturarchiv. Österreichische Nationalbibliothek, Wien.

Im Theater heute *auch nicht eben sanft behandle:* Hilde Spiel: »Dämmert schon der Untergang« in: *Theater heute,* 11/71. Darin: »Wolfgang Bauers Selbstzerstörung«. Da heißt es u. a.: »Bauer hat sich mit seinen ersten abendfüllenden Stücken *Magic Afternoon* und *Change* wohlverdient einen Namen gemacht. Was er uns nun vorsetzt, ist das Zeugnis einer Schaffensunlust – oder Unfähigkeit, die ›aus der Not‹ – so der Autor selbst – ›ein happening macht‹.«

HANS PAESCHKE AN HILDE SPIEL. MÜNCHEN, 2. NOVEMBER 1971
Nachlaß Hilde Spiel im Österreichischen Literaturarchiv. Österreichische Nationalbibliothek, Wien.

Eine Auferstehung für Doderer: Hilde Spiels Rezension über den Essayband *Die Rückkehr des Drachen.*

HILDE SPIEL AN HANS PAESCHKE. WIEN, 19. NOVEMBER 1971
Deutsches Literaturarchiv. Schiller-Nationalmuseum, Marbach.

Eine Österreichische Literaturgeschichte der Nachkriegszeit: Kindlers Literaturgeschichte der Gegenwart: Die zeitgenössische Literatur Österreichs (Hg. Hilde Spiel, München, Kindler, 1976). Hilde Spiel gab in ihrer Einführung einen Gesamtüberblick. Die folgenden Kapitel schrieben Paul Kruntorad (Prosa), Kurt Klinger (Lyrik), Gotthard Böhm (Dramatik).

HILDE SPIEL AN HANS PAESCHKE. WIEN, 29. NOVEMBER 1971
Deutsches Literaturarchiv. Schiller-Nationalmuseum, Marbach.

Über Israel: Hilde Spiel: »Im Staat des Als-Ob. Notizen aus Israel« in: *Frankfurter Allgemeine Zeitung,* 18. Dezember 1971.
  Kortner: Fritz Kortner (1892–1970): *Letzten Endes. Fragmente* (Hg. Johanna Kortner, 1971).

HILDE SPIEL AN HERMANN KESTEN.
ST. WOLFGANG, 3. JANUAR 1972
Handschriftensammlung der Stadtbibliothek München.

Weil ich an jenem Frankfurter Abend nicht zu Horst Krüger kam: Horst Krüger lud Freunde und Kollegen alljährlich an einem Abend während der Frankfurter Buchmesse zu sich nach Hause ein.
Günther Rühle: war zu dieser Zeit Feuilletonchef der *Frankfurter Allgemeinen Zeitung.*
Dorothea Zeemann: österr. Schriftstellerin.
Carry Hauser: hatte bereits an der Seite des ersten Präsidenten des Österreichischen P.E.N., Franz Theodor Csokor, für den P.E.N. gearbeitet.

HILDE SPIEL AN MIRA MIHELIČ. ST. WOLFGANG, 3. JANUAR 1972
Briefdurchschlag. Nachlaß Hilde Spiel im Österreichischen Literaturarchiv. Österreichische Nationalbibliothek, Wien.

Ich habe das Generalsekretariat des öst. PEN niedergelegt: Über die Veränderungen im Österreichischen P.E.N s. Hilde Spiels Brief an Hermann Kesten vom 3. Januar 1972.
Carver: David Carver (1951–1974), Sekretär des Internationalen P.E.N.

HILDE SPIEL AN FRIEDRICH TORBERG. WIEN, 23. JANUAR 1972
Wiener Stadt- und Landesbibliothek.
Handschriftensammlung.

Auf diesem Papier: Briefkopf »Ver sacrum«.
Fritz Thorn: war ein Freund beider im Wien der frühen 30er Jahre.
Broch: Hermann Broch (1886–1951) emigrierte in die USA und erhielt eine Professur in New Haven.
Werfel: Franz Werfel (1890–1945) kam über Frankreich und Portugal in die USA, lebte in Beverly Hills (Kalifornien).
Polgar: Alfred Polgar emigrierte 1938 über die Schweiz und Frankreich in die USA, lebte und arbeitete in Hollywood und New York.
Bruckner: Ferdinand Bruckner (1891–1958), eigtl. Theodor Tagger, geb. in Wien, emigrierte 1936 über Frankreich in die USA und lebte ab 1951 in Berlin, wo er starb.

FRIEDRICH TORBERG AN HILDE SPIEL. FRANKFURT AM MAIN
(FRANKFURTER HOF), 26. JANUAR 1972

*Nachlaß Hilde Spiel im Österreichischen Literaturarchiv.
Österreichische Nationalbibliothek, Wien.*

*Daß die selige Hansi Mahler wieder einmal als Richtschnur für
literarische Einteilungen fungieren sollte:* S. Hilde Spiels Brief
vom 10. Juli 1971 und Torbergs Antwort vom 20. Juli desselben Jahres.

MIRA MIHELIČ AN HILDE SPIEL. LJUBLJANA, 5. FEBRUAR 1972
*Nachlaß Hilde Spiel im Österreichischen Literaturarchiv.
Österreichische Nationalbibliothek, Wien.*

Fischers: Ernst und Lou Fischer, s. Anmerkung zum Brief an
Mira Mihelič vom 18. Januar 1969.
Milo Dor:. Der in Budapest geborene, in Belgrad aufgewachsene Schriftsteller (geb. 1923) kam 1943 unfreiwillig nach
Wien. Er wurde als Mitglied der Kommunistischen Jugend und
der Widerstandsbewegung verhaftet und nach Wien deportiert.
Nach 1945 studierte er in Wien und lebt bis heute als freier
Autor in der österreichischen Hauptstadt. Mit Hilde Spiel verband ihn wiederholte Zusammenarbeit, insbesondere in der Interessengemeinschaft Österreichischer Autoren (IGÖA).

HILDE SPIEL AN HERMANN KESTEN. WIEN, 13. FEBRUAR 1972
Handschriftensammlung der Stadtbibliothek München.

Meine anderen Mitarbeiter: für das Exilheft der Zeitschrift *Ver
sacrum* 1972.
Ob ich Hertha Pauli auffordern soll?: Hertha Pauli
(1909–1973), österr. Schriftstellerin und Schauspielerin u. a.
bei Max Reinhardt in Berlin, emigrierte 1938 in die USA, lebte
in New York, wo sie bald ihre Bücher in englischer Sprache zu
schreiben lernte. Hertha Pauli schrieb den New-York-Artikel
für *Ver sacrum* unter dem Titel »Schicksalsgemeinschaft«.
Lou Eisler-Fischer hat [. . .] über Hanns Eisler und Brecht geschrieben: Der Komponist Hanns Eisler (1858–1962) hatte
schon vor der Emigration mit Brecht zusammengearbeitet.
1938–48 lebte er im New Yorker Exil. Bertolt Brecht
(1898–1956) kam 1941 aus Skandinavien nach New York.
Über Paris und Sanary: Paris und der Badeort Sanary-sur-Mer waren Sammelpunkte für viele Emigranten. Frankreich
konnte wegen der auf den Einmarsch der deutschen Truppen

1940 folgenden Besetzung und deren Auswirkungen auf den unbesetzten Teil mit seiner kollaborierenden Regierung nur Zuflucht auf Zeit bieten. Die Namen, die Hilde Spiel in diesem Brief zusammengestellt hat, kehren aus diesem Grund im Zusammenhang mit den endgültigen Exilorten wieder.

Huchel fanden wir hinreißend: Peter Huchel (1903–1981), dt. Lyriker, bis 1962 Redakteur der Zeitschrift *Sinn und Form*, lebte bis 1971 in Ostberlin, danach Ausreise in die Bundesrepublik. Huchel kam nach Wien, um den Österreichischen Staatspreis entgegenzunehmen.

Einen kleinen Bericht: Hilde Spiel: »Sanftmut und Zorn«, *Frankfurter Allgemeine Zeitung*, 31. Januar 1972. Darin: »Daß Huchels Sanftmut ihre Grenzen hat, daß er unnachgiebig, halsstarrig sein kann, war zu vermuten. Sein Zorn etwa, verhalten, aber unverkennbar, als ein neunmalkluger Spürhund der Literatur ihn fragte, ob denn mit Naturmetaphorik heute noch Gültiges zu vermitteln sei.«

HERMANN KESTEN AN HILDE SPIEL. ROM, 19. FEBRUAR 1972
Nachlaß Hilde Spiel im Österreichischen Literaturarchiv.
Österreichische Nationalbibliothek, Wien.

Dein Buch Städte und Menschen: Essays (Wien, Jugend und Volk, 1971).

Dr. Goldschmit: Rudolf Goldschmit (1924–1979), Feuilletonchef der *Süddeutschen Zeitung* 1964–79.

Roth: Joseph Roth (1894–1939) emigrierte 1933 über Wien, Marseille, Nizza nach Paris.

Walter Mehring: (1896–1981) emigrierte 1938 zum zweitenmal nach Paris, 1941 über Martinique in die USA.

Deinen Aufsatz aus Die Presse: Hilde Spiel: »Die Totengräber. Anleitung zum Schreiben eines Romans« in: *Die Presse*, Wien, und unter dem Titel »Die Totengräber einer Ortschaft« in: *Süddeutsche Zeitung*, München, 15./16. April 1972.

HILDE SPIEL AN INGEBORG DREWITZ.
WIEN, 22. FEBRUAR 1972
Archiv der Akademie der Künste, Berlin.

Eine Nachkriegs-Literaturgeschichte Österreichs: S. Anmerkung zum Brief an Hans Paeschke vom 19. November 1971.

HILDE SPIEL AN MIRA MIHELIČ. WIEN, 29. FEBRUAR 1972
Briefdurchschlag. Nachlaß Hilde Spiel im Österreichischen Literaturarchiv. Österreichische Nationalbibliothek, Wien.

Was den Zsolnay Verlag betrifft: Hilde Spiel hatte einen Roman von Mira Mihelič an den Verlag zur Übersetzung empfohlen.
Zu Molden gehen, wenn Du es über Ernst Fischer versuchen willst: Ernst Fischer war Autor im Verlag Fritz Molden, Wien, geworden.

HILDE SPIEL AN HERMANN KESTEN. VENEDIG, 17. MAI 1972
Handschriftensammlung der Stadtbibliothek München.

HILDE SPIEL AN HANS PAESCHKE. WIEN, 26. MAI 1972
Deutsches Literaturarchiv. Schiller-Nationalmuseum, Marbach.

Das Buch ist längst gelesen: Heimito von Doderer: *Die Wiederkehr des Drachen. Aufsätze, Traktate, Reden.*

ROBERT NEUMANN AN HILDE SPIEL. LOCARNO, 26. JUNI 1972
Nachlaß Hilde Spiel im Österreichischen Literaturarchiv. Österreichische Nationalbibliothek, Wien.

HILDE SPIEL AN THOMAS BERNHARD.
ST. WOLFGANG, 15. JULI 1972
Thomas Bernhard Archiv, Gmunden.

Das Stück vor der Premiere lesen: Thomas Bernhard: *Der Ignorant und der Wahnsinnige,* UA Salzburg, 2. August 1972. Bernhards Stück wurde in Salzburg vor der zweiten Aufführung am 4. August 1972 abgesetzt, weil Claus Peymann ein – verordnungswidrig – völlig dunkles Theater am Schluß der Vorstellung forderte. Hilde Spiel schrieb am 7. August in der *Frankfurter Allgemeinen Zeitung* unter dem Titel »Zwei Minuten Finsternis«: »Schließlich handelte es sich nur um zwei Minuten eines gänzlich verdunkelten Hauses, während auf der Bühne mit Gläserklirren und Tischumwerfen ein Weltuntergang zu versinnbildlichen war. Für diese lächerliche Zeitspanne die Verwaltungsvorschrift zu durchbrechen, einen ›Punkt zu dehnen‹, wie es so schön im Englischen heißt, war die Festspielleitung nicht bereit.«

HILDE SPIEL AN ROBERT NEUMANN. WIEN, 18. JULI 1972
Briefdurchschlag. Nachlaß Hilde Spiel im Österreichischen Literaturarchiv. Österreichische Nationalbibliothek, Wien.

Sabina Lietzmann: Die amerikanische Literaturagentin war mit Hilde Spiel gut befreundet.

HILDE SPIEL AN W. H. AUDEN. ST. WOLFGANG, JULI 1972
Briefdurchschlag. Nachlaß Hilde Spiel im Österreichischen Literaturarchiv. Österreichische Nationalbibliothek, Wien.

Like a limey: wie ein Engländer.
»Since«, »Up there«, »Profile«, »Mezzogiorno«: Gedichte Audens, die Hilde Spiel übersetzte.

W. H. AUDEN AN HILDE SPIEL. KIRCHSTETTEN, 19. JULI 1972
Nachlaß Hilde Spiel im Österreichischen Literaturarchiv. Österreichische Nationalbibliothek, Wien.

Troubles with the Finanzamt: Auden wehrte sich, in Österreich Steuern zu bezahlen.

HILDE SPIEL AN W. H. AUDEN. ST. WOLFGANG, 20. JULI 1972
Briefdurchschlag. Nachlaß Hilde Spiel im Österreichischen Literaturarchiv. Österreichische Nationalbibliothek, Wien.

W. H. AUDEN AN HILDE SPIEL. KIRCHSTETTEN, 26. JULI 1972
Nachlaß Hilde Spiel im Österreichischen Literaturarchiv. Österreichische Nationalbibliothek, Wien.

Chester Kallman: Freund und Mitarbeiter Audens. Gemeinsam erarbeiteten sie z. B. das Libretto zu der Oper *Elegie für junge Liebende,* 1961, von Hans Werner Henze.

JEAN AMÉRY AN HILDE SPIEL. SART-LEZ-SPA, 14. AUGUST 1972
Nachlaß Hilde Spiel im Österreichischen Literaturarchiv. Österreichische Nationalbibliothek, Wien.

In die österreichische Literaturgeschichte einzugehen: Jean Améry erschien in dem von Hilde Spiel herausgegebenen Band von *Kindlers Literaturgeschichte der Gegenwart: Die zeitgenössische Literatur Österreichs* (München, Kindler, 1976, S. 248).
Gedenkaufsatz über Fischer: Ernst Fischer. S. Anmerkung zum Brief an Mira Mihelič vom 18. Januar 1969.
Bei Kraus in Wien sprechen: Wolfgang Kraus, Leiter der Österreichischen Gesellschaft für Literatur.

HILDE SPIEL AN W. H. AUDEN. ST. WOLFGANG, 15. AUGUST 1972
Briefdurchschlag. Nachlaß Hilde Spiel im Österreichischen Literaturarchiv. Österreichische Nationalbibliothek, Wien.

Die deutsche Fassung von Audens Statement lautete:
Erklärung
Meine Herren!
Mein Standpunkt ist sehr einfach: Man bezahlt dort Einkommensteuer, wo man Geld verdient, das heißt in meinem Fall, als Schriftsteller, der englisch schreibt, in den Vereinigten Staaten und in England. In Österreich verdiene ich keinen Groschen, ich gebe lediglich Schillinge aus.

Sie behaupten, ich hätte ein »materielles Interesse« an Österreich, womit Sie vermutlich ein »finanzielles« Interesse meinen. Das könnte nur dann möglicherweise richtig sein, wenn ich mir sagen müßte: »Ich muß nach Österreich gehen, weil ich nur in Österreich arbeiten kann.« Das ist aber nicht der Fall. Ich habe an vielen Orten und in den verschiedensten Ländern gelebt und war imstande, zu arbeiten, wo immer ich auch war.

Ich habe natürlich ein »persönliches« Interesse an Österreich, sonst käme ich nicht hierher. Mir gefällt die Landschaft, und ich finde die Österreicher, die ich kennenlerne, freundlich und charmant.

Sie sagen wahrheitsgemäß, daß ich einmal einen österreichischen Literaturpreis erhalten habe. Das war eine große Ehre, auf die ich sehr stolz bin. Aber Sie können doch nicht ernstlich glauben, meine Herren, daß ich mir ausgerechnet habe: »Wenn ich weiter nach Österreich gehe, wird mir vielleicht ein Preis verliehen werden«? Bevor er mir zuerkannt wurde, hatte ich noch nie von diesem Preis gehört. Es ist auch klar, daß ich ihn kein zweites Mal erhalten kann. Dann sagen Sie auch, daß man in Kirchstetten eine Straße nach mir Audenstraße genannt hat. Das war eine sehr liebenswürdige Geste von seiten der Gemeinde, aber man kann nicht behaupten, daß ich finanziell Nutzen daraus ziehe.

Sie sagen ferner wahrheitsgemäß, daß ich einige Gedichte mit österreichischer Thematik geschrieben habe. Dazu möchte ich drei Feststellungen machen:

1. Ich habe in Österreich niemals auch nur einen Penny für meine Gedichte erhalten. Ein paar von ihnen wurden ins Deutsche übersetzt, aber in diesem Fall bekamen die Übersetzer das Geld, nicht ich.

2. Ich glaube, Sie sind sich nicht im klaren darüber, wie Gedichte entstehen. Was gewöhnlich für das Thema gehalten wird, ist nur ein Blickwinkel, ein Anlaß, um gewissen Gedanken über die Natur, über Gott, die Geschichte, die Menschheit usw., die der Dichter schon sehr lange im Kopf gehabt haben mag, Ausdruck zu verleihen. Ich habe zum Beispiel ein Gedicht zum 20. Todestag von Josef Weinheber geschrieben. Aber das Gedicht handelt im Grunde von anderen Dingen: erstens von der Liebe, die jeder gute Dichter, welcher Nationalität er auch sei, zu seiner Muttersprache hegt, und zweitens davon, was nach dem Krieg in den Ländern geschehen ist, die ihn verloren haben, das heißt, nicht nur in Österreich, sondern auch in Deutschland und Italien. 1964 wiederum habe ich ein Gedicht mit dem Titel »Pfingstsonntag in Kirchstetten« geschrieben, weil ich mich zufällig dort aufhielt. Aber der Ort ist unwichtig. In Wahrheit geht es in diesem Gedicht um die Frage: Worin besteht für einen Christen die Bedeutung des Pentecost-Festes? Und dies gilt für alle Länder auf gleiche Art.

3. Ich glaube, Sie sind sich nicht im klaren über die finanzielle Situation eines Dichters. Ein Romanschriftsteller kann, wenn er erfolgreich ist, mit seinen Büchern eine Menge Geld verdienen. Ein Lyriker kann das nicht, selbst wenn er sehr bekannt ist, denn Gedichte werden nur von einer Minderheit gelesen. So stammt der weitaus größte Teil meines Einkommens nicht aus dem Verkauf meiner Gedichtbände, sondern auch [aus] Buchrezensionen, Übersetzungen, Vorträgen usw., Tätigkeiten, die mit Österreich nichts zu tun haben. Und wenn schon vom Übersetzen die Rede ist: Sie sagen wahrheitsgemäß, daß ich ein großes Interesse an deutscher und österreichischer Literatur habe – ich darf hinzufügen, auch an der Musik –, aber ich muß nicht nach Österreich kommen, um sie zu lesen oder zu hören.

Sie fragen schließlich, weshalb ich die Hälfte meines Besitzes in Kirchstetten an Mr. Chester Kallman überschrieben habe, der ja nicht mit mir verwandt ist. Mr. Kallman ist mein Erbe. Ich habe keine Kinder, und er ist seit Jahren mein literarischer Mitarbeiter. Wir haben gemeinsam fünf neue Opernlibretti verfaßt, *The Rake's Progress (Weg eines Wüstlings), Elegy for*

Young Lovers (Elegie für junge Liebende), The Bassarids (Die Bassariden) und *Love's Labour Lost (Verlorene Liebesmüh)*. Und wir haben gemeinsam *Die Zauberflöte, Don Giovanni, Die sieben Todsünden, Mahagonny* und *Archifanfaro* neu ins Englische übersetzt. Ich bin jetzt fünfundsechzig Jahre alt und muß mit jeder Möglichkeit rechnen, etwa mit einem Herzanfall. Wie Sie selbst besser wissen als ich, ergeben sich im Falle eines plötzlichen Ablebens große Schwierigkeiten für den Erben von Grundbesitz, besonders in einem fremden Land.

Sie sehen aus alldem, daß die von Ihnen angeführten Gründe, aus denen Sie mich besteuern wollen, nicht stichhaltig sind. Am meisten aber spricht dagegen, daß ich im Laufe eines Jahres immer weniger als sechs Monate in Österreich verbringe und mich niemals auch nur drei Monate lang laufend hier aufhalte.

Ein Wort am Schluß. Wenn dieser für mein Gefühl völlig ungerechtfertigte Unsinn nicht aufhört, werde ich Österreich verlassen, um nie wiederzukehren, was für mich und vielleicht auch für die Ladenbesitzer von Kirchstetten sehr traurig wäre. Eines aber kann ich Ihnen nicht verhehlen, meine Herren: sollte dies eintreten, dann könnte es einen weltweiten Skandal nach sich ziehen.

W. H. Auden

HILDE SPIEL AN THOMAS BERNHARD.
ST. WOLFGANG, 16. AUGUST 1972
Thomas Bernhard Archiv, Gmunden.

Inzwischen hat mir Kaut geschrieben: Josef Kaut (1904–1983) war 1971–83 Präsident der Salzburger Festspiele.

HILDE SPIEL AN JEAN AMÉRY. ST. WOLFGANG, 19. AUGUST 1972
Deutsches Literaturarchiv. Schiller-Nationalmuseum, Marbach.

Gewiß kommen Sie noch in die Literaturgeschichte: Améry hatte in seinem Brief vom 14. August 1972 danach gefragt.

Mit Kraus bin ich immer noch nicht gut: Wolfgang Kraus, Leiter der Österreichischen Gesellschaft für Literatur, erinnerte sich, vom Herausgeber dieses Bandes befragt, nicht an eine Verstimmung. Jedenfalls verging sie. Hilde Spiel fragte den Kenner der Wiener Literaturszene später nach vielen Details zu ihren Erinnerungsbänden.

HILDE SPIEL AN TOM STOPPARD. WIEN, 21. AUGUST 1972
Briefdurchschlag. Nachlaß Hilde Spiel im Österreichischen Literaturarchiv. Österreichische Nationalbibliothek, Wien.

Tom Stoppard (geb. 1937), engl. Dramatiker tschechischer Herkunft. Hilde Spiel übersetzte seine surrealistischen, dem absurden Theater verpflichteten Theaterstücke ins Deutsche. In diesem Brief geht es um die dramatische Montage *Jumpers* (dt. *Akrobaten*), in der Stoppard Varieténummern, einen Mordfall und philosophische Diskurse mischt.

HILDE SPIEL AN BRUNO KREISKY. WIEN, 25. AUGUST 1972
Briefdurchschlag. Nachlaß Hilde Spiel im Österreichischen Literaturarchiv. Österreichische Nationalbibliothek, Wien.

Für den Steuerfall Auden wurde eine »österreichische Lösung« gefunden, die das Gesetz nicht brach, den Schriftsteller jedoch schonte, so daß er weiterhin nach Österreich kam, buchstäblich bis zu seinem Tod in Wien am 29. September 1973.
Jeglicher Art von Hilfsbereitschaft: S. den Briefwechsel zwischen Hilde Spiel und Bruno Kreisky vom Juni 1957 über den Lyriker Theodor Kramer und seine Rückkehr aus dem Londoner Exil nach Wien.
Ezra Pound: Der amerikanische Lyriker (1885–1972) beeinflußte die moderne anglo-amerikanische Dichtung wie kaum ein anderer. Seine Sympathie für das faschistische System in Italien und seine antiamerikanischen Reden über Radio Rom stehen auf einem anderen Blatt. Den Nobelpreis erhielt er freilich nicht.

TOM STOPPARD AN HILDE SPIEL. IVER HEATH, 31. AUGUST 1972
Nachlaß Hilde Spiel im Österreichischen Literaturarchiv. Österreichische Nationalbibliothek, Wien.

But don't tell Rowohlt: Der Rowohlt-Theaterverlag betreute die Bühnenrechte von Stoppards Stücken für den deutschsprachigen Raum.
Juncker: Klaus Juncker, Leiter des Rowohlt-Theaterverlags.

FRIEDRICH TORBERG AN HILDE SPIEL.
BREITENFURTH BEI WIEN, 21. OKTOBER 1972
*Nachlaß Hilde Spiel im Österreichischen Literaturarchiv.
Österreichische Nationalbibliothek, Wien.*

Mit der unmißverständlichen Ankündigung Torbergs, einen anderen Kandidaten als Hilde Spiel für das durch Lernet-Holenias Rücktritt freigewordene Amt des Österreichischen P.E.N.-Präsidenten zu unterstützen, war eine Entwicklung eingeleitet, die in den folgenden Briefen vielfach reflektiert wird.

Eine nicht unwichtige Rolle spielte Hilde Spiels solidarische Haltung im Falle des Zukunftforschers Robert Jungk. Dorothea Zeemann (als Generalsekretärin des Österreichischen P.E.N. und enge Mitarbeiterin Hilde Spiels freilich nicht unparteiisch) schrieb sehr unverblümt: »Auf einmal erschien Nixon«, sie sah es im Fernsehen, »hinter einem Drahtverhau, im Vordergrund eine Menschenmenge und Polizei – Nixon landet in Salzburg, und eine Protestgruppe ist dabei, die Sperre zu durchbrechen. Ich erkenne Robert Jungk, ich höre ›Scheiß-Schriftsteller‹ sagen, ich kann sehen, daß er mit einem Gummiknüppel auf den Kopf geschlagen wird.

Meine Adrenalinausschüttung bei jeder Art von Verboten und Sperren ist enorm. Also: Ich verstehe Jungk und will mich und den P.E.N. von den Dummköpfen, die Hiebe für Argumente halten, abgrenzen. Habe ich ein öffentliches Amt in einem Verein, dessen Charta die freie Meinung vor allem schützt und die freie Äußerung eines jeden Standpunkts?

Ich fliege nach Wien mit der einen Möglichkeit: ein paar Empörte sammeln. Einige tun mit. Der P.E.N.-Club gibt Zeilen des Protestes in die Zeitung, solidarisch gegen die Beschimpfungen und Mißhandlungen eines der Unseren. Was dann geschieht, ist mir allerdings neu: Leute, die dachten wie ich, sind plötzlich gegen mich, greifen uns an, die wir gesagt und geschrieben haben, was wir, was viele denken. Taktik und Strategie setzen ein.

Hilde Spiel, die Vizepräsidentin des P.E.N.-Club, soll in diesem Zusammenhang als ›links‹ unmöglich gemacht werden. Ich glaube nicht, was ich erlebe: Erwachsene Männer telefonieren, konspirieren, sprechen sich ab, planen die Wahl gegen die Solidarität mit Jungk und gegen die Kandidatur der Vizepräsidentin.« (Dorothea Zeemann: *Jungfrau und Reptil. Leben zwischen 1945 und 1972* [Frankfurt am Main, Suhrkamp, 1982].)

HILDE SPIEL AN HERMANN KESTEN. WIEN, 23. OKTOBER 1972
Handschriftensammlung der Stadtbibliothek München.

Bauer, Jandl, Frischmuth: Wolfgang Bauer (geb. 1941), Ernst Jandl (geb. 1925), Barbara Frischmuth (geb. 1944). Die Schriftstellerin gehörte mit Ernst Jandl zu den Gründungsmitgliedern der Grazer Autorenversammlung.

HILDE SPIEL AN FRIEDRICH TORBERG. WIEN, 23. OKTOBER 1972
Briefdurchschlag. Nachlaß Hilde Spiel im Österreichischen Literaturarchiv. Österreichische Nationalbibliothek, Wien.

Mit Alexander: Alexander Lernet-Holenia (1897–1976).
Seinen Schritt: Der Rücktritt vom Amt des Österreichischen P.E.N.-Präsidenten wurde von ihm als Protest gegen die Verleihung des Literatur-Nobelpreises an Heinrich Böll erläutert. Hilde Spiel erzählte die letzte Phase ihrer Tätigkeit für den Österreichischen P.E.N. in ihren Erinnerungen *Welche Welt ist meine Welt?* (München, List, 1990) so: »Der letzte Abschnitt beginnt als Farce. Am 19. Oktober wird Böll der Nobelpreis zuerkannt. An diesem Tag feiern wir Alexander Lernets und meinen Geburtstag im P.E.N. Als wir danach, in größerer Runde, heiter beim Abendessen in unserem Michaeler sitzen, bringt jemand die Nachricht, Alexander habe schon am Vormittag, hinter jedermanns Rücken, aus Protest gegen Bölls Ehrung vom P.E.N. demissioniert. Mit bübischem Trotz sieht er mich an, als ich ihm sprachlos, verzweifelt über solche Absurdität, solche Heimtücke ins Auge blicke. Und nun brausen die Stürme in dem gar nicht mehr netten Kinderzimmer, in das ich mich begeben, mit dessen Kindern ich gespielt, dessen Regeln ich mich unterworfen habe. All die Verblendung dieser Jahre wird offenbar.«

HILDE SPIEL AN THOMAS BERNHARD.
WIEN, 25. UND 31. OKTOBER 1972
Thomas Bernhard Archiv, Gmunden.

Nach Berlin: zum Delegierten-Kongreß des P.E.N.
Mit dem Vindobona: ein Zug der Österreichischen Eisenbahnen, Wien–Berlin, der den römischen Namen Wiens führte.

HILDE SPIEL AN THOMAS BERNHARD. WIEN, 3. NOVEMBER 1972
Thomas Bernhard Archiv, Gmunden.

Diese kleinen s-Buchstaben: bei »sichs nicht verdrießen« und »michs nicht verdrießen«.

HILDE SPIEL AN PETER MARGINTER. WIEN, 3. NOVEMBER 1972
Briefdurchschlag. Nachlaß Hilde Spiel im Österreichischen Literaturarchiv. Österreichische Nationalbibliothek, Wien.

Peter Marginter (geb. 1934) studierte Rechts- und Staatswissenschaften, begann als Maler und wechselte zur Literatur, war »mit meinem ersten Roman einigermaßen blindlings in die Literatur hineingestolpert und [hatte] nicht nur einen überraschenden Erfolg, sondern [war] im P.E.N. gelandet, dessen Generalsekretär Hilde Spiel sich dieses Grünspechts annahm [. . .]. Um so schockierter war ich, als dann nach dem Abtritt Lernet-Holenias als Präsident im P.E.N. die Fetzen flogen und sich zugleich die Kluft zwischen P.E.N. und Grazer Autorenversammlung auftat. Plötzlich wurde mir bewußt, daß für diese Leute, von denen ich viele inzwischen persönlich zu schätzen gelernt hatte, Sprache und (bei Prosaisten wie mir) erzählerische Struktur weniger zählten als ideologische Rechtgläubigkeit.« Peter Marginter ging in den diplomatischen Dienst, in dem er bis heute tätig ist.

Sitzung der Interessengemeinschaft: Interessengemeinschaft Österreichischer Autoren (IGÖA), deren erste Präsidentin Hilde Spiel war.
Mit Hilfe Dr. Brodas: Hans Christian Broda (geb. 1916), zu dieser Zeit österreichischer Justizminister.
Gyury: György Sebestyén (1930–1990). Der deutschschreibende Ungar unterstützte den Gegenkandidaten von Hilde Spiel bei der Wahl des P.E.N-Präsidenten, Ernst Schönwiese.
Mit Dr. Breicha: Otto Breicha, Publizist, Mitherausgeber der Zeitschrift *Ver sacrum* (1969–1974).

HILDE SPIEL AN JEAN AMÉRY. WIEN, 4. NOVEMBER 1972
Deutsches Literaturarchiv. Schiller-Nationalmuseum, Marbach.

Brief zum 60. Geburtstag des Schriftstellers am 31. Oktober 1972.
Handschriftlicher Vermerk Amérys: »m. Kärtchen geantwortet«.

E. Canetti: Elias Canetti (1905–1994).

PETER MARGINTER AN HILDE SPIEL.
ANKARA, 6. NOVEMBER 1972
Nachlaß Hilde Spiel im Österreichischen Literaturarchiv.
Österreichische Nationalbibliothek, Wien.

Hochoffiziell mit Briefkopf: der österreichischen Botschaft in Ankara, wo Marginter Kulturattaché war.

Schönwiese nach seinem Abgang vom ORF: Ernst Schönwiese war 1954–70 Programmleiter des Österreichischen Rundfunks gewesen.

Das »Nichts-mehr-Einfallen« gilt allerdings nicht für Deinen Mann: Hilde Spiel war seit 1971 mit dem damals 75jährigen Hans Flesch-Brunningen verheiratet.

Eva: Eva Marginter, Ehefrau des Schriftstellers und Diplomaten.

HILDE SPIEL AN PETER MARGINTER. WIEN, 12. NOVEMBER 1972
Briefdurchschlag. Nachlaß Hilde Spiel im Österreichischen
Literaturarchiv. Österreichische Nationalbibliothek, Wien.

PETER MARGINTER AN HILDE SPIEL.
ANKARA, 9. DEZEMBER 1972
Nachlaß Hilde Spiel im Österreichischen Literaturarchiv.
Österreichische Nationalbibliothek, Wien.

Samt Deiner »Erklärung«:
Erklärung
Liebe Freunde und Kollegen!

Sie wissen alle, daß ich für das Amt des Präsidenten kandidiere. Erlauben Sie mir, Ihnen zu sagen, warum. Der P.E.N. ist für mich eine Herzenssache. Er hat mir zeitlebens nicht nur eine geistige Heimat gegeben, vor allem in den Jahren, in denen die reale Heimat für mich verloren war, sondern auch das Gefühl, einer großen Familie anzugehören. Er stellt überdies die einzige moralische Instanz für mich dar, die immer wieder auf demokratische, pluralistische Weise zustande kommt. Peter Handke hat kürzlich verlauten lassen, daß er nichts dagegen habe, dem P.E.N. beizutreten, wenn ihm jemand erklären könnte, wozu das gut ist. Ich kann es ihm erklären. Die Schriftsteller im P.E.N.

haben das principium individuationis durchbrochen und gemeinsame Sache gemacht. Im P.E.N., der in England gegründet wurde und immer noch von London aus verwaltet und gelenkt wird, haben sich die besten, die humanen und humanitären Bestrebungen der Engländer niedergeschlagen, ihr grundsätzliches Wohlwollen allen Mitmenschen gegenüber, ihre Neigung zur Fairneß, zur Hilfsbereitschaft, zur Toleranz. Kein Volk ist vollkommen. Aber es ist nicht ohne Bedeutung, welches Idealbild es sich geschaffen hat, dem es mehr oder weniger erfolgreich zu entsprechen versucht.

Im Londoner P.E.N. habe ich fast drei Jahrzehnte lang erfahren, was der P.E.N. sein sollte und was er sein kann. Ich habe in den schwersten Zeiten soviel Güte, Anstand, Trost und Schutz bei ihm gefunden, daß ich meine Dankesschuld ein Leben lang nicht abtragen kann. Aus diesem Gefühl der Verpflichtung, der Verbundenheit, bin ich nach meiner Rückkehr nach Wien sofort in den Österreichischen P.E.N. eingetreten und habe mich, nachdem unsere Erika Hanel gestorben war und Carry Hauser das Amt des Generalsekretärs mit dem eines Vizepräsidenten zu vertauschen wünschte, in den Dienst unseres Clubs gestellt. In einer sehr arbeitsreichen Existenz habe ich mich bemüht, dem P.E.N. so viel Zeit und Energie wie möglich zu widmen, und einige sichtbare oder weniger sichtbare Erfolge haben diese Bemühungen ja auch belohnt. Wir haben neue Clubräume geschaffen, wir haben unsere finanziellen Nöte weitgehend behoben. Wir haben, was dem P.E.N. zu dauerndem Ruhm gereichen wird, die Interessengemeinschaft Österreichischer Autoren initiiert. Im Internationalen P.E.N. – das kann Ihnen unter anderem Friedrich Torberg bestätigen, der bei dem letzten Treffen in Berlin anwesend war – haben wir uns nicht nur Achtung, sondern geradezu eine Vorzugsstellung erworben. In die beiden Unterausschüsse, die auf dieser Tagung eingesetzt wurden, das Komitee, das sich mit den Modalitäten der Wahl des Internationalen Generalsekretärs befaßt, und das noch wichtigere Komitee, das die Sorge und Hilfe für Schriftsteller im Gefängnis international koordinieren soll, wurde ich als Vertreterin des Österreichischen P.E.N. gewählt.

Ganz gewiß wären alle Anstrengungen nutzlos gewesen, hätten nicht Franz Theodor Csokor, Carry Hauser und Mimi Sikor die Generalsekretärin in jeder erdenklichen Weise unterstützt. Mit Franz Theodor Csokor hat es, wann immer es um Fragen der Meinungsfreiheit oder der Aufnahme junger Mitglieder ging, nie die geringsten Differenzen gegeben. Nicht ganz so einfach war es während des Präsidiums von Alexander Lernet-Holenia, dessen Lebenswerk ich bewundere und liebe. Wir konnten uns nicht mit allen seinen Äußerungen identifizieren, und es wäre schwer gewesen, gewisse Autoren der Avantgarde für uns zu gewinnen, solange er an unserer Tätigkeit Anteil nahm. Trotzdem haben wir im Laufe der letzten Jahre nicht weniger als sechzehn junge Schriftsteller aus fünf verschiedenen Gruppen bei uns zu Wort kommen lassen. Das ist nicht wenig, wenn man bedenkt, daß unsere eigenen Mitglieder nur dann zu Vorlesungen aufgefordert werden, wenn der Anlaß eines besonderen Jubiläums besteht. Die in Graz mit unqualifizierten Worten erhobenen Anwürfe gegen uns sind dennoch nicht ganz von der Hand zu weisen. Unser P.E.N.-Club war nicht dynamisch, nicht vital, nicht vielseitig genug, um die neueren Autoren in seinen Wirkungsbereich zu ziehen. Ich habe unsere Mitglieder, die etwa um die Vierzig sind, immer wieder gebeten, sich an der Tätigkeit unseres Clubs aktiver zu beteiligen, sich um Ämter zu bewerben. Sie haben es nicht getan. Die Arbeit blieb mir überlassen und Dorothea Zeemann, die nach mir die Geschäfte des Generalsekretärs übernahm.

Ich habe eine ziemlich genaue Vorstellung davon, wie eine Verjüngung des P.E.N. ohne Gewaltakte oder Publikumsbeschimpfungen erreicht werden kann. Sie müßte freilich in jenem Geist der gegenseitigen Achtung und Duldung, des Respekts vor den Meinungen und Meinungsäußerungen jedes Mitglieds erfolgen, der in unserer Charta verankert ist. Ich würde mir zutrauen, eine Verjüngung auf diese Weise durchzuführen. Das ist einer der Gründe, aus denen ich kandidiere. Ein zweiter ist, daß ich glaube, im Inneren und Äußeren für den P.E.N. im Sinne derjenigen wirken zu können, denen der Aufbau unseres Clubs nach dem Krieg zu verdanken ist. Ein dritter Grund ist zweifellos der, daß ich die Arbeit dieser vergangenen Jahre nicht umsonst getan haben möchte. Trotzdem werde ich Sie bitten, falls Sie einen anderen Präsidenten wählen, mich aus meinem jetzigen Amt und dem Vorstand zu entlassen. Bei allem Respekt für meine Gegenkandidaten möchte ich das, was nun im P.E.N. zu geschehen hat, entweder mit voller Autorität oder gar nicht tun. Bedenken Sie: Wenn sich an meiner Stelle ein »starker« Präsident findet, dann wird er seine eigenen Vorstellungen, die nicht die meinen sein müssen, verwirklichen wollen. Ist er ein »schwacher« Präsident und muß ein anderer für ihn handeln, dann möchte ich nicht dieser andere sein. In jedem Fall, und wie immer Sie sich entscheiden, darf ich Ihnen dafür danken, daß Sie mir so lange erlaubt haben, für den Österreichischen P.E.N. tätig zu sein.

Hilde Spiel

Der Eisenreich: Herbert Eisenreich (1925–1986), österr. Erzähler.

HILDE SPIEL AN MIRA MIHELIČ. WIEN, 21. DEZEMBER 1972
*Nachlaß Hilde Spiel im Österreichischen Literaturarchiv.
Österreichische Nationalbibliothek, Wien.*

Und ich bin durchgefallen: Hilde Spiel war bei der Wahl des Österreichischen P.E.N.-Präsidenten mit 32 zu 42 Stimmen unterlegen.
David: David Carver war 1951–74 Sekretär des Internationalen P.E.N.
Csokors Stelle: Franz Theodor Csokor war bis zu seinem Tod im Jahr 1969 auch Vizepräsident des Internationalen P.E.N. gewesen.

HILDE SPIEL AN JEANNIE EBNER.
ST. WOLFGANG, 28. DEZEMBER 1972
*Wiener Stadt- und Landesbibliothek.
Handschriftensammlung.*

Torbergs junge Löwen: Hilde Spiel hatte dabei vor allem den im weiteren Brieftext mehrfach erwähnten György Sebestyén im Sinn, von ihr lautmalerisch auch als Gyury bezeichnet.
Der ganze Sinn meiner Rückkehr: von London nach Wien 1963.

HILDE SPIEL AN TOM STOPPARD. WIEN, 30. DEZEMBER 1972
Briefdurchschlag. Nachlaß Hilde Spiel im Österreichischen Literaturarchiv. Österreichische Nationalbibliothek, Wien.

Artist . . .: *Artist Descending a Staircase* (dt. *Der Treppensturz*). Hörspiel.
A few changes: In die von Hilde Spiel ins Deutsche übersetzte Komödie *Jumpers* (dt. *Akrobaten*; s. die Briefe vom 21. und 31. August 1972), sollten die möglichen Änderungen für die Aufführung im »Old Vic« eingefügt werden.
Edward Bond: (geb. 1934), engl. Dramatiker.

HILDE SPIEL AN HEINRICH BÖLL.
ST. WOLFGANG, 31. DEZEMBER 1972
Briefdurchschlag. Nachlaß Hilde Spiel im Österreichischen Literaturarchiv. Österreichische Nationalbibliothek, Wien.

Wenn der VS zusammentritt: VS war die Abkürzung für »Verband deutscher Schriftsteller«, auf dessen Gründungsversammlung am 8. Juni 1969 Heinrich Böll sein berühmt gewordenes Referat »Ende der Bescheidenheit« hielt.

HILDE SPIEL AN INGEBORG DREWITZ.
ST. WOLFGANG, 31. DEZEMBER 1972
Archiv der Akademie der Künste, Berlin.

Interessengemeinschaft Österreichischer Autoren: von Hilde Spiel 1971 gemeinsam mit Milo Dor gegründet.

INGEBORG DREWITZ AN HILDE SPIEL. BERLIN, 6. JANUAR 1973
Nachlaß Hilde Spiel im Österreichischen Literaturarchiv. Österreichische Nationalbibliothek, Wien.

HEINRICH BÖLL AN HILDE SPIEL. KÖLN, 7. JANUAR 1973
Nachlaß Hilde Spiel im Österreichischen Literaturarchiv. Österreichische Nationalbibliothek, Wien.

Heinrich Böll war 1970–72 Präsident des P.E.N.-Zentrums der Bundesrepublik Deutschland, 1971–74 Präsident des Internationalen P.E.N.-Clubs. In diesem Brief antwortet er auf die Nachricht vom Scheitern Hilde Spiels bei der Wahl des Österreichischen P.E.N.-Präsidenten.
Die große Freude aus und in Stockholm: 1972 hatte Heinrich Böll den Nobelpreis für Literatur erhalten.
Mein »international« abgeben: Sein Amt als internationaler P.E.N.-Präsident gab Böll 1974 ab, blieb aber lebenslang Vizepräsident.
Västberg als Nachfolger: Per Västberg (geb. 1933), schwed. Schriftsteller und Journalist, wurde nicht Bölls unmittelbarer Nachfolger, sondern erst 1979 Internationaler P.E.N.-Präsident (bis 1985). 1974 übernahm der engl. Schriftsteller V. S. Pritchett das Amt.

TOM STOPPARD AN HILDE SPIEL. IVER HEATH, 8. JANUAR 1973
*Nachlaß Hilde Spiel im Österreichischen Literaturarchiv.
Österreichische Nationalbibliothek, Wien.*

HILDE SPIEL AN HERMANN KESTEN. WIEN, 16. JANUAR 1973
Handschriftensammlung der Stadtbibliothek München.

Du hast die Hartung-Kritik vermutlich schon gelesen: Rudolf Hartung hatte in der *Frankfurter Allgemeinen Zeitung* vom 6. Januar 1973 Hermann Kestens Roman *Ein Mann von sechzig Jahren* (München, Desch, 1972) mit ein paar kritischen Bemerkungen über Schreiben als Selbstzweck besprochen, »nur noch getrieben von dem übermütigen Impuls, mit den schrecklichen und den heiteren Dingen der Wirklichkeit so zu jonglieren wie ein Zirkusartist mit seinen Bällen oder Keulen«.

Ich werde etwa in der Zeit der Selbstrühmung bezichtigt: Kurt Kahl, Wiener Journalist, hatte in der *Zeit* vom 5. Januar 1973 u. a. geschrieben: »Hilde Spiel wiederum, deren Verdienste um den P.E.N. unbestritten sind, hatte sich – durch allzu nachdrückliche Wahlwerbung in eigener Sache – mehr geschadet als genützt. Ihre Selbstrühmung, verbunden mit der Warnung, sie wolle nicht der andere sein, der für einen ›schwachen‹ Präsidenten handeln müsse, brachte dem Gegenkandidaten weiteren Zulauf. Schönwiese siegte mit 42 gegen 32 Stimmen – daß es nachher hieß, elf P.E.N.-Mitglieder hätten sich postalisch für Hilde Spiel ausgesprochen, ohne daß ihre Briefe und Telegramme bei der Wahl mitgezählt werden konnten, änderte nichts mehr am Ausgang.«

HILDE SPIEL AN PETER MARGINTER. WIEN, 20. JANUAR 1973
Briefdurchschlag. Nachlaß Hilde Spiel im Österreichischen Literaturarchiv. Österreichische Nationalbibliothek, Wien.

Selbst mein IGA-Kamerad Milo: IGÖA (Interessengemeinschaft Österreichischer Autoren). Milo Dor hatte diese Organisation zusammen mit Hilde Spiel 1971 ins Leben gerufen.

PETER MARGINTER AN HILDE SPIEL. ANKARA, 2. FEBRUAR 1973
*Nachlaß Hilde Spiel im Österreichischen Literaturarchiv.
Österreichische Nationalbibliothek, Wien.*

Gyury: György Sebestyén; s. Anmerkung zum Brief an Jeannie Ebner vom 28. Dezember 1972.
Karasek: Franz Karasek (geb. 1924), Nationalrat.
Kirchschläger: Rudolf Kirchschläger (geb. 1915), 1970–74 österreichischer Außenminister, 1974 zum Bundespräsidenten gewählt.
Hartl: Rupert Hartl (geb. 1921), österreichischer Politiker.
Königrufen: Roman von Peter Marginter (München, Langen Müller, 1973). Hilde Spiel rezensierte den Roman in der *Frankfurter Allgemeinen Zeitung* vom 8. September 1973 unter dem Titel »Doppeladler auf Mayonnaisesalat«. Ihr Resümee: »Ein vieldeutiges, doppelbödiges, vertracktes Buch, zuweilen überaus anmutig und poetisch, wie in den Schilderungen Venedigs oder der Lobau, dann wieder salopp geschrieben, mit Doderers gelegentlicher Mißachtung, ja augenzwinkernder Mißhandlung der deutschen Sprache. Und daß es ein wenig fragmentarisch wirkt, unfertig und unausgewogen – wer wollte dies bemängeln, da der Autor es selbst am Ende eingesteht und sich dadurch graziös aus der Affäre zieht? ›Was sich reimt‹, lautet sein letzter Satz: ›ist immer verdächtig.‹«

HILDE SPIEL AN PETER MARGINTER. WIEN, 6. FEBRUAR 1973
Briefdurchschlag. Nachlaß Hilde Spiel im Österreichischen Literaturarchiv. Österreichische Nationalbibliothek, Wien.

Ich freue mich auf Deinen Roman: Peter Marginters *Königrufen.*

HILDE SPIEL AN HANS PAESCHKE. WIEN, 12. JUNI 1973
Deutsches Literaturarchiv. Schiller-Nationalmuseum, Marbach.

Nein, ich kann nicht über Doderer schreiben: Hilde Spiel hat zu Lebzeiten Doderers, der 1966 gestorben war, jedes seiner Bücher würdigend begleitet. 1976 erschien der erste Band seiner Tagebücher aus dem Nachlaß (Heimito von Doderer: *Commentarii 1951–1956*). Die Rezensentin war wieder zur Stelle, sie besprach die Tagebücher unter dem Titel »Das Krautgärtlein, in dem Doderer sich zieht, was er braucht.« (*Frankfurter Allgemeine Zeitung*, 29. Januar 1977.)

HILDE SPIEL AN MIRA MIHELIČ.
ST. WOLFGANG, 4. AUGUST 1973
Nachlaß Hilde Spiel im Österreichischen Literaturarchiv.
Österreichische Nationalbibliothek, Wien.

Brief vom 25. August: Muß heißen »25. Juli«.
Brief von Böll: Heinrich Böll war 1971–74 Präsident des Internationalen P.E.N. Seine Begründung, das Amt abzugeben, war einfach: Er wollte vor allem Schriftsteller bleiben.

HILDE SPIEL AN ERNST JANDL. WIEN, 7. AUGUST 1973
Briefdurchschlag. Nachlaß Hilde Spiel im Österreichischen Literaturarchiv. Österreichische Nationalbibliothek, Wien.

Die angesprochene Rundreise von Ernst Jandl und Oswald Wiener glossierte die Hamburger *Zeit* folgendermaßen (Ausgabe vom 3. August 1973):
Graz gegen Wien:
Auf einer sonderbaren Goodwill-Tour befinden sich derzeit die beiden Schriftsteller Ernst Jandl und Oswald Wiener. Im offiziellen Auftrag der im vorigen März gegründeten Grazer Autorenversammlung bereisen sie westdeutsche Feuilletonredaktionen, um Alternativen zur üblichen Kulturberichterstattung über Österreich anzuregen und anzubieten. Der Hintergrund: Jene Grazer Vereinigung, zu der Autoren wie Handke, Jonke, Artmann, Nenning gehören, möchte die Vorrangstellung der »Monopolherren« im österreichischen Kulturbetrieb brechen, jener Sachwalter der »eigentlichen«, der Festival-Kultur, von denen sich die unkonventionelleren Grazer systematisch geschmäht und zurückgesetzt fühlen.

SIEGFRIED MELCHINGER AN HILDE SPIEL.
18. AUGUST 1973
Nachlaß Hilde Spiel im Österreichischen Literaturarchiv.
Österreichische Nationalbibliothek, Wien.

Kritik des Salzburger Spiels der Mächtigen *in der* FAZ: Hilde Spiel sprach in ihrer eingehenden und begeisterten Kritik vom »Feueratem« dieser Inszenierung (Hilde Spiel: »Beginn der Ära Strehler in Salzburg« in: *Frankfurter Allgemeine Zeitung*, 16. August 1973).

HILDE SPIEL AN SIEGFRIED MELCHINGER.
WIEN, 23. AUGUST 1973
Briefdurchschlag. Nachlaß Hilde Spiel im Österreichischen Literaturarchiv. Österreichische Nationalbibliothek, Wien.

Professor Hans Mayer: (geb. 1907) dt. Literaturwissenschaftler, bis 1963 in Leipzig, danach in Hannover, Madison und Tübingen.

Herr Nekola: Tassilio Nekola (1913–1989), nacheinander Sekretär, Generalsekretär und Direktor der Salzburger Festspiele 1946–79.

Strehler: Giorgio Strehler (geb. 1921), italienischer Regisseur, dessen »Ära« in Salzburg schnell wieder zu Ende ging, da er sich nach seiner Shakespeare-Montage *Spiel der Mächtigen* selbst in einem solchen Spiel wiederfand. Was Hilde Spiel als »außerordentliches Ereignis« und »Rückkehr zu Reinhardt« pries, verwarf Hans Mayer als »totalen Nihilismus« (*Theater heute*, Oktober 1973). Über das »Scheitern« Giorgio Strehlers in Salzburg berichtete Hilde Spiel ein Jahr später, am 5. August 1974, in der *Frankfurter Allgemeinen Zeitung*: »Wie man Giorgio Strehler in Salzburg zu Fall brachte. Nach einem Jahr schon ist das Amt des neuen Magiers aus Italien in Österreich beendet.«

ERNST JANDL AN HILDE SPIEL. WIEN, 26. AUGUST 1973
Nachlaß Hilde Spiel im Österreichischen Literaturarchiv. Österreichische Nationalbibliothek, Wien.

HILDE SPIEL AN HORST KRÜGER.
ST. WOLFGANG, 27. AUGUST 1973
Briefdurchschlag. Nachlaß Hilde Spiel im Österreichischen Literaturarchiv. Österreichische Nationalbibliothek, Wien.

Ein moderner Lamb oder Hazlitt: Charles Lamb (1775–1834), engl. Schriftsteller, begründete die britische Form des geistreichen literarkritischen Essays. – William Hazlitt (1779–1830), engl. Schriftsteller, Verfasser bedeutender literarischer Essays und ein politischer Kopf.

Daß man Habe nicht mag: Hans Habe hatte sich mit seinen Kolumnen in der *Welt am Sonntag* und im *Bayernkurier* keine Freunde in liberal denkenden Kreisen gemacht.

HORST KRÜGER AN HILDE SPIEL.
FRANKFURT AM MAIN, 28. AUGUST 1973
*Nachlaß Hilde Spiel im Österreichischen Literaturarchiv.
Österreichische Nationalbibliothek, Wien.*

Arno Schmidt: (1914–1979) hat 1973 den Goethepreis der Stadt Frankfurt erhalten. Sein sprachexperimentelles Hauptwerk *Zettels Traum* lag seit 1970 vor.

HILDE SPIEL AN HANS PAESCHKE.
WIEN, 7. SEPTEMBER 1973
*Deutsches Literaturarchiv. Schiller-Nationalmuseum,
Marbach.*

Im übrigen hat K. H. Ruppel sich [...] über die Neo-Gnosis des Altmeisters [Carl Orff] [...] ausgelassen: K. H. Ruppe: »Carl Orffs Spiel vom Ende der Zeiten« (*Süddeutsche Zeitung*, München, 25./26. August 1973): »Von Oper zu reden (wie der *Spiegel*, aus Bosheit oder Unwissenheit, das Werk genannt hat), ist blanker Unsinn. Nicht einmal mit theater hat es mehr etwas zu tun, dieses *Opus metaphysicum*, in dem der alte Theatermagier aus seiner bisherigen, szenisch-sinnlichen Vorstellungswelt in eine geistig-asketische übertritt.«

Was Hans Mayer im Oktoberheft von theater heute *drüber schreibt:* S. Anmerkung zum Brief von Siegfried Melchinger vom 23. August 1973.

HILDE SPIEL AN HANS WEIGEL. WIEN, 9. SEPTEMBER 1973
Briefdurchschlag. Nachlaß Hilde Spiel im Österreichischen Literaturarchiv. Österreichische Nationalbibliothek, Wien.

Willy Haas: Der gebürtige Prager Schriftsteller und Kritiker (1891–1973) emigrierte 1933 aus Deutschland wieder nach Prag, 1939 nach Indien. 1947 Rückkehr nach Deutschland. Theater- und Literaturkritiker der Tageszeitung *Die Welt*.

Kudronofskys Buch: Wolfgang Kudronofsky (geb. 1927): *Vom Dritten Reich zum Dritten Mann: Helmut Qualtingers Welt der 40er Jahre* (Wien, 1973). Als zeitgeschichtliche Revue 1988 in Wien uraufgeführt.

HILDE SPIEL AN FRITZ HOCHWÄLDER. WIEN, 1. APRIL 1974
Briefdurchschlag. Nachlaß Hilde Spiel im Österreichischen Literaturarchiv. Österreichische Nationalbibliothek, Wien.

Dein Stück Lazaretti: Fritz Hochwälder (1911–1986): *Lazaretti oder Der Säbeltiger* (UA 1975).

Du hast das Stück mit Bahr verglichen: Hermann Bahr (1863–1934) erprobte sich als Dramatiker mehrerer Stile, vom Naturalismus bis zum Expressionismus. Als Leitmotiv seiner Stücke ist die innere Freiheit des Menschen erkennbar.

Mir fiel Pirandello als erstrebenswerter Vergleich ein: Luigi Pirandello (1867–1936) begründete das moderne antiillusionistische Theater, das er zum Symbol für das menschliche Leben machte.

HILDE SPIEL AN ANDRÉ HELLER. WIEN, 12. MAI 1974
Briefdurchschlag. Nachlaß Hilde Spiel im Österreichischen Literaturarchiv. Österreichische Nationalbibliothek, Wien.

Weltwoche-*Interview:* »Rebellion gegen den Alltag. Ruth Bekkermann sprach mit dem Wiener Liedermacher André Heller« in: *Die Weltwoche*, 8. Mai 1974.

André (Franz) Heller (geb. 1946), österr. Liedermacher, Showmaster und Schriftsteller, gehörte zum weiteren Freundeskreis Hilde Spiels. Bis zu ihrem Tod erhielt er sich eine respektvolle Anhänglichkeit, von der er etwa durch Blumen zu Geburtstagen Zeichen gab. Vgl. auch André Heller: »Die Ehre, die sie uns erweist. Zum 75. Geburtstag von Hilde Spiel« in: *Die Presse*, Wien, 18./19. Oktober 1986.

Hilde Spiels Mahnung bewog Heller in einem offenen Brief zu einigen Richtigstellungen: *Die Weltwoche*, 19. Juni 1974 – »Bitte akzeptieren Sie einige Retuschen zu Ihrem Heller-Artikel:

1. Ich halte das Gute natürlich nicht generell für langweilig, sondern lediglich jene spezifisch als ›gut‹ getarnte Form von Mitläufertum, mangelnder Zivilcourage, Gesichtslosigkeit. Ein angewandter Humanismus im Sinne Camus' und nicht in Richtung Albert Schweitzer entspricht sehr wohl meiner Sehnsucht.

2. Ich halte Thomas Bernhard zusammen mit Peter Handke für die mich interessierendsten Rufzeichen unserer Literatur. Ersteren daher keinesfalls künstlerisch für einen alten Mann. Wie ich überhaupt jeden Altersrassismus ablehne. Sollte ich das in dem Gespräch Ihrer Dame gegenüber nicht unmißverständlich betont haben, so lag das wahrscheinlich daran, daß die österrei-

chische junge Literatur längst nicht mehr altersmäßig jung ist (Rühm, Achleitner, Wiener, Artmann, Bernhard usw.), sondern rein numerisch zwischen 40 und 50 Jahre zählt.

André Heller, Wien«

HILDE SPIEL AN DEN ÖSTERREICHISCHEN P.E.N.
WIEN, 27. MAI 1974
Briefdurchschlag. Nachlaß Hilde Spiel im Österreichischen Literaturarchiv. Österreichische Nationalbibliothek, Wien.

Hilde Spiel hatte nach ihrer Niederlage bei der Präsidentenwahl des Österreichischen P.E.N. am 18. Dezember 1972 alle Ämter niedergelegt und hatte aus ihrer Sicht damit de facto ihren Austritt vollzogen. Dennoch erschien es notwendig, diesen Schritt auch de jure zu vollziehen. Den Anlaß beschrieb sie in diesem Brief. Es ging um den Konflikt zwischen dem Österreichischen P.E.N. und der seit 1973 bestehenden Grazer Autorenversammlung (GAV). Längst hatte sich eine Distanz zwischen jungen Autoren und dem Österreichischen P.E.N. ergeben. Bemühungen von seiten des P.E.N. gegen Ende der 60er Jahre, die von Hilde Spiel und Dorothea Zeemann (von 1971 an Generalsekretärin) getragen wurden, die Kluft zu schließen, indem die junge Schriftstellergeneration jedenfalls zu Lesungen und Vorträgen im P.E.N.-Club eingeladen wurde, unterbrach der überraschende Rücktritt Lernet-Holenias vom Amt des Präsidenten aus Protest gegen die Nobelpreis-Verleihung an Heinrich Böll. Nun trat Ernst Jandl mit einer Erklärung auf und verlangte darin eine »völlige Reorganisation dieses Clubs«. Vor allem: »Eine solche Reorganisation muß den Club all jenen österreichischen Autoren öffnen, die sich seit dem Ende des Zweiten Weltkrieges in der deutschsprachigen Literatur, und darüber hinaus, Geltung und Ansehen erworben und dazu beigetragen haben, das Bild der deutschsprachigen Literatur der letzten 25 Jahre zu formen.« – Wer konnte das sein? Es waren die Autoren der ehemaligen Wiener Gruppe um H. C. Artmann, dazu Schriftsteller wie Friederike Mayröcker und eben Ernst Jandl, die Autoren des »Forum Stadtpark« bzw. der Grazer Gruppe, wie Wolfgang Bauer, Alfred Kolleritsch oder Gerhard Roth; es waren die Wiener Aktionisten; es waren die Autoren des Neuen Forum, darunter Friedrich Geyerhofer, Günther Nenning und Michael Scharang. Aus ihren Reihen setzte sich schließlich auch die Grazer Autorenversammlung zusammen, der bei ihrer Gründung 58 Autoren angehörten.

Was auf den P.E.N.-Kongressen in Ochrid und Jerusalem 1974 zur Sprache kam, war die Frage nach einer En-bloc-Übernahme der GAV-Autoren in den Internationalen P.E.N. Wäre damit ein zweites nationales österreichisches P.E.N.-Zentrum entstanden? Die Frage wurde diskutiert – und vertagt. Österreichisches P.E.N.-Zentrum und Grazer Autorenversammlung existieren seither nebeneinander fort. (Literatur: Roland Innerhofer: *Die Grazer Autorenversammlung 1973–1983. Zur Organisation einer Avantgarde* [Wien/Köln/Graz, Böhlau, 1985]).

Hilde Spiel wurde von der Generalversammlung der Grazer Autorenversammlung vom 23. März 1980 zum Mitglied gewählt.

HORST KRÜGER AN HILDE SPIEL.
FRANKFURT AM MAIN, 20. JULI 1974
Nachlaß Hilde Spiel im Österreichischen Literaturarchiv.
Österreichische Nationalbibliothek, Wien.

»*Randnotizen*« *vom 14.7.*: Wahrscheinlich handelt es sich um ein Hörfunkmanuskript.

HILDE SPIEL AN JAMES SAUNDERS.
ST. WOLFGANG, 22. JULI 1974
James Saunders.

Your letter is a few months old again: Saunders hatte am 26. April 1975 geschrieben.

How I loved Kohlhaas: *Michael Kohlhaas* (engl. *Hans Kohlhaas*). Das Stück nach Kleists Novelle wurde 1973 in London uraufgeführt. Deutsche Erstaufführung 1974 gleichzeitig in Bonn, Dortmund und Stuttgart. Saunders hatte in seinem vorausgegangenen Brief geschrieben: »You've never quite said what *you* think of my *Kohlhaas*; I suspect you have reservations.«

The Greenwich thing: Das Greenwich Theatre plante, verschiedenen Dramatikern jeweils eine Dreimonatssaison für eigenen Spielplan mit drei Stücken eigener Wahl anzuvertrauen.

HILDE SPIEL AN HORST KRÜGER. WIEN, 25. JULI 1974
Briefdurchschlag. Nachlaß Hilde Spiel im Österreichischen Literaturarchiv. Österreichische Nationalbibliothek, Wien.

HILDE SPIEL AN HERMANN KESTEN.
ST. WOLFGANG, 2. AUGUST 1974
Handschriftensammlung der Stadtbibliothek München.

Jetzt ist unser geliebter Erich dahin: Erich Kästner war im Alter von 75 Jahren am 29. Juli 1974 in München gestorben. Hilde Spiel kannte ihn seit 1945, als er Feuilletonchef der *Neuen Zeitung* wurde.

HERMANN KESTEN AN HILDE SPIEL. WENGEN, 10. AUGUST 1974
Nachlaß Hilde Spiel im Österreichischen Literaturarchiv.
Österreichische Nationalbibliothek, Wien.

Neben Gustav Regler, Toller und Joseph Roth: Gustav Regler (1898–1963), Schriftsteller, 1923 als Staatsfeind ausgebürgert, kämpfte als Freiwilliger bei den internationalen Brigaden im Spanischen Bürgerkrieg. Sein Roman *Das große Beispiel* gibt davon Zeugnis. Seine Autobiographie *Das Ohr des Malchus* erschien 1958.

Ernst Toller (1893–1939), dt. Dramatiker (*Masse Mensch*, 1921), wurde 1919 Vorsitzender der bayer. Arbeiter-, Bauern- und Soldatenräte, erhielt fünf Jahre Festungshaft. Vertreter eines pazifistischen Sozialismus. Toller emigrierte 1936 in die USA.

Joseph Roth, österr. Romancier, emigrierte 1933 nach Paris.

Strehlers Regie: S. Siegfried Melchingers Brief vom 18. August 1973 und Hilde Spiels Antwort darauf vom 23. August 1973.

INGEBORG DREWITZ AN HILDE SPIEL. BERLIN, 2. JANUAR 1975
Nachlaß Hilde Spiel im Österreichischen Literaturarchiv.
Österreichische Nationalbibliothek, Wien.

Dein Israelbericht: Hilde Spiel: »Biblisch bildhafte Sprache. Die P.E.N.-Tagung in Jerusalem« in: *Frankfurter Allgemeine Zeitung*, 27. Dezember 1974.

HILDE SPIEL AN INGEBORG DREWITZ. WIEN, 15. JANUAR 1975
Archiv der Akademie der Künste, Berlin.

Wegen der ungelösten Kontroverse Wien–Graz: S. Anmerkung zum Brief Hilde Spiels an den Österreichischen P.E.N.-Club vom 27. Mai 1974. In dem erwähnten Israel-Bericht hatte Hilde Spiel das Thema nicht ausgelassen: »Lediglich in der leidigen Frage des österreichischen Bruderzwistes wurde unüberlegt gehandelt und ein schwelendes Problem unter den Teppich gefegt. Voreilig, will heißen, noch ehe der Hader zwischen den etablierten ›Wiener‹ und den progressiven ›Grazer‹ Autoren bereinigt wurde, hatte man diesen die Abhaltung des nächsten P.E.N.-Kongresses zugesagt. Von einer in Ochrid eingesetzten Schlichtungskommission war der Kompromißvorschlag eines ›einzigen österreichischen Zentrums mit zwei autonomen Körperschaften‹, aber nur einer gemeinsamen Stimme in der Exekutive ausgearbeitet worden. Die Wiener hatten nachträglich gegen das Wort ›autonom‹ protestiert, die Grazer am 30. November beschlossen, in ihrem Beitrittswunsch weiterhin auf ›Reichsunabhängigkeit‹ zu bestehen. Ihr Brief dieses Inhalts, zu spät abgeschickt, lag in Jerusalem noch nicht vor. Auf Antrag der Wiener Delegierten beschloß man hierauf, die Grazer Frage von der Tagesordnung abzusetzen.«

HILDE SPIEL AN HERMANN KESTEN. WIEN, 15. JANUAR 1975
Handschriftensammlung der Stadtbibliothek München.

Kaum haben wir unseres Freundes Robert Neumann gedenken müssen: Robert Neumann war im Alter von 77 Jahren am 3. Januar 1975 in München gestorben. Hilde Spiels Nachruf »Ein Leben als Hürdenlauf« erschien in der *Frankfurter Allgemeinen Zeitung* vom 7. Januar 1975.
Seit Darmstadt: Hermann Kesten erhielt 1974 den Georg-Büchner-Preis der Deutschen Akademie für Sprache und Dichtung in Darmstadt.

HERMANN KESTEN AN HILDE SPIEL. ROM, 26. JANUAR 1975
Nachlaß Hilde Spiel im Österreichischen Literaturarchiv.
Österreichische Nationalbibliothek, Wien.

Die Teile und das Ganze: Hans Flesch-Brunningens Roman war 1969 im Verlag Paul Zsolnay in Wien erschienen.

HILDE SPIEL AN HERMANN KESTEN. WIEN, 13. FEBRUAR 1975
Handschriftensammlung der Stadtbibliothek München.

In Deiner Würdigung des Hans: Hermann Kesten: »Ein österreichischer Dichter« (*Neue Zürcher Zeitung*, 29. Januar 1975).
Am 28. nach Darmstadt: zur Tagung des P.E.N.-Zentrums der Bundesrepublik Deutschland.
Engelmann-Brief: Bernt Engelmann (1921–1994), gesellschaftskritischer dt. Schriftsteller, trat für eine Annäherung an die sog. sozialistischen Staaten ein.
Münchner Anatol: Das Ergebnis war Hilde Spiels Bericht »Misere mit Anatol« über die Aufführung von Schnitzlers *Anatol* im Münchner Residenztheater (*Frankfurter Allgemeine Zeitung*, 13. Februar 1975).

HILDE SPIEL AN ERICH FRIED. WIEN, 14. JUNI 1975
Nachlaß Erich Fried im Österreichischen Literaturarchiv.
Österreichische Nationalbibliothek, Wien.

Die Aktion kritischer Wähler: Wahlhilfe für Bruno Kreisky bei den Parlamentswahlen.

HERMANN KESTEN AN HILDE SPIEL. INTERLAKEN, 11. JULI 1975
Nachlaß Hilde Spiel im Österreichischen Literaturarchiv.
Österreichische Nationalbibliothek, Wien.

Wolfgang Koeppen: (geb. 1916) dt. Schriftsteller, in den 30er Jahren Journalist. Seine Romane *Tauben im Gras* (1951) und *Der Tod in Rom* (1954) zeichneten die Situation und Atmosphäre der 50er Jahre genau. 1962 erhielt der zurückhaltende, sparsam publizierende Autor den Georg-Büchner-Preis der Deutschen Akademie für Sprache und Dichtung.
Hans Bender: (geb. 1919) dt. Schriftsteller. Bender gab wichtige literarische Zeitschriften – *Konturen*, 1952–54, und *Akzente*, 1954–67 – heraus. Der von Kesten erwähnte Roman *Wunschkost* erschien 1959. Darin beschreibt Bender das Erlebnis der Kriegsgefangenschaft. Seine editorische Leistung bezog sich auch auf die Lyrik der Nachkriegszeit (*Mein Gedicht ist mein Messer*. Anthologie. 1955).
Wie schade, daß Du nicht nach Nürnberg kamst: Nürnberg feierte den 75. Geburtstag Hermann Kestens (28. Januar) nach.

HILDE SPIEL AN HERMANN KESTEN.
ST. WOLFGANG, 15. JULI 1975
Handschriftensammlung der Stadtbibliothek München.

Meine Literaturgeschichte des Nachkriegsösterreich wird wieder nicht erscheinen: Die zeitgenössische Literatur Österreichs, hg. von Hilde Spiel, erschien 1976 als selbständiger Band innerhalb von *Kindlers Literaturgeschichte der Gegenwart*.

HILDE SPIEL AN THOMAS BERNHARD.
ST. WOLFGANG, 12. AUGUST 1975
Thomas Bernhard Archiv, Gmunden.

Thomas Bernhard hatte seinen Besuch im Haus am Bach angekündigt, das für ihn das Herz des Salzkammerguts symbolisierte. Auf diese »Geister« hatte er in seinem Brief angespielt.

JAMES SAUNDERS AN HILDE SPIEL.
EAST TWICKENHAM, 24. SEPTEMBER 1975
Nachlaß Hilde Spiel im Österreichischen Literaturarchiv.
Österreichische Nationalbibliothek, Wien.

James Saunders (geb. 1925) hatte Hilde Spiel im Sommer 1975 in St. Wolfgang besucht.

HILDE SPIEL AN HORST KRÜGER. WIEN, 24. OKTOBER 1975
Briefdurchschlag. Nachlaß Hilde Spiel im Österreichischen Literaturarchiv. Österreichische Nationalbibliothek, Wien.

Am Morgen des 19. Oktober: Hilde Spiels Geburtstag.
Hermann Kesten und Thilo Koch: Hermann Kesten war 1972–76 Präsident des P.E.N.-Zentrums der Bundesrepublik Deutschland; Thilo Koch der Generalsekretär.
Akademie: Deutsche Akademie für Sprache und Dichtung in Darmstadt, deren Präsident Peter de Mendelssohn im selben Jahre geworden war.

HORST KRÜGER AN HILDE SPIEL.
FRANKFURT AM MAIN, 29. OKTOBER 1975
Nachlaß Hilde Spiel im Österreichischen Literaturarchiv.
Österreichische Nationalbibliothek, Wien.

HILDE SPIEL AN HORST KRÜGER. WIEN, 3. NOVEMBER 1975
Briefdurchschlag. Nachlaß Hilde Spiel im Österreichischen Literaturarchiv. Österreichische Nationalbibliothek, Wien.

Anruf von Mendelssohn: Peter de Mendelssohn, Hilde Spiels erster Ehemann, von dem sie seit 1970 geschieden war.

HILDE SPIEL AN ERNST JANDL. WIEN, 27. NOVEMBER 1975
Sammlung Ernst Jandl. Dokumentationsstelle für neuere österreichische Literatur.

Der Rechenschaftsbericht spricht für sich. Hilde Spiels Arbeit im Österreichischen P.E.N. ist korrekt referiert. Über ihre Niederlage bei der Präsidentenwahl im Jahre 1972 berichtet sie auch drei Jahre danach noch mit verhaltener Erregung. Für Milo Dor, in diesem Brief noch einmal ausdrücklich erwähnt, war es, wie er dem Herausgeber dieses Buches in einem Gespräch gegenüber äußerte, die ultimativ verstandene Erklärung Hilde Spiels, die er als unangemessen ansah. So sei es zu seinem Votum gekommen. Friedrich Torberg hatte seine Absicht, die Wahl Hilde Spiels zu verhindern, in seinem hier abgedruckten Brief vom 22. Oktober 1972 angekündigt. Eine Annäherung zwischen dem Österreichischen P.E.N. und der Grazer Autorenversammlung fand in der Folge tatsächlich nicht statt. S. Anmerkung zu den Briefen Hilde Spiels vom 27. Mai 1974 an den Österreichischen P.E.N. und vom 15. Januar 1975 an Ingeborg Drewitz.

ERNST JANDL AN HILDE SPIEL. WIEN, 30. NOVEMBER 1975
Nachlaß Hilde Spiel im Österreichischen Literaturarchiv. Österreichische Nationalbibliothek, Wien.

Artmann: der Schriftsteller H. C. Artmann.

HILDE SPIEL AN JAMES SAUNDERS.
ST. WOLFGANG, 18. DEZEMBER 1975
James Saunders.

Alfred Polgar: österreichischer Schriftsteller und Kritiker.

The Island: James Saunders: *Irre, alte Welt* (engl. *The Island*). Uraufführung 1975 in London. Deutsche Erstaufführung 1976 in Saarbrücken. Untertitel: *Eine chauvinistische Männerkomödie*.

HILDE SPIEL AN MIRA MIHELIČ. WIEN, 3. MAI 1976
Briefdurchschlag. Nachlaß Hilde Spiel im Österreichischen Literaturarchiv. Österreichische Nationalbibliothek, Wien.

Daß Du nicht nach Düsseldorf gekommen bist: P.E.N.-Tagung in Düsseldorf.

Die Zeit, in der Ihr diesmal Piran macht: jährliches Schriftstellertreffen in der istrischen Stadt, an dem Hilde Spiel regelmäßig teilgenommen hatte.

Im August in London: 41. Kongreß des Internationalen P.E.N.

Mit der Stagnation des Komitees: The Writers in Prison Committee of International P.E.N.

Seit Kestens Abgang: Hermann Kesten war 1972–76 noch einmal Präsident des P.E.N.-Zentrums der Bundesrepublik Deutschland gewesen.

Der dritte Kongreß in London: nach 1941 und 1956.

HILDE SPIEL AN TONI UND HERMANN KESTEN.
WIEN, 14. JUNI 1976
Handschriftensammlung der Stadtbibliothek München.

Mit Eurer Situation zu befassen: Der Erwerb von Hermann Kestens Schriftsteller-Archiv und eine mögliche Übersiedlung nach München standen zur Debatte, und Hilde Spiel engagierte sich vehement dafür.

HERMANN KESTEN AN HILDE SPIEL. ROM, 16. JUNI 1976
Nachlaß Hilde Spiel im Österreichischen Literaturarchiv. Österreichische Nationalbibliothek, Wien.

Unsere Münchener Verhandlungen: S. Anmerkung zum Brief Hilde Spiels vom 14. Juni 1976.

HILDE SPIEL AN HERMANN UND TONI KESTEN.
ST. WOLFGANG, 6. JULI 1976
Handschriftensammlung der Stadtbibliothek München.

Alexander Lernet-Holenia starb am 3. Juli 1976.

JOSEF KAUT AN HILDE SPIEL. SALZBURG, 26. AUGUST 1976
*Nachlaß Hilde Spiel im Österreichischen Literaturarchiv.
Österreichische Nationalbibliothek, Wien.*

Josef Kaut war damals der Präsident der Salzburger Festspiele.
»*Salzburg und Bayreuth*«: »Ein kritischer Vergleich der beiden Festspielrivalen« von Hilde Spiel. *Frankfurter Allgemeine Zeitung*, 16. August 1976.

HILDE SPIEL AN JOSEF KAUT.
WIEN, OHNE DATUM [AUGUST 1976]
Briefdurchschlag. Nachlaß Hilde Spiel im Österreichischen Literaturarchiv. Österreichische Nationalbibliothek, Wien.

Memoirenbuch: 1976 erschien von Curd Jürgens die Autobiographie *... und kein bißchen weise.*

HILDE SPIEL AN ALBERT VON SCHIRNDING.
WIEN, 6. DEZEMBER 1976
Albert von Schirnding.

Albert von Schirnding (geb. 1935), Schriftsteller, Literaturkritiker und Lehrer an einem Münchner Gymnasium. Direktor der Literaturklasse der Bayerischen Akademie der Schönen Künste. Hilde Spiel dankt für die Rezension ihres Buches *Kleine Schritte. Berichte und Geschichten* (München, Edition Spangenberg, 1976), die unter dem Titel »Hilde Spiels kleine Schritte« in der *Süddeutschen Zeitung* vom 4./5. Dezember 1976 erschienen war.

ALBERT VON SCHIRNDING AN HILDE SPIEL.
HARMATING, 10. DEZEMBER 1976
*Nachlaß Hilde Spiel im Österreichischen Literaturarchiv.
Österreichische Nationalbibliothek, Wien.*

Der liebe Go: Rudolf Goldschmit (1924–1979), Feuilletonchef der *SZ* 1964–79.

HILDE SPIEL AN ALBERT VON SCHIRNDING.
ST. WOLFGANG, 5. JANUAR 1977
Albert von Schirnding.

ALBERT VON SCHIRNDING AN HILDE SPIEL.
HARMATING, 8. JANUAR 1977
Nachlaß Hilde Spiel im Österreichischen Literaturarchiv. Österreichische Nationalbibliothek, Wien.

Park und Wildnis: Hilde Spiel: *Der Park und die Wildnis. Zur Situation der neueren englischen Literatur. Essays.*

HERMANN KESTEN AN HILDE SPIEL. ROM, 29. JANUAR 1977
Nachlaß Hilde Spiel im Österreichischen Literaturarchiv. Österreichische Nationalbibliothek, Wien.

Ihr sollt nun die tschechischen Dichter einsammeln: Die Charta '77 über Menschenrechte war in Prag erschienen, zu den Unterzeichnern gehörten u. a. Václav Havel, Jean Patočka und Pavel Kohout.

Aufsatz über Doderer in der FAZ: Hilde Spiel: »Das Krautgärtlein, in dem Doderer sich zieht, was er braucht«, über *Commentarii 1951 bis 1956:* Die Tagebücher aus dem Nachlaß (*Frankfurter Allgemeine Zeitung*, 29. Januar 1977).

HILDE SPIEL AN HERMANN KESTEN. WIEN, 27. FEBRUAR 1977
Handschriftensammlung der Stadtbibliothek München.

Kummer nur um den lieben Braem: Helmut Braem (1922–1977), Übersetzer u. a. von Faulkner, Orwell, Saroyan, Präsident des Verbandes Deutscher Übersetzer (V.D.Ü.), war am 24. Februar 1977 gestorben.

HILDE SPIEL AN HANS MAYER. WIEN, 1. MÄRZ 1977
Historisches Archiv der Stadt Köln.

Der Literaturwissenschaftler Hans Mayer beging am 17. März 1977 seinen 70. Geburtstag.

Essay über Soll und Haben: Gustav Freytags Roman erschien zuerst 1855. Hans Mayers Essay erschien in der Ausgabe von 1977 bei Hanser in München.
Auch nicht im Doktor Faustus: Thomas Manns Roman von 1947.
Sie schrieben mir im November 1967: muß heißen »1976«.

HILDE SPIEL AN HERMANN KESTEN.
ST. WOLFGANG, 17. AUGUST 1977
Handschriftensammlung der Stadtbibliothek München.

Toni Kesten starb am 3. Juli 1977.

HILDE SPIEL AN JAMES SAUNDERS.
ST. WOLFGANG, 17. AUGUST 1977
James Saunders.

Hilde Spiel regt mit diesem Brief mehr als eine Auseinandersetzung über dramatische Abläufe an, auf die James Saunders in dem nachfolgenden Brief sehr ausführlich eingeht, ohne sich in diesem speziellen Fall umstimmen zu lassen.

I was very glad to get your play Bodies: James Saunders: *Leib und Seele* (engl. *Bodies*). Uraufführung London 1977. Deutschsprachige Erstaufführung 1978 in Zürich. Es geht darin um Partnerschaft, speziell um eine »amerikanische Therapie«, eine Heilsformel für alle Probleme des Lebens und des Zusammenlebens.
The idea of Simpson in the background: George Simpson (geb. 1902), amerikan. Paläontologe, bedeutender Forscher über die Stammesgeschichte von Tieren.
But Klaus is even more concerned about the ending: Klaus Juncker leitete zu dieser Zeit den Rowohlt-Theaterverlag, der auch heute die deutschsprachigen Aufführungsrechte an Saunders' Stücken betreut.

JAMES SAUNDERS AN HILDE SPIEL.
EAST TWICKENHAM, 2. SEPTEMBER 1977
Nachlaß Hilde Spiel im Österreichischen Literaturarchiv. Österreichische Nationalbibliothek, Wien.

Saunders gibt in seinem Brief nicht nur Antwort auf Hilde Spiels Einwände, er entwirft ein komplettes Bild seiner dramaturgischen Absichten und kommt zu einer kritischen Befragung der Grundlagen menschlicher Rationalität.

HILDE SPIEL AN PETER WAPNEWSKI.
WIEN, 9. SEPTEMBER 1977
Peter Wapnewski.

Peter Wapnewski (geb. 1922), dt. Literaturhistoriker, Mediävist und Wagner-Forscher.

HILDE SPIEL AN JAMES SAUNDERS.
WIEN, 4. OKTOBER 1977
James Saunders.

HILDE SPIEL AN HERMANN KESTEN. WIEN, 20. DEZEMBER 1977
Handschriftensammlung der Stadtbibliothek München.

HILDE SPIEL AN ALBERT VON SCHIRNDING.
WIEN, 7. JANUAR 1978
Albert von Schirnding.

Zu meiner wirklichen Freude habe ich hier Ihr Buch lesen können: Albert von Schirnding: *Bedenkzeit. Lyrik und Prosa* (Ebenhausen, Langewiesche-Brandt, 1977).

HANS WERNER HENZE AN HILDE SPIEL. WIEN, 11. MAI 1978
Nachlaß Hilde Spiel im Österreichischen Literaturarchiv. Österreichische Nationalbibliothek, Wien.

Hans Werner Henze (geb. 1926), dt. Komponist, arbeitete mit Ingeborg Bachmann zusammen, die z. B. das Libretto zur Henze-Oper *Der junge Lord* (UA 1956) schrieb.
Ich bin gerade dabei, Ihr buch zu lesen: Hilde Spiel: *Kleine Schritte. Berichte und Geschichten.* Darin der Artikel über Ingeborg Bachmann: »Keine Kerze für Florian« sowie der Nachdruck eines 1975 auf der Tagung der Exilforscher in Wien gehaltenen Vortrags »Psychologie des Exils« und die »Überle-

gungen zu einem Film« unter dem Titel »Bayreuth als Wille und Vorstellung«, die zwar an Viscontis Film *Die Verdammten* anknüpfen, in dem Visconti die Familie der Krupps nachbildet, in Wahrheit jedoch Syberbergs Interviewfilm über Winifred Wagner behandeln.
Mein kleines buch von aufsätzen: Hans Werner Henze: *Essays* (Mainz, Schott, 1964).

HILDE SPIEL AN HANS WERNER HENZE. WIEN, 30. MAI 1978
Briefdurchschlag. Nachlaß Hilde Spiel im Österreichischen Literaturarchiv. Österreichische Nationalbibliothek, Wien.

HERMANN KESTEN AN HILDE SPIEL. NEW YORK, 15. JUNI 1978
Nachlaß Hilde Spiel im Österreichischen Literaturarchiv. Österreichische Nationalbibliothek, Wien.

Gina: Hermann Kestens Schwester in New York.
Richard Lindner: (1901–1978) Hamburger Maler und Graphiker, emigrierte 1933 nach Paris und 1941 nach New York.
Landshoff: Fritz Landshoff (1901–1988), dt.-niederländischer Verleger, leitete bis 1933 den Kiepenheuer Verlag, Potsdam, gründete 1933 mit Emmanuel Querido den Exilverlag Querido (u. a. mit Klaus Manns Zeitschrift *Die Sammlung*). Über London gelangte Landshoff 1941 nach New York. Zusammenarbeit mit G. B. Fischer.

HILDE SPIEL AN HELGA SCHÜTZ. WIEN, 15. NOVEMBER 1978
Helga Schütz.

Ihre Jette kam vor etwa einer Woche in meine Hände: Helga Schütz (geb. 1937): *Jette in Dresden* (Berlin, Aufbau, 1977).
Ich denke so gern an unsere Bahnfahrt: dazu Helga Schütz an den Herausgeber: »Die gemeinsame Bahnfahrt war die Heimreise aus Klagenfurt. Hilde Spiel war damals Jurorin beim Bachmann-Preis. Ich hatte ein Kapitel aus dem Manuskript *Julia oder die Erziehung zum Chorgesang* gelesen. Die Geschichte eines Jungen, der den Militärdienst an der Mauer verweigert. Das Gelesene wurde von der Jury sehr freundlich aufgenommen. Niemand ahnte, und das war auch richtig so, das Wagnis, das ich mit der Präsentation dieses Textes eingegangen war. Ich hatte schreckliche Angst vor den Konsequenzen, nicht so sehr

für mich als vielmehr für meine Familie. Schon in Klagenfurt hatte sich ein Stasi-Mensch an meine Fersen geheftet. Die Veranstalter hatte ich davon unterrichtet – auch daß mein Zimmer, sicherlich absichtsvoll deutlich, besucht worden war. Ich glaube, man hat mich in dieser streitgewohnten Umgebung, die ich trotz des Zwischenfalls sehr genossen habe, für hysterisch gehalten. – Die Fahrt war mithin bestimmt vom Kennenlernen der tapferen, klugen Hilde Spiel, die mir zuhörte und von sich erzählte und von der Furcht, was mich wohl zu Hause erwarten würde. Dies, indem an den Abteilfenstern eine zauberhaft sonnige Landschaft vorbeiflog.«

Joachim Herz: (geb. 1924) dt. Opernregisseur.

HELGA SCHÜTZ AN HILDE SPIEL.
GROSS-GLIENICKE, 11. DEZEMBER 1978
Nachlaß Hilde Spiel im Österreichischen Literaturarchiv.
Österreichische Nationalbibliothek, Wien.

Fernsehfilm: nach Gottfried Kellers Novelle »Ursula«, 1979 in der Schweiz und der DDR gesendet. Der zuständige Minister wurde danach seines Amtes enthoben und der Autorin die Arbeitsverträge mit dem Fernsehen der DDR gekündigt.
 Mein Roman: Julia oder die Erziehung zum Chorgesang (Berlin, Aufbau, 1980).
 Mein Gefährte arbeitet für zwei Jahre als Fernsehregisseur in der BRD: Egon Günther drehte seinen Fernsehfilm nach Feuchtwangers Roman *Exil* für den WDR.

HILDE SPIEL AN HELGA SCHÜTZ. WIEN, 13. JANUAR 1979
Helga Schütz.

Die Frumm: Hans Flesch-Brunningen: *Die Frumm*. Roman (München, Nymphenburger, 1980).

HELGA SCHÜTZ AN HILDE SPIEL.
GROSS-GLIENICKE, OSTERMONTAG 1979
Nachlaß Hilde Spiel im Österreichischen Literaturarchiv.
Österreichische Nationalbibliothek, Wien.

Mit den letzten Seiten meines Romans beschäftigt: *Julia oder die Erziehung zum Chorgesang.*

Zwei Filme: Addio piccola mia (der Titel nennt die letzten Worte Büchners an seine Braut) und *P.S.* (die Buchstaben sind die Initialen des Helden: Peter Seidel, der aus einem Jugendheim entlassen wird).
Ludwig Fels Mein Land: Ludwig Fels (geb. 1946) knüpfte mit seinem Gedichtband *Mein Land* (1978) an seine Kurzprosa *Platzangst* (1974) an. Ihm ging es um die politische Restauration in der Bundesrepublik, um Terroristen und Antiterrorismus.

HILDE SPIEL AN FRITZ J. RADDATZ. WIEN, 19. SEPTEMBER 1979
Briefdurchschlag. Nachlaß Hilde Spiel im Österreichischen Nationalarchiv. Österreichische Nationalbibliothek, Wien.

Im Wiener Club 2 zu Syberberg und zu Holocaust: In einer Diskussionssendung »Club 2« des österreichischen Fernsehens ging es einerseits um den Hitler-Film von Hans Jürgen Syberberg (geb. 1935), andererseits um die amerikanische TV-Serie *Holocaust.* Raddatz hatte bereits in der *Zeit* vom 9. März 1979 seiner Meinung über den rein kommerziellen Charakter der TV-Serie Ausdruck gegeben: »Ich glaube von alledem kein Wort. Kein Wort von der wachgerüttelten Nation, vom Aufstand des Gewissens, von Reue, Scham und jäher Fähigkeit zu trauern.« Er wehrte sich gegen die Meinung, ästhetischen Kategorien käme gegenüber der moralischen Dimension der Serie keine Bedeutung zu, und reagierte entsetzt auf die Bemerkung von Gräfin Dönhoff in diesem Zusammenhang, allein das Gemüt unterscheide den Menschen »von einem auf *efficiency,* Ästhetizismus oder was auch immer programmierten Computer«. Raddatz: »Was nützt uns Kunst – wir brauchen Gemüt: zu Ende gedacht ist das ein verheerender Gedankengang. Ein der Kunst äußerlicher, zutiefst fremder. Er kann in der Morallosigkeit enden; jenseits jener Moral, die allerdings durch Kunst geweckt wird. Wer Kafka ernst genommen hat, kann nicht mehr Kapo werden . . .« Und schließlich: »Wenn diese zutiefst unaufrichtige Fernsehserie, Nachfolge der Trapp-Familie, irgendeine andere Berechtigung hätte, als das große Geld zu verdienen (wo bleibt das Geld eigentlich?), dann doch nur, um über uns, über heute zu sprechen. Bis zur Stunde spricht da nur die Werbung; und zwar auf ekelerregende Weise. Holocaust-T-Shirts gibt es bei Karstadt noch nicht – aber alles andere ist schon da. Vorneweg der ›Schnellschuß‹ mehrerer Verlage zu Holocaust. Schnellschuß! Ekelt es diese Verleger nicht?«

Nach dem Winifred-Film: Hans Jürgen Syberberg hatte 1975 den Film *Winifred Wagner und die Geschichte des Hauses Wahnfried 1914–1975* gedreht: »Fünf Tage Drehzeit – hintereinander. Aufgenommen an einem Ort, in einem Haus, sitzend die erzählende Hauptperson, im On, vier oder fünf Stunden Material, Memoiren auf Film, und dahinter die Geschichte eines Hauses und der Familie Wagner und die des Deutschen Reiches in den letzten 60 Jahren – aus einem seiner kulturellen Zentren erzählt.« Aus: *Syberbergs Filmbuch* (München, Nymphenburger, 1976).

Lou Fischer: die Frau des Schriftstellers und Politikers Ernst Fischer (1899–1972).

Die Frumm: Hans Flesch-Brunningen: *Die Frumm.* Roman.

FRITZ J. RADDATZ AN HILDE SPIEL.
HAMBURG, 27. SEPTEMBER 1979
Nachlaß Hilde Spiel im Österreichischen Literaturarchiv.
Österreichische Nationalbibliothek, Wien.

PETER WAPNEWSKI AN HILDE SPIEL. BERLIN, 6. DEZEMBER 1980
Nachlaß Hilde Spiel im Österreichischen Literaturarchiv.
Österreichische Nationalbibliothek, Wien.

Monica: Monica Wapnewski.

Mirko und Franca: Erzählung von Hilde Spiel (München, Nymphenburger, 1980).

Sankt Benjamin: Walter Benjamin.

Mit Walser angefangen: Martin Walser (geb. 1927) hatte 1980 seine Poetik-Vorlesungen an der Frankfurter Universität begonnen.

Heißenbüttel: Helmut Heißenbüttel (geb. 1921) gehörte als Lyriker zu den Begründern der »konkreten Poesie«, leitete 1959–81 die Abteilung Radio-Essay im Süddeutschen Rundfunk, Stuttgart.

Raddatz: Fritz J. Raddatz (geb. 1931).

HILDE SPIEL AN PETER WAPNEWSKI.
ST. WOLFGANG, 28. DEZEMBER 1980
Peter Wapnewski.

Der kleine Band: Hilde Spiel: *Mirko und Franca.*

Einen historischen Roman aus den siebziger Jahren: Hilde Spiel: *Die Früchte des Wohlstands.*

Chéreau-Ringes: Patrice Chéreau inszenierte 1976 in Bayreuth Wagners *Der Ring des Nibelungen* 100 Jahre nach dessen erster Gesamtaufführung. Der »Jahrhundert-Ring« blieb bis 1980 auf dem Festspielprogramm.

HILDE SPIEL AN ALBERT VON SCHIRNDING.
ST. WOLFGANG, 3. JANUAR 1981
Albert von Schirnding.

Für eine schöne und nachsichtige Rezension: Albert von Schirnding: »Poetische Topographie. Triest als Ort der jüngsten Erzählung von Hilde Spiel« in: *Süddeutsche Zeitung*, Silvester 1980/Neujahr 1981.

STEN NADOLNY AN HILDE SPIEL. BERLIN, 14. APRIL 1981
*Nachlaß Hilde Spiel im Österreichischen Literaturarchiv.
Österreichische Nationalbibliothek, Wien.*

Netzkarte: Romanerstling (München, List, 1981) von Sten Nadolny (geb. 1942).

HILDE SPIEL AN STEN NADOLNY.
ST. WOLFGANG, 18. APRIL 1981
Sten Nadolny.

Ihr Buch: der Roman *Netzkarte.*
Görtz: Hartmann Görtz (geb. 1907), Essayist, Verlagslektor.
Ihre Mutter: Isabella Nadolny (geb. 1917), dt. Schriftstellerin und Übersetzerin, übersetzte u. a. Werke von Joyce Carol Oates, Elizabeth Spencer, J. B. Priestley, Erich Segal, Han Suyin.

STEN NADOLNY AN HILDE SPIEL. BERLIN, 25. APRIL 1981
*Nachlaß Hilde Spiel im Österreichischen Literaturarchiv.
Österreichische Nationalbibliothek, Wien.*

HILDE SPIEL AN STEN NADOLNY. WIEN, 5. MAI 1981
Sten Nadolny.

HILDE SPIEL AN STEN NADOLNY.
ST. WOLFGANG, 8. AUGUST 1981
Sten Nadolny.

Mit Leuten zusammenzusein, die meinen Mann nicht gekannt haben: Hans Flesch-Brunningen starb am 1. August 1981.

HILDE SPIEL AN STEN NADOLNY. WIEN, 26. AUGUST 1981
Sten Nadolny.

MIRA MIHELIČ AN HILDE SPIEL. LJUBLJANA, 12. JUNI 1982.
Nachlaß Hilde Spiel im Österreichischen Literaturarchiv.
Österreichische Nationalbibliothek, Wien.

Mirko und Franca: Hilde Spiels Erzählung von 1980.
Wegen Deiner Stellungnahme zu Osimo: Im Vertrag von Osimo (1975) wurde die Teilung der Region Triest zwischen dem damaligen Jugoslawien und Italien zugunsten Jugoslawiens verändert.

HILDE SPIEL AN INGEBORG DREWITZ.
ST. WOLFGANG, 14. AUGUST 1982
Archiv der Akademie der Künste, Berlin.

Hilde Spiel bezieht sich auf den Tod Peter de Mendelssohns, ihres ersten Ehemanns, am 10. August 1982, und den ihres zweiten, Hans Flesch-Brunningen, am 1. August 1981.

HILDE SPIEL AN INGEBORG DREWITZ.
ST. WOLFGANG, 5. JANUAR 1983
Archiv der Akademie der Künste, Berlin.

Zum Geburtstag: Ingeborg Drewitz wurde am 10. Januar 1983 60.

CHRISTOPHER FRY AN HILDE SPIEL.
CHICHESTER, 17. JANUAR 1983
Nachlaß Hilde Spiel im Österreichischen Literaturarchiv.
Österreichische Nationalbibliothek, Wien.

Der britische Dramatiker Christopher Fry (geb. 1907) erlebte seinen Durchbruch auf der Bühne mit dem »Frühlings«-Stück seines Jahreszeitenzyklus, The Lady's Not for Burning (1948; dt. *Die Dame ist nicht fürs Feuer,* 1950). Hilde Spiel schrieb bereits im September 1949 ihren ersten Artikel über den Autor: »Die Welt im Mikrokosmos. Christopher Fry – Englands poetischer Dramatiker« in: *Der Monat.* 1. Jg. Heft 12, September 1949.

Krista Jussenhoven: zu dieser Zeit Leiterin des S. Fischer-Theaterverlags.

Ellen Schwiers' production of The Lady: Die Schauspielerin Ellen Schwiers inszenierte eine Tourneeproduktion von Christopher Frys Theaterstück *Die Dame ist nicht fürs Feuer.*

HILDE SPIEL AN CHRISTOPHER FRY.
WIEN, 22. JANUAR 1983
Christopher Fry.

Harold Pinter: (geb. 1930) engl. Dramatiker, wurde mit seinen »Komödien der Bedrohung«, z. B. *The Birthday Party* (1959), dt. *Die Geburtstagsfeier* (1961), bekannt.

Stoppard: Tom Stoppard (geb. 1937), engl. Dramatiker.
Saunders: James Saunders (geb. 1925), engl. Dramatiker.

CHRISTOPHER FRY AN HILDE SPIEL.
CHICHESTER, 26. JANUAR 1983
Nachlaß Hilde Spiel im Österreichischen Literaturarchiv.
Österreichische Nationalbibliothek, Wien.

HILDE SPIEL AN CHRISTOPHER FRY.
WIEN, 15. MÄRZ 1983
Christopher Fry.

The Firstborn: Tragödie von Christopher Fry aus dem Jahr 1946, dt. 1952. Schon im darauffolgenden Jahr erschien die Komödie *A Phoenix too Frequent* (1947, dt. 1954). 1948 folgte *The Lady's Not for Burning.*

My piece for Der Monat: Hilde Spiel: »Die Welt im Mikrokosmos«.

After Peter's death last year: Peter de Mendelssohn starb am 10. August 1982 in München.

HILDE SPIEL AN CHRISTOPHER FRY. LONDON, 15. MAI 1983
Christopher Fry.

I have arrived in London: Hilde Spiel ging 1983 noch einmal für ein knappes Jahr als Berichterstatterin für die *Frankfurter Allgemeine Zeitung* nach London.
To seeing you and Phyl: Phillis Marjorie Fry, geb. Hart, seit 1936 mit dem Dichter verheiratet.

CHRISTOPHER FRY AN HILDE SPIEL. CHICHESTER, 17. MAI 1983
Nachlaß Hilde Spiel im Österreichischen Literaturarchiv.
Österreichische Nationalbibliothek, Wien.

The Trojan War: *La guerre de Troie n'aura pas lieu*, Theaterstück des franz. Schriftstellers Jean Giraudoux (1882–1944), das Christopher Fry ins Englische übersetzte. Harold Pinter inszenierte das Stück in London. Giraudoux hatte es bereits 1936 verfaßt, die erste deutsche Übersetzung erschien ebenfalls 1936: *Kein Krieg in Troja.*

HILDE SPIEL AN STEN NADOLNY. LONDON, 6. JUNI 1983
Sten Nadolny.

Wie schön, daß Ihr Buch jetzt fertig ist: Sten Nadolny: *Die Entdeckung der Langsamkeit.* Roman (München, Piper, 1983).
In England verbringe ich vermutlich ein Jahr: noch einmal als Berichterstatterin für die *Frankfurter Allgemeine Zeitung.*

HILDE SPIEL AN INGE MERKEL. LONDON, 23. JANUAR 1984
Inge Merkel, Wien.

Die österr. Erzählerin Inge Merkel (geb. 1922) begann spät zu schreiben. Ihren ersten Roman veröffentlichte sie 60jährig.
Habe ich endlich Ihren Erzählband gelesen: Inge Merkel: *Das andere Gesicht.* Erzählungen (Salzburg, Residenz, 1982).

HILDE SPIEL AN THOMAS BERNHARD.
WIEN, 27. SEPTEMBER 1984
Thomas Bernhard Archiv, Gmunden.

HILDE SPIEL AN THOMAS BERNHARD. WIEN, 30. OKTOBER 1984
Thomas Bernhard Archiv, Gmunden.

HILDE SPIEL AN INGE MERKEL.
ST. WOLFGANG, 31. DEZEMBER 1984
Inge Merkel, Wien.

Ein paar Zeilen zu Ihrem Manuskript: Inge Merkel: *Die letzte Posaune.* Roman (Salzburg, Residenz, 1985). Hilde Spiel überschrieb später ihre Rezension »Himmel, Erde, Tod und Teufel. Der große Roman *Die letzte Posaune* der Österreicherin Inge Merkel« in: *Frankfurter Allgemeine Zeitung,* 8. Oktober 1985.

INGE MERKEL AN HILDE SPIEL. WIEN, 2. JANUAR 1985
*Nachlaß Hilde Spiel im Österreichischen Literaturarchiv.
Österreichische Nationalbibliothek, Wien.*

Nach den Haiderschen Auslassungen: Hans Haider, Wiener Journalist.
Der [. . .] geduldige Herr Jung: Jochen Jung (geb. 1942), Lektor und in der Folge Leiter des Residenz Verlags, Salzburg.

HILDE SPIEL AN THOMAS BERNHARD. WIEN, 11. FEBRUAR 1985
Thomas Bernhard Archiv, Gmunden.

HILDE SPIEL AN INGE MERKEL. ST. WOLFGANG, 5. APRIL 1985
Inge Merkel, Wien.

Ihr Kapitel über den Tod: in dem Roman *Die letzte Posaune.*

INGE MERKEL AN HILDE SPIEL. WIEN, 18. APRIL 1985
*Nachlaß Hilde Spiel im Österreichischen Literaturarchiv.
Österreichische Nationalbibliothek, Wien.*

Den Canetti hab ich natürlich gekauft: Elias Canetti: *Das Augenspiel. Lebensgeschichte 1931–1937* (München, Hanser, 1985). Canetti beschreibt darin Georg Merkel, den Schwiegervater Inge Merkels, Maler, wie später der Sohn (S. 140–145).

Etwas zum Antisemitismus in diesem Land zu schreiben: Inge Merkel: »Der ›kleine Mann‹ und der Judenhaß. Aus der Unratkammer der Volksseele: Antisemitismus im Rückblick« in: *Die Presse*, Wien, 27./28. April 1985.

INGE MERKEL AN HILDE SPIEL. WIEN, 10. MAI 1985
Nachlaß Hilde Spiel im Österreichischen Literaturarchiv.
Österreichische Nationalbibliothek, Wien.

HILDE SPIEL AN THOMAS BERNHARD.
ST. WOLFGANG, 26. SEPTEMBER 1985
Thomas Bernhard Archiv, Gmunden.

Die Kontroversen: Um Bernhards provozierendes Buch *Holzfällen* (1985) gab es Skandale und Prozesse.

HANS BENDER AN HILDE SPIEL. KÖLN, 20. FEBRUAR 1986
Nachlaß Hilde Spiel im Österreichischen Literaturarchiv.
Österreichische Nationalbibliothek, Wien.

Hans Bender (geb. 1919), Schriftsteller, Redakteur (z. B. für *Akzente*) und Anthologist, betreute die Literatur innerhalb der vom Kulturkreis der Deutschen Industrie geförderten Kultursparten.
Das Literaturgremium des Kulturkreises: Der Kulturkreis im Bundesverband der Deutschen Industrie e.V., gegründet 1951, eine Vereinigung zur Förderung zeitgenössischer Kunst, vergibt u. a. alljährlich eine Ehrengabe für Schriftsteller.
Jahresring: dokumentiert die Tätigkeit des »Kulturkreises«.

HILDE SPIEL AN HANS BENDER. WIEN, 25. FEBRUAR 1986
Historisches Archiv der Stadt Köln.

HANS BENDER AN HILDE SPIEL. KÖLN, 4. MÄRZ 1986
Nachlaß Hilde Spiel im Österreichischen Literaturarchiv.
Österreichische Nationalbibliothek, Wien.

HILDE SPIEL AN HANS BENDER. WIEN, 2. MAI 1986
Historisches Archiv der Stadt Köln.

Der Sonderzug: Hilde Spiels Roman *Der Sonderzug* ist in Buchform nie erschienen.
Meine ersten drei gedruckten Romane: Kati auf der Brücke (1933), *Verwirrung am Wolfgangsee* (1935), *Flöte und Trommeln* (1947).
Aus dem 1000 Kilometer weit entfernten Kiew langsam verseucht: Nach dem Reaktorunfall von Tschernobyl am 26. April 1986.

HANS BENDER AN HILDE SPIEL. KÖLN, 13. MAI 1986
Nachlaß Hilde Spiel im Österreichischen Literaturarchiv. Österreichische Nationalbibliothek, Wien.

HILDE SPIEL AN HANS BENDER. WIEN, 22. MAI 1986
Historisches Archiv der Stadt Köln.

Herr Neunzig plante das schon vor Jahren: Hans A. Neunzig (geb. 1932), 1974–82 Leiter der Nymphenburger Verlagshandlung.
Einladung nach Straelen: zum Europäischen Übersetzer-Kollegium.

HILDE SPIEL AN ALBERT VON SCHIRNDING.
ST. WOLFGANG, 4. SEPTEMBER 1986
Albert von Schirnding.

In der posthumen Ausgabe der Kathedrale: Peter de Mendelssohn: *Die Kathedrale.* Erzählung (Frankfurt am Main, S. Fischer, 1983).
Marbacher S. Fischer-Jubiläums-Ausstellung: Deutsches Literaturarchiv. Schiller-Nationalmuseum, Marbach am Neckar.
Herr Pfäfflin: Friedrich Pfäfflin (1935), wissenschaftlicher Mitarbeiter des Schiller-Nationalmuseums, Marbach am Neckar, hatte die Ausstellung gestaltet.
Des Herrn Kurzke: Hermann Kurzke (geb. 1943), Literaturwissenschaftler, Thomas-Mann-Forscher.

HILDE SPIEL AN THOMAS BERNHARD. WIEN, 21. OKTOBER 1986
Thomas Bernhard Archiv, Gmunden.

Thomas Bernhard hatte Hilde Spiel zu ihrem 75. Geburtstag in kostbaren Worten seine liebevolle Wertschätzung ausgedrückt.

HILDE SPIEL AN CLAUS PEYMANN.
WIEN, 12. NOVEMBER 1986
Claus Peymann, Wien.

Zur Mutter *eingeladen:* Bertolt Brecht: *Die Mutter. Leben der Revolutionärin Pelagea Wlassowa aus Twer.* Musik von Hanns Eisler. UA 1932. Das Burgtheater führte das Stück in der Inszenierung von Manfred Karge am 9. Oktober 1986 (Premiere) auf.

HILDE SPIEL AN CLAUS PEYMANN.
ST. WOLFGANG, 20. DEZEMBER 1986
Claus Peymann, Wien.

Nach dem Sommernachtstraum: Alfred Kirchners Inszenierung von Shakespeares *Sommernachtstraum* am Wiener Burgtheater hatte am 28. November 1986 Premiere.

CLAUS PEYMANN AN HILDE SPIEL. WIEN, 31. DEZEMBER 1986
Nachlaß Hilde Spiel im Österreichischen Literaturarchiv.
Österreichische Nationalbibliothek, Wien.

HILDE SPIEL AN MARCEL REICH-RANICKI.
LONDON, 20. MAI 1987
Marcel Reich-Ranicki.

Vgl. den Brief von Marcel Reich-Ranicki vom 29. Mai 1987, in dem er den ersten Satz dieses Briefes zitiert.
Es ging um Hilde Spiels Artikel über die Beerdigung der Christine Zimmer, Tochter Hugo von Hofmannsthals (»Heimkehr ins Grab«, *FAZ,* 19. Mai 1987).

HILDE SPIEL AN CHRISTOPHER FRY. WIEN, 21. MAI 1987
Christopher Fry.

And write my memories: Hilde Spiel: *Die hellen und die finsteren Zeiten. Erinnerungen 1911–1946* (München, List, 1989). Der erste Memoirenband von zweien.

MARCEL REICH-RANICKI AN HILDE SPIEL.
FRANKFURT AM MAIN, 29. MAI 1987
Nachlaß Hilde Spiel im Österreichischen Literaturarchiv.
Österreichische Nationalbibliothek, Wien.

In dem Artikel über Lernet-Holenias Park: Hilde Spiel: »Wehklage um ein Haus und einen Park« in: *Frankfurter Allgemeine Zeitung*, 11. April 1987. Teile der Beschreibung hat die Autorin im zweiten Band ihrer Erinnerungen verwendet: *Welche Welt ist meine Welt?* (München, List, 1990).

Artikel über die Beerdigung der Christine Zimmer: Hilde Spiel: »Heimkehr ins Grab« in: *Frankfurter Allgemeine Zeitung*, 19. Mai 1987. Wieder abgedruckt in Hilde Spiels *Die Dämonie der Gemütlichkeit. Glossen zur Zeit und andere Prosa* (Hg. Hans A. Neunzig, München, List, 1991). Die Stelle, um die es in den Briefen geht, heißt, dem ursprünglichen Manuskript folgend: »Nur die Zeilen ›Ganz vergessener Völker Müdigkeiten/kann ich nicht abtun von meinen Liedern‹ gemahnen an jenen Urgroßvater Isaak Loew Hofmann, der 1835 für seine Verdienste um den Seidenhandel von Franz dem Ersten geadelt worden war, und dessen im selben Glauben geborene Gemahlin, die ihre Nachfahren nicht mehr belastet hätten, wäre Hugo von Hofmannsthals Frau Gerty nicht des gleichen Ursprungs gewesen. Einen Augenblick lang stand denn die einzigartige, nunmehr für immer abgerissene Verbindung schöpferischer Geister aus dem biblischen Volke mit dem naiv-sinnlichen, musikalisch empfindsamen Genius des katholischen Österreichs schattenhaft vor uns auf.«

HILDE SPIEL AN MARCEL REICH-RANICKI. WIEN, 1. JUNI 1987
Briefdurchschlag. Nachlaß Hilde Spiel im Österreichischen Literaturarchiv. Österreichische Nationalbibliothek, Wien.

Die von Herrn Koneffke immer noch übertreffende Lyrik: In Hilde Spiels Artikel »Wehklage um ein Haus und einen Park« war in einem Linienrahmen das Gedicht »Einkehr« von Jan Koneffke eingeklinkt.

HILDE SPIEL AN CLAUS PEYMANN. WIEN, 15. APRIL 1988
Claus Peymann, Wien.

Herr Berg: Airan Berg und Claus Peymann zeichneten gemeinsam für die Inszenierung.

Anna und Anna: Hilde Spiels Film-Drehbuch, für die Bühne

eingerichtet, hatte am 13. April 1988 auf dem sog. »Lusterboden« des Wiener Burgtheaters Premiere. Gedruckt wurde *Anna und Anna* im Programmbuch Nr. 30 – Originaltext mit Strichen für die Bühnenfassung –, Burgtheater Wien, 1988. Buchausgabe: *Anna und Anna* (Wien, Kremayr & Scheriau, 1989) mit Auszügen aus Hilde Spiels Tagebüchern.

HILDE SPIEL AN ALBERT VON SCHIRNDING.
WIEN, 16. AUGUST 1988
Albert von Schirnding.

Für die Erzählung danken: Albert von Schirnding: *Herkommen.* Erzählung (Ebenhausen, Langewiesche-Brandt, 1987).

HILDE SPIEL AN CLAUS PEYMANN. WIEN, 5. FEBRUAR 1989
Claus Peymann, Wien.

Mein Wien-Buch: Hilde Spiel: *Glanz und Untergang. Wien 1866 bis 1938* (Wien, Kremayr & Scheriau, 1987). Hilde Spiel hatte das Buch zuerst auf englisch geschrieben: *Vienna's Golden Autumn 1866–1938* (London, Weidenfeld & Nicolson, 1987).

HILDE SPIEL AN CLAUS PEYMANN. WIEN, 31. MÄRZ 1989
Claus Peymann, Wien.

Ein wunderbar geglückter Tell: Claus Peymann inszenierte Schillers Schauspiel am Wiener Burgtheater. Premiere: 23. März 1989.
  Welche Genugtuung hätte dem Thomas der Geßler-Auftritt bereitet: Gemeint ist Thomas Bernhard, der am 12. Februar 1989 starb.

HILDE SPIEL AN MARCEL REICH-RANICKI. WIEN, 15. JUNI 1989
Briefdurchschlag. Nachlaß Hilde Spiel im Österreichischen Literaturarchiv. Österreichische Nationalbibliothek, Wien.

Der erste Band von Hilde Spiels Erinnerungen, *Die hellen und die finsteren Zeiten*, war in der *Frankfurter Allgemeinen Zeitung* in Fortsetzung erschienen.

MARCEL REICH-RANICKI AN HILDE SPIEL.
FRANKFURT AM MAIN, 28. JUNI 1989
Nachlaß Hilde Spiel im Österreichischen Literaturarchiv. Österreichische Nationalbibliothek, Wien.

Die dreibändige Edition der Romane von gestern – heute gelesen: *Romane von gestern – heute gelesen.* Essays (Hg. M. Reich-Ranicki, Frankfurt am Main, S. Fischer, 1989).
 Im Herbst erscheint ein Buch von mir im Ammann-Verlag: Marcel Reich-Ranicki: *Thomas Bernhard.* Aufsätze und Reden (Zürich, Ammann, 1990).

HILDE SPIEL AN MARCEL REICH-RANICKI. WIEN, 7. JULI 1989
Marcel Reich-Ranicki.

Die Beziehungen zu Fest und Schirrmacher: Hilde Spiel hatte die Sorge, daß es nach dem Wechsel in der Literaturblatt-Redaktion von Marcel Reich-Ranicki zu Frank Schirrmacher einen Bruch der Kontinuität geben könnte.

HILDE SPIEL AN ALBERT VON SCHIRNDING.
MÜNCHEN, 1. OKTOBER 1989
Albert von Schirnding.

Ihrer Rezension: über den ersten Band von Hilde Spiels Erinnerungen *Die hellen und die finsteren Zeiten. Erinnerungen 1911–1946.*

HILDE SPIEL AN PETER WAPNEWSKI. WIEN, 1. MAI 1990
Peter Wapnewski.

Sie in München nicht zu sehen: Hilde Spiel war am 22. März 1990 in München mit der Goethe-Medaille ausgezeichnet worden, die das Goethe-Institut alljährlich ausländischen Persönlichkeiten verleiht. Peter Wapnewski war einer der Vizepräsidenten des Goethe-Instituts.

HILDE SPIEL AN MARCEL REICH-RANICKI. WIEN, 18. MAI 1990
Marcel Reich-Ranicki.

Marcel Reich-Ranicki wurde am 2. Juni 1990 70 Jahre alt.

BOLESLAW BARLOG AN HILDE SPIEL. BERLIN, 25. MAI 1990
*Nachlaß Hilde Spiel im Österreichischen Literaturarchiv.
Österreichische Nationalbibliothek, Wien.*

Hilde Spiel hatte über die Wiederkehr Furtwänglers nach 1945 im zweiten Band ihrer Erinnerungen – *Welche Welt ist meine Welt? Erinnerungen 1946–1989* – u. a. geschrieben: »Es tut mir leid, und viele werden mir's übelnehmen, daß für mich Furtwänglers Identifizierung mit der deutschen Seele nicht zu deren Gunsten ausfällt.«

HILDE SPIEL AN BOLESLAW BARLOG. WIEN, 23. JUNI 1990
Boleslaw-Barlog-Archiv. Akademie der Künste, Berlin.

In dem Buch von Walter Thomas: Bis der Vorhang fiel (Dortmund, Schwalvenberg, 1947).

BOLESLAW BARLOG AN HILDE SPIEL.
KEITUM (SYLT), 5. JULI 1990
*Nachlaß Hilde Spiel im Österreichischen Literaturarchiv.
Österreichische Nationalbibliothek, Wien.*

Hilpert und Gründgens: Heinz Hilpert (1890–1967) leitete von 1934 an das Deutsche Theater und die Kammerspiele in Berlin und 1938–45 zusätzlich das Theater in der Josefstadt in Wien. Gustaf Gründgens (1899–1963) leitete 1934–37 das Staatl. Schauspielhaus in Berlin und 1937–45 das Preuß. Staatstheater in Berlin. Beider Bemühungen, Einfluß und Zugriff der Nazibehörden auf ihre Theater und deren Ensemble abzuwehren, sind bekannt.

Theater lebenslänglich: Boleslaw Barlog: *Theater lebenslänglich* (München/Berlin, Universitas, 1981).

Verzeichnis der Briefpartner

Die gerade gedruckten Seitenzahlen beziehen sich auf die Briefe Hilde Spiels, kursiv gesetzte Zahlen auf die Briefe des Korrespondenten.

Theodor W. Adorno	244, 245
Jean Améry	264, 287 f., 290, *332 f.*, 334 f., 346
Wyston H. Auden	289, *290 f.*, 300, 329 f., *330 f.*, 331, *331 f.*, 333
Claus Henning Bachmann	228 f.
Boleslaw Barlog	*500, 501, 502*
Wolfgang Bauer	311, 311 f.
Hans Bender	*477 f.*, 478, 479, 479 f., *480 f.*, 481 f.
Thomas Bernhard	258 f., 267–269, 277, 281, 287, *296 f.*, 297 f., 309, 328, 334, 343 f., 400, 467, 470, 477, 482
Otto F. Best	*164 f.*, 165, *186 f.*, 188 f.
Heinrich Böll	355 f., *359*
Franz Theodor Csokor	42, *154 f.*, 155 f.
Heimito von Doderer	33–36, *37 f.*, 38 f., *40 f.*, 43, *45 f.*, 50, *56–58*, 74 f., 76 f., 147–149, 163, 165 f., *167 f.*, 173, *173 f.*, 176 f., *178–180*, 181 f., *182–184*, 185 f., 189, *190–192*, 193, *194 f.*, 195 f., *197 f.*, 198–200, 204, 205, 209 f., *223 f.*, 226 f.
Ingeborg Drewitz	252 f., 254, 256, 259 f., 272 f., 276, 280, 291 f., *292 f.*, 298 f., 324, 356 f., *358*, 388–390, 390 f., 459 f.
Jeannie Ebner	55 f., 71, 78–81, *83 f.*, 84 f., 88 f., 91–93, 95–99, *101–103*, 105 f., 108, *123–126*, 126–128, 132, *132–134*, 140, 153 f., 166 f., 265, 353 f.
Gustav End	201–203
Fritz Feldner	24–26, 26 f.
Erich Fried	396 f.

Christopher Fry	*460f.*, 461f., *462f.*, 463f., *465*, 486
Hans Habe	72, 72–74, 77f., *100f.*, 103–105, *106f.*, 108–110, *110–112*, *120f.*, 121f., 227, 227f., 231f., 232
André Heller	381f.
Hans Werner Henze	*438*, 438f.
Fritz Hochwälder	378–381
Ernst Jandl	370f., *373f.*, 405–408, *408f.*
Josef Kaut	*418f.*, 419–421
Hermann Kesten	21–23, 27–30, 30–32, 34f., 44f., 46f., 47f., *49f.*, 51f., *52f.*, 53–55, 58–61, *61–63*, 63–67, 68f., 70f., 81–83, 86–88, 90f., *93f.*, 99f., 112f., *113f.*, 114–117, *117–119*, 119f., 122, 128f., *130f.*, 156–158, *158–160*, 160f., *161*, 162f., *174*, 174f., 255f., 260f., *263f.*, 278–280, *288f.*, 314f., 319f., *321–323*, 326, 340f., 361f., 386f., *387f.*, 392f., *393f.*, 394–396, *397f.*, 398–400, 413f., *415f.*, 416f., *423f.*, 424f., 426, 436, 439f.
Wolfgang Koehler	249f.
Theodor Kramer	13–16, 138, 141f., *143f.*, 144f., *146f.*, *149–151*, 151–153
Bruno Kreisky	134–137, *137*, 139, *141*, 337
Horst Krüger	374f., *376*, *384*, 385f., 402f., *403f.*, 404f.
Peter Marginter	345f., *347–349*, 349f., *350f.*, 362f., *363–366*, 366f.
Hans Mayer	425f.
Siegfried Melchinger	*371f.*, 372f.
Inge Merkel	466–468, *469f.*, 470–472, *472–477*
Mira Mihelič	257f., *262f.*, 266, 266f., 270, 271f., 282f., 283f., 295f., *309f.*, 315f., *318f.*, 324f., 352f., 368f., 412f., *459*
Sten Nadolny	*455*, 455f., *456f.*, 457, *458*, 458, 465f.
Robert Neumann	233f., 234f., *235f.*, 236f., *237f.*, 239, 240f., 241f., 274f., *275f.*,

	284–286, 286f., 304f., 305, 327, 328f.
Österreichischer P.E.N.	383
Hermon Ould	16f., 18f.
Hans Paeschke	246f., 247f., 249, 251f., 265, 269, 271, 273, 277, 293f., 299f., 300f., 312, 313f., 327, 367f., 377
Claus Peymann	484f., 485, 491, 492–493
Heinz Politzer	278, 281f.
Fritz J. Raddatz	446f., 447f.
Sigismund von Radecki	213–217, 217–220
Marcel Reich-Ranicki	205f., 207f., 208f., 220f., 224f., 225, 242f., 243f., 486, 487–489, 489f., 494, 494–496, 497f., 499
Luise Rinser	294f.
James Saunders	384f., 400–402, 410f., 426–428, 428–434, 435f.
Albert von Schirnding	421, 421f., 422, 423, 437, 454, 482–484, 491f., 498
Ernst Schröder	210f., 211–213
Helga Schütz	441, 442f., 443f., 444–446
Manès Sperber	183, 221f., 222f., 230f.
Tom Stoppard	335f., 339f., 354f., 359f.
Friedrich Torberg	19f., 20f., 301f., 303f., 306–309, 310, 317, 317f., 337f., 342f.
Berthold Viertel	40
Liesl Viertel-Neumann	42
Peter Wapnewski	434, 449–452, 453f., 498f.
Hans Weigel	168f., 169f., 170, 171, 171f., 172, 176f., 179f., 187, 190, 191, 378

Register

Adler, Oskar 36–39, 41
Adorno, Theodor W. 244 f.
Aichinger, Ilse 81, 95, 239, 287
Albert, Hans 290
Alesch-Alescha, Theodor 127
Allinger, Ernst 81, 89, 102, 106, 126, 133
Améry, Jean 264 f., 287 f., 290, 300, 332–335, 346
Anders, Günther 244
Angel, Walter 50
Arendt, Hannah 244 f.
Arnstein, Fanny von 116, 157 f., 160, 172, 174 f., 202, 231, 254, 443–445, 492
Artmann, Hans Carl 295, 409
Astel, Arnfried 375
Asturias, Miguel Angel 270
Auden, Wystan Hugh 11, 289, 291, 300, 329–333, 335, 337, 355

Bachmann, Claus-Henning 228 f.
Bachmann, Ingeborg 53, 132 f., 168, 438 f., 255
Bahr, Hermann 169, 378
Barazon (Rechtsanwalt) 345
Barea, Ilse 200–205
Barlog, Boleslaw 12, 500–502
Barlog, Herta 502
Barzel, Rainer 342
Basil, Otto 50, 98
Bauer, Wolfgang 311 f., 341
Baykurt, Fakir 479
Beckett, Samuel 387
Beer, Otto F. 370 f.
Bekessy, Emmerich 303
Bender, Hans 397 f., 477–482
Benedikt (mit Karl Kraus befreundete Familie) 219
Benjamin, Walter 245–247

Benn, Gottfried 113
Berg, Airan 491
Bermann-Fischer, Brigitte (Tutti) 78, 185
Bermann-Fischer, Gottfried 70, 78
Bernhard, Thomas 11, 242, 258 f., 266–269, 277, 281 f., 287, 296–298, 309, 318, 325, 328, 334, 343 f., 382, 387, 400, 437, 467, 470, 477, 482, 493
Bessler 211
Best, Otto F. 164 f., 181 f., 184–189
Bichelmaier (Pater) 25
Bielohlawek, Hermann 179
Bismarck, Otto von 64 f.
Blake, William 115
Blei, Franz 320
Bloch, Ernst 272
Blöcker, Günther 210
Boccaccio, Giovanni 289
Boeck, Johann A. 176
Böhm, Gotthard 301
Böll, Heinrich 10, 243, 288, 305, 310, 341 f., 355 f., 359, 369, 371, 407, 460
Bond, Edward 228, 355
Bondy, Barbara 423
Borodajkewycz, Taras 221
Bow, Clara 355
Bowen, Elizabeth 89
Braem, Helmut M. 425
Brandt, Willy 340, 342
Brassloff, Fritz L. 138, 141–144, 146
Braun, Felix 42
Brecht, Bertolt 215, 223, 311, 320, 375, 385, 430
Breicha, Otto 241, 267–269, 314, 346

Brenner, Hans-Georg 101
Brett, Dorothy 116
Brix, Dr. (Therapeut T. Kramers) 146, 150
Broch, Hermann 233, 317f., 320
Brod, Max 302, 304
Broda, Hans Christian 345
Brook, Peter 485
Brown, Norman O. 402
Bruckner, Ferdinand 317f., 320
Brun, Vincent (d. i. H. Flesch-Brunningen) 33, 66, 68f.
Brunmayr, Hans 146
Brust, Fritz 500
Büchner, Georg 398, 445f.
Buhl 397
Burckhardt, Carl Jacob 121
Buritsch 130
Busta, Christine 88, 292
Byron, George Gordon Noel 115f.

Canetti, Elias 83, 85, 89, 192, 194, 228f., 235, 346, 398, 472f.
Carlyle, Thomas 65
Carnap, Rudolf 290
Carnett, David 44
Carver, David 305, 316, 352, 369, 371, 412
Celan, Paul 37
Chamberlain, Neville 220
Chéreau, Patrice 454
Chirico, Giorgio De 422
Christie 44, 51
Churchill, Sir Winston 51, 54, 58f., 94, 147, 421, 453
Chvojka, Erwin 146, 150
Codron, Michael 428
Colin, Rosica 81
Connolly, Cyril 116
Corot, Camille 355
Coudenhove-Calergi, Barbara 231f.
Coudenhove-Calergi, Richard 232
Craft, Robert 329
Cramer, Heinz von 127f.
Csokor, Franz Theodor 22, 29f., 42, 89, 98, 108, 124, 154–156, 234, 236, 257, 261–263, 274, 352, 406, 460

Diaghilew, Sergeij 399
Dickens, Charles 226
Ditfurth, Maria 310
Döblin, Alfred 87, 497
Döblin, Erna 87
Doderer, Heimito von 8, 22–27, 30, 33–41, 43, 45f., 50, 56–58, 61, 74 77, 80, 83, 108, 132f., 140, 147–149, 159, 161–163, 165–168, 173f., 176–200, 203 206, 209f., 223f., 226f., 293, 295, 312f., 327, 349, 368, 387, 424, 466, 468, 471
Doderer, Maria von 37, 50, 163, 168, 176, 178, 180, 182, 191 BIS 193, 198, 200, 204f., 223f.
Dolman 130
Dönhoff, Marion Gräfin 447
Donne, John 156
Dor, Milo 241, 318, 356f., 362, 367, 407
Drewitz, Ingeborg 252–254, 256, 259f., 272f., 276, 280, 291 BIS 293, 298f., 324, 356–358, 388–391, 459f.
Dürrenmatt, Friedrich 311, 378
Duvivier, Julien 55, 59
Dyck, Anthonis van 92, 96

Ebner, Jeannie 9, 55f., 71, 78–81, 83–85, 88f., 91–93, 95 99, 101–103, 105f., 108, 123 BIS 128, 132–134, 140, 145f., 153f., 166f., 265, 292, 295, 353f.
Eden, Anthony 63
Edschmid, Kasimir 34, 61
Eiermann, Emma 335
Einem, Gottfried von 128
Einstein, Albert 18
Eisenreich, Herbert 168, 206, 351
Eisler, Georg 267, 314, 326
Eisler, Hanns 320
Eisler-Fischer, Lou 267, 315, 317, 320, 447

Eliot, T.S. 115
Elon, Amos 313
Enderle, Luiselotte 44, 386
Emmanuel, Pierre 283, 305, 310
End, Gustav 180, 200–205, 210
Engelmann, Bernt 395
Erné, Nino 124, 127
Ernst, Gustav 407

Fabricius, Jan 90f., 94
Fadejew, Alexander 19f.
Fangel 138
Farjeon, Eleanor 13
Fassbinder, Rainer Werner 425
Feldner, Fritz 24–27
Fels, Ludwig 446
Ferenczi, Sándor 429
Ferreira de Castro, José Maria 270
Fest, Joachim 487, 495, 497
Feuchtwanger, Lion 279, 440, 442
Few, Mrs. 138
Fink, Humbert 195, 197, 210, 241
Fischer, Ernst 257f., 262, 264, 266f., 269, 272, 282, 284, 318, 325, 333f., 396
Fischer, Heinrich 187
Fischer, Samuel 70, 97, 105
Fleißer, Marieluise 477
Flesch-Brunningen, Eva 65
Flesch-Brunningen, Hans 10, 23, 30, 34f., 40, 44, 47, 49, 52f., 57, 60–62, 64–70, 74–76, 87f., 94, 99, 101, 103, 118, 131, 140, 142, 145f., 168–172, 176, 178, 180ff., 184, 189f., 192, 194, 196f., 200, 204, 210, 226, 234, 244f., 256, 261f., 264, 267, 270–272, 274–276, 278, 280, 282, 284, 287, 289, 292, 295, 310, 319, 323, 326, 329, 333, 344, 349, 358f., 361, 378, 385, 388, 392–395, 397, 399f., 402, 404, 411, 416f., 421, 423, 425f., 428, 434, 436, 439–441, 444, 446f., 449, 452, 454f., 471, 478

Fliess, Wilhelm 380
Fliess, Lea 116
Flynn, Errol 45
Fontana, Oskar Maurus 57
Foster, Cooper 305
Fraser, George 116
Freud, Sigmund 277, 330f., 335, 380, 429
Fried, Erich 103, 241, 396f.
Friedenthal, Richard 52, 108, 276, 286
Friedländer, Martha 154
Friedmann, Werner 232
Frischmuth, Barbara 341, 407
Fritsch, Gerhard 47, 241
Fry, Christopher 460 465, 486
Fry, Phillis 464 f.
Fuchs, Albert 13, 113
Fürdauer 461
Furtwängler, Wilhelm 500–502

Galilei, Galileo 432
Garaudy, Roger 283 f.
Garnett, David 46
Gasser, Manuel 187
Gentz, Friedrich von 116
Georg IV. von England 115
Geyrhofer, Friedrich 407
Gielgud, Sir Arthur John 191
Giono, Jean 99
Giorgione (eigtl. Girogio da Castelfranco) 87
Giraudoux, Jean 90
Goethe, Johann Wolfgang von 63, 107, 119, 216, 327, 329, 427, 429, 459, 475
Goldschmit, Rudolf 321, 370, 392f., 421
Göring, Hermann 113, 500f.
Görtz, Hartmann 177, 456f.
Graf, Hansjörg 300
Gracq, Julien 74
Grass, Günter 208, 260
Grillparzer, Franz 269, 286
Gruber 221
Gründgens, Gustav 501f.
Günther, Egon 442
Gütersloh, Albert Paris 23, 26, 108, 132f., 182, 187, 196f.

Guttenbrunner, Michael 142 BIS 144, 146, 150
Gyury (d. i. G. Sebestyén) 345, 354, 364

Haas, Willy 378, 488
Habe, Eloise 73
Habe, Hans (vorm. János Békessy) 22, 29, 55, 59, 72 BIS 74, 77f., 100f., 103–112, 120–122, 131, 227f., 231f., 303, 308, 310, 375, 381
Habe, Licci 103f., 107
Habe, Marina 73
Haeusserman, Ernst 154
Haider, Hans 469
Hainisch, Marianne 391
Hamsun, Knut 442
Hanak, Gerhard 407
Handke, Peter 346, 453
Hanel, Erika 233, 406
Hansen, Knut 193
Hartl, Rupert 347, 349, 365
Hartmann, Heinz 178
Hartung, Rudolf 361
Hauser, Carry 5, 236, 274f., 314, 316, 361, 406
Hazlitt, William 375f.
Heer, Friedrich 52, 446
Heim-Winter 58
Heißenbüttel, Helmut 450
Heller, André (Franz) 381f.
Hengstler 407
Henisch, Peter 407
Henle, Jörg A. 477, 480f.
Henne, Dagmar 201
Henz, Rudolf 236, 285
Henze, Hans Werner 438f.
Herlitschka, Herbert E. 44
Herz, Joachim 441
Herzmanovsky-Orlando, Fritz Ritter von 468
Hesse, Hermann 43
Hildesheimer, Wolfgang 312f.
Hilpert, Heinz 502
Hirsch, Rudolf 78, 80, 97, 102, 105, 108
Hitler, Adolf 24, 69, 216–218, 446, 448, 476

Hochhuth, Rolf 245
Hochwälder, Fritz 378–381
Hocke, Gustav René 130
Hofeneder 351
Hofer, Elvira 190f.
Hoffer, Klaus 371, 407
Höger, Hansi 101, 103, 227
Hofmannsthal, Hugo von 53, 64, 67, 132f., 322, 346, 419, 486, 488, 490
Hohenemser 398
Höllering, Franz 320
Hubalek, Felix 50
Huchel, Peter 320, 322

Ionesco, Eugène 250

Jacob, Dora 45
Jacob, Heinrich Eduard 45, 47, 66
Jahn, Friedrich Ludwig 25
James I. von England 92
James, Henry 355
Jandl, Ernst 10, 295, 341, 370f., 373f., 405–409, 453
Janson-Smith 94
Jean Paul (d. i. Johann Paul Friedrich Richter) 23, 30
Jelinek, Elfriede 292
Jens, Walter 197
John, Augustus 355
Jonar 238
Jonas, Franz 286
Jonke, Gert 407
Joyce, James 277
Juncker, Klaus 340, 401, 427
Jung, Jochen 469, 471, 476
Jungk, Robert 233, 315
Jürgens, Curd 418–420
Jussenhoven, Krista 461f.

Kafka, Franz 30, 81, 168, 322
Kaiser, Joachim 241, 392f.
Kallman, Chester 332
Kalmer 15
Kalmus, Elly 15
Kalow, Gert 397
Kaltenbrunner, Gerd-Klaus 290

Kant, Immanuel 297
Karajan, Herbert von 373, 418f., 500
Karasek, Franz 364
Kasack, Hermann 31, 119, 122, 128f., 131
Kaschnitz, Marie Luise 477
Kästner, Erich 32, 44, 48, 386f., 397f.
Katharina von Aragon 138
Kaufmann 83f.
Kaus, Gina 22, 29
Kaut, Josef 334, 418–421
Keller 36
Keller, Gottfried 442
Kerr, Alfred 93
Kesselring, Albert 131
Kesten, Gina 415, 439
Kesten, Hermann 8–10, 21–23, 27–32, 34f., 44–55, 58–71, 81–83, 86–88, 90f., 93f., 99f., 112–120, 122, 128–131, 156–163, 174f., 178, 255f., 260f., 263f., 278–280, 288f., 300, 314f., 317, 319–323, 326, 340f., 361f., 386–388, 392–400, 403, 405, 412–417, 423–426, 436, 439f., 453
Kesten, Toni 22f., 30, 32, 34, 45, 47f., 52–55, 61, 63, 69, 71, 82, 114, 117, 120, 122, 129, 131, 157–159, 162, 174f., 255, 261, 264, 279, 289, 320, 322f., 326, 362, 386, 388, 393–395, 398, 413, 423f., 436
Kiaulehn, Walter 202, 204
Kirchschläger, Rudolf 364
Kisch, Egon Erwin 320
Kleist, Heinrich von 384
Klemperer, Otto 502
Knott, Kathleen 402
Koch, Thilo 288, 291, 357, 361, 403
Koehler, Wolfgang 249f.
Koeppen, Wolfgang 397f.
Kohl, Christine von 259
Kohout, Pavel 274
Kolb, Annette 477
Kolleritsch, Alfred 407

Koneffke, Jan 489
König, Barbara 479
Körner, Theodor 139
Kortner, Fritz 314
Kott, Jan 205, 485
Kramer, Theodor 7, 13–16, 134 BIS 139, 141–147, 149–153
Kraus, Karl 51, 145f., 180, 213 BIS 219, 230f., 246, 248f.
Kraus, Wolfgang 233f., 238–241, 293, 333, 335
Kreisky, Bruno 134–139, 141, 331–333, 337, 396
Kroeber, Burkhart 479
Kroll 500
Krüger, Horst 300f., 314, 374–376, 384–386, 397, 402–405, 453, 496f.
Kruntorad, Paul 241, 283, 318, 325, 365, 367, 407
Kudronofsky, Wolfgang 378
Kuh, Anton 215, 218
Kurzke, Hermann 483f.

Lamb, Caroline 115
Lamb, Charles 375f.
Lampe, Tobias 377
Landseer, Edwin Henry 355
Landshoff, Fritz 440
Lapicque 499
Laporte, Lu 40
Lavant, Christine 292
Lawrence, David Herbert 115f., 355
Lawrence, Frieda 116
Lawrence, Thomas Edward 231
Lear, Edward 250
Lebert, Hans 253
Lederer, Joe 256
Lehmann, John 115, 117
Leiter, Helmut 298
Leonhard, Wolfgang 236f., 240
Leopold II. 285f.
Lernet-Holenia, Eva von 449, 461
Lernet-Holenia, Alexander von 41, 50, 52f., 55, 85, 99, 127, 141, 147f., 176, 206, 257, 260–262, 264, 274f., 316,

338, 340–342, 345, 348 f.,
353, 371, 395, 406 f., 417,
420, 461, 487
Lessing, Gotthold Ephraim 311,
475
Lewis, Wyndham 355
Liebl, Bobby 127
Liebl, Zeno 176
Lietzmann, Sabina 329
Lindner, Richard 440
Löbl, Karl 200
Lubić, Sveta 258, 262, 283
Luft, Friedrich 22, 29, 32, 48
Luft, Heide 22, 29, 32, 48
Lukian 50

Magris, Claudio 453
Mahler, Gustav 402
Mahler, Hansi 303, 306, 318
Mandl (Stadtrat) 137, 141
Mann, Heinrich 279, 361
Mann, Klaus 322
Mann, Thomas 20 f., 43, 119 f.,
380, 435, 483 f.
Mansfield, Katherine 31 f., 115
Marcel, Gabriel 74
Marcuse, Herbert 272
Marek, Franz 396
Marginter, Eva 349 f., 363, 367
Marginter, Peter 345, 347–351,
362–367
Maria Theresia von Österreich
391
Maschim, Draga 214
Matter, Harry 484
Maugham, William Somerset
429
Mauz, Gerhard 140
Mayer, Hans 176, 241, 246 f.,
372 f., 377, 392, 425 f.
Mayer-König, Wolfgang 407
Mayröcker, Friederike 409
Mehring, Walter 320, 322
Meinhof, Ulrike 407
Melbourne, Lady 115
Melchinger, Siegfried 371–373
Mendelssohn, Anna (Enkelin)
425
Mendelssohn, Christine de
(Tochter) 6, 54, 142, 155,
157, 159, 161, 316, 391, 399,
482
Mendelssohn, Dorothea 116
Mendelssohn, Felix Anthony
(Sohn) 6, 114, 157, 161, 175,
280, 296, 298, 304 f., 309,
346, 349, 362 f., 375, 387,
391, 421
Mendelssohn, Peter de 5–7, 18,
22, 28, 30–32, 35, 44 f., 47–49,
51 f., 54, 58–61, 63, 67–69, 74,
82, 84, 86–88, 90, 93 f., 100,
104, 107, 112, 114, 118 f.,
122, 128 f., 131, 147, 155,
159–161, 173 f., 183, 191,
255, 299, 327, 398 f., 403 f.,
412, 459, 463 f., 482, 484
Meredith, George 115
Merkel, Georg 473
Merkel, Inge 9, 466–477
Michaelis, Rolf 390, 448
Mihelič, Mira 257–259, 262 f.,
266 f., 270–272, 282–284,
295 f., 309 f., 315 f., 318 f.,
324 f., 352 f., 368 f., 412 f.,
424, 459
Miller, Arthur 270
Mitringer 146
Mitterer, Erika 143
Mohrenwitz, Curt 51 f., 54
Moissi, Alexander 191
Molnár, Franz 308
Montagu, Lady Mary Wortley
114
Monteverdi, Claudio 418
Moppès, Denise van 81
Moravia, Alberto 5, 157
Morell, Ottoline 115
Morgenstern, Soma 321
Mortimer, Raymond 115
Morton, Frederic 175
Motesiczky 235
Mozart, Wolfgang Amadeus 312,
418
Muir, Edwin 68
Muschg, Adolf 53
Musil, Robert 23, 30

Nadolny, Burkhard 456
Nadolny, Isabella 456, 458
Nadolny, Sten 455–458, 465 f.
Nekola, Tassilo 373
Nelson, Horatio 157
Nestroy, Johann 45, 179, 222, 265, 269, 323
Neumann, Helga 234, 275 f., 305
Neumann, Robert 5 f., 28, 35, 82, 131, 233–242, 261, 274–276, 284–287, 304 f., 327–329, 392
Neunzig, Hans A. 481
Newton, Sir Isaac 433
Nietzsche, Friedrich 66, 446
Nixon, Richard 387
Novalis (d.i. Georg Philipp Friedrich Leopold von Hardenberg) 297

O'Casey, Sean 273
O'Hara, John 118
Olivier, Sir Laurence 191, 228, 321
Orff, Carl 377
Orwell, George 279
Osborne, John 464
Ould, Hermon 6, 16–19

Pablé, Elisabeth 237–240, 242
Paeschke, Hans 246–249, 251 f., 265, 269, 271, 273, 277, 293 f., 299–301, 312–314, 327, 367 f., 377, 386
Palitzsch, Peter 293
Paryla, Nikolaus 222
Pauli, Hertha 320, 322
Peet, John 19 f., 22, 29
Perner (Rechtsanwalt) 345
Perrault, Charles 365
Perutz, Leo 55
Peymann, Claus 484 f., 491–493
Pfäfflin, Friedrich 483
Pichler, Karoline 156–159
Pick, Robert 82, 86, 320
Pickford, Mary 355
Pinter, Harold 461 f., 465
Piper, Klaus 164 f.
Pirandello, Luigi 378–380
Plakolb, Ludwig 238

Plato 86
Polak, Ernst 241
Polgar, Alfred 99, 317 f., 320, 375, 410
Politzer, Heinz 265, 269, 271, 273, 277 f., 281 f.
Pollini, Maurizio 402
Pope, Alexander 114
Pound, Ezra 337
Preisner, Rio 265
Priessnitz 407
Priestley, John Boynton 116
Proust, Marcel 22 f., 30
Pscherer, Kurt 439

Quack, Josef 457

Raddatz, Fritz J. 246–248, 251, 446–448, 450
Radecki, Sigismund von 213–220
Raleigh, Sir Walter 156
Rathbone, Irene 13
Regler, Gustav 387
Reich, Wilhelm 288
Reich-Ranicki, Marcel 205–209, 220 f., 224 f., 242–244, 392, 398, 403 f., 483, 486–490, 494–499
Reich-Ranicki, Tosia 494 f., 497
Reimann, Hans 49
Reinhardt, Max 419
Reiter, Marie-Luise 85
Reston 387
Reynolds, Joshua 115
Richter, E.A. 407
Rilke, Rainer Maria 82
Rinser, Luise 294 f.
Rismondo, Piero 239, 242
Ritschl 136, 138, 142
Roda Roda, Alexander (eigtl. Sándor Friedrich Rosenfeld) 214 f., 219, 320
Roditi, Edouard 56, 71
Rolly 35
Roth, Joseph 169, 315, 320–322, 387
Roubiczeks, Paul 15
Rubinstein, Arthur 375
Rühle, Günther 314

Rühm, Gerhard 295
Ruppe, H. K. 377
Russell, Bertrand 336, 339

Saar, Ferdinand 168
Saiko, George Emmanuel 79, 83
Sandner (Stadträtin) 286
Saunders, Audrey 385, 436
Saunders, James 11, 210–213, 249f., 384f., 400–402, 410f., 426–436, 462
Schaffler, Wolfgang 265
Schallück, Paul 124
Scharang, Michael 407
Schickele, René 279
Schiller, Friedrich von 107, 286, 311, 475
Schirnding, Albert von 421–423, 437, 454, 482–484, 491f., 498
Schirrmacher, Frank 495–497
Schlegel, August Wilhelm von 156
Schlesinger, Gerty 488
Schlick, Moritz 304
Schmidt, Arno 376
Schmied, Wieland 268
Schnauber 417
Schneider, Walther 192f., 239
Schneyder, Werner 407
Schnitzler, Arthur 168f., 176
Schoenberner, Franz 117
Scholl, Sophie 32
Scholl, Hans 32
Schönherr, Karl 168
Schönthan, Franz 375
Schönthan, Paul 375
Schönwiese, Ernst 42, 345, 348, 357, 406–408
Schopenhauer, Arthur 157
Schröder, Ernst 210–213
Schuh, Oscar Fritz 40
Schulmeister, Otto 473
Schutting, Jutta (heute Julian) 265
Schütz, Helga 9, 441–446
Schwarz, Jutta 346f., 349, 351, 363
Schwiers, Ellen 461f.

Scott, Dawson 120
Sebestyén, György 233, 239, 345, 353f., 364, 382
Seemann, E. A. 97f., 102, 105
Sellner, Gustav Rudolf 227
Shakespeare, William 199, 217, 354, 462, 493
Shaw, George Bernard 228, 250, 361
Sieburg, Friedrich 49
Siedler, Wolf Jobst 196f., 204–207, 209f.
Sikor, Mimi 235
Silone, Ignazio 270, 272
Simmel, Johannes Mario 381
Sinowatz, Fred 408
Sitwell, Edith 116, 355
Sokrates 86
Spangenberg, Berthold 177f., 180
Spangenberg, Christa 177f.
Speidel, Ludwig 179
Spender, Stephen 115–117
Sperber, Manès 175, 183, 221 BIS 223, 230, 322, 398
Spitzer, Daniel 214
Spoliansky, Mischa 101
Sprigge, Cecil 116
Sprigge, Sylvia 116
Staël, Anne Louise Germaine 157
Stalin, Josef 222
Steele, Richard 73
Stein, Hanns 178
Stephens, Leslie 115
Sternberger, Dolf 237
Sternfeld, Wilhelm 119
Stifter, Adalbert 297
Stoessl, Otto 168
Stolz 382
Stoppard, Mari 360
Stoppard, Tom 11, 331, 335f., 339f., 354f., 359, 462
Storey, David 421
Strachey, Lytton 115
Strachwitz 169
Strassova, Helena 81
Strauß, Botho 404
Strauß, Franz Josef 342
Strehler, Giorgio 372f., 377, 387

Streicher, Julius 193
Stuckenschmidt, Hans Heinz 226
Suchy 345
Swift, Jonathan 250
Syberberg, Hans-Jürgen 446 f.

Tautz-Wiessner, Barbara 451 f., 454
Thackeray, William Makepeace 115
Théroigne de Méricourt, Anne-Josèphe 65
Thiess, Frank 61
Thoma, Ludwig 215
Thomas, Adrienne 322
Thomas, Dylan 191
Thomas, Walter 501
Thorn, Fritz 144 f.
Thorn, Pauline 145
Tiepolo, Giambattista 399
Tjulpanow, General (russ. Kulturoffizier) 502
Toller, Ernst 387
Tomm 453
Torberg, Friedrich 10, 19–23, 28 f., 50, 52, 82, 98, 168 f., 196 f., 221–223, 233, 236, 243, 275, 301 f., 306–310, 317 f., 320, 337 f., 341–343, 345, 350, 353–357, 362 f., 407
Tramin, Peter von 292, 371
Trotzki, Leo 380
Tschechow, Anton 448
Tucholsky, Kurt 375
Turrini, Peter 407
Twaroch 407

Urzidil, Johannes 320

Västberg, Per 359
Vercors (eigtl. Jean Bruller) 283
Viertel, Berthold 20–22, 29 f., 40, 420
Viertel-Neumann, Liesl 40, 42
Visconti, Luchino 438
Voltaire (eigtl. François-Marie Arouet d. J.) 19, 467

Wagner, Richard 452, 454
Wallenberg, Hans 22, 29, 47, 156, 158
Walpole, Horace 114 f.
Walser, Martin 450
Walter, Bruno 502
Wapnewski, Monica 434, 449, 452, 454
Wapnewski, Peter 434, 449–454, 498 f.
Watts, Marjorie 120
Wax, Jimmy 465
Weber, Dietrich 197
Webern, Anton von 226
Weidenfeld, Sir George 38, 165, 201, 203
Weigel, Hans 20 f., 89, 98, 108, 124, 145 f., 166, 168–172, 176 f., 179 f., 187, 190 f., 197, 246 f., 249, 378
Weinheber, Josef 132
Weininger (Bruder Ottos) 274
Weininger, Otto 274
Weisenborn, Günther 32
Wendland 334
Werfel, Franz 169, 317 f., 320, 322, 473
Weyrauch, Wolfgang 397
Wieland, Christoph Martin 50
Wiemer, Horst Eduard 80 f., 85
Wiener, Oswald 295, 370, 373 f.
Wilde, Oscar 116
Williams, Emlyn 155
Winter, Hanns von 74, 83, 85, 89
Wittgenstein, Ludwig 396–298, 301, 304, 309
Wolff, Kurt 65
Wood, Peter 360
Woolf, Leonard 115
Woolf, Virginia 44, 115, 121, 230, 294, 355, 368
Wotruba, Fritz 472

Zeemann, Dorothea 173 f., 177 f., 314, 316, 406
Zimmer, Christine 487 f., 490
Zimmer, Hans 490
Zuckmayer, Carl 146, 150
Zweig, Stefan 169, 320
Zwetkoff, Peter 146

Inhalt

Einleitung   5

Briefe   13

Editorische Notiz   503

Danksagung   505

Anmerkungen   507

Verzeichnis der Briefpartner 641

Register   645

Hilde Spiel

Die hellen und die finsteren Zeiten
Erinnerungen 1911–1946

264 Seiten, gebunden, Leinen mit Schutzumschlag

Welche Welt ist meine Welt?
Erinnerungen 1946–1989

336 Seiten, gebunden, Leinen mit Schutzumschlag

». . . Die hier zu Worte kommt, äußert sich als Zeugin der Epoche, als Geschöpf und auch als Opfer ihrer Zeit . . .«

Marcel Reich-Ranicki, Die Weltwoche

»Hilde Spiels Talent, in großen Kulturen und Gedankenwelten wirklich zu Hause zu sein, ihre ganz individuelle Vielsprachigkeit, ihre Fähigkeit, sich zart, prägnant, herzlich, ohne Rechthaberei und doch vollkommen lauter auszudrücken; alles das machte sie während der letzten Jahrzehnte zur bedeutendsten Publizistin und Schriftstellerin Österreichs.«

Joachim Kaiser, Süddeutsche Zeitung

Hilde Spiel

Die Dämonie der Gemütlichkeit
Glossen zur Zeit und andere Prosa

320 Seiten, gebunden, Leinen mit Schutzumschlag

»Die Liebe und die Verwundbarkeit machten Hilde Spiel ungemein scharfsichtig, verliehen ihren Betrachtungen zu Vergangenheit und Gegenwart über die Tagesaktualität hinausgehenden Wert.«

Frankfurter Allgemeine Zeitung

Das Haus des Dichters
Literarische Essays, Interpretationen, Rezensionen

384 Seiten, gebunden, Leinen mit Schutzumschlag

»Wo Hilde Spiel darauf aus war, Phänomene unterschiedlichster Art zu erhellen und zu durchleuchten, zu kommentieren und zu kritisieren, wo sie dem Leser zeigen und verdeutlichen, spürbar und bewußt machen wollte, was sie gelesen, gesehen und gehört, erlebt und empfunden hatte, ... – da glückten ihr Prosastücke von hoher, ja bisweilen von höchster Qualität.«

Marcel Reich-Ranicki